李光西 编著

低空经济展望

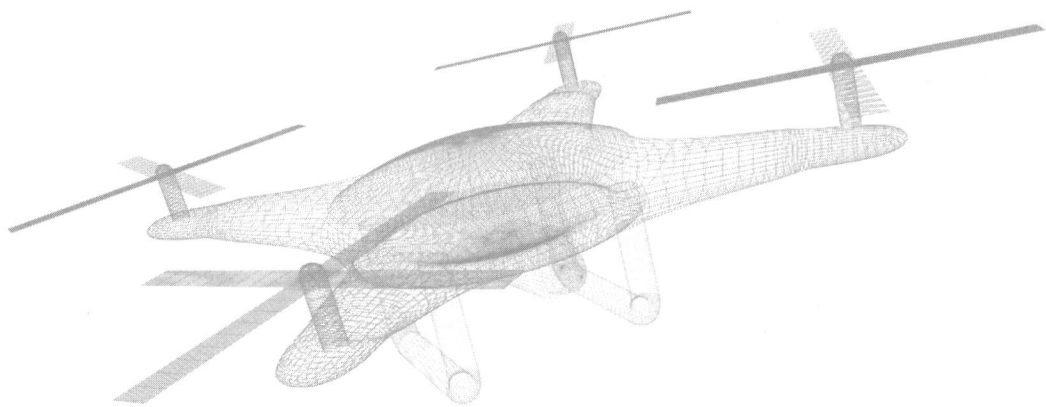

江苏人民出版社

图书在版编目(CIP)数据

低空经济展望/李光西编著. --南京:江苏人民
出版社,2025.3. -- ISBN 978 - 7 - 214 - 29977 - 2

Ⅰ. F562

中国国家版本馆 CIP 数据核字第 2025BF9360 号

书　　　名　低空经济展望
编　　　著　李光西
责 任 编 辑　于　辉
责 任 监 制　王　娟
出 版 发 行　江苏人民出版社
地　　　址　南京市湖南路 1 号 A 楼,邮编:210009
照　　　排　江苏凤凰制版有限公司
印　　　刷　南京新洲印刷有限公司
开　　　本　652 毫米×960 毫米　1/16
印　　　张　30.5　插页 2
字　　　数　550 千字
版　　　次　2025 年 3 月第 1 版
印　　　次　2025 年 3 月第 1 次印刷
标 准 书 号　ISBN 978 - 7 - 214 - 29977 - 2
定　　　价　128.00 元

(江苏人民出版社图书凡印装错误可向承印厂调换)

序

新质生产力依托新科技,落脚点在新产业。发展新质生产力的科技创新就有与产业创新深度融合的要求。建设现代化产业体系,方向就是习近平总书记指出的,要及时将科技创新成果应用到具体产业和产业链上,改造提升传统产业,培育壮大新兴产业,布局建设未来产业,完善现代化产业体系。战略性新兴产业是在科技创新和产业创新的深度融合中发展起来的,是科技创新的最新成果。新质生产力催生的战略性新兴产业,是新兴科技和新兴产业的深度融合,既代表着科技创新的方向,也代表着产业发展的方向。面对新科技和产业革命的挑战,各个国家都采取了积极的应对措施。我国进入新时代的现代化需要抓住新科技和产业革命的新机遇,同发达国家并跑,着力发展战略性新兴产业,站上世界科技和产业的制高点。习近平总书记在多次讲话中明确指出的战略性新兴产业,一是移动互联网、智能终端、大数据、云计算、高端芯片等新一代信息技术发展带动的众多产业变革和创新;二是围绕新能源、气候变化、空间、海洋开发的技术创新更加密集;三是绿色经济、低碳技术等新兴产业蓬勃兴起;四是生命科学、生物技术带动形成庞大的健康、现代农业、生物能源、生物制造、环保等产业。2023年中央经济工作会议明确要求打造生物制造、商业航天、低空经济等若干战略性新兴产业。可以说,在发展新质生产力的背景下,低空经济成为国家创新体系的重要方面。

近期,翻阅了作者递来的《低空经济展望》书稿。作者从低空经济产业链条及其发展的角度,阐释低空经济概念,以清晰的思路、浅显的表述,给读者构建了一个低空经济的认知框架,为低空经济从业者提供了一个应用性参考,具有一定的理论性和较强的实用性。作者围绕低空经济产业链及其延伸,阐述低空经济作为战略性新兴产业的新质特性——高端、智能、绿色技术的创新开发和发展应用,其产业发展占用资源的非传统性——低空、频谱、智联网的开发和利用,从某个角度说出了发展低空经济是解决当前中国经济发展面临问题、高质量发展新型经济形态、推动产业结构转向中高端的有效模式之一,对于抓紧发展新质生产力这个"牛鼻子"来推动低空经济发展,对低空经济理论进行深入研究,具有一定的启发作用。作者立足于我国低空经济的新形态——新资源的开发利用带来经济发展的新增长,立足于低空经济产业发展的新形势——如火如荼地全面发展推动低空经济政策供给和立法完善、激发低空经济市场活力、引导攻关低空关键核心技术,立足于新阶段低空经济的新使命——催生新产业、新模式、新动能推动中国式现代化的实现,对低空经济产业发展进行了论述,具有一定的认知高度。目前,系统研究低空经济方面的专著还很少,作者把对低空经济知识的学习和积累所得、对十多年来低空经济政策法规的研究所获,借鉴引述多媒介专家的一些有益的观点和建议,编辑出版成书,既能指导低空经济从业人员的具体实务,亦能对低空经济理论研究有所助推,实属难能可贵!

洪银兴

2024 年 12 月 4 日

前　言

2024 年堪称"低空经济元年"。低空经济的概念，成为工作中、会议上、言谈里、网络端、新闻界的热词。2023 年中央经济工作会议提出要把低空经济打造成战略性新兴产业，习近平总书记指出，要做好国家空中交通管理工作，促进低空经济健康发展。2024 年，李强总理在政府工作报告中又将低空经济的发展列为重点工作任务的头条。全国各地，兴起了发展低空经济的热潮。

很多从事低空经济的人士，包括无人机操作证培训人员、无人机河道巡检人员、无人机销售人员，等等，基本上都是在做某一项与低空经济关联的经济活动，他们对低空经济的整体认识却模模糊糊。笔者长期关注低空经济方面的知识、信息、政策、法规、技术等，经过一段时间的学习、研究，多方面积累，多层级消化，形成了比较系统的低空经济知识信息体系，基本上能够较好地回答上述的疑问。同时，在低空经济产业发展的朋友圈内，很多友人建议笔者写一本低空经济方面的书，于是有了结合所写的低空经济研究文章，把学到的知识、搜集来的资料系统性分类，编撰成册的想法（很多知识信息在互联网上都能够搜索，本书的不少专业技术内容也是从书籍、网络上借鉴引述而来，在此感谢在低空经济研究方面走在前列的专家学者们！）。本人并不追求拥有一本小书的荣誉虚名，仅仅想帮助对低空经济感兴趣的朋友、从事低空经济工作但又认识模糊不清的同仁，建立一个粗浅宽泛但又比较系统的低空经济"信息池"，翻阅几页、浏览几节，有点收获，即足矣。

低空经济，可以用最简单的一句话来说：航空器在低空飞！七个字，"低空"，指定了低空经济赖以发展的低空空域这一关键的经济资源；"飞"，点出了低空经济的主体经济活动；"低空飞"，要飞得好，需要低空经济中极其重要的服务保障设施的投资建设，需要多方对飞的行为进行安全管理；"航空器"，飞的装备，管的对象，需要技术研发、生产、销售、进出口等制造业的发展，同样需要金融的介入，保险的跟进，教培的辅助等。所以，七个字，涵盖了低空经济的四大产业类型：低空制造产业、低空飞行产业、低空保障产业、低空综合服务产业。

低空经济的健康、快速发展,体现在低空经济五大要素的全面有机配合:市场是根本,没有市场,就不存在经济活动;空域是关键,低空经济赖以发展的资源就是低空空域,低空空域的资源开发和利用,促进经济价值的实现;政策是保障,依赖低空空域这一国家战略性资源实施低空飞行行为,涉及国家的多方面安全,涉及市场的多方面、系统性接驳,国家相应的政策和法规,就起到了保障作用;技术是支撑,是高端、智能、绿色飞行装备的依赖,飞行行为的安全规范需要飞行控制技术,需要保障飞行的技术;安全是底线,安全与发展相依共存,没有安全,就没有发展。本书基本按照低空经济的五大要素进行内容划分,对低空经济的主体飞行活动部分有所延伸;低空飞行器的技术及数据等方面也进行了拓展。此外,如何在高质量发展低空经济大潮中找准位置、采用何种产业发展逻辑等问题,笔者给出了自己的研究所得和思考建议。笔者还编写了《无人机执照考试训练题》,紧贴教培实际,包含考试真题,是实用的复习资料,能够帮助相关学员掌握无人机系统知识,顺利通过无人机驾驶员证和机长证的考试。

低空经济,是一个新概念,国家的政策法规有新有旧,各地的政策文件各有不同,更多规范低空空域管理、规范低空经济市场的政策有待出台;低空产业涉及的科学技术发展日新月异,加速迭代更新快,建议读者不可囿于本书所述所引。书中难免有很多不足之处,恳请读者批评指正。在此特别感谢我国著名经济学家、南京大学原党委书记洪银兴教授!洪教授在专注研究新质生产力重大经济学问题之余,为本书写了序,给予了笔者极大的鼓舞和莫大的荣耀!著名经济学家、南京大学商学院院长范从来教授也给予了笔者重要指点!南京大学原党委副书记闵铁军先生、南京财经大学党委副书记温潘亚教授也给予了本人极大的帮助!南京大学教授周文幸先生、资深媒体人黄国胜先生、企业家张长力先生为这本书的出版提出了非常好的建议和意见。十分感谢!笔者李光西向朋友们致敬!

目　录

绪 论

在人类历史上,经济是一个古老而又新颖的永恒主题。无论是在农业社会,还是在工业社会,经济能否健康发展都是社会能否实现可持续发展的关键因素。低空经济概念的提出为现代经济可持续发展找到了新途径。目前,低空经济概念很热,我国各地快速出台了各种政策,但是大家的认识还比较模糊,理解的程度各有不同,涉及的群体层次较多。

著名经济学家、国家发展改革委原副秘书长、国家低空经济融合新研究中心专家指导委员会主任范恒山指出:"所谓低空经济,我们以为,是以各种有人驾驶和无人驾驶航空器的各类低空飞行活动为牵引,辐射带动相关领域融合发展的综合性经济形态。"这句话道出了低空经济的要义:各种低空飞行活动构成了低空经济主体,低空资源是低空经济依托,低空制造、保障配套和综合服务等经济活动是关联产业。

早在 2010 年,国家已正式提出"低空经济"的概念。2021 年,《国家综合立体交通网规划纲要》首次将低空经济纳入国家发展规划。2023 年,中央经济工作会议作出重大战略决策:打造生物制造、商业航天、低空经济等若干战略性新兴产业。2024 年,国务院政府工作报告强调要"积极打造生物制造、商业航天、低空经济等新增长引擎"。低空经济被提升至战略性新兴产业的高度,并被大力推动向前发展。

第一节 | 低空经济产业形态

低空经济,用一句话表述:航空器在低空飞。这里包括三个基本要素:低空空域、航空器、飞行活动。三个要素的结合、作用,牵引相关产业,产生低空经济。

任何一种经济,都体现在产业形态上。低空经济的产业形态,主要由低空制造产业、低空飞行产业、低空保障产业和低空综合服务产业构成。

（1）低空制造产业，是指面向通用、警用、海关和部分军用航空器的研发制造类产业，包括各种有人驾驶和无人驾驶航空器及其零部件和机载设备的研发、制造、材料、销售、进出口等产业。

（2）低空飞行产业，是指通用、警用、海关等各类低空飞行活动的产业，由生产作业类、公共服务类、文旅消费类等产业构成。

（3）低空保障产业，是指为低空空域安全和低空飞行提供服务保障的各类产业，包括低空空域管控系统、飞行信息系统、低空智联网、综合飞行服务站、电磁频谱管控等平台管理系统，以及通用机场、飞行营地、起降点、油料、维修等地面基础设施，还包括良好通讯、精准导航、及时气象信息、监控与被监控等相关产业。

（4）低空综合服务产业，是指支持和辅助低空经济发展的各类地面服务性产业，包括实时操作教培、科普宣传、航空会展、金融租赁、行业保险等产业。

第二节｜低空经济显著特点

一、新质性

低空经济是指在 G 类空域、W 类空域、C 类空域和部分 E 类空域内活动的有人驾驶的传统通用航空器和无人驾驶的智能航空器牵引下的综合性经济形态，覆盖了低空制造产业、低空飞行产业、低空保障产业、低空综合服务产业，涉及高新技术、新兴的行业领域、创新的产业模式，蕴含着巨大的经济发展动能，具有很强的新质性。我们知道，新质生产力，就是通过创新主导，深化改革，提升全要素生产率，促进先进生产力，实现高质量发展。目标方向是"三化"——高端化、智能化、绿色化，性质特点是"三高"——高科技、高效能、高质量，结果导向是"三新"——新产业、新模式、新动能。发展新质生产力，是通过原创性、颠覆性的技术创新，推动"老"（传统）产业高端化，智能化、绿色化。传统通航产业通过新质生产力的三化、三高、三新，从传统产业中转型升级。

二、区域性

主体飞行活动范围决定了经济作用范围上的区域性，这其实是飞行器能源供给能力和技术水平决定的。随着电池技术的不断迭代和突破，区域性将会从相对的较小，不断扩大。当然，它与长飞几万千米的民航运输经济、奔袭几千千米的高铁经济等大规模、大范围、一体化的经济形式还是会有所区别，基于小飞机、短距离的低空飞行行为具有小规模、小范围特点,其经济活动的地域性和区域性特征较为明显,基本上,活动范围在直径 200 千米～300 千米区域内,受环境条件的影响和制约,在经济发展的带动效应方面,明显体现为地区特点。

三、融合性

低空经济的飞行主体经济行为,是各行各业依托空域而产生的。与航空运输以及铁路、公路、水运等交通运输经济不同,低空经济的主要作用除了交通运输,更多的是行业服务,体现为"行业＋航空"的模式,为该行业提供空中解决途径或辅助手段,以提升工作效率、降低成本、增强获得感等。例如"农林＋航空""电力＋航空""公安＋航空""救护＋航空"等公共服务类飞行,"旅游＋航空""体育＋航空""摄影＋航空"等文化旅游类活动,"物流＋航空""城市短途出行＋航空"等交通活动。当然,低空空域的使用存在军民融合、有人机和无人机融合运行等,也是低空经济的融合性的一个表现。

四、广泛性

低空经济的飞行主体涉及各行业、不同对象,服务对象极其广泛。一是低空飞行涉及领域,包括通用航空、警用、海关、部分军用航空等领域;二是运行主体的广泛性,既包括企事业单位,也包括政府部门、个人等;三是航空器种类,包括固定翼机、旋翼机、动力伞、三角翼机、气球、飞艇,以及各种无人机等;四是应用行业,包括农林牧渔、制造、矿业、电力、交通、物流、环境、卫生、体育、娱乐、公共服务和管理等,可谓全领域、多行业。

五、立体性

与平面性相对,低空经济的飞行主体在活动空间上跨高度、跨距离的运动必然体现出经济方面的立体性。低空经济以低空空域为依托,根据不同地区特点和实际需要,具体划设不同高度范围的低空空域,经济活动就由地面向空中延伸,呈现为不同活动高度、不同平面维度与时间共同形成的三维空间的立体经济形态。

第三节 ｜ 2027 年目标和 2030 年目标

工业和信息化部、科学技术部、财政部、中国民用航空局四部委在 2024 年 3 月 28 日联合发文《通用航空装备创新应用实施方案(2024—2030 年)》。该文件主要针对低空空域中的传统通用航空和无人驾驶航空的飞行器及其飞行行为,提出了 2027 年目标和 2030 年目标。

一、2027 年目标

到 2027 年,我国通用航空装备供给能力、产业创新能力显著提升,现代化通用航空基础支撑体系基本建立,高效融合产业生态初步形成,通用航空公共服务装备体系基本完善,以无人化、电动化、智能化为技术特征的新型通用航空装备在城市空运、物流配送、应急救援等领域实现商业应用。

(1)创新能力显著提升。绿色化、智能化、新构型通用航空器研制创新居世界先进水平,形成一批通用航空领域产学研用联合实验室、科技创新中心及科技创新服务平台。通用航空法规标准体系和安全验证体系基本建立。

(2)示范应用成效明显。航空应急救援、物流配送实现规模化应用,城市空中交通实现商业运行,形成 20 个以上可复制、可推广的典型应用示范,打造一批低空经济应用示范基地,形成一批品牌产品。

(3)产业链现代化水平大幅提升。打造 10 家以上具有生态主导力的通用航空产业链龙头企业,培育一批专精特新"小巨人"和制造业单项冠军企业,通用航空动力实现系列化发展,机载、任务系统及配套设备模块化、标准化产业配套能力显著增强。

二、2030 年目标

到 2030 年,以高端化、智能化、绿色化为特征的通用航空产业发展新模式基本建立,支撑和保障"短途运输+电动垂直起降"客运网络、"干—支—末"无人机配送网络、满足工农作业需求的低空生产作业网络安全高效运行,通用航空装备全面融入人民生产生活各领域,成为低空经济增长的强大推动力,形成万亿级市场规模。

这两个目标非常值得研究。2027 年的"22133"目标,即第一个"2":两个能力显著提升——通用航空装备的供给能力、产业创新能力;第二个"2":两个体系基本建成和完善——现代化通用航空基础支撑体系基本建成,通用航空公共服务装备体系基本完善;"1":高效融合产业生态初步形成;第一个"3":无人化、电动化、智能化的新型通用航空装备技术特征;第二个"3":在城市空运、物流运输、应急救援等领域实现商业应用。

2030 年的"3131"目标,即第一个"3":技术创新要达到的水平,高端、智能、绿色,是方向,也是要求实现的目标;第一个"1":就是以三化为特征的通用航空产业发展新模式基本建立,将成为一个全视角场景的行业产业模式,崭新的低空经济业态;第二个"3",就是三个低空经济网络安全高效运行,三个低空飞行应用网络很明确,客运网、物流网、生产网,全覆盖,全场景;第二个"1":就是要形成的一个大目标,低空经济活动全面融入,形成一个新的经济增长极,市场是万亿元以上的。

时间表和路线图,非常明确而清晰。国家层面在低空经济的装备发展方面,提出了非常明确的 2027 年和 2030 年时间表,强调了四大类 20 项重点任务,描绘了清晰的实现路径。这也将推动低空经济各项法规的出台,促使地方政府发布相应的政策,各种低空经济活动从而积极活跃起来。

第四节 | 民航经济、通航经济和低空经济

一、民航经济

航空经济的概念及航空经济的发展情况,广西师范大学的李宏斌教授在《试论航空经济的概念与发展》[刊载于《北京航空航天大学学报(社会科学版)》2014年第 2 期]中进行了全面系统而又深刻的论述。

一般所指的航空经济就是民航经济,是民航运输业(公共航空运输企业、航空物流)、民航保障业(机场、油料等)、航空制造业、航空服务业(培训、教育、销售、维修以及航空金融等)、航空旅游业、通用航空业、航天产业等行业和产业的集合与集成后并产生了新衍生收益效应的经济业态和状态。

从航空经济的具体形态来说,航空经济包括了航空运输经济、航空工业经济、航空服务经济、航空知识经济和航空信息经济等。

在航空经济概念的演变和提出过程中,先后经历了航空港经济、临空经济和航空经济等几个阶段,还先后出现了航天经济、临空港经济、低空经济和临空产业等相近、相似、相混的概念。这些都反映出人们对航空经济的认识有一个不断深化、不断探索的演进过程。现有的航空经济概念从来源上分为三类:一是来自政府部门,二是来自高校,三是来自企业。大致观点如下:

1. 第一种观点

2012 年,时任国家民航局局长李家祥指出:航空经济是以民用航空业为核心和依托形成的经济发展形态,大致可分为三类:第一类是航空核心类产业,指直接

利用机场资源,主要聚集的是航空运输和航空制造产业链上的企业;第二类是航空关联类产业,指对航空运输方式高度依赖,主要聚集的是高时效、高附加值型产业,以及知识、信息、技术、资金密集型现代服务等新兴产业;第三类是航空引致类产业,指由航空核心类产业、航空关联类产业所引发的客流、货流、信息流和资金流等资源,聚集形成各类辅助、配套和支持型服务产业。

2. 第二种观点

2013 年,李家祥在 2013 中国民航发展论坛的主旨演讲中指出:航空经济是指依托航空运输方式而形成的新型经济形态,具有高附加值、高技术含量和高时效性的特征。中国民航科学技术研究院航空经济室主任刘雪妮和中国民航科学技术研究院发展规划室主任姚津津认为航空经济的核心是民航产业链,并具有三大特征:技术密集、国际化和开放性。

3. 第三种观点

航空港经济是以航空枢纽为依托,以现代综合交通运输体系为支撑,以提供高时效、高质量、高附加值产品和服务并参与国际市场分工为特征,吸引航空运输业、高端制造业和现代服务业集聚发展而形成的一种新的经济形态。

4. 第四种观点

航空经济是从产业角度对经济发展特征的把握,指的是以民用航空业为战略依托形成的经济发展形态。它在逻辑上并列于陆地经济和海洋经济。在基本内容上,航空经济由以民用航空业为核心的航空活动引起的经济联系构成,包括直接或间接依赖航空运输和通用航空而进行的生产制造业和服务性产业活动,这些经济联系和产业活动形成的经济集合便构成了航空经济的内容,成为国民经济的重要组成部分。在实际范围上,航空经济的核心层包括客货航空运输、通用航空、机场建设与管理、空中交通管理、飞机维修、航空油料供应、航空销售代理等,其上下游主要包括飞机和高端设备制造、新材料新技术研发和应用、航空金融租赁、空港产业园、航空物流和航空旅游等。而航空经济的辐射范围,可以深入到国民经济的各个领域。在航空经济的整个产业链条中,民用航空业是主导产业。在主要特征上,航空经济是现代经济、服务经济和绿色经济。

5. 第五种观点

航空经济是以航空枢纽为依托,以现代综合交通运输体系为支撑,放大市场接近效应,以提供高时效、高质量、高附加值产品和现代服务并参与国际市场分工为出发点,突破路径依赖和区域收敛壁垒,通过产生大量的人流、物流和信息流不断引致大型机场周边产业的调整与趋同,并与周边城市及机场形成经济发展走廊,吸引航空运输业、高端制造业和现代服务业等产业,形成以这些产业为主导、多种产业有机关联的独特而新型的经济形态。从产业角度来看,航空经济的产业链上游有航空制造业,中间有航空运输业,下游有航空服务业,侧面有相关产业和关联产业。从区域经济和地区发展来看,企业规模经济、行业规模经济是航空经济产生的基础性规模层次,其所在区域、影响区域和辐射区域又都具有范围经济特性,因而航空经济本身就兼具有规模经济和范围经济的优点,易产生集态竞争优势和竞争力。其中,集态指各经济要素在时间、空间、功能上经过汇集、集中、集聚而形成的集群、集成的新式状态和整体功能(或功效)最优化的形态。2013年1月国务院办公厅发布的《促进民航业发展重点工作分工方案》(国办函〔2013〕4号)中,在部署大力推动航空经济发展时,也使用了临空产业集聚区概念,先后强调了航空经济产业链和产业集聚区两个重点,即两个目标任务——打造航空经济产业链,加快形成珠三角、长三角、京津冀临空产业集聚区。对于航空经济的推动主体,可以从不同的角度进行解读、参与和推动。从行业角度来说,在推动航空经济发展的过程中,中国民航业具有不可替代的重要作用,但并非唯一的推动力量。中国民航业和民航企业有必要积极宣传、积极推动、积极参与航空经济的发展,但没有必要和能力充当主力军。就中国现实来看,发展航空经济的主体既非民航,也非机场及所在地市或县(市)政府,而是省级人民政府。这一点,国务院办公厅在上述分工方案的通知中就明确提出:"各省、自治区、直辖市人民政府要积极发挥主体作用。"

航空经济的理论阐释与实践操作,虽然可以从国家、政府、行业、产业、区域、企业等多个角度进行分析、整合,但强调各自特征时,都必须牢牢把握住航空经济的集态和平台化这两大核心特征、原则与目标,否则实际效果可能会背道而驰、适得其反。

同时,航空经济还要注意全球化特征,这是由航空技术、航空标准、航空制造和航空运输等已经具有全球化、国际化的特点来决定的。

国外航空经济发展,综合而言,分为三种类型:一是城市综合体引领型航空经济。这种航空经济具有腹地经济属性和较强的辐射性,所依托的城市一般是综合性交通枢纽,所依托的机场客货流量较大,它的集聚效应明显,拥有航空运输服务、电子信息、高新材料、生物制药、金融等多种产业。这种城市综合体,典型的如爱尔兰香农自由区、德国法兰克福、日本中部机场城等。二是航空主导产业引领型航空经济。此种航空经济以航空主导产业(尤其是飞机制造业)为龙头,在机场周边形成完整的航空工业产业链,它是一种以制造业为主的航空经济发展模式。其代表是蒙特利尔和西雅图。三是地方特色引领型航空经济。此类航空经济发展模式主要是利用当地已有优势,发展具有浓郁地方特色的航空经济,如孟菲斯的物流型航空经济发展模式、迪拜的商务贸易型航空经济发展模式等。

国外航空经济区,一般都遵循由航空枢纽向航空产业集聚区再向航空都市发展的规律。

(1)以枢纽机场为支撑。世界各国的航空经济在发展过程当中均以发达的枢纽机场为支撑。如,新加坡就是通过把樟宜机场打造成东南亚的枢纽机场,扩大转口贸易来发展航空经济。荷兰则是通过把史基浦机场打造成世界级枢纽机场来发展航空经济。两国发展航空经济的模式基本相同。

(2)以骨干立体交通网络为基础。便捷的综合交通网络是航空经济发展的基础。世界各国的航空经济区,无论是以物流型经济为主的孟菲斯还是以制造业经济为主的西雅图,都是将综合交通的便捷性作为发展基础的。孟菲斯有四通八达的货运航线,以各种交通手段连接地面交通网。西雅图拥有以航空制造为特色的航空经济,由于飞机总装基地要接收来自全球的零部件,所以它更是以海、陆、空运输高效联动为基础。

(3)注重提高机场的服务能力和服务效率。孟菲斯机场规定了比其他机场更晚的截件时间,并且提供高效的通关服务。法兰克福机场因其高效服务被国际民航组织评为最佳机场,从而吸引了众多知名企业进驻。显著的区位优势以及高效的服务水平是航空经济发展的持续动力。

(4)因地制宜,走特色发展之路。各国发展航空经济均注重从各自文化底蕴、独特资源出发。如迪拜世界中心建设的是旅游休闲特色的航空经济,香港展现的是会展特色的航空经济,阿姆斯特丹国际机场突出的是商务总部特色的航空经济,伦敦希思罗国际机场走的是零售特色的航空经济发展之路。

(5)注重规划引导,提升发展内涵。各国在发展航空经济上均制定有完善的产业政策,对符合要求的投资项目和相关企业实行分层优惠,建立航空产业园区,并对高端人才引进给予鼓励,尤其是土地政策,既注重合理规划,又注重土地资源的集约化利用。

二、通航经济

通航经济主要是指以传统通用航空为主体的综合经济形态,涵盖了使用民用航空器从事各种非运输类飞行活动的经济活动。通航经济包括工业、农业、林业、牧业、渔业生产服务,以及医疗卫生、抢险救灾、海洋及环境监测、科学实验、教育训练、文化体育及游览等活动。

通航经济的特点包括高成本和严要求。高成本主要体现在航空油料波动、高昂的维护成本、人力资源成本高以及保险成本高等方面。严格的监管和合规要求也是通航经济发展的重要考量因素。

关于我国通航经济的发展现状和挑战方面,我国通航市场仍处于起步阶段,虽然通用航空器研发制造水平和自主化率有所提升,但与美国市场相比,我国通用航空器的保有量仍有较大差距。此外,高成本和严要求也是制约我国通航经济发展的因素。通航经济的未来展望方面,随着相关配套政策的不断强化和技术的进步,通航经济有望迎来黄金期。

第一阶段:市场培育期。以完善传统作业市场和健全相关政策法规为主。随着国家经济的发展、人均收入的提高,私人娱乐飞行、短途客货运营、飞行培训等"新兴市场"开始起步。

第二阶段:2011—2015年快速发展期。随着刺激政策出台以及机场、空管和航油等配套设施逐步完善,市场容量呈现突破性的发展,同时也极大地激发培训市场的需求。由于细分市场较为成熟,外资品牌的通航飞机在头两年将占据市场的大半份额;随着国产通用飞机制造商通过与外方合作逐步积累经验并陆续推出新品,国产航空制造会后来居上。

第三阶段:2016—2020年稳步增长使其逐渐步入成熟市场。"新兴市场"开始成熟,市场需求开始向高峰冲刺。此时,中国通用飞机市场与国际接轨,中国通用航空制造逐步走出国门。

这里,还有几个方面需要指出的是:

1. 国家政策推进行业发展

行业政策陆续出台构成了我国通用航空发展的动力。我国政府不断出台促进通用航空发展的实质性利好政策。如,2016年5月,国务院办公厅发布了《关于促进通用航空业发展的指导意见》,提出稳步扩大低空空域开放,未来将低空空域真高提升为3000米,同时简化通用航空飞行审批备案。2016年12月,《通用航空发展"十三五"规划》发布,提出到2020年建成500个通用机场、拥有5000架通用飞机、配备飞行员7000人。2018年9月28日,《低空飞行服务保障体系建设总体方案》出台,提出到2022年,初步建成由全国低空飞行服务国家信息管理系统、区域低空飞行服务区域信息处理系统和飞行服务站组成的低空飞行服务保障体系。在政府的高度重视与持续的政策鼓励与支持下,中国通用航空市场的潜力逐渐显现。

2. 通用航空机场建设仍然任重道远

通用航空机场作为通用航空业的基础保障设施,其数量及运行情况已经成为反映行业发展的标杆数据。据中国航驾协通用机场研究中心数据,2020年全国在册通用机场数量为313个。《通用航空发展"十三五"规划》,规划至2020年中国通用机场数量达500个,《"十四五"通用航空发展专项规划》明确提出的目标为:"十四五"期间,聚焦五个重点领域,夯实两大保障体系,实现五个新变化,即安全水平达到新平衡,发展规模实现新跃升,保障能力取得新突破,行业治理开创新局面,服务质量达到新水平。在此基础上,设定了安全、规模、服务三个方面的16个具体指标,如通用航空器期末在册数达到3500架,开展通用航空应急救援服务的省份不少于25个,等等。

3. 通用航空器及企业数量不断增长

中国通用航空器的数量自2014年以来始终保持上升的趋势,机队规模稳步扩大。截至2020年8月,中国内地在运营的通用航空器数量达2930架,相比2019年底增长154架,相比2014年的1505架几乎翻了一番。但增长率在下降,2020年仅增长6%(增加156架飞机)。自2018年以来,通用航空运营商也同样呈现增长率下降的趋势。2018年,行业净增100家运营商。由于2019年末新冠疫情以及中美贸易争端的影响,2019年仅新增56家运营商,而2020年新增数量更是下降到了37家。

4. 机队构成以涡桨和活塞固定翼飞机为主

机队构成方面,截至2020年8月,涡桨和活塞固定翼飞机占通航飞行器总数的50%。其中,活塞固定翼飞机主要应用于飞行培训,涡桨固定翼飞机凭借更强的性能而广泛应用于农林作业、通勤运输、航拍航摄等领域。

直升机占到了机队总数的37%,主要应用于海上石油服务、空中巡查、农林植保、空中游览、电力巡线等领域。代表着高端出行的公务机则占到了机队总数的11%,尽管数量上占比不大,但由于飞机平均单价较高,从机队价值上来看同样不容忽视。

5. 生产自主研发机型的厂商数量在增加

中国尽管拥有巨大的通用飞机市场潜力,但是在通用飞机制造方面起步晚、底子薄,长期以来始终在努力追赶国外先进水平。2020年,中国国内有32家通用航空器制造商取得了中国生产许可证(PC)。其中生产自主研发机型的厂商数量占到了56%,直接引进或者收购的厂商占到了44%。尽管从数量上来看自主研发的机型较多,但除了中航工业的"运"系列以及个别机型外,国内自主研发的机型大多为超轻型运动飞机,不适用于传统的通航作业,国内航空运动的市场也没有完全打开,因此,市场占有率也很低。

6. 飞行作业时间和执照培训稳定增加

通用航空飞行作业小时方面,2019年相比上年增长14%,突破100万小时。

2020 年，由于新冠疫情，第一季度通用航空作业受到了很大的影响，但随着第二季度疫情得到基本控制，通用航空作业基本恢复正常，并在第三季度实现了对上年同期水平的反超。2020 年全年飞行小时数较 2019 年稍有回落，但仍高于 2018 年的水平。从作业时间分布来看，执照培训占到了半数以上，以下依次为工业、农业、消费、交通运输和应急等。

在当前工业和农业领域，无人机有着逐步取代传统固定翼飞机和直升机的趋势，但在通航消费（空中游览、跳伞飞行和个人娱乐飞行）、交通运输（包机和短途运输）和应急领域，通用航空器仍然有着巨大的市场潜力。

7. 细分市场竞争激烈

（1）涡桨和活塞固定翼飞机市场，德事隆航空位居第一。涡桨和活塞固定翼机队占整个通用航空器机队的 50%，2020 年机队总数达 1472 架，从数量上来看是构成通用航空器机队的最主要力量。从涡桨和活塞固定翼飞机制造商的市场份额来看，德事隆航空位居第一，市场份额达 30%，旗下机型种类众多，其中，赛斯纳 172 和赛斯纳 208 分别为市场上占有率最高的活塞和涡桨固定翼飞机的机型；赛斯纳 172 也是世界上最成功的轻型通用飞机之一，广泛应用于飞行培训等领域。2013 年，德事隆航空与中航通用飞机有限责任公司合资成立的石家庄中航赛斯纳飞机有限公司负责赛斯纳 208 的总装和国内客户交付，并提供原厂维修服务。钻石飞机工业公司以 23% 的市场占有率位居第二，中国航空工业集团作为中国最大的航空工业集团，以 18% 的市场份额位居第三。

（2）直升机市场，罗宾逊占据榜首。直升机机队占整个通用航空器机队的 37%，2020 年机队总数达 1070 架。从直升机制造商的市场份额来看，罗宾逊凭借 R44 和 R22 这两款"爆款"机型而占据榜首，占比达 30%。法国的空中客车、美国的贝尔和意大利的莱昂纳多分别凭借 23%、16% 和 10% 的市场份额占据第二至第四名。

（3）公务机市场，内地机队占比较低。2020 年中国公务机机队总数达 326 架。从公务机制造商的市场份额来看，有着公务机中的"苹果"之称的湾流宇航公司依然霸占榜首，市场份额达 36%。

8. 2020—2030 年通用航空市场规模增量有望突破万亿元

"十三五"期间，在册通用机场有 339 个，民航机队达 6795 架；质量效率持续提高，战略地位更加凸显，创新格局加快形成，治理能力明显提高。根据民航局编制的《全国通用机场布局规划》，到 2030 年，全国通用机场将达到 2058 个，按照"十三五"规划中，每个通用机场配置 10 架通用航空器，每架通用航空器配置 1.4 名飞行员，运营、维修、租赁市场规模按通用航空制造业规模 80% 的比例测算，到 2030 年，中国通用航空市场规模总和将达到 1.4 万亿元左右,2020—2030 年中国通用航空市场规模增量达到 1.2 万亿元左右,市场规模年复合增长率约为 21%。[①]

三、低空经济与通航经济的关系

低空经济包括了通航经济。而通用航空器应该涵盖了传统通用航空器和无人驾驶航空器。低空空域资源是通用航空器和无人驾驶航空器共同依托的资源空间。低空经济更多指向无人驾驶航空器飞行行为触发的经济活动。发展通航经济和低空经济被视为推动经济增长的重要途径,未来有望实现高质量发展和高水平安全的良性互动。

航空经济,无论从经济理论、产业发展,还是区域性、技术性等特征上看,应该包括通航经济和低空经济;而低空经济与通航经济,在空域资源使用上有着共同性。

第五节 │ 低空经济发展现状

一、国外情况

在整体布局方面,世界各国积极布局低空领域,据罗兰贝格研究预测,到 2050 年,全球低空经济市场规模将超 60 万亿元人民币。美国、日本、巴西等通用航空业发达的国家,更重视低空经济的交通属性,通过多种方式推动城市空中交通(UAM)或先进空中交通(AAM)发展,多采用国家引导协调、适航创新跟进、军民结合相促、开展试点运行等方式。

在企业研发制造方面,欧美等国的波音、空客、Joby、Lilium 等传统巨头、初创企业积极布局 eVTOL(electric Vertical Take-off and Landing,中文名称:电动垂直起降航空器)研发制造,为城市短途空中客运做足准备。各国普遍认为,2025 年是 eVTOL、UAM(Urban Air Mobility,中文名称:城市空中交通)商业化应用的关键节点,法国、日本等计划在巴黎奥运会、大阪世博会期间启用 eVTOL 商业运营。

二、国内情况

(一) 国家政策层面

从 2021 年 2 月低空经济概念首次写入国家规划到 2023 年 12 月中央经济工

---

① 通用航空器单价按 2621 万元、通用机场建设按 2 亿元、飞行员培训费用按 60 万元进行测算。

作会议明确定调要打造低空经济等战略性新兴产业,国家出台系列政策法规促进低空经济产业健康有序发展。2024 年以来,工业和信息化部等四部门发布了《通用航空装备创新应用实施方案(2024—2030 年)》,2024 年 1 月 1 日起《无人驾驶航空器飞行管理暂行条例》正式实施,标志着无人机产业迈入规范化发展新阶段。

(二) 地方政策层面

北京、重庆、广东、安徽、江苏、山西、江西、山东、四川、陕西、湖南等省、直辖市,以及深圳市在 2024 年政府工作报告中提出重点布局低空经济。例如,深圳形成低空经济 6＋N 体系,从市级层面先后建立政府专班、印发低空政策、制定促进条例、成立国资平台、组建低空产业协会和专家委员会,带动全市 1500 余家低空经济产业链上企业发展。

三、产业链结构

我国低空经济产业链结构包括:低空制造产业,涉及原材料与核心零部件领域,含生产、组装、进出口销售等;低空飞行产业,涉及城市短途客运、物流配送、公共服务等各种应用场景;低空保障产业,涉及低空智联网和地面保障基础设施网络等,也包含低空频谱资源的科学合理利用以支撑飞行活动;低空综合服务产业,涉及地面的保险、教育培训、宣传等。低空经济目前处于蓬勃发展阶段,低空飞行应用是核心。从上下游看产业链,上游是制造,中游是飞行服务保障,下游则是飞行与各种产业融合,常见的城市应用场景包括与物流、娱乐、出行、消防等行业融合的快递物流、娱乐拍摄、基建巡检、农林植保、消防救援等场景,未来可向生产作业、公共服务、航空消费三大领域拓宽应用场景。

四、企业发展

用于工农业生产作业的无人机制造企业,以大疆、道通航空、高巨创新、纵横股份、极飞科技等为代表,已积极布局低空经济,部分涵盖了整机生产销售的低空制造产业、监测文宣等低空飞行产业、平台网络系统等低空保障产业和执照教培等低空综合服务产业。

eVTOL、飞行汽车生产制造厂商,以亿航智能、峰飞航空、时的科技、沃兰特、御风未来、沃飞长空、小鹏汇天等为代表,也在加快布局,积极参与低空经济,在产品型号、适航、生产及运营管理等合规取证方面都在全力冲刺。例如,一些企业开展了 eVTOL 商业化计划,2020—2025 年实施客运型 eVTOL 的原型机测试与验证,实现货运型 eVTOL 商业化运行;2025—2030 年通过货运型商用铺路,实现有人驾驶客运型 eVTOL 商业化。

五、市场规模与运营情况

通用航空(不含无人机)方面,截至 2023 年底,我国通用航空飞行器保有量约为 5000 架(同比增长 5%),飞行时间约为 135 万小时(同比增长 11%),运营企业数量为 690 家(同比增长 4%);而同期的无人机注册数量为 120 万余架(同比增长 25%),飞行时间约为 2300 万小时(同比增长 10%),运营企业数量为 1.9 万余家(同比增长 26%)。我国在无人机领域的产业链已经比较成熟,目前正在大力发展以 eVTOL 为代表的低空经济产业。此外,目前全球已研发或正在研发适航阶段产品、取得实质性进展的企业约 50 家,其中,亿航智能获得由中国民航局颁发的 TC、AC、PC 证照,小鹏汇天、沃飞长空等企业也在稳健发展,不断获得相关证照。

六、基础设施与保障体系

数字系统保障。粤港澳大湾区数字经济研究院(IDEA 研究院)正在抓紧建设智能融合低空系统(SILAS),构建低空基建服务网、航路网、空联网、设施网,实现低空空域资源可计算,提升飞行安全裕度,支撑异构、高频次、大容量的无人机低空飞行活动。

低空基建保障。深圳已组建低空经济国资平台,作为深圳市低空智能融合基础设施建设运营主体,承担地面配套设施和信息基础设施建设运营。

第六节 | 新质生产力和低空经济战略性新兴产业

李强总理在政府工作报告里安排的 2024 年十项工作任务中,头一项是:通过推动产业链供应链优化升级、积极培育新兴产业和未来产业、深入推进数字经济创新发展等三个方面,大力推进现代化产业体系建设,加快发展新质生产力。

新质生产力是习近平总书记提出的重大政治经济学概念。概括地说,新质生产力,就是通过创新主导,深化改革,提升全要素生产率,促进先进生产力,实现高质量发展。目标方向是"三化"——高端化、智能化、绿色化,性质特点是"三高"——高科技、高效能、高质量,结果导向是"三新"——新产业、新模式、新动能。发展新质生产力,不是放弃传统产业,而是通过原创性、颠覆性的技术创新,推动"老"(传统)产业高端化、智能化、绿色化。比如,中国电动汽车、锂电池、太阳能光伏等就是从传统产业中转型升级而来。发展新质生产力,更要创新技术、创新工艺、创新材料、创新设备的"四新",培育生物制造、商业航天、低空经济、生命科学等"新"(新兴)产业、新模式,创造经济发展的新动能。低空经济涉及新技术、新模式,蕴含着庞大的经济发展新动能,具有突出的新质生产力特质。

江苏已建成省级低空飞行服务平台,具备有人机和无人机低空飞行服务保障功能。

经济学家范恒山提出,低空经济发展空间广阔、前途光明。在当前形势下发展低空经济,具有以下几个方面的作用和意义。

一是能够为国民经济发展提供新动力。近年来,以通用航空为主体的低空经济得到快速发展,有人机经济规模年增长率超过 10%,无人机经济规模更是呈高速发展态势,年增长率超过 20%。目前全国无人机运营企业已超过 1.2 万家,无人机注册数已超过 83 万架,年飞行量(按小时计算)约 1000 万小时,与运输航空飞行量相当。可以说无人机的迅猛发展为低空经济发展注入了强劲动力。从经济发展规模上看,据预测,到"十四五"末,我国低空经济对国民经济的综合贡献值预计将达 3 万亿至 5 万亿元。

二是能够为社会公共服务提供新手段。发展低空经济,可有效提升政府服务能力和服务水平,为人民实现美好生活提供有力支撑。例如,在航空应急救援、医疗救护、警务安防、政务执法等领域具有特殊的、不可替代的作用。据笔者所知,仅公安系统而言,警用无人机已发展到 1 万余架。

三是能够为区域经济发展提供新空间。低空经济具有显著的区域性、立体性特征,在当前优化区域经济布局,促进区域协调发展中无疑将发挥重要作用,推动区域经济由"平面"向"立体"模式转变,打造区域经济新的增长极。例如,通过发展航空物流、公务航空、航空水域监测、公共管理和服务等,将对京津冀协同发展、长江经济带发展、粤港澳大湾区建设和长三角一体化发展等产生极大促进作用。

四是能够为国防和军队建设提供新支撑。发展低空经济,建设一批平时能运营、急时能应急、战时能应战的通用机场、通航机队、飞行人员以及航空维修保障队伍,可有效填补军用机场网络的空白,有利于加强国防交通运输能力、增强航空后备人才储备、辅助军队完成军事任务,在国防和军事领域作用特殊而明显。

但同时,要看到我国低空经济发展仍然处于较低水平,虽然无人机产业在全球具有领先优势,但传统通航产业却落后于发达国家。当前低空经济存在着产业链条较短、高新技术支撑能力不足、开放合作程度不高等问题,必须从基础环节入手,立足于补短板、固长板实行系统创新,加快实现低空经济高质量发展。

第一章

主体 A：飞行汽车主导低空飞行活动的未来

随着城市化进程的加速,城市交通拥堵问题日益严重。传统的地面交通解决方案已经难以满足日益增长的交通需求。空中交通作为一种新兴的解决方案,逐渐引起了广泛关注。《通用航空装备创新应用实施方案(2024—2030年)》明确了我国到2030年要加强保障"空中客运网""物流配送网""工农业作业生产网"三网安全高效运行,为空中交通及低空飞行作业做好充分准备。低空交通载具包括飞行汽车、eVTOL、热气球、滑翔伞,等等,但是未来城市短途交通出行的低空交通载具,主要是飞行汽车和eVTOL。飞行汽车和eVTOL将成为未来城市低空交通五人以下的交通载具和小宗、轻量化物流运输工具。从特点上看,飞行汽车,是结合了汽车和飞机的功能,能够在地面行驶和空中飞行;eVTOL,即电动垂直起降航空器,是电动化且不需要跑道就可垂直起降的飞机。当前,世界上几个航空业大国都在积极迈进飞行汽车和eVTOL的新赛道,以抢占未来城市空中交通的制高点。本章中将这两种低空交通载具统称为飞行汽车。

低空飞行活动的主角,一定是飞行汽车、通用航空装备和无人机等,它们的活动构成了低空经济的主体经济行为。

第一,低空经济是一种以低空飞行活动为核心的综合性经济形态,它通过无人驾驶、低空智联网等技术与空域、市场等要素的相互作用,带动低空基础设施、低空运营服务和低空飞行保障等领域的发展。这种经济形态不仅涵盖了无人机、直升机等在物流、农业、环保、城市建设、应急救援等领域的广泛应用,还包括了有人驾驶和无人驾驶航空器的各类低空飞行活动。

第二,低空飞行活动在低空经济中扮演着至关重要的角色。

(1)技术核心。飞行活动,尤其是飞行汽车的飞行,被认为是低空经济的技术核心。这些航空器的研发和推广正在全球范围内进行,旨在提升飞行活动的效率和安全性。

(2)应用场景广泛。飞行活动的应用场景非常广泛,包括了观光旅游、城市安防、医疗救护、应急救援、农林植保、电力巡检等。这些应用场景不仅提升了社会服务的质量和效率,也为低空经济带来了巨大的市场潜力。

（3）推动经济增长。通过提供新的就业机会和经济增长点，低空飞行活动促进了低空经济的发展。例如，深圳市计划到 2025 年开通 220 条以上的无人机航线，产业链上企业突破 1700 家，产值规模突破 1000 亿元大关。

（4）政策支持。各国政府都在出台政策发展低空经济，美国和欧洲国家分别出台了相应政策。我国也高度重视低空经济的发展，从中央经济工作会议到政府工作报告，再到《无人驾驶航空器飞行管理暂行条例》的实施，等等，我国在低空经济方面进入了全力加速的发展阶段。

因此，低空飞行活动之所以被视为低空经济的主体，是因为它不仅是低空经济的技术核心，而且在推动经济增长、提供多样化服务和应用场景方面发挥了关键作用，低空飞行活动在低空经济中的重要性将进一步增强。

第一节｜飞行汽车精彩纷呈

飞行汽车根据不同的设计特点和功能进行分类，主要包括以下几类：

一、固定翼飞行汽车

固定翼飞行汽车是一种结合了传统汽车和飞机特点的交通工具，它能够在公路上行驶，同时也具备在空中飞行的能力。

这种汽车通常在尾部安装有类似飞机的倒尾翼，通过尾部的固定翼来减少空气阻力，提高行驶效率。在飞行状态下，通过调整机翼的角度，使飞行汽车机翼产生的升力提供向上的支撑力，以保证飞行汽车在空中飞行中的稳定性和操控性，机翼的角度调整实现飞行和行驶之间的转换。

这类飞行汽车通常具有机翼和传统的飞机布局，需要跑道（或普通公路）进行起飞和降落。

二、直升机式飞行汽车

直升机式飞行汽车，或称为多旋翼飞行汽车，也是飞行汽车的一种类型。它采用多个旋翼提供升力，从而实现垂直起降。

这一特性使得它在起飞和降落时不需要像固定翼飞行汽车那样依赖跑道或者较长的公路，能够在更小的空间内进行操作，大大增加了使用的灵活性。这种飞行汽车能像其他飞行汽车一样，具备多功能性，既能在空中作为飞行器飞行，又能在地面上像汽车一样行驶。

直升机式飞行汽车具备自动驾驶技术,在不需要人工操作的情况下就能够进行飞行和驾驶,这也是现代飞行汽车智能化发展趋势的体现。

三、电动垂直起降飞行汽车

就是eVTOL,采用多个旋翼提供升力,实现垂直起降,类似于无人机的放大版。其主要特点在于"载人＋电动"的特性,与现有航空器形成空域互补。eVTOL与直升机的主要区别在于其为纯电动驱动,与无人机的区别在于其以载人为主,能够在小空间进行起飞和降落,增加使用的灵活性。

四、倾转翼飞行汽车

倾转翼飞行汽车是一种结合了固定翼飞机和直升机特点的飞行器,能够在垂直起降和高速巡航之间切换。这种飞行器的设计使其既具有直升机的灵活性,又拥有固定翼飞机的速度和效率。

这种飞行汽车通常配备复杂的飞行控制系统,包括多个气动舵面通道和倾转角度控制通道,以确保精确的飞行姿态和安全性。

倾转翼飞行汽车的动力系统通常包括电动机和大直径低转速螺旋桨,这种设计不仅降低了飞行噪声,还提高了经济性和效率。

目前,多家企业正在研发倾转翼飞行汽车,例如,小鹏汇天已经公布了全倾转旋翼飞行汽车的构型,并预计在未来5年内实现量产。

五、涵道式飞行汽车

涵道式飞行汽车是一种结合了汽车和航空技术的交通工具,它能够在道路上行驶,同时也能够在空中飞行。涵道风扇是飞行汽车设计中的一个关键组件,其主要作用是为飞行汽车提供推力和升力。通过其宽大的涵道设计,涵道风扇能够有效地捕捉和集中气流,从而产生足够的推力和升力,这有助于维持飞行汽车的稳定性。

涵道式飞行汽车在军事和民用方面都有很好的价值,尤其在应急救援领域具有重大意义。由于其灵活性和快捷性,能够在建筑物密集的城市第一时间到达救援现场,高效处理紧急情况。

目前,国内一些企业,如金盾股份已开发飞行汽车涵道风扇项目,并制定了详细的规划,涵盖技术研发、测试验证和生产准备等多个关键阶段。涵道式飞行汽车技术正在逐步走向成熟,未来有望在更多领域得到应用。

六、复合翼飞行汽车

复合翼飞行汽车是一种结合了飞行和地面行驶功能的交通工具,能够在特定条件下实现从地面到空中的转换。

复合翼飞行汽车采用模块化分体式设计,使其能够在日常使用中灵活转换形态。例如,奇瑞的三体复合翼飞行汽车由飞行模块(包括螺旋桨和机翼)、座舱模块和行驶模块组成,能够在机场安装飞行模块后飞行,并在降落后重新连接行驶模块。这类飞行汽车,支持陆地和航空两种无人驾驶模式,降低操作难度。最大飞行速度大于等于 120 千米/小时,续航 70 千米至 80 千米,飞行时间约为 40 分钟,适用于城市空中交通、低空旅游观光等场景,能够提供多元化的出行方式,缓解城市交通拥堵问题。

目前,复合翼飞行汽车仍处于原型机研发阶段,但已成功完成试飞。如,奇瑞的三体复合翼飞行汽车已完成约 80 千米的试飞距离。

七、浮行类飞行汽车

浮行类飞行汽车是一种采用气垫或其他方式实现地面移动和空中飞行的、目前在设计上较为少见的飞行汽车类型。浮行类飞行汽车通过气垫或其他技术,增加了其灵活性和多样性。

浮行类飞行汽车由于其独特的设计,适用于多种应用场景,包括但不限于城市交通、应急救援、物流配送,等等。

尽管浮行类飞行汽车的设计较为新颖,但目前仍处于研发和试验阶段,尚未大规模商业化应用。

第二节 | 飞行汽车是低空空域的主要交通工具

一、技术优势

(一) 高效能源利用

飞行汽车通过采用先进的电动推进系统和能量管理系统,大大提高了能源利用效率。这些技术的应用不仅有助于减少能源的消耗,同时也有助于提升整体飞行效率。电动推进系统利用高效电力驱动多个小型电动机,实现垂直起降和飞行,相比传统的活塞发动机和涡轮发动机,电动推进系统几乎没有机械损耗,能够实现更高的能量转化效率,从而在频繁加速和减速的飞行中保持高效运行。能量管理系统则通过对能量的综合调度和优化使用,进一步提高了整个系统的能源利用效率。例如,通过能量回收技术,当飞行汽车减速或下降时,电动机可以转换为发电机,将动能转化为电能,再通过电池储存起来,为下一次爬升或加速提供动力。这不仅提高了能源的利用效率,还减少了电池的损耗和更换频率,延长了飞行汽车的续航里程。

此外,由于使用了高效率的电动机和电池技术,飞行汽车在起飞和降落过程中表现出更佳的性能。电动机的响应速度快,能够在极短的时间内产生所需的升力和推力,从而大幅减少了启动时间和加速过程。同时,电动机的运作平稳,没有传统发动机的强噪声和振动问题,为乘客提供了更为舒适和安静的飞行体验。能量管理系统能够根据飞行路径和任务需求,合理分配能量,使各个电动机在最佳效率区间工作,从而进一步提高整体的能量利用率。

从环境保护角度来看,高效的能源利用使飞行汽车对环境的影响降到最低。与传统燃油飞行器相比,飞行汽车没有尾气排放,能够显著减少空气污染物和温室气体的排放,有利于改善城市的空气质量,降低全球变暖的风险。同时,电动推进系统和能量管理系统的高效性也有助于将能源成本降至最低,提高了整个飞行汽车的经济性。

飞行汽车通过不断的技术革新,实现了在低空空域中高效利用能源的目标,这不仅为城市交通提供了一种全新的解决方案,也为可持续交通的发展树立了新的标杆。随着技术的进一步成熟和成本的不断降低,飞行汽车有望在未来成为低空空域的主要交通工具,引领人类进入一个更加高效、环保和便捷的飞行时代。

(二)安全飞行系统

在飞行汽车的发展中,安全飞行系统是确保低空空域安全的关键因素。先进的飞行控制系统、冗余系统设计和实时监控技术,能够提高飞行汽车的安全性,从而为未来的低空交通铺平道路。

高效的飞行控制系统通过先进的算法和传感器技术,确保飞行器在各种飞行条件下能够稳定、安全地运行。采用集成式飞行控制系统,可以实现高度、速度和航向的精确控制,确保飞行过程中的稳定性和安全性。同时,冗余系统设计大幅提升了系统的可靠性和稳定性。例如,在关键系统中使用双通道或多通道设计,确保在单个系统失效的情况下,其他系统可以无缝接管,保证飞行安全。此外,通过采用失电保护和故障运行设计,进一步提升了系统在意外情况下的安全性能。例如,当系统检测到关键部件失效时,部分系统能够自动切换到备份模式,继续执行必要的任务,而不会对飞行安全造成严重影响。

实时监控技术的应用进一步提升了飞行的安全性。基于云计算和大数据分析的系统可以实时监控飞行数据，包括电动机的工作状态、电池的健康状况以及外部环境条件等。通过数据分析，可以提前发现潜在的问题，并及时进行干预，防止事故的发生。例如，通过对飞行路径和任务需求的实时监控，可以优化能源管理和飞行计划，减少不必要的能耗和风险。数据收集和传输技术的发展，使得实时监测的数据可以迅速传送到地面监控中心，实时监控任何异常情况，及时采取相应的措施，保证飞行安全。

为了保障乘客的安全，飞行汽车采用先进的安全保护技术。首先，采用多重防护措施，如安全带、气囊和安全壳结构，提高乘客的安全性。这些防护措施可以有效减轻飞行过程中的冲击和碰撞对乘客造成的伤害。其次，通过采用自动防碰撞系统、紧急避碰技术和自主导航系统，提高了飞行的安全性。这些系统通过集成高级传感器和计算能力，能够实时检测周围环境中的障碍物，并进行自动避让，减少发生碰撞的风险。这些系统还通过与飞行控制系统和安全防护系统协同工作，提供多层次的安全保障。为应对极端情况，飞行汽车还配备了紧急降落系统和应急疏散系统。例如，紧急降落系统可以在紧急情况或飞行汽车出现故障时，自动启用降落设备，帮助飞行汽车平稳着陆。应急疏散系统能够确保乘客在紧急情况下迅速且安全地离开飞行汽车，减少人员伤亡的风险。此外，通过采用无尾旋翼设计和整体结构优化，降低了飞行汽车失控的风险。无尾旋翼设计减少了飞行汽车在起飞和降落时的不稳定性，降低了发生不规则飞行状态的可能性。而整体结构优化则提高了飞行汽车在应对突发情况时的适应性和稳定性，为乘客提供了一个更加安全的飞行环境。环境因素对飞行安全的影响也不容忽视。通过先进的气象预测系统和环境监控技术，可以实时监测飞行空域的气象条件、空气状况与流量，提前预警潜在的飞行风险。这些措施可以确保在恶劣天气或复杂气流变化下，飞行汽车能够安全、平稳地运行。

安全飞行系统不仅提高了飞行汽车的可靠性，还为低空交通创造了一个安全的运行环境。通过不断的技术革新，飞行安全问题得到有效解决，为未来低空交通的发展提供了坚实的基础。飞行汽车通过这些先进技术的应用，成为低空空域中最安全的交通工具之一。

二、环境友好

（一）低噪声运行

飞行汽车在设计时充分考虑了降低噪声的技术要求，以满足城市空域的使用需求。飞行汽车在运行过程中产生的噪声水平低于传统飞行器,主要是由于电动系统的工作原理和采用的降噪技术。

电动系统不仅具有高效能量转换的特点,还具有低运行噪声的显著优势。根据电动机的工作原理,电动机产生的噪声主要来源于电磁噪声和机械噪声,如转子和定子之间的电磁振动以及轴承和齿轮的摩擦,采用低噪声设计的电动机,优化转子和定子结构以减少电磁振动和机械噪声,选用优质轴承和齿轮结构,可以有效降低噪声输出。

此外,采用电动驱动系统还能够减少气体排放,从而带来了显著的噪声降低效益。传统燃油发动机不仅产生发动机轰鸣声,还伴随着进气和排气时的气流声及燃烧过程中的爆震声。相较于燃油发动机,电动机无需进排气系统,因此减少了这些气流噪声的产生。这一特性使得飞行汽车的噪声水平大幅下降。

为了进一步降低噪声,各种降噪技术也被广泛应用。例如,对于外部噪声,可以通过改进机身形状优化空气动力学设计,增加吸音材料或吸音涂层,以吸收和消减噪声。内部噪声的控制,则通过增加隔音材料和部件,优化内部结构布局,减少振动和部件之间的摩擦噪声。

在飞行汽车中,飞行控制系统也发挥了重要作用。先进的飞行控制系统可以通过实时调整电动机的功率输出和方向,保持平稳飞行,从而降低不必要的噪声输出。例如,通过采用智能飞行控制算法,可以实现精确控制,避免飞行过程中的突然加速或减速,从而减少因为频繁变动产生的低频噪声。

在起飞和降落过程中,飞行汽车通过技术应用进一步降低噪声。例如,采用滑行而不是悬停进行起飞和降落,可以显著减少噪声。还有一种方式是使用主动降噪滑槽技术,通过调整滑槽打开时间、频率等,达到降低噪声的效果。

综合来看,通过采用电动驱动系统和先进的降噪技术,飞行汽车大幅降低了噪声水平。这些技术不仅提高了飞行汽车的运行性能,减少了对居民和环境的影响,还为城市空域的进一步开发提供了坚实的基础。

(二)减少碳排放

飞行汽车在减少碳排放方面展现出巨大的潜力,这是新型交通方式被广泛接纳的关键原因之一。通过电动驱动系统,飞行汽车能够显著降低甚至完全避免碳排放,从而为环境友好型交通方式的发展作出贡献。飞行汽车不仅在城市空域中展现出优越的运行效率,而且因能效高、噪声低等优点而广受青睐,同时它们的环保特性也是推动全球向可持续交通转型的重要力量。

首先,飞行汽车在能源效率方面表现出色。电动驱动系统具有显著的效率优势,电动机的转换效率可达 90％以上,远超传统燃油发动机的效率,且电动系统的维护成本也显著低于燃油系统。电动机本身并没有燃烧过程,也没有排气系统,这不仅减少了碳排放,还降低了有害气体的排放,对环境造成的影响较小。此外,电动驱动系统通常配备高效的能量管理系统,如动力蓄电池。电池技术的进步使得能量密度大幅提高,可以实现更远的飞行距离,同时减少了频繁充电的次数,进一步提高了能效,并降低了碳足迹。

其次,电池技术的进步是飞行汽车减少碳排放的关键因素之一。随着电池技术的不断革新,电池的能量密度不断提高,容量不断增加,这意味着飞行汽车可以携带更多的电能进行飞行。这些飞行汽车通常装备了高性能的锂离子电池或固态电池,新型电池具有更高的能量密度、更长的寿命以及更安全的特性,能够提供更远的飞行距离,减少了飞行汽车飞行所需的充电次数,并且在充电过程中产生的碳排放也大幅减少。电池技术的先进性不仅提高了飞行汽车的运行效率,还提高了整体的经济性。

在与传统燃油飞机的比较中,飞行汽车在减少碳排放方面具有明显的优势。由于燃油发动机在燃烧过程中会产生大量的二氧化碳和其他有害气体,而飞行汽车使用电动驱动系统,可以完全避免污染物的排放。相关研究表明,飞行汽车的碳排放量远低于传统燃油飞机,特别是在短途和中程飞行中。此外,飞行汽车还能够提供更好、更安全的飞行体验,且维护成本显著降低,这使得它们在环保和经济性方面具有明显的优势。

减少碳排放不仅有助于保护环境,还能促进经济和社会的可持续发展。飞行汽车通过能源使用方面所作出的努力,为实现可持续交通发展铺平了道路。在飞行汽车不断发展的未来,它们将在减少碳排放、提高能效以及优化能源管理方面发挥更加重要的作用,为未来低空交通的发展提供坚实的基础。

(三) 优化空气流量

飞行汽车通过优化空气流量实现了高效的能源使用和飞行性能的提升。空气动力学设计是实现高效低噪声和高效率的关键技术之一,通过细致的流体动力学计算和先进的空气动力学设计,优化空气流量以减少能耗并提升整体性能。飞行汽车中的翼型设计、叶片形状和布局、机身形状等都是经过精心设计,旨在减少阻力、提升升力,进而优化空气动力学特性,这些设计改进不仅增强了飞行性能,还降低了噪声水平和能耗。例如,采用渐变翼型和可调叶片角度的推进系统,能够根据飞行需求调整空气动力学特性,实现最佳的空气流量控制,从而提升效率和性能。

在推进系统方面，飞行汽车采用先进的推进技术，提升了空气流量的效率。通过分布式电动机设计，飞行汽车能够根据飞行所需的推进力和方向，灵活调整电动机的输出功率，实现高效动力控制。推进系统采用的新技术不仅提高了推进效率，还减少了不必要的能量消耗，从而优化了能源使用。例如，某些飞行汽车采用多旋翼推进设计，通过实时调整旋翼的转速和方向，确保在各种飞行条件下的稳定推进，而不仅仅是垂直起飞和降落，还实现了水平飞行和悬停的平滑转换，进而优化了飞行效率。此外，通过优化推进系统的布局和分布，进一步减少了空气阻力，提升了整体性能和效率，提高了飞行汽车对低空空域的响应能力和灵活性。

在气动结构设计方面，飞行汽车也借鉴了现代航空工程中的创新技术，其中包括主动整流、主动控制、自适应几何形状技术等。如，通过使用主动整流技术，飞行汽车可以在接近地面或障碍物时动态地调整机翼形状和叶片角度，从而实现更佳的空气动力学效应，提高飞行效率和安全性。主动控制技术则可通过传感器和反馈系统实时监测飞行状态，并根据需要调整推进系统和气动结构，进一步优化空气流量，降低噪声和能耗。同时，自适应几何形状技术也使得飞行汽车能够在不同飞行条件下自动调整机翼和机身的形状，提高整体性能和效率，同时减少各种不良飞行条件带来的阻力和能耗损失。

除了推进系统和气动结构设计，飞行汽车在噪声控制方面也采取了有效的措施。通过使用减振材料和隔音结构，进一步减少噪声和振动，改善声学性能。同时，在机身表面设计中加入吸音涂层和吸声材料，有效吸收和抵消噪声，进一步提升了飞行汽车的声学表现。这些改进不仅提升了其运行效率，还优化了飞行性能，提高了飞行过程中的平稳性。

通过优化空气流量，飞行汽车在运行过程中实现了显著的效率提升和性能优化，并进一步促进了技术的持续进步，为未来低空交通的发展提供了强有力的支持。

三、交通需求

（一）缓解城市交通拥堵问题

城市交通拥堵作为一种长期存在的问题，对人们的日常生活造成了显著的影响。随着人口密度的增长和城市化进程的加速，城市中的地面交通系统常常面临巨大的挑战，长时间的交通拥堵已成为制约城市发展的主要因素之一。特别是在上下班高峰期，大量的车辆集中在狭窄的道路上，导致交通堵塞严重，不仅增加了通勤时间，还降低了交通效率、增加了空气污染，同时带来了噪声和能源消耗的显著增加。

飞行汽车作为一种创新型交通工具，具备逐步缓解城市交通拥堵问题的潜力。相比于传统的地面交通方式，飞行汽车可以在更低的空中层面行驶，不受地面交通拥堵的限制。它们能够实现高效的垂直起降和灵活的飞行路径，从而避开地面上的拥堵路段，直接将乘客送达目的地，大幅缩短通勤时间，提高出行效率。例如，在北京、上海等大城市的中心区域，飞行汽车能够将通勤时间大幅缩短，有效解决某区域的道路拥堵问题，使得地面交通流量得以相对降低，道路通行能力显著提升。

飞行汽车的优势不仅限于直接服务于城市交通系统，它们还能通过减少地面交通流量，减轻对地面交通基础设施的压力。通过提供高效的空中交通方案，这些飞行器能够在规划好的飞行高度上有序地进行移动，无须占用过多的地面空间。在高峰时段，多架飞行汽车可以同时在较低高度飞行，从而大大提高道路的交通容量，缓解地面交通的拥堵状况。例如，在伦敦、巴黎等城市的测试项目中，空中交通系统显著提高了地面交通的通行效率，减少了车辆在道路上的停滞时间，加速了地面交通物流的循环。

飞行汽车在缓解交通拥堵方面还具有另一个重要优势，即通过使用清洁能源减少了对传统燃油车辆的依赖。这些飞行器主要依赖电力驱动，电力通常来源于可再生能源，如太阳能和风能，从而大幅减少了化石燃料的消耗和污染物的排放。这种绿色出行方式不仅有助于改善城市空气质量，还能够降低人群的健康风险和改善整体生活质量。

此外，飞行汽车通过集成先进的导航和自主飞行技术，能够实现高效的移动管理和调度。这不仅减少了空中交通冲突，提高了飞行安全，还优化了交通流量和通勤效率。通过集中管理和调度系统，各类飞行器能够根据实时交通情况调整飞行路径，避免拥堵路段，为地面交通提供更多开放的通行空间。例如，在新加坡的一个实际应用案例中，空中交通管理系统与地面交通监控系统实现了无缝对接，确保各类交通工具可以安全、高效地运营，大大缓解了城市的交通压力，提高了行车的可靠性。

值得注意的是，飞行汽车的引入还为城市规划和交通基础设施带来了新的发展机遇。通过建设空中交通管制系统和地面安全设施，城市可以进一步提升空中与地面交通系统的兼容性和互动性。空中交通管理系统可以与现有的地面交通系统协同运作，实现实时信息共享和智能调度，从而提高交通系统整体运行效率。例如，在多伦多、纽约等大城市，城市管理部门正在着手搭建这样的城市交通网络以支持飞行汽车的运营，通过优化地面基础设施布局，更好地支撑低空科技的发展。

总之，飞行汽车通过提供新的空中交通方式，能够有效解决城市交通拥堵问题，优化地面交通系统的运行。它们不仅能够实现高效快捷的通勤，还能够通过减少地面交通流量和降低碳排放来改善城市环境。未来，随着技术的不断进步和公共服务设施的完善，飞行汽车有望进一步引领城市交通系统的变革，为居民带来更加便捷、绿色、安全的出行体验，助力城市的可持续发展。

（二）缩短通勤时间

飞行汽车通过提供一种全新的低空出行方式，显著缩短了人们日常通勤的时间。这些飞行器能够在城市上空灵活移动，不受地面交通拥堵的制约，从而开辟了快捷高效的通勤路径，改变了许多城市的出行生态。在高峰时段，地面交通因拥堵导致的通勤时间延长，而在空中，飞行汽车能够轻松避开交通拥堵，迅速将乘客送达目的地。

在具体的城市环境中，飞行汽车的应用显著缩短了通勤时间。这些飞行器利用其垂直起降能力和高度灵活的飞行路径，可在狭窄的城市空域中实现高效、快速的交通流转。在地面交通拥堵严重的情况下，飞行汽车通过连接多条多层次的交通网络，确保通勤效率的大幅提升。

飞行汽车的引入还改变了通勤方式，提供了更加灵活多样的通勤选择，进一步缩短了通勤时间。这些飞行器能够在更大范围内提供灵活的出行途径，使得通勤路线更加直接和便捷。例如，它们能够将办公地点和居住区直接连接起来，减少了中间换乘的次数，从而提高了整体通勤效率。这些飞行器的实用性和平民化特性使得越来越多的居民选择更加高效低能耗的出行方式，进一步推动了城市出行方式的变革。

在某些情况下，飞行汽车还能够实现全天候出行，不受天气状况影响。与传统地面交通工具依赖地面交通状况不同，这些飞行器可以利用低空走廊和特殊天气下的飞行路径，确保在恶劣天气下也能顺利出行。例如，在雨雪天气频发的时期，飞行汽车能够保持正常运行，为居民通勤提供切实保障，大幅提升了通勤的稳定性和可靠性。这种全天候的出行方式进一步缩短了通勤时间，减少了因恶劣天气导致的通勤延误。

飞行汽车通过其高效的飞行能力和便捷的通勤方式，显著提高了城市交通系统的运行效率，为居民提供了更加便捷、高效和经济的出行选择。这些飞行器不仅减少了城市地面交通压力，节省了通勤时间，还为城市的可持续发展提供了新机遇。随着技术的不断进步和应用场景的不断扩大，飞行汽车有望在未来解决更多通勤问题，继续提高城市的整体交通质量，为居民带来更加优质的出行体验。

第三节 | 飞行汽车的优势

一、技术创新

（一）电动驱动系统

电动驱动系统在飞行汽车中展现出显著优势，主要包括环保性、高效性、维护成本低，以及技术成熟度高等方面，这是飞行汽车能成为未来低空空域主要交通工具的关键因素。

电动驱动系统能够显著减少对传统燃油的依赖，进而降低化石燃料的消耗，减少二氧化碳和其他污染物的排放。这不仅有助于改善城市空气质量，还能够降低整个城市的碳足迹。在伦敦和巴黎等城市的测试项目中，飞行汽车的排放水平远低于传统燃油车辆，它们主要依赖电力驱动，电力通常来源于可再生能源。这表明，电动驱动系统在实现绿色出行方面具有重大潜力，有助于推动可持续交通的发展。

电动驱动系统在能效方面具有明显优势。相比传统燃油发动机，电动机的转换效率更高，能量损耗更少，能够更有效地将电能转化为动能。这意味着，即使在满载情况下，飞行汽车也能保持较高的能效水平，有效提高续航里程和使用效率。因此，在实际应用中，搭载电动驱动系统的飞行汽车可以明显减少能源消耗，从而降低运营成本和碳排放。

维护成本是衡量电动驱动系统优越性的重要指标。电动机结构相对简单，拥有更少的可磨损部件，使得维护工作量和频率显著降低。与传统燃油发动机相比，电动驱动系统对维护的要求较低，能够延长飞行器的使用寿命，维护成本大幅降低。这种经济性效能在日常运营中尤其重要，有助于提高飞行器的整体价值和运营效率。

除此之外，电动驱动系统的成熟度和可靠性也是其广泛应用的重要因素。随着电动化技术水平的不断提升，相关设备的制造工艺和材料质量得到了显著改善，电动驱动系统的性能表现越来越稳定可靠。这既提升了飞行汽车的安全性，也增强了市场对该类产品的信心。更重要的是，随着技术的不断成熟，电动驱动系统可以更加容易地集成到现有的飞行汽车设计中，为飞行汽车的规模化生产和普及奠定了坚实基础。

正是由于上述种种优势，电动驱动系统已成为推动飞行汽车发展的重要动力。使用电动驱动系统的飞行汽车可以减少地面交通压力,优化地面交通系统的运行,减少车辆在道路上的停滞时间,加速交通物流的循环。此外,电动驱动系统在城市规划和交通基础设施方面带来了新的发展机遇,通过建设空中交通管制系统和地面安全设施,可以实现地面与空中交通系统的兼容性和互动性,并提高交通系统整体运行效率。

(二)多旋翼设计

多旋翼设计因其灵活的操控性和垂直起降能力,在飞行汽车的发展中扮演了关键角色。这种设计能够有效应对城市环境中的地形复杂性与空间限制,提高交通系统的运行效率。首先,多旋翼设计具备优秀的垂直起降能力,无需专用的跑道,这使得飞行汽车能够灵活地在机场、高耸的楼宇和狭窄的车道之间起降。其次,多旋翼飞行器拥有较高的操控灵活性,能够在三维空间中进行平移、旋转和悬停,便于实现精细的航线规划。这些特性使得飞行汽车能够避开地面交通的拥堵路段,减少换乘次数,从而加速通勤进程并提高整体通勤效率。

多旋翼飞行器采用多个小型螺旋桨进行推力控制,与传统的单旋翼直升机相比,其结构更为简单,拥有较少的易损部件。这种结构使得维护工作量显著减少,同时也延长了飞行器的使用寿命。此外,多旋翼设计还具备更好的动力学稳定性,使飞行汽车能够在气流不规则的情况下仍保持高效运行,使飞行汽车在飞行中的运动控制更为精确,适应多种复杂地形和气候条件。

随着技术的不断进步,多旋翼飞行汽车正逐步应用于各种飞行任务中,从商用运输到紧急救援和特种作业等。它们能够根据实际需要快速部署,不需要复杂的基础设施,降低了初始建设和运行成本。

在实际应用中,多旋翼设计还带来了全天候运行的能力,为飞行汽车提供了可靠的运行支持。通过合理的设计和布局,多旋翼飞行汽车可以在恶劣天气条件下保持稳定性,实现不间断飞行。对于地面交通受限或受阻的情况,这些飞行器能够在雨雪等恶劣天气中正常运行,提升了通勤的稳定性和可靠性。这种全天候运行的能力在应对突发情况和应急响应中显得尤为关键。

(三)自动化飞行控制

随着技术的进步,自动化飞行控制将成为飞行汽车在低空空域中实现主导地位的关键因素。通过集成先进的传感器、自主导航系统和人工智能算法,这些飞行器能够实现精确的飞行路径规划、自动避障以及高效的能源管理。这不仅提高了飞行的安全性和可靠性,还大大降低了操作成本,使得飞行汽车更加适合日常使用。传感器技术的发展,使得飞行汽车能够实时感知周围环境,包括地形、障碍物和天气状况。通过多层次数据融合和多传感器冗余设计，确保了数据的准确性和可靠性，从而支持精确的飞行姿态控制和路径调节。自主导航系统则利用北斗全球卫星导航系统、惯性导航系统，以及视觉传感器等多种技术，实现全方位的空域导航。基于人工智能算法的路径规划软件能够生成最优飞行路径，并实时调整航线以避开障碍物和避免潜在风险。这些功能不仅提升了飞行器的自主性，还减少了对飞行员经验的依赖，使得操作更加简单便捷。此外，人工智能还参与了飞行器瞬时状态监控，通过持续分析飞行数据，智能判断飞行状态是否正常。发生异常情况会迅速触发警报并在必要时切换至安全模式，从而确保飞行安全。高效的能源管理是自动化飞行控制系统的另一项核心功能。通过动态调整系统的推进功率和电能分配，飞行汽车可以实时适应不同的飞行条件，确保电能的最优化使用。这不仅提高了飞行汽车的续航能力，还提高了整体的经济性。例如，自动能源管理系统根据飞行模式的变化自动调整电机的输出功率，避免不必要的能量浪费。在极端情况下，系统可以迅速进行减载操作，降低电能消耗，以确保安全着陆。多层次安全保护机制赋予飞行汽车高度的运行可靠性。除了上述的实时状态监控，系统还设置了多重冗余设计和失效保护策略。一旦发现异常，自动切换至备用系统，确保飞行汽车能够继续安全飞行。这种多层次的安全架构不仅提升了飞行汽车的整体安全性，还增强了公众对其的信任。通过与现代通信技术的结合，飞行汽车能够实现与地面控制站或者其他空中飞行器之间的互联互通，提高整个交通系统的运行效率。

二、安全性高

　　飞行汽车通过采用多种先进的安全系统，能够确保乘客的安全，不仅可以有效应对各种潜在的飞行风险，还能大幅提高飞行效率与环境友好性。

　　首先，多层安全设计通过集成先进的传感器技术和防撞系统，在防止碰撞方面发挥了关键作用。飞行汽车在开发过程中，注重了各种传感器的集成，从简单的超声波传感器和激光雷达，到高端的毫米波雷达、光达（激光雷达）系统，以及合成孔径雷达和旋转雷达等。通过多层次数据融合和冗余设计，系统能够实时感知周围环境，包括正在接近的建筑物、其他飞行器或地面障碍物。一旦检测到潜在的安全威胁，系统会迅速采取防护措施或调整飞行路径，避免碰撞的发生。同时，这些飞行器还配备了先进的防撞吸能结构，以提高在意外撞击时的能量吸收能力，保护乘客免受伤害。

　　其次，强大的结构安全是确保飞行汽车整体稳定性的关键。在材质选择上，多采用复合材料及其增强型,这使得结构更加轻质且强度更高。这些复合材料具备优异的力学性能,能够在极端应力环境中保持低损耗。例如,碳纤维增强塑料作为主流材料,不仅可以提供较高的刚度和强度,还能减轻飞行汽车的总重量,延长其续航时间。此外,先进材料的应用还延长了结构疲劳寿命,确保飞行汽车具备更好的长期使用可靠性和安全性。

再者,紧急降落和快速着陆系统是防范突发事件的重要保障。这类系统包括自动展开的降落伞装置、气囊系统以及电动减速装置。其中,降落伞系统能够在紧急情况时迅速展开,将飞行汽车平稳降落到地面,从而避免严重碰撞;气囊系统可以在落地时吸收冲击力,确保乘客安全;电动减速系统则为飞行汽车提供额外的减速能力,确保在任何情况下都能安全着陆,而不至于发生翻滚或脱轨等意外。

网络安全是航空电子系统中不可或缺的一部分。飞行汽车须具备高度的安全防护机制,以防黑客入侵或软件故障造成系统失控。这包括了网络安全协议、认证机制,以及紧急对策的制定。此外,定期的安全评估与测试也是必要的,以发现并修复潜在漏洞。这些措施共同构建了一个多层次的网络安全保护体系,确保系统在复杂环境下的运行稳定性。

最后,通过与各类运行机构的合作,飞行汽车能够实现高效的地面支持和空中监管。政府监管机构提供相应的许可和标准,以确保飞行汽车机队的合法性与安全性。此外,行业组织和跨国协作也为新技术的应用提供了广泛的支持。地面控制站则负责飞行汽车的实时监控和指挥调度,以应对突发事故并引导飞行汽车安全着陆。空中交通管理机构则负责协调各架飞行汽车的航行路线,避免空中碰撞,确保空域使用的高效性和安全性。

飞行汽车通过多重安全系统的综合应用,不仅确保了飞行过程中的安全与可靠性,还有助于提升居民的出行体验。这些先进的技术手段和严格的管理制度为航空行业的发展奠定了坚实基础,确保了城市交通系统的可持续运行。

三、适用场景广泛

(一)城市通勤

飞行汽车的出现标志着城市交通方式的重大革新。这些飞行器能够在人口密集的城市环境中提供高效、快速的短途交通服务,显著缓解地面交通的拥堵状况。与传统的地面交通工具相比,飞行汽车凭借其独特的优势,在城市通勤中展现着巨大潜力。

首先,飞行汽车在飞行速度上的优势使其能够在有限的时间内抵达目的地。

如若采用地面交通,从一个住宅区到另一个商务区通常需要数小时的车程,甚至可能遭遇不合理的交通状况延迟。与之相对,飞行汽车能够在半空中自由穿梭,绕过地面交通拥堵路段,提供快速且可预期的通勤时间。如,从城市边缘的一个住宅区直达市中心,传统的地面交通可能需要一到两个小时,利用飞行汽车,旅程时间可大幅压缩至15分钟以内。这不仅节约了驾驶者的时间,也为交通运输整个行业的效率提升提供了有力支持。

其次,飞行汽车还能够极大地提升出行的便利性。它们能够从商厦、办公大楼甚至私人住宅区直接启动,实现点对点的门到门服务,无需在地面的停车场或公交车站花费额外时间。例如,一位市民可以在家通过应用程序预约飞行汽车,稍稍等待便可直接启程,无需经过地面交通的高峰路段。这种直接便捷的出行方式,有效减少了通勤中的不确定性和延误。

(二) 旅游观光

随着飞行汽车技术的逐渐成熟,它们将在旅游观光领域发挥重要作用。飞行汽车能够提供便捷、环保的空中游览方式,为游客带来全新的视角和体验。通过减少地面交通拥堵,飞行汽车能够显著提升旅游效率,同时降低运营成本,使得空中观光成为一种更加普及和经济的选择。

首先,飞行汽车能够提供更为高效便捷的游览方式。在很多旅游景点,地面交通的拥堵常常为游客带来不便,尤其在人流密集的热门区域。通过使用飞行汽车,游客能够在半空中穿梭,轻松绕过地面交通的障碍,直接抵达目的地。例如,一座著名城市中,从城市的一端前往另一端需要经过复杂的地面交通路线,而采用飞行汽车,游客能够直线上升或下降,避开地面拥堵,达到快速便捷的效果。这不仅节省了大量时间,还提高了旅游业整体的服务水平和游客满意度。

其次,飞行汽车通过提供独特的空中游览视角,改变了传统的观光体验。它们能够带游客俯瞰城市美景、自然风光,提供一种全新的观赏方式。例如,在一座典型的城市中,飞行汽车能够让游客从高空中俯瞰建筑群,体验在不同高度欣赏城市格局的乐趣。这种视角的改变不仅为游客带来了独特的审美体验,也为旅游业开辟了新的市场空间。此外,一些偏远自然风景区因为交通不便往往不能很好地吸引游客,而采用飞行汽车,则能够极大提升这些景点的可达性和吸引力,使其成为旅游热门目的地。

最后,飞行汽车通过较低的运营成本和产生的环保效益,为旅游业的可持续发展提供了有力支持。传统地面交通工具的运营成本通常较高,包括燃料、维护和人力资源等。相比之下,飞行汽车运行时几乎不产生有害尾气,降低了对环境的影响,同时也能显著减少运营成本。

(三) 医疗紧急运输

飞行汽车在医疗紧急运输领域展现显著的应用潜力。飞行汽车能够缩短运输距离、缩短救援时间和增加医疗服务的覆盖范围,特别是在偏远地区或紧急医疗需求较高的区域。例如,飞行汽车可以从偏远山区诊所直接运送患者至城市医院,从而大幅缩短患者到达医院的时间,提高急救成功率。

在交通条件较差的地区,地面交通由于拥堵状况或自然条件限制,无法有效支持快速响应的需求。飞行汽车可以采用空中路径绕过这些障碍,快速抵达目的地。例如,遭遇自然灾害后的偏远受灾区域,常规地面交通常常难以及时抵达,而飞行汽车则能够垂直起飞、超低空飞行,迅速运出伤员,及时施救。此外,这些飞行器还能在复杂地形中便捷地起降,适用于山地、沙漠或热带雨林等地区,扩大了医疗服务的地理范围。

通过飞行汽车的应用,医疗紧急运输的服务效率得到显著提升,这些飞行器具有飞行速度快、起降方便、不受地面交通限制等独特优势,成为提高医疗服务水平的重要工具。

第四节 | 飞行汽车展示新气象

国家低空经济发展的战略需求给飞行汽车的发展带来了全新气象。

2019 年 9 月,中共中央、国务院印发《交通强国建设纲要》,明确从 2021 年到 21 世纪中叶,将分两个阶段推进交通强国建设。到 2035 年,基本建成交通强国,形成三张交通网、两个交通圈,基本形成"全国 123 出行交通圈"。

2021 年 3 月,《中华人民共和国国民经济和社会发展第十四个五年规划和 2035 年远景目标纲要》全文发布,其中在第十一章"建设现代化基础设施体系"中明确提出:建设现代化综合交通运输体系,加快建设世界级港口群和机场群,稳步建设支线机场、通用机场和货运机场,积极发展通用航空。

2023 年 10 月,工信部、科技部、财政部、中国民航局四部门印发的《绿色航空制造业发展纲要(2023—2035 年)》正式发布,明确提出到 2025 年,电动垂直起降航空器(eVTOL)实现试点运行;到 2035 年,建成具有完整性、先进性、安全性的绿色航空制造体系,新能源航空器成为发展主流。鼓励开展绿色航空示范运营,加快将 eVTOL 融入综合立体交通网络,初步形成安全、便捷、绿色、经济的城市空运体系。

2023年11月，由国家空中交通管理委员会办公室会同有关部门起草的《中华人民共和国空域管理条例（征求意见稿）》正式发布，空域改革会进一步深化，低空空域会加快释放，低空经济产业发展会蓬勃起来。

2024年3月27日，工信部、科技部、财政部、中国民航局四部门印发的《通用航空装备创新应用实施方案（2024—2030年）》，明确了2027年和2030年目标，既有装备及技术的攻关突破的要求，又有安全高效保障体系建设的要求，还有建设低空经济产业生态和发展模式的要求。

国家进入新时代，低空经济催生新产业，低空飞行气象万千，鹰击长空，百舸争流。

一、亿航智能：全球首个三证齐全的飞行汽车EH216－S

飞行汽车要走向全面市场应用，需要取得四个"证"（C），即：产品型号合格证（TC）、生产许可证（PC）、单机适航证（AC）、运营许可证（OC）。

2023年10月13日，中国民航局向亿航智能正式颁发EH216－S无人驾驶载人航空器系统型号合格证（TC），这是全球首个无人驾驶载人电动垂直起降航空器（eVTOL）产品型号合格认证。产品型号合格证的取得，标志着EH216－S的型号设计充分符合中国民航局的安全标准与适航要求，具备了无人驾驶航空器载人商业运营的资格。

2023年12月21日，中国民航局向亿航智能正式颁发EH216－S无人驾驶载人航空器标准适航证（AC），这是全球首个无人驾驶载人电动垂直起降航空器（eVTOL）获得的适航认证。单机适航证的取得，表明获得认证的航空器产品符合已批准的型号设计，并满足商业运营的安全与质量要求。

2024年4月7日，中国民航局向亿航智能正式颁发EH216－S无人驾驶载人航空器系统生产许可证（PC），这是全球首个无人驾驶载人电动垂直起降航空器（eVTOL）行业内生产许可证。生产许可证的取得，表明亿航智能已经建立了满足中国民航适航规章要求的批量生产质量管理体系，并获准进行持续生产、批量生产，为亿航智能生产的产品质量提供了强有力的保障。

亿航智能创始人、董事长兼首席执行官胡华智表示："随着针对国家战略性新兴产业之一的低空经济的多项支持政策的出台，亿航智能与无人驾驶航空器行业迎来了巨大的发展机遇。今天，我们再一次为eVTOL领域树立新的里程碑，取得了行业第一张适航证，并开始向客户交付完成认证的EH216－S。在不久的将来，我们会生产下线越来越多的航空器，逐步完成未交货订单，从而为更多的客户和乘客提供服务,加速城市空中交通发展。"

EH216 - S不仅通过了产品型号合格证和单机适航证的严格审核,还顺利获得了生产许可证,从而具备了量产的资质。这一重要资质的取得,为EH216 - S全面开展规模化商业运营奠定了坚实的基础。

亿航智能的EH216 - S无人驾驶载人航空器系统在中国官方指导价为每架239万元人民币,价格定位合理,显示了其潜在的商业价值。而且值得一提的是,EH216 - S已经在淘宝平台上架,为消费者提供了一个全新的购买渠道。

亿航智能的相关负责人表示,公司目前的主要订单及预订单仍主要来源于TOB和TOG业务,而上架淘宝平台则是为了拓展销售渠道,吸引更多潜在客户的关注。

EH216 - S的设计具有多个亮点。它能够搭载2人,续航时间约为30分钟,最大允许飞行高度达到120米。更为引人关注的是,EH216 - S采用了自动驾驶技术,这意味着机上两人均为乘客,无需具备飞行技能。这一特点不仅提升了飞行的安全性和便利性,也为未来无人驾驶航空器的广泛应用提供了有力的技术支撑。

目前,EH216 - S的主要应用场景是短途观光。随着技术的不断进步和市场的逐步成熟,相信EH216 - S未来将在更多领域发挥重要作用,为人们的出行带来更多选择和便利。

EH216 - S无人驾驶载人航空器已在全球16个国家完成5万架次的安全飞行。现在,亿航智能在广州、深圳、珠海等地联合各级地方政府建设了UAM运营中心,并在广州、深圳、韶关等地建成基于无人驾驶航空器的指挥调度中心,在肇庆、江门、潮州、湛江等地积极拓展运营场景的落地部署,推动形成低空制造和服务融合、应用和产业互促的发展格局。

除了粤港澳大湾区,亿航智能还在西班牙、日本、阿联酋、沙特等国家布局场景落地和落成UAM运营中心。胡华智表示,接下来将联合地方政府和合作伙伴,共同培育和打造一批特色鲜明、场景丰富、绿色环保的低空经济应用样板工程,同时积极参与更多围绕基建、管理、运营、服务等相关法规标准的制定和推广,为低空经济实现普惠应用提供标准与范例。

二、峰飞科技:"盛世龙"大吨位跨长江飞行

2024年8月1日,"盛世龙"eVTOL电动垂直起降航空器完成跨长江首飞。这架航空器在南京市无人机基地起飞,飞越长江并沿江盘旋巡航后返回基地,航程25千米,往返飞行时长10分钟,此次飞行实现了吨级以上eVTOL首次跨长江飞行。

南京是长江的重要交通枢纽，虽然建有多座跨江大桥，但出行受长江水道的阻碍依旧较大。以此次飞行路线为例，两地虽然直线距离不长，但从地面开车，要行驶 20 千米，耗时 25 分钟，"盛世龙"eVTOL，只需要 5 分钟抵达，节省时间约80%。"盛世龙"是垂直起降航空器，地面垂直起飞，升空后转换为固定翼飞行模式水平巡航，飞行噪声比直升机小，且飞行成本更低，堪称"空中出租车"。

此前，据新闻报道，2024 年 2 月 27 日，全球首条电动垂直起降航空器 eVTOL 跨城跨湾航线成功进行了首次演示飞行。此次飞行就是由峰飞科技自主研制的 eVTOL——"盛世龙"执飞的。"盛世龙"为峰飞科技自主研发的 eVTOL 机型，复合翼构型，纯电动力，最大起飞重量 2 吨，最大载荷 400 千克，最大航程 250 千米，最大巡航速度 200 千米/小时，最多可搭载 5 人，核心模组已实现 100% 国产化。

"盛世龙"于蛇口邮轮母港起降平台垂直起飞，上升到 100 米高度，飞行模式转换为固定翼飞行，按照既定航线向珠海方向高速飞行，最后在珠海九洲港码头平稳着陆。该趟飞行连接粤港澳大湾区两座核心城市，往返飞行超过 100 千米，将单程 2.5 小时至 3 小时的地面车程缩短至 20 分钟。

三、沃飞长空：八轴内四倾转 eVTOL 适航试飞

沃飞长空旗下全自主研制的低空飞行器 AE200 采用了"八轴内四倾转"构型，搭载了先进态势感知在线决策避让等先进技术，具有安全、绿色、舒适、经济等多重特性。沃飞长空 AE200 适航技术验证机已经顺利完成了第一阶段试飞，同时适航审定进入了符合性计划制定和批准的新阶段。

作为国内头部低空飞行企业，沃飞长空积极与航空运营企业、行业上下游企业等建立合作，从 eVTOL 的运营模式、应用领域、维修代管等多个方面系统探索 eVTOL 产业的未来发展，多方合力推动 eVTOL 商业化落地，推动 eVTOL 低空经济产业成熟，让低空出行、低空运输、城市观光……成为现实。

四、小鹏汇天：旅航者 X2 获得特许飞行证

2023 年 1 月，小鹏汇天宣布其旗下产品"旅航者 X2"正式获得中国民用航空中南地区管理局颁发的特许飞行证。当时，"旅航者 X2"成为国内首款提出申请并成功获批的有人驾驶 eVTOL 产品。何小鹏认为，飞行汽车作为先进智能的交通工具，融合了汽车、航空两大工业体系，正成为中美日欧等国家和地区争相涌入的热点科创领域，已经进入井喷式发展期，而其产品认证、运营管理和运行安全都是全新的课题。

2024 年 3 月 8 日,《南方都市报》刊载文章介绍,小鹏汇天飞行汽车"旅航者 X2"在广州天河区震撼起飞,完成了从天德广场至广州塔的低空飞行。在飞行过程中,"旅航者 X2"通过自动驾驶模式,从天德广场甲级写字楼垂直起飞,横跨了广东博物馆、花城广场、海心沙亚运公园等地标性景观。

作为全国人大代表的广东小鹏汽车科技有限公司董事长何小鹏在 2024 年全国两会期间提出建议:建立飞行汽车驾驶资质认证及培训体系,并加快推动空域分级分类管理政策的落地,加速低空空域开放;同时,建议建立统一的监管指挥平台及低空空域管理体系,覆盖无人驾驶航空器、飞行汽车、低空传统航空器等多种类型航空器。

他建议加快开展飞行汽车产业的顶层设计和战略谋划,在产品管理、产品认证、标准体系设计等方面做好前瞻性顶层规划,明确飞行汽车认证顶层规划,加大审定资源投入,形成可分阶段实施的产品审定路径。

他提出了具体措施:首先是搭建飞行汽车技术标准框架,制定包括但不限于动力系统、飞行控制、应急安全设备等关键技术规范,形成综合考虑飞行安全、地面交通融合、环保要求的产品认证标准,推动标准化和模块化设计,简化认证流程。同时推动中国标准国际化进程,进一步确保中国新能源汽车和智能网联汽车国际领先地位,并为飞行汽车国际化打好标准基础。

其次是推进适航审定工作标准化,基于国内外飞行汽车的成功审定经验与正在审定的项目所规划的落地路径,明确审查关注重点项目清单,建立统一的审查程序。

他还提到要增加适航审定人员和资源的投入,并建立工作交流与协调机制。同时,在完整法规认证体系建立之前,建议出台临时性的认证监管框架,为早期测试和运营提供指导,并收集必要数据以支持长期法规的制定。

五、御风未来:展示 M1"空中出租车"

据环球网 2024 年 7 月 5 日报道,御风未来在 2024 世界人工智能大会(WAIC)上展示了自主研发的电动垂直起降航空器 M1。这是一种新型的电动化、智能化的载人低空飞行器,拥有高安全性、低成本、低噪声等优势,5 座载人设计,可高效飞行 250 千米,巡航速度达到每小时 200 千米,未来将主要用于满足城市内、城市间 200 千米左右的中短途空中出行需求,也被称为未来的"空中出租车"。M1 已于 2023 年 10 月成功首飞,并在 2024 年 1 月正式获得中国民航华东管理局适航审定受理。

御风未来创始人兼首席执行官谢陵在谈到人工智能对航空产业和低空经济的影响时表示，与过去传统的通用航空产业最大的不同，低空经济的主角是智能化、电动化和无人化的新型航空器。智能飞行器与机器人类似，是信息获取和任务执行的终端，是一种"空中的机器人"。人工智能对航空器的赋能，就是低空经济本身，人工智能的发展将会给低空经济产业带来巨大的发展机遇。

谢陵还认为，人工智能对低空经济的赋能主要体现在两个方面。其一，人工智能可以让航空器本身更智能。目前航空器的智能化一个是自动驾驶，即飞行器不依靠飞行员，靠传感器和计算机实现飞行器的定常、稳定的飞行，通过控制算法处理基本的异常、进行故障情况下的控制重构等，这部分当然也属于广义的智能，但是并不是我们今天所说的人工智能，可以简单理解为飞行器的"小脑"。另一个是自主飞行，就是"大脑"的部分，即飞行器可以自主进行决策，自主生成任务并操纵飞行器执行飞行任务。随着人工智能的发展，智能飞行器能执行更多复杂任务，比如巡逻森林并自动识别微小火源进行扑灭，自动识别搜索海上落水人员并抛投救生物资等。其二，低空经济的未来应该是大量的智能飞行器在空中高密度飞行为我们提供各类的服务，会有低空的空域管理和航线分配调度，类似现在的滴滴给乘客分配司机的算法，未来空中各个高度都会有密集交叉的运营航线。人工智能有助于实现低空空域的智能交通管理，优化空域利用，提高运行效率和安全性。谢陵说："想象一下，未来低空抬头一眼望去到处都是飞机在飞。单纯依靠人工是很难支持这种大规模高密度的运营的，人工智能让这种高密度的运营成为可能。同时，通过分析大量飞行数据，人工智能可以为飞行器运营服务商提供决策支持，优化运营策略。"此外，人工智能在这个领域的应用还可能会促进低空经济领域的商业模式创新，如基于飞行数据的保险定价、基于运营数据的按需航空服务等。

六、时的科技：E20 eVTOL 惊艳亮相

2024 年 9 月 7 日，第三届低空经济发展大会在安徽省芜湖市召开，大会以"发展低空经济，创享美好未来"为主题，聚焦低空经济的未来发展与应用。上海时的科技有限公司作为低空经济领域领军企业，携自主研发的倾转旋翼 E20 eVTOL 惊艳亮相，并与低空生态合作伙伴签署一系列合作协议，共同打造商业场景闭环，推动安徽省乃至长三角地区低空经济生态体系的建设，引领产业创新发展。

七、低空航线开通

2024年4月30日,广东深圳至珠海的首条低空短途航线开通运营,由传统的驾车2小时缩短至20分钟。单程费用999元,一次最多搭载5名乘客。商务人士快速往返两地、旅游观光、家庭出游又有了新的选择。目前,该航线每日往返一趟,为满足多场景用户出行需求,运营方还推出"空中游览""私人定制"等产品业务,进一步丰富了大湾区的综合交通网络体系。

江苏首条eVTOL低空航线飞行演示。2024年6月1日,eVTOL低空航线飞行演示活动在无锡市梁溪区举行,eVTOL从太湖广场起飞,在空中盘旋一周后平稳降落。大屏幕上实时投放的eVTOL飞行视角下的旖旎风光,让在场所有人真切感受到了无锡这座城市的别样魅力。

八、鸢飞科技:低空时代悄然来临

以下是"中经总网"记者王文慧在2023年对鸢飞科技董事长张刚的一次专访,此处转载供读者更好地理解低空经济、低空空域重要资源、低空空域改革及低空时代悄然来临、蓄势待发的情形。

张刚,前联合国军事观察员,在中国人民解放军空军服役20多年,已退役。解放军国际关系学院学士、解放军信息工程大学硕士,鸢飞科技公司创始人、董事长。

王文慧:张总您好,经过几个月的接触,终于可以坐下来一起谈谈了,咱们先聊聊"低空""低空开放""低空改革""低空经济"这几个概念吧。

张　刚:好,咱们直入主题。低空是个强政策、强安全、强监管的领域,低空开放其实是指低空空域管理改革,没有低空空域管理改革就不可能大力发展低空经济。算起来,目前进行的已经是中国的第三轮低空改革,前两轮改革取得了部分成功,但在责权利问题上一直有争议,直到这次改革终于有了突破。

首先基本解决了低空空域管理的责权利统一的问题,就是把日常的低空空域管理协调的权力给到各级地方政府,把确保低空安全和低空飞行科学有序的责任担子也给到各级地方政府,同时,释放这部分低空空域资源后带来的发展利益也给到各级地方政府,从而达成了围绕低空管理、发展低空经济的责权利统一。之所以可以这么做,是跟低空空域和低空飞行的特点规律密不可分的。目前我们所说的低空,一般是指1000米以下的高度范围,而且低空飞行器的特点和低空需求场景,决定了其中多数飞行活动都集中在600米以下,飞行活动的半径一般也不超过200~300千米。如果看看中国低空飞行的热力图,就会清晰地发现,与高空的北京飞广州、上海飞新疆，甚至北京飞纽约、伦敦的航班不同，全国低空的通航有人机，还有大量的无人机，都是在各个城市或区域范围内进行飞行活动的。而这些低空飞行密集区组成的一块块低空空域，与中国的省、市行政区域具有天然的高度的重叠性。对于上述规律的认识和把握，是本轮低空改革最根本的前提基础。也正因为如此，中央最终确立了低空空域管理改革、发展低空经济由国家机构统一规划、制定政策，具体管理和实施层面的事权下放到地方政府。业内人士普遍对于本轮改革给予了高度评价，特别是今年 6 月 28 日，国务院、中央军委正式发布了《无人驾驶航空器飞行管理暂行条例》，行业上下，军方、局方、国家相关部委、各级地方政府都能思想高度一致，反应积极热烈，客观上也证明了本轮的低空各项工作走在了正确轨道上。

王文慧：这就说得通现在好多省、市在低空领域为什么这么积极了，是因为他们有自主权啊。

张　刚：全国有多少个省份，就多少块省级低空空域，各个省政府主要领导为第一责任人；各省往下就是在各市的行政区域划设市级低空空域，市政府主要领导为第一责任人；而当地的其他相关单位和部门，都在政府牵头下配合开展相关工作。这样就基本形成了国家、省、市三级低空空域领导管理体制。国家此前选定了五个省作为省域低空改革试点，先是海南和四川，然后是湖南、江西、安徽。比如说湖南省，省长为第一责任人，由湖南省政府与军航空管部门、民航主管部门建立协同运行管理机制来具体管理；空域释放出来后，所带动发展的地区生产总值、经济利益都归当地政府，也就是责权利统一了。很多朋友可能记得当时的新闻报道，"3月 27 日，《湖南省低空空域协同运行空管保障协议》签订仪式在长沙举行。该协议的签订，标志着湖南全省全域协同运行真正实现，在湖南省乃至全国低空空域管理改革进程中具有划时代意义"。试点工作在今年年初已经顺利结束，基本达到了预期效果，为下一步在全国各地区全面铺开打下了非常坚实的基础。而且在此过程中，各级地方政府热情特别高。你这样想象一下，低空空域有点像地面的土地资源一样，都是国家资源。土地资源释放给地方政府的时候，地方政府利用土地资源来发展当地经济。现在低空空域释放了出来，地方政府有了新的抓手，可以通过各种技术手段、管理手段和改革模式发展地方经济，积极性是非常高的。

王文慧：您既然说空中的资源跟地面的土地资源一样，开发从地面到了天空，地面的资源及交通、房地产等相关产业发展，大家都熟悉了。低空经济如果以无人机运营为代表，怎样理解低空资源的产业链？如何开发低空资源？体量有多大？能够替代地面交通产业和土地经济吗？

张　刚：低空资源应用的最重要领域就是发展低空交通。它不是替代地面交通或者房地产,是创造新的需求。国家发展改革委和国家统计局预测,预计到"十四五"末,低空这块创造出的新产值保守估计将达到 3 万亿—5 万亿人民币。这到底是多大体量呢? 咱们以汽车行业为例来说明,截至 2022 年汽车行业大约是 12 万亿,新能源汽车产业大约是 2 万亿,也就是说,低空经济总量在"十四五"末将达到的 3 万亿—5 万亿,是目前新能源汽车产业的 2.5 倍。而我们回头看看,满打满算中国无人机发展也就是十几年的时间,可以说,十年无人机的发展赶超了百年运输航空!

王文慧:赶超百年运输航空? 这个观点很惊人啊,发展速度如此之快吗?

张 刚:中国大概是在 2010 年前后才开始规模化发展无人机,之所以说赶超百年运输航空,这主要是从飞行时长来衡量的。飞行时长是低空经济里面最重要的一个指标,航空器只有飞起来才证明这个经济是活的,是有活跃度的,只有飞到空中干活儿才可能形成商业价值,所以飞行时长"小时数"是航空界最重要的一个指标。请记住 2021 年这个年份。第一个标志性事件是,2021 年无人机全年的飞行时长是 1668.9 万小时,跟同年运输航空飞行小时大体是一样的。要知道运输航空用了 100 年的时间,才实现一年能飞行到 1600 多万小时,无人机只是短短发展了十几年的时间。2022 年因为疫情原因,各项数据没有代表性。2023 年的统计数据要是出来的话,我相信会超出运输航空一大截儿了。2021 年第二个标志性事件是,工业级无人机的生产和销售数量第一次超过了消费级无人机。也就是说多数在空中飞的无人机都是干活的了,而不是用来玩的了,这个产业性质就不一样了。第三个标志性事件是,2021 年国家发布了《国家综合立体交通网规划纲要》这个纲领性文件,那是国家最高级别的红头文件,第一次正式提出要发展低空经济。这个文件的出台,也是基于前两个标志性事件。所以说,2021 年是低空领域的一个关键年份,一句话:量变到质变。此前的中国无人机是靠企业自发的、市场原生的动力发展,到了 2021 年整个低空生态的雏形基本形成了。国家就是在这个基础上,大力地、自上而下成体系地推动它进一步发展。从目前的低空生态来看,整个低空经济包括四大块儿,低空制造产业、低空飞行产业、低空保障产业和综合服务产业,这四大板块是以"低空飞行产业"为核心的,就是说想要形成活跃的低空经济,一定是围绕飞行活动这个核心来运转的,其他都是服务保障和辅助的角色。

王文慧:此前听您说过低空指的是 1 千米以下的空域,这个空域是无人机的专属空域吗?

张 刚:说明一下,最开始说通航的低空空域一般指 3000 米以下。新一轮国家低空改革主要说的是 1000 米以下。目前国家要全力发展低空经济,低空生态同时涵盖通航有人机和无人机,但以无人驾驶航空器为主导产业的趋势愈发明显且不可阻挡,同样,未来的低空交通也是以无人机为主的交通业态。不能说 1000 米以下是无人机的专属空域，但无论是通航有人机，还是无人机，1000 米以下都是飞行最集中、需求最集中的空域。

王文慧：对于大众来说，关于无人机的认知还停留在夜空中变幻的绚丽造型，可悄然出现的经济价值却令人感叹。据我所知，工业级无人机最早是在农业领域发力的吧？

张　刚：农业植保是工业级无人机最早实现广泛商业价值的一个领域，给农作物洒药施肥，后来又逐步发展到播撒种子、秧苗直播，甚至果实的涂白、采摘、收割，等等。植保无人机或者叫农业无人机，小型化、成本低、效果好，还具备安全性好、操作灵活这些特点。目前市场上成熟的品牌机型，基本迭代到全自主作业模式，可以 24 小时昼夜干活，可以根据需求按照规划航线进行自主作业、仿地飞行、变量喷洒、断点续喷、自主避障、失控保护等，特别是在梯田、坡地、果园、高秆作物及水田雨后等场景，无人机飞防作业几乎成为刚需，具有一定的不可替代性。所以单就农业作业这一项，工业级无人机的应用价值就非常惊人。

第二章

主体 B：传统通用航空器仍是低空飞行活动主体之一

那么,通用航空在低空经济中的地位又在哪里呢?

第一,通用航空是低空经济的重要组成部分,两者相互依存、相互促进。低空经济是指以低空空域为载体,涵盖航空旅游、航空运动、航空培训、航空制造等多元化经济活动的总称,而通用航空在其中占据着关键的地位。

第二,通用航空推动低空经济规模不断扩大。首先,随着通用航空的发展,其涵盖的业务范围不断拓展,例如公务飞行、商务飞行、旅游飞行等市场需求的增长,直接促使低空经济规模的扩大。通用航空飞行小时数的增加、业务类型的丰富,带动了整个低空经济产业链的发展,吸引更多的资源投入低空经济相关领域,如航空旅游带动了旅游地的航空基础设施建设、旅游服务配套等产业的发展,进而扩大了低空经济的规模。其次,通用航空在应急救援、物流配送等新兴领域的示范应用不断发展,推动低空经济在这些领域的布局和发展。例如,通用航空在航空应急救援方面的应用,需要配备相关的飞行器、救援设备、专业人员等,这就带动了相关产业的发展,如航空设备制造、救援服务培训等,从而促进低空经济规模的增长。再次,通用航空中的新兴业态,如无人机等的发展,为低空经济带来新的增长点。民用无人机在多个领域的广泛应用,如航拍、农业植保、电力巡检等,不仅创造了新的经济价值,还带动了无人机制造、飞控系统开发、相关服务等产业的发展,进而扩大了低空经济的规模。以我国为例,初步测算民用无人机2023年产业规模突破1200亿元,这对低空经济规模的扩大起到了积极的推动作用。

第三,通用航空助力低空经济的多元化发展。在领域多元化方面,通用航空涉及航空旅游、航空运动、航空培训、航空制造等多个领域,这种多元化的业务结构也促使低空经济朝着多元化方向发展。例如,航空旅游的发展带动了低空旅游线路的开发、旅游景点的航空服务设施建设等;航空运动则催生了飞行俱乐部、航空赛事等相关产业;航空培训为低空经济培养了专业人才,同时也形成了培训服务产业;航空制造为低空经济提供了飞行器等硬件设备,带动了制造业的发展,从多个方面实现了低空经济的多元化发展。在产业融合方面,通用航空能够与其他产业进行融合,从而带动低空经济的多元化发展。例如,通用航空与农业融合,发展农业航空,如植保、播种、气象监测等业务,既促进了农业的发展,又拓展了低空经济的产业领域;通用航空与医疗行业融合,开展航空医疗救援服务,带动了医疗急救、航空运输、救援设备等产业的协同发展,丰富了低空经济的产业内涵。

第四,通用航空带动低空经济技术不断创新。首先,技术需求推动创新。通用航空的发展对飞行器性能、安全性、舒适性等方面有着不断提高的要求,这促使相关企业和科研机构在航空技术领域进行创新。例如,对电动垂直起降航空器的研发需求,推动了电池技术、飞控技术、材料科学等多方面的科技创新,这些技术成果不仅应用于通用航空领域,也会辐射到整个低空经济领域,提升低空经济的科技含量和竞争力。通用航空在无人驾驶航空器等方面的探索,需要攻克无人驾驶技术、智能感知技术、通信导航技术等难关,这些技术的突破将带动低空经济在智能化、自动化方面的发展,如城市空中交通领域的创新发展就离不开这些通用航空相关技术的支持。其次,创新示范效应更加突出。通用航空企业在技术创新方面的成功经验和案例,能够为低空经济中的其他企业和产业提供示范和借鉴。例如,通用航空企业在绿色航空技术方面的创新应用,如采用新能源、降低排放等措施,会引导其他低空经济相关产业重视环保和可持续发展,推动整个低空经济向绿色、可持续的方向发展。

第一节 | 传统通用航空器的飞行活动

通用航空,是指除军事、警务、海关缉私飞行和公共航空运输飞行以外的航空活动,包括从事工业、农业、林业、渔业、矿业、建筑业的作业飞行和医疗卫生、抢险救灾、气象探测、海洋监测、科学实验、遥感测绘、教育训练、文化体育、旅游观光等方面的飞行活动。进入新时期,技术发展到新阶段,通用航空的很多应用被无人驾驶航空器取代,无人驾驶航空器运行成本低,操作难度低,因此,未来的天空,无人驾驶航空器是低空空域活动的主体,是低空经济的主要创造者。

这里先看看通用航空发展过程中的两个故事,体会一下通用航空开创了什么样的新阶段,触发了什么样的新经济。

一、制造飞机、驾驶飞机——"中国航空之父"冯如[1]

1910 年,冯如为了借鉴外国的飞行技术,专程到洛杉矶去观看美国飞行家奥

---

[1] 这段内容选编自《中国的航空之父冯如》(北京:航空工业出版社,2020 年)。

维尔·莱特和亚屈的飞行表演。美国人知道他是个才智出众的能人,怕他把技术"偷"去,就对他说,只能在三千米以外观看,冯如心里很不是滋味,暗自下决心一定要制造出高质量的飞机。不久,他就造出了一架设计方法和以前不同、性能比以前良好的飞机。试飞高达 310 米,时速 105 千米,在当时世界上处于前列。

冯如是我国航空史上第一个飞机设计家、第一个飞机制造家、第一个飞行家、第一个飞机制造企业家,被尊称为"中国始创飞行大家"。110 多年前的 9 月 21 日,他驾驶自行设计制造的第一架飞机"冯如 1 号"成功飞上天空,把中华民族几千年的飞行梦想变为现实,同时也开启了中国航空事业的伟大征程。

1909 年 9 月 21 日,冯如在美国设计制造了中国人的第一架飞机,并在奥克兰亲自驾驶它飞上了蓝天,实现了中国人的首次载人动力飞行。这一天也成为中国航空事业的起点。其后,他为报效祖国,带着自造的飞机回国,投身革命,组建并领导了中国第一支航空队。1912 年 8 月 25 日,冯如在驾驶"冯如 2 号"进行飞行表演时因事故牺牲,年仅 28 岁。他的一生虽然短暂,却像一颗耀眼的流星划过历史的天空,在世人心中留下难以磨灭的记忆。而且他身上忠诚祖国、敢为人先、不怕牺牲、勇于创新的精神,不但成为激励中国航空事业不断发展的强大动力和不竭源泉,更无愧于他被称为"中国航空之父"的称号!

冯如原名冯九如,字鼎三,乳名珠九,结婚后改名"冯如"。1884 年 1 月 12 日,冯如出生于广东省恩平县莲岗堡杏圃村一个农户家庭。当时的中国,清朝末年,"内忧外患、民不聊生"。家境贫寒的冯如,没念过几年书,但聪明灵巧。他喜欢听长辈讲故事,特别是那些古人梦想飞天的神话传说。据说,冯如童年最喜欢制作风筝和放风筝,他制作的风筝形式多样。有一次,他做了一只翼端成椭圆形、体积特别大的风筝,带着两只小木桶飞上了天,升到近百米高。这件事成了奇闻,传遍了整个莲岗堡。在幼小的冯如痴迷风筝的时代,世界航空技术发生着巨变。在他出生那年,俄国的亚·费·莫扎伊斯基舰长完成了首次飞机沿斜坡下滑、跳跃离陆的试飞。1895 年,11 岁的冯如为了减轻家庭负担,不得不告别父母,随亲戚远渡重洋前往美国做童工。临别之时,面对父母的疼惜与不舍,幼小的冯如反而用"大丈夫志在四海"的话宽慰爹娘。他还把《论语》中的"父母在,不远游",故意说成"父母在,得远游"。可以看出,冯如是一个有志向的孩子。冯如和无数海外求生的中国人一样,在美国亲身感受到帝国主义的压迫,但又有机会接触外国的先进技术。所以,这些人中涌现了大批热爱祖国的有识之士,冯如就是他们当中的一名优秀代表。冯如初到美国是在旧金山做童工,后又到美国纽约,在造船、发电、机器等工厂做工。冯如在美国打工的岁月,美国在国内推行排华政策,对华工进行残酷的盘剥和虐待。冯如的遭遇可想而知,他常常是从一个工厂被解雇,又到了下一个工厂。这样不公平的待遇,反而使他有机会接触不同的机器设备和掌握多种操作技术。

冯如刻苦钻研技术的目的非常明确——要"壮国体,挽利权"。冯如时常对亲友们讲:要想国家富强,必须有发达的工艺,而工艺的发达又有赖于先进的机器。这样的信念支撑下,他经过 10 年的工作实践和学习,精通了机械和电器的专门技术知识,能够熟练地设计和制造各种机器。1906 年,冯如从纽约回到旧金山,这时他已是颇有名气的工程师。旅居旧金山的华侨富商集团也正有意聘请冯如参加开发祖国的电力工业和推行最新科学技术的宏伟计划。然而,冯如这位年轻人却有更为大胆和具有战略性的设想——造飞机。事实上,冯如一心钻研机械制造技术的那些年月,正是飞机设计、制造在世界上处于低潮的时期,或者说黎明前的黑暗期。在莱特兄弟成功首飞之前,已经有众多开拓者和伟大先驱进行了极具价值的科学探索,但大都以失败告终,很多人甚至为此付出了生命,这也导致当时有些权威科学家对飞机发明的前景持怀疑态度。

"飞机不成,决不归国!"1904—1905 年,日本和俄国为争夺我国东三省的权益,疯狂厮杀。冯如眼看祖国主权被践踏,骨肉同胞遭蹂躏,愤慨万分。世界第一架飞机制造成功和帝国主义对中国的侵略,使冯如痛切地感到:"是(指制造机器)岂足以救国者。吾闻军用利器,莫飞机若,誓必身为之倡,成一绝艺以归饷祖国,苟无成,毋宁死。"可见冯如这时已经进一步认识到,只注重发展祖国的机器制造事业,还不能改变祖国受欺凌、被宰割的悲惨局面。要振兴中华,使祖国不受欺凌、宰割,除了发展机器制造事业,"助工艺之发达"外,还要有一支装备先进、强大的军队,才能抵御外侮,保卫祖国。于是莱特兄弟"飞行者"1 号首飞成功的 3 年之后,从 1906 年开始,冯如立志要为中国人造出第一架飞机。冯如在开始造飞机之前,就面临着资金匮乏,器材简陋,材料、工艺要求严格等一系列困难。首先是资金准备的问题。当冯如提出了造飞机这个当时最尖端的科技项目时,大多数投资商犹豫起来。造飞机在发达国家尚处萌芽阶段,很多人眼里,它还被看成异端或疯狂的举动。出人意料的是,对冯如的飞机事业慷慨解囊的竟是三位资金微薄的小工商业(劳动)者。他们是:黄杞——在加利福尼亚州从事机器安装业务;张南——旧金山中国餐厅司理,有一定的机器知识;谭耀能——旧金山的小工商业者,对机器感兴趣。三人竭尽积蓄,再加上他们个人的生产工具材料折价,共凑得资金约 1000 美元,并用这笔资金在奥克兰第九街 359 号租得面积只有约 7.4 平方米的车间。这是中国人成立的第一家飞机制造厂——广东制造机器厂。

　　1908 年 5 月,中国人研制第一架飞机就在如此简陋的环境里开工了。这时的冯如才 24 岁。除了资金和组织,更重要的是技术上的准备。冯如查阅了大量在美国能看到的权威刊物,对有关航空的理论和最新的实验报告都仔细研读。他还特别注意搜集美国和欧洲的航空先驱者们的飞机设计方案和结构图样,对各种布局形式进行认真剖析和对比。此外,他还对鸟类的飞行进行过细致的观察和研究,从鸟类飞行的操纵性、稳定性和功率重力比等各方面的规律中寻求设计飞机的依据和启示。除此以外,造飞机更是一项艰苦的脑力劳动兼体力劳动。据国外媒体报道,冯如在此期间极少在深夜 3 时之前睡觉,他将一切都投入到飞机的设计和制造上。尽管父母、妻子都催促他回家团聚,但他明确表示"飞机不成,决不归国!"

　　最终,他以非凡的勤劳和毅力,终于取得了科学技术上的成就。1909 年 9 月初,一架可以载人的动力飞机制成了。"在航空领域,中国人把白人抛在后面。"1909 年 9 月 16 日,冯如和三位助手(黄杞、张南、谭耀能)将飞机运到了奥克兰南郊的皮德蒙特高地丁吉宅地附近,进行最后的装配和飞行前准备。1909 年 9 月 17 日傍晚,在正式试飞之前,冯如做过一次检验飞行。即将着陆之际,飞机发动机温度过高而停车,机体坠落触地,一个机轮损坏。这次飞行因缺乏见证人,所以并未被看成正式的纪录。1909 年 9 月 21 日是中国人值得纪念的日子。这一天的下午 6 时左右,由冯如亲自驾驶的称为"冯如 1 号"的飞机,从丁吉宅地粗糙的地面上滑跑起飞(莱特兄弟的"飞行者 1 号"是沿着滑轨起飞的)。当时飞机上升至 3～5 米(10～15 英尺),为了安全,冯如就保持在这个高度上,绕着一个山丘飞行。当时,国外有的媒体报道"飞行了 20 分钟",有的报道"飞行距离 800 米(0.5 英里)"。不过随后,因螺旋桨轴突然断裂(事后查明是螺丝拧得过紧),飞机坠落地面,但未发生死亡事故。这次飞行的着陆虽然不够完美,但当时国外报道都认为"飞机操作自如""性能良好""结构牢固"。

　　冯如的三名助手和几位在场的当地农民见证了中国人的首次动力飞行。这次飞行受到美国媒体的高度评价。1909 年 9 月 23 日的《旧金山考察家报》写道:"在航空领域,中国人把白人抛在后面。"而这一天,距离美国人莱特兄弟首次成功的飞行时间(1903 年 12 月 17 日)不到 6 年,距离欧洲首次有人驾驶飞机飞行(1906 年 11 月 13 日,巴西人桑托斯·杜蒙的箱形鸭翼飞机)不到 3 年。

　　为了继续提高飞机的性能和飞行技术,向长距离、高空飞行之途迈进,冯如于 1911 年 1 月 18 日试飞成功之后,继续在奥克兰表演飞行。尽管每次飞行表演都很成功,但他仍然仔细研究和分析每次飞行的情况,根据飞行中的体验和心得,对飞机进行局部改进，特别是注意对发动机的改进，以不断提高飞机的性能。定型后的飞机被称为"冯如 2 号"。

"冯如 2 号"在试飞中创造了飞行速度 105 千米/时（65 英里/时），飞行距离 32 千米（20 英里）和飞行高度 215 米（700 余英尺）的优异成绩。可以说，"冯如 2 号"在试飞阶段能达到的水平，就已属于世界先进水平。在冯如表演飞行的时候，到场参观的华侨很多，他们对冯如在航空方面所取得的优异成绩极为赞叹，并引以为中华民族之光荣。美国和旅美华侨的报刊竞相发表有关冯如航空活动的报道。在 1911 年 3 月 19 日美国《旧金山呼声报》上，作者乔治·克拉肯在题为《他要为中国龙插上翅膀》一文中说："这个天才的飞行家的前程无可限量。他（冯如）制造的飞机得到几个到加利福尼亚州表演飞行的著名飞行家的高度赞扬，认为其手工技艺完美无缺，无可供挑剔的瑕疵。""他是当之无愧的'中国航空之父'。"在这篇文章中，作者克拉肯还写道："冯九珠（冯如）依约归国，准备把航空方面的新技术传授给他的同胞。""人们认为冯九珠在紧接着的几次飞行表演之后……并立即着手指导军队使用飞机。""为了他的同胞，他已经努力奋斗并取得了很大的成就。这些成就是成千上万的美国优秀技术专家所难以达到的。"

克拉肯在这里向我们揭示了冯如的心迹：他要回归祖国向同胞传授航空技术，并指导军队使用飞机。他崇高的爱国精神和非凡的成就使美国的技术专家们啧啧称赞。1911 年 2 月 22 日，冯如和他的另外三名助手朱竹泉、司徒璧如、朱兆槐一起，带着公司的器材设备及两架飞机（一架在装配中）从美国旧金山乘船回国。此前的 1 月底至 2 月中旬，冯如曾在回国前受革命党人的影响，他的爱国思想有了更明确的方向。1911 年 10 月 10 日，武昌起义爆发。11 月 9 日，广州光复，成立了广东军政府。冯如立即响应革命号召，被任命为广东革命军飞机长。他的助手之一的朱竹泉被任命为飞机次长，司徒璧如和朱兆槐为飞行员。他们准备参加北伐作战，执行空中侦察任务。同时，冯如又立即在广州东郊的燕塘恢复了广东飞行器公司制造、装配飞机的业务。利用带回国的飞机零部件以及就地取材，他们仅用了约 3 个月的时间，就制造完成一架飞机。

1912 年 8 月 25 日，冯如在广州燕塘大操场（今中国人民解放军体育学院运动场），最后一次向祖国同胞做公开的飞行表演。飞行表演之前，冯如首先向观众讲解了有关飞机的知识，全场观众报以热烈的掌声。随后，他登机、开车，在助手的护送助推下，开始滑跑起飞。飞机轻盈地离开地面，上升到 30 多米的高度，向东南方向飞了约 8 千米的距离后，又转了回来。灵活自如的飞行姿态，已使第一次见到飞机的人们如痴如醉，更何况这是中国人自己制造又亲自驾驶的飞机呢！为了满足兴奋不已的观众,冯如想把飞机飞得更高一些。就在这时,意外发生了,可能是冯如操作过急,也可能是气流不稳(烈日当空的 8 月天气,正是空气对流旺盛的季节),飞机突然仰角增大,尾部向下,坠落到燕塘炮兵营房后面的竹林当中。此次事故中,冯如负了重伤,由于错过最佳的治疗时间,他最终溘然长逝,年仅 28 岁。

他短暂的一生,对于航空和飞行投入了全部的感情,即使在弥留之际,冯如还勉励助手们:不要因为他的死而退缩,牺牲是难免的。冯如牺牲后被安葬在广州黄花岗七十二烈士墓园。墓上竖立一座四面塔形石碑。碑的正面刻着"中国始创飞行大家冯君如之墓",左、右侧面刻有"民国第一飞行家冯君如墓志铭",碑的后面是临时大总统关于给予冯如"从优照少将阵亡例给恤"的命令。

2009 年 5 月 25 日,时任中国人民解放军空军司令员许其亮上将在北京隆重举行的纪念中国航空百年暨空军建军 60 周年活动启动仪式上指出:"中国航空之父"给冯如——这位伟大的爱国者、中国航空事业的先行者是当之无愧的。第二天的《中国国防报》发表中国工程院院士冯培德的文章《国人不可忘却之冯如精神》中写道:冯如之于中国航空,如莱特兄弟之于世界航空。他是当之无愧的"中国航空之父"。

二、驾驶飞机、应用飞机——德国航拍摄影家卡斯特在中国

20 世纪 30 年代,中国的航空摄影还远未形成气候,一位名叫卡斯特的德国飞行员怀揣着刚问世不久的卷帘式徕卡小相机来到了中国。中国壮美的自然景观深深地吸引了卡斯特,他手中的相机与所驾驶的飞机形成了完美的组合。"首次飞行在中国的上空,我便深深地沉醉在那别具特色的山河美景中,当即决定将这些风格各异的地形与地貌拍摄下来。照片要兼顾艺术性与纪实性,如实展现自然风光与地质地貌、农业文明下的各式建筑,以及珍贵的名胜古迹。"

这一切与卡斯特的成长密切相关。格拉夫·楚·卡斯特(Graf zu Castell),1905 年出生于德国柏林尼施礼茨湖畔的一个贵族家庭。1926 年,21 岁的卡斯特取得了飞行员证书。1930 年,他正式成为德国汉莎航空公司的一名飞行员,主要飞行欧洲航线。1933 年,他来到中国,任职于欧亚航空公司。1937 年,他回到汉莎航空公司,飞行德国与近东的航线,并且参与开辟了柏林—喀布尔的航线,这是当时世界上最长的航线。此后,他一直从事航空事业,直至 1972 年退休。

卡斯特自小就对中国有着浓厚的兴趣。他的两个叔叔曾到过中国,年幼的卡斯特经常听叔叔们给他讲中国的故事,他被这些故事深深地吸引,可以津津有味

地听上几个小时。1908 年，卡斯特的父母远游东亚，给他带回了许多中国的工艺品，这些工艺品制作精美，造型奇特，令卡斯特着迷。学生时代，卡斯特酷爱探险文学，而当时中国广袤的国土上尚存在着大片人迹罕至的区域，这些神秘的区域激起他强烈的好奇心，使他对中国一直念念不忘。

1931 年，汉莎航空公司与南京国民政府交通部共同成立了中德合资的"欧亚航空公司"，以开辟新的航线。卡斯特成为首批服务于"欧亚航空公司"的飞行员之一。意识到自己长期以来的梦想马上要实现了，卡斯特兴奋异常。但是，卡斯特的中国之旅却并非一帆风顺。初到中国，卡斯特第一次试飞便发生了事故。当时他接受了一项任务，为上海市民进行一次飞行表演，借以宣传欧亚航空公司。对于飞行经验丰富的卡斯特来说，这自然是小菜一碟，他信心满满地应承了下来。但由于当时上海的机场条件差、跑道短，在降落的时候，飞机起落架折断了，螺旋桨也撞弯了，这令他在飞行员朋友圈内"暴得大名"，一时成为笑谈。

事后，卡斯特吸取了经验教训，每次执行飞行任务，他总是小心翼翼，丝毫不敢大意。即便如此，由于当时中国的航空事业处于起步阶段，基础设施差，并且没有天气预报和高质量的飞行地图，卡斯特在执行任务的时候仍然遇到不少困难，不得不屡屡迫降在北方乡村的旷野上、南方水田的沼泽地里。卡斯特曾生动地回忆起他在成都的一次迫降经历。当时整个容克 Ju‑52 飞机的起落架都陷进了泥地里，在没有任何现代化机械设备辅助的情况下，很难将重达 8 吨的机身从烂泥中拖出来。卡斯特想到了当地耕田用的水牛，他预估大约需要 10 头水牛。为此，卡斯特和他的机械师花了两天的时间，才说服水牛的主人们。"他们都认为这会伤害到水牛，为此我们费尽口舌才说服他们。"卡斯特将水牛两头一组拴在了机身上，让它们各自的主人在旁边下命令，但是一切都徒劳无功。"这些水牛和他们的主人一样保守——几百年来它们只知道拉犁，谁会想到需要它们来拉飞机呢？"几个小时过去了，水牛仍然无法往一个方向使力，最后绳索都被拉断了，而机身几乎纹丝未动，旁观的村民们大笑不止。

卡斯特毕竟飞行经验丰富，一旦适应了新的环境，他便展现出了极强的工作能力。无论是广州—汉口这种气候变化剧烈的航线，还是成都—昆明这种海拔高、地势复杂的航线，他总是能圆满地完成飞行任务。由于南京国民政府交通部占欧亚航空公司三分之二的股份，卡斯特既需要飞行普通客运航线，也要执行当时中国政府交付的特殊任务。如一次任务中，他将一批总重超过一吨的炸弹从南京运送到了兰州。

1935 年 7 月，第九世班禅额尔德尼·曲吉尼玛也曾经搭乘卡斯特驾驶的飞机从南京飞往北京,送行人员中有汪精卫、戴季陶等重要人物。抵达北京后,卡斯特拒绝了班禅送来的乘机费用——整整一盒子纸钞,只要求班禅送他一张签名的照片。

在多次飞行中,卡斯特用徕卡相机拍摄了众多珍贵的照片。它们大多是采用中长焦镜头,拍摄于海拔1000—2500米的高空。基于对中国的特殊感情,卡斯特回国后将这些照片结集出版,名为《中国飞行》。他在其中写道:"对于那些对中国有些了解的西方人,我拍摄的这些航拍照片为他们提供了一个新视角来鸟瞰中国。而对于那些对中国一无所知的西方人,这些信息丰富的航拍照片可以帮助他们更好地认识中国。"

第二节 | 传统通用航空器的优势与特点

一、高效灵活的作业能力

传统通用航空器凭借高效的作业能力在低空经济中占据重要位置。其在应急救援、农业植保、短途运输等方面的广泛应用,标志着其在突发事件中快速响应和多样化需求中的独特优势。在应急救援领域,传统通用航空器能够提供迅速的空中支援,包括紧急医疗转运、灾后物资空投和侦察任务,这些任务要求快速、准确以及不受地面交通阻塞的干扰。与地面救援资源相比,通用航空器能够迅速到达灾害现场,减少救援时间,提高救援成功率。实时监控与数据传输功能使得救援队伍能够在第一时间获取灾害信息,合理调度资源,从而显著缩短救援响应时间。高效率不仅体现在时间上,还有着显著的成本效益。相较于地面交通,轻型飞机更易于部署和维护,无需大量地面基础设施建设和长时间培训驾驶员,整体运营成本较低。

在农业植保方面,传统通用航空器能够执行喷洒作业,提高农作物病虫害防治的效率。无论是大面积农田还是难以到达的地理区域,传统的通用航空器都能够提供高效的服务,减少化学农药的使用量。其喷洒作业的优势是它能够在作物生长的不同时期进行分布式巡航和喷洒,且操作灵活,可以迅速调整喷洒区域和喷洒剂量,满足不同作物的特殊需求。由于作业灵活,传统通用航空器能够适应天气变化,例如在夜间作业,这在传统农业操作中是难以实现的。在短途运输领域,通用航空器能在偏远地区提供快捷的货物运输服务。这些地区可能因为地形复杂或交通不便而无法通过地面运输方式快速到达。例如,固定翼飞机或直升机可以以较低的成本和时间间隔将物资从一个偏远村庄运输到另一个地点，提高这些地区的物资供应效率。常规地面交通往往因道路状况不佳而无法按时到达目的地，而通用航空器不受地面条件的限制，能够实现快速响应和灵活调度。此外，传统通用航空器还能够在特定季节和紧急情况下提供包括医疗物资在内的紧急运输服务，提升整体救援效率。

通用航空器的多样化和灵活性为其在动植物保护中提供支持。例如，它可以监控森林火灾蔓延情况，发现非法采伐活动，及时报告野生动物迁徙路径，并协助生态学家对偏远区域的生态环境进行定期评估。通过安装热成像摄像头，通用航空器可以日夜精确监测森林火灾，即使在夜里的潮湿环境中也能清晰识别火源。此外，实时遥感图像能够帮助当地管理部门确定最佳的灭火策略和资源调配方案，地勤人员可以迅速前往火灾现场进行干预。直升机和低空管翼飞机可以装载受训的工作人员或设备直接进入需要查看的区域，进一步提升监测质量。同时，林业专家可以及时提供预警信息，减少遭受火灾威胁的关键资源损失。通用航空器能够在林业领域应用中发挥巨大作用，帮助森林管理部门进行日常巡逻、防止侵权行为、保护濒危物种以及维护生态平衡。偏远的山区或地势陡峭的森林区域通常难以通过传统地面交通工具访问，而通用航空器能够轻松地在这些区域进行作业，提高森林管理的效率与精度。林业专家能够借助飞行器携带的专业设备和技术人员，对森林覆盖情况和物种多样性进行全面调查，及时发现问题并采取措施。

由于通用航空器的操作便捷性和灵活性，监管机构在实施应对政策措施时也倾向于依赖这些技术。政府和非政府组织通过部署通用航空器可以迅速获得全面、及时的信息，快速评估灾害影响和资源需求，有效指导救灾行动。此外，通用航空器在偏远地区监控和应急响应中的高效表现也有助于降低公共安全风险。如在地震、洪水等自然灾害发生后，不仅可以迅速调运各类救援资源，还能实时监测灾区状况，确保救援行动的有序进行。通用航空器的应用体现了低空经济的重要价值，无论是在应急响应、农林业管理还是交通运输等方面，其高效灵活的作业能力都为其带来了显著优势。随着技术进步与市场需求不断增加，通用航空器未来有望在更多领域扮演关键角色，进一步推动低空经济的发展。

二、安全可靠的操作保障

传统通用航空器在低空经济中的应用依赖于其安全可靠的运行保障。由于其作业环境通常涉及复杂的地形、严苛的天气条件以及较高的风险，不可避免地会对安全性提出严格要求。从历史数据来看，传统通用航空器的整体安全性记录良好,但也不可忽视个别事故带来的警示。统计数据表明,近年来,尽管飞行次数和使用范围不断扩大,事故率仍然维持在相对较低的水平。这种安全性得益于多个方面的因素,包括技术进步、严格的运营规范和持续的监管监测。

技术进步在提高安全性方面发挥了重要作用。先进的航空电子系统、自动驾驶技术以及实时监控系统大幅提高了飞行的可靠性和安全性。例如,现代飞行器装备了多种故障预测和安全控制装置,可以有效预防潜在的安全风险。这些电子系统能够实时监测飞行参数,如飞行高度、速度和角度,并在异常时触发相应的安全措施。此外,通过区块链技术,飞行数据可以实现更高效的安全追踪与管理,确保每次飞行的安全记录能够被准确、安全地保存和追溯。

更为严格的运营规范也有助于保障安全。各航空公司和航空监管机构制定了详细的运营程序和许可证认证制度,确保所有机组人员接受严格的培训和考核,以提升他们的专业水平和应急处理能力。此外,定期的飞行安全评估和飞行风险分析也被纳入日常运营管理中,以便及时识别和解决潜在的安全隐患。通过这些严格规范,传统通用航空器在各种复杂情况下都能实现更稳定、更可靠的运行。

监管机构在维护航空安全方面扮演着关键角色。政府和相关部门通过制定法律法规、执行严格的飞行许可审核、定期的安全检查和培训活动,对航空运营商进行全面监管。这不仅包括飞行器的使用许可,还包括对飞行员的资质认证和飞行训练标准的监管。通过参数化系统建立的数据追踪和即时反馈机制,监管机构能够实时监控和优化飞行安全标准,确保通用航空器的安全运行。

三、广泛的应用领域

传统通用航空器在低空经济中的应用极为广泛,涵盖了物流运输、应急救援、旅游观光、农业植保、监测与评估等多个领域,其重要的作用不容忽视。在物流运输方面,通用航空器能够快速穿越复杂的地形,为偏远地区的物流服务提供了便捷的通道。尤其是对于保温、紧急医疗物资等时间要求严苛的货物,通用航空器能够发挥显著优势。货物从空中直达目的地,不仅缩短了运输时间,而且大大提高了物流效率。现代高效的物流系统离不开通用航空器的支持,确保了各个物流环节的无缝衔接,提升了整个供应链的运作水平。

在应急救援方面,传统通用航空器更是不可或缺的利器。面对自然灾害、紧急医疗救援等突发情况,通用航空器能够迅速响应并迅速将救援物资和医疗团队送往现场。例如,在地震、洪水等自然灾害发生后,通用航空器不仅是重要的生命线,更是高效的生命救险平台。它们能够在恶劣天气和地形条件下,克服传统地面交通的局限,迅速向受灾区域运送物资、医疗设备和救援人员。与此同时,通用航空器还能够进行空中侦察,实时监控灾区状况,从而指导救援行动的有序进行。通过安装热成像摄像头和实时遥感设备,通用航空器还能够准确监测灾情变化,为救援决策提供科学依据。

在旅游观光领域,通用航空器为游客提供了独特的体验。无论是观光固定翼飞机还是直升机,都能够在天空中带领游客俯瞰壮丽的自然风光,满足人们对于探索未知的好奇心。它们提供了舒适、安全且高效的空中游览方式,能够带旅客穿梭于各种复杂的地形之间,亲身感受自然的魅力。全球各地的旅游景点正因为通用航空器的存在,其观赏价值得到了进一步提升。例如,在滑雪胜地提供滑翔伞旅游项目,在沙漠和高山提供飞行器探险,在海岛提供水上飞机观光等。这些体验不仅丰富了游客的出行选择,也推动了旅游业的可持续发展。

农业植保作为农业中一个关键的应用领域,通用航空器发挥了重要作用。高度灵活的飞行平台能够在农作物生长的关键阶段进行高效喷洒作业,为农作物提供及时的防护和支持。通用航空器能够携带害虫防控设备,喷洒杀虫剂、除草剂等化学物质,对农田进行大范围覆盖。飞机在喷洒农药时可以飞行于地面上方,避免传统地面操作的烦琐劳动,保证喷洒的均匀性和覆盖面。因此,通用航空器不仅提高了农业生产的效率,还在控制害虫和作物病害上发挥了积极的作用。

在资源管理和监测与评估领域,通用航空器也展现了其独特优势。在环保监测方面,通用航空器能够获取大规模、连续的遥感数据,帮助森林管理部门掌握森林资源的变化,实时监测环境变化状况。环境监测机构能够利用这些数据绘制详尽的环境地图,支持生态研究和保护工作。此外,通过遥感技术和专用装备,通用航空器还能进行水质监测、土壤检测和区域污染监视等,助力环境保护和可持续发展目标的实现。

因此,传统通用航空器无论是在提高物流效率、应急救援响应速度、提供旅游服务,还是推动农业生产以及支持资源管理和保护等方面,都显示出其不可取代的重要性。

第三节 | 传统通用航空器的管理与应用

一、通用航空飞行经营活动管理

通用航空应用范围十分广泛,根据 2019 年 11 月 28 日交通运输部《关于修改

〈通用航空经营许可管理规定〉的决定》第二次修正,共四大类34项。

甲类 通用航空包机飞行、石油服务、直升机引航、医疗救护、商用驾驶员执照培训。

乙类 空中游览、直升机机外载荷飞行、人工降水、航空探矿、航空摄影、海洋监测、渔业飞行、城市消防、空中巡查、电力作业、航空器代管、跳伞飞行服务。

丙类 私用驾驶员执照培训、航空护林、航空喷洒(撒)、空中拍照、空中广告、科学实验、气象探测。

丁类 使用具有标准适航证的载人自由气球、飞艇开展空中游览;使用具有特殊适航证的航空器开展航空表演飞行、个人娱乐飞行、运动驾驶员执照培训、航空喷洒(撒)、电力作业等。

2007年2月14日《通用航空经营许可管理规定》有关内容值得关注。

第二十三条 通用航空企业或航空俱乐部(以下简称经营许可证持有人),应当在经营许可证载明的经营范围内进行经营活动,并按照国家和民航总局规定的有关安全、技术标准的要求,采取有效措施,保证飞行安全、保护环境和生态平衡,防止对环境、居民等造成损害。

第二十四条 经营许可证持有人开展经营活动时,应履行下列义务:

(一)严格按照本规定和经批准的营运手册的规定组织实施;

(二)采用国家标准和民航行业标准的技术要求开展作业与服务;

(三)公布作业服务价格表;

(四)在规定的飞行空域内活动;

(五)按照有关规定向民航总局和民航地区管理局报送有关安全生产经营的情况和统计数据;

(六)在经营活动期间,保持对使用飞行区域办理地面第三者责任保险有效性;

(七)保持购置航空器使用的自有资金符合本规定附录二的要求;

(八)按《合同法》的要求与被服务方签订服务合同;

第二十五条 航空俱乐部除应履行上条所列义务外,还应遵守下列要求:

(一)不在城市市区、居民聚集区、重要工业生产和交通设施、人文古迹等地区上空开展各类飞行活动;

(二)加强对参加航空俱乐部飞行活动的人员监督管理,保证其在飞行活

动中遵守国家有关的航空法规、条例和规则,确保飞行安全;

(三)应与参加航空俱乐部飞行活动的人员就人身意外伤害赔偿达成书面协议;

(四)未经监护人同意,航空俱乐部不得允许未成年人参加航空俱乐部的飞行活动。

第二十六条 通用航空企业应当接受民航总局和民航地区管理局的监督管理,并完成国家下达的抢险救灾任务。

第二十七条 经营许可证持有人在为其颁发经营许可证的民航地区管理局管辖区内开展经营活动前,应将经营活动信息向民航地区管理局备案;跨地区开展经营活动前必须将经营活动信息向活动所在地区的民航地区管理局备案,并接受监督管理。

第二十八条 经营许可证持有人从事特殊通用航空任务时,应当按国家有关规定办理相应的审批手续。

第二十九条 民航地区管理局每年应不少于一次对经营许可证持有人生产经营情况和生产经营场所依法进行检查。检查时,有权依法查阅或者要求被许可人报送有关材料,经营许可证持有人应当如实提供有关情况和材料,民航地区管理局应将检查结果书面告知被检查人。

对于需要整改的,被检查人应按相关意见进行整改,并将整改情况向民航地区管理局反馈。

第三十条 民航地区管理局实施监督检查,不得妨碍经营许可证持有人正常的生产经营活动,不得索取或者收受被检查人的财物,不得谋取其他利益。

第三十一条 民航地区管理局依法对本辖区内的通用航空经营活动进行监督、检查,对违法从事通用航空经营活动的经营许可证持有人单位进行查处,并将该经营许可证持有人的违法事实、处理结果抄告做出经营许可决定的民航地区管理局。

第三十二条 公民、企业和其他组织发现经营许可证持有人违法从事活动时,有权向民航总局、民航地区管理局举报,民航总局、民航地区管理局应当及时核实、处理。

......

第四十一条 使用航空运动器材和飞行器(包括降落伞、动力伞、滑翔伞、悬挂滑翔机等)从事经营活动的航空俱乐部,参照本规定执行。

第四十二条 本规定自发布之日起施行。民航总局 2004 年 12 月 2 日发布的《通用航空经营许可管理规定》(民航总局第 133 号令)在本规定施行之日同时废止。

二、工程施工与测绘

在低空经济领域,传统通用航空器在工程施工与测绘方面依然发挥着不可或缺的作用。通过使用直升机、固定翼飞机等飞行器进行低空作业,能够高效地完成地形测绘、工程测量等工作,为基础设施建设、城市规划等提供精准的数据支持。直线距离短和灵活性高的优势使得传统通用航空器能够胜任在复杂地形条件下的工作。

通用航空器的应用不仅限于基础设施建设。传统通用航空器在工程测绘中的应用范围广泛,从大型建筑项目的三维建模,到地质勘探,再到水利工程的设计与实施,都非常依赖航空器的数据采集和高精度测量。航空器搭载的高分辨率成像设备和三维激光扫描仪等高科技设备,可以有效提高工程施工的精度,减少误差,确保各项建设项目符合规划要求。例如,机场扩建、高速公路建设和桥梁搭建等大型施工项目,都需要通过航空器提供的精准数据进行优化调整,以提高施工质量和安全性。

传统通用航空器在工程测绘方面的灵活应用,尤其在复杂地形和极端环境下表现出显著优势。在高海拔和崎岖的山区,传统通用航空器凭借其飞行灵活性能够深入难以到达的区域,这也是无人机难以取代的优势之一。复杂地形,如峡谷、山峰和沙漠区域,都对传统通用航空器的高效测图能力提出了极高的要求。这些区域可能存在通信信号不佳等情况,导致无人机难以完成详细的地形测绘工作。在低空经济的背景下,传统通用航空器不仅在工程测绘方面有着不可或缺的作用,还为应急救援、基础设施建设和旅游观光等多个领域提供了强有力的支持,能够成为推动低空经济高质量发展的重要力量。

三、物流配送、医疗急救与农林喷洒作业

尽管无人机物流配送在近年来发展迅速,但是传统通用航空器仍然在低空经济中扮演重要角色。传统通用航空器以其强大的载重能力和适应高风险环境的能力,为物流配送、医疗急救以及农林喷洒等领域提供了高效的解决方案。无人机虽然在物流配送领域展现了独特的优势,但其局限性使得传统通用航空器在某些场景中仍具有不可替代的作用。

在物流配送方面,传统通用航空器能够在恶劣天气和复杂地形条件下运输物资,尤其适用于偏远地区或交通不便的区域。传统通用航空器能够一次性装载比无人机载重量更大的货物,并能够在更远的距离内进行配送,弥补了无人机载重和续航能力的不足。此外,传统通用航空器在人口密集的城市地区也能高效运行,不受地面交通拥堵的影响,确保物资的及时配送。无人机则更多适用于快递和外卖等短途运输,而对于大规模物流配送,传统通用航空器则展现了显著优势。

在医疗急救领域,传统通用航空器能够迅速将伤员和医疗设备送往医院,甚至在没有地面道路或机场的情况下,通过飞行直接将救护人员和急救设备送达灾情现场。传统通用航空器能够在几小时内完成远距离飞行,确保伤员得到及时医疗援助。而无人机的飞行时间较短,受到载重和航程的限制,难以承担紧急医疗救援任务。传统通用航空器配备有各种先进的急救设施,能够在飞行中为伤员提供临时医疗支持,从而提高救援效率。

在农林喷洒作业方面,传统通用航空器能够高效地对大面积农田喷洒杀虫剂和除草剂,避免人工作业的繁琐和危险,同时提高喷洒覆盖率和均匀性。无人机在喷洒作业中具有一些局限性,尤其是在大面积作物上的喷洒效果较难保持均匀。传统通用航空器还能够搭载多种农林植保设备,进行精准播种、施肥和灌溉,提高农业生产效率和质量。通用航空器能够灵活调整飞行高度和速度,适应不同农作物的需求,实现精准施药。无人机在航程和飞行时间上的限制也使其难以胜任大面积农田的农业植保工作。

在技术进步和市场需求不断增长的推动下,未来传统通用航空器将在更多领域发挥关键作用,推动低空经济的持续繁荣和可持续发展。传统通用航空器将继续在物流配送、医疗急救、农林喷洒等领域发挥重要作用,满足更广泛的社会需求。随着先进技术和新型航线管理系统的不断发展,传统通用航空器的应用范围将更加广泛,有助于实现更加高效的低空经济运行。

四、环保监测与巡查

在低空经济中,传统通用航空器的飞行活动,如在环保监测与巡查方面,仍然有着重要作用。传统通用航空器因其灵活性和高效性,能够迅速响应并覆盖广泛的监测区域,确保环保工作的及时性和准确性。通过使用通用航空器进行环境监测,可以有效监控污染源、评估生态状况以及执行紧急环境响应任务,从而为保护和改善环境质量提供强有力的支持。

传统通用航空器装备有精密的监测设备,能够进行全面且细致的环境监测。

例如,大气监测系统可以实时收集空气质量数据,监测各类污染物的浓度;水质监测飞行器能够检测河流、湖泊以及地下水的水质情况;土壤监测设备可以评估土壤中的重金属和其他有害物质的含量。使用传统通用航空器进行监测,不仅能够获取高质量的数据,而且能够实时传输这些信息,以便迅速采取措施应对潜在的环境风险。在化学泄漏、油污排放和空气污染等突发事件中,传统通用航空器能够迅速到达现场进行监测,为应急响应提供关键信息。

传统通用航空器还能用于生态状况评估,特别是在森林、湿地和草原等环境复杂地区。通用航空器以其搭载的高分辨率相机和多光谱传感器,能够准确记录植被状况、物种分布和生态多样性。这对于生物多样性保护、生态恢复计划以及保护区管理具有重要意义。此外,传统通用航空器还能辅助进行入侵物种的监测和控制,快速发现并定位入侵物种,进而制定有效的防治策略。通过飞越沼泽、丛林地带等难以到达的生态敏感区域,传统通用航空器能够为生态研究和保护提供宝贵的数据支持。

传统通用航空器还能够执行紧急环境响应任务。在环境污染事件突发时,如化学品泄漏事故、石油污染或大气污染事件,传统通用航空器能够及时到达现场,快速展开监测工作。例如,在化学品泄漏的情况下,搭载有毒气体检测设备的传统通用航空器能够准确识别并定位泄漏源,帮助救援人员判断潜在的风险;在油污事件中,通过搭载油污监测设备的航空器能评估污染区域的范围和程度,提供准确的清理方案;在大气污染排放源的检查过程中,利用大气质量监测系统,通用航空器能够迅速锁定排放源的位置,评估其对空气质量和周边环境的影响。传统通用航空器不仅能够监测和评估环境状况,还能够与地面监测站和其他环境管理机构协同工作,增强应对突发环境事件的能力。

传统通用航空器还能够帮助实现可持续的环境管理。通过定期对环境进行监测和评估,结合采集的数据,能够为制定并实施环保政策提供科学依据。例如,在城市规划过程中,传统通用航空器可以监测空气质量,用于规划新的绿化带和公园,以减少污染和提升城市居民的生活质量。此外,通过监控水体质量变化,传统通用航空器能够为农业灌溉和市政供水提供可靠的水质保障,从而促进水资源的可持续利用。

此外,传统通用航空器在低海拔地区的应用还能够更便捷地进行环境教育。通过搭载先进的教育装备,传统通用航空器能够在学校、社区甚至偏远地区开展环境教育活动,增强公众的环保意识。例如,使用增强现实技术展示环境数据,使观众仿佛亲临现场,直观感受环境变化所带来的影响,增强公众保护环境的自觉性。传统通用航空器还可以配合虚拟现实设备，模拟环境自然灾害的场景，让参与者深入了解灾害预防和缓解措施的重要性。

第四节 ｜ 传统通用航空器对低空经济的贡献

一、增加就业机会

传统通用航空器的飞行活动通过提供多样化的就业机会，对低空经济的发展起到了关键作用。在此方面，直接就业机会主要给予飞行员、维修人员、地面服务人员等。飞行员是通用航空器运行的核心人员，负责飞行安全和技术操作，其专业技能要求和相对稳定的就业环境使得其在低空经济中占有重要地位。维修人员则负责航空器的维修保养，确保设备处于最佳状态，提高飞行安全性和工作效率。地面服务人员则覆盖从机场管理、后勤保障到客户服务等各个环节，满足航空器运行所需的各种支持和保障。这些职位的设立为相关行业吸引大量高素质人才，既满足了技术性较高岗位的需求，也提供了理想的薪酬和职业发展机会。

传统通用航空器的广泛应用还带动了教育和培训行业的发展。为了满足不断增长的人才需求，各类教育机构和培训机构推出多样化的职业培训课程，以培养具备特定技能的专业人才。这些课程涵盖了从理论知识到实际操作技能的各个方面，并为学员提供了实训和考证的机会。通过这些培训项目，学员能够快速掌握所需的技能和知识，提高自身的职业竞争力，从而更好地适应市场需求。这不仅有效解决了技能缺口问题，也提高了整个行业的人员素质，推动了低空经济的持续繁荣。

传统通用航空器在促进低空经济可持续发展方面的重要作用不仅体现在直接和间接的就业机会方面，还体现在整体产业链上的各个环节。从设计、制造到运营、维护和相关服务，整个链条既涵盖了先进的航空技术，也涉及广泛的科学管理与运营经验。不同环节之间的互动不仅提升了整体的产业链价值，还为就业机会的多样化提供了可能。例如，航空物流公司不仅需要具备专业技能的人才，还需要熟悉国际物流规则和相关法律法规的专业人员；而维修中心则需要既懂技术又懂市场运作的复合型人才。这表明传统通用航空器的发展不仅为传统岗位提供了更为广阔的舞台，也推动了新型职业和岗位的形成，成为低空经济产业链中不可或缺的一环。

传统通用航空器的广泛应用和发展不仅在短期内能够创造大量就业机会，还通过其对低空经济全产业链的带动作用，实现了就业机会的稳步增长。通过提供多方面的就业机会，传统通用航空器不仅满足了市场对高素质人才的需求，也提高了整个社会的就业质量，为推动低空经济的长远稳定发展奠定了坚实基础。

二、推动区域经济发展

传统通用航空器在低空经济中扮演了重要角色，并在推动区域经济发展方面贡献显著。它不仅通过为区域基础设施建设和提升服务水平提供强有力的支持，还通过促进旅游和物流等领域的更新换代，使得区域经济呈现出更高的增长潜力。在基础设施建设和提升服务水平方面，传统通用航空器发挥不可忽视的作用。无论是在偏远地区还是经济欠发达地区，传统通用航空器都能够通过设立航空港和航线网络，改善当地的交通条件。这不仅促进了当地居民的日常出行，还使得各种物资能够更便捷地流通，从而推动了地方经济的发展。此外，传统通用航空器在防灾减灾及紧急救援方面提供了关键支持，确保了如医疗急救、物资快速配送等服务的迅速响应，为居民的生命财产安全提供了坚实保障。在促进旅游方面，传统通用航空器通过开辟特色游览线路、组织航空观光和飞行体验项目，极大丰富了旅游资源，吸引了大量游客。这不仅提升了地区的旅游收入，还刺激了相关配套产业的增长，如酒店、餐饮、零售等，形成了良好的产业链条。与此同时，传统通用航空器的应用进一步推动了区域物流产业的现代化转型。通过提供高效率、低能耗的运输方式，传统通用航空器不仅能降低物流成本，而且能够在短时间内将货物从生产地运送到需求地，极大地提升了物流行业的服务水平和市场竞争力。

通过全面提升航空基础设施条件和服务标准，传统通用航空器可以进一步提升区域的整体经济发展水平。例如，在经济相对落后的区域，传统通用航空器能够帮助实现资源的优化配置，促进区域内产业的协同发展。此外，通过促进航空交通的便利性，提升了当地人民的生活质量和幸福感，增强了整个地区的吸引力，从而吸引人才和投资的注入。这不仅有助于缩小区域之间的经济差异，还为整体经济的可持续增长奠定了坚实基础。与此同时，随着通用航空器技术的进步和应用范围的不断扩大，传统通用航空器不仅在区域内发挥了重要作用，还为区域间的交流与合作提供了新的可能。这不仅促进了地区间的资源共享与信息互联互通，还推动了跨区域发展战略的实施。通过与高新技术企业合作开展新技术的研发和应用，传统通用航空器在提升整体技术水平和创新能力的同时，为区域内的企业提供更多转型升级的机会，从而提升了整个地区在全球价值链中的地位。这种跨区域的合作机制不仅有助于扩大各区域的优势，还能有效规避由于单一发展路径带来的局限性，形成协同效应，共同推动区域经济走向繁荣。

可见，传统通用航空器在推动区域经济发展方面能够充分发挥其独特的优势，并通过多种途径促进整体经济的繁荣。

三、保障低空空域安全

传统通用航空器在低空经济中扮演着不可或缺的角色，尤其是在保障低空空域安全方面。尽管无人机等新型飞行器在低空经济中的重要性不断提高，但传统通用航空器仍然在低空空域安全方面发挥着无可替代的作用。这些飞行器不仅提升了空域整体的安全性，还为其他飞行器的运行创造了更加稳定和有序的环境。

在应急救援中，传统通用航空器以其即时性和灵活性彰显其优势。相比于地面交通，通用航空器可以在更短的时间内抵达救援地点，提供了宝贵的救援窗口。以医疗急救为例，传统通用航空器能够迅速响应各地发生的紧急事件，将患者快速转运到医院，极大地提高了急救成功率。同样地，在灾难救援行动中，传统通用航空器也能够快速投送救援物资和人员，缩短救援时间，降低人员伤亡。

在空中交通管理方面，传统通用航空器同样发挥着关键作用。为了确保低空空域的有序运行，空中交通管制部门需对各类飞行器进行严格的监控与调度。传统通用航空器具备更强大的飞行适应性和操作灵活性，可以在复杂多变的气象条件下顺利完成任务，从而提高空中交通的整体效率和安全性。特别是在复杂地形和恶劣天气条件下，传统通用航空器的精细操控能力和快速响应机制使其成为维持空域秩序的重要因素。它们能够灵活规避潜在威胁，使空中交通管理更加高效，从而确保了低空空域的安全运行。

此外，传统通用航空器在与其他飞行器的协调上也具有独特优势。作为低空飞行的主要驱动力之一，这些飞行器通常会被纳入综合的空域管理体系中。通过与各类飞行器（如军用航空器、商业航空器及无人机等）进行协作，传统通用航空器不仅能够实现自身的安全高效运行，还能与其他飞行器有效沟通，并互相配合，确保各类飞行器在空域中和谐共存。这是保持低空空域安全与稳定的关键因素之一，也是传统通用航空器不可或缺的角色。

传统通用航空器不仅能够通过其个体优势确保应急救援和空中交通管理的可靠性，还能够与其他飞行器进行协调，共同维护低空空域的安全。因此，传统通用航空器在低空经济中的重要作用不仅体现在经济层面，更在于其奠定的空域安全基石。这不仅为各种飞行器的协同运作提供了基础保障，还为整个低空经济系统的健康稳定发展奠定了坚实的基础。

四、提升应急救援效率

传统通用航空器在提升应急救援效率方面发挥着关键作用,其灵活性、快速响应能力和广泛的覆盖范围使其成为执行紧急任务时的重要工具。相比之下,地面交通在应对突发事件时存在明显的局限性,包括交通堵塞、地理障碍以及响应时间较长等问题。而传统通用航空器凭借其快速飞行优势,能够在第一时间抵达救援地点,确保救援工作高效进行。

在医疗急救领域,传统通用航空器的应用尤为显著。面对突发的医疗紧急状况,传统通用航空器能够迅速响应,并通过自身的快速性和高效性,将患者从事故现场快速转运至医疗机构。例如,在一场严重的交通事故中,救护车可能因交通堵塞无法及时抵达现场,而此时传统通用航空器能够迅速搭载伤员飞往最近的医院。这种时间上的节省有助于提高急救成功率,降低人员死亡率。此外,在灾难救援场景中,传统通用航空器同样扮演着重要的角色。例如,2011年日本大地震后的救援行动中,传统通用航空器迅速运送救援物资和医疗设备,大幅缩短了救援时间,有效减少了死亡人数。

传统通用航空器不仅具备高效的应急响应能力,还能够覆盖广泛且复杂的地理区域,进而确保救援工作的全面性和及时性。无论是城市高层建筑还是偏远山区,传统通用航空器都能够克服障碍,快速完成任务。例如,在一些遭遇洪水包围的地区,陆路交通受阻,传统通用航空器成为唯一的运输工具,为这些地区带来了急需的救援物资和医疗援助。同样,在地震导致地面道路损毁的情况下,传统通用航空器能够迅速穿越受损道路地区,直接抵达灾区,为受灾群众提供紧急救援。

传统通用航空器在各种自然灾害救援中都展现出强大的适应性和灵活性。它可以在极端恶劣的气象条件下执行任务,如强风、暴雨和酷热等环境。传统通用航空器的高性能使其能够在复杂环境下提供精准的定位,快速传递相关信息,为各类救援队伍提供必要的支持。此外,传统通用航空器还能够在地震、洪水等自然灾害发生时,迅速执行空中侦察任务,为灾害评估和救援部署提供数据支持。通过实时传输灾区地图、受灾人员数量和紧急需求信息等,传统通用航空器有效提升了救援效率,使得救援工作更加有序和高效。

随着各级政府和相关部门提升对应急救援体系建设的重视,传统通用航空器的应用范围和功能也在不断扩大。政府机构通过与航空公司、医疗机构以及相关部门合作,构建了更为完善的应急救援体系。例如,政府部门与所在地航空公司签约建立紧急运输网络，确保在关键时刻能够快速调配资源。医疗机构则利用传统通用航空器快速响应网络，及时提供医疗急救服务。各部门还进一步建立健全了信息集成和资源共享平台，为跨部门、跨区域的协作提供了基础条件。通过严格培训和科学管理，应急救援队伍不断提升自身技能，确保在应急情况下迅速响应，精准执行任务。整体上，传统通用航空器通过不断提升应急救援效率，为各种极端状况下的生命救援行动提供了坚实保障，极大地提升了整体救援效果。

五、提升公共服务水平

在提升公共服务水平方面，传统通用航空器仍然是低空经济中不可或缺的重要组成部分。通过在医疗救援、应急响应、环境监测等领域的应用，传统通用航空器不仅提高了公共服务效率，还显著改善了服务质量。医疗救援方面，传统通用航空器通过提供迅捷、高效的医疗转运服务，使医疗资源能够迅速送往需要救治的地区，从而大幅提升医疗急救效率。在应急响应中，传统通用航空器也扮演着至关重要的角色。它们能够迅速抵达灾害现场，为搜救、运输、通信等提供重要支持，显著缩短了应急响应时间，提高了救援效率。传统通用航空器在环境监测方面同样发挥着重要作用。利用先进的遥感技术，传统通用航空器能够快速获取环境数据，为相关部门提供详尽的环境信息，有助于应对气候变化带来的挑战。此外，随着技术的不断进步，传统通用航空器的应用场景逐渐扩大，提升了公共服务的整体水平。

首先，在医疗救援领域，传统通用航空器因其快速响应能力和高效运转特点，已经成为不可或缺的重要工具。传统通用航空器能够迅速将急救人员和生命支持设备送达事故现场，确保患者能够得到及时的专业治疗。例如，在自然灾害、交通事故等紧急情况下，传统通用航空器能够在常规地面交通中断或受阻时快速开辟生命通道，减少挽救生命的时间延迟。此外，传统通用航空器还能在公共卫生事件中发挥重要作用，如在疫情暴发期间，通过空中转运的方式加速检测样本和医疗物资的运送，有助于控制疫情扩散。

其次，在应急响应中，传统通用航空器的应用进一步提升了灾害应对的效率和效果。传统通用航空器能够灵活机动地在复杂地形中执行任务，为灾害救援提供必要的通信支持和空中指挥。如在地震、洪水肆虐的灾区，传统通用航空器能够迅速将救援物资运送至偏远地区，提供临时通信基站，助力信息传递。这种应急响应模式使得灾难救援过程更加高效有序，有助于降低灾害造成的损失和伤害。应急响应部门能够通过传统通用航空器快速掌握灾区实际情况，及时调整救援方案,确保资源的有效利用。

再次,在环境监测方面,传统通用航空器的应用大幅提高了环境数据获取与分析的实时性和准确性。利用先进的遥感技术,传统通用航空器能够高效、精准地获取空气污染、水体质量、森林火灾等环境数据,帮助相关部门及时发现并处理环境问题。例如,通过空中监控,环保部门能快速识别空气污染源头,制定有效的应对措施,促进空气质量的改善。此外,传统通用航空器还能够支持大气污染监测、海洋监测等项目,为保护自然环境和人类健康提供有力保障。

传统通用航空器的高效运作不仅提升了公共服务的质量,还带来了显著的成本效益。例如,在农林资源管理和环境监管领域,通过使用传统通用航空器进行实时监测,节省了大量时间与人力成本。及时获得遥感图像和数据不仅有助于提高农业作业效率,还能辅助进行生态修复和灾害预警。在救援服务方面,传统通用航空器能够显著缩短救援响应时间,降低救援成本。这些综合效益不仅提高了公共服务效率,还促进了区域经济的发展和社会稳定。

传统通用航空器的这些应用不仅展示了其在提升公共服务水平方面的显著优势,也为未来的发展提供了坚实的基础和技术支持。未来,借助新技术和新政策的支持,传统通用航空器的应用将更加广泛、深入。通过进一步整合卫星通信技术、大数据处理技术等前沿科技,传统通用航空器将在信息共享、任务协调、服务提升等方面发挥更加突出的作用。这不仅有助于优化资源配置、提高公共服务的可持续性,还有望为实现更加便捷、高效的社会服务带来新的机遇。

六、促进低空经济长期发展

传统通用航空器在促进低空经济长期发展中扮演关键角色。其优势和独特性使其成为低空经济中的重要飞行主体。在物流运输方面,传统通用航空器能够提供灵活高效的服务,迅速响应各类紧急物资的需求,降低物流成本,提高物流效率。传统通用航空器的飞行运输不仅能够实现货物的快速流通,还能够在偏远或地面交通不便的区域实现物资的配送,满足偏远地区的需求。这使得传统通用航空器在低空经济中的物流运输方面具有不可替代的地位。此外,传统通用航空器在旅游观光中的作用也不可忽视。旅游观光航空器以其独特的视角和舒适的体验,吸引了大量游客,为旅游业带来了新的亮点。新型旅游观光飞机不仅提供了更为便捷的交通方式,还因独特的视角带来了全新的旅游体验,提升了游客的满意度。这推动了旅游业的持续增长与发展。

在应急救援领域,传统通用航空器的优势尤为突出。应急救援中,传统通用航空器能够快速响应紧急事件，提供即时的医疗转运、灾难救援等服务。利用传统通用航空器的优势，医疗救援团队可以迅速抵达事故现场，将伤者安全转运到医院接受治疗。灾难救援中，传统通用航空器更是发挥了不可或缺的作用，能够迅速运输救援物资，快速转移受灾群众，并进行现场测绘以制定有效的救援方案。其快速响应和灵活机动的特点，极大地提升了应急预案的执行效率。

传统通用航空器还具有显著的成本效益，能够通过降低运输成本和提高任务执行效率，为经济活动提供支持。例如，在紧急医疗转运中，通过使用传统通用航空器能够显著降低转运成本，提高转运速度，有助于减少因交通拥堵导致的延误风险。在开展农业生产作业时，传统通用航空器能够快速施药、播种，大幅提高了农业生产效率，降低了农业生产成本。在经济效益方面，通过降低成本，传统通用航空器也成为推动低空经济发展的关键力量。其高效的物流运输能够降低物流成本，使得更多的高价值货物得以快速流通。在旅游观光领域，传统通用航空器能够吸引更多的游客，提升旅游业的经济效益。在应急救援领域，通过快速响应缩短救援时间，能够显著降低灾害带来的经济损失。

传统通用航空器通过与新兴科技的融合发展，增强了其在辅助低空经济活动方面的潜力。传统通用航空器与无人驾驶航空器的协作，能够实现更高效的实时信息共享和任务协调，大幅提升了低空经济活动的灵活性与智能化水平。此外，卫星通信技术的应用，不仅增强了传统通用航空器的通信能力，还拓展了其应用范围。通过与大数据处理技术的结合，传统通用航空器能够实时获取并分析各类数据，提升低空经济中各类服务的质量与效率。

传统通用航空器的低生态足迹也成为其推动低空经济持续发展的又一重要因素。通过使用高效燃料技术、节能设计和先进排放控制技术，传统通用航空器在降低运营成本的同时，减少了对环境的影响。这不仅有助于保护生态系统，还能够满足公众对环保事业的需求。绿色航空技术的应用，使得传统通用航空器能够更好地服务于低空经济的可持续发展目标，推动产业向更加环保的方向发展。

第三章

主体 C：无人机成为低空飞行活动不可或缺的力量

与传统通用航空器相比,无人驾驶航空器的飞行活动被认为是低空经济发展中的主力军,主要是因为它们在低空经济的多个方面发挥着核心作用。

(1)经济贡献。无人驾驶航空器的飞行活动对国民经济有着显著的综合贡献。专家推测,到2027年,我国低空经济对国民经济的综合贡献值将达到3万亿至5万亿元。这表明无人驾驶航空器的飞行活动在推动经济增长方面扮演着重要角色。

(2)法规支持。《无人驾驶航空器飞行管理暂行条例》的实施为无人驾驶航空器的飞行活动提供了法律依据,促进了无人驾驶航空器产业的健康有序发展,同时也为低空经济的发展创造了有利条件。这一法规的出台不仅规范了无人驾驶航空器的飞行活动,还为低空经济的规范化发展提供了法律保障。

(3)产业发展。无人驾驶航空器的飞行活动是低空经济产业链中的重要环节。例如,消费级无人机、工业级无人机、电动垂直起降航空器和通用直升机等各类飞行器构成了低空经济的核心。这些飞行器的广泛应用推动了相关产业的发展,如物流、农业、测绘等。

(4)市场需求。无人驾驶航空器的飞行活动满足了多样化的市场需求。无论是快速物流、应急救援、农林植保还是航空测绘,无人驾驶航空器都在其中发挥了重要作用。这种多样化的需求推动了低空经济的多元化发展。

(5)技术创新。无人驾驶航空器的技术创新是低空经济发展的驱动力之一。随着技术的不断进步,无人驾驶航空器的性能不断提升,应用场景也在不断扩大。这不仅提高了飞行活动的效率和安全性,也为低空经济带来了新的增长点。

无人驾驶航空器的飞行活动之所以成为低空经济发展的主体,是因为它们在经济贡献、法规支持、产业发展、市场需求和技术创新等方面都起到了关键作用。这些因素共同推动了低空经济的快速发展,并为其未来的发展奠定了坚实的基础。

第一节 | 无人机的诞生与发展

一、第一架无人机诞生

无人驾驶航空器,俗称无人机(英文名为 Unmanned Aerial Vehicle,简写 UAV)。

在一些国外文献中，也被称作 Drone。"Drone"原意为雄蜂，用来代指马达嗡嗡、小巧灵活的无人机非常恰当。从广义上讲，有翼的导弹、航模等都算无人机。

无人机的诞生可以追溯到 1914 年。当时第一次世界大战正进行得如火如荼，英国的卡德尔和皮切尔两位将军，向英国军事航空学会提出了一项建议：研制一种不用人驾驶，而用无线电操控的小型飞机，使它能够飞到敌方某一目标区上空，将事先装在小飞机上的炸弹投下去。这种大胆的设想立即得到当时英国军事航空学会理事长戴·亨德森爵士赏识。亨德森爵士指定由 A. M. 洛教授率领一批人马进行研制。

最初的研制是在一个名叫布鲁克兰兹的地方进行的。为了保密，该计划被命名为"AT 计划"。经过多次试验，研制小组首先研制出一台无线电遥控装置。飞机设计师杰佛里·德哈维兰设计出一架小型单翼机。研制小组把无线电遥控装置安装到这架小飞机上，但没有安装炸弹。1917 年 3 月，在第一次世界大战的后期，世界上第一架无人驾驶飞机在英国皇家海军航空兵训练基地进行了第一次飞行试验。可是飞机刚起飞不久，发动机突然熄火，飞机因失速而坠毁。

过了不久，研制小组又研制出第二架无人机进行试验。飞机在无线电的遥控下平稳地飞行了一段时间。就在大家兴高采烈地庆祝试验成功的时候，这架小飞机的发动机又突然熄火了。失去动力的无人机一头栽入人群。

两次试验的失败，使研制小组感到十分沮丧，"AT 计划"也就此画上了句号。但 A. M. 洛教授并没有灰心，继续进行着无人机的研制。功夫不负有心人，10 年后，他终于取得成功。1927 年，由 A. M. 洛教授参与研制的"喉"式单翼无人机在英国海军"堡垒"号军舰上成功地进行了试飞。该机载有 113 千克炸弹，以每小时 322 千米的速度飞行了 480 千米。"喉"式无人机的问世在当时的世界上曾引起极大的轰动。

二、战争促进了无人机技术的发展

20 世纪前半叶的两场世界大战，无人机的发展迅速进入了快车道，各国纷纷加大投入，各种军用无人机层出不穷。

无人机早期的军事用途之一是作为靶机。早期靶机，是有人驾驶飞机后方带一个拖靶——小旗或布袋，用于高炮或航炮打靶试验，这样很不安全。为此，1933 年，英国研制出了第一架可重复使用的无人驾驶靶机——"蜂王"。这款无人机从船上对其进行无线电遥控并获得成功，使英国成为首个拥有无人靶机的国家。

二战期间，通过改装有人驾驶轰炸机，德国、美国等研制了无人轰炸机。这些无人机安装上自动控制系统,拆卸了多余的自卫武器和设备,可搭载更多的炸弹。如,德国空军在二战时曾使用容克-88轰炸机进行远距轰炸;先由驾驶员驾机飞行一段时间,进入攻击区前驾驶员跳伞离开,随后改由伴航飞机远程遥控容克-88对敌方地面目标进行轰炸。再如,1944年,美国海军使用由B-17轰炸机改装的遥控舰载机,对德国潜艇基地进行打击。

二战时的德国在航空武器装备方面全球领先,大名鼎鼎的V-1导弹便是无人飞行器中的翘楚。V-1也被认为是最早的巡航导弹。V-1的外形与普通飞机相似,但没有驾驶舱,通过无线电控制系统进行遥控操作;战斗部配置有自动驾驶仪来调节飞行高度和速度。V-1飞行时发动机会发出震耳欲聋的嗡嗡声,但到达预定空域准备下降时,发动机会骤然停机,紧接着急剧下降直到命中目标。

二战结束以后,以美、苏为代表的东西两大阵营在无人机研发领域开展了激烈的较量。美国瑞安航空公司生产的"火蜂"系列无人机是当时产量最大的无人机。该无人机在数十年后派生了各种机型,包括无人靶机、无人侦察机、无人电子对抗机、无人攻击机、多用途无人机等。在朝鲜战争和越南战争中,美国军方曾频繁出动"火蜂"无人机,对敌方目标进行空中侦察。"火蜂"无人机可以从地面起飞,也可以从空中载机上发射,甚至从航母上起飞。据统计,越南战争中,美国出动的无人机累计达3500余架次,用于空中侦察,信号中继,实施无线电电子战,施放假目标等,战损率仅为4%。至今美国军方仍在使用多款"火蜂"无人机的改进型。

1957年,苏联图波列夫设计局受命研制巡航导弹。该研究计划半途而废,但成功开发出了一款"鹞"式超音速无人机。此后,图波列夫设计局又先后研制了"鸢"式无人攻击机和"雨燕""航程"无人侦察机,这两款无人机都批量生产并装备了苏联空军。20世纪七八十年代,"航程"无人机成功出口伊拉克和一些非洲国家。"雨燕"改进型BP-2和"航程"改进型BP-3无人机则相继装备了俄罗斯空军,其中BP-2还装备了乌克兰空军。值得一提的是,1991年苏联解体后,俄罗斯国力快速衰退,无人机发展停滞不前,以至于今天的俄乌冲突中,俄罗斯军方竟沦落到不得不采购伊朗无人机的地步。

20世纪70—90年代,以色列无人机发展也异常迅猛。迫于战争压力,1969年,以色列国防军尝试在商业无线电航模上安装照相机,空中拍摄了约旦和埃及的阵地。1970—1973年间,以色列先后从美国购买了"火蜂"系列的无人侦察机、无人靶机,以及"鹌鹑"诱饵无人机。在外购无人机的同时,以色列也快马加鞭,迅速建立起了自己的无人机设计与生产基地。以色列第一个国产无人机型号是

"獒"式无人机,公开亮相时间为1978年。紧随其后的另一款是"侦察兵"无人机。在"赎罪日战争"(即第四次中东战争)中,上述两款无人机被以色列军方多次投入实战,用于观察、侦察地面目标和施放空中假目标,协助以军取得了显著战果。

随着电子技术、材料技术及空气动力学等科学技术的发展,无人机从20世纪90年代开始,逐渐向小型化、信息化和轻量化发展,军事用途也越来越广泛,不再局限于高空侦察。在1991年的海湾战争中,美军使用了"先锋"、TACD和BQM-74等多种无人机,这些无人机执行侦察、监视、目标捕获等任务,在实战中为飞机和炮火攻击伊拉克军队提供了精确的目标指示。而在最近的俄乌冲突中,伊朗研制的"见证者-136"自杀式攻击无人机被俄罗斯军队使用,价格低廉,仅有5万美元,但可携带50千克的高爆弹药,威力强大。

近些年来,无人机已经开始从军事领域向科研和民用领域转移,消费级无人机和民用无人机的应用也越来越普及,甚至成为老百姓所熟知的"玩具"。其中,四轴、六轴无人机已成为民用领域应用最为广泛的无人机。

三、中国无人机快速发展

中国的无人机起步较晚,但在近20年内却弯道超车,取得了飞速的进展,并走在了世界前列。在军事领域,相继研发出了"彩虹"系列、"翼龙"系列、ASN系列等诸多性能出色的无人机型;民用领域,更是诞生了大疆等享誉全世界的民用无人机生产制造企业。2017年11月,中国电子科技集团研制安装在卡车底盘上的四十八联装无人机发射平台,单台一次可向空中密集齐射48架无人机,精确编队、阵形转换、地面检查、精确打击,一气呵成。而这款无人机系统在后来的试验中一次可发射200架无人机,形成庞大的"蜂群",使打击效果倍增。该事件令人振奋,惊艳四方,标志着中国无人机"蜂群"作战技术已经取得重大突破。

近年来,在市场和政策的双轮驱动下,我国低空经济得到快速发展,特别是民用无人机产业发展迅猛,并处于全球领先地位。截至2021年底,全国可兼顾通用航空服务的运输机场超过200个,通用机场368个,其他起降场地约200个。通用航空有人机运营企业近600家,2021年有人机飞行118.2万小时;无人机运营企业1.27万家,注册无人机83万架。2022年注册无人机95万架,2023年注册无人机126.7万架,2024年10月前注册无人机207.9万架。2021年无人机实时飞行约3.86亿架次、飞行时长约1668.9万小时。在公安系统中,警用直升机已发展到近百架,警用无人机超过1万架。

据赛迪顾问发布的《2020—2021年中国无人机产业发展年度报告》显示,2020

年全球无人机产业规模为 94 亿美元,中国无人机产业规模为 75.8 亿美元,在全球无人机产业区域结构中占比超过 80%。其中,大疆在全球无人机产业规模占比超 40%,位居第一。

截至 2021 年底,全国共有通用航空相关企业超过 9000 家,无人机相关企业超过 5 万家。2011—2021 年通用航空相关企业注册资本总金额约为 6300 亿元,2016 年以来全国新增无人机企业注册资本总金额约为 4300 亿元。

第二节 | 无人驾驶航空器

所有不需要人驾驶的飞行器材,无论是军用的还是民用的,比如导弹、气球、无人飞艇、无人机、eVTOL、飞行汽车,等等,都可称作无人驾驶航空器。一般情况下,民用无人驾驶航空器如下分类:无人机,是指无人驾驶、不载人的航空器;载人的无人机叫 eVTOL(电动垂直起降航空器)和飞行汽车(载人且需要跑道助飞),两者可以统称飞行汽车。低空经济发展中,不载人的工农商业用途无人机将会让低空繁忙起来,在低空飞行活动中占据半壁江山。目前的无人驾驶航空器及其飞行管理法规,对象基本是指不载人的无人机。

无人驾驶航空器(不载人的工农商业用途无人机)按照性能指标分为微型、轻型、小型、中型和大型。

微型无人驾驶航空器,是指空机重量小于 0.25 千克,最大飞行真高不超过 50 米,最大平飞速度不超过 40 千米/小时,无线电发射设备符合微功率短距离技术要求,全程可以随时人工介入操控的无人驾驶航空器。

轻型无人驾驶航空器,是指空机重量不超过 4 千克且最大起飞重量不超过 7 千克,最大平飞速度不超过 100 千米/小时,具备符合空域管理要求的空域保持能力和可靠被监视能力,全程可以随时人工介入操控的无人驾驶航空器,但不包括微型无人驾驶航空器。

小型无人驾驶航空器,是指空机重量不超过 15 千克且最大起飞重量不超过 25 千克,具备符合空域管理要求的空域保持能力和可靠被监视能力,全程可以随时人工介入操控的无人驾驶航空器,但不包括微型、轻型无人驾驶航空器。

中型无人驾驶航空器,是指最大起飞重量不超过 150 千克的无人驾驶航空器,但不包括微型、轻型和小型无人驾驶航空器。

大型无人驾驶航空器,是指最大起飞重量超过 150 千克的无人驾驶航空器。

无人驾驶航空器系统,是指无人驾驶航空器以及与其有关的遥控台(站)、任务载荷和控制链路等组成的系统。其中,遥控台(站)是指遥控无人驾驶航空器的各种操控设备(手段)以及有关系统组成的整体。

其中,农用无人驾驶航空器,是指最大飞行真高不超过 30 米,最大平飞速度不超过 50 千米/小时,最大飞行半径不超过 2000 米,具备空域保持能力和可靠被监视能力,专门用于植保、播种、投饵等农林牧渔作业,全程可以随时人工介入操控的无人驾驶航空器。

第三节 | 无人机飞行管理法规出台

一、《民用无人驾驶航空器经营性飞行活动管理办法(暂行)》

2018 年 3 月,中国民航局发布的《民用无人驾驶航空器经营性飞行活动管理办法(暂行)》(以下简称《管理办法》)自 6 月 1 日起正式实施。无人驾驶航空器经营性飞行活动有章可依、有据可查,企业从事经营性飞行活动从此合法合规。

《管理办法》是在无人驾驶航空器产业迅速发展、旺盛的市场需求催生大批运营企业的大背景下,在民航局充分调研、广泛征求意见的基础上制定而成。《管理办法》共 3 章 20 条,对无人驾驶航空器经营许可证的申请条件及程序、无人驾驶航空器经营性飞行活动的监督管理方式等做了明确规定,填补了我国无人驾驶航空器的运营监管方面的空白。

《管理办法》适用于使用最大空机重量为 250 克以上(含 250 克)的无人驾驶航空器开展航空喷洒(撒)、航空摄影、空中拍照、表演飞行等作业类和无人机驾驶员培训类的经营活动。

根据该《管理办法》,取得无人驾驶航空器经营许可证,应当具备四项基本条件:

(1)从事经营活动的主体应当为企业法人,法定代表人为中国籍公民;

(2)企业应至少拥有一架无人驾驶航空器,且以该企业名称在中国民用航空局"民用无人驾驶航空器实名登记信息系统"中完成实名登记;

(3)具有行业主管部门或经其授权机构认可的培训能力(此款仅适用从事培训类经营活动);投保无人驾驶航空器地面第三人责任险。

二、《无人驾驶航空器飞行管理暂行条例》

2024 年 1 月,《无人驾驶航空器飞行管理暂行条例》正式实施。对民用无人驾驶航空器产品安全生产规范、经营管理等均进行了规定。不同于上面的管理办法,这是我国第一部专门针对无人驾驶航空器飞行管理的行政法规,对于低空空域相关管理、低空经济的发展及各行业参与低空经济、社会大众消费无人机等,都具有非常重要的指导意义。具体内容在"法律法规与政策保障低空经济发展"章节里详细列出。

第四节 | 无人机飞行蓬勃发展

在低空经济产业链上,航空器的飞行活动是低空经济的核心,没有飞行活动,航空器无用武之地,也就不存在保障服务和综合配套等产业;而高端、无人、智能,是技术目标。在低空经济的飞行经济活动中,无论从国家低空经济发展战略还是航空器技术发展方向来看,无人驾驶航空器都是低空飞行活动的主流装备。

一、无人机飞行活动在低空经济中的贡献越来越突出

根据政府公开数据、行业研究报告、企业公开财务报告以及无人机飞行活动监测等多渠道收集到的数据分析汇总,无人机飞行活动在低空经济中的占比呈现出逐步增长的趋势,目前已经成为低空经济的重要组成部分。2016 年至 2020 年,中国无人机行业的年均复合增长率为 35.2%,其中,低空经济领域无人机飞行活动的年均复合增长率为 40.6%。2020 年,中国无人机物流业务量同比增长95.7%,快速增长的物流业务量带动了无人机飞行活动在快递、餐饮、生鲜配送等行业的广泛应用。与此同时,无人机在巡检、农业、医疗、安防及应急救援等领域的应用也在快速增长。2020 年,无人机在快递行业的飞行活动占到了总计无人机飞行活动的 15%,在医疗航空货运中的占比也达到了 20%。2023 年度的情况是:无人机飞行活动在低空经济中的比例约 40%。其中,农业、物流、旅游、医疗四个行业分别占无人机飞行活动总数的 10%、30%、20%、10%。

无人机在低空经济中的应用已经覆盖了多个领域,其中物流行业是无人机飞行活动的主要应用领域,占比达到 30%。而农业、旅游、医疗等行业的无人机飞行活动也在快速增长,显示出无人机在低空经济中的广泛应用前景。

(一) 农业

无人机在农业领域的应用主要包括植保喷洒、作物监测、农田测绘等。根据公开数据,2023 年无人机在农业领域的飞行活动次数约为 100 万次,占全年无人机飞行活动总数的 10%。通过无人机进行植保喷洒可以提高作物生长效率,减少农药使用量,降低农业生产成本。同时,无人机可以实时监测作物生长情况,为农业生产提供精准数据支持,提高农业生产效益。美国农业领域无人机机队数量在

2020 年达到了 1.2 万个,2024 年将达到 1.7 万个。

（二）物流

2018 年 3 月,国家邮政局发布的《2018 年中国快递发展指数报告》提出,"无人机＋配送"的模式将在未来得到更广泛的应用。无人机在物流领域的应用主要包括包裹投递、货物运输等。公开数据显示,2023 年无人机在物流领域的飞行活动次数为 300 多万次,占全年无人机飞行活动总数的 30％。通过无人机进行包裹投递可以提高物流效率,减少物流成本,提高物流服务质量。同时,无人机可以实现全天候、全地域的货物运输,提高物流行业的竞争力。据彭博社预测,无人机飞行活动在购物中心、酒店、餐厅等消费场景中的应用近两年保持每年 20％以上的增长,2024 年更是井喷式增长。2025 年,无人机在低空经济领域中的应用将增加一倍以上,市场规模将增长到 1000 亿元人民币。

（三）旅游

无人机在旅游领域的应用主要包括航拍摄影、景点游览等。根据公开数据,2023 年无人机在旅游领域的飞行活动次数约为 200 万次,占全年无人机飞行活动总数的 20％。通过无人机进行航拍摄影可以为游客提供更丰富的视觉体验,提高旅游体验质量。同时,结合 VR 技术,无人机可以让游客从空中游览景点,提高旅游行业的吸引力。

（四）医疗

无人机在医疗领域的应用主要包括药品配送、医疗物资运输等。根据公开数据,2023 年无人机在医疗领域的飞行活动次数约为 100 万次,占全年无人机飞行活动总数的 10％。通过无人机进行药品配送可以提高医疗服务质量,缩短药品配送时间,提高医疗行业效率。同时,无人机可以实现医疗物资的快速运输,提高医疗行业的响应速度。

二、推动无人机飞行活动快速增长的动力

无人机飞行活动快速增长,其背后的驱动因素可以从多个角度进行解读。技术进步、市场需求、政策支持以及应用场景的扩展是这些增长趋势的主要推手。随着科技的飞速发展,无人机技术显著提升,不仅实现了飞行效率和载重能力的显著增强,还拓展了应用范围,提高了作业的智能化和无人化水平。例如,先进的自动驾驶技术、低功耗电池技术和无人机地面站的完善,共同为无人机飞行活动的广泛应用提供了强有力的技术支持。市场需求的激增是驱动无人机飞行活动增长的重要动力之一。多样化的产品和服务为企业和消费者带来了前所未有的

便利,如物流配送、农业植保、巡检监测等领域中无人机应用的拓展,进一步刺激了市场的增长。政策支持为无人机飞行活动的发展创造了良好的外部环境。国家和地方各级政府出台了一系列扶持政策,从立法层面确保了无人机飞行活动的安全与规范,从资金和技术层面给予了企业实质性的推动。各种政策举措不仅简化了操作流程,降低了企业准入门槛,还有效地保障了无人机产品和服务的质量。随着低空经济应用场景的不断拓展,无人机飞行活动在快递、医疗、农业、巡检、测绘等诸多行业中的应用将日益广泛。例如,在农业领域,无人机植保、农田监控、作物评估等应用逐渐成为无人机服务市场的主流,催生了新的市场机遇。同样,在医疗领域,无人机用于药品和样本的快速配送,以及在应急救援和医疗支援中的应用也日益普及。此外,无人机在工业巡检、环境监测、水利巡检等方面的创新应用,也推动了其在低空经济领域的广泛应用。

随着技术的不断进步,市场需求持续增长,政策环境不断完善,未来低空经济中无人机飞行活动将占据更加重要的位置,甚至有望占据市场份额的一半以上。这不仅得益于无人机技术本身的革新,更得益于其在各个领域的深层次应用和发展。随着无人机技术的不断成熟,其应用范围将进一步扩大,呈现出更加广阔的发展前景。未来,无人机飞行活动在低空经济中的地位将更加稳固,成为推动经济持续增长的关键力量。通过进一步完善基础设施和服务,降低物流成本,提升服务效率,预计未来几年内,无人机技术将在低空经济中展现更加广泛的应用前景,为各个行业带来深远的影响。

第五节 | 无人机低空飞行具体应用场景

公共服务类应用场景。此类无人机应用场景,主要特点是,借助无人机的装备平台,搭载影像设备、通信设备、消防设备、照明设备、激光雷达,等等。

一、无人机测绘

摄影摄像,特别讲究拍摄的视角。而无人机的空中视角,是人力所不能及的,这就注定了无人机摄影摄像的独特性。在地理测绘方面,卫星的高空拍摄,民航飞机、通航飞行器的中高空拍摄,无人机的低空拍摄,都是从顶部视角、大范围覆盖。无人机地理测绘的场景应用对国家土地资源总体概况、细部状况、地质地貌、物种分布、丰富程度等的统计和数据利用,发挥重要作用。

摄影技术凭借快速高效、机动灵活、成本低等优势,正慢慢颠覆传统测绘的作业方式,已成为测绘行业"新宠"。而倾斜摄影技术应用到无人机上,实际就是在做一个三维模型,而建立起的这个模型更加真实,更加直观,更加符合实际。

无人机测绘原理是通过无人机低空摄影获取高清晰影像数据生成三维点云与模型,实现地理信息的快速获取。无人机航测数据通过处理得到有精确坐标的三维模型或 DOM/DSM/DEM 等数据,模型数据导入数据采集软件进行我们需求的测绘数据采集。通过在计算机上使用相应软件可采集到模型内任意所需求的坐标数据。

(一) 无人机测绘应用场景

1. 房地一体测量

在开展房地一体项目时,传统的测量技术已不堪重负,隐蔽点难以测量、图根控制点不易保存、测量累计误差较大、效率低、重复工作等问题频出;无人机摄影测量与三维激光扫描技术的引入,就能让问题得到解决,高效率、高精度、简单地完成测量任务。

2. 堆体测量

目前的堆体测量,主要依靠全站仪、盘煤仪、GPS 等测量仪器对堆体进行测量,相较于更早之前的完全依赖人工使用皮尺丈量,这些测量手段已经有了长足进步。但是使用无人机测绘并建模,可以预设航线,在作业区域上空自动作业采集数据,采集完数据后可导入系统中,一键生成点云及三维模型数据,并据此进行空间距离、体积的测量,或者进行斜面等不规则堆体面积的模拟测量,为工程建设规划和生产作业等提供精确数值参考。

3. 隧道、管道检查

传统的地铁、铁路和汽车隧道检测,需要检测人员深入隧道内部,采用人工排查的方式确认是否有裂痕或漏水等异常情况,并确保隧道结构没有问题。采用无人机搭载高清相机和激光雷达等检测设备,可以采集隧道内高精度的图像数据并生成三维模型,以供随时调取查看,能够提供更高的检查精度,还能够让工程师有更多的时间专注于对所搜集到的资料进行分析,并快速提出需要采取的应对措施。

4. 高速公路巡检

对于高速公路这类大规模的交通基础设施建设前期勘察、后期维护管理、改造维修等工作,无人机测绘系统可以集成了测绘用无人机、三维建模软件等,配合强大的工作站,在高效完成测绘工作的同时,还可以通过应用软件对道路改造的工程量做精准评估,对工程进展进行比对,并模拟工程场景效果及对周边可能产生的环境影响,为公路部门的道路改造和道路规划工作提供有力的支持。

5. 桥梁检测

人工检测作业,不仅效率低、难度大、危险系数高,而且检测精细度远远不够,而无人机技术的应用,将在很大程度上解决了这一难题。无人机通过相机、激光雷达等控制设备完成桥梁底面、柱面及横梁等结构面的拍摄取证,同时对桥梁整体的三维建模,通过模型来测算桥梁的外在结构,供专业人员分析桥梁状态,及时发现险情,可极大减轻桥梁维护人员的工作强度,提高桥梁检测维护效率。

6. 大型户外重要遗址保护

遗址是人类在历史发展过程中遗留下来的遗物、遗迹。它是人类宝贵的历史文化遗产。三维扫描技术在文物保护领域,相比传统的手工测量更加高效、精确,其非接触性的特点更是不会造成遗址及文物损伤。对于大型古村落、山区悬崖等人迹罕至的地方,采用无人机系统迅速完成大范围的数据采集。无人机可搭载激光雷达采集古迹的图像数据,获取文物的点云进行精确的重建,建立起实物三维或模型数据库,保存文物原有的各种类型数据和空间关系等重要资源,实现濒危文物资源的科学、高精度和永久保存,还可以建立可在线浏览的 VR 数字博物馆,如扬州大运河博物馆,就是经典案例。

7. 土地不动产确权

传统的土地确权测量工作,一般是通过地面工程测量实测方式测制地形图或者通过传统载人飞机航测地形图。相较于传统方式,采用无人机进行航空摄影测量具有明显的优势,成本较低、操作便捷、自动化程度高、效率高、精度高。因此在农村的集体土地登记确权发证工作中,通过无人机航空摄影建模来获取基础地形图数据是一种较为可行的方式。

(二) 无人机航拍测绘操作

无人机航拍测绘分为外业和内业两个部分。外业主要流程为:前期准备、测区环境勘察、像控点布设、无人机及云台搭建、航线规划、飞行作业、航测数据导出。内业主要流程为:航测数据整理、加密、三维建模及生成应用等。

1. 航拍测绘各步骤说明

测绘无人机航拍小组配备 2～3 人即可,航拍任务结束后对数据进行快速检查,检查合格后即可带回进行后续的数据处理工作。

(1)飞行准备。飞行前的准备内容包括:选择航拍测绘设备、航线规划设计、飞行方案设计(确定航高及飞行速度、重叠度)。

（2）工作日志。每天记录当天风速、天气、起降位置坐标等信息，并保存数据供日后参考和分析。

（3）建立通信。无线电台和地面站无线电链路用于地面站和无人机之间的通信。目前，大多数测绘无人机使用无线电链路在无人机与地面站之间进行数据交换。

（4）飞行实施。根据制定的分区航摄计划，寻找合适的起飞点，对每块区域进行拍摄采集照片。在设备检查完毕，并确认起飞区域安全后，将无人机解锁起飞。起飞时飞手通过遥控器实时控制飞机，地面站飞控人员通过飞机传输回来的参数观察飞机状态。飞机到达安全高度后由飞手通过遥控器收起起落架，将飞行模式切换为自动任务模式。同时，飞手需通过目视无人机，时刻关注飞机的动态，地面站飞控人员需留意飞控软件中电池状况、飞行速度、飞行高度、飞行姿态、航线完成情况等，以此保证飞行安全。

（5）飞行结束。无人机完成飞行任务后，降落时应确保降落地点安全，避免行人靠近。完成降落后，检查相机中的影像数据、飞控系统中的数据是否完整。数据获取完成后，需对获取的影像进行质量检查，对不合格的区域进行补飞，直到获取的影像质量满足要求。

2. 无人机航拍影像质量检查方法

无人机航拍影像的曝光过度或不足，影像的重影、散焦与噪点，将严重影响三维建模的质量。为了避免这类曝光问题，在外出航拍时尽量提前看天气预报，在多云的天气拍摄比大晴天更好，如果必须在晴天拍摄，最好选择中午左右使阴影区域最小化。

无人机航拍快门选择。拍摄前调试使用最合适的快门、光圈、ISO 值。参数相同点：都可以调节曝光的明暗度，光圈大、ISO 高、快门速度慢都会曝光过亮；不同点：光圈可调节景深，小光圈景深大，大光圈景深小；景深无法通过 ISO 快门来控制，这就是光圈和 ISO 快门的区别。ISO 除了明暗调节还有一个特点是降低画质，ISO 高了画质就会降低，所以升高 ISO 在三要素里是最后考虑的，实在不行才提高 ISO。

无人机相机技术装备。

（1）相机感光体 CCD 的尺寸、焦距以及像素的大小直接影响影像的精度，从而影响模型的精度。

（2）在相机参数不变的情况下，无人机飞行高度（曝光点到地物的高度）是决定模型精度高低的关键因素。

（3）在建模的过程中,需要知道相机感光体 CCD 的尺寸。传感器的尺寸,其实是指感光器件的面积大小,这里就包括了 CCD 和 CMOS。感光器件的面积越大,CCD/CMOS 面积越大,捕捉的光子越多,感光性能越好,信噪比越高。

（4）传感器尺寸越大,感光面积越大,成像效果越好。1/1.8 英寸的 300 万像素相机效果通常好于 1/2.7 英寸的 400 万像素相机(后者的感光面积只有前者的 55%)。

（5）而相同尺寸的传感器像素增加固然是件好事,但这也会导致单个像素的感光面积缩小,有曝光不足的可能。

（6）拍摄好的影像,不要进行任何的编辑,包括改变尺寸、裁剪、旋转、降低噪点、锐化或调整亮度、对比度、饱和度或色调。

（7）CC 建模软件不支持拼接的全景图作为原始数据。

（8）飞行过程中的数据会有一定的图像模糊,尤其是旋翼倾斜上使用的普通相机,对于微单相机来说,运动模糊是不可避免的。运动模糊会导致特征点提取不准,从而给空三处理中的连接匹配带来很大的影响,三维重建中的粗匹配产生较大的影响。

（9）模型重建要求连续影像之间的重叠部分应该超过 60%,物体的同一部分的不同拍摄点间的分隔应该小于 15 度。

（10）规划航线拍摄时,建议采集航向重叠度 75% 以上,旁向重叠度不小于 70% 的影像。为实现更好的效果,更好地还原建筑,建议同时采集垂直和倾斜影像,并用小型无人机低空采集高空相机拍不到的死角。

（11）尽量选择高分辨率的单反相机,建议 2000 万像素以上。避免使用广角鱼眼镜头。最好是选择定焦镜头,如果使用变焦镜头,请将该镜头焦距设置成最大或最小值。

（12）将相机调整为最大分辨率模式;ISO 值尽量低,否则高 ISO 会产生噪点;光圈值足够高(光圈越小越好),以产生足够的景深,背景不要太模糊;快门速度不应该过慢,否则轻微的动作会造成图像模糊。

（13）避免选择高反光、透明的物体,例如玻璃瓶、镜面等。如果是容易反光的物体,最好使用柔光灯或在阴天下拍摄,尽可能没有亮点。

（14）避免选择有两面绝对对称的物体(形状和纹理都对称),例如单色立方体或有对应面一样纹理的立方体。

（15）避免有移动的物体在场景中,要保证被拍摄的背景环境是不变的。

（16）避免绝对平坦的物体,例如平口盘子等。避免绝对平坦的背景,有层次感会更好，背景颜色也不要选择单色的背景，最好是杂乱无章的图案。除了被合成的物体外，画面前景中不要有没用的物体。

3. 无人机航拍如何提高影像精度

（1）飞得更高。在满足精度的要求下，选择更高的高度进行飞行。更高的飞行高度可以让单个图像中覆盖更多的区域，可以提高无人机采集的效率。

（2）拍摄时间选择。在飞行之前检查天气很重要，选择光线充足的天气进行拍摄。在阴天飞行时，光线柔和均匀，比较有利于拍摄。当然我们可以通过安装滤镜模仿这种效果，减少由于地面反光、眩光造成的合成效果差。在光线不充足的情况下，可手动设置相机参数，增加光圈数值或提高 ISO，也可降低快门速度。任务过程中要适时调整相机参数，以适应较长的时间跨度。我们还建议尝试在上午 10 点到下午 2 点之间飞行。这样照片中的阴影会更少，对后期的处理会有所帮助。还要避免在光照条件不佳的时刻进行建图作业，如日落黄昏时刻。

（3）在航线规划期间增加旁向重叠。增加旁向重叠率是让图像获得更好匹配的最简单方法，但是它会降低无人机的飞行效率。

（4）在航线规划期间增加航向重叠。这样可以让相机更快地拍照，从而提高航线上拍照的数量，但是受快门、RTK、存储的影响，会限制最大的飞行速度。

（5）坐标纠正。在中国大陆地区使用，请打开坐标纠正。若关闭，平面坐标会偏移几百米。国外用户，坐标纠偏默认关闭；若打开，平面坐标会偏移几百米。

（6）最大的飞行速度。可以设置系统默认的最大飞行速度。最大飞行速度为当前参数下可以设置的最快任务飞行速度，该速度受任务飞行高度和航向重叠率影响。

（7）关闭畸变修正。若使用大疆智图进行建图，可将原片直接导入大疆智图中，大疆智图会自动识别照片类型并对其进行去畸变处理；针对未去过畸变的，大疆智图会以写进照片里的相机畸变系数作为初值，在空三做完之后拟合一个更加准确的畸变系数，然后对照片进行去畸变，恢复为无畸变的照片参与后续的建图作业。

（8）检查相机设置和单张相片质量。航测任务开始前需先对测区地面进行测光，避免因相机参数设置错误导致影像模糊、欠曝、过曝等情况发生。任务结束后，内业前需及时检查任务影像，避免出现漏拍、错拍及由相机参数设置错误引发的照片质量不佳，发现后请及时进行补拍。

4. 无人机航拍测绘质量如何控制

无人机航拍测绘质量主要是对飞前、中、后，每一个环节都务必严格把控。

它是对飞行实施过程中的特殊情况进行把控。

5.飞行特殊情况四大处理原则

（1）穿越航线。原则上各相邻的平行航线需要有一到两条穿越航线进行垂直穿越，用于在后期数据处理中保证各条航线的连接精确。

（2）小十字。飞行过程中的每个架次，为了对本架次数据进行精确的校正，即在每个架次的正式航线数据采集前或数据采集后都要进行检校场飞行，即小十字飞行。

（3）补飞。数据获取过程中可能会存在极少量的某些异常情况，造成某一区域的数据获取缺失等现象，对于产生数据漏洞的航线要进行补飞，补飞航线两端均要相应延长一部分，从而使两次获得的数据能够很好地接边。

（4）数据异常。在飞行过程中可能会遇到极少的卫星信号瞬间失锁现象，或由于较恶劣的飞行条件，如较大的风或上升气流等造成飞机姿态变化较快时卫星信号不好，对于这种情况造成的 POS 数据有某些异常，应根据数据异常时间段是否在正式航线上和整个架次的 POS 数据精度来决定航线数据的有效性，对于无效数据的航线或架次将进行补飞。[①]

二、无人机基站

由于无人机的固有特性，即机动性、更高的视距信号概率、灵活性以及易于改变高度水平（自适应高度），因此无人机成为搜救行动、车对车通信、蜂窝网络负载均衡等的重要补充。

无人机充当空中基站，在民用和军用应用中都有应用。无人机基站通常被称为空中基站，与维护地面基站的费用相比，它们具有成本效益。

无人机空中基站，进行组网，可以作为用户设备、网络中继节点和基站运行，此时的空中无人机也称为蜂窝连接无人机。无人机空中基站在蜂窝网络、物联网和无线网络中得到很多应用。

现在无人机也开始在海上通信网络中使用，以提供船上的按需服务。火山监测、边境监控、灾害报告、遥感和森林火灾监测是无人机可以充当网络中继节点的一些应用场景。

无人机充当中继设备，可以在高空搭建高空中继平台，高空平台可以为大面

---

① 以上这段内容是对无人机测绘技术的描述，非常专业，具有极强的操作指导性，引用自无人机网的莫维祥先生。

积的地理区域提供服务，从而实现更广泛的覆盖范围和更长的耐久性。高空平台部署在平流层，距离地表约 10 千米。无人机作为低空中继设备，低空平台在几千米的高度运行，与高空平台相比，可以更轻松地部署。

根据飞行类型，空中基站可以使用旋翼无人机或固定翼无人机。

旋翼式无人机可以低速悬停在特定位置上方，通常飞行时间小于 1 小时。而固定翼无人机可以飞行几个小时，但要保持在高空，它们必须向前运动。用于所有这些应用的无人机重量不到 25 千克。根据无人机的技术特点和结构，通信网络中最常见的无人机类型包括单旋翼、多旋翼、固定翼和固定翼混合动力无人机。固定翼型无人机利用普通机翼作为升力。燃气发动机是这种类型的替代品。这些无人机的飞行时间约为 16 小时。因此，它们对于长航时任务很有用。但是，固定翼型无人机不能用于悬停应用，因为它们无法悬停在特定位置上。所以，与固定翼型无人机类似，单旋翼无人机也可以由燃气发动机提供动力，有助于保持更长的飞行时间。尽管它们在设计上很高效，但它们复杂、昂贵且体积更大。固定翼混合无人机将旋翼设计的悬停能力与固定翼无人机的向前飞行能力完美结合。

三、无人机消防

无人机消防作为一种新型工业技术，已被广泛应用于各种领域。无人机中低空监测系统具有机动快速、使用成本低、维护操作简单等技术特点，具有对地快速实时巡查监测能力，是一种新型的中低空实时电视成像和红外成像快速获取系统。在国内已有不少消防机构使用无人机成功进行火场侦察监测、抛投救援物资等尝试，效果非常明显。无人机可以在地面巡护无法顾及的偏远地区，发现处于早期阶段的林火，以及对重大森林火灾现场的各种动态信息准确把握与及时了解；也可以解决飞机巡护无法夜航、烟雾造成能见度降低无法飞行等问题。作为现有林业监测手段的有力补充，无人机在对车、人无法到达地带的资源环境监测、森林火灾监测及救援指挥等方面具有其独特的优势，特别是长航时大载重无人机在林业火灾的监测、预防、扑救、灾后评估等方面必将得到广泛的应用。在天津爆炸事故救援中，各部门也曾利用无人机对事故现场进行高空侦察，为救援决策提供了部分参考依据。

（一）灾情巡查

当灾害发生时，使用无人机进行灾情侦察。一是可以无视地形和环境，做到机动灵活开展侦察，特别是一些急难险重的灾害现场，侦察小组无法开展侦察的情况下,无人机能够迅速展开侦察。二是通过无人机侦察能够有效提升侦察的效率,第一时间查明灾害事故的关键因素,以便指挥员作出正确决策。三是能够有效规避人员伤亡,既能避免人员进入有毒、易燃易爆等危险环境中,又能全面、细致掌握现场情况。四是集成侦检模块进行检测。比如集成可燃气体探测仪和有毒气体探测仪,对易燃易爆和化学事故现场的相关气体浓度进行远程探测,从而得到危险部位的关键信息。

(二)监控追踪

无人机的作用不仅仅局限在灾情侦察。消防队伍所面对的各类灾害事故现场往往瞬息万变,在灾害事故的处置过程中,利用无人机进行实时监控追踪,能够提供精准的灾情变化情况,便于各级指挥部及时掌握动态灾情,从而形成快速、准确的决策,最大限度地减少损失。

(三)辅助救援

利用无人机集成或者灵活携带关键器材装备,能够为多种情况下的救援提供帮助。一是集成语音、扩音模块传达指令。利用无人机实现空中呼喊或者传达指令,能够较地面喊话或者指令更有效,尤其适用于高空、高层等项目的救援中,以无人机为载体,有效传达关键指令。二是为救援开辟救援途径。例如,水上、山岳救援中,现有的抛投器使用环境和范围均有很大的局限性,并且精准度差,利用救援无人机辅助抛绳或是携带关键器材(如呼吸器、救援绳等),能够为救援创造新的途径,开辟救生通道,并且准确、高效。三是集成通信设备,利用无人机担当通信中继。例如在地震、山岳等有通信阻断的环境下,利用无人机集成转信模块,充当临时转信台,从而在极端环境下建立起无线通信的链路。四是利用无人机进行应急测绘。利用无人机集成航拍测绘模块,将灾害事故现场的情况全部收录并传至现场指挥部,对灾害现场的地形等进行应急测绘,为救援工作的开展提供有力支撑。

(四)辅助监督

利用航拍对高层及超高层建筑实现全面实时的监测,及时发现火情隐患,消防现场火情实时控制,建筑消防检查或现场火情图像存储,可将空中监控视频接入其他安防或消防监控系统,支持大容量长时间图像存储及检索调阅,支持通过智能终端远程查看及控制部分功能等。

四、无人机照明

(一)系留供电式无人机

2023年12月18日,甘肃省积石山6.2级地震发生后,救援工作中,就有一款系留照明无人机 24 小时保持运转。为确保救灾安置工作能在黑夜中依旧有序、高效开展，多台悬停在空中的"明灯"——"系留照明无人机"，就是无人机通过一根电缆与地面上的供电设备连接在一起，能够长时间滞空，为大片区域提供夜间应急照明，堪称"夜空中最亮的星"。此次参与救灾任务的无人机，光照范围可达8000 平方米，同时，可抗 7 级大风、10 级暴雨，耐零下 20 摄氏度的低温，为此次地震灾区应急救援提供了大范围、高亮度、长时间不间断的照明保障。

根据国家应急救援部门此前发布的消息，我国系留无人机技术发展相对成熟。目前国内已有多家无人机科技公司具有成熟的同类型产品。这种无人机普遍具有载重能力强、续航时间久、机动能力强的特点。大部分该类型产品的设计滞空时间能达到十余小时，部分产品的设计滞空时间甚至超过 24 小时。一些系留照明无人机可以按照现场情况通过电缆与市电、发电机、消防车和移动电池组等地面供电设备连接以提供夜间照明，部分产品还能携带变焦摄像头和 4G/5G图传模块，实现实时网络和数据传输。这种无人机在灾难救援、事故现场、野外施工等需要临时照明和通信中继的场合具有广阔应用前景，能够提供良好的能见度。此前，在国内的抗洪、森林火灾等应急救援行动中，曾多次出现该类型无人机的身影。

（二）便携式 LED 照明无人机

2024 年，极客桥公司推出了一款革命性的便携式照明无人机，成为应急救援的重要利器。这款无人机不仅在功能上独具匠心，还在多次重大安全事件中发挥了关键作用。

极客桥的便携式照明无人机具备强大的照明能力，设计精巧且易于操作，适合于各种紧急情况下使用。无论是在武汉火神山医院建设、香港疫情隔离点，还是在多地的抗洪前线，这款无人机都显示出了其优越的性能，并赢得了"夜空中最亮的星"的称号。2023 年，这款无人机更是在土耳其和中国甘肃地震救援中提供了关键的照明支持。

这款便携式照明无人机采用了高效能的 LED 照明技术，能够在短时间内提供强大的光源，其续航能力和照明时间均达到行业领先水平。亮度可调节，适应不同的作业需求，具备远程操控功能，使得无人机在危险区域也能安全、有效地作业。与此同时，极客桥的网格化智能机巢无人机系统通过全自动巡航和智能作业能力，大幅提升了无人机作业的效率，解决了传统无人机作业中存在的人工依赖高、反应不及时等痛点，极大提高了应急反应速度。

在技术层面，极客桥的创新还体现在其飞行控制算法上，这一算法利用了先进的 AI 技术,可以在复杂环境中自主调整飞行路线,确保精准定位和稳定照明。AI 的应用让这款无人机在执行任务时,能够快速适应不同的环境变化,保证了救援工作的连续性和有效性。

五、无人机气象探测

气象探测设备和无人机相结合,可以利用无人机机动性强、不受地域限制和成本优势,更好地应用于现代气象服务,尤其是在一些恶劣的环境和条件下,如获取海洋、高原、无人区的气象资料,无人机的优势就比较突出。

具体来说,无人机可应用于海洋台风探测,高原、无人区强对流天气观测,人工影响天气以及边界层(气溶胶、大气垂直廓线)探测,灾害监测,调查及生态监测等领域。

以台风预报为例,近 20 年来,台风路径预报准确率明显提高,但强度预报改进缓慢,主要是影响我国的近海台风目标敏感区缺少探测手段和观测资料。目前,我国台风观测以卫星为主,严重缺乏空基和海基的精细化观测。此外,我国海洋观测系统建设处于初级阶段,远海观测极度缺乏,洋面海气交换观测资料稀缺,限制了对台风发生发展及能量交换的认知。

青藏高原处于我国天气系统的上游,其天气和气候变化影响着我国乃至世界的天气和气候。然而,在青藏高原尤其是无人区建站和维护极为困难,因此需要无人机等新型空基观测平台来弥补观测的不足。

在人工影响天气及云探测领域,无人机可为云中作业播撒提供平台,提高播撒的科学性和播撒效果。例如,新疆维吾尔自治区人影办与西安爱生技术集团合作,采用爱生 ASN‑209 无人机系统平台搭载中天火箭机载播撒系统,直接进入云层中进行播撒作业,此为国内首次在人工增雨领域实现无人机应用。

我国对强对流云的探测相对较少,因而限制了对强对流云形成灾害性天气机理的认识,致使强对流灾害性天气的预报准确率较低。近些年,雾霾成为新的环境问题,由于大气垂直观测资料匮乏,影响了对雾霾发生发展及形成、消散机理的认识。这些领域都是无人机大有可为之处。此外,气象部门还利用无人机对森林火灾、洪涝、湖泊蓝藻、土地利用、土壤沙化、草原生态等进行监测。

无人机在气象服务应用中对气象的准确预报离不开大量的观测数据,观测数据越多越全面,时效性和准确性越高,预报的准确性也会越高。按传统的探测区域划分,气象探测主要包括地面观测和高空探测。地面自动气象站和气象应急保障车等设施覆盖地面气象探测。人造卫星影像和高空探测气球等技术覆盖高空探测领域。而对 1000 米高度范围内的低空气象探测还处于发展阶段。观测方法、观测技术的进步紧随现代技术发展。近年来低空飞行设备技术的不断成熟为气象观测、气象服务能力的提高带来了机遇。

目前，我国已经形成集空基、地基和天基于一体的大气探测体系，但是，无论是卫星、雷达还是地面自动站，在观测方面都存在一些不足之处。无人机的应用可以弥补卫星观测在精度上的不足，还可以作为卫星观测的校验手段。

六、无人机城市管理

城市管理运用无人机执法已经不再是稀奇之事，正是城管无人机的出现，让城市管理迈向了数字化城市管理，智慧化城市的建设才能更好地实施。城管无人机功能强大，能升至距离地面 500 米高空，高空摄录，高空喊话，监控"双违"、高层违建取证、市容脏乱点巡查、河道治理、大气污染防治，在城市管理中发挥重要作用。

利用无人机航拍机动性好、时效性强、巡查范围广，不受空间与地形的制约等优点，开展"区域航拍执法管理"，让市容脏乱差、违章搭建、垃圾死角、绿化"盲点"等城市乱象无处遁形。航拍取证方便快捷，节约了大量人力物力，充分发挥无人机"空中城管"的作用，促进城市管理水平提升。

（一）城市巡查

利用无人机完成城市巡查任务，提高执法效率和监管水平。

（1）选择适合城市巡查的多旋翼无人机，具备高清摄像、红外成像等功能。

（2）制定巡查路线和时间表，并将其导入无人机的飞行控制系统。

（3）配备远程监控中心，实时接收和处理无人机传输的图像和数据。

（4）执行巡查任务，实时记录城市设施、道路状况、环境卫生等信息。

（5）分析巡查数据，发现问题，制定整改计划，并追踪整改进展。

（二）环境监测

利用无人机进行市容市貌环境监测，提高环境治理的科学性和精细化水平。

（1）配备装有空气质量监测和噪声监测等传感器的无人机。

（2）制定环境监测任务计划，并将其导入无人机的监测系统。

（3）无人机根据任务计划，对城市各区域进行环境监测，获取数据并实时传输到数据中心。数据中心对监测数据进行存储、分析和展示，并及时报警或发布环境监测结果。

（三）交通管理

利用无人机进行道路监测和交通信息发布,提高交通管理的实时性和准确性。

（1）配备具有高清视频传输功能的无人机,并将其与交通中心相连。

（2）制定交通巡查任务计划,包括拥堵路段、违规停车、交通事故等。

（3）无人机按计划巡查,对交通状况和异常情况进行实时监测和拍摄。

交通中心接收无人机传输的视频和数据,并将其整理处理后发布到导航软件、短信通知等平台上,提醒市民避开拥堵路段或采取合适的交通方式。

（四）应急救援

利用无人机提升应急救援能力,减少灾害影响和人员伤亡。

七、无人机巡检

在传统人工巡查中,利用人工进行水务巡检,工作人员只能沿着河边、在桥上或是坐船进行巡查、取证、拍摄,但是河流附近环境复杂、树木茂密,行走不便,导致巡河耗费时间长、效率低下,还容易发生危险,且大部分的河流并不能通过坐船的方式进行巡河,这会导致巡查成本较高。将无人机应用于河道巡检,可解决传统巡检中存在的诸多问题。无人机可随时巡视监控,利用空中视角的优势,高效便捷,第一时间掌握水利设施及水文情况、周边环境情况,以便有效地预防或处理紧急情况,并大大提高了工作效率。

（一）河道巡检优越性

（1）高效率。无人机能够快速覆盖大范围的河道区域,大幅提高巡检效率。

（2）高精度。搭载先进传感器和高清摄像头,无人机能够精确捕捉河道状况,为决策提供准确数据。

（3）低成本。与传统巡检方式相比,无人机巡检降低了人力和时间成本。

（4）智能化。无人机可搭载自动化巡检系统,实现自主飞行和智能数据分析。

无人机可以通过设定航线进行自动化巡检。设定好航点以及高度,无人机便可以沿着路线进行飞行,其间,人工可以进行拍摄,或者录制视频,甚至可以设定每一个航点的动作,在特定的区域进行拍摄或录像。

（二）无人机对河道巡检航线规划步骤

（1）航线规划。对于河道等相对较为狭窄且细长的巡查区域,在进行航线规划时可使用航带飞行模式的规划方式,在航点设置上航点应尽量设置在河道中心上方,以便进行通道外扩的统一设置。外扩距离的设置建议延展至河岸 5～10

米，以方便后续重建及地图定位。

（2）重复率设置。在重叠率设置中为保证后期重建效果，建议重叠率设置在40%～60%之间，同时航线尽可能满足河岸上有相应的航线规划，方便后期合成重建时有足够的图像特征进行拼接。拍摄模式选择为定距拍摄，减少因环境风导致的位置偏移误差。

（3）相机设置。在相机设置中应关闭畸变修正，由于经过处理，所拍摄的图片质量可能低于未开启畸变修正时的图片质量。建议需要使用原片进行后处理时，关闭此选项。在完成相应设置并保存后，在飞行页面左侧调用已经设置好的航线规划文件并调用执行即可。

河道巡检无人机的应用在水资源监测、防洪预警和生态保护等方面表现出色。无人机能够定期巡检河道，监测水质和水量，确保水资源的合理分配和使用。同时，通过监测河道水位变化，为防洪预警提供数据支持，及时发现河道周边的生态破坏行为，保护生态平衡。复亚智能的 AI 感知算法平台能够实现无人机的智能化巡检，自动识别并分析巡检数据，提高了巡检效率和精准度。

（三）无人机交通巡检

随着我国公路事业的高速发展，国内的公路使用里程数不断上升，随之带来的交通安全隐患也令公路状况实时监控的需求水涨船高。传统交通巡检方式已经难以满足现状，需要采取新的无人机巡检方式，进一步推进城市交通精细化、智能化管理。

（1）效率翻倍。在以往，当交通事故发生后，抵达现场的交警往往需要经过地面拍照、手工测量、现场绘图、纸质确认等多个步骤，往往需耗费警务人员较多精力，事故处理效率亟待提升。而使用无人机后，可快速勘查现场，收集事故现场照片，绘制现场实景图，相比传统人工勘查作业时间，由 30 分钟缩短至约 15 分钟。

（2）全方位监控。无人机视野全面，可随时随地部署到各种环境中，迅速进行数据采集作业，并对重要区域进行全方位监控，并通过数据链将实时的影像数据传送回总部或在现场实时监测，为指挥决策提供全面、准确的判断依据。

（3）抗干扰能力强。一般无人机巡查适应激烈的机动和恶劣的环境，受阴、雨、雾等天气的限制要小得多，而且弥补了卫星遥感受云层遮挡无法获得影像的缺陷。环境受到自然灾害破坏的情况下，无人机仍然可以克服恶劣环境执行巡查任务。

（4）巡查工作更安全。利用无人机进行巡检，许多危险场景不用再"亲力亲为"，巡检人员安全问题有了保障。对于巡查交警而言，处理安全事故需在事故区域驻留,交通堵塞随时可能引发二次事故威胁警务人员的安全。使用无人机可以远距离勘察事故现场,可保障警务人员人身安全。

(四)无人机交通巡检应用案例

(1)交通疏导。使用无人机进行交通疏导,能有效弥补人力疏导反应速度慢,无法准确判断道路拥堵情况的问题,实时将图像数据回传到交警指挥中心,方便指挥中心准确判断道路情况,进行指挥和部署,切实提高疏导交通的工作效能,克服时间和空间的限制,减少人力物力,准确快速疏导交通。

(2)违章取证。无人机高速公路巡检机动灵活,弥补地面摄像头位置不佳存在的盲区,完成道路辅助设施排查、道面坑洼异物排查、应急车道违章巡逻、道路流量统计等例行巡检,交通设施损坏应急处理等应急巡检,并巡视全程自动对准道路,无需人工干预,极大提高了巡检效率。

(3)事故处理。交通事故发生后,无人机可以迅速到达事故现场进行勘察,仅需 5 分钟左右即可完成勘察。完成勘察后可利用无人机携带的喊话设备,告知车主迅速撤离事故现场并恢复道路正常秩序,真正实现快速处理。后期通过处理软件根据已经设置好的标志物进行测距,最后可做到精准定责。

(4)交通规划。无人机搭载高清相机、倾斜影像等设备,可对城市道路交通进行全程全方位拍摄,能够为城市交通规划提供强有力的技术支撑。通过获取的正射影像图,能帮助城市交通规划进行宏观分析与决策研究,合理控制流向和流量、停车场数量及分布、地铁站换乘、轻轨站衔接、轮渡站设置、隧道交通分流,进一步确保城市交通更畅通、安全有序。

八、无人机救援

国务院和应急管理部也在"十四五"规划中强调了无人机在应急救援领域的应用。无人机因起飞便捷、反应迅速、可提供多维度数据等特性,近年来已成为各地防灾减灾的标配。

(一)自然灾害救援

地震、泥石流、山体滑坡等灾害发生后,后方指挥人员需要第一时间获取灾害现场的全局画面,以辅助研判灾情。因此,二维、三维模型的产出对决策指挥意义重大。此外,灾后电路、公网网络瘫痪,使用无人机可携带中继基站,对灾区进行信号覆盖;现场画面实时回传,辅助后方指挥决策。无人机也可挂载探照灯,在夜间对救援现场进行照明、搜救。

（二）消防应急救援

在森林山火中，消防人员由于视野受限，无法迅速有效地掌握整体火势，加之风向风势等不确定因素，生命安全面临极大威胁。消防指挥中心难以全面快速对火情进行研判，指导决策。火情控制后，排查余火、阴燃火点，防止复燃等工作任务艰巨，刻不容缓。城市居民建筑密集，一旦发生火灾，现场情况复杂，严重威胁救援人员及附近居民的人身安全。救援人员难以靠近火灾现场，救援指挥中心也难以实时了解火灾情况。无人机可以针对上述情况，提供有效的救援。

（三）野外走失搜救

在水域搜救、山岳搜救等场景中，搜索区域较大，环境复杂，定位被困人员难度极大。传统的搜救作业，往往采用漫无目的的地毯式搜索。无人机的加入使搜救工作多了高空视野、移动敏捷的优势，获取信息的能力大幅提升。传统人力搜索 500 亩区域需要 1 天左右，使用无人机 1 小时即可完成。同时，还突破了夜间的限制，通过无人机的红外传感器，快速排查、定位目标人员。在夜间或浓雾中，很难进行人工搜救工作。无人机配备热成像摄像头，可以突破光线限制，不分昼夜，全天高效工作。

（四）紧急通信救援

无人机可携带应急通信基站，稳定悬停在灾区上空，快速恢复应急网络通信，为灾区提供良好的信号覆盖。

九、无人机与农业

在农业上使用的无人机通常被称为农业植保无人机，主要用于农林植物保护作业的无人驾驶飞机，通过地面遥控或 GPS 飞控，来实现喷洒作业，可以喷洒药剂、种子、粉剂等。与传统植保作业相比，无人机植保作业具有精准作业、高效环保、智能化、操作简单等特点。此外，由于农业植保无人机体积小、重量轻、运输方便、飞行操控灵活，对于不同的地块、作物均具有良好的适用性，因此其应用前景非常广阔，近年来受到了大众的广泛关注。

（一）在农业领域应用的无人机有两种分类方式

按动力划分可分为油动无人机（发动机作为动力装置）、电动无人机（电机作为动力装置）。按机型结构可分为固定翼无人机、单旋翼无人机、多旋翼无人机。

固定翼无人机主要应用于农田信息采集和农田遥感，具有载量大、飞行速度快、作业效率高等特点。作业时一般采用超低空飞行，距离作物冠层 5～7 米，对于作业区域的地形要求高，一般在开阔的农场里应用较广泛。

单旋翼和多旋翼无人机的体积、载重均相对较小,操纵灵活,作业效率较高,适宜于在较为分散的农田区块内进行作业,在我国广大农村植保作业中有较强的实用性。

(二) 在农业生产中应用的无人机发挥了六个方面的成效

1. 地块与土壤分析

搭载高清摄像头和先进传感器的农业无人机,能够绘制精确的地块与土壤分析三维地图,为播种制定详密的规划,在农业生产的起始阶段发挥了至关重要的作用。同时,也可密切监控地块状况,为后期的灌溉与土壤氮含量管理提供强大的数据支持。

2. 空中精准播种

种植无人机,将种子、杀虫剂、肥料等汇集在一个小包,采用无人机携带的自动发射装置,射入土壤中。用这种方式,为植物从发芽阶段就提供了维持生命所需的所有营养素、防止病虫害、减少籽种浪费。播种吸收率达到75%,种植成本降低了85%,不仅确保了种子的成活率,也相对减少了其他资源的消耗。

3. 施药施肥喷洒作业

无人机装载超声波、雷达以及先进的喷洒系统,能够根据地理地形不断调整飞行高度,并自主识别、躲避障碍物,依托先进的喷洒系统对农作物实施精准而均匀的喷洒作业,极大地降低了农药用量和肥水浪费,很好地减轻了植保作业对水体以及环境的污染。据专家估计,植保无人机较传统机械,其作业效率高达5倍之多,也极大地降低了人力物力的消耗。

4. 农作物生长监控

依靠人力监控,农作物地块大,耗时费力,农作物监控效率低、不周全、不准确,这是农业生产的一大痛点。无人机搭载高光谱、多光谱、热传感器监控设备等,实时传回数据,就可以准确、及时、大范围掌握农作物的生长情况、病害情况,准确分析并识别地块的干旱区域,为精准灌溉作业提供强大的数据支持。此外,在农作物生长过程中,该类型无人机还可以计算植被指数,通过农作物自身散发的热量来分析农作物密度以及健康状况。通过搭载可视红外线以及近红外线发射装备,农业无人机可以准确分析农作物反射的绿光及近红外光的数量,并绘制多光谱图像来追踪农作物的变化与健康状况。农户可根据相关数据采取快速有效的防治措施,保障农作物免受病虫害,从而显著提升农作物产量。

5. 监测牲畜

每天对牛、马、羊群的繁殖活动进行实时监测,能够使养殖者关注到牲畜繁殖周期和健康状况问题,识别具有异常行为以及生病的牲畜。通过多光谱图像数据与地面真实数据对比,以保证无人机获取数据的精确度,从而识别具有破坏行为的牲畜和动物的健康状况,提高养殖效率,增加经济收益。

6. 监测养殖场

采集养殖场的表层温度,计算牛、马、羊等牲畜的数量。养殖场的管理人员需监测养殖场表层温度,并将其与牲畜的体温联系起来,来调整牲畜,使它们处在最佳温度范围内。大范围养殖牛马羊群,清点工作非常重要,无人机可以轻松完成。

2024 年 6 月 6 日,国务院印发《推动大规模设备更新和消费品以旧换新行动方案》,提出实施设备更新、消费品以旧换新、回收循环利用、标准提升四大行动,大力促进先进设备生产应用,推动先进产能比重持续提升。其中明确,聚焦电力、机械、航空、电子等重点行业,大力推动生产设备、用能设备、发输配电设备等更新和技术改造,加强电动、氢能等绿色航空装备产业化能力建设。探索在风电光伏、航空等新兴领域开展高端装备再制造业务。七部门联手推进无人机领域标准化:飞行试验、物流应用与适航规范齐头并进,助推低空经济腾飞。在未来几年,无人机技术在农业领域的应用将会越来越成熟,预计有近 80% 的农业市场会配备无人机。

(三)农业无人机法规

《无人驾驶航空器飞行管理暂行条例》

第六十二条第八款　农用无人驾驶航空器,是指最大飞行真高不超过 30 米,最大平飞速度不超过 50 千米/小时,最大飞行半径不超过 2000 米,具备空域保持能力和可靠被监视能力,专门用于植保、播种、投饵等农林牧渔作业,全程可以随时人工介入操控的无人驾驶航空器。

第十六条　从事常规农用无人驾驶航空器作业飞行活动的人员无需取得操控员执照,但应当由农用无人驾驶航空器系统生产者按照国务院民用航空、农业农村主管部门规定的内容进行培训和考核,合格后取得操作证书。

第五十条　违反本条例规定,未取得操作证书从事常规农用无人驾驶航空器作业飞行活动的,由县级以上地方人民政府农业农村主管部门责令停止作业,并处 1000 元以上 1 万元以下的罚款。

十、无人机快递

无人机快递(UAV Express),利用无线电遥控设备和自备的程序控制装置操纵无人驾驶的低空飞行器,运载快递包裹,送达目的地。河、湖、近海等小宗货物运送,节约了停船靠岸的时间成本和费用成本,提高配送效率。2020 年 4 月 29 日消息,美国亚马逊快递配送人员称因为在配送过程中无法保持安全距离,担心感染新冠病毒,纷纷罢工。而与之相对的是,谷歌无人机派上了大用场,业务量翻倍。2024 年 10 月 23 日,国内首条口岸区域无人机配送航线在深圳开航。南京长江汇无人机物流配送平台,实现了南京段 98 千米长江过往船舶的小宗生活物资的及时配送,平台 App 汇闪送,功能很强大,运用效果非常好,得到了长江航船客户的高度认可。

(一)快递无人机

快递无人机可采用四旋翼、六旋翼或八旋翼,配备 GPS 自控导航系统、IGPS 接收器、多种传感器及无线信号收发装置。

快递无人机具有 GPS 自控导航、定点悬浮、人工控制等多种飞行模式,集成了三轴加速度计、三轴陀螺仪、磁力计、气压高度计等多种高精度传感器和先进的控制算法。快递无人机配有黑匣子,以记录状态信息。同时,快递无人机还具有失控保护功能,当无人机进入失控状态时将自动保持精确悬停,失控超时将就近飞往快递集散中心。快递无人机通过 4G、5G、5G 及最新一代网络和无线电通信遥感技术与调度中心和自助快递柜等进行数据传输,实时地向调度中心发送自己的地理坐标和状态信息,接收调度中心发来的指令,接收到目的地坐标以后采用 GPS 自控导航模式飞行,在进入目标区域后向目标快递柜发出着陆请求。系统后台在收到着陆请求响应之后,由快递柜指引无人机在快递柜顶端停机平台着陆、装卸快递,以及进行快速充电。快递无人机在发出请求无应答超时之后再次向目标快递柜发送请求,三次超时以后向调度中心发送着陆请求异常报告、任务状态报告和运行状态报告,并请求指令。快递无人机在与调度中心失去联系或者出现异常故障之后将自行飞往最近的快递集散点。

(二)自助快递柜

快递柜配备有一台计算机、无人机排队决策系统、快递管理系统、IGPS 定位系统、无人机着陆引导系统、一个装卸快递停机台、多个临时停机台、一套机械传送系统、四至六部自助快递终端和多个快递箱等。

快递柜顶部的所有停机平台都具有快速充电功能。无人机向快递柜发送着陆请求、本机任务报告和本机运行状态报告后,快递柜将无人机编号、该机任务以及任务优先权等信息输入系统,由排队决策系统分配停机平台,再由无人机着陆引导系统引导无人机降落,或者向无人机发出悬停等待指令。

无人机收到快递柜接收着陆指令后,将本机 IGPS 接收器收到的红外激光定位信号和本机编号回传给快递柜,快递柜将精确掌握无人机坐标信息,并引导无人机精准着陆。

当快递柜出现无人机队列拥堵状态时,将向调度中心发送队列拥挤报告,调度中心将停止向无人机发送此快递柜的装卸指令。快递柜将实时向调度中心发送该柜的快递列表信息,包括快递基本信息、快递优先级、快递接收时间、本柜快递拥堵状态报告。

快递柜可根据业务开展的程度以及成本的考量以住宅小区为单位架设,或者架设在部分大楼的楼顶。快递柜还配备有摄像头,实时监控记录快递柜周围的环境状况,以保障用户快递以及系统设施的安全。

用户通过快递柜投送快递。当用户按下投件按钮后,如果快递柜未满将弹开一个空的投件箱箱门,用户从快递盒架上取出一个快递盒,并将快递放入快递盒内,然后将快递盒放入投件箱中并关上箱门,投件箱将检测快递是否达标,包括重量、危险度等方面的检测,如果检测达标,将提示用户输入投递信息和投递等级,在确认目的地可达以后,将根据快递重量、送件距离和投递优先级给出价格,用户可现场支付,也可以根据需求由快递收取方网上支付或货到付款。

快递柜接收快递后将通过蓝牙向快递盒发送快件信息,快递盒将记录快件信息,用于快件的身份识别。

无人机与快递柜对接后卸载快递盒,快递盒由机械传送装置带入快递箱中,快递柜将根据无人机任务报告和快递盒记忆模块中的信息核实快递,并向用户发送手机短信,提醒快递已经抵达,并给出取件密码和温馨提示。如果用户超过了收取快递的时限将根据超时长交付快递箱占用费,如果超过系统预设时限,快递将被退回或者转移至快递集散点。

(三) 快递仓盒

快递仓盒内置蓝牙和记忆模块,主要用于封装快递,便于无人机携带,以及对快件的身份识别。快递盒空闲时放置在快递柜的快递盒架上,可供用户自行取用。

(四) 快递集散分点

分点负责不同区域间快递的集散功能。无人机接收调度中心指令,将异地快递运往分点。根据需求,可以按区域设立卸货通道,分点发出指令引导无人机降落卸货,卸下的快递将传送、聚集、封装,然后运往机场。同时调度中心将快递信息发往各目的区域的调度中心。此外,分点还负责对无人机的安检、维修工作,同时也具备无人机临时停放、快速充电、异常快递储存等功能。

(五) 快递集散基地

异地快递在抵达本区域后先运往集散基地,基地根据快递盒的记忆模块中的快件信息将快递按片区分类,并运往该片区的分点,同时基地将所有到达的快递信息入库,并同时将信息发送到调度中心。

(六) 区域调度中心

区域调度中心统一管理本区域所有快递的接收与投放,同时对无人机进行调度。调度中心还要监测无人机运行状态和自助快递柜运行状态,对其出现的异常或拥塞,根据策略及时发送相应指令。

快递收发流程。根据无人机的续航能力、快递业务量的地理分布、通信的实时可靠性、系统的承载能力以及建设成本等诸多因素的综合考虑,将整个系统划分为若干区域,区域内部独立运作,区域之间协同运作。

(七) 区域内快递收发

自助快递柜在接收用户放入的快递后向调度中心发送收件信息,调度系统通过决策挑选出合适的无人机,并向无人机发送任务指令以及目的地坐标,无人机收到指令后飞往目的地,快递柜将引导无人机着陆并自动装卸快递,快递在送达目标快递柜之后,快递柜向用户发送领件短信。

(八) 区域间快递收发

调度中心在收到发往其他区域的快递信息后,将指引无人机收件后就近送往本区域的快递集散分点,分点自动将快递按区域分类,并装箱后送往机场,由大型飞机送往目的区域的快递集散基地,基地在收到快递箱以后拆分,集中将同一片区的快递送往该片区的快递集散分点,再由调度中心调度无人机送往目标自助快递柜。

(九) 系统调度策略

调度策略的核心是建立无人机状态列表,包括无人机编号、当前坐标、当前任务状态、运行状态、续航能力等;建立自助快递柜状态列表,包括快递柜编号、地理坐标、运转状态、拥塞程度等。其具体方法为:关联无人机状态列表和快递柜状态列表,为每一个快递柜生成一张预设半径范围内无人机到达时刻表,此表包括:无人机编号、预计到达时间(通过对停泊装卸时间、平均飞行速度的统计,以及无人机当前坐标、当前任务和快递柜坐标估算得出）、预计无人机续航能力、停机位状态等，停机位包括三种状态：停在装卸平台、停在临时平台以及悬浮态。按到达时间、续航能力和停机位排序。半径的设定视无人机群规模统计优化而定，目的在于优化系统、缩减响应时间，无人机群规模较小的情况下可设为全区域。建立快递投送队列表，包括：快递编码、所在快递柜编号、目的快递柜编号、所需续航能力、快递优先级等，按优先级排序，优先级由快递等级和收件时间确定。

（十）调度流程的步骤

（1）无人机实时地向调度中心发送状态信息，调度中心实时更新无人机状态列表。

（2）快递柜收到快递后向调度中心发送收件信息，调度中心更新快递投送表。

（3）从投送表中取出优先级最高的快递编码，及其所在的快递柜编号和目的快递柜编号。

（4）从此部快递柜的无人机到达时刻表中取出具备续航能力且最快到达的无人机编号。

（5）调度中心向无人机发送指令，给出收件坐标位置和投件坐标位置。

（6）无人机到达目标位置后，向快递柜发送着陆请求。

（7）利用 IGPS 定位系统，快递柜精确引导无人机对接着陆装卸快件。

（8）无人机装卸后将向调度中心发送快递到位报告（无人机收件成功或快件送达目的地）。

（9）无人机如任务未完成，或有其他任务将继续进行，如飞往目的快递柜投送快递、在此快递柜收件、飞离此快递柜。

（10）无人机如无其他任务，将接收快递柜引导停靠临时停机台的让位指令，快递柜会在收到其他无人机发出着陆请求时发出让位指令。

（11）快递柜在快递入柜后将向调度中心发送快递到位确认报告，并同时向用户发送手机短信，提醒用户及时收取，内容包括提取密码以及超时收费和退还原地的温馨提示。

（12）超过系统设定时限未被取走的快递将按照无人查收的方式退回原地，并短信通知用户。退回后超时无人取走的快递将送往就近的集散分点储存。为了避免系统出现拥塞状态以致系统崩溃，在一个区域内吞吐快递的极限速率与区域无人机总量成正比，与区域的自助快递柜总量也成正比。无人机最大总量可以由快递柜的总量、快递柜应对无人机的最大量、无人机极限飞行速度以及区域面积来确定。因此，自动化无人机快递系统的重点在于自助快递柜的布局与建设上，系统的吞吐量最终由快递的数量确定,合理地规划快递柜、提高快递柜应对无人机的能力,以及提升无人机飞行速度可以有效应对快递的增长速度,以及优化各种成本资源。

十一、无人机物流

（一）无人机物流发展情况

2013 年 6 月,美国 Matternet 无人机公司在海地和多米尼加共和国测试了无人机网络,这些无人机能够携带 2 千克物体飞行 9.7 千米。该公司希望建立一个庞大的国际无人机运输网络和无人机配件全球供应系统,同时,还计划建立充电基站,使无人机可以沿途降落进行充电。

2013 年 9 月,中国顺丰公司自主研发的用于派送快件的无人机完成了内部测试,在局部地区试运行。这种无人机采用八旋翼,下设载物区,飞行高度约 100 米,内置导航系统,工作人员预先设置目的地和路线,无人机自动到达目的地,误差在 2 米以内。

2013 年 12 月,亚马逊宣布正在测试名为"Prime Air"的无人机快递项目,通过使用八桨遥控无人机实现鞋盒包装以下大小货物的配送,所有订单从发货开始预计在 30 分钟内送达 1.6 千米范围内的客户手中。与此同时,UPS 也在试验类似的无人机设备。

2014 年 8 月,谷歌公布了其已秘密实施了两年的"翼计划"送货无人机研发项目,并表示希望在未来几年内推出小型无人机快递服务。谷歌送货无人机的原型机宽约 1.5 米,高约 0.8 米,有 4 个推进器,能从距地约 46 米的高度向地面递送包裹。

2014 年 10 月,DHL 宣布将在德国实现无人机送货。该公司的四旋翼无人机可运载 1.2 千克的货物,飞行时间可达 45 分钟,时速最高可达 65 千米,但该无人机并非完全脱离人力,依然受到地面工作人员的控制。

2015 年 2 月,淘宝联合圆通速递,在北京、上海、广州部分区域开展无人机快递实验。该螺旋桨驱动无人机为黑白机身,占地约 0.25 平方米。

2015 年 6 月 30 日,以色列公司推出送快递无人机,价格不足 4000 美元。

2016 年 9 月 19 日,国内初创公司迅蚁无人机与中国邮政浙江安吉分公司联合开通了中国第一条无人机快递邮路,也就是"杭垓镇—七管村"无人机邮路,开通之后,由于不需要行驶在蜿蜒曲折的公路上,无人机邮路缩短到了 10 千米,飞行时间约 15 分钟。

谷歌无人机已申请快递包裹专利。自从亚马逊和沃尔玛相继进军了物流业并推出无人机配送包裹服务之后，从不甘落人后的谷歌，也在近期申请了关于无人机送快递包裹的专利。据悉，根据美国专利商标局公布的一项专利申请可以看出，谷歌研发的这个项目，是一个安装在"航空配送设备"上的"快递接收容器"，方便把包裹安全地送到目的地。2019年4月23日，美国联邦航空局宣布，向谷歌母公司"字母表"旗下的无人机配送公司"翼航空"发放美国首个无人机配送许可。

2024年7月，据广东省邮政管理局发布的最新数据，截至当时，广东快递行业企业建成快递无人机运营基地7个，配备无人机153架，配送站点72个，飞行线路258条，覆盖深圳、中山、珠海、东莞、湛江等地，每日飞行800架次、运输快件1.7万件。无人机快递已在医疗物资配送、跨海跨城配送、机场航空快件联运等方面展开应用，行业科技创新成果亮相世界无人机大会，并在全省低空经济高质量发展大会上获省领导高度肯定。

2024年10月23日，美团无人机福田口岸航线正式开航，这是国内首条设在口岸区域的常态化无人机配送航线。

无人机快递系统利用无人机替代人工投送快递，旨在实现快递投送的自动化、无人化、信息化，提升快递的投递效率和服务质量，以便缓解快递需求与快递服务能力之间的矛盾。

无人机低空快递系统能够有效应对订单量的巨额增长，消除快递"爆仓"的危险，提升快递行业的服务质量，降低快件的延误率、损毁率、丢失率，以及快递投诉率，同时还能降低运营成本、仓库成本、人力成本等，提升行业竞争力，使快递的投送更加安全、可靠、快捷。

（二）无人机低空物流面临的问题

首先，无人机快递的可靠性与飞行安全性还要面临考验。无人机的载重量一般不超过3千克，续航时间仅20分钟上下，其最远飞行距离也不超过10千米。此外，一旦遇到狂风暴雨，无人机会被刮得找不着北。如果无人机受到电磁干扰失去控制，只能机毁货亡。

其次，如果不能实现比较彻底的高度自主，还需要人员地面遥控，因此就会产生人力成本增加的问题。因此，成熟可靠的人工智能是技术上的关键所在，而不论国内外，这些技术距离实用化都还有一定距离。

再次，使用及监管无人机快递的实质是对低空空域的广泛使用，个别试验性运行尚无大碍，当无人机快递广泛普及形成比较密集的低空交通流之时，空域管理与管制就必不可少。然而，微型飞行器的雷达探测和通信联络技术尚不成熟，低空和超低空空域的管制与管理也很不成熟,相关管理部门在这方面缺乏成熟管理体系与操作经验。

最后,从覆盖区域上看,采用无人机派收件的形式,确实会弥补一些不足。但是,在部分偏远地区,快件带来的收益可能远远不够进行无人机网点建设、支付维修费用。虽然采用无人机能有效提高配送效率,减少人力、运力成本,但是,前期要支出相当高的成本。尽管从技术上讲无人机快递可以实现,但在政策层面存在一定的推广风险。此类飞行器投入使用,至少还需要解决低空运输的管制问题,还需要相应的政策出台。

不过,无论无人机的驾驶控制还是低空空域的管理与控制问题,其实都可以用人工智能的程序管理来解决。假以时日,我们相信高度发展成熟的智能系统可以解决从物流管理到无人机驾驶,再到空域管制的一系列全系统的难题,当然这有赖于科技人员的努力。

(三)无人机低空快递成本

有相关公司发布研究报告称,亚马逊通过无人机配送快件成本能降低到约1美元/件,仅相当于当日达业务成本的零头。

在业内人士看来,无人机未来在快件配送方面将大有可为。亚马逊作为最早一批测试无人机派送快件的企业,在此方面投入了极大的精力和热情。亚马逊不仅成为此类领域技术最成熟的企业之一,也在实际应用中积累了大量数据和经验。

金融研究公司 ARK INVEST 在一项研究中表示,亚马逊无人机送快递每件成本能降低到仅约1美元,配送时效也可提升至最快30分钟送达。亚马逊在无人机发展的测试中颇为坚定,甚至推动着美国政府政策的制定。

亚马逊 CEO 杰夫·贝索斯在2013年底首次对外透露了亚马逊的"PRIME AIR"物流计划,即希望通过遥控无人机运送小型包裹。此后,亚马逊在无人机方面的测试信息不断,但受美国政策方面影响,亚马逊甚至将测试搬到了澳大利亚、加拿大等地区。

随着亚马逊测试的不断深入,日前,美国联邦航空局(FAA)表示,亚马逊可以在美国自由测试货运无人机,前提是飞行高度不得超过400英尺,时速不得超过100英里/小时。吸引亚马逊耗费重金测试这个无人机项目是其无可比拟的天然优势。

在业内人士看来,无人机配送不仅能大幅降低配送成本,还可提高效率,解决偏远地区的配送难题。包括亚马逊、DHL、顺丰在内的企业均在大量测试无人机配送快件。据了解，企业测试用的无人机主要为四旋翼或八旋翼式无人机，飞行高度在 1000 米以下，飞行半径在 10 千米左右，承重在 10 千克以内。

在业内看来，无人机非常适合偏远地区和紧急件的派送，同时能有效提高配送效率，减少人力、运力成本。据了解，亚马逊每单的配送成本平均为 2—8 美元，如果大幅度采用无人机送货，配送成本将降至每件约 1 美元的最低水平。9 月，DHL 曾在一个月内利用无人机向德国北海一个名为 Juist 的小岛运送药品，解决陆运不便等问题。亚马逊曾表示，最终目标是利用 200～500 英尺高度的天空进行无人机快递业务，通过重量低于 55 磅的高度自动化无人机，以飞行距离 10 千米以上、飞行速度 50 英里/小时的效率为消费者提供 5 磅以下的快件配送。

世界物流巨头的决定总有着惊人的相似，在无人机方面同样如此。顺丰作为国内民营快递头部企业，也是最专注于无人机的快递公司。顺丰正在珠三角地区大量测试无人机，收集飞行数据，为将来整体运营、调试系统的搭建提供数据支撑。据了解，顺丰无人机测试点航线包括山区、大型湖泊水库、偏远乡村等。

无人机技术方面，我国与美国等存在一定的差距，但最关键的还是政策问题。业内人士表示，国内无人机应用范围控制在 500 米以内，飞行高度一旦超过 1000 米即有可能危及飞机航线安全。无人机的大规模应用意味着需要申请大量航线，如此情况下并不现实。安全问题是相关部门和企业必须重视的一个因素。在相关部门看来，无人机的商用将使恐怖袭击风险加大、安全隐患加大。受天气等因素影响，无人机也存在随时坠落的可能。此外，无人机旋翼等部件也存在伤人的可能。但无人机市场的繁荣已经促使国内相关部门加速制定相关飞行标准。2024 年 1 月 1 日施行的《无人驾驶航空器飞行管理暂行条例》就是顺应了现实需求。

十二、军用无人机

无人机作为一种新兴的军事技术，正在军事和国防领域展现出巨大的创新潜力。俄乌冲突中，堪称陆战之王的坦克，成了无人机的活靶子。巴以冲突中，美国的航母也被也门胡塞武装的无人机、无人船骚扰。无人机是现代战争中一种非常特别的武器装备，催生的特别战争经济十分强劲。以下是无人机在战场上的主要应用及其发展趋势。

（一）战场侦察

无人机在现代战争中扮演着越来越重要的角色，特别是在战场侦察方面。无人机的飞行能力、高空观察和远程作战能力，使其成为现代战争中的重要武器和侦察工具。无人机可以在战场上空进行长时间的巡逻和监视,提供实时的战场信息,帮助指挥官做出更加明智的决策。

情报获取和目标侦察。无人机可以搭载各种传感器和侦察设备,实现对战场的高空观察和远程侦察。通过无人机的飞行和悬停,可以实时获取战场的图像、视频和情报数据,监测敌方目标和活动,提供重要的情报支持,为作战指挥决策提供准确的战场态势。

电子侦察和通信干扰。无人机可以执行电子侦察和通信干扰任务。通过搭载电子侦察设备和干扰器,无人机可以侦测和干扰敌方的雷达系统、通信网络和导航设备,干扰敌方的指挥和控制系统,削弱其战斗力和作战效能。

目标指示和火力打击。无人机可以用于目标指示和火力打击。通过搭载激光瞄准器和通信设备,无人机可以对敌方目标进行精确定位和标记,将目标信息传输给地面的火力单位,实现精确打击和消灭敌方目标,提高作战效果和减少误伤。

无人机战场侦察是现代战争中不可或缺的一部分,它具有传统侦察手段无法比拟的优势。

(1)成本效益。无人机的成本相对较低,且可回收、可重复使用,这使得它们成为一种经济高效的侦察工具。即使在战场上损失几架无人机,也不会对整体作战能力产生重大影响。

(2)降低人员风险。无人机的使用减少了前线士兵的风险,因为它们可以在危险区域执行任务而不必担心人员伤亡。这不仅保护了士兵的生命安全,也提高了作战效率。

(3)高度灵活性。无人机可以根据任务需求进行快速部署和重新配置,适应不同的战场环境和任务要求。它们可以在复杂地形和恶劣天气条件下执行任务,提供持续的侦察和监视能力。

(二)目标打击

远程打击和精确打击。无人机具有远程作战能力和精确打击能力。通过搭载导弹和精确制导武器,无人机可以在远离战场的位置,对敌方目标进行精确打击,降低飞行员的风险,并提高打击的准确性和效率。

突击侦察和突袭行动。无人机可以进行突击侦察和突袭行动。通过搭载小型无人机或微型无人机,可以实现对敌方阵地和目标的突击侦察,获取敌方的情报和战场态势,为部队的突袭行动提供重要的情报支持和战术优势。

防空拦截和空中优势。无人机可以用于防空拦截和空中优势争夺。通过搭载导弹和防空武器系统,无人机可以进行防空拦截任务,拦截敌方的飞机和导弹,保护本方的空中力量,确保作战行动的顺利进行。

巴勒斯坦、黎巴嫩的某些组织以及胡塞武装、伊拉克民兵武装等,据报道曾使用无人机对以色列军事目标发动多次攻击。乌克兰推出了数十个人工智能系统来帮助其无人机打击目标。这些小型廉价的无人机最初是为民用爱好者制造的,后来成为战场上最常用的打击无人机,俄乌两国每年都将其产量提高到数百万架。俄军防空系统拦截并摧毁大量乌克兰无人机。

(三)战场支援

无人机在战场支援中扮演着至关重要的角色,无人机可以在不暴露飞行员的情况下执行危险的任务,能够在不暴露飞行员的情况下执行打击和攻击任务。它们可以进行精确的打击,减少误伤和平民伤亡的可能性。无人机可以携带各种电子干扰设备,如电子干扰器和电子战装备,对敌方雷达和通信系统进行干扰和破坏,从而打乱敌方的指挥和控制。无人机在军队后勤运输方面也有许多潜在的应用,可以大大改善军队的后勤保障能力。例如,无人机可以用于在战区或战场附近运送物资,如弹药、医疗用品、食品和饮用水等。这种运输方式可以避免士兵在战区内进行物资运输的风险,同时也可以提高物资运输的速度和灵活性。此外,无人机可以用于医疗疏散任务,将受伤的士兵从战场上迅速转移到医疗后方。这种方式可以大幅缩短救援时间,提高伤员的生存率,并减少对地面运输工具的依赖。

(1)侦察感知＋火力引导。在俄乌冲突中,双方大量使用侦察无人机进行战场感知,探测对方目标并引导火力实施打击。例如,俄陆军装备的“海鹰”“扎拉”等近程小型情侦无人机具有成本低、性能强等特点,可快速收集情报、获取目标数据,并利用“射手”系统将目标数据回传至炮兵部队,实现杀伤链闭合。

(2)快速穿越＋自杀攻击。巡飞无人机武器系统具有体积小、效费比高、作战运用灵活且不易被拦截等特点,能够根据作战需要快速大量进行部署。在俄乌冲突中,双方频频使用巡飞无人机打击对方的防空系统、军事设施、装甲车辆和人员等目标,在战术层面发挥了重要作用。

(四)任务规划智能化

无人机战场规划在现代战争中扮演着越来越重要的角色。例如,在俄乌冲突中,双方大量使用侦察无人机进行战场感知,探测对方目标并引导火力实施打击。巡飞无人机武器系统也发挥了重要作用,它们具有体积小、效费比高、作战运用灵活且不易被拦截等特点,能够根据作战需要快速大量进行部署。

快速高效的任务规划。运用智能任务规划系统,能够根据战场目标,自动匹配兵力、分配目标、规划航线,实现快速打击。在俄乌冲突中,乌军使用的"荨麻"系统能够在收到无人机捕获坐标的 30 秒内,完成弹药匹配、优化打击方案、向无人机发出攻击指令。

战场通联网络化。未来的智能网络具有强大的信息交互及指挥控制能力,能够实现战场上各作战力量的广泛互联,进一步加快杀伤链的反应速度。将大规模的无人机融入战场火力打击单元,在无人机与指挥控制系统之间建立直接联系,即可实现"发现即发射"的作战效果。

(五) 对抗与防御

(1) 对抗。无人机在现代战场上扮演着越来越重要的角色,特别是在俄乌冲突中,无人机的应用变得尤为显著。无人机因其隐蔽性、持久性、灵活性和高精度打击等特点,成了战场上的重要力量。例如,乌克兰在武器弹药不足的情况下,采取"无人艇＋无人机"一体化战术手段,对俄罗斯的重要目标造成了损害。此外,无人机还可以用于直接攻击人员和有人装备,如乌军无人机摧毁俄军无人战车的案例。

(2) 防御。面对无人机的威胁,各国军队也在积极寻找有效的防御手段。在俄乌冲突中,双方都采用了多种战术手段和武器来反击和拦截对方的无人机。例如,俄军通过声学原理开发出一种探测器,可以提前发现来袭的无人机,甚至测定其型号。此外,俄罗斯还推出了名为"女妖"的无人机反制系列产品,其中包括无人机反制枪,这些设备在俄乌战场上进行了演示测试。

随着人工智能、协同控制等技术的不断发展,无人机在战场上的应用将更加广泛和深入。无人机的规模化协同运用将成为未来战场的重要趋势,进一步提升作战效能和战术灵活性。

第四章

低空资源是低空经济关键要素

任何一种经济形态和产业发展都要消耗和占用一定的资源。低空资源是在开发利用低空飞行活动推动的经济发展中所需要的资源,包括低空空域资源、电磁频谱资源、飞行器起降基础设施资源、低空智联网资源。低空飞行器所需的地面起降基础设施和信息网络智能互联建设,催生了低空经济,同时也形成了电磁频谱经济、信息智联网络经济。空域作为低空经济发展的关键投入要素,具有重要的战略资源价值。它是国家基础性战略资源,具有典型的公共池塘资源特性。低空空域的管理直接影响低空经济的发展,其关键在于涉及飞行活动的安全、效率和经济效益。

第一,低空空域具有无形性与不可移动性。低空空域作为一种空间资源,是无形且不可移动的。它包含了空气、电磁波、风能和太阳能等各种物质和能量,其中空气和电磁波以及起降等地面设施是航空行为的物质基础。第二,低空空域具有位置价值差异性与稀缺性。低空空域的位置价值因地理位置的不同而存在巨大差异。人口密集地区的低空空域使用需求通常高于偏远地区,导致其价值更高且稀缺。第三,低空空域具有使用的部分竞争性与部分排他性。低空空域的使用具有部分竞争性和部分排他性。虽然多个用户可以同时使用同一空域,但由于难以低成本地排除潜在使用者,这种资源具有部分排他性。第四,低空空域具有不可交易性。现代法律理论表明,地面不动产权益主体只能拥有不动产上方有限空域的权利,超过一定限度之外的空域权益应让渡给国家。

空域对于低空经济的关键影响还体现在空域的管理会对低空经济产生重要影响。低空经济的发展需要精细化的空域管理。这包括对空域进行立体精细化的管理,明确哪些属于管制区,哪些属于适飞区,并根据应用场景不同进行合理的空域规划。通过精细化的规划管理,可以保证国家领空安全的维护和飞行活动的安全,这是低空飞行能否赢得公众信任、立体经济能否发展起来的关键。无人机航空融合了高度无人化、智能化和数据化,传统手段已无法满足需求,必须采用有别于传统有人航空的技术支撑。按照国家最新法规及行业管理标准,通过无人驾驶航空器航行服务系统(USS)与国家综合监管服务平台(UOM)结合,提供管理与技术保障的一体化服务,确保无人机飞行活动安全、顺畅、省心。此外,低空经济是协同经济,需要多方协同。由于产业具有周期性,需要政府的引导和培育,相关政策支持则显得尤为关键,是发展低空经济的必要保障。因此,空域作为低空经济发展的关键投入要素,其管理的精细化、技术支撑和政策保障等方面对低空经济的发展具有决定性影响。通过科学合理的空域管理,可以促进低空经济的健康发展,推动国民经济高质量发展。

第一节 | 空域资源

地球大气层按大气的温度垂直结构分层,把大气分成对流层、平流层、中间层、热层和散逸层。平流层距地面较高(12千米～50千米),飞机绝大部分时间在其中飞行,对地面的噪声污染相对较小。大型和高速喷气式客机而言,因装有增压装置,而且考虑高空中气流运动、飞行阻力等情况,故而在7000～13 000米的对流层顶部和平流层中飞行。平流层水汽、悬浮固体颗粒、杂质等极少,天气比较晴朗,光线比较好,能见度很高,便于高空飞行。飞鸟飞行的高度一般达不到平流层,飞机在平流层中飞行就比较安全。平流层的大气上暖下凉,大气不对流,以平流运动为主,飞机在其中受力比较稳定,便于飞行员操纵驾驶。就民航中没有座舱增压装置的小型喷气式飞机而言,它们在6000米以下的对流层中飞行。地球大气层中人类能够很好利用的,主要是平流层和对流层,高空大气层为航天科技利用。大气层是在地球物理层面的划分,而空域则具有国家地理属性。空域资源是地球空间中客观存在且有限的空间资源。6000米以上的高空空域,基本被民航运输所占有,民航航线的密集和飞行活动的繁忙,说明了高空空域资源已经得到了很好利用。随着科技的快速发展,进入高端、智能、绿色阶段,经济发展要求高质量、新增长,低空空域资源这块宝藏赶上了开发利用的时机。6000米以下(主要是3000米以下)的低空空域是低空经济赖以发展的关键性、基础性且有待进一步科学合理开发的有限性资源。

为充分利用国家空域资源,2023年12月21日中国民航局发布了《国家空域基础分类方法》,规范空域划设和管理使用,制定了最新的空域分类。

一、空域垂直方向划设管理

（一）适用范围

中华人民共和国领空内空域适用本方法；领空外至我国飞行情报区边界空域参照本方法执行（香港、台北飞行情报区除外）。

（二）划设类别

依据航空器飞行规则和性能要求、空域环境、空管服务内容等要素，将空域在垂直的纵向上划分为 A、B、C、D、E、G、W 等 7 类，其中，A、B、C、D、E 类为管制空域，G、W 类为非管制空域。具体如下：

1. A 类空域

（1）划设地域及范围：通常为标准气压高度 6000 米（含）至标准气压高度 20 000 米（含）。

（2）空管服务内容：为所有飞行提供空中交通管制服务，并配备间隔。

（3）飞行要求：

通常仅允许仪表飞行；航空器和空中交通管理部门之间必须保持持续双向无线电通信；航空器必须安装二次雷达应答机（同等性能的监视设备）；飞行计划经过审批，航空器进入前须获得空中交通管理部门许可；航空器驾驶员应具备仪表飞行能力及相应资质。

2. B 类空域

（1）划设地域及范围：划设在民用运输机场上空。

（2）民航机场的基础设施规模不同，划设也有区别。

民用三跑道（含）以上机场，通常划设半径 20 千米、40 千米、60 千米的三环阶梯结构，高度分别为跑道道面—机场标高 900 米（含）、机场标高 900 米—机场标高 1800 米（含）、机场标高 1800 米—标准气压高度 6000 米。

民用双跑道机场，通常划设半径 15 千米、30 千米的二环阶梯结构，高度分别为跑道道面—机场标高 600 米（含）、机场标高 600 米—机场标高 3600 米（含），顶层最高至 A 类空域下限。

民用单跑道机场，通常划设半径 12 千米、跑道道面—机场标高 600 米（含）的单环结构。

（3）空管服务内容：为所有飞行提供空中交通管制服务，并配备间隔。

（4）飞行要求：

允许仪表和目视飞行；航空器和空中交通管理部门之间必须保持持续双向无

线电通信;航空器必须安装二次雷达应答机(同等性能的监视设备);飞行计划经过审批,航空器进入前须获得空中交通管理部门许可;航空器驾驶员应具备仪表或目视飞行能力及相应资质。

3. C 类空域

(1)划设地域及范围:划设在建有塔台的通用航空机场上空,通常为半径 5 千米、跑道道面—机场标高 600 米(含)的单环结构。

(2)空管服务内容:为所有飞行提供空中交通管制服务。为仪表和仪表、仪表和目视飞行之间配备间隔;为目视和目视飞行之间提供交通信息,并根据要求提供交通避让建议。

(3)飞行要求:

允许仪表和目视飞行;平均海平面高度 3000 米以下,目视飞行指示空速不大于 450 千米/小时;航空器和空中交通管理部门之间必须保持持续双向无线电通信;航空器必须安装二次雷达应答机或其他可被监视的设备;飞行计划经过审批,航空器进入前须获得空中交通管理部门许可;航空器驾驶员应具备仪表或目视飞行能力及相应资质。

4. D 或 E 类空域

(1)划设地域及范围:标准气压高度高于 20 000 米为 D 类空域;

(2)A、B、C、G 类空域以外,可根据运行需求和安全要求选择划设为 D 或 E 类空域。

(3)空管服务内容:

D 类空域:为所有飞行提供空中交通管制服务。为仪表和仪表飞行之间配备间隔,为仪表飞行提供关于目视飞行的交通信息,并根据要求提供交通避让建议;为目视飞行提供关于仪表和目视飞行的交通信息,并根据要求提供交通避让建议。

E 类空域:仅为仪表飞行提供空中交通管制服务。为仪表和仪表飞行之间配备间隔,为仪表飞行尽可能提供关于目视飞行的交通信息;为目视飞行尽可能提供关于仪表和目视飞行的交通信息。

① 共性飞行要求:

允许仪表和目视飞行;平均海平面高度 3000 米以下,指示空速不大于 450 千米/小时;航空器在平均海平面高度 3000 米以上飞行必须安装二次雷达应答机(同等性能的监视设备),平均海平面高度低于 3000 米安装其他可被监视的设备;必须报备飞行计划;航空器驾驶员应具备仪表或目视飞行能力及相应资质。

② 特殊飞行要求：

D 类空域：仪表、目视飞行的航空器进入前均须获得空中交通管理部门许可，并保持持续双向无线电通信。

E 类空域：仪表飞行的航空器进入前须获得空中交通管理部门许可，并保持持续双向无线电通信；目视飞行的航空器不需要空中交通管理部门许可，但进入前必须报告，并在规定通信频率上保持收听。

5. G 类空域

此类空域是低空经济的主要空域资源。

（1）划设地域及范围：B、C 类空域以外真高 300 米以下空域（W 类空域除外）；平均海平面高度低于 6000 米、对民航公共运输飞行无影响的空域。

（2）空管服务内容：仅提供飞行信息服务，不提供空中交通管制服务。

（3）飞行要求：

① 允许仪表和目视飞行；② 平均海平面高度 3000 米以下，指示空速不大于 450 千米/小时；③ 仪表飞行的航空器和空中交通管理部门之间必须保持持续双向无线电通信，目视飞行在规定通信频率上保持收听；④ 航空器必须安装或携带可被监视的设备；⑤ 必须报备飞行计划；⑥ 航空器驾驶员应具备仪表或目视飞行能力及相应资质。

6. W 类空域

（1）划设地域及范围：G 类空域内真高 120 米以下的部分空域。

（2）空管服务内容：不提供空中交通管制服务。

（3）飞行要求：

微型、轻型、小型无人驾驶航空器飞行；飞行过程中应当广播式自动发送识别信息；微型、轻型无人驾驶航空器不强制要求取得操作员执照，小型无人驾驶航空器操控员取得操控员执照。

7. 有关要求

（1）A、B、C、D、E 类空域应当实现通信和监视覆盖，G 类空域应当实现监视覆盖。

（2）经空中交通管理部门特别批准，航空器可按照目视飞行规则在 A 类空域飞行，以及超过限制速度在 C、D、E、G 类空域飞行。

（3）难以满足飞行要求时，航空用户可申请划设隔离空域并对外公布。

（4）B、C 类空域范围可根据实际情况进行调整，可描述为不规则的多边形。

（5）A、B、C、D、E、G 类空域明确的飞行要求适用有人驾驶航空器，无人驾驶航空器进入按照《无人驾驶航空器飞行管理暂行条例》明确的要求执行。

（6）各类空域目视飞行气象条件：平均海平面高度 3000 米以上，能见度不小于 8 千米、距云水平距离不小于 1500 米、垂直距离不小于 300 米；当平均海平面高度 900 米或真高 300 米两者取较高值至平均海平面高度 3000 米时，能见度不小于 5000 米、距云水平距离不小于 1500 米、垂直距离不小于 300 米；当平均海平面高度 900 米以下或真高 300 米以下两者取较高值时，能见度不小于 5000 米、云外飞行。

（7）特殊任务类飞行，按照起降机场开放条件和执飞机组起降标准执行。

二、空域管理最新规定

（一）《中华人民共和国空域管理条例（征求意见稿）》

对于空域管理，党中央成立了"中央空管委"这一更高规格的空管机构，取代"国家空管委"。2023 年 11 月 2 日，由国家空中交通管理委员会办公室会同有关部门起草的《中华人民共和国空域管理条例（征求意见稿）》（以下简称《条例》）正式发布，面向社会公开征求意见，意见反馈截止时间为 2023 年 12 月 3 日。据介绍，随着经济社会发展、国防军队建设和航空事业发展，空域有效供给保障与航空用户需求不相适应等问题逐步显现，需要制定专门法规进一步加强空域管理，围绕安全高效构建体系，围绕责任权利设计制度，切实做到主体明确、责任清晰、制度管用、行之有效。

一是推进空管治理体系和治理能力现代化的必然要求。公共运输航空、军事航空持续快速发展和通用航空迅猛兴起，空域供给和需求矛盾发生深刻变化，现行空域管理模式已不适应新形势新要求。制定《条例》，对空域管理模式进行顶层设计，实现空域资源科学精细配置、分级分类管理、动态灵活使用，有利于提升空管治理综合效能。

二是健全完善空管法律规范体系的关键环节。我国现行空域管理政策制度多为部门规章或规范性文件，权威性、稳定性和可操作性不足。制定《条例》，是从国家立法层面加强和规范空域管理，使各级各类空管法律规范相互配合、相得益彰，有利于推动构建内容科学、程序严密、配套完备、运行有效的空管法律规范体系。

该《条例》内容共十一章七十七条，概括分为三大部分：

第一部分（第一章，共 8 条），主要明确立法目的、适用范围，阐述空域权属、空域管理机构、空域管理原则、空域用户、环境保护、奖励制度等问题。

第二部分(第二章至第九章,共 60 条),主要对空域管理机构职责和空域分级分类、划设与调整、使用、评估、保障、战时和平时特殊情况下的空域管理和监督检查等作出规定。其中,① 关于空域管理机构职责,依据有关文件,统一设置空域管理机构的基本职责;② 关于空域分级分类,参照国际民航组织推荐标准,基于国情军情,以实现空域资源科学配置、高效利用、安全运行为目标,建立空域资源分级分类管理制度;③ 关于空域划设与调整,主要面向空域管理者,明确空域类型的审批权限和程序,对动态管理的原则、权限、流程等作出规定;④ 关于空域使用,主要面向空域用户,规定其权利与义务,规范申请与批复、释放等内容;⑤ 关于空域评估,按照组织结构、评估分类、方法工具、工作机制等,构建系统完备、科学规范的空域评估体系;⑥ 关于监督检查,着眼空域管理实际需要,结合空管领域督查工作要求,构建完善督查模式和工作制度。

第三部分(第十、第十一章,共 9 条),主要明确法律责任和处理措施,以及《条例》适用的特殊规定和有关概念解释。区分空中交通管理机构、空域用户、空域环境相关单位、空域保障部门及其人员,对违反《条例》规定的行为进行处理;对外国国家、组织或者个人实施、协助、支持侵占、破坏空域资源或者干扰空域管理活动的行为,实施相应制裁。

《条例》征求意见稿将空域在纵向高度上进行了划设管理,分为管制空域(A、B、C、D、E 类)和非管制空域(G、W 类)七个等级;按限制类型、使用用途等在水平层面又分为空中禁区、空中限制区、空中危险区、空中保留区、航路航线、进出境点、等待空域、空中放油区、试飞空域、训练空域、防空识别区、临时空域等共 12 种空域进行划设和管理,有固定划设,也有动态管理需要的临时划设。意见反馈截止时间为 2023 年 12 月 3 日。目前还未正式成为法律条例,应该还有不少需要修改的地方。最终需由全国人大讨论通过,并经国家主席签署命令向全社会发布,成为新时代中国空域管理法规。

(二)12 种空域划设管理

空域划设考虑下列基本因素:安全保障要求;空中交通流量分布情况;不同性质飞行活动对空域和空中交通服务的不同需求;空域环境的影响,包括地形、地貌、机场以及其他限制因素;空中交通服务、通信、导航、监视、航空气象和航空信息资料等保障能力;空域用户对空域的其他需求。

实施 12 种空域划设管理:禁、限、危、保、航、境、等、油、试、训、防、临。在空域管理条例征求意见稿中明确:

(1)空中禁区。国家重要的政治、经济、军事等核心要害目标上空,可以划设空中禁区。未经批准,任何航空器不得飞入空中禁区。空中禁区的划设,由有关单位提出建议方案,国家空中交通管理领导机构的办事机构承办,按照有关规定报批。

(2)空中限制区。重要目标、武器试验场、靶场、残骸坠落区、重大活动现场等上空,可以划设空中限制区。在规定时限内,未经相应空中交通管理机构许可的航空器,不得飞入空中限制区。空中限制区的划设,由有关单位提出建议方案,国家空中交通管理领导机构的办事机构承办,报国家空中交通管理领导机构批准。

(3)空中危险区。对空射击(发射)场(平台),军事活动空域、残骸坠落区等上空,可以划设空中危险区。在规定时限内,空中危险区对非特定飞行活动存在危险,不限制非特定航空器进入,但进入后由飞行员(无人驾驶航空器操控员)自行承担风险。空中危险区的划设,由有关单位提出建议方案,国家空中交通管理领导机构的办事机构承办,报国家空中交通管理领导机构批准。

(4)空中保留区。军事、海关、警察等非民用航空用户不能与民用航空执行相同空中交通管制服务标准,需采取相对隔离飞行时,在一定时间范围内可以按照空域保留机制划设空中保留区。空中保留区的划设,按照有关规定执行。

(5)航路航线、进出境点。航路航线,按对外开放性质分为国际航路航线、国内航路航线,按使用时限分为固定航路航线、临时航路航线。航路航线、进出境点的划设,由有关单位提出建议方案,国家空中交通管理领导机构的办事机构承办,报国家空中交通管理领导机构或其授权的机构批准。

(6)等待空域、空中放油区、试飞空域、训练空域。等待空域、空中放油区、试飞空域、训练空域的划设,由有关单位提出建议方案,报地区空中交通管理组织协调机构或其授权的机构批准。上述空域涉及相邻飞行管制区的,由相邻地区空中交通管理组织协调机构协商后批准;涉及不相邻飞行管制区的,报国家空中交通管理领导机构的办事机构批准。

(7)防空识别区。防空识别区的划设,按照有关规定执行。

(8)临时空域。空域管理和飞行任务需要的,可以划设临时空域。临时空中禁区的划设,由有关单位提出建议方案,国家空中交通管理领导机构的办事机构承办,报国家空中交通管理领导机构批准。临时空中限制区、临时空中危险区的划设,由有关单位提出建议方案,报国家空中交通管理领导机构的办事机构批准。其他临时空域的划设,由有关单位提出建议方案,报地区空中交通管理组织协调机构的办事机构或其授权的机构批准。临时空域的划设期限通常不超过 12个月。

四、低空空域管理最新规定

（一）无人驾驶航空器飞行管理

国家空中交通管理领导机构统一领导全国无人驾驶航空器飞行管理工作，组织协调解决无人驾驶航空器管理工作中的重大问题。

国务院民用航空、公安、工业和信息化、市场监督管理等部门按照职责分工负责全国无人驾驶航空器有关管理工作。

县级以上地方人民政府及其有关部门按照职责分工负责本行政区域内无人驾驶航空器有关管理工作。

（二）无人驾驶航空器飞行活动划分空域

真高120米以上空域，空中禁区、空中限制区以及周边空域，军用航空超低空飞行空域，以及下列区域上方的空域应当划设为管制空域（8种情况）：

（1）机场以及周边一定范围的区域。

（2）国界线、实际控制线、边境线向我方一侧一定范围的区域。

（3）军事禁区、军事管理区、监管场所等涉密单位以及周边一定范围的区域。

（4）重要军工设施保护区域、核设施控制区域、易燃易爆等危险品的生产和仓储区域，以及可燃重要物资的大型仓储区域。

（5）发电厂、变电站、加油（气）站、供水厂、公共交通枢纽、航电枢纽、重大水利设施、港口、高速公路、铁路电气化线路等公共基础设施以及周边一定范围的区域和饮用水水源保护区。

（6）射电天文台、卫星测控（导航）站、航空无线电导航台、雷达站等需要电磁环境特殊保护的设施以及周边一定范围的区域。

（7）重要革命纪念地、重要不可移动文物以及周边一定范围的区域。

（8）国家空中交通管理领导机构规定的其他区域。

五、无人驾驶航空器垂直方向上空域管理

2010年，国务院、中央军委印发的《关于深化我国低空空域管理改革的意见》指出："各类低空空域垂直范围原则为真高1000米以下，可根据不同地区特点和实际需要，具体划设低空空域高度范围，报批后严格掌握执行。民航局会同空军研究论证在现行航路内、高度4000米（含）以下，按监视空域管理办法为通用航空飞行提供空中交通服务。"

2014年，国家空管委印发的《低空空域使用管理规定（试行）（征求意见稿）》强

调:"第六条【定义】低空空域原则上是指全国范围内真高 1000 米(含)以下区域。山区和高原地区可根据实际需要,经批准后可适当调整高度范围。"

2016 年 5 月,国务院发布《关于促进通用航空业发展的指导意见》,其中指出:"扩大低空空域开放,将低空空域真高提升为 3000 米,简化通用航空飞行审批备案。"

综上所述,低空空域在垂直方向上是真高 3000 米以下。传统通用航空器和无人驾驶航空器通常可在真高 3000 米以下飞行,具体需依据相关规定和空域管理要求。这个垂直方向的空域,涉及部分 C 类空域(有塔台的通用航空机场上空),涉及部分 E 类空域,涉及绝大部分 G 类空域(民航机场和通航机场上空,不影响民航、军航飞行,300 米以下;平均海拔 6000 米以下),涉及全部的 W 类空域(真高 120 米以下)。再结合 12 类管制空域和适飞空域,传统通用航空器飞行活动和无人驾驶航空器飞行活动的空域就非常清楚了。

第二节｜低空频谱资源

电磁频谱,是按电磁波波长(或频率)连续排列的电磁波族。它既是用于传递信息的一种载体工具,又是甄别干扰破坏信息传递的重要手段。它是极其重要而又有限的战略资源,也是低空经济中重要的新质生产力要素;既能够依托电磁频谱资源形成电磁频谱经济,又能作为低空经济产业发展的重要一部分。

一、电磁频谱是低空空域管理的必要手段

在空域管理中,电磁频谱是实现飞行器与地面控制系统之间信息传输和指令传达的基础,是各种低空飞行器的空中交通管理的必要手段。频谱资源的有效分配和利用,是通信技术、感知技术(特别是雷达感知)、人工智能和航空技术的基础保障,是低空经济的技术创新和应用拓展的必备条件。

无人机的定位、跟踪需要通信信号,离不开电磁频谱的利用。无人机的定位技术主要有激光测距定位技术、超声定位技术、GPS 定位技术和计算机视觉定位技术。激光测距技术因为测距仪器体积大、重量大,主要用于复杂环境中的定位跟踪。超声定位技术,是通过测量超声波来回的反射时间得到自身与周围环境的相对位置。GPS 定位跟踪技术,是通过无人机与卫星的信号互动,从而确定无人机的具体经纬度等绝对位置信息。中国的北斗导航系统后来居上,在无人机的导航定位方面,具有更高的精度和更高的时效。

二、电磁频谱是低空智联网建设的重要构成部分

低空智联网是实现低空飞行器智能互联、高效通信的重要新型基础设施,赛博空间的主要组成部分之一。它不仅包括飞行器之间的通信,还涉及飞行器与地面站、卫星等的通信。

20世纪90年代,赛博空间(Cyberspace)基本与互联网(Internet)同义。2003年2月,美国布什政府公布《保护赛博空间国家战略》,将赛博空间定义为"由成千上万的互联的计算机、服务器、路由器、转换器、光纤组成,并使美国的关键基础设施能够工作的网络,其正常运行对美国经济和国家安全至关重要"。

近年来,电磁频谱已经被明确为赛博空间的组成部分之一。2006年12月,美国国防部和参谋长联席会议在《赛博空间行动国家军事战略》中将赛博空间定义为:"赛博空间是指利用电子学和电磁频谱,通过网络化系统和相关的物理基础设施来存储、修改或交换数据的域。"2008年3月,《美国空军赛博空间战略司令部战略构想》则进一步明确,赛博空间主要由电磁频谱、电子系统以及网络化基础设施三部分组成。电磁频谱不仅仅是传输数据的媒介,还是获取信息的重要工具。据统计,目前采用无线方式(如Wi-Fi、802.11、WI MAX等)接入因特网的用户数量接近50%;通信网中移动通信占用了70%以上;在工业控制系统中,无线传输的比例也越来越高;在地质勘探、智能交通和空间探测等领域,以电磁探头、雷达等为传感器的无线电系统发挥着不可替代的作用。

通过电磁频谱技术实现低空飞行器的智能互联和高效通信,实现适合低空通信智联的新型空中接口、新型组网技术,打造全域可靠的通信、多维立体的感知、高效可控的管理、智能精准的导航一体化低空智联网技术体系,对于实现低空经济的数字化管理和服务,充分发挥低空经济的社会效益至关重要。

三、电磁频谱是保障低空飞行安全的重要手段

在低空安全方面,电磁频谱技术被用于频谱监测与干扰查找,以确保低空飞行活动的安全。通过使用先进的频谱分析和目标检测定位技术,可以实时显示当前频谱信息,判别电磁目标的属性和位置,及时发现并追踪干扰源和非法飞行目标,从而保障低空飞行的安全性。

既然电磁频谱既是赛博空间的信息载体又是信息获取工具,赛博空间的可用性、机密性、认证性和不可否认性就与电磁频谱安全息息相关。一旦电磁频谱安全受到威胁,依赖于无线电技术的信息获取、依赖于无线网络的数据传输都将受到影响。

四、电磁频谱是低空飞行场景应用的重要支撑

电磁频谱在低空经济的各种应用场景中发挥着多方面的作用。低空物流配送中，无人机利用电磁频谱进行通信和导航，实现高效、快速的物流运输。低空观光旅游中，通过低空飞行器提供的空中游览服务，电磁频谱技术同样保障了飞行的安全和通信的畅通。城市管理和应急救援中，无人机的监控和数据传输也离不开电磁频谱的支持，等等。

2015年3月10日，为满足应急救灾、森林防火、环境监测、科研试验等对无人驾驶航空器系统的需求，根据《中华人民共和国无线电频率划分规定》及我国频谱使用情况，国家工业和信息化部规划840.5—845MHz、1430—1444MHz和2408—2440MHz频段用于无人驾驶航空器系统。

具体事宜通知如下：

（1）使用频率：840.5—845MHz、1430—1444MHz和2408—2440MHz。

（2）840.5—845MHz可用于无人驾驶航空器系统的上行遥控链路。其中，841—845MHz也可采用时分方式用于无人驾驶航空器系统的上行遥控和下行遥测链路。

（3）1430—1444MHz频段可用于无人驾驶航空器系统下行遥测与信息传输链路，其中，1430—1438MHz频段用于警用无人驾驶航空器和直升机视频传输，其他无人驾驶航空器使用1438—1444MHz频段。

（4）2408—2440MHz频段可作为无人驾驶航空器系统上行遥控、下行遥测与信息传输链路的备份频段。相关无线电台站在该频段工作时不得对其他合法无线电业务造成影响，也不能寻求无线电干扰保护。

上述频段的信道配置，所用无线电设备发射功率、无用发射限值和接收机的邻道选择性应符合相关要求。频率使用、无线电台站设置和所用无线电发射设备应符合国家无线电管理及无人驾驶航空器系统管理有关规定。

五、充分发挥电磁频谱新质生产力要素作用

如何最大效率利用好有限的频谱资源，使之服务于经济、文化、军事、民生等；如何让电磁频谱信息高速公路安全畅通免受干扰；如何对有限的电磁频谱资源在闲置段和拥堵段进行科学合理分配。

这些重要课题，已越来越引起各个国家、多个方面的高度重视。作为低空经济产业发展的重要资源，频谱资源是有限的，需通过有效管理和技术手段避免被耗尽，必须充分发挥其应有效用；同时，作为低空经济新质生产力要素，电磁频谱

在空域管理、低空智能网联、低空飞行安全以及低空飞行场景应用等方面,起着至关重要的作用。

2018年9月28日,中国民用航空局印发的《低空飞行服务保障体系建设总体方案》要求:"集约使用频率资源,减少频率审批,将122.050MHz、129.750MHz设置为供飞行服务站使用的、全国统一的低空甚高频地空通信无线电频率,台(站)发射功率不大于10瓦。设台单位应当向台(站)所在地区管理局民航无线电管理机构进行备案。根据需要,民用航空无线电管理机构也可批准设台单位使用其他频率。"因此,要科学合理规划和利用电磁频谱资源,充分发挥其新质生产力要素作用。随着传统无线业务和新兴无线业务的快速发展,有限的电磁频谱资源最终将会耗尽,电磁频谱需求与电磁频谱资源之间的矛盾日益凸显,对有序、安全地使用电磁频谱提出了严峻挑战。

传统的无线业务,如移动通信、电视、广播等业务所使用的电磁频谱采用固定的独占方式,导致电磁频谱资源的利用不平衡。在蜂窝移动通信频段,频段变得相当拥挤,频谱资源供不应求。2001年,德国利希特瑙地区的测量结果表明,欧洲的GSM系统占用了900MHz附近的频率,是频谱使用的高峰波段。在广播电视频段,则存在时间和空间上的大量频谱闲置的现象。美国联邦通信委员会(FCC)的采样频谱图显示:在美国伯克利州市内0—6GHz频段的频谱利用率仅在15%～85%之间,在0—3GHz的频段内,频谱的占用率不足35%,在3—6GHz频段之间,频谱浪费更加明显,这表明特定的传统授权频段频谱利用率很低。在工业、科学和医用(ISM)等开放频谱频段,存在大量的无线业务,如无线局域网(WLAN)、无线个域网(WPAN)和无线广域网(WWAN),使得开放频谱已经趋于饱和。这导致这些行业之间的冲突干扰不断加剧,对各业务的高效、安全运行造成巨大威胁。

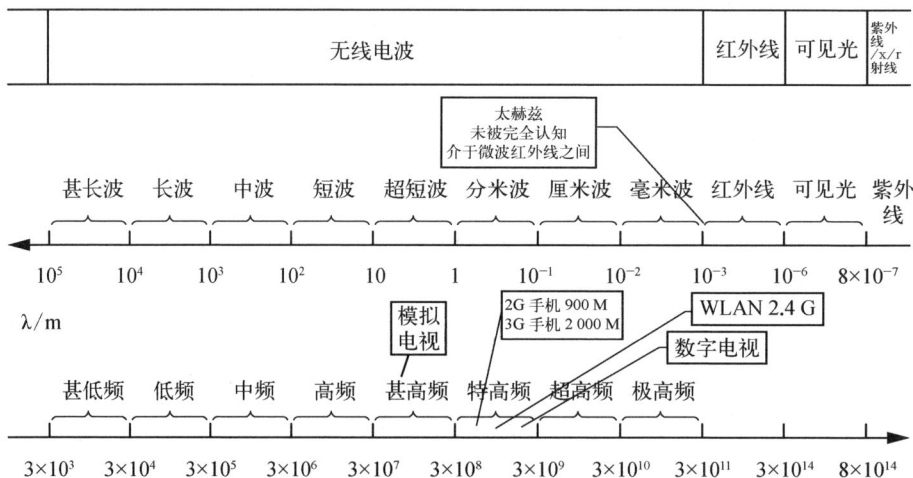

新兴无线业务频谱需求的激增加剧了电磁频谱供求矛盾,有限的频谱资源制约了各种新技术的发展和应用,特别是在 4G、5G、6G、物联网、空间卫星、新军事装备、低空飞行器等面临大量电磁频谱"缺口"。现有电磁频谱分配情况表明:几乎所有的频谱都已经被授权业务所占用,新兴业务申购占用剩余的可用频段,这不仅显著增加新业务的经济负担,也不利于未来无线业务的可持续发展;更有甚者,有的业务占用非授权频段,这导致非授权频段业务种类繁多,负担过重,业务间彼此干扰和冲突在所难免。在 2020 年两家运营商的情况下,4G 的频谱需求是 1600MHz,中国除去已规划用于 2G 与 3G 的共 525MHz 频率外,尚有约 1GHz 的频率缺口。又如物联网,以其信息交互与传输以无线为主的特点,注定成为频谱需求的大户。根据 ITU—R M. 2072 报告,当物联网通信量达到 4G 总通信量的 50%时,物联网对频谱的需求在三个运营商情况下为 990MHz;当物联网通信量约达到总通信量的 80%时,物联网对频谱的需求在三个运营商情况下为 1.5GHz,这成为频谱资源面临的严峻挑战。

此外,在空间卫星频率方面,目前在轨空间卫星上千颗,给空间卫星频谱资源的有序使用带来巨大挑战。在军事用频方面,军队空间预警系统、宽带数据链、战术互联网等用频装备的需求越来越大;军事装备间传输的信息也从原来的语音、文字、数据等信息向图像、视频等信息发展,频带越来越宽;同时,以雷达为代表的电子装备要求有更高的精度和抗干扰能力,也要求有更多的频谱资源。由此可见,频谱资源有限与频谱需求激增之间的矛盾限制了无线电新业务的发展,制约赛博空间的发展,给国民经济发展和国家安全带来重大影响。

第三节 | 低空基础设施资源

为低空空域安全和低空飞行提供服务保障的各类产业,包括低空空域管控系统、飞行信息系统、低空智联网、综合飞行服务站、电磁频谱管控等平台管理系统,包括通用机场、飞行营地、起降点、油料、维修等地面基础设施,还包括良好通信、精准导航、及时气象信息、监控与被监控等相关产业。

可见,低空经济所依托的基础设施,体现在两个方面:

一、地面服务保障基础设施

低空经济要高质量发展,就要对地面服务保障基础科学布局,加快建设。《国务院办公厅关于促进通用航空业发展的指导意见》提出:完善综合交通运输体系,加强通用机场整体布局规划,做好与各类交通运输方式的相互衔接。在偏远地区、地面交通不便的地区以及年旅客吞吐量 1000 万人次以上的枢纽运输机场周边建设通用机场,改善交通运输条件。在自然灾害多发等地区以及大型城市等人口密集、地面交通拥堵严重地区建设通用机场,满足抢险救灾、医疗救护、反恐处突与公共管理等需要。在航空制造等重点产业集聚区以及农产品主产区、重点国有林区等地区建设通用机场,服务于工农林等通用航空活动。在世界自然遗产、国家级风景名胜区、重要体育产业基地等地区建设通用机场,促进空中游览、航空体育、飞行培训等发展。

《通用航空装备创新应用实施方案(2024—2030 年)》提出:推动新型基础配套设施体系建设。鼓励地方政府将低空基础设施纳入城市建设规划,加强与城市运输系统连接。支持探索推进楼顶、地面、水上等场景起降点建设试点,完善导航定位、通信、气象、充电等功能服务,形成多场景、多主体、多层次的起降点网络。充分利用好现有航空基础设施,推动建设一批智能化、集成型、多用途的通用航空基础设施。鼓励新建住宅与商业楼宇预留低空基础设施。充分结合通用航空业发展特性,研究设定适用于通用航空业发展的机场建设标准。

《江苏省中长期通用机场布局规划》提出,到 2027 年,空域协同管理机构运转高效,建成无人机起降场(点)610 个,通航机场 35 个,开通低空航线 220 条。

二、信息技术基础设施

低空智联网是指在低空空域 3000 米以下,具体按照不同地区融合运用网络化、数字化和智能化技术构建的智能化的数字网络体系,是低空经济中的信息技术基础设施,是低空新基建。

低空智联网智能化的网络体系,包括了为后续通用航空器运行提供服务的服务网,它定位成一个服务网。同时,它又是一个通信网,对交通信息的共享以及管控指令的传输和互动,它又是一个通信网。同时为了保证低空运行的安全,它又是一个监测网。它具有服务、通信和监测三个功能。

充分利用信息基础设施,创新利用北斗数据链、广播式自动相关监视、5G/5G‑A、通信感知一体化、低空卫星等技术,有序建设通信、导航、监视、气象和情报等设施,加快推进信号覆盖"向上延伸"。统筹频谱资源利用,强化信号信息兼容共享,保障跨通信波段、跨空域层次的飞行安全。完善低空气象观测站网,建立监测服务数字底座,为低空飞行提供精细化、专业化气象保障。推动试点地区政府与企业在低空监管服务基础设施、网络规划建设等方面协同,促进三维高精地图、气象数据、通信导航等公共信息开放。推动构建目视航线网络,支持完善运行规则,健全航空信息资料保障机制,提升飞行服务保障能力。鼓励企业建设集智能调度、动态监测、实时情报服务等为一体的飞行服务系统。有序推进构建低空空域数字孪生系统,推动低空空域和航路航线图数字化,推动跨地区、跨部门数据共享,逐步形成低空数字底座。

第五章

高新技术是低空经济重要支撑

无论对于哪一种经济形态,科学技术都是支撑,低空经济也不例外。

低空经济的发展依赖于多种先进技术的支撑,这些技术涵盖了通信、感知、管理和计算等多个方面,主要涵盖低空航空器技术(包括制造、控制、材料等技术)、低空智联网技术、低空频谱技术以及飞行管理和运营技术等。电磁频谱技术在上一章节已基本说明,飞行管理和运营在后面的综合运营服务商培育策略专题研究中会得到阐释。本章节主要介绍低空智联网技术和无人机技术。

第一节 | 低空智联网技术

一、低空智联网特点

低空智联网定义了在低空空域,通过互联的各类低空飞行器所构成的信息通信网络。它涵盖了地面低空飞行器、无人机和空中平台之间的信息连接,支持各种类型的低空数据传输和信息处理任务。低空智联网的应用场景联合了交通监控、紧急救援、环境监测、灾害预防等多个领域,提供了全方位的信息支持和服务。

低空智联网的主要特点是低空飞行器的互联互通性,飞行器能够根据网络结构进行自主判断和连接,确保在复杂多变的环境中维持通信连接。信息的高效传输与处理能力,数据流可在网络中按需分配资源,进行多重角度信息处理,支持实时传输与即时响应,实现高效率的信息共享和服务。此外,低空智联网通过地面调配和空中应用的结合优化资源分配,实现空地间的无缝对接,使得地面网络能够更好地支持低空飞行器展开作业。

低空智联网在低空经济中的重要性显著体现在其高效的资源配置与信息共享能力,这些特点有效推动了低空经济领域的生产力提升。飞行器之间可实现快速而顺畅的数据交换,不受物理空间限制,从而增加低空交通流的密度,并提升运输效率。同时,低空智联网还能够实时监控和管理低空资源,为低空经济活动提供及时准确的信息支持,加速决策过程并降低风险。通过优化空地接口,地面网络能够为飞行器提供获取数据和位置服务的能力,进一步增强飞行器在复杂环境中的自主性和安全性。这种综合服务能力促进了低空经济的整体发展和增长潜力,提升了整个经济体系的竞争力。

二、低空智联网国内外发展现状

低空智联网的技术基础涉及多种前沿科技的集成,包括低空飞行器自主导航与控制、低空通信技术、数据处理与分析,以及低空环境中的信息传输等。其关键技术支撑主要来自无人机技术的迅速发展与应用、低空通信网络的构建与优化以及低空信息处理与展示平台的构建。随着现代信息技术的发展,通信技术的日臻完善使得低空智联网得以构建,并在实际应用中表现出独特优势。

国际上,美国和欧洲等发达国家在低空智联网的研究与应用方面处于领先地位。美国空军研究实验室和美国航空航天局(NASA)等机构持续开展关于低空智联网的项目,主要是提高军事与民用领域信息处理与传输的效率。欧盟则通过多个科研项目,探索在交通、应急救援和环境监测等领域的应用潜力。这些研究涵盖了技术标准制定、应用场景拓宽和系统优化等多个方面,推动了全球范围内低空智联网的理论与实践的发展。

中国的低空智联网研究起步虽晚,但近年来迅速发展。中国科学院、清华大学等科研机构和高校在无人机技术、低空通信和数据处理方面开展了大量的研究工作。尤其是国家航天局和相关企业,先后启动了多个低空智联网的综合性项目,支持各类低空交通、环境监测和灾害预警等应用场景的实践。2018 年民航局发布《低空飞行服务保障体系建设总体实施方案》要求着力加强低空智联网建设,2024 年 3 月 27 日发布的《通用航空装备创新应用实施方案(2024—2030 年)》,更是明确提出,到 2030 年要建成城市短途运输加电动垂直起降的"空中客运网"、干支末无人机"物流配送网"和"低空工农业作业生产网",三网高效安全运行,让无人驾驶航空器全面融入人民生产生活。2024 年年初,南京在长江 98 千米的航道上空,建成了能够为长江低空空域中河道巡检、航道执法和长江大保护提供坚实网络信息支撑的低空智联网。

低空智联网的快速发展促使其在低空经济中得到广泛应用。其资源配置与信息共享能力在提升低空能效的同时,亦对传统行业供应链管理、国际贸易与物流运输,以及紧急救援响应等方面产生了深远影响。

三、低空智联网的技术优势

低空智联网在低空经济中展现出显著的技术优势与特点,这些优势不仅助力低空经济的生产力提升,也为各行业的应用带来了变革。首先,低空智联网具有创新性,其独特的集成与深度融合技术,赋予了低空与其他地面系统的无缝对接和协同操作能力。其次,高效性是低空智联网的另一大特点,通过优化资源分配和数据流处理,低空智联网能够实现低空监控、物流配送、巡检和应急救援等场景中数据处理的实时性和准确性,显著提高工作效率。此外,低空智联网的安全性是其核心优势之一,凭借先进的安全防护技术,如加密传输、多层次安全防护体系等,能够确保低空通信安全,有效防止数据泄露和网络攻击。再者,低空智联网还具备与其他技术的融合能力,通过与物联网、人工智能等技术的深度融合,实现了更广泛的场景应用和更复杂的功能拓展。

低空智联网创新性地引入了低空飞行器的编队飞行技术,能够实现多飞行器的同时控制和协同作业,大幅提升了配送、巡检等任务的效率和安全性。低空智联网通过多路传输和智能调度算法,优化了物流路径,并提高了配送效率和货物传递的准确性。

低空智联网的高效率体现在其内部数据处理能力、网络通信能力和集成系统能力。在数据处理方面,低空智联网采用了先进的机器学习算法和边缘计算技术,能够实时处理海量数据,并快速生成结果,为业务流程自动化和决策提供依据。在通信能力方面,低空智联网利用先进的低空通信技术和多基站协同技术,确保了数据传输的高效性和稳定性。在集成系统能力方面,低空智联网通过构建开放的平台架构,实现了与其他系统的无缝对接和协同操作,为各类应用提供了更加丰富和灵活的支持。

低空智联网的安全性能通过多方面的设计与防护实现。从链路加密传输到多层次安全防护体系,从数据加密到行为分析,从操作权限管控到应急响应机制,低空智联网构建了全面、多层次的安全防护体系。链路加密传输确保了数据在传输过程中的安全,多层次安全防护体系则保障了系统的整体安全。低空智联网的技术防护能力得到了实践验证,如某城市通过部署低空智联网,成功防止了网络攻击事件的发生。

低空智联网与物联网、人工智能等前沿技术的融合,进一步拓展了其应用领域。例如,利用物联网技术,低空智联网能够实现设备的实时监控和远程控制,为智慧城市建设提供了有力支持。结合人工智能技术,低空智联网能够实现业务流程的自动化和智能化,进一步提升了低空经济的生产力。低空智联网的这种融合能力,不仅提升了其自身的功能,还为更多的应用场景提供了可能性,如智能物流、智能巡检、智能应急救援等。通过与无人机、地面车辆等设备的协同操作,低空智联网能够实现复杂系统的动态优化和持续改进,进一步提升了应用系统的整体效能。

综上所述,低空智联网凭借其创新性、高效性、安全性和融合能力,为低空经济、无人机物流、低空巡检等多个领域带来了显著的社会效益和经济效益。通过这些技术特点,低空智联网不断拓展应用场景,提升社会服务和社会治理水平,成为推动低空经济发展的重要引擎。

四、低空智联网应用概况

低空智联网技术为低空经济的发展提供了强大的支撑,提升了其效率和创新能力。通过优化低空区域内的信息传输和共享,该技术不仅提高了数据处理与分析的速度和精度,也实现了多源数据的实时处理与应用。由于低空智联网能够实现低空飞行器之间的互联互通,数据交换变得更为快捷,改善了传统行业的供应链管理。

在军事领域,低空智联网作为军事通信的关键组成部分,不仅提升了前线通信的可靠性和稳定性,还能够在复杂多变的战场环境中实现快速响应和资源优化。通过智能化的低空数据处理与分析,该技术能够为军事指挥决策提供更为准确的数据支持,有助于提高军事行动的效率和准确性。此外,低空智联网也在民用领域展示出了广阔的前景,通过与地面网络的无缝集成,它能够为城市规划、环境保护和灾害预防等提供全面的数据支撑,进一步优化城市管理和服务质量。

在低空巡检领域,低空智联网通过无人机进行自动化巡检,能够高效率、低成本地实现大范围区域的安全监控与环境监测,适用于电力设施、基础设施和生态环境的巡检。智能巡检平台不仅能够快速识别各种异常情况,还能将检测数据实时传回地面中心站,便于远程管理和决策。实际应用中,如某电力公司借助低空智联网,实现了对高压输电线路的全天候监测,在台风季节提前预警线路风险,避免了大面积停电事故的发生。同时,低空巡检平台在高速铁路沿线的设施巡检中表现优异,提升了沿线设施的安全性能。

在无人机巡消领域,低空智联网通过实时监控火点及火势蔓延趋势,能够快速响应并协调消防资源,提升火灾防控能力。低空智联网支持多飞行器实时定位和通信,消防无人机能够快速准确地抵达火灾现场,及时开展灭火作业,并具备火场侦查功能,为消防指挥决策提供可靠依据。在实际应用中,如某省消防部门利用低空智联网部署了无人机联动灭火系统,在森林火灾时,仅用时30分钟就实现了火势控制,减少了1500亩的受损面积,并将人员伤亡降至零,展示了低空智联网在抢险救灾中的巨大潜力。

低空智联网还在巡查安全性方面发挥了重要作用,飞行器之间可以实现快速交换信息,提高了巡检效率和安全性。定期巡检巡逻任务中的车辆能够接收低空智联网提供的实时数据和导航路线建议,从而有效地规划高效的巡逻路线,减少了时间和资源的浪费。实际试验证明,某治安巡逻部门采用低空智联网后,巡逻覆盖率提升了25%,人员受伤率降低了20%。

低空智联网还接入了地面网络系统,从而与之形成了无缝协同的工作模式,为城市交通管理提供了巨大的助力。通过车辆和无人机之间的信息共享,交通管理部门可以实时获取路况信息,动态调整信号灯时序,优化道路通行效率,疏导拥堵,提高道路安全水平。低空智联网对无人机进行精准调度和指挥,能够实现低空空域内的交通流量监测与疏导,有效降低交通事故风险。某城市通过引入低空智联网,实现了交通管理的智能化,平均路网畅通程度提高了15%,交通拥堵情况减少10%,降低了因交通挤压导致的部门案件发生率。

低空智联网的在线数据处理技术有效促进了不同数据源的集成,形成大数据资源池,加速了智能决策过程,降低了信息不对称带来的风险。低空智联网能够整合各类多源信息,包括气象数据、交通数据和地理信息系统数据等,基于云计算和边缘计算平台,提供全局视角的信息服务。通过这些先进技术,低空智联网可以实现对复杂环境的快速响应,为决策者提供科学依据和有效支持。在实际案例中,某环保部门利用低空智联网构建了完整的环境监测网络,通过无人机实时采集的数据,能够及时定位污染源,并采取相应的治理措施。另外,在应急管理领域,低空智联网能够实现对突发事件进行快速监测和评估,提供预案生成和调度指挥,有效地提高了应急响应的效率和准确性。

在智慧物流领域,某大型电商企业上线了一项低空智联网的物流配送系统。通过低空无人机实时调度和路径优化,配以边缘计算平台的数据分析能力,使得货物配送时间降低了20%。例如,在繁忙的"双十一"购物节期间,低空无人机能够准时将订单从仓库运输到目的地,使得物流效率得到了显著提升。同时,通过低空智联网的即时监控和反馈机制,物流系统能够快速响应异常情况,如恶劣天气或突发事件,从而进一步保证了货物的安全性和准时性。

在智慧交通应用方面,深圳市率先采用了低空智联网技术,用以优化城市交通管理,减少拥堵和能耗。该城市部署了大量低空无人机和地面传感器,能够实时监控市内交通流量和路况,并将数据实时传输到中心平台进行分析处理。通过对特定区域的交通流量进行精准调控,可以实现车辆的动态分配和引导,避免了交通瓶颈的形成。同时,借助低空无人机进行高空监控与巡查,有效减少了交通事故和交通违规行为,进一步优化了城市交通环境。此外,该城市还利用低空智联网的应急响应机制,提高了道路安全和公共安全管理水平,显著提高了交通管理的效率和效果。

在智慧农业领域,利用低空智联网技术,通过低空无人机和地面传感器对农田进行环境监测,实现对土壤湿度、温度、光照、作物生长情况等多方面的精细化管理。低空无人机能够精准采集作物生长条件数据,并通过智能农业管理平台进行分析,生成实时的灌溉和施肥建议。此外还能够对种植区域进行定期巡查和病虫害防治指导,大幅提升了农业生产的自动化水平和经济效益。

此外,低空智联网还广泛应用于低空监控与生态监测领域。如在国家级自然保护区,通过部署大量低空无人机和地面传感器,可以不定时地对保护区内的生态环境和野生动物进行大规模高清图像采集。这些数据能够被传送到数据处理中心,通过智能图像识别技术和大数据分析算法,实现对保护区内的环境变化和动物行为实时监测。研究人员可以利用低空智联网获取的信息,对濒危物种进行生态研究,制定更加科学有效的保护措施。

在工业自动化方面,利用低空智联网技术开展工业生产过程中的精细化管理。通过低空智联网对生产线上的数据进行实时采集和处理,实现了对各个生产环节的全面监控。利用智能算法进行精细化管理,可调整生产线的节拍和生产节奏,确保生产的高效性和稳定性。

低空智联网技术在低空经济中的应用能够不断拓展,并与很多低空产业实现融合,并推动其他相关领域的发展。

第二节 | 无人机材料技术

无人机材料技术是指用于制造无人机的各种材料和技术的总称,包括材料选择、材料加工、材料性能等方面。它可以分为结构材料、功能材料、智能材料等类别。

结构材料,主要包括:碳纤维、铝合金、钛合金等材料,其特点是高强度、轻量化、耐腐蚀等,主要用于无人机外壳、机翼、发动机等关键部件。碳纤维复合材料广泛应用于无人机制造,占结构总质量的 $60\%\sim80\%$。功能材料,主要包括:电池、电机、传感器等部件,其特点是高效能、长寿命、高可靠性等。智能材料,包括形状记忆合金、自修复材料等,其特点是自适应、自修复等。

一、轻质高强度材料选择

在无人机材料选择过程中,轻质高强度材料因其卓越的性能和广泛的应用而备受青睐。从性能特点来看,这类材料能够显著降低无人机的重量,有助于提高飞行效率和延长续航时间,同时还能增强结构的刚性和稳定性。无人机的设计者需要综合考虑材料的强度、密度、成本、可加工性以及环境适应性等多方面因素,以确保其在实际飞行任务中的表现。

目前常用的轻质高强度材料主要有碳纤维复合材料、芳纶纤维、碳化硅基复合材料、高强度铝合金、钛合金、镁合金等。碳纤维复合材料因其高比强度和高比模量而成为无人机常用的材料之一。芳纶纤维则以其优异的机械性能和耐久性,在轻质高强度材料领域占据重要地位。碳化硅基复合材料具备极高的热稳定性和硬度,适用于高温和特殊环境下的无人机使用场景。高强度铝合金和钛合金应用于无人机,不仅能够减少自重,还能有效提高无人机结构的安全性和可靠性。镁合金以低密度、高比强度和优良的可加工性受到青睐,尤其适用于对重量和尺寸有严格要求的无人机。

无人机设计工程师在选择材料时,会根据具体应用场景和需求,权衡不同材料的优势和局限。例如,在追求低自重和高性能的场景中,设计工程师倾向于采用碳纤维复合材料和芳纶纤维;而对高强度、耐高温等有特定要求的区域或任务,则可能选择碳化硅基复合材料、钛合金或者镁合金。这种灵活的选择有助于实现最佳的性能与成本平衡。

除此之外,对于轻质高强度材料的加工工艺和组装工艺也有较高的要求。虽然这些材料具备良好的力学性能,但其加工过程复杂,需要专业设备和经验丰富的技术人员进行处理。因此,选择合适的加工设备和工艺流程至关重要。通过优化材料体系,合理利用资源,无人机制造商能够进一步提高产品竞争力,满足多样化需求。

二、材料的强度与刚度

材料强度与刚度之间的关系在无人机结构设计中具有重要意义。材料的强度是指其抵抗外力破坏的能力,其衡量标准主要为抗拉强度和抗压强度。而刚度则指的是材料在受力时抵抗变形的能力,其衡量标准则是弹性模量。材料科学研究表明,强度与刚度并不是正比关系,不同材料在展现高刚度的同时可能表现出低强度特性,反之亦然。因此,在选择无人机的关键部件材料时,必须综合考虑强度与刚度的关系。

高强度材料通常用于要求应力集中和冲击环境的区域,如起落架和舵面结构。这些区域在飞行状态下需要抵御较大的动态载荷和冲击力,高强度材料能够确保部件在承受这些载荷时具备足够的强度,以避免断裂失效。例如,钛合金在无人机起落架的应用中表现出卓越的强度特性,能够有效支撑高强度的起飞和降落过程中的动态载荷。

而刚度则是确保无人机结构稳定性和精确性的重要因素。在无人机的关键载重和受力部位,例如机翼、机身蒙皮以及结构承力件等,材料的刚度能够保持结构的形状和定位精度,抑制因载荷引起的变形。例如,碳纤维增强复合材料具有优异的刚度,尤其适用于需要高刚度和轻量化设计的无人机空气动力部件。使用碳纤维增强复合材料制造的无人机机翼,一方面能够获得与金属相比更高的刚度,同时还能显著减轻整体重量,进一步降低能源消耗和提高续航能力。

两者之间的平衡是实现无人机最优设计的关键。高强度材料虽然具备优秀的力学性能,但由于其较高的使用应力极限,可能增加重量并使成本优势不再明显;而刚度较高的材料虽然能够显著提高结构形式保持精度,但对于承受动态载荷的部件来说,可能由于疲劳性能较差而难以满足长期使用需求。因此,应根据具体应用需求选择合适的材料,以确保无人机整体性能的最优化。

在涵道风扇无人机及弹射发射无人机等机型的设计过程中,需要特别关注复合材料的强度与刚度性能。在此类场景下,材料不仅要在结构完整性方面表现出可靠柔韧的特性,还必须具备极高的刚度和良好的耐久性。例如,使用短纤维增强尼龙制造弹射发射架,其抗拉强度较高,适用于承受瞬时冲击载荷。此外,使用连续纤维增强树脂复合材料制造无人机涵道风扇叶片,则要在高刚度和轻量化之间找到平衡,以确保风扇运行时的效率和可靠性。

在无人机的其他关键部位,如机身蒙皮、气动尾翼以及起落架等,必须根据具体受力情况定制相应的复合材料以优化结构性能。通过合理选择、调整纤维和树脂的种类,以及调整铺层方向和厚度,可以实现特定部位的优化效果。例如,采用高性能碳纤维与环氧树脂复合材料制成的机身蒙皮,不仅具备出色的刚度和轻量化优势,还可以在特定区域集中提升局部强度,以应对复杂气动负载的要求。

综合考虑材料强度与刚度的关联性,设计工程师需在优化无人机整体性能的前提下,通过对材料的选择与加工工艺的优化,满足无人机特定应用场景的需求。

三、金属材料应用

金属材料因其优异的力学性能和易于加工的特点,在无人机的设计与制造中占据重要地位。这些材料可以根据不同的应用场景和需求进行选择,以满足无人机在结构强度、重量控制以及环境适应性等方面的要求。目前常见的金属材料包括不锈钢、铝合金、钛合金、镁合金等,它们在无人机的标准件、结构件和关键部件中广泛应用。

不锈钢,因其卓越的耐腐蚀性和强度,被广泛用于无人机的多种部件制造。根据所面临的腐蚀环境的不同,选择适当的不锈钢等级至关重要。304不锈钢具有良好的耐腐蚀性,适用于大多数常规环境。而316不锈钢则具备更高的抗腐蚀性能,在极端的湿热环境中表现出色。适用于某些特殊应用的高镍不锈钢在耐腐蚀性和耐磨性方面表现出色。

铝合金因其轻质性和高强度而成为无人机设计中的常用材料。其中,7075铝合金以其高比强度和良好的冷加工性能,成为支撑无人机结构的关键材料之一。尽管铝合金的质量较其他金属略重,但其显著降低的重量,对无人机来说具有决定性的优势。高强度铝合金也因此在提高飞行效率和响应性方面提供了重要支持。

钛合金是目前国际上极为先进的结构材料,以其高比强度、低密度以及优秀的耐腐蚀性和高温性能而闻名,适用于军用无人机和高性能民用无人机。具体而言,使用钛合金能够显著改善部件的减重性能,并在高温环境下保持良好的结构稳定性。然而,钛合金的成本相对较高,且其成型和加工难度较大,对加工设备和工艺有较高要求。

镁合金则以其低密度和高强度受到青睐,尤其适用于对重量控制极为严格的应用场景。例如,在对重量有严格要求的无人机中,镁合金是备选材料之一。镁合金在保证一定强度的同时,显著降低了无人机的重量,从而提升了飞行效率和续航能力。然而,镁合金的抗腐蚀性能较差,在高温和潮湿环境下容易发生腐蚀。

以上各种金属材料的应用需要综合考虑其特性与具体应用场景。例如,执行海上任务的无人机,其结构部件往往采用不锈钢或钛合金等耐腐蚀材料,从而确保其在潮湿海气环境中具有良好的抗侵蚀性能。对于要求重量较轻的无人机设计,则可能选用镁合金或轻质铝合金。

四、高分子材料应用

高分子材料在无人机材料科学中占有重要地位,其轻质性、耐候性、成本效益和设计灵活性为其在无人机结构中的应用带来了显著优势。高分子材料的分子结构使其能够通过调整树脂类型和纤维种类,形成具有特定性能的复合结构。这些特性使得高分子材料在无人机设计中成为理想选择,特别是在减轻重量、提高可靠性以及降低成本方面。

轻量化设计是高分子材料的关键优势之一。通过精确选择树脂和增强纤维制成的复合材料,不仅能够实现极高的比强度和比模量,还能够显著减轻无人机的重量。特别是在对重量控制严格的场景中,如长航时、多任务执行的无人机,减轻重量对于提高续航能力和降低机动能耗至关重要。例如,在电动无人机机翼和机身蒙皮中,使用高分子复合材料可以显著减轻重量,从而提升整体性能。

耐候性是高分子材料的另一个重要特性。随着无人机在不同环境条件下执行任务,材料的耐候性成为保障其可靠性的关键因素。虽然一些常用树脂和纤维在潮湿或腐蚀性环境中可能显示出一定的性能下降,不过通过适当的改性和处理,高分子材料还是能够显著提升耐候性。例如,在沿海或有腐蚀性介质环境中执行飞行任务的无人机上,采用耐候型环氧树脂和某些高性能纤维,可有效提升无人机部件的耐腐蚀性和在极端环境中的适应能力。

高分子材料的设计灵活性也是其优势之一。设计人员可以依据具体需求,通过调整树脂类型、纤维种类和铺层角度来定制具有特定力学性能和表面特性的复合材料构件。这种高度的柔性和适应性能够使高分子材料在多种应用场景中发挥重要作用。例如,在某些冗余度要求高的系统中,通过不同的铺层设计,可以平衡重量和强度,提高系统的可靠性和安全性。再如,在高性能民用无人机的机尾舵面部件中,高分子材料能够根据实际工况和环境条件定制特定的结构,从而优化无人机整体性能。

从成本效益的角度来看,尽管高分子材料产业的初期制造成本可能较高,但考虑到其优化的性能和较长的使用寿命,这些材料在无人机的长期使用过程中表现出较高的经济性。例如,复合材料在长航时无人机和军用无人机等高价值任务中的应用正逐渐增多,这不仅提升了任务执行效率,还降低了整体维护成本。此外,随着技术进步和制造规模的扩大,复合材料的成本效益将有望进一步提升。

适应现有制造工艺是高分子材料应用的另一个关键考量。现代制造技术,如湿法手糊树脂成型工艺、喷射成型工艺和热压罐成型工艺都可应用于高分子材料复合结构的制备,且能够确保材料在加工过程中保持其固有的性能优势。例如,通过采用高质量的加工设备和精密控制程序,能够实现复合材料承压件的一致性和可靠性,并降低成品的缺陷率。此外,对于需要进行大规模生产的无人机型号,模块化和标准化设计将显著提升生产线的效率并降低生产成本。

五、超轻碳纤维材料应用

超轻碳纤维材料在无人机材料技术中占据重要地位。碳纤维材料具备强度高、密度低、耐腐蚀和抗疲劳等优点,这些特性使得它成为无人机设计中的理想选择。碳纤维材料的比重只有钢的1/4,这对追求轻量化设计的无人机至关重要。其高强度则能够满足无人机在极端飞行条件下的要求,而良好的耐腐蚀性和抗疲劳性能有助于确保材料的长期稳定性和使用寿命。基于这些特性,无人机在采用碳纤维作为主要结构材料后,能够显著减轻整体重量,提高飞行效率,缩短安装时间,增强整体结构的刚性和承载能力。

超轻碳纤维材料通过独特的分子结构和高性能树脂基体复合而成。由于碳纤维的密度极低,其作为主体构件和结构部件能够极大地减小无人机的结构质量,从而使得无人机的整体性能得以优化。结合先进的加工和制造工艺,通过精确控制碳纤维的含量和排列方式,可以进一步调整材料的密度和力学性能,满足不同应用场景的特殊要求。超轻碳纤维材料的应用为无人机设计提供了广泛的可能性,特别是在需要克服重量限制、提高飞行性能和散热效率的场合。

在实际应用中,超轻碳纤维材料被广泛应用于无人机的关键结构部件,如翼尖传感器安装点、起落架、机身蒙皮和发动机支架等。以翼尖传感器安装点为例,该部位需承受动态载荷并保持高精度的机械性能,因此选用碳纤维复合材料能够显著降低重量并提高整体强度。而对于起落架和发动机支架,碳纤维材料的应用不仅减轻了结构重量,还提高了这些关键部件的抗冲击和抗疲劳性能,延长了使用寿命。机身蒙皮的部分应用也显示出了超轻碳纤维材料在提高结构刚性方面的优势,这有助于提升机体的气动效率和飞行稳定性。

未来,随着材料科学和加工技术的进步,超轻碳纤维材料在无人机设计和制造中的应用将更加广泛。通过更多元化和精细化的材料选择与加工方法,无人机可以进一步实现轻量化和高效化。此外,在碳纤维制造和回收利用方面的技术创新,也将进一步减少成本,并推动整个行业的可持续发展。因此,超轻碳纤维材料正逐步成为引领未来无人机设计和技术革新的关键材料之一,其在航空领域的应用前景值得期待。

第三节 | 无人机控制技术

一、无人机控制系统的组成

导航定位模块通过 GPS(全球定位系统)、GLONASS(全球导航卫星系统)、北斗导航系统以及地基增强系统等实现无人机的精确定位和导航。该模块利用全球卫星定位数据,确定无人机的地理位置、速度和时间。GPS 接收机通过接收全球卫星信号,采集目标位置信息。此外,地基增强系统弥补了 GPS 信号在城市等复杂环境中的覆盖不足,提供了更准确的位置校正信息。通过将基于 GPS 及地基增强系统的定位数据与无人机自身的传感器数据综合,实现 3D 定位,精度可达厘米级别。此类精密定位数据经由导航算法处理,形成无人机的飞行路径,支持航点跟随、航线规划等功能,确保无人机能准确地执行预定任务。同时,导航定位模块还能规划并提供避障路径,规避其他飞行器或障碍物。

通信模块是确保无人机与地面站间实时传输数据的关键。通信模块通常包含基带处理单元、射频前端和天线组件,其中基带处理单元负责用户数据的加解密与编码调制,射频前端负责信号的滤波、放大和调制解调,天线组件种类繁多,包括垂直极化天线、水平极化天线、定向天线、全向天线等,它们用于实现地面站与无人机间的数据传输。目前,多数商用无人机采用的是 4G、5G 及专业级低频段等通信技术,确保高速、稳定、低延迟的传输。传统上,2.4GHz 的 Wi-Fi 和 5.8GHz 的 Wi-Fi 频段,提供充足的频谱资源和较高的传输速率,并且能够支持大量用户设备同时接入。此外,短波/超短波通信技术,如常用于低空和区域内的中继网,提供更远的传输距离,适应特定的技术应用场景。对于需要长期无断网通信的场合,则采用卫星通信,利用低地球轨道(LEO)或中地球轨道(MEO)卫星,实现无人机与地面站间的信息传递。

地面站控制模块作为操作人员与无人机互动的界面,提供了用户友好的图形用户界面,允许用户设置飞行参数、加载任务规划、监控无人机状态并接收实时数据。具体来说,地面站控制模块包括硬件设备和软件系统两部分。硬件设备如计算机、显示器、数据手套等,软件系统则包含飞行监控软件、任务规划软件、飞行器管理系统及无人机地面站控制软件。飞行监控软件能够实时显示无人机的姿态信息、位置信息、航迹信息和健康状态,任务规划软件允许用户依据行业需求和无人机特点规划飞行任务,飞行器管理系统则管理着无人机的数据下载、飞行控制策略验证、日志记录与飞行安全检查功能。地面站还能与其他系统协同工作,例如与自动化设备集成,从而在无人机完成特定任务后自动返回。在此基础上,地面站控制模块还具有一系列高级功能,比如虚拟现实和增强现实功能,可实现三维视图展示、飞行器周围环境的三维建模、无人机飞行历史的充分展示等。这些功能不仅提高了工作的便捷性和效率,也增强了无人机操作的安全性。对于大型的无人机场,则需要增加飞行器聚合管理功能,实现多架无人机的并行控制和调度,以实现更加高效的飞行任务管理。

二、无人机飞行控制算法

飞行控制算法是无人机控制的核心技术之一,其主要功能是根据传感器反馈和任务要求,实时调整无人机的姿态和飞行路径,从而实现精确控制。飞行控制算法主要分为 PID 控制、自适应控制和模型预测控制等类型。

PID 控制是一种传统的反馈控制方法,通过比例、积分、微分三个环节的组合,可以有效改善系统动态特性和稳态特性。PID 控制器能够根据设定的目标参数和当前检测到的状态参数,计算出需要调整的控制量,进而实时调整无人机的姿态和速度。PID 控制算法简单易懂,具有良好的稳态精度和动态响应特性,主要应用于各类型无人机的姿态稳定控制中。然而,PID 控制对于参数调整比较敏感,且在非线性系统或外部干扰存在的情况下,可能会出现控制性能不理想的问题。

自适应控制是一种能够在线调整控制器参数的控制方法。自适应控制算法通过监测无人机系统的输出信息,不断估计系统模型或参数,并调整控制器参数以适应系统的动态变化。自适应控制方法可以实现更广泛的控制范围,更好地适应系统不确定性,能够提供更加复杂的控制功能。在无人机的飞行控制中,自适应控制算法常用于实现对无人机飞行轨迹的实时调整和优化。然而,自适应控制算法设计较为复杂,且在实际控制中往往对算法的实时性和稳定性要求较高。

模型预测控制是一种基于模型优化的先进控制方法。模型预测控制算法利用系统模型预测未来一段时间内的系统输出,并根据预测的结果调整当前时刻的控制量,从而实现对系统的高效控制。模型预测控制适用于具有非线性系统特性和复杂约束条件下无人机的飞行控制。通过预测无人机未来的飞行状态和性能指标,模型预测控制算法能够实现对系统更精确和稳定的控制。模型预测控制设计也比较复杂,需要准确的系统模型和高精度的实时数据采集,同时对计算资源也有较高的需求。

在实际应用中,上述飞行控制算法可以单独或组合使用,根据无人机的具体任务需求和控制系统的性能指标进行定制化设计。例如,在某些应用场景下,可以采用 PID 控制算法并结合自适应控制算法,利用 PID 控制实现线性优化控制,再通过自适应算法提高系统的鲁棒性和稳定性。又如,在某些非线性系统中,可以采用模型预测控制算法,通过精确预测系统未来状态,实现实时调整控制策略。

三、传感器在无人机控制中的应用

传感器在无人机控制中扮演着至关重要的角色,它们通过测量和反馈无人机的各种状态参数,确保无人机能够实现精确稳定的姿态控制、位置跟踪和导航。惯性测量单元(IMU)、气压计、全球定位系统(GPS)等不同类型传感器的协同工作,构成了无人机控制系统的感知基础。

惯性测量单元(IMU)是一种运动传感设备,能够测量无人机的姿态角(滚转角、俯仰角和偏航角)以及角速度。IMU 通过搭载的加速度计和陀螺仪等敏感元件,实时识别并记录无人机的角度变化。IMU 数据作为飞行控制算法的核心输入之一,能够在传感器融合算法中与其他传感器数据进行整合,进一步提升系统的稳定性和鲁棒性。甚至,某些先进的无人机采用多传感器冗余配置,其中 IMU 与磁力计联合使用,磁力计修正 IMU 的偏差,从而实现更高的姿态精度。

气压计是一种测量高度的传感器。其通过测量气压变化来获取海拔信息,提供准确的垂直位置数据。在无人机自动驾驶过程中,气压计与 GPS 协同工作,能够实现垂直位置的确定,并且相比于 GPS,气压计受地形遮挡等影响较小,使得高度测量更加稳定和可靠。特别是在低高度飞行和地形复杂的环境中,气压计成为不可或缺的选择。

全球定位系统(GPS)能够提供精确的三维位置信息。通过接收轨道上的卫星信号,GPS 计算出无人机的地理坐标(经度、纬度和高度)信息。GPS 配合 IMU 和气压计,形成了三种高度数据互补的测量系统,进一步增强了定位精度和鲁棒性。在无人机执行高精度任务时,如测绘、农业无人机喷洒农药等,精准的经纬度定位至关重要,这要求 GPS 信号覆盖范围广、更新频率高。因此,一些高端无人机会采用双频(L1 和 L5)或其他多频段 GPS 接收器来提升抗干扰性能及定位精度。

这些传感器不仅在实现稳定飞行控制上发挥关键作用,还紧密服务于无人机自动驾驶任务的规划与执行。飞行控制器通过综合分析各传感器提供的数据,实时调整无人机的姿态角和导航参数,确保无人机按照预定轨迹进行精确悬停、飞行或紧急避障等动作。基于传感器反馈的精确飞行控制不仅提升了无人机执行任务的效率,也增加了飞行的安全性。例如,GPS与IMU的融合可用于精确跟踪无人机航迹,减少漂移误差;气压计与气流传感器结合可以实现精确垂直稳定控制,确保低高度飞行时的平稳。

除了基础的导航功能外,传感器数据还能提供无人机的状态评估,诸如表征气象条件的气象传感器、检测环境变化的环境传感器。气象传感器如同风速、温湿度、气压传感器等,它们能够提供飞机外部的环境参数,帮助研判飞行环境对无人机飞行性能的影响。这些参数对无人机着陆和起飞的选择具有重要意义,并有助于规避恶劣天气条件。环境传感器能够检测无人机飞行区域的环境因素,如接近障碍物的距离、作物生长状况(对于农业无人机)等,为调整无人机飞行策略提供依据。环境传感器方面的革新很可能包括避免碰撞的技术升级,以及实现更精细农作的技术发展。

为了保证无人机能够依据传感器反馈并做出恰当的飞行决策,在某些高端无人机平台上运用先进的传感器融合算法尤为关键。传感器融合是一种将多个传感器数据融合的技术,能够剔除单一传感器可能存在的误差或异常值,提升整体系统的可靠性和精度。基于传感器融合的算法通常包含数据预处理、传感器模型校正以及滤波融合等步骤。通过传感器融合,可以为无人机控制算法提供更加准确和全面的状态信息,进而实现更高效、安全的飞行控制。

四、遥控控制与自动控制的区别

遥控控制依赖于操作员的实时干预,而自动控制则通过预设的程序或算法实现自主飞行。两者之间存在着诸多差异。在遥控控制中,操作员负责实时操控无人机,监控飞行参数数据,根据实际飞行环境进行调整,以实现飞行目标。而自动控制则是基于预设的程序或算法,由飞行控制器结合传感器数据进行自动决策和调整,无需操作员实时干预。遥控控制的优势在于操作员可以直接响应突发状况和复杂变化,确保飞行任务的安全性和灵活性。而在自动控制方面,随着飞行控制算法和传感器技术的进步,已能够在一定程度上应对复杂的飞行环境,实现稳定可控的飞行。

在适用场景上,遥控控制适用于执行需要快速响应的紧急任务,例如紧急救援、搜救等。操作员凭借专业技能和经验能够迅速调整飞行策略,应对突发状况,保障任务执行的安全。然而,遥控控制同样受到操作员能力和环境的限制,一旦遇到复杂或极端的飞行环境,例如较强风力、复杂地形等,操作员的决策空间和稳定性会受到影响。在飞行任务执行过程中,操作员需要长时间保持高度集中,对身体和心理素质提出了较高要求。

自动控制适用于执行任务固定、重复性高，且具有复杂约束条件的飞行任务，如测绘、农业喷洒等。利用预设程序和高度发展的飞行控制算法，无人机能够实现稳定、精确飞行，根据任务需要自主调整飞行姿态、高度和速度。自动控制算法通过预测无人机未来的状态和性能指标，结合实时传感器数据进行决策，从而实现对未知环境的高度适应。自动控制同样存在局限性，例如，在突发状况下，飞行控制器可能难以在短时间内做出准确判断和调整，且在应对复杂未知环境时，仍需传感器和相应技术的支持。

遥控控制和自动控制各有优缺点。遥控控制不仅能够在复杂或极端环境中实现快速响应，还能有效提升操作安全性，但其对操作员的专业技能和精力要求较高。相比之下，自动控制借助先进的飞行控制技术与算法，能够实现高效、稳定的飞行，其优点在于节省人力资源，增强飞行安全性，但需更多依赖精确的数据采集和计算资源。

近年来，随着无人机技术的不断进步，遥控控制与自动控制的界限逐渐模糊，二者结合成为可能。例如，通过将无人机控制融入智能交通管理系统，实现全局协调控制；通过应用基于实时传感数据的智能预测算法，提高自动控制的灵活性和可靠性。通过对飞行控制算法的不断优化和传感器技术的创新，无人机会更容易应对更复杂的飞行场景，展现更强大的适应性和可控性。

五、自动化与智能化趋势

无人机控制技术在自动化与智能化领域取得了显著进步。当前，无人机控制系统通过集成先进的传感器和算法，实现了更加高效和精确的飞行控制。一种典型的提升措施是利用高精度惯性测量单元（IMU）和全球定位系统（GPS）的数据，结合卡尔曼滤波器，实现对无人机姿态的实时精确估计。这使得无人机能够在复杂的环境中准确保持航向和姿态，特别是在低空飞行和多变的气象条件下表现出色。此外，利用机器学习算法进行路径规划和模式识别，能够显著提升无人机的导航精确度和飞行效率。自适应控制器和模型预测控制技术的融合，使得无人机能够在动态变化的飞行环境中，实时调整飞行姿态，更好地适应任务需求。比如，在货物运输任务中，按照预定路径同时考虑地面动态情况，通过自适应控制器对飞行姿态进行动态调整，确保无人机能够安全、高效地完成任务。

人工智能技术在无人机控制系统中的应用也在不断拓展，涵盖了从路径规划到自主避障，再到目标识别等多个方面。在路径规划方面，通过机器学习算法进行全局路径规划,无人机能够在多种复杂环境中找到最优路径。会优先考虑避开障碍物和复杂地理特征,从而确保飞行安全。自适应控制器能够在飞行过程中根据实际需求动态调整飞行姿态,进一步优化路径。在自主避障方面,视觉传感器和深度学习算法的结合,使无人机能够实时检测并避开障碍物。通过学习不同环境下的避障模式,无人机能够在没有人工干预的情况下,安全完成任务。在目标识别方面,通过使用深度学习模型进行目标检测和分类,无人机能够准确识别地面目标,如实现有效的货物运输和精准的农业喷洒。这种情况下,视觉传感器和深度学习算法的协作,大幅提升了无人机操作的智能化水平。

六、高精度定位技术

高精度定位技术的发展对于无人机控制系统而言至关重要。随着时间的推移,定位技术经历了诸多变革,从最初的以单传感器为基础的定位方法,到现今融合多种传感器信息的综合定位方法,这些技术进步极大提升了无人机在复杂环境下的导航能力。

首先,单传感器定位技术在早期占据了主导地位。其中,全球定位系统(GPS)自推出以来,以其广泛的覆盖范围和高精度吸引众多关注。通过接收卫星信号,GPS 能够提供精确的位置信息,为无人机的定位和导航奠定了基础。然而,GPS 也存在明显局限性,特别是在动态障碍物密集的城市地区或是卫星信号受干扰的环境下,其定位精度会大幅下降。

为了弥补单传感器定位技术的不足,多传感器融合技术逐渐被引入到无人机控制系统中。例如,通过将 IMU 和 GPS 的数据进行融合,可以实现高精度的姿态估计和导航定位。这种融合方法不仅提高了无人机的导航精度,还增强了其在复杂环境下的鲁棒性。通过卡尔曼滤波器等算法,多传感器数据能够被有效利用,以减轻噪声干扰,提高数据的可信度。

随着无人机应用场景的扩展,对定位精度的要求也越来越高。视觉传感器在高精度定位中发挥了重要作用。视觉传感器(如相机)和深度传感器能够捕捉环境图像,为无人机提供视觉导航和障碍物检测的数据。通过建立环境地图和姿态估计,视觉传感器与多传感器融合技术结合,能够实现精确的自主导航。在农业无人机喷洒任务中,利用视觉传感器实时检测作物行间距和高度,可以确保作业任务的顺利进行,并提高农药喷洒的精确度。

此外,高精度定位技术在无人机控制领域的应用越来越广泛。例如,在大规模城市搜索与救援行动中,多架无人机组成的编队可以通过传感器融合技术实现协同飞行,从而提高整体搜索效率和应急响应能力。多传感器数据融合机制能够实现多架无人机之间的信息共享与协调,使得复杂环境下的无人机编队飞行成为可能。通过实时共享多架无人机位置、姿态和速度等关键信息,可以有效避免空中碰撞,提高任务执行效率。

尽管高精度定位技术取得了显著进展,但仍面临诸多挑战。首先,多传感器数据的融合技术需要不断优化,以进一步提升系统性能。其次,复杂环境中的信号干扰和延迟问题需要得到解决,确保无人机能够在各种情况下保持高精度定位。此外,需要开发更为先进的算法,以提高数据处理速度和鲁棒性。

七、多传感器融合技术

多传感器融合技术在无人机控制中的应用不断拓展,提高了无人机的感知精度和环境适应性。多传感器融合的基本概念在于通过结合来自不同类型的传感器数据,获得更加全面和精确的环境信息。多传感器融合技术利用了各种传感器的优势,互补不足,增强了无人机在复杂环境中的航行能力。

加权平均法是多传感器融合中的一种基本方法,它通过计算不同传感器数据的加权平均值,以获得更加准确的估计。加权平均法的主要优点在于简便易行,适用于大多数传感器数据的融合。然而,加权平均法的主要缺点是,当传感器之间数据关联性差时,其融合效果较差,无法有效克服个别传感器的局限性。

贝叶斯滤波器作为一种重要的多传感器融合算法,广泛应用于无人机控制系统中。贝叶斯滤波器根据贝叶斯定理,通过递归估计系统状态,融合来自各种传感器的信息。贝叶斯滤波器能够实现在线估计,并在一定程度上解决了数据关联性差的问题。然而,贝叶斯滤波器计算复杂度较高,且需要大量的计算资源,从而可能影响实时性能。

粒子滤波器作为一种高效的递归估计方法,近年来也逐渐应用于无人机控制系统。粒子滤波器通过构建状态空间的粒子分布来估计系统状态,具有较好的鲁棒性。与贝叶斯滤波器相比,粒子滤波器在计算复杂度和实时性方面更具优势,尤其适用于非线性系统和动态环境。然而,粒子滤波器在某些情况下存在粒子退化的问题,导致估计精度下降。

除了以上几种常见的多传感器融合算法,还有一些新兴的方法,如卡尔曼滤波器和鲁棒估计方法等,也被应用于无人机控制系统中。卡尔曼滤波器基于线性动态系统和高斯噪声模型,通过递推滤波,实现状态估计。其优点在于计算复杂度较低,适合实时应用,但其有效性依赖于系统的线性假设和高斯噪声模型。鲁棒估计方法则通过引入鲁棒准则,提高了估计结果的鲁棒性,但这些方法的计算复杂度较高,并且可能影响实时性。

多传感器融合技术为无人机控制系统带来了诸多优势。结合不同传感器的数据,可以实现对无人机周围环境和自身状态的更全面感知,提高了任务完成的效率和安全性。无人机在地面动态情况下的飞行姿态,可以得到动态调整以优化飞行路径,从而确保安全高效地完成任务。然而,多传感器融合技术也面临诸多挑战,包括数据融合的实时性、鲁棒性和高效性等方面。

在实时性方面,多传感器数据融合过程中需要快速处理大量数据,以实现系统的实时响应。然而,传统的融合算法往往无法满足实时处理的需求,需要通过优化算法和硬件加速等方式提高实时性能。在鲁棒性方面,当部分传感器失效或存在噪声干扰时,单一传感器的性能可能大幅度降低。为了提高系统的鲁棒性,需要利用数据融合技术,使多个传感器互相辅助,从而提升整体系统的稳定性和可靠性。同时,高效性也是多传感器融合技术需要解决的一个难题,涉及如何在复杂环境中高效地实时处理和融合大量传感器数据,以确保系统的准确性和鲁棒性。

八、新能源在无人机控制中的应用

随着无人机技术的不断发展,新能源在无人机控制领域的应用成为研究热点。其中,太阳能和氢能源作为两种清洁能源,被越来越多地应用于无人机的设计和操作中,旨在提高无人机的续航能力和环保性能。太阳能无人机通常通过机载太阳能电池板将光能转化为电能,储存在电池中供电机使用。其优势在于能够在日照充足的环境下使无人机长时间飞行,实现低能耗作业,减少对地面供电的依赖。此外,结合先进的储能技术,如叠层电池等高效能蓄电池的应用,可进一步延长无人机飞行时间。氢能源无人机则通过氢燃料电池将氢气和氧气反应产生的电能驱动无人机。氢燃料电池无需充电和燃烧,可以直接产生电能,这使得氢能源无人机的能量利用效率更高,同等容量的燃料可以提供更长的续航时间。同时,氢气的储存和运输相对安全便捷,进一步降低了运营成本。

然而,这两种新能源在无人机中的应用也面临着一系列挑战。太阳能无人机在夜间或阴雨天气中会面临白天储能电量不足的问题,需要依赖地面电源进行充电。此外,尽管目前燃料电池技术取得了显著的进展,但其体积较大且制造成本较高,限制了其在小型无人机上的应用。氢能源无人机必须要解决氢气的储存问题,由于氢气的易燃性和易挥发性,如何确保氢气瓶的安全成为一大难题。氢气的储存装置通常为金属内胆纤维缠绕的高压储气瓶,但储气瓶的制造技术相对复杂,成本高昂,且氢气的运输和加注环节也存在高温高压的要求,增加了运输和维护的复杂程度。另外,这两者都需要高效的能源管理系统来优化能源的使用,以确保系统在复杂环境下的稳定运行,这将进一步增加无人机的系统复杂度和成本。

对于太阳能无人机,用于高效能电池的研究一直是该领域的重要方向。叠层电池由多层不同材料制成,如 Si(硅)、C(碳)、GaAs(砷化镓)和硫化镉等,具有更高的转换效率,可将光能转化为电能,从而大幅提升太阳能利用效率。此外,设计师还尝试将电池与太阳能电池板结合使用,提高综合能源转换效率,甚至利用有机太阳能电池开展地面充电,为无人机提供持续动力,从而确保其长时间飞行。对于氢能源无人机,重点则在于氢气储存技术的研发,金属材料储氢技术成为主流研究方向。一般来说,合金具有较低的成本和良好的安全性,但其储氢密度相对较低,无法满足无人机长时间飞行的需求。因此,开发储氢密度更高的新型合金成为研究热点。铁基催化剂作为一种新型材料,具有储氢容量大和成本低廉的特点,目前已广泛应用于实验室研究中。提高氢气储存容量不仅需要优化储氢合金的材料体系,还需在储氢过程中研究催化剂的诱导机制,以增强氢分子的吸附能力,进而提高储氢密度。此外,低温氢气储运技术也被积极研究。氢气在低温下具有更高的储存密度,安全性也相对较高。新型材料的开发不仅可以改善氢气的储存性能,还能降低储存成本,提高安全性。

九、无人机故障诊断与维护

无人机系统故障诊断与维护需求不断增加,准确而及时的故障诊断与维护对于保障无人机系统的稳定运行具有重要意义。当前主流的故障诊断方法主要包括基于传感器数据的实时监测、基于模型的预测维护以及基于人工智能的故障识别。

基于传感器数据的实时监测在无人机运行过程中起到了重要作用。通过内部和外部传感器的数据收集,可以实时监测无人机的关键参数,如电池电压、飞行状态、任务状态等。一旦参数超出预定范围,系统会立即发出警报,通知地面控制中心,及时采取预防措施。传感器数据能够实时反映无人机的运行状况,有助于早期发现潜在故障,从而减少系统运行中的不稳定性。

基于模型的预测维护技术旨在通过数学模型和历史数据预测无人机可能发生的故障。利用历史运行数据,建立模型计算异常值,预测未来的故障。该方法能够提前发现潜在的故障行为,实现预先维护,大大降低了无人机系统因突发故障中断运行的概率。与实时监测相比,预测维护更侧重于预防性维护,通过识别运行趋势进行预测,确保系统在维护干预前保持最佳状态。

基于人工智能的故障识别技术是近年来无人机故障诊断领域的创新发展。通过深度学习等算法,在大量数据样本中训练诊断模型,可以准确识别无人机各种类型的故障。这种基于机器学习的方法能够处理复杂的故障模式,并具有较强的泛化能力,能够在数据和信息大量增加的情况下提高诊断准确度。使用深度学习技术进行故障诊断,可以基于传感器数据和运行参数,对其进行多维度分析,智能识别故障类型及其可能的原因,进而采取精确的维护措施。

无人机在运行过程中可能遇到的故障类型多样,具体包括机械故障、电气故障和软件故障。机械故障可能源于无人机的机械结构和运动部件,如电机故障、螺旋桨故障等;电气故障则可能涉及电池、传感器、导航系统等电气元件;软件故障则涵盖了飞行控制软件、任务计划软件等软件程序错误。针对不同的故障类型,采取不同的维护策略和技术至关重要。

对于机械故障,通过定期检查和维护关键部件,确保其正常工作。使用高质量的感应设备,监测机械负载和温度等状况,及时发现并解决潜在的机械问题。采取定期润滑、更换磨损部件等维护措施,降低机械故障发生的概率。

电气故障的预防和维护依赖于定期的电气测试和检查。使用专业工具进行电气系统的通电测试,检查线路连接和电气元件是否正常。通过定期更换电池和传感器等易损件,确保电气系统的稳定运行。同时,对于导航系统等复杂的电气设备,应进行专业维护与检修,保证其正常工作。

软件故障的诊断与维护需要依据具体软件问题进行,通常通过数据日志分析来定位问题。定期对飞行控制参数进行校验,确保软件运行逻辑正确无误。针对可能的软件漏洞,及时更新固件或软件版本,进行定期的软件维护。此外,对错误日志进行分析,确定故障原因后实施修复措施,保障系统的软件质量。

第四节 | 无人机动力技术

无人机的组成是由动力系统、飞控系统、收发信号传输系统、机架、机身稳定系统、GPS等几个方面组成的。电机,一般与螺旋桨搭配成为无人机的发动机,而电机和螺旋桨又分很多种,不同的电机需要搭配不同的螺旋桨以达到动力最优。电机俗称"马达",是无人机的动力来源,无人机通过改变电机的转速来改变自身的飞行状态,即改变每个电机的速度,使得无人机能够盘旋在空中、上升或下降,或向各个方向移动。

电机又分为"无刷电机"和"有刷电机"。无刷电机是采用半导体开关器件来实现电子换向,具有可靠性高、无换向火花、机械噪声低等优点,能够用在体型较大、载重较大的飞行器之上,现在市面上的大部分无人机使用的是无刷电机,用途广泛。有刷电机是内含电刷装置的将电能转换成机械能(电动机)或将机械能转换成电能(发电机)的旋转电机。有刷电机是早期电机的一种,它具有启动快、制动及时、可在大范围内平滑地调速、控制电路相对简单等特点。

电机产品的型号通常包括多个参数,其中 KV 值是一个重要指标。例如型号2312KV960,"23"代表电机的外转子直径 23 毫米,"12"代表转子的高度为 12 毫米,"KV960"代表电压每增加 1V 则电机的实际转速增加 960R/MIN。

很多人以为高 KV 的电机加大螺旋桨一定很够力,其实并不是如此。

因为高 KV 的电机相对同级别低 KV 电机来说,转速高但扭力小,螺旋桨越大,升力越大,但对应需要更大的力量来驱动;电机的 KV 越小,转动力量就越大,螺旋桨转速越高,升力越大。综上,大螺旋桨就需要用低 KV 电机,反之,则需要高 KV 电机。如果高 KV 电机加大螺旋桨,要么根本不能正常运转,要么螺旋桨转速不够,无人机不能离地,会使电机过烫而烧毁,引发飞行事故。

无人机油转电,是指通过发动机向发电机输出动能,再将动能转换成电能,为机载动力组及中央控制单元等供电的过程。这种技术通常用于油电混动无人机,目的是延长无人机的续航时间和提高载重能力。在油转电六旋翼型无人机中,发动机和发电机通过减震机构安装在无人机本体上,发动机出轴通过联轴器与发电机出轴相连。备用电池组也安装在无人机本体内,以确保在发动机熄火的情况下有足够的电力供无人机返航降落。此外,电源转换模块自动将发电机输出的主电源转换为无人机控制器所需的电源,简化了控制方式。

一、电动机驱动系统

电动机是无人机的关键组成部分之一,其驱动机制通过将电能转换为机械能,实现无人机的移动与操纵。电动机的基本结构包括定子和转子,定子固定,转子则能够旋转。在电动机工作过程中,定子中的永磁体或电磁线圈产生磁场,而转子中的电流通过转子内的绕线产生相似的磁场,两个磁场相互作用,驱动转子旋转。根据工作原理的不同,电动机主要分为直流电动机、三相同步电动机和三相异步电动机。

直流电动机结构简单,易于维护,广泛应用于小型无人机。其转速可以通过调节供电电压实现无级调速,具有高效率和高可靠性。在长时间运行场景下,直流电动机通常搭配高效率电刷以提高使用寿命和运行稳定性。

三相同步电动机主要应用于结构复杂的大型无人机,具有高转矩、高效率的特点。三相同步电动机的定子绕组产生的磁场同步于转子旋转,因此在任何转速下都能保持同步运行。而三相异步电动机,则是一种转子转速小于旋转磁场转速的电动机,由于其转子转速受限,故常见于对速度稳定性要求不那么高的应用场景。三相异步电动机的优势在于其结构简单、成本较低,且具有较高的启动转矩和承载能力。

电动机的工作性能参数主要包括额定电压、额定电流、额定功率和额定转速。额定电压是指电动机正常工作时,电动机组件两端的额定工作电压。额定电流则是指在额定电压下,电动机两端接通额定负载时的电流值。额定功率反映了电动机输出力矩与转速之积,它衡量的是电动机单位时间内可以输出的机械功率,而额定转速则是指电动机在额定工作情况下能够达到的稳定转速。

选择合适的电动机对于优化无人机的整体性能至关重要。高性能电动机的选择需要综合考量载重能力、续航时间、续航距离和灵敏度等因素,从而确保无人机的高效和可靠。在载重和续航方面,高性能电动机会采用优化的线圈结构,以提高能量转换效率,进而延长续航时间和增加飞行距离。此外,拥有高转速的电动机可通过提升旋翼旋转速度,实现更高效的能量转换,提高气动力和飞行性能。灵敏度方面,高性能电动机会采用符合航空级别标准的调节机制,确保无人机的飞控系统能够快速响应,提升飞行的稳定性和安全性。

优化无人机电动机驱动系统的设计和优化策略主要包括电动机的整体布局设计,电动机冷却系统设计和电磁干扰抑制等方面。合理的电动机布局可以优化机械结构,提高无人机整体协调性和效率。电动机的冷却系统设计对提高电动机工作效率、延长使用寿命具有重要作用。电动机发热导致的温度升高会引发电动机效率下降,甚至损坏电动机,因此,合理设计电动机的散热效果是降低电动机温度的关键。而电磁干扰抑制则是保证飞行安全的重要步骤,通过优化电路设计、屏蔽和滤波等技术手段来降低电磁干扰对飞行控制系统和电动机等电子元件的影响。

总而言之,电动机驱动系统是无人机能量转换与动力输出的核心环节,其工作性能直接关系到无人机的飞行性能与可靠性。根据无人机的应用场景选择合适的电动机,在设计和优化过程中注重整体布局、冷却系统及电磁干扰抑制等关键环节,以实现高效、稳定运行。未来,电动机技术将持续创新发展,为无人机提供更多可能性,推动无人机技术迈向更高水平。

二、内燃机动力系统

内燃机系统是无人机动力技术中的一个重要组成部分,其功能在于将燃料化学能高效转换为机械能,为无人机提供飞行所需的推动力。使用燃油内燃机动力技术的无人机,动力强劲,携带燃油量决定续航时间。内燃机系统主要包括燃料供应系统、燃烧室设计、排气系统等关键部分。通过了解内燃机的基本结构和工作原理,可以更好地理解其在无人机动力技术中的应用与优势。

内燃机的结构主要包括汽缸、活塞、连杆和曲轴四大部件。汽缸是燃烧的空间,活塞在汽缸内上下运动,并通过连杆将活塞的直线运动转化为曲轴的旋转运动。活塞顶部的压缩空间则构成燃烧室的一部分,使得燃料混合气在其中迅速燃烧并进行膨胀做功。活塞下方是曲轴箱,活塞运动产生的压力波主要在汽缸内推动其上下运动。

在无人机中,内燃机系统通过燃料供应系统将燃料源源不断地提供给燃烧室,并通过燃料燃烧产生的动力驱动无人机。燃料供应系统主要包括燃油箱、燃油泵、燃油滤清器、化油器和节气门。活塞在汽缸内部完成连续的进气、压缩、燃烧和排气动作,每完成一个完整循环,燃料就经过点火系统点燃并产生能量,推动发动机对外做功,从而实现无人机飞行。而排气系统则对燃烧后的废气进行有效处理,保证发动机尾气排放符合环保要求,降低空气污染,满足无人机运行的相应标准。

虽然内燃机系统具有高效燃烧的优点,但其也存在一定的局限性。首先,内燃机体积相对较大且重量较重,增加了无人机设计与制造的难度,因而限制了其在尺寸及运载能力上的潜力。其次,内燃机系统发出的噪声和振动影响无人机的稳定飞行。最后,内燃机在燃油经济性和环保方面存在着一定的劣势。近年来,随着技术的发展与环保意识的提升,制造商纷纷致力于改进以上不足,通过改进燃烧室设计、减少排放和提升热效率等手段,推动内燃机系统的性能全面提升。此外,尽管面临诸多挑战,但内燃机系统仍然在满足某些特定任务需求、实现无人机载重能力及航程等方面展示出不可替代的作用。

三、混合动力系统

混合动力系统是一种结合了内燃机和电动机的复合动力系统,旨在通过各自的优势互补,实现无人机动力的最优化。与传统的单一内燃机动力系统相比,混合动力系统在续航能力、能耗和性能方面表现出显著提升。混合动力系统减少了内燃机的使用频率和运行时间,从而在续航和载重上取得更好的平衡,并且有效降低了噪声和振动,保障了无人机的稳定飞行。同时,通过优化燃料和电力的混合使用,提升了系统的整体效率,实现了更节能的飞行。

混合动力系统的核心在于其灵活性和可调节性。内燃机和电动机可以根据实际飞行任务的需求进行能量转换,当无人机需要突破续航限制时,内燃机能在必要时刻启动,提供额外的动力支持。此外,电动机则确保了在高负载下的稳定性能,同时有助于减小振动和噪声。混合动力系统中电动机的较大比重降低了整体系统重量,为无人机提供了更好的负载能力和机动性,扩大了无人机的应用范围。

混合动力系统不仅提升了无人机的动力效率,还在减排上起到了积极的作用。传统的内燃机在高负载和低效率运转时会导致排放超标,而混合动力系统通过电动机在低负载下的持续高效运行,以及高效控制内燃机的启动和运行时机,大幅减少了废气排放,保护了环境。

虽然混合动力系统具备显著优势,但也面临着一些挑战。首先,混合动力系统的复杂性增加了其设计和制造的难度,需要综合考虑内部组件的匹配和布局优化。其次,高密度的能量储存系统在轻量化设计和安全性的要求下,需要选择更为先进的储能技术和材料。再者,混合动力系统的运行模式优化需要精细控制,以确保能源转换过程中系统的稳定性和安全性。最后,经济成本较高的初期投资和持续优化也可能影响其应用推广。

第五节 | 无人机降噪技术

无人机由于其使用的结构和材料,在飞行时产生的噪声较大,但在实际的应用中,部分场景下,对无人机的噪声有严格要求,如需要在低噪声环境下进行图像采集,如果无人机飞得太高,则采集图像可能会不清楚,而如果飞得低,则无人机产生的噪声就会很大。而降低无人机噪声是一个复杂的过程,涉及无人机的设计、材料选择、飞行操作等多个方面。

一、螺旋桨设计优化

螺旋桨是无人机噪声的主要来源之一。通过优化螺旋桨的设计,可以显著降低噪声水平。例如,美国麻省理工学院的研究人员开发了一种环形螺旋桨,这种设计可以减少桨尖涡现象的产生,从而降低噪声。此外,采用更宽的叶片、更大的间距和曲面边缘的螺旋桨设计也可以减少叶片旋转时的空气噪声。

二、电机和控制器优化

选择具有优化气流设计、无刷电机和高效磁体的电动机,可以最大限度地减少空气湍流和电磁噪声。使用柔性支架或减振垫将电机与无人机主体分离,可以吸收并减弱振动。优化控制算法,如矢量控制或直接扭矩控制,可以平滑无人机电机运行并降低噪声和振动。

三、阻尼弹性体的应用

阻尼(Damping)是指任何振动系统在振动中,由于外界作用或系统本身固有的原因引起的振动幅度逐渐下降的特性,以及此一特性的量化表征。提供运动的阻力、耗减运动能量的装置被称为阻尼器。利用阻尼来吸能减振。在航天、航空、军工、枪炮、汽车等行业中早已应用各种各样的阻尼器(或减振器)来减振消能。阻尼弹性体通过将其转化为热量而吸收振动能,从而减少噪声和振动传递。阻尼弹性体可以置于无人机机身和地面或其他敏感组件之间,阻隔振动传递,减少噪声和震动污染。阻尼弹性体还可以用于无人机悬架系统,吸收路面冲击和振动,改善飞行稳定性和操控性。

四、隔离罩和消声器

设计具有最佳声学性能的罩体形状和尺寸,包括几何形状、孔隙率和材料选择,可以有效减少噪声。采用高密度吸声材料,例如泡沫或纤维,可以有效吸收和衰减声波能量。仔细安装罩体,确保与无人机机身之间的紧密贴合,最大程度地减少声音泄漏。选择合适的消声器类型,例如阻性消声器、抗性消声器或复合消声器,可以实现针对目标频率范围的最大消声。

五、有源降噪技术

有源降噪技术(Active Noise Control,ANC)是一种主动消除噪声的技术,通过使用传感器测量噪声并产生一个相位相反的信号对其进行抵消。在无人机应用中,ANC常用于抵消螺旋桨产生的噪声,尤其是在低频范围内。ANC系统由传感器、控制器和执行器组成,能够实时调整抵消信号以适应噪声环境的变化。

六、飞行速度和轨迹管理

通过管理飞行速度和轨迹,可以在一定程度上减少噪声。例如,适当提高飞行高度可以减少噪声的传播距离,从而减少对人们的干扰。合理规划无人机飞行路线,可以从减小机身尺寸、精细优化空气动力学设计、采用新型推进系统等多个方向进行优化。

降低无人机噪声需要综合考虑多种因素,并采取相应的技术和措施。随着科技的不断进步,未来会有更多创新的解决方案出现,使无人机变得更加安静和环保。

第六节 | 无人机搭载平台

一、常用搭载设备

无人机可以搭载多种应用设备,即用于收集数据、感知环境或进行监测的设备,如相机、红外传感器、雷达等。这些传感器可以提供图像、视频、声音、热能等信息,从而支持飞行任务的执行和决策。具体应用设备的选择取决于无人机的任务需求。常见的搭载设备包括:

摄像设备:如可见光摄像机、红外摄像机、热成像仪等,用于拍摄高清影像、进行热成像分析等。

航拍设备:如多旋翼无人机、固定翼无人机等,用于空中拍摄和测绘。

测绘设备:如激光雷达(LIDAR)、倾斜摄影设备等,用于高精度地图测绘。

通信设备:如通信中继器,用于在偏远地区或应急情况下提供通信支持。

环境监测设备:如空气质量监测仪、湿度传感器、温度传感器等,用于环境监测和灾害预警。

农业设备:如喷洒设备、传感器等,用于农业喷洒农药、作物监测等。

物流设备:如货物装载平台,用于执行快速物流配送任务。

救援设备:如生命探测仪、救生设备等,用于紧急救援行动。

气象设备:如气象仪器、风速仪等,用于气象数据收集。

广播设备:用于声音传话、指挥、驱赶等等。

照明设备:用于夜间应急救援光照。

抓取设备:用于物流送货的收放操作。

二、无人机云台

用于安装、固定摄像机等任务载荷的支撑设备。云台控制系统主要是研究以单片机作为控制系统的主控芯片，结合各种传感器和执行机构而开发的云台专用的控制系统。

云台控制系统的控制功能主要包括以下两个方面：一是实现云台的自稳功能，也就是稳像功能；二是控制云台在空间方位的转动。

由于无人机有不同的功能和用途，各种不同的传感器或相机会被搭载在无人机云台，因此，无人机云台也根据需要被设计为不同的结构。限于无人机载荷能力，通常要求在保证云台正常工作的前提下，减小云台结构的重量、体积和增加云台的载荷能力。美国的军用无人机发展迅速，其中设计了一系列的转塔（能同时搭载多种设备的云台系统），其中，掠食者无人机的云台则有更多功能，搭载了高清 TV、FLIR 热成像仪和激光测距仪，运动范围较广，航向角和俯仰角都可 360 度旋转，云台回转速度可达每秒 50 度。无人机云台自身结构的稳定性是云台性能的重要指标，它直接影响着云台的稳像效果，合理稳定的云台结构有助于提高无人机作业性能。由于无人机的振动和气流的扰动等因素的影响，因此，采用一些结构或特殊材料可隔离振动，从而有效解决这些问题。

第六章
地面配套是低空经济的重要延伸

与低空经济主体飞行活动配套的经济活动,包括保险、金融、教培、航展等,都发生在地面。这些行业构成了低空经济产业链的一部分,是其重要延伸。

保险服务需求。低空经济催生了保险需求。业内表示,相关报损和理赔频率提升,面临提升综合风险管理能力的难题。随着低空经济主体飞行量增大,相关报损和理赔的项目数量也明显上升。保险业在低空经济产品供给方面存在不足,如何提升在低空经济领域的综合风险管理能力是行业面临的共同难题。例如,中再产险和太保产险共同发布了低空经济第三者责任险保险创新成果,该成果在大量调研访谈的基础上,系统性地构建核心条款、承保指引和服务规范等准则,并创新诸多保险保障内容,帮助防范化解社会风险,提升承保理赔服务效率。

金融服务需求。低空经济的发展为金融行业开辟了全新的业务领域与增长点。金融机构正积极探索助力低空经济发展,护航低空经济起飞。其中,产业基金能发挥巨大的杠杆作用,从而吸引更多资金、资源和力量注入,支持低空经济产业技术研发、生产制造、人才培育、运维服务等细分领域的优质项目建设。例如,沈阳低空经济产业基金已完成在中国证券投资基金业协会的备案工作,进入投资期。此外,商业银行在低空经济发展过程中也将发挥重要作用,它们鼓励金融机构开发面向低空经济产业的信用贷、订单贷、股权、知识产权和应收账款质押贷、中长期技术研发和技术改造等贷款产品,进一步优化融资环境,降低中小企业融资成本。

教培服务需求。低空经济的发展也需要大量的专业人才支持。因此,教培服务也是低空经济中的重要配套服务之一。教培服务可以通过提供专业的培训课程和教育服务,培养出更多的专业人才,满足低空经济发展的需求。同时,教培服务也可以通过提供职业规划和就业指导,帮助学生更好地适应低空经济的发展趋势,实现更好的职业发展。

航展服务需求。低空经济的发展也离不开航展服务。航展是展示航空科技成果的重要平台,也是推动航空产业发展的重要手段。通过航展,可以展示最新的航空技术和产品,促进航空产业的技术交流和合作。同时,航展也可以吸引更多的投资者和消费者关注航空产业,推动航空产业的发展。

低空经济中的保险、金融、教培、航展等配套服务需求是多方面的,需要保险公司、金融机构、教育培训机构、航展组织者等多方共同努力,才能满足低空经济发展的需求。

第一节 | 低空保险

当前,低空飞行器在我国被广泛应用于航拍、救灾、新闻直播、测绘、农业植保、物流快递等方面,为人们的生活和工作服务,但是低空飞行活动带来的安全问题也同样引起公众的担忧。

无论是通用航空器的低空飞行活动,还是无人驾驶航空器的低空飞行活动,都需要有飞行安全财产保险,飞行行为不正常造成的第三方财产、生命保险,等等。

一、低空保险涵盖范围

低空经济中的保险业务涵盖了低空的无人驾驶航空器、低空旅游、低空物流等多个领域,保险在其中发挥着重要的保障作用。随着低空经济的快速发展,保险业务逐渐成为低空经济的重要组成部分,不仅为各类低空经济活动提供风险保障,还推动了低空经济的规范化发展。

在无人驾驶航空器领域,保险业务主要涉及飞行器的财产保险、责任保险、操作人员的人身意外伤害保险等。财产保险方面,飞行器拥有较高的价值,一旦发生事故,将造成较大的经济损失。财产保险能够为飞行器的所有者提供风险保障,降低经济损失。责任保险方面,飞行器在飞行过程中可能会对地面人员或财产造成损害,责任保险能够为飞行器的所有者提供法律保障,减轻因事故引发的法律责任。人身意外伤害保险方面,飞行器操作人员在飞行过程中可能会遭受意外伤害,人身意外伤害保险能够为操作人员提供经济保障,减轻因意外伤害带来的经济负担。财产保险、责任保险和人身意外伤害保险的结合,为飞行器操作人员和所有者提供了全面的风险保障,促进了低空飞行器行业的健康发展。

在低空旅游领域,保险业务主要涉及游客的人身意外伤害保险、航空意外保险、旅游意外保险等。人身意外伤害保险方面,游客在低空旅游过程中可能会遭受意外伤害,人身意外伤害保险能够为游客提供经济保障,减轻因意外伤害带来的经济负担。航空意外保险方面,游客在乘坐低空飞行器时可能会遭受航空意外,航空意外保险能够为游客提供经济补偿,减轻因航空意外带来的经济损失。旅游意外保险方面,游客在低空旅游过程中可能会遭受意外伤害或航空意外,旅游意外保险能够为游客提供全面的风险保障,减轻因意外伤害或航空意外带来的经济负担。人身意外伤害保险、航空意外保险和旅游意外保险的结合,为游客提供了全面的风险保障,促进了低空旅游行业的健康发展。

在低空物流领域,保险业务主要涉及物流货物的财产保险、物流运输人员的人身意外伤害保险、物流运输工具的第三者责任保险等。财产保险方面,物流货物拥有较高的价值,一旦发生事故,将造成较大的经济损失。财产保险能够为物流货物的所有者提供风险保障,降低经济损失。人身意外伤害保险方面,物流运输人员在运输过程中可能会遭受意外伤害,人身意外伤害保险能够为物流运输人员提供经济保障,减轻因意外伤害带来的经济负担。责任保险方面,物流运输工具在运输过程中可能会对地面人员或财产造成损害,责任保险能够为物流运输工具的所有者提供法律保障,减轻因事故引发的法律责任。财产保险、人身意外伤害保险和责任保险的结合,为物流货物的所有者、物流运输人员和物流运输工具的所有者提供了全面的风险保障,促进了低空物流行业的健康发展。

此外,低空经济中的保险业务还涉及低空飞行器的维修保养保险、低空飞行器的飞行许可保险、低空飞行器的飞行安全保险等。维修保养保险方面,低空飞行器的维修保养费用较高,一旦发生事故,将造成较大的经济损失。维修保养保险能够为低空飞行器的所有者提供风险保障,降低经济损失。飞行许可保险方面,低空飞行器需要取得飞行许可才能飞行,飞行许可的申请和维护费用较高,飞行许可保险能够为低空飞行器的所有者提供经济支持,减轻因飞行许可引发的经济负担。飞行安全保险方面,低空飞行器在飞行过程中可能会出现飞行安全问题,飞行安全保险能够为低空飞行器的所有者提供法律保障,减轻因飞行安全问题引发的法律责任。维修保养保险、飞行许可保险和飞行安全保险的结合,为低空飞行器的所有者提供了全面的风险保障,促进了低空飞行器行业的健康发展。

低空经济中的保险业务不仅为各类低空经济活动提供了风险保障,还推动了低空经济的规范化发展,促进了低空经济的健康、可持续发展。

二、国内首款低空经济专属保险

低空经济对于激活立体空间资源、提供高效公共服务、改变生产生活方式、催生跨界融合新生态、打造经济增长新引擎、加快形成新质生产力具有重要意义,而拥有众多应用场景的低空飞行器产业将成为撬动低空经济蓬勃发展的重要支点。

与此同时,低空经济发展还处于起步阶段,低空飞行器等产业也面临风险保障不足等挑战和困难。

为破解这一发展"痛点",中国人民财产保险股份有限公司相继在广东和浙江签发民用无人驾驶航空器保险(以下简称"低空保")保单。这是国内首款服务低空经济的专属保险产品,可为低空飞行器提供财产损失、第三者责任、上机人员责任等主要保险,并覆盖链路丢失、操作失误、外部撞击等特殊风险,破解低空经济发展缺少专业风险研究和专属保险保障的难题。

2024年上半年,深圳金融监管局已指导行业发布我国首个无人驾驶航空器第三者责任保险示范性条款。该示范性条款主要为无人驾驶航空器的操控人员在使用、操控无人驾驶航空器过程中因意外事故对第三者造成人身伤亡或财产损失导致的经济赔偿责任提供保险保障,并附加了急救费用垫付扩展条款、无过失赔偿扩展条款、不符合产品操作要求除外条款、喷洒及空投作业除外条款、隐私除外条款、精神损害除外条款等6个条款。

根据《中国低空经济发展研究报告(2024)》,2023年中国低空经济规模达到人民币5059.5亿元,增速达到33.8%。预计到2026年,低空经济规模有望突破万亿元,达到10 644.6亿元。这也意味着,在这片经济新蓝海中,保险业将迎来广阔发展空间。

三、无人机保险小问答

问:买无人机保险必须要有飞手证吗?

答:投保无人机空机重量小于4千克且起飞重量小于7千克,投保时可不用提供飞手证,起飞前需通过指定的航拍保小程序(购买无人机保险)打卡报备。

问:无人机保险投保可以是个人还是只能公司?

答:个人或公司都可以投保。

问:无人机第三者责任险的保额怎么选?

答:通常建议购买50万—100万的保额,比较实用,保额越高,得到的赔付额度也更高,但是普通人最高只能保到100万。

问:无人机保险保障天数怎么选?

答:从1个月的短单到1年以上的长单,都可以做,可以根据项目周期买(短期),也可以保障自身利益按1年买,年单是性价比最高的。

问:飞手投保年龄范围是多少?

答:主被保险人为16—65周岁。

问：在我未知情的情况下，由他人操作我的无人机所造成的第三者责任的相关事故是否可以获得赔偿？

答：不可以。第三方在未取得被保险人同意情况下私下使用、操作无人机，造成事故，第三者责任险不予赔偿。

问：自组无人机可以买保险吗？

答：可以，投保前需要联系客服进行机身性能评估。

第二节 | 低空金融

低空经济的发展，为金融行业开辟了全新的业务领域与增长点，金融机构正积极探索助力低空经济发展，护航低空经济"起飞"。

低空经济中的金融业务探索旨在通过深入分析当前低空经济的发展状况，探讨其对金融业务的影响，并提出相应的对策建议。低空经济作为一种新型经济形态，其主要依托于低空空域资源，涵盖了航空运输、通用航空、无人机等多个领域，具有广阔的发展前景。随着技术进步和政策环境的改善，低空经济正逐渐成为推动我国经济增长的新动力。在此背景下，金融业务作为支撑低空经济发展的关键要素，其在低空经济中的作用日益凸显。

一、低空经济中金融业务现状

低空经济作为新兴产业，其发展离不开金融支持。金融机构通过提供融资服务，支持低空经济企业进行技术创新、市场开拓以及资源整合，为低空经济的发展注入了强劲动力。金融机构通过提供低利率贷款、融资租赁等方式，支持低空飞行服务运营企业购置飞机和扩大航线网络，推动了低空飞行业务的快速发展。此外，金融机构还通过设立专项基金、股权投资等方式，支持低空经济企业进行技术研发和产品创新，推动了低空经济产业链的完善。在通用航空领域，金融机构通过提供低息贷款、担保融资等方式，支持通用航空企业进行飞机采购和航线开拓，推动了通用航空市场的繁荣。在无人机领域，金融机构通过提供低息贷款、担保融资等方式，支持无人机企业进行技术研发和产品创新，推动了无人机市场的快速发展。

二、低空经济中金融业务挑战

尽管低空经济具有广阔的发展前景，但在金融业务方面仍面临诸多挑战。首先，低空经济企业普遍存在融资难、融资贵的问题。由于低空经济企业多为中小企业,其资产规模较小,信用等级较低,难以获得传统金融机构的支持。其次,低空经济企业普遍存在信息不对称问题。金融机构难以获取低空经济企业的真实财务状况和经营状况,导致风险控制难度加大。此外,低空经济企业普遍存在风险管理能力较弱的问题。由于低空经济企业属于新兴行业,其风险管理机制尚不完善,难以有效应对市场风险和政策风险。

三、低空经济中金融业务对策建议

为解决低空经济企业面临的融资难、融资贵问题,金融机构应加强与政府合作,通过设立专项基金、提供低息贷款等方式,支持低空经济企业融资。同时,金融机构应加强与行业协会合作,通过建立信用评级模型、提供担保融资等方式,降低低空经济企业融资风险。为解决低空经济企业信息不对称问题,金融机构应加强与行业协会合作,通过建立信用信息共享平台、提供大数据分析服务等方式,提高低空经济企业信用评级的准确性。为提高低空经济企业风险管理能力,金融机构应加强与行业协会合作,通过提供风险管理培训、建立风险预警机制等方式,提高低空经济企业风险管理水平。

四、低空经济中金融业务未来看好

展望未来,低空经济将逐渐成为推动我国经济增长的新动力。金融机构应积极应对低空经济带来的挑战,抓住低空经济带来的机遇,为低空经济企业提供更加优质、高效的金融服务。同时,金融机构应加强与政府、行业协会的合作,通过建立信用信息共享平台、提供大数据分析服务等方式,提高低空经济企业信用评级的准确性。此外,金融机构应加强与行业协会合作,通过提供风险管理培训、建立风险预警机制等方式,提高低空经济企业风险管理水平。

低空经济中的金融业务探索将为我国经济转型升级提供重要支撑,为我国经济持续健康发展注入强劲动力。

第三节｜低空教培

一、无人机操作职业价值

据前瞻产业研究院《中国无人机行业市场需求预测及投资分析报告》研究预测,我国民用无人机产品销售和服务总体市场规模 2018 年达到 110.9 亿元,2020

年达到465亿元,2025年将达到750亿元。目前,无人机操作培训蓬勃发展。从无人机应用方面考虑,学习无人机操作在未来还是很有发展前景的。无人机应用市场越来越广阔,无论在工业、农业、商业,还是在军事上都会发挥重要作用,应用场景不限于街景拍摄、电力检修、环保检查、灾后救援,等等。据统计,现在我国有正式无人机操作资格证的不到1万人,市场缺口很大。无人机在高速发展,应用在不断扩大,学习无人机技能从事相关行业是有必要的。我国低空空域管理规定,低空飞行器7千克以上级别都需要持证飞行,而各地出现的无人机黑飞现象影响空中安全,也要有相应的政策管理,因此,从事低空飞行需要合法持证。

二、无人机教培现状

市场需求增长。随着无人机技术在各行各业的广泛应用,如航拍、农业、环境监测、物流配送、应急救援等,对无人机操作员的需求不断增加。企业、政府部门以及个人用户都需要掌握无人机操作技能的专业人才,这为无人机培训行业提供了广阔的发展空间。

政策支持。各国政府为了促进无人机产业的健康发展,纷纷出台了一系列政策措施,规范无人机操作、加强行业监管。这些政策的实施不仅提高了无人机操作的安全性,也为无人机培训行业提供了良好的发展环境。

技术进步推动。无人机技术的快速发展,包括自主导航、避障、长续航等技术的不断成熟,使得无人机的应用范围更加广泛,对操作员的技术要求也越来越高。因此,专业的无人机操作培训显得尤为重要,能够帮助学员掌握先进的无人机操作技能和理论知识。

行业细分化。随着无人机应用领域的不断扩展,无人机培训行业也逐渐呈现出细分化的趋势。培训机构可以提供更加专业、有针对性的培训课程,以满足不同领域的需求。

人才缺口巨大。根据中国民航局的数据,截至2024年6月,全国实名登记的无人机已经达到187.5万架,但仅有超过22.5万人拥有无人机操控员执照,相比2023年底的19.44万人,仅增长了3万多人。据有关部门测算,目前我国无人机操控员的人才缺口高达100万人。

培训机构扩张。大量的人才缺口也带火了无人机培训机构,对培训教员的需求量明显增加。培训机构业务急剧扩张,很多培训教员被定点派驻到一些单位进行驻训,同时社会端的培训业务也增长很快。

无人机教培行业在市场需求、政策支持、技术进步和行业细分等多方面都呈现出积极的发展态势,但同时也面临着巨大的培训教员缺口和培训业务扩张的挑战。

三、无人机教培内容

(一)无人机教培内容

培训范围涵盖多旋翼、固定翼、垂直起降固定翼无人机,无人直升机等类型。

(1)理论考试。主要学习考试的内容包括:概论、系统组成、飞行原理、气象、起降操作、任务规划、多轴无人机、遥控器、空域与法规、直升机知识,等等。

(2)无人机实操。起降、遥控、飞行,等等。

(3)地面站业务。运用电脑规划无人机飞行航线、起降操作(视距内外)。

(4)盲飞操作。根据提供参数,能够做到控制无人机的出发、飞回,等等。

(二)无人机操作证分三个等级

(1)驾驶员证。只能在视距内操作无人机。

(2)机长证。能够超视距操作无人机。根据无人机型号不同,机长证又分为:多旋翼无人机机长证、固定翼无人机机长证、垂直起降固定翼无人机机长证、无人直升机机长证,共四种类型。

(3)教员证。考取教员证要求有100小时以上机长经历和两年以上工作经验。

第四节 ｜ 低空航展

一、无人机航展魅力

无人机航展作为全球航空科技领域的重要活动之一,吸引了众多航空爱好者、科研机构、企业以及政府代表的关注。航展通常展示最新的无人机技术、创新设计、飞行性能和应用案例,为观众提供了一场视觉与技术的盛宴。

自20世纪90年代以来,无人机航展逐渐成为行业交流、技术展示和市场推广的重要平台,促进了无人机技术的快速发展和广泛应用。近年来,随着无人机技术的不断进步和市场需求的增加,航展规模不断扩大,展出内容更加丰富多样。航展不仅展示了各种型号的商用、军用、科研无人机,还涵盖了无人机制造、维修、培训、数据处理等产业链上下游企业。此外,无人机航展还成为新技术、新产品发布的重要场所,如自动起降技术、高精度导航系统、智能感知与决策系统、高效能电池技术等,这些新技术的应用显著提升了无人机的飞行性能和应用范围。同时,航展期间还举办了各种论坛、研讨会和技术交流活动,吸引了众多行业专家和学者参与,为无人机领域的技术进步和产业发展提供了重要支持。

无人机航展还展示了无人机在各个领域的广泛应用,包括农业、物流、能源、环境监测、安防监控、测绘遥感、应急救援等。在农业领域,无人机能够高效地进行作物监测、病虫害防治和精准施肥,显著提高了农业生产效率和质量。在物流领域,无人机可以实现快速、灵活的货物运输,尤其适用于偏远地区的配送。在能源领域,无人机能够进行电力巡检、输电线路检测,保障能源供应的安全稳定。在环境监测领域,无人机能够实时监测空气质量、水质和土地利用情况,为环境保护提供数据支持。在安防监控领域,无人机可以覆盖更广泛的区域,实现高效、精准监控,特别是在复杂地形和特殊环境下,无人机的优势更加明显。在测绘遥感领域,无人机能够快速获取高精度的影像数据,为城市规划、基础设施建设等提供支持。在应急救援领域,无人机可以快速到达灾区,进行灾情评估、物资投送和救援指挥,为救援行动提供重要支持。无人机航展不仅展示了无人机技术的最新进展,还强调了其在各个领域的广泛应用。

无人机技术的进步不仅推动了相关产业的发展,还为解决现实问题提供了新的解决方案。通过航展这一平台,各参与方可以更好地了解行业动态,把握市场趋势,促进技术交流与合作,共同推动无人机技术的发展和应用。无人机航展作为全球航空科技领域的重要活动之一,不仅展示了无人机技术的最新进展,还强调了其在各个领域的广泛应用。通过展示最新的飞行器设计、技术性能和应用场景,航展为观众提供了一个深入了解无人机技术及其潜在价值的机会。

无人机航展还强调了无人机技术在可持续发展方面的潜力。随着全球对环境保护和可持续发展的重视程度不断提高,无人机技术在环境监测、灾害预警和资源管理等方面的应用越来越受到关注。无人机能够实现高效、精确的数据采集,为环境监测和保护提供有力支持。例如,在森林火灾预警方面,无人机可以快速识别火源并实时传输数据,帮助相关部门及时采取措施,减少火灾造成的损失。在水资源管理方面,无人机能够进行水质监测和水量评估,为水资源的合理利用和保护提供科学依据。无人机技术在可持续发展领域的应用不仅有助于保护环境,还为实现可持续发展目标提供了新的途径。通过无人机航展,各参与方可以共同探讨无人机技术在可持续发展中的作用,促进相关技术的研发和应用,为实现可持续发展目标贡献力量。无人机航展不仅展示了无人机技术的最新进展,还强调了其在各个领域的广泛应用和可持续发展方面的潜力。

通过无人机航展,各参与方可以更好地了解行业动态,把握市场趋势,促进技术交流与合作,共同推动无人机技术的发展和应用。无人机航展还吸引了众多媒体的关注,为无人机技术的传播和推广提供了重要平台。通过媒体报道,公众能够更加直观地了解无人机技术的应用场景和潜在价值,从而提高对无人机技术的认识和接受度。媒体的报道还能够激发公众对无人机技术的兴趣,吸引更多人关注和支持无人机领域的发展。无人机航展还为无人机技术爱好者、科研机构和企业提供了交流和合作的机会。参展商和观众可以通过参观、交流和互动,深入了解无人机技术的最新进展和应用前景,促进技术交流与合作。参展商还可以通过航展展示自己的产品和技术,吸引潜在客户和合作伙伴,推动技术转化和商业合作。无人机航展还为无人机技术的创新和发展提供了重要的平台。参展商和观众可以在此展示最新的研究成果和技术突破,推动无人机技术的不断创新和发展。通过与同行的交流和合作,参展商可以共同探讨技术难题,寻找解决方案,加速技术进步。此外,航展还为政府和行业组织提供了政策制定和行业监管的重要参考,有助于推动无人机技术的健康发展。

　　无人机航展作为全球航空科技领域的重要活动之一,不仅展示了无人机技术的最新进展,还强调了其在各个领域的广泛应用和可持续发展方面的潜力。

二、中国四大航展

(一) 中国天津国际直升机博览会

　　中国天津国际直升机博览会(简称:天津直博会)是中国唯一的国际直升机专业展会,每两年举办一届。博览会以静态展览和飞机动态演示形式为主,主要包括室内整机设备展示、飞行表演、专题论坛、技术交流、新品发布、商务洽谈、招商推介等活动。展览产品主要包括国内外直升机整机、发动机、航电系统、机载设备、模拟器、航空材料等。第五届天津直博会于 2019 年 10 月在天津空港经济区召开。展会由天津市人民政府、中国航空工业集团有限公司和中国人民解放军陆军共同主办。为期 4 天的展会期间,参展企业数量有 400 余家,现场签订和意向销售直升机 141 架,销售额超百亿元,吸引世界各地的 6 万人次到场观展。2023年 9 月 14 日至 17 日,第六届天津直博会举行,参展企业数量超 350 家,参展参演直升机和无人机共计 65 架。直-11E,陆军多用途无人机、垂直起降无人机,中国航发的涡轴-16 发动机、氢燃料发动机等均为首次参展。中国人民解放军陆军共安排 14 型 79 架(套)装备参展,并首次展示宽体运输直升机和察打一体无人机。

(二) 北京国际航空展

　　北京国际航空展(Aviation Expo/China)创办于 1984 年,逢单数年举办一届。该展是中国举办的首个专业航展,也是唯一在北京举行的航空航天展览盛会。

2021年,第十九届北京国际航空展将移师上海并同时更名为"上海国际商用航空航天展览会"(英文简称 Shanghai Airshow),2021年9月15日至19日在上海虹桥国际机场举办,以航空航天为展览主要对象。

(三)中国国际航空航天博览会

中国国际航空航天博览会,简称中国(珠海)航展或珠海航展,由中华人民共和国中央政府批准举办,是国际性专业航空航天展览,是以实物展示、贸易洽谈、学术交流和飞行表演为主要特征的国际性专业航空航天展览会。从1996年成功举办首届航展以来,发展成为集贸易性、专业性、观赏性于一体,代表当今国际航空航天业先进科技主流,展示当今世界航空航天业发展水平的蓝天盛会,已是世界五大最具国际影响力的航展之一。第十五届中国国际航空航天博览会于2024年11月12日至17日在珠海举办。

(四)广东国际海洋装备博览会

2021年10月28日—31日,首届广东国际海洋装备博览会在湛江举办,主要参展的是无人舰船、无人机和水下机器人,氢燃料电池及海洋科考等技术设施和装备。

三、中国无人机展会

(一)世界无人机大会

世界无人机大会由中国电子信息行业联合会、中国无人机产业联盟、深圳市无人机行业协会联合主办。2017年6月,世界无人机大会在深圳会展中心开幕。来自中国、美国、比利时三个国家的五位专家、部分企业家或企业获得"首届全球无人机贡献奖"。2023年6月2日至4日,第七届世界无人机大会暨第八届深圳国际无人机展览会在深圳举行,80多个国家和地区的近万名行业专家、学者、企业家参会,围绕无人机前沿技术、城市空中交通、物流应急无人机、安全管理、教育培训、人工智能机器人、载人无人驾驶航空器、低空飞行汽车、低速无人车、水域无人系统等主题,设置了30多场专题论坛。2023年6月2日,在第七届世界无人机大会开幕式主会场,深圳市天空汽车网络有限公司,成功举办了"深圳医疗无人机配送网络发布会"。截至2024年3月底,实名登记的无人机从2017年的37万架,增长到现在的162.5万架,且远低于实际运行数量。2024年1—3月,全国民用无人机累计飞行3592.6万架次。世界无人机大会,主要围绕无人机与低空经济、低空数字交通、低空飞行服务、eVTOL技术创新与应用、低空空域开放与管理、物流应急无人机、人工智能机器人、载人无人驾驶航空器、低空飞行汽车、低速无人车、水域无人系统等主题进行展览和学术讨论及技术交流。

（二）国际无人机应用及防控大会

2024年国际无人机应用及防控大会在北京亦创国际会展中心举办。本届大会期间，展出了大量无人机应用及管控设备，包括安防无人机、巡检无人装备、光电、雷达等，以及各类无人机反制类成果。其中的 TDOA 城市级网格化系统，能够基于 TDOA 频谱感知技术实现对"非合作目标"的有效管理。TDOA＋AOA融合定位设备集无人机监管多种功能于一体，可以助力实现城市级网格化低空管控。这套设备不仅采用"无源监测"技术，还能够实现全机型监测，"除了能监测市面上常见的无人机，还可以监测一些不常见的机型，如穿越机、用户自制机等"。

（三）无人机装备大会

无人机装备大会是由四川省委军民融合办、经济和信息化厅与自贡市人民政府共同主办的活动。2023年11月17日，无人机装备大会在自贡航空产业园举办。

四、国际无人机展会

◇ 英国伦敦无人机展览会（DRONEX）。

◇ 澳大利亚布里斯班无人机展览会（World of Drones & Robotics）。

◇ 美国纽约无人机及无人驾驶展览会（USE）。

◇ 荷兰阿姆斯特丹无人机展览会（ADW）。

◇ 美国拉斯维加斯无人机展览会（Commercial UAV Expo）。

◇ 美国波士顿无人机展览会（XPONENTIAL）。

◇ 日本无人机展览会（Japan Drone）。

◇ 阿联酋阿布扎比国际无人机展览会（UMEX）。

第五节 | 低空飞赛

对于青少年来说，参与无人机飞行比赛能提升他们的动手能力，如在某地举办的青少年无人机大赛中，选手需要操作无人机完成各种动作，这有助于锻炼他们的敏捷度、应变能力以及对新科技产品的操控能力。对于大学生和成人选手，参加全自主无人机飞行赛事或者遥控竞速赛事等，可以提高他们在无人机设计、开发、飞行控制等方面的专业技能，如北航航模队在参加世界大学生全自主无人机飞行挑战赛时，通过集中攻关和多次试飞调整，提升了技术水平，突破了技术瓶颈，培养了兴趣和创新精神。

同时,无人机飞行比赛,还能够推动无人机技术发展。

青少年无人机比赛可以在青少年群体中普及航空航天知识,培养未来航空航天领域的潜在人才。通过比赛,更多的青少年能够了解无人机的原理、操作和应用,激发他们对航空航天事业的向往。

在高校层面,如北航航模队参加国际赛事,其研发成果和技术突破能够推动整个无人机行业在全自主飞行技术方面的发展,并且高校的学术成果转化机制也有助于将比赛中的技术成果应用到实际生产和研究中。在社会层面,各类无人机比赛吸引了众多爱好者和专业人士参与,大家交流技术和经验,促进整个无人机技术不断创新和进步。

一、无人机飞行比赛分组

大学生赛事。如 2024 年世界大学生全自主无人机飞行挑战赛,由英国机械工程师学会主办。世界大学生全自主无人机飞行挑战赛,发起于 2014 年,是具有全球影响力的大学生航空模型竞赛之一。参赛队伍需要从头开始设计并制造一架最大起飞重量为 10 千克的无人驾驶飞行器,并自动完成区域搜索、精准投放、指定路线返航等特定任务。北航航模队在 2024 年的该项赛事中首次参赛并获得冠军,他们突破了相关技术瓶颈,首次实现了无人干预下的无人机自主起降控制。

青少年赛事。全国青少年无人机大赛,例如第二届全国青少年无人机大赛"F200 系列无人机"团体赛,考查了团队的组装能力、操作水平和团结合作精神等。比赛中,在无人机上安装摄像头并与选手眼镜相连,选手操作无人机穿过规定障碍,完成上升、转弯、360 度环绕等动作。

成人赛事。2024 年全国航空航天模型(无人机项目)锦标赛暨中国无人机国家队选拔赛吸引了来自各地的 253 名选手参赛。这是成人参与的赛事,其中无人机竞速项目最高飞行时速能达到 300 千米以上,选手头戴"飞行眼镜",手持遥控器,以第一视角操控无人机高速飞行、精准避障,最终在规定赛道飞行用时最少者获胜。

二、无人机飞行比赛内容

全自主飞行赛事。世界大学生全自主无人机飞行挑战赛,要求无人机在无人干预的情况下自主完成,诸如起飞、区域搜索、定点投弹、指定区域内自主着陆等任务,这非常考验参赛队伍的综合实力,包括飞行器设计、开发、飞行算法等多方面的能力。

遥控竞速赛事。在 2024 年全国航空航天模型(无人机项目)锦标赛暨中国无人机国家队选拔赛中的无人机竞速项目,选手通过遥控器操控无人机在规定赛道高速飞行、精准避障,考验选手的手脑协调能力和反应速度,这项赛事被称为"空中 F1",并且已经被列为第十五届全国运动会和第十二届世界运动会比赛项目。

应用技能赛事。例如,一些针对学生的无人机飞行应用挑战赛,要求学生使用指定器材套件,设计改装无人机,使其能够在规定飞行场地内按参赛航线飞行并完成相关技术动作,包括在特定高度悬停、穿越垂直和水平障碍环、在规定降落区降落等,且对无人机的功能、外形尺寸、传感器使用等有着严格要求。

三、无人机飞行比赛项目

操作类项目:个人飞行赛、物流搬运赛、团体接力飞行赛、空中格斗赛、空中足球赛、个人空中射击赛、雷霆飞途赛。

编程类项目:蜂群舞蹈编程赛、编程挑战赛、创意图形编程赛、蜂鸟行动赛、机甲大师空地协同对抗赛、机甲大师越障迷宫赛。

模拟操作类项目:模拟飞行紧急迫降挑战赛、模拟飞行大飞机转场挑战赛、模拟飞行个人竞速赛。

创意类项目:动力飞行器创意赛、无人机应用场景创意编程赛。

固定翼类项目:空中侦察赛(第一视角)、个人侦察赛、团体察打赛、模拟飞行紧急迫降挑战赛、模拟飞行大飞机转场挑战赛、模拟飞行个人竞速赛。

实操类项目:空中侦察赛(第一视角)、个人侦察赛、团体察打赛。

其他项目:S 形绕桩、平台起降、应用航拍、投掷物品、定点飞行;多旋翼绕标、多旋翼农业植保应用、多旋翼物流运输应用;无人机投送、无人机侦察、定点降落;急速穿越、物流搬运;无人机竞速挑战、无人机负重挑战、无人机静音挑战;无人机轻量擂台赛、无人机续航擂台赛。

这些比赛项目涵盖了无人机操作的各个方面,从飞行技巧到编程能力,再到创意设计,旨在全面考查参赛者的综合素质和技能。

四、无人机大奖赛

WDG 无人机大奖赛(UAV Grand Prix),简称 WDG,是一场针对全球科技无人机领域的运动竞技赛事比拼,选手们可以通过 DIY 竞速机进入官方公众号报名参赛,WDG 的比赛模式多样化,有低空竞速赛、高空竞速赛、花式竞速赛、花式表演赛等多种比赛形式,每场赛事最高奖金 3 万元人民币。

WDG 为无人机爱好者提供一个竞技和交流的平台,能够让更多人喜欢上无人机这种体育竞技的形式。

2017 年第一届 WDG 无人机大奖赛,以"Across the sky"(穿越苍穹)为口号,推动无人机技术在全球发展和促进未来科技文化方面的交流。比赛现场,有多架无人机在空中进行灯光秀表演,向全球展示中国无人机产业发展的辉煌成果,演绎从"中国制造"到"中国智造"的品牌影响力。

五、AOPA 国际飞行大会

AOPA 国际飞行大会,是中国航空器拥有者及驾驶员协会主办的飞行大会。第一届 AOPA 国际飞行大会于 2012 年在沈阳法库举行,参加飞行表演的航空器包括飞机 40 架、动力伞 10 具、热气球 20 具、无人机 50 架,参加静态展示的飞机 32 架。大会期间,低空经济论坛共邀请 60 余名行业专家、500 余名业内人士参加,深入研讨了我国通航产业发展中的热点问题,共同商讨未来低空经济发展走向等。

六、国际智能体育大会

国际智能体育大会在天津举办,大会设立国际电子竞技邀请赛和国际无人机邀请赛两个大项。其中,包括无人机项目的"速度穿越""空中技巧"两个小项。来自海内外的 19 支代表队汇聚津门同场竞技,参赛选手总数近 300 人,总计进行 280 场精彩的比赛。有来自美国、德国、英国、俄罗斯等 19 个国家及地区和中国在内的近 300 名运动员报名参赛。

2019 年 5 月 18 日,在无人机项目中进行了"速度穿越"资格赛、"空中技巧"淘汰赛。

2022 年 5 月,第四届国际智能体育大会项目设置分为"无人机速度穿越"和"电子竞技足球"两项。

2023 年 5 月 18 日至 21 日,第五届国际智能体育大会创新引入了时尚竞技项目"无人机足球赛"和大众参与度极高的"模拟自行车赛"。

第六节 | 低空表演

一、无人机悬挂表演

无人机表演对载重能力往往有一定的要求,其次就是悬挂的物品不能超过无人机的载重能力。另外就是在户外表演时,要提前评估风力的影响程度,竖幅之类物品容易加大风力的影响,很可能造成无人机炸机。

二、高难度飞行表演

高难度飞行表演与前者不同，一般都会使用穿越机进行表演，这种无人机舍弃了其他附加部件和功能，机动性更高，马力更大，灵活度也充足了，但是这种无人机对飞手的要求很高，飞手需要用头戴显示器进行操控，即便是经过长时间训练，依然有操控失误炸机的可能性。

这种表演方式往往要求飞手操控穿越机在一个地形复杂的小区域内完成既定路线的高速飞行，飞行过程中还要完成各类高难度动作，稍有不慎就会撞上障碍物。观看者还能从屏幕上看到飞手第一视角下的景象，感受速度带来的感官刺激。

三、无人机编队表演

无人机编队表演如今常被用于城市地标宣传、品牌营销、活动庆典等事件传播，也常见于景区驻场表演，包括明星应援、生日祝福、求婚表白等各类活动场景。按照项目需求，每场表演使用的无人机数量在百架至上千架不等。如 2024 年，中国无人机团队在沙特阿拉伯进行了最大规模达上万架无人机的表演，展现了丰富多彩的各种画面和造型。

（一）无人机编队表演原理

无人机编队表演是一种集科技与艺术于一体的表演形式，它通过多架无人机的协同飞行，展现各种复杂的图案和动态效果。这种表演的背后涉及了一系列的技术原理和解决方案，包括无人机的基本飞行控制、定位技术、防误撞轨迹规划、位置信息共享等方面。

（二）基本飞行控制原理

无人机编队表演的基础是单台无人机的平稳飞行。这一过程中，CPU 实时采集姿态传感器的数据，这些传感器包括三轴陀螺仪、三轴加速度计和三轴磁力计。通过这些数据，可以进行姿态解算融合，得到四元数和欧拉角。目标姿态由遥控器的通道信息决定，偏差作为 PID 的输入控制，从而实现无人机的平稳控制飞行。

（三）无人机定位技术

无人机编队表演中，精确定位是关键。常用的定位技术包括测距定位、GPS＋气压计定位和图像识别定位。测距定位通过安装在无人机上的距离传感器计算相对距离；GPS＋气压计结合二维平面位置和高度信息得出空间位置；图像识别定位则通过摄像头获取环境三维空间图像并进行处理,得到无人机的三维空间位置。

（四）防误撞轨迹规划

为了防止无人机在变换队形时发生碰撞,需要为每架无人机设置安全距离,并规划出安全的飞行轨迹。通常是以每架无人机为球心、固定距离为半径的球体设为其安全区域,其他无人机不得进入。

（五）位置信息共享

无人机编队表演中,所有无人机的实时飞行位置需要被统筹规划。因此,需要设定一架无人机作为主机,其余为副机,实现位置信息的共享和协调。

（六）RTK 技术应用

RTK（Real-Time Kinematic,实时动态）技术在无人机编队表演中起到了至关重要的作用。它通过地面站和无人机的配合,能够精确定位每一架无人机在空中的位置,精度可以达到厘米级别。这种技术解决了普通 GPS 定位精度不足的问题,避免了因定位不准导致的无人机撞击事件。

（七）安全保障措施

由于无人机编队表演涉及大量的无人机同时飞行,安全保障是最大的挑战。目前,许多无人机编队表演采用了传感器双备份、多冗余设计的智能无人机,以及专属实时通信网络,确保在多种环境下安全飞行。此外,通过前期空域报备和设立电子围栏保护区域,确保编队飞行的合法合规。无人机编队表演的原理涵盖了从基本飞行控制到高级定位技术的多个方面。这些技术的综合应用使得无人机能够按照预设的图案和动态进行精确的编队飞行,同时也确保了表演的安全性和可靠性。随着科技的不断进步,无人机编队表演将会越来越普及,并在未来的各种活动中扮演更加重要的角色。

（八）旋翼无人机编队系统

四旋翼无人机编队控制系统:该系统采用分布式编队控制方法,利用图论法构建编队模型,并设计基于扩展卡尔曼滤波器的位置估计方法。通过领航者与跟随者的策略,实现四旋翼无人机集群的编队飞行。硬件与软件架构,系统硬件包括 GPS 室外定位模块、树莓派 3B＋板载计算机等;软件方面基于 FREERTOS 和 ROS 框架设计,实现编队指令的下达和位置信息的无线传输。

（九）旋翼无人机编队的控制

视觉导航与协同导航:利用视觉传感器实现自主导航,通过无人机间的通信提高导航精度。任务分配与协同规划:运用优化算法分配任务,开发分布式协同规划策略,优化编队性能。编队控制理论与算法:设计基于图论等的编队控制模型,探索非线性控制等方法,增强编队控制的稳定性和抗干扰能力。

旋翼无人机编队系统,可以广泛应用于搜索救援、环境探测、大范围监控等领域,提升执行任务的时效性。

第七章

低空安全是低空经济的底线

　　低空经济的发展涉及低空空域使用安全、低空飞行行为安全、低空数据安全和电磁频谱使用安全，等等。主要包括：确保各种低空飞行器(如无人机、飞行汽车等)飞行时的安全状态，保障地面人员、财产免受低空飞行器可能带来的威胁；低空空域中涉及的国家安全；低空飞行数据形成的空间地理信息安全和经济安全；电磁频谱使用中存在的重大安全隐患等，这些都是需要重视的重要安全问题。安全风险会威胁到低空经济的高质量发展。安全是低空经济发展的底线。

　　安全作为低空经济发展的底线，表现在以下几个方面：

　　(1)低空飞行安全的复杂性。低空飞行涉及众多航空器类型，这些航空器有着飞行高度低、速度慢的特点，容易受到气象条件、地形地貌等因素的影响。城市中的高楼大厦、电力设施等障碍物也会增加低空飞行的难度和风险。此外，无人机黑飞、乱飞等现象时有发生，不仅对公共安全构成潜在威胁，还可能影响民航运输安全，甚至危害国家安全。

　　(2)政策与法规的重要性。为了确保低空经济的健康发展，需要建立健全相关的法律法规，明确低空飞行的准入条件、审批流程、安全责任等，为低空经济的安全发展提供法律保障。同时，制定统一的技术标准和规范，对低空飞行器的设计、制造、运营等环节进行严格监管，确保飞行器的质量和安全性。

　　(3)技术创新与监管体系。随着低空飞行规模的指数级增长，建设智慧的新型基础设施、智能的保障体系和先进的监管体系变得尤为重要。这包括利用先进的技术手段，如无人机反制系统、低空监视雷达等，对低空飞行器进行实时监控，及时发现和处理安全隐患。此外，还需要加强对飞行员和操作人员的培训和管理，增强他们的安全意识和操作技能。

　　(4)社会参与与宣传教育。除了技术和法规的支持，还需要强化宣传教育和公众参与。通过多种渠道，广泛宣传低空经济的安全知识和法律法规，增强公众的安全意识和法律意识。鼓励公众积极参与低空经济的安全监管，发现和举报无人机黑飞、乱飞等违法行为，共同维护低空空域安全。

　　安全，是低空经济发展的底线。只有在确保安全的前提下，低空经济才能实现健康、可持续的发展,为经济增长注入新动能。

第一节 | 低空经济中的飞行安全

低空飞行安全的重要性不言而喻,这不仅是基于低空飞行在低空经济产业发展中的位置,亦是基于其对各个层面深远的、不可忽视的影响。从保障人民群众安全、促进经济稳定发展到维护国家安全,低空飞行安全的重要性体现在诸多方面。

保障人民群众安全是低空飞行安全最重要的考量之一。无论是民用航空飞行,还是使用无人机执行特定任务,其直接目的是为人们的生活出行提供便捷。伴随飞行领域的扩展,低空飞行的参与者也日益增多,大量飞行活动几乎成为人们日常生活的一部分。无论是机场、大型体育场,还是公园上空,低空飞行频繁出现。飞行安全要保障人民生命安全,避免碰撞事故的发生。一旦发生意外,遵循"安全先行"的原则,将第一时间开展搜救和医疗救援,努力保障人民群众的生命安全。基于现有的航空科技,如今的低空飞行已具有诸多预防事故的技术手段,如无人机的自主避障系统、航空器的集成导航系统等,这些都可以为低空飞行提供安全保障。

低空飞行安全对于促进经济稳定发展同样重要。在城市化水平不断提高的今天,无人机及其他低空飞行器在许多领域内都有着广泛运用,如农业、城市物流配送、基础设施巡检维护等,有着可观的经济效益。多种飞行器的应用提升了任务执行效率,缩短了人员劳动时间。此外,低空飞行不仅促进了基础设施建设,促进了经济的增长,也加速了城市化进程,但若不重视飞行安全,风险隐患可能带来负面效应。例如,交通拥堵、人员伤亡事件可能造成经济损失,无人机在机场附近飞行不当,可能对航空业造成危机。因此,在追求低空经济发展的过程中,必须重视低空飞行安全问题,作为保障基础前提,坚持绿色发展,避免潜在的安全事故对经济造成损害。

低空飞行是否安全,还直接影响到国家利益的保障和国防军事的可靠性。国家安全在低空领域主要表现为反恐防恐和国防安全。针对无人机、无人驾驶等低空飞行器的不断发展,国家层面需要进一步健全法律法规,明确飞行规则,赋予相关机构相应的监视权和管理权。低空飞行安全存在的威胁,可能直接影响国家和地区的安全与稳定,与此同时,低空飞行所具备的监测与预警能力为国家安全提供了技术支持,尤其是在国防军事中尤为重要。在海、陆、空多领域中,低空飞行的安全管理更为复杂,但有效规避潜在风险,加强安全保障对于维护国家安全具有重大意义。

从人民群众安全、经济稳定或国家安全角度来看,低空飞行安全的重要性都表现在保障人民生命财产安全、促进低空经济健康稳定发展以及维护国家安全这三大核心价值。因此,要重视低空飞行安全,确保在经济快速发展的同时真正实现"安全发展"。

一、低空飞行安全对低空经济的影响

低空飞行安全措施对于提升低空经济整体安全性具有显著作用。通过采用先进的航电系统、通信导航技术和预警系统,低空飞行产业能够在很大程度上预防和减少各类飞行事故。以无人机和无人机系统(如多旋翼无人机或有人驾驶航空器)为代表的低空飞行器,随着技术的发展而变得更为复杂,需要更先进的安全措施来保障其飞行安全。当前的低空飞行安全技术已能提供有效的飞行安全保障,如航空器自主避障系统、无人机的安全飞行控制软件等,这些技术不仅能降低意外的发生率,还能有效提升飞行的可靠性。

在提升低空经济产业发展安全性的同时,低空飞行安全措施还能够促进低空经济活动的进一步发展。无人机的应用广泛,不仅提升了特定任务的执行效率,缩短了相关人员的工作时间,而且还能大幅降低人力成本,这对航空业特别是通用航空领域来说是巨大的优势。无人机在会议布展、物流配送乃至应急救援等领域的成功应用,使得越来越多的企业开始重视无人机技术提供的前瞻性动能。此外,高效安全的无人机在城市消防、灾害救援、农业监测及公众服务方面强化了航空业的基础设施,不但加速了城市化进程,也促进了航空运输经济的进一步增长。

维护低空飞行安全还能够有效缓解低空经济由于突发事件带来的负面影响,如在自然灾害或突发事件下快速响应,快速开展救援行动。在极端天气、飓风、洪水等情况下,先进的低空飞行安全技术能够帮助航空业更好地进行应急响应,精准提供必要的报警信息、救援力量或者物资保障。通过将这些信息与地面救援机制无缝对接,最大限度地减少人员伤亡和财产损失。此外,低空飞行器在灾后救援中的快速响应能力,能在第一时间完成空中侦察、物资搬运与运输,这对灾后重建和救援具有显著的推动作用。

二、低空飞行安全对公共安全的影响

低空飞行安全对公共安全具有很大影响,具体体现在保障人们的生命财产安全、减少潜在的公共安全隐患及提升整体社会的安全水平上。随着低空飞行活动日益增多，确保飞行安全已成为维护公共安全的关键环节。

首先，低空飞行安全直接关系到人民群众的生命财产安全。各类针对公共区域的低空飞行活动，如机场、体育场馆以及公园上空的无人机飞行活动等，其带来的安全隐患不容忽视。制定严格的安全规范和操作流程，可以有效预防飞行事故的发生，降低潜在风险。

其次，低空飞行安全措施能够显著减少公共安全隐患。全新的航空科技为低空飞行提供了诸多安全保障手段。先进技术的应用不仅提升了飞行的可靠性，还大幅减少了碰撞事故的可能性。此外，对于大型地面飞行活动，如无人机的飞行训练或航线规划，相关部门需细致研究飞行路径，确保与地面活动协调一致，防止飞行器与潜在地面设施发生冲突。在各类飞行活动前进行详尽的风险评估与应急预案的制定，进一步降低事故发生概率，保障公共安全。

再次，低空飞行安全对于提升公共安全的整体水平至关重要。在提升个人与群体安全的同时，低空飞行安全还承担着监督与预警的任务。借助无人机等低空飞行器的机动性和高效率，可以对特定区域进行全面的监测和巡查，及时反馈潜在的安全隐患。例如，无人机在区域巡逻、紧急事件处理或环境监测等方面的应用，能够迅速发现安全问题并及时处置，为更广泛的公共安全服务。

最后，低空飞行安全亦是维护社会稳定的重要保障。低空飞行的不当操作可能会造成交通拥堵或引发公共安全事故，对公众日常出行造成不便。因此，需要加强对低空飞行活动的严格管理，规范操作流程，避免安全隐患转化为社会问题。此外，加强公众的安全意识教育，引导个人和团体正确使用低空飞行设备，可以减少因不当使用带来的风险。有效的飞行安全教育和宣传策略有助于增强公众自我保护意识，共同营造安全的低空飞行环境。

三、低空飞行安全受到设备技术影响

现有低空飞行设备的技术水平和性能在一定程度上影响了飞行的安全性。在技术方面，低空飞行设备包括传感器、通信系统、飞行控制算法等诸多部分，每一部分的技术局限都对整体飞行安全产生影响。传感器精度是低空飞行设备面临的重要挑战之一，现有传感器在检测微小障碍物或识别目标时的准确性有待提高，尤其是在低光照、复杂背景等条件下，传感器精度的不足可能增加飞行器与障碍物发生碰撞的风险。

低空飞行设备的通信稳定性也是制约因素之一。高空飞行普遍采用的通信方式,在低空环境中可能面临更多信号干扰,未能实现可靠、稳定的通信连接。特别是在无人机密集的公共区域内,多个飞行器之间的频段冲突和干扰可能进一步增加通信系统的负担。为了解决这一问题,开发抗干扰和自适应通信算法,以及引入更先进的通信协议,是提升通信稳定性的有效途径。

飞行控制算法的优化升级也是低空飞行设备面临的技术难题。当前主流的飞行控制算法通常基于传统的传感器数据处理和预测模型,难以应对突发状况,且对复杂环境下路径规划的支持程度有限。随着机器学习和人工智能的发展,通过引入深度学习等高级算法,可以更精准地预测飞行路径,提高应对突发状况的能力。

综合上述分析可以看出,虽然当前的低空飞行设备已在很多方面展现了出色性能,但传感器精度不足、通信稳定性差以及飞行控制算法的局限性都是亟待解决的问题。通过技术创新,大幅度提升传感器精度、优化通信系统、开发更加智能化的飞行控制算法,将有助于显著提高低空飞行的整体安全性。

四、科学管理规划低空空域

当前,低空空域管理由中央空管委总管,具体职责在省市县三级地方政府,随着低空飞行活动不断增多,由军民航、交通、公安等共同采取"一空多方"的管理机制,有待于尽快形成,其运行机制是否能够适应实际需要,还有待于检验和完善。《低空空域基础分类方法》是最新发布的低空空域划设管理标准,为低空飞行活动提供了充分的依据。但是,在人口密集区域,缺乏有效的空域隔离措施可能导致多个飞行器同时飞行,增加了发生碰撞事故的风险。另外,空域划分上存在的不连续性也可能导致飞行器在飞越边界时难以及时获取新的空域信息,影响飞行效率与安全。所以需要"一空多方"加强协同,科学规划和管理低空空域。

在空域使用效率方面,传统模式下的空域管理方式未能充分释放空域资源的潜力。在一些区域内的空域管理存在固定时间封锁的现象,即便在实际飞行需求较低的情况下,空域仍被大量占用。这种方式不仅降低了空域利用率,还对低空飞行器的正常运行构成巨大的压力。特别是在节假日和大型活动期间,这种现象将会更加明显。此外,空域动态调整机制不完善。无人机飞行往往需要在短时间内调整飞行计划以应对突发情况,但现有系统缺乏及时响应能力,导致资源浪费和安全隐患的增加。

为提高飞行安全,科学合理的空域规划变得至关重要。空域分类管理是解决问题的关键。2023年12月,中国民用航空局发布《国家空域基础分类方法》。不同类型的飞行区域可以根据其功能特性再进行明确界定,如机场禁飞区、人口密集区和应急响应区等。这些功能性的空域划分可以有效减少低空飞行器与重要基础设施之间的冲突,从而降低飞行安全事故的发生率。同时,各个区域需要制定详细的分类标准,可以更好地指导飞行器在空域选择和飞行路线规划时做出合理决策,提升飞行安全性。

在空域动态调整方面,需要建立一套灵活的空域管理机制,以适应不断变化的飞行需求。利用先进的地理信息系统和实时数据分析技术,可以实现对空域占用情况的动态监测,为飞行器提供精准的信息支持,帮助飞行器及时调整飞行计划,有效规避潜在风险。此外,通过移动通信技术和其他智能网络手段,可以使飞行器在飞越边界时能够迅速获得最新的空域信息,保证飞行安全。

充分发挥人工智能技术优势,优化空域资源配置。在确保各种飞行器安全运行的前提下,优化资源配置能够最大限度地提高空域利用率。例如,通过开发动态飞行路径规划算法,能够在保障安全的前提下灵活调整飞行轨迹,大幅提升整体运行效率。同时,引入人工智能技术,构建智能调度系统,可以对复杂的飞行需求进行高效处理,实现资源的合理分配。此外,提供更加明确的空域使用指南与操作规范,有助于飞行器高效利用现有空域资源,降低飞行成本。

为解决上述问题,对低空空域进行更加高效科学的管理与规划。首先,加强相关部门之间的协调与合作,确保各个环节的工作衔接顺畅,共同推进空域管理的现代化进程。其次,建立健全相关法律法规体系,明确各方的权利与义务,保障空域管理有序进行。最后,注重技术支撑体系建设,推广使用先进的空域监测与管理系统,提高空域管理的智能化与自动化水平,以适应不断变化的飞行环境。

五、人员技能不足带来低空飞行安全风险

在低空飞行中,无人机操作员的技能水平至关重要,其不足之处直接影响着飞行的安全性与效率。当前,多数操作员在专业知识和技术技能方面存在不足,主要体现在理论知识的缺乏、实际操作能力不强、应对突发情况的经验不足以及对新科技应用的适应性不高。这些问题可能导致操作员在执行任务时出现判断错误,加大了飞行的风险。

在理论知识方面,许多操作员在飞行原理、气象知识、飞行器结构及系统工作原理等方面的认识存在明显的短板,对复杂环境下的飞行规则和应对策略的理解并不充分。这些不足可能使得他们在面对突发情况时,难以采取正确的应急措施,增加了飞行事故发生的概率。

在实际操作能力方面,操作员的经验和技术熟练程度存在较大差异,部分操作员在长时间操作中因疲劳而产生的注意力分散,以及因缺乏专业训练导致的应对能力不足,这些问题均可诱发飞行事故。特别是在高密度飞行区域或恶劣天气条件下,若单一操作员的专业技能不足,事故风险将进一步增大。

应对突发情况的经验不足也是无人机操作员的一大薄弱环节。例如,在紧急避障、故障处理、突发天气变化等状况下,操作员常常缺乏相应经验,无法快速做出正确判断,因此在这些情况下,唯一可行的措施往往只能依靠冗余系统,这进一步在资源上消耗了系统性能,进而增加飞行失败的概率。

无人机操作员对新科技应用的适应性也不高,尤其在快速迭代的科技发展环境下,操作员需要不断学习和掌握新的飞行技术和操作方法,然而由于培训资源的限制和技术应用的不确定性,这一挑战往往被视作不可逾越的鸿沟。为此,一些操作过程中产生的错误更可能源于技术解决方案与操作员经验的不匹配,由此导致的飞行系统稳定性降低,更可能增加飞行事故的风险。

提升无人机操作员技能的有效途径包括建立严格而全面的培训体系。这应涵盖飞行原理、气象知识、机体状态监控、系统操作、故障排除、载荷和环境适应性、法律法规等方面,旨在使操作员具备理论知识和操作技能,能够在各种复杂环境中安全高效地执行任务。同时,通过模拟器和实地训练,操作员可以模拟减少安全风险的环境,有效提升其应对各种突发情况的能力。

此外,强化操作员的安全意识和责任意识,树立良好的职业道德和诚信理念。操作员应意识到自己在飞行安全中的重要角色,维护各方利益。持续跟踪新技术的发展,前瞻地引入人工智能技术和提升飞行系统的智能化水平,通过对新科技的适应与融合,增强对无人机任务执行的全面理解和控制,最终大幅提升无人机操作员的整体技能水平,为低空飞行安全提供坚实的技术保障和智力支持。

六、天气条件对低空飞行的负面影响

天气条件对低空飞行安全构成了多重且复杂的挑战。不同天气条件下飞行面临的安全风险各异,且这些风险可能直接影响飞行计划的制定与执行。在恶劣天气下,特别是强风、雷暴、降水、低能见度和温度逆温层等气象现象,可能会导致飞行器失去控制,进而引发事故。在此背景下,实施科学合理的飞行风险评估和管理显得尤为重要。

强风是低空飞行中最为常见的危险因素之一。强风在作用于飞行器时,不仅会对飞行器的稳定性造成影响,还可能导致飞行器偏离预设航线,增加飞行碰撞的风险。同时,强风还可能对机场设施和地面设备造成损害,进而影响地面保障工作的顺利进行。因此,基于历史气象数据和实时风速监测系统,通过预测强风造成的潜在飞行风险,可以在不利天气来临前,提前提醒操作员调整飞行计划,择期执行任务或采取其他预防措施,以最大限度地降低飞行事故的发生概率。

雷暴则为低空飞行带来了更为直接的风险。雷暴伴随的闪电、大量雨水和强风会对飞行器及其操作人员构成直接威胁。面对雷暴天气,飞行器应当避免在高湿度环境下执行任务,尽量选择低风险时段,如无雷暴预警的区间和白天时段,以减少被雷击的可能性。此外,雷暴天气背景下,飞行器需要规避地面障碍物区域,以减少突发的颠簸和可见性降低带来的影响。对于地面保障设备而言,雷暴可能诱发电气故障或通信中断,确保机场与飞行器之间的通信畅通就显得尤为关键。

降水天气对低空飞行的安全性构成威胁,因为它会导致跑道湿滑,视线降低,地面能见度和导航精度下降,从而增加飞机失速和导航误差的风险。在降水天气条件下,飞行器的重要任务之一是确保导航设备的正常运行,并在降落或起飞前进行适当的检查与维护。除了影响飞行操作外,降水还可能为跑道和滑行道带来积雪和结冰等安全隐患。因此,低空飞行任务往往需要依据最新的气象预报,采取合适的地面应对措施,确保跑道的畅通和性能。

低能见度也是低空飞行中常见的一类气象现象,特别是在夜间或雾区,低能见度将严重影响飞行员对客观环境的感知。在能见度降低的情况下,飞行器需依赖地面导航系统或其他辅助设备进行着陆或起飞操作。此外,低能见度还可能引发空中迷航,增加飞行员根据错误信息操作的风险。为应对低能见度,飞行器通常配备有自动着陆系统或先进的导航设备,以辅助飞行员在特殊气象条件下安全着陆。

在气象预报和实时监测方面,利用现代技术,如雷达系统和气象卫星,可以及时获取天气变化的信息。飞行器可以根据这些数据做出更精确的预判并调整飞行计划,从而提高飞行任务的安全性。此外,成熟的气象预报系统能够提供详细的天气报告,帮助操作员了解当前天气条件及未来的趋势,从而提前做好相应的准备措施。

七、国内外低空飞行安全法规现状

国内低空飞行近年来得到了迅速发展,各类无人机,如多旋翼无人机、固定翼无人机等逐渐普及。自党的十八大以来,国家对低空飞行器行业制定了一系列的法律规范和标准,如《无人驾驶航空器飞行管理暂行条例》《民用无人驾驶航空器系统分类及分级》等。然而,尽管宏观上制定了一系列的规章,在具体执行时仍存在问题。有的地方标准不统一,执行力度难以一致,规定落实存在难度。国内公众对低空飞行风险的认识普遍不足,对于无人机飞行可能带来的安全问题的认识和防范意识偏低,这都对飞行安全构成了一定的威胁。

国外尤其是欧美国家在低空飞行上有着比较成熟的法律体系和行业标准。20世纪90年代,美国就开始尝试将无人驾驶航空器应用于军事领域,并逐渐推广至民用市场。在法规方面,美国联邦航空管理局(FAA)制定了详细的操作规定,确保无人机在特定空域内的安全飞行。欧盟同样出台了相应规则,较为完善的法规体系使得低空飞行更加规范和安全。在技术方面,国外的无人机及其配套设备长期处于领先位置,先进的传感器技术和数据分析能力使低空飞行安全得到了有力保障。

在技术层面,欧美国家在人工智能和大数据应用、自适应飞行控制、高效能源供给等方面走在世界前列,不仅显著提升了无人机的安全性和可靠性,还有效减少了不必要的飞行延误和事故。此外,欧美国家的空域管理体制机制也相对成熟,能够高效地协调大量飞行器的活动,保证飞行安全。在法规标准方面,欧美国家在合规性和执行力上也处于领先地位,在开放空域的同时确保了安全监管到位。与之相比,国内法规体系相对不够完善,空域分配存在混乱,法规执行力度参差不齐。不过,国内在装备智能化和高精尖科技发展方面仍有巨大潜力,且市场正在逐渐加强对低空安全的重视。

国内低空飞行的法规标准较为不统一,各地做法不一,可能导致操作规范不一致。此外,由于公众对无人机安全知识缺乏了解,安全防范意识不足,可能引发航空器与地面设施的碰撞事故,或地域性矛盾冲突。技术手段在提升低空飞行安全性方面有很多成果,但与发达国家仍存差距。法规执行不够严格也可能成为影响低空飞行安全的重要因素。此外,空域划分的模糊和碎片化问题进一步加大了飞行安全管理的难度。

八、低空飞行安全对生态环境的影响

低空飞行活动对生态环境的影响日益成为关注的焦点。首先,从噪声污染的角度来看,飞行器产生的噪声会对动植物造成直接的影响。在低空飞行器常态化的飞行下,局部环境的静谧性遭到破坏,噪声增加不仅会对鸟类、昆虫等野生动物惊扰,还可能干扰其正常的迁徙和繁殖行为,进而影响生态系统的平衡。此外,长时间暴露在高噪声环境中的野生动物可能会出现应激反应,甚至栖息地选择和觅食行为也会发生变化。对人类居住区而言,噪声污染也会降低生活品质,并影响人们的心理健康。

其次,低空飞行活动还会引发电磁干扰,进而影响生态环境。电磁波对飞行器的导航和通信系统至关重要,但电磁波也会对地表生物的电子设备和神经信号产生干扰。电磁干扰现象涉及无线通信干扰、电子设备受损、生物神经系统被干扰等多方面。高频电磁波可能影响植物细胞内的电解质溶液和生物神经信号传导,使植物和动物成为电磁波作用的对象。同时,过高的电磁场强度可能干扰动物对温度、湿度等环境因素的感知,从而影响它们的行为模式和生存策略,进一步影响生态系统的稳定性和生物多样性。

为了确保低空飞行安全与生态环境保护之间的平衡,需要采取多种措施以减轻低空飞行对环境的影响。优化飞行路径是其中一种有效方法。通过高科技手段提前了解飞行区域内的地形、植被和野生动物栖息地等信息,制定科学合理的飞行路径,尽量避开敏感的生态环境区域,减少对动植物的影响。例如,建立飞行线路数据库,将高危生态环境区域标出,指引飞行人员避开这些区域。

此外,合理限制飞行高度也是保护生态环境的重要措施。飞行器的飞行高度直接影响到生态系统的表面辐射、声音传递和电磁场作用等各个方面。通过法律法规明确飞行高度限制,并严格执行监控,可有效降低对生态环境的影响。严格的飞行高度限制要求低空飞行器在一定高度范围内飞行,减少对空气、地面和水体的干扰。实施飞行高度的动态调整策略,可根据不同飞行对象和地区的需求,适时调整限制标准,以实现最大限度的环境保护。

加强环境监测同样对于确保低空飞行安全至关重要。建立全面的环境监测体系,定期对飞行区域内的生物多样性、空气质量、水体和声环境等进行分析与评估,及时发现潜在风险并采取措施。配备先进的环保监测设备,如噪声监测仪、大气监测站和电磁场监测器等,实时监控飞行活动的环境影响。同时,构建信息化平台,将监测结果准确记录并公开,便于相关人员及时获取信息并据此调整飞行规划。对于存在风险的关键区域,应定期进行深入调查,以确保生态系统的持续健康和动态稳定。

在整体生态环境保护层面,应通过跨行业合作共同推动。鼓励高校、科研机构与相关部门之间的合作研究,共同开发绿色飞行技术,如低噪声发动机、无人机电动飞行器和先进的电磁干扰防护装置。在这些领域内进行技术研发与应用,既能提升飞行器的环境适应性,又能确保飞行过程中的低噪声和低电磁干扰水平。高层管理者也应该建立战略合作关系,通过共享资源与信息实现共赢。联合立法机构和监管机构共同制定一套全面的飞行环境治理政策与操作规范,涵盖生态保护、噪声控制和电磁波管理等多个方面，为低空飞行安全与生态环境保护之间的平衡提供坚实的保障。

第二节｜低空经济中的国家安全

在国家领空内，不同高度的空域属于不同的管理范畴。低空空域作为接近地面的空间，对于飞行安全和国家的安全至关重要。

一、低空空域的国家主权原则

国家对低空空域的主权是基于领空主权原则而确立的。低空空域作为国家领空的重要组成部分，国家拥有对该空域内的所有飞行器进行监管和规定的权利。低空空域的主权包括制定具体飞行标准、规范飞行活动以及必要时限制或禁止飞行，以保障国家安全，维护公共利益，促进航空业和相关行业的发展。低空空域的国家主权不仅具有主导性作用，还能有效防止潜在的空中威胁，包括侦察、干扰、破坏等活动。

根据国际航空法的相关规定，国家有权对低空空域内的飞行器进行管理和规范其活动，以确保国家安全。这一主权的行使依赖于国家制定的法规和管理办法。国家在规定低空空域的高度、使用条件以及涉及空域的飞行活动时，必须充分考虑安全和管理的需求。具体而言，国家在制定法律时通常会设定无人机、小型飞行器和其他低空飞行器的有效监视和控制机制，以防止这些飞行器被用于非法用途。

在低空空域的航空管理中，国家需要确立相关标准和规范，明确各种飞行器进入该空域的前提条件。这些标准包括飞行器的类型、大小和飞行速度，以及必须遵守的安全协议和应急措施。通过设定详细的技术标准和飞行限制，国家可以在一定程度上减少低空空域内飞行器的潜在风险，并确保飞行活动的安全有序进行。

国家对低空空域实施严格的控制管理，包括地面和空中监测系统，确保飞行秩序和安全。这要求利用先进的技术手段，形成全方位的监控网络，包括雷达和红外传感器，实时识别和追踪任何未经授权的飞行活动。同时，国家还建立紧急响应机制，以应对可能发生的空中事故或违规行为。通过这些措施，可以及时发现并迅速处置潜在的安全隐患，有效保障国家安全和公众安全。

二、防范非法飞行活动

非法飞行活动对低空空域安全,尤其是国家战略设施安全、重要基础设施安全等构成潜在威胁,必须制定有效的识别与预警机制,确保低空空域的安全运行。首先,识别非法飞行活动需要依赖一套综合性的监测系统。无人机"黑飞"被视为非法飞行活动的典型表现形式,在实际操作中,地面监测系统利用雷达、红外传感器、声呐设备和视频监控摄像头等技术手段,实现对低空空域的实时监控。这些设备可以识别无人机等航空器的飞行轨迹和高度,并收集关键信息,如飞行器型号、飞行数据以及飞行过程中产生的特征信号。通过将收集到的数据与已注册飞行器的数据库进行比对,可以迅速辨识出未经授权的飞行器,实现早期识别与预警,从而提前消除安全隐患,解决安全问题。

通用航空飞行活动识别侧重于高风险飞行活动的预防。为此,通过构建一个综合飞行计划管理系统,包含飞行计划申报、飞行动态跟踪、违规行为监控和应急处理等模块,能够有效提升非法飞行活动的防范能力。国家鼓励所有飞行员、航空俱乐部以及相关服务机构及时通过平台提交飞行计划,并提供详细的航线信息与飞行时间。这些申报信息将被输入飞行计划系统中,进行实时更新。一旦发现有飞行计划系统中的未授权航线、未申报飞行计划或超出许可使用范围的飞行活动,系统将自动发出预警,并通知相关部门立即采取措施。此外,在飞行过程中,地基雷达及跟踪系统实时监测,一旦检测到异常轨迹,则进行告警处理,协助执法人员尽快锁定可疑目标。

为提升识别与预警机制的效能,先进的技术手段被广泛应用于低空空域管理。首先,结合人工智能算法与大数据分析技术,构建全天候监控预警平台,能够对大量飞行数据进行实时处理与智能分析,识别潜在的风险行为模式。其次,高空无人机也用于识别不明飞行,它们能更全面地覆盖低空空域,通过搭载高清摄像和传感器,捕捉飞行器信息。一旦发现疑似异常飞行模式,无人机能够迅速将具体位置和详细飞行数据传输回地面指挥中心。最后,依托地理信息系统(GIS)技术绘制低空飞行地图,将各种航空器飞行轨迹在地图上进行可视化展示,有助于分析飞行行为。

国家在建立监测预警机制的同时,也通过法律和技术手段构建起一套严密的防范体系。首先,通过完善相关法律法规,如《航空安全条例》和《无人驾驶航空器飞行管理暂行条例》等,明确各类飞行器的飞行要求、飞行许可申请流程及违规行为的处罚措施。例如,对于无人机"黑飞",要求所有无人机必须登记注册,并在特定区域飞行时携带飞行标识卡。同时，未申报、未经许可擅自飞行的后果计入个人飞行记录以备审查，对多次违规者将纳入黑名单。再如，一般航空器飞行许可申请需提供详细的飞行方案、航线申请及风险评估报告，以确保其飞行任务不与公共安全及其他飞行活动产生冲突。

为了进一步强化预警机制的准确性，国家还建立了与航空服务企业、制造商和导航设备供应商等多方合作的机制。这些企业提供的信息技术和通信设备不仅提高了预警系统的智能化和自动化水平，还为地面监测人员提供了更加详尽的数据支持。例如，无人机飞行管理系统拥有精准的自动避障和安全降落功能，便于识别异常飞行行为。此外，通过建设低空飞行网络基础设施，如专用无线电通信网络，实现地面和空中信息快速传递，便于各相关部门及时把握飞行信息，迅速响应各类应急事件。

三、保障低空基础设施安全

城市中的高楼大厦、电力设施等重要基础设施在低空经济的发展中扮演着至关重要的角色。为确保低空飞行活动的安全性，必须对这些基础设施进行系统性的安全风险评估。评估飞行路径是否经过合理的规划、操作人员是否具有合法资质、飞行器与其他飞行设备可能存在的物理碰撞风险、飞行器是否携带病原体或危化品，以及飞行器是否具备应急救援配合的能力。

在低空经济中，进入城市区域的飞行器，特别是体积较大、噪声较高的飞行器，与地面建筑物之间的物理冲突极为常见。规划飞行路径时，必须慎重考虑飞行器的高度、速度和飞行路线，确保与邻近的建筑物保持安全距离，避免造成损害或安全隐患。此外，电力设施作为基础设施中的关键部分，其安全防护尤为重要。电力设施往往位于电网、通信线路以及线路塔架等基础设施区域，这些设施可能遭受来自飞行器的干扰或潜在危害，如飞行器的残骸或飞行过程中遗落的物品可能造成电力线路短路，对电力系统的稳定性和安全性构成威胁。

还要考察飞行器是否配备了先进的安全保障和技术系统，例如电子围栏、智能避障系统以及飞行监控系统等，这些都是防范低空飞行器与地面设施发生碰撞的重要措施。同时，操作人员的合法资质和培训也是关键因素之一，操作人员应通过严格的资格认证程序，并定期进行复审和培训，以确保他们在执行飞行任务时具备必要的技能和知识。低空飞行器的应急救援配合能力，是指在低空飞行器出现紧急情况时，能够迅速与地面的应急救援力量进行有效沟通和协作，以确保飞行器及其载人人员的安全。这不仅需要飞行器本身具备自主决策和应急处理能力,还要求其操作人员具有较高的应急响应意识和专业技能。

为确保低空基础设施的安全,低空飞行管理系统应被充分利用,规划实时监控飞行路径,优化飞行计划,并在必要时进行飞行路径修正,避免与地面设施产生冲突。对基础设施进行必要的技术改造,例如安装雷达反射器或是加装防护网,也是降低潜在风险的有效手段。此外,安全法规和相关标准也是保障飞行安全的重要组成部分。通过这些法规和标准,对飞行器的设计、制造、运营以及维护等方面进行全面管控,从而确保低空基础设施的安全和稳定运行。

四、国家安全风险监测与预警系统

国家安全风险监测与预警系统应被视为低空经济安全发展的重要支撑。它能够实时监控低空飞行器的活动情况,及时发现威胁并发出预警,以有效防止无人机"黑飞""乱飞"等行为对国家安全构成的潜在风险。系统的设计与运行需以科学严谨的态度为准则,确保低空飞行安全的同时,增强公众的安全意识,形成全社会共同维护国家安全的良好氛围。

为建立完善的国家安全风险监测与预警系统,首先需要优化传感器网络。传感器网络应覆盖广泛,包括雷达、电子围栏、高清摄像头等,确保能够覆盖低空区域的每一个重要地点,实现全方位监测。充分利用边缘计算设备,在通信底层实现融合数据通信,各传感器相互协作,通过数据共享与实时交流,确保信息的及时传递和准确判断。

其次,需建立实时监控平台。该平台应具备强大的数据分析功能,能够对收集到的海量数据进行高效处理,分析飞行器的飞行轨迹、高度、速度及行为模式等信息,识别潜在威胁并发出预警,人工智能技术应被运用其中。实时监控平台需与飞行器管理系统紧密配合,确保飞行器的导航路径安全,并实时调整飞行计划。

此外,监测系统应设置预警机制。通过配置特定的阈值,进行分级分类计算处理,一旦监测到超出预定范围的行为,如低空飞行器未经授权进入关键区域,系统将即时触发预警信号,相关部门通过紧急响应机制迅速通知并采取行动。预警机制可以分为三个等级:低风险预警、中风险预警以及高风险预警,根据风险程度采取不同的应对措施,以确保快速响应。

在系统运行的过程中,要定期进行技术升级与维护。技术升级包括对软硬件的技术更新以及对系统算法进行优化,确保系统性能能始终处于最佳状态。同时,应定期对传感器网络和监控平台进行维护和检修,确保其稳定运行。系统应有应急预案,在遇到重大技术故障或系统性问题时,能够启动应急预案,保障系统不受干扰。

　　构建公众参与机制是提升国家安全风险监测与预警系统效果的关键。通过多种渠道广泛宣传法律法规和安全知识,加强公众对系统重要性的认识,鼓励公众积极参与监测工作。公众可以通过手机应用程序、社交媒体等方式报告疑似违规飞行行为,数据收集后由系统进行核实并发出预警。公众参与不仅能扩大系统的监测范围,还能增强公众的安全意识,形成良好的社会监督氛围。

　　通过优化传感器网络、建立实时监控平台、设置预警机制以及建立公众参与机制,形成一套科学完善的安全风险监测与预警系统,对保障低空经济的安全发展,尤其是维护国家安全具有重要意义。

五、低空安全应急响应与处置机制

　　在低空经济发展过程中,可能面临各种突发事件,这些突发事件可能会威胁到国家安全和公共安全。因此,建立有效的安全应急响应与处置机制至关重要。

　　首先,建立科学合理的应急响应流程有助于迅速有效地应对突发事件。一旦发生低空飞行事故或其他紧急情况,应急响应流程应包括以下步骤:一是接收并确认突发事件信息,由安全管理机构进行初步评估。二是启动相应的应急响应预案,调集资源并进行有效指挥。三是开展现场处置,包括技术支持、人员调度和物资分配。四是及时反馈现场处置情况,并进行后续的数据分析和总结改进。这一流程的实施应由具备专业知识和技术能力的应急管理团队承担,以确保在紧急情况下能够快速响应。

　　其次,在应急处置过程中,关键的技术手段将发挥重要作用。先进的雷达技术和电子围栏系统能极大地提高低空区域的安全防护水平。雷达可以实时监测低空飞行器的位置和动态,确保飞行轨迹准确无误。电子围栏系统则可用于限制飞行器在特定区域内的活动范围,保障重要区域的安全,避免低空飞行器未经授权进入。智能避障系统也是一个关键的技术手段,它可以帮助无人机自动避开障碍物,确保飞行安全。这些技术的应用不仅提高了飞行器的安全性,同时也减轻了人工监控和维护的工作量。

　　公众的参与也是提高应急响应效率的重要途径。公众可以通过移动应用或社交媒体平台报告疑似违规飞行行为,甚至实时跟踪飞行器的位置,协助相关部门确认和处理疑似安全隐患。这种参与机制可以扩大信息采集范围,及时发现并处理潜在的安全威胁。同时,公众依法有序地参与应急管理也有助于增强社会安全感,形成良好的社会监督氛围。

　　为确保低空区域的安全稳定,政府及相关机构应组织定期的联合检查与演练。这有助于发现和解决安全隐患,提高应急响应能力。国家及地方各级政府应加大飞行安全监管力度,确保所有飞行活动始终处于有效掌控之下。企业也需要加强自身安全审查机制,确保运营持续符合相关法律法规的要求。一旦发现问题,应立即开展整改工作,并向上级部门汇报,根据需要及时调整飞行活动。

此外,技术的发展及其应用对于保障低空飞行安全也至关重要。政府部门应支持和鼓励企业开展技术创新和研发项目,推动新产品和新技术的商业化应用,并通过建设和完善相关信息系统,实现对低空飞行活动的有效跟踪和监测。雷达、电子围栏系统、智能避障系统等高科技设备和技术手段的应用,不仅可以提高飞行器的运行效率,也可以提供强大的安全保障,进一步提升低空安全防护水平。

通过完善应急响应流程、引入先进的技术手段以及鼓励公众广泛参与,可以快速有效地应对突发事件,确保低空区域的安全稳定。最终,这不仅有助于维护国家安全、经济和社会的稳定发展,也将促进社会共同维护国家安全的良好氛围。通过各方面措施的紧密协作,可以构建一个安全、有序、协调发展的低空安全环境,保障国家和低空经济的长期健康发展。

第三节｜低空经济中的数据安全

一、飞行数据价值

低空飞行活动形成的空间地理信息数据主要来源于无人机、航空摄影、激光雷达扫描等多种技术手段。无人机通常搭载高清相机或其他专项传感器,通过自主飞行或遥控行驶完成空间地理信息数据采集。航空摄影作为传统的数据采集方法,具备高分辨率成像、直观地反映地表特征以及覆盖范围广等优点。通过固定翼或旋翼式飞行器搭载高性能相机设备,在不同飞行高度和角度下进行多角度拍摄,形成一组或多组影像数据。激光雷达扫描作为一种先进的遥感技术,能够获取高精度的高程信息,并具备在复杂环境下工作的能力,通过激光发射器向地表发射脉冲激光,接收器记录反射回来的信号,计算各测点之间的距离,从而生成DEM(数字高程模型)等三维地理信息数据。与传统的光学遥感相比,激光雷达扫描技术受天气条件影响较小,能够提供更为准确的三维地形数据。这些数据,能够反映自然地理风貌、国家地理状况、各种设施设备分布等,具有极其重要的价值,其安全风险也极高。

二、飞行数据安全风险

在低空经济的发展过程中形成的空间地理信息数据作为关键资源，承载着诸多敏感信息。数据泄露是一个不容忽视的威胁。此类情况通常包括误删除、误传输和误配置等。误删除可能涉及重要文件或大量数据的删除，导致数据丢失；误传输则可能将敏感数据发送到错误的目标或泄露给无关方；误配置可能导致安全设置被绕过，使数据暴露在未授权访问的风险中。在具体的业务场景中，数据泄露的类型多样。文件管理方面，如工作人员在日常操作中可能会不慎误删了包含关键数据的文件夹或文档，导致数据永久消失。数据传输方面，如内部员工在使用电子邮件、即时通信工具或网络存储服务时，可能会错误地将敏感数据发送到错误的邮件地址或收件人，或者误传给外部合作伙伴，从而引发泄密风险。数据配置层面，操作人员可能在设置访问权限时将其设置为公开，从而允许未经授权的用户访问关键信息。误使用云存储服务或虚拟化资源可能导致数据意外公开，增加信息暴露的风险。

针对这些误操作导致的数据泄露风险，应采取有效的预防和管理措施。首先，应加强对员工的数据安全教育培训。通过定期组织培训和测试，提升员工对数据安全的认识，帮助他们识别并避免潜在的风险点。培训内容应包括安全操作准则、文件管理规范、数据传输流程及注意事项、数据存储方法，以及如何正确使用权限设置和安全工具。其次，建立完善的文档归档和版本控制系统。这不仅可以预防误删除事件的发生，还可以还原数据原有的状态。文档管理系统应能够记录所有操作日志，以便追踪和审计任何异常变化。使用版本控制系统有助于管理不同版本的文件，减少因版本混淆导致的数据丢失风险。再者，实施严格的访问权限管理和审查制度。每个员工应根据其职位和工作需求被赋予相应的访问权限，并定期审查和调整权限设置。通过采用双因素认证、身份验证等技术手段确保数据访问的安全性，同时利用审计日志监控未经授权的行为，确保系统安全。

以上是存储与管理数据时有意无意地操作导致数据丢失，带来安全风险。在数据传输阶段，企业应采用加密技术以及传输工具来保护数据在传输过程中的机密性和完整性。对发送的数据进行加密处理，可确保传输内容仅被授权方访问，有效防范中间人攻击和数据篡改。通过外部监控和内部审核机制，可以发现并纠正潜在的错误操作。定期开展数据安全审查和审计，及时发现并处置安全隐患。企业可以通过建立独立的合规审计团队，定期对各项安全措施进行检查和评估，确保合规性。同时，利用事件和日志管理系统实时监控数据处理及传输过程，记录可能的问题以供后续分析和改进。

外部黑客攻击也会导致信息数据泄露，需引起高度重视。黑客利用多种技术和手段进行攻击，通过这些手段获取敏感数据以造成难以估量的损失，包括信息窃取、破坏、篡改和扩散。此类行为带来的后果极其严重。一方面，黑客窃取数据后，这些数据可能被用于身份盗窃、金融欺诈甚至更严重的经济犯罪活动。另一方面，原始数据一旦被窃取，不仅可能导致企业遭受经济损失，还可能引发信任危机，影响企业的正常运营和市场形象。更为严重的是，窃取的空间地理信息数据可能涉及国家安全和隐私保护，一旦泄露，将会带来难以估量的社会影响和法律风险。因此，如何有效防范此类攻击，成为低空经济环境中亟待解决的关键问题。

三、飞行数据的法律法规保护

低空飞行活动形成的飞行数据，特别是空间地理信息数据的安全性，有相关的法律法规加以管理约束。国家和地方层面的规定，其主要内容和作用是确保收集、处理和传输数据的合法性、透明性和安全性，保护个人隐私，避免数据滥用，并确保企业在低空经济中合法合规运营。

国家层面上，《中华人民共和国网络安全法》于2017年6月正式施行，顺应了网络空间安全化、法治化的发展趋势，不仅对国内网络空间治理有重要的作用，同时也是国际社会应对网络安全威胁的重要组成部分，更是中国在迈向网络强国道路上至关重要的阶段性成果。它意味着建设网络强国、维护和保障我国国家网络安全的战略任务正在转化为一种可执行、可操作的制度性安排。尽管《中华人民共和国网络安全法》只是网络空间安全法律体系的一个组成部分，但它是一个重要的起点，是依法治国精神的具体体现，是网络空间法治化的里程碑，标志着我国网络空间领域的发展和现代化治理迈出了坚实的一步。它是我国网络安全和数据保护的重要法律基础之一。该法要求所有网络运营者和参与者在收集、保存、使用、传输个人信息或敏感地理信息时，必须遵循合法、正当、必要的原则。《中华人民共和国个人信息保护法》（2021年11月起实施）进一步细化了个人信息处理规则，强调了数据处理者的责任和义务。该法规定了个人信息的收集、使用、储存、共享、转让的情形，以及数据主体的知情同意权、访问权、更正权、删除权等权利。

地方层面上，各省市根据国家法律法规，结合本地实际情况，制定了一系列实施条例或管理办法。例如，上海市已经出台《上海市数据条例》，旨在规范数据收集、存储、传输和使用，提高数据保护水平。该条例明确规定了数据收集的合法性、正当性原则，要求数据处理者采取必要措施保证数据安全，并建立数据泄露应急响应机制。北京市则发布了《北京市数字经济促进条例》,规定了大数据应用的安全管理、数据安全保护等方面的要求,强调了数据处理过程中个人隐私保护的重要性。

这些法律法规的内容包括:第一,确立了数据处理的基本原则,确保数据处理的合法性、正当性和必要性;第二,规定了数据处理者的义务和责任,包括数据收集、使用、存储、传输、共享等环节;第三,明确了数据主体的权利,如知情权、访问权、更正权、删除权等,以保障个人隐私和数据安全;第四,加强了监管机制,依法查处违规违法行为,保障数据安全;第五,细化了数据处理过程中的技术要求,指导企业合理采取技术措施保护数据安全。

在实施低空经济领域的数据处理时,应确保遵守国家和地方的法律法规。企业应当采取适当的管理措施和技术手段,确保数据处理过程中的合规性,避免潜在的法律风险。企业还应建立内部监督和审查机制,定期审查数据处理活动,确保各项操作符合法律法规要求,从而保障个人隐私和数据安全,促进低空经济的健康有序发展。

四、飞行数据安全的管理保护

在低空经济的发展过程中,确保飞行数据的安全与合规是十分必要的。方法是定期审计与合规检查。企业可以及时发现并解决可能存在的安全隐患,确保数据的安全性和准确性,为低空经济的健康稳定发展提供保障。

首先,定期审计与合规检查有助于企业全面审视数据处理流程和操作,确保所有环节均符合相关法律法规与行业标准。企业可以通过内部审计机构或聘请第三方专业机构,对数据处理活动进行全面审视,检查数据收集、处理、存储、传输和销毁等各个阶段是否符合数据保护的标准。针对不同类型的低空飞行数据,检查相应的数据收集记录、使用权限和数据处理日志是否符合国家或行业数据保护法规的要求。

其次,定期审计与合规检查可以强化企业内部数据安全管理机制。企业应建立系统化的信息安全管理体系,确保所有员工熟悉并严格遵守相关数据保护标准与要求。通过定期组织员工进行隐私保护培训,增强员工的风险防范意识,确保每名员工都能够采取适当措施保护个人数据。定期评估和审查企业内部数据处理操作,确保所有操作符合法律法规和企业内部标准要求,降低潜在的法律风险。通过建立和完善数据权限管理机制,确保只有授权人员可以访问个人数据,增强数据存储的安全性。

定期合规检查对于确保数据处理活动的合规性也具有重要意义。企业应根据最新的法律法规和行业标准制定风险评估计划,从网络信息安全、数据隐私保护和物理安全等多个维度进行全面的风险评估。依据评估结果制定风险控制措施,并通过审计检查核实企业是否实施了相应的风险控制措施,确保这些措施的有效性。通过制定年度或定期的合规检查计划,持续监督数据处理活动,发现并及时解决合规问题,防止安全事件的发生。企业可以选择加入行业协会或参与相关行业的风险评估和合规审查,及时了解最新的安全认证标准和合规要求,促进企业与其他数据处理者在风险管理方面的交流与合作,共同提高整个行业数据处理的安全水平。

通过系统化的安全认证与合规评估,企业还可以进一步提高数据处理活动的安全性和透明度。例如,某数据处理平台通过 ISO/IEC 27001 信息安全管理体系认证,确保在数据处理过程中采取最佳实践来预防信息安全风险。该企业还通过了 CMMI 软件能力成熟度模型的成熟级认证,提升了系统的开发和项目管理水平,从而提高了系统的安全性。采用专业的风险评估工具和服务,可以更有效地识别和评估数据处理过程中的潜在风险,发现可能存在的安全漏洞。

五、飞行数据交易风险与防范

自从进入高质量发展的新阶段之后,我国数字化转型全面提速,"十四五"期间,建设新的产业生态和数字生态。在政策层面,从 2015 年国务院《促进大数据发展行动纲要》到 2021 年国家"十四五"规划和 2035 年远景目标纲要来看,数字化转型已成为国家各项政策战略和大政方针的核心组成部分。在数字政府领域,从 2019 年 4 月 26 日《国务院关于在线政务服务的若干规定》,到 2020 年 6 月 20 日,市场监管总局等六部门关于印发《国家电子政务标准体系建设指南》的通知都表明,数字政府电子政务的建设进入了一个快车道。数据活动的爆炸式发展深度重塑了当代的经济发展、社会治理和人民生活。数据安全也成为涉及国家安全和经济社会发展的一个重大问题。《中华人民共和国数据安全法》在 2021 年应运而生,为数据交易提供了法律基础。

低空飞行数据交易在促进航空领域信息共享与资源优化配置方面具有重要意义,但同时也面临一系列风险。数据安全风险是低空飞行数据交易面临的主要挑战之一。低空飞行数据包含大量的敏感信息,如飞行计划、航线信息、航空器状态等,一旦数据泄露,将给国家安全和个人隐私保护带来巨大威胁。因此,必须采取有效措施加强数据安全防护。首先,采用先进的加密技术对低空飞行数据进行加密处理,确保数据在传输和存储过程中的安全性。其次,建立健全的数据安全管理体系,明确数据处理权限,防止数据被非法访问或滥用。再次,加强数据备份和恢复机制,确保在数据丢失或损坏的情况下能够快速恢复数据,减少潜在风险。

低空飞行数据交易过程中还存在数据质量问题,这将直接影响决策的准确性和效率。低空飞行数据通常有多个来源,如航空公司的飞行计划系统、机场的空中交通管理系统等,不同来源的数据可能存在格式不一致、时间不同步等问题,导致数据难以整合和处理。为此,应建立统一的数据标准和规范,确保数据格式的一致性。同时,应加强对数据质量的监控,及时发现并纠正数据错误,提高数据的准确性和可靠性。此外,应采用先进的数据处理技术,如数据清洗、数据集成等,对低空飞行数据进行预处理,提高数据的质量和可用性。

低空飞行数据交易还存在数据隐私风险,这将影响个人隐私权的保护。低空飞行数据中包含大量个人信息,如飞行计划中的乘客信息、航空器状态中的维修记录等,这些信息一旦泄露,将给个人隐私带来严重威胁。解决此问题,应加强数据隐私保护措施。首先,应遵循相关法律法规,确保数据处理行为符合法律规定。其次,应采用匿名化、去标识化等技术手段,保护个人隐私信息。再次,应建立数据隐私保护机制,明确数据处理权限,防止数据被非法访问或滥用。最后,应加强数据隐私保护培训,提高相关人员的数据隐私保护意识。

低空飞行数据交易还存在数据垄断风险,这将影响市场的公平竞争。低空飞行不同来源的数据可能存在垄断现象,导致某些企业在数据获取和使用方面占据优势地位。所以,应加强数据共享和开放,促进市场公平竞争。首先,应建立数据共享机制,鼓励企业之间共享低空飞行数据,提高数据的可用性和共享性。其次,应加强政府监管,确保数据市场公平竞争。再次,应建立数据开放平台,为企业和个人提供数据获取和服务,促进数据资源的合理配置。

低空飞行数据交易还存在数据延迟风险,这将影响决策的准确性和效率。低空飞行不同来源的数据可能存在时间不同步的问题,导致数据难以实时获取和处理。因此,应采用先进的数据处理技术,如数据集成、数据实时处理等,提高数据的实时性和准确性。同时,应加强数据传输和存储基础设施建设,提高数据传输速度和存储效率,减少数据延迟风险。

低空飞行数据交易还存在数据合规风险,这将影响企业的合法经营。低空飞行数据交易涉及多个法律法规和行业标准,如数据保护法、航空法等,不同国家和地区对数据处理和使用的要求存在差异,可能导致企业在数据交易过程中面临合规风险。为解决这一问题,应加强数据合规管理,确保数据处理行为符合相关法律法规和行业标准。首先,应建立数据合规管理体系,明确数据处理权限和流程。其次,应加强数据合规培训,增强相关人员的数据合规意识。再次,应建立数据合规审查机制,确保数据处理行为符合法律法规和行业标准。最后,应加强与相关机构的沟通和合作,及时了解和掌握法律法规和行业标准的变化,确保数据处理行为的合规性。

第四节 ｜ 低空经济中的频谱安全

一、频谱资源冲突

（一）频谱资源冲突与干扰风险

我们知道,低空电磁频谱用于无人驾驶航空器系统的有三个频段:一是840.5MHz—845MHz,二是 1430MHz—1444MHz,三是 2408MHz—2440MHz。用于低空飞行服务站的频率有两个:122.05MHz 和 129.75MHz。而低空空域复杂多变,各系统设备的频谱使用情况均呈现出较高的不确定性,增加了频谱资源冲突及干扰的风险。频谱资源冲突主要表现为两个或多个系统在特定的时间、空间和频率段内同时使用相同的或相邻的频率带,从而产生互相干扰和互相影响的现象。不同系统设备间的频谱资源冲突不仅影响了各自通信的稳定性和有效性,还在某种程度上削弱了整个空域的运行效率和可靠性。

频谱资源冲突的常见类型包括:

（1）同频干扰。当多个系统设备在相同频率上同时传输信息时,相互之间会出现噪声重叠的状况,严重影响数据传输的质量,容易产生误码率偏高、数据帧丢失等现象,从而导致系统之间无法进行有效的信息交换,阻碍空域资源共享和冲突的解决。

（2）邻频干扰。当两个相邻频率的系统设备同时运行时,会产生一定的能量泄漏,邻近的频率被异频干扰设备所占据,导致信号严重衰减或失真,干扰接收设备接收信号的准确度,延长信息传递的时间。邻频干扰现象不仅会干扰到本地的通信,还可能影响到其他相邻区域的频谱使用。

（3）交叉频谱干扰。低空空域中频繁出现多个频段重叠或相近的场景,设备在使用时容易发生信号交叉,从而引起系统间的互相干扰,导致信号延迟和衰减,影响彼此的通信质量与可靠性,降低空中导航的精确度。

此外,非法干扰也是导致频谱资源冲突的重要原因之一。非法干扰主要来源于非法占用频谱资源、非法发射信号、故意干扰通信信号等行为,其随意性与无序性往往使人工管理与监管变得更加复杂,难以从技术层面进行彻底解决。

在飞行过程中,频谱资源冲突和干扰问题将会严重影响空域的信息交流和指挥决策,进而引发一系列处理不当带来的潜在危险。对于频谱资源冲突及其导致的干扰问题,可以从以下几个方面进行分析研究。

(1)通过实施精细化的频谱规划,合理分配频带资源,以减少不同系统设备之间的干扰。同时,应特别关注频谱规划与实际实施的契合度,通过实施动态调整,适时优化各类租用或借用频谱带的使用安排,寻求尽可能优化调整后可以满足各种通信设备合理使用需求的频谱方案。

(2)逐步推进频谱监测体系建设,利用先进的频谱监测手段,利用频谱环境监测系统实时跟踪分析各种信号的频谱特性,为频谱资源管理提供技术支持。实施高灵敏度侦测装置,及时识别并追踪非法干扰信号,减少设备干扰的风险。

(3)完善频谱使用规定,严格禁止未经许可的设备使用特定频段,从根本上杜绝非法干扰的发生。在全面普及电磁频谱管理系统的同时,进一步细化频段许可和限制。推进频谱管理智能化,引导共享型频谱资源使用,提高频谱使用效率,通过各类管理与技术手段降低非法占用频谱的概率。

(4)利用新兴技术,借助天线和高层反射机制,来提高特定信道的信号强度,以抵抗低空无人机的非法干扰。例如,通过使用定向天线,在特定方向增加信号强度的同时减少其他方向的干扰;或者应用智能天线技术动态调整天线图案,以最优效果传输信号并抑制无用信号。结合大气层反射特性和电磁波传播特性的分析,研发基于离散点阵的蜂窝通信系统,借助不同频率的电磁波进行区域化覆盖,可以有效减轻低空空域的频谱压力。

(5)在低空空域,研究与实施智能频谱动态分配方案,以应对空域环境下的动态干扰。通过针对不同频段的优化配置,实现灵活调整各类通信频带的使用,让其他系统不产生干扰,同时确保必要的带宽需求能够得到满足。

通过这些措施,可以有效降低低空空域内的频谱资源冲突和干扰风险,提高相关系统的通信质量,进而提升整个空域的运作效率与安全保障水平。实现这一目标需要跨学科的技术创新、政策法规的持续完善以及实际应用场景中的应用探索。

(二)频谱资源分配不均的风险

低空空域中频谱资源分配不均问题占据了频谱使用中的重要地位,其风险主要体现在频谱资源冲突、非法干扰和恶意攻击、设备兼容性问题、电磁环境复杂性增加、设备故障和人为操作失误,以及缺乏有效的频谱管理机制等方面。由于各系统设备在低空环境中的频段使用存在极大的不确定性,频谱资源冲突的情况时有发生,进而增加了互相干扰的风险。非法干扰不仅仅指未经许可的设备使用特定频段,还包括了因设备故障或人为操作错误引发的误用,这不仅会大大影响通信质量,还可能造成其他设备的信号受到干扰,甚至威胁到操作的稳定性。此外,不同频段的设备在复杂的电磁环境中可能存在电磁兼容性问题,如果协调不当,进而会引起信号间互相干扰,导致系统间通信质量下降。

频谱资源分配不均还体现在空域内设施的设备故障和操作失误,这些因素都会增加频谱使用的安全风险,诸如数据丢失、误码率增加以及设备无法正常工作等问题,甚至可能引发相关系统的运营事故。同时,缺乏有效的频谱管理机制与判断机制也是不可忽视的因素,一些临时性的频谱资源管理措施并不能完全解决问题。

为解决频谱资源分配不均及其带来的风险,可以从以下几个方面入手:首先,通过实施更加细致的频谱规划,避免不同设备系统在相同频段的重叠使用,降低频谱冲突的概率。此外,制定严格的频谱资源分配程序,禁止非法使用特定频段,构建一套有效的频谱监控机制,及时识别和处理非法干扰现象。根据不同时间段和区域的具体需求,合理分配频谱资源,动态调整频谱使用策略,以适应变化中的电磁环境。其次,加强设备兼容性管理,确保在低空空域中使用的设备能够相互兼容,不易受到电磁兼容性问题的影响。研发和应用先进的电磁频谱管理系统,对频谱的使用进行精细化管理。利用系统监测各个频段的使用情况,评估其对其他系统的影响程度,以保障频谱资源的合理利用。再次,制定严格的频谱使用规定和规章制度,规范各设备的操作行为,严格监控设备的运行状态,确保所有设备都在规定范围内运行,避免非法干扰的发生。同时,加强设备维护检查和远程监控,降低因设备故障引发的风险,提高系统的稳定性和可靠性。利用大数据和人工智能技术,对设备运行状况进行实时监控和预警,一旦发现异常立即采取措施进行处理,确保整体空域的高效运作。此外,推动频谱资源的智能化和技术共享化,通过优化频谱配置,保留现有频段资源的优点,利用新的频谱技术,提高频段使用效率,降低非法占用频谱的可能性。开发多种频率组合使用方案,根据实际需求动态调整频谱使用区域,以实现资源共享和优化配置。最后,考虑实施智能频谱动态分配方案,根据空域环境的变动情况灵活调整频段的使用策略,确保空域内设备之间的信号畅通且相互独立,防止因电磁干扰导致的各类事故。

(三) 频谱资源共享的冲突风险

低空空域中频谱资源共享的冲突问题对通信系统的影响显著。这一问题主要包括频谱资源冲突、非法干扰和恶意攻击、设备兼容性问题、电磁环境复杂性增加、设备故障和人为操作失误，以及缺乏有效的频谱管理机制等方面。

频谱资源冲突在低空空域中尤为突出，这主要是因为各设备系统在低空范围内的频段使用并不固定，导致资源重叠和干扰频繁发生。这种不确定性极大地增加了通信系统的运作难度，降低了系统的整体效率。非法干扰是频谱资源共享冲突中的另一个重要方面。它不仅涵盖了未经许可的设备使用特定频段，也包括了因设备故障或人为操作不当导致的误用。这些非法行为不仅直接损害通信质量，还可能导致系统的不稳定和不可靠。设备兼容性问题同样是一个不容忽视的考量因素。在电磁环境复杂的低空空域中，不同频段的设备可能因兼容性问题产生信号干扰，进而影响通信系统的稳定性和可靠性。

设备故障和人为操作失误同样是频谱资源共享冲突的重要原因。设备故障可能导致系统间信号的相互干扰，进而引发通信中断和其他问题。人为操作失误则可能是在频谱管理过程中产生的不可预见的错误，造成设备的运行误差，增加频谱资源冲突的风险。缺乏有效的频谱管理机制和手段也是解决上述问题的关键挑战之一。目前，频谱资源的管理主要依赖于主观判断和局部经验，缺乏系统性和科学性，难以应对复杂多变的电磁环境。

为解决频谱资源共享的冲突问题，必须通过细致的频谱规划和管理来避免不同设备在相同频段的重叠使用。制定严格的频谱资源分配规定，禁止非法使用特定频段，建立完整的频谱监控机制，能够有效识别和处理非法干扰。根据不同时间段和区域的具体需求，灵活分配频带资源，动态调整频谱使用策略，能更好地适应变化中的电磁环境。加强设备兼容性管理，确保低空空域中使用的设备能够相互兼容，降低电磁兼容性问题导致的干扰。研发和应用先进的电磁频谱管理系统，利用其对各级频段使用情况的监测和评估，以保障资源的合理利用。制定严格的频谱使用规定和规章制度，规范各设备的操作行为，通过严格监控设备运行状态，确保所有设备的稳定运行。加强设备维护检查和远程监控，降低设备故障引发的风险，提高系统的稳定性和可靠性。利用大数据和人工智能技术，进行设备运行状况的实时监控和预警，一旦发现异常立即采取措施，确保系统的高效运转。推动频谱资源的智能化和技术共享化，通过优化配置，提高频段使用效率，减少非法占用频谱的可能性。开发多种频率组合使用方案，根据不同实际需求动态调整频谱使用区域，以实现资源共享和优化配置。考虑实施智能频谱动态分配方案，根据空域环境的变动情况灵活调整频段使用策略，确保设备之间的信号畅通且独立性。

二、非法干扰和恶意攻击

（一）非法干扰检测与防护

低空空域中频谱使用的非法干扰是一个关键问题，它可能源自多种不同的因素，例如未经许可的设备使用特定频段、设备故障或人为操作不当导致误用等。这些非法行为不仅直接损害通信质量，还可能导致系统不稳定和不可靠。因此，识别和防护非法干扰变得至关重要。

首先，对于非法干扰的检测，可以通过多种手段进行。一种方法是利用电磁频谱管理系统来监测各个频段的使用情况，评估其对其他系统的影响程度。系统不仅可以识别非法干扰，还能评估其对通信质量的实际影响。通过分析频段占用数据和信号特征，可以迅速定位问题频段，为及时采取措施提供依据。此外，基于大数据和人工智能技术，对设备运行状况进行实时监控和预警。一旦发现异常，立即采取措施，以使系统恢复正常状态。这种方法不仅可以及时发现非法干扰，还能有效减少其对系统的影响。

为了防范非法干扰，需要采取一系列有效的防护措施。在设备操作方面，应严格执行频谱使用规定和规章制度，确保所有设备都在规定范围内运行。设备的运行状态应受到严格监控，设备维护检查和远程监控系统可以有效降低设备故障引发的风险。这有助于减少因设备故障引起的非法干扰。对于网络安全性，可以采用多种技术手段增强网络安全，例如，加密通信、认证机制和网络隔离。这些措施可以在一定程度上防止数据泄露和恶意攻击，保障系统稳定运行。

进一步，可以通过基础设施建设和增强防护能力，提高低空空域的电磁频谱利用中的安全水平。例如，开发和应用能抵抗非法干扰的通信设备。这些设备在设计和制造时要充分考虑电磁兼容性和抗干扰能力，有效降低设备受到非法干扰的风险。同时，网络环境的优化和防护系统应定期进行维护和更新，确保其防护能力跟上技术发展的步伐。

在法律法规层面上，必须加强相关政策和标准的制定和完善。企业和个人在使用频谱资源时应遵循相关法规和标准，避免非法干扰的发生。制定详细的管理条例和技术规范，如频谱许可制度、频谱使用登记制度等，可以有效规范频谱使用。同时，应建立健全联合监控机制，跨部门协同工作，加大对非法干扰的监控力度。

（二）恶意攻击的应对措施

低空空域中的频谱使用安全面临诸多威胁，其中恶意攻击是一个不容忽视的因素。恶意攻击可以采取多种形式，包括但不限于网络入侵、数据操纵、信号干扰和设备篡改。恶意攻击不仅可能削弱通信系统的正常运作,还可能导致系统故障和数据泄露,对低空空域内各类设备的安全性和可靠性构成重大威胁。因此,识别并有效应对恶意攻击对于维护低空空域的安全至关重要。

恶意攻击的识别依赖于对攻击模式的全面了解及有效的监控手段。网络入侵通常表现为未经授权的访问尝试或数据泄露,通过设置多层次的安全防护策略,监控网络流量和行为模式,可以有效预防此类攻击。数据操纵则涉及有意篡改传输中的数据,可通过加密和认证机制,以及实时的数据完整性检查来防范。信号干扰则可通过频谱监控系统实时监测信号强度和频率干扰情况,以快速定位并采取措施。设备篡改则是指非授权的设备修改或替换,利用设备认证机制和物理保护措施,可以显著降低此类风险。

应对恶意攻击的关键在于采取综合性的防护措施。首先,应加强频谱资源管理机制,严格界定频谱使用的权限与责任,通过实施频谱许可和登记制度,确保所有设备的合规使用。其次,提升设备的抗干扰能力和抗篡改能力。设计和生产过程中应考虑抗干扰性和抗篡改性,同时提供完整的设备维护与更新方案,以增强设备的安全性。再次,建立有效的频谱管理机制,这包括实时监测、分析和响应机制,利用大数据和人工智能技术对各类攻击行为进行预警与处置。

从技术层面来看,电磁频谱管理系统能提供实时的频段使用情况和信号特征分析,有助于快速定位恶意攻击源。通过与智能监控系统结合使用,能够实现自动化的监控和响应,从而迅速应对各类恶意攻击。此外,定期对频谱使用情况进行评估和优化,确保频段使用效率,预防频段之间的相互干扰,也是提高频谱使用安全性的重要手段。

在法律法规层面,制定和完善相关法规和标准对于防止恶意攻击至关重要。政策制定者需关注频谱使用的合规性,确保所有设备和系统的合法运行。详细的管理条例和技术规范,如频谱许可制度、频谱使用登记制度等,可以规范频谱的使用行为,减少非法操作和恶意攻击的风险。联合执法机制的有效运行,跨部门协调监管,可以形成全面的防护体系,加大恶意攻击的监控和打击力度。

通过综合的技术手段和管理措施,可以有效识别并应对恶意攻击,提高低空空域内频谱使用的安全性。这不仅需要技术创新的支持,还需要政策法规的不断完善和严格执行,以确保频谱资源的安全稳定使用,从而为低空空域中的通信和安全提供坚实保障。

三、电子设备兼容性问题

（一）不同设备间的兼容性挑战

不同设备间的兼容性挑战主要体现在低空空域内设备之间的兼容性问题可能导致通信质量下降，信号互相干扰，从而增加频谱使用的安全风险。为了优化设备间的兼容性，首先需要制定统一的技术标准。这些标准应当涵盖设备的通信协议、频段使用、信号强度、信号传输效率等多个方面，确保所有设备在同一频段或相近频段内共存时，仍能保持正常的通信质量。不符合标准的设备应被禁止在低空空域内使用，避免因设备不兼容导致的通信干扰和系统稳定性下降。

在设备运营层面，需要定期进行设备维护。设备的维护与检查对于提升设备间的兼容性起着重要作用。定期检查可以及时发现设备性能退化或故障，采取措施修复，减少因设备故障造成的影响。通过引入远程监控系统，可以实时监控设备运行状态，及时发现和处理异常情况，保证设备的正常运行。此外，设备维护还应包括设备更新和升级，确保设备始终保持最新的技术状态，以适应不断变化的低空空域通信需求。

兼容性测试技术的应用是解决设备间兼容性问题的重要手段。通过进行兼容性测试，可以验证不同设备在实际使用条件下的性能，发现潜在的兼容性问题。在设备开发阶段，制造商应采用兼容性测试技术对设备进行预测试，确保设备设计之初即满足兼容性要求。在设备投入使用后，相关机构可通过频率调配、信号覆盖范围调整等方法进行现场测试，进一步评估设备的兼容性表现。兼容性测试结果应作为设备合规性和兼容性评估的标准依据，只有通过测试的设备才能进入低空空域的运行环境。

在应急处理方面，应建立健全应急预案，以应对因设备不兼容造成的技术故障。当检测到设备间存在兼容性问题时，应立即采取技术干预措施，比如调整频段、优化信号发射策略，以减少干扰。同时，应安排专业技术人员上门检查，分析问题根源，制定详细的技术解决方案，并实施修复措施。通过上述应急处理手段，能够迅速解决设备兼容性问题，保障通信系统的稳定运行。

（二）兼容性测试与标准问题

低空空域中频谱使用的安全隐患及其对策还需要从设备间的兼容性管理角度进行深入了解。频谱资源冲突、非法干扰和恶意攻击、设备兼容性问题、电磁环境复杂性、设备故障和人为操作失误以及缺乏有效的频谱管理机制都是重要的安全隐患。为应对这些隐患，需加强相应的管理和保障措施。

设备间的兼容性问题导致的次生安全风险尤其值得关注。兼容性问题可能引起通信质量下降和信号互相干扰,进而增加频谱使用的风险。因此,制定与应用统一的技术标准至关重要。这包括对通信协议、频段使用、信号强度、信号传输效率等关键参数进行规范,确保所有设备在同一频段或相近频段内共存时,仍能保持正常的通信质量。对于不符合标准的设备,禁止其在低空空域内使用,以免因设备不兼容导致的通信干扰和系统稳定性问题。

设备运营的层面也同样重要。需要定期进行设备的维护和维修,及时发现并修复设备性能退化或故障问题。通过引入远程监控系统,实时监测设备运行状态,进行现场测试,评估设备的兼容性表现。设备维护还应包括更新和升级,确保设备始终处于最新的技术状态,以适应不断变化的低空空域通信需求。兼容性测试技术的应用有助于识别和解决设备之间可能出现的兼容性问题。在设备开发阶段及投入使用后,进行兼容性测试,验证不同设备在实际使用条件下的性能。测试结果应作为设备合规性和兼容性评估的标准依据,确保所有设备都能在低空空域中安全稳定地运行。

在应急处理方面,应建立健全应急预案。当检测到设备间存在兼容性问题时,立即采取技术干预措施,如调整频段或优化信号发射策略,减少干扰。安排专业技术人员进行技术分析,制定详细解决方案并实施修复措施。通过这些应急处理手段,能够快速解决兼容性问题,确保通信系统的稳定运行。

(三)兼容性问题对频谱使用的影响

设备间的兼容性问题不仅会导致通信质量下降,还可能引起信号相互干扰和频谱资源冲突,从而对低空空域内的频谱使用产生重大影响。首先,这些问题可能导致不同设备在使用同一频段时信号频繁重叠,降低通信信道的有效利用率。常见的原因包括频段分配不合理、通信协议不合规范等,这些问题会显著增加频谱资源的使用难度,限制空域资源的合理配置和利用。此外,当合规设备与某些不符合标准的设备共同使用某个频段时,由于两者之间可能存在技术、性能等方面的差异,存在相互干扰的风险。结果是,其整个频谱范围内的通信质量以及稳定性均会受到负面影响,进一步限制了空域通信和安全保障。

为应对这些挑战,制定统一的设备标准是关键。这些标准覆盖了设备的具体性能参数与技术规范,例如频带、信号强度与频率精确度,以及必要的校准方法和程序,可确保所有设备在同一频段或相近频段内共存时,保持通信质量。标准化的制定和实施需要多个利益相关方共同参与,包括制造商、空中管制部门和运营商等。此外,设备运营商还应定期对设备进行维护和检查,以确保其持续符合标准。维护工作包括检查设备工作的稳定性、信号强度、故障率等,并及时更换或修复不符合标准的部件。通过引入远程监控系统,可以实时监控设备运行状态,例如信号强度、频率范围以及设备状态等,这样可以及时发现并处理异常情况,保证设备的正常运行。进一步,设备维护还应包括定期升级和更新设备的软硬件,确保其始终具备最新的技术特性与功能,这有助于适应低空空域通信需求的具体变化。

采用兼容性测试技术也是应对设备兼容性问题的重要手段。在设备的开发和部署阶段,制造商和相关机构可以运用兼容性测试技术来全面验证不同设备在实际使用条件下的性能,以尽早发现和解决潜在的兼容性问题。通过兼容性测试,能够确保设备设计阶段的兼容性需求得到满足,同时又能够提前评估设备之间的协同工作能力。当设备在实际使用中出现兼容性问题时,相关机构可以采取相应的技术和管理措施。例如,进行频率调整、通过布局优化等方式减少干扰,同时安排专业技术人员上门进行仔细的诊断与修复,制定详细的补救措施并加以实施,以恢复或改善设备之间的兼容性。

在应急处理方面,建立健全应急预案是非常必要的。当检测到设备间存在兼容性问题时,应迅速采取措施降低潜在风险,如调整工作模式、优化设备配置和信号发射策略,引入临时解决方案,如调频段、切换信道,以降低干扰程度。同时,安排专业的维护团队进行设备检查和诊断,分析问题根源,制定详细的技术方案,实施修复措施。通过这些应急处理手段,能够迅速解决设备兼容性问题,维护通信系统的稳定性。

四、低空电磁环境复杂

(一)电磁干扰的影响

在低空空域环境中,电磁干扰对频谱使用带来的安全隐患不容忽视。电磁干扰的来源多样,主要包括雷电、通信设备、高压输电线以及各类电子设备等。电磁干扰不仅会降低通信设备的信号强度和稳定性,还可能导致设备间出现误操作,系统性能下降,甚至造成设备损坏。因此,通过科学有效的电磁干扰防护手段来确保设备在低空空域中安全稳定运行,是极其重要的。

电磁兼容设计是防止电磁干扰影响的有效方法之一。在设计通信设备时,应充分考虑设备的电磁兼容性能,选用质量可靠且电磁干扰抑制效果良好的电子元器件。通过优化电路设计,如增加屏蔽措施、采用多层板结构以及合理布局元件,可以有效降低电磁干扰。此外,合理设计射频线缆和天线,使之具有良好的屏蔽效果和适当的配线布局,也是提升电磁兼容性的关键因素。

电磁干扰抑制技术可以进一步减少电磁干扰带来的负面影响。采用滤波技术,对于信号处理过程中产生的高次谐波和瞬态电流进行抑制;使用功率控制技术,通过动态调整发射功率,使信号在合理范围内传输,避免因功率过高造成的电磁干扰;引入动态均衡技术,自动调整信号接收与发射的增益,确保信号的稳定性和准确性。通过这些措施,可以显著减少设备间因电磁干扰产生的信号干扰和数据传输错误,确保通信质量的稳定和可靠。

电磁环境监测与管理同样至关重要。通过自动化设备设置监测系统,实时采集并分析环境中的电磁干扰数据,能够及时发现存在的电磁干扰源,并采取相应措施进行隔离和处理。定期进行电磁环境评估,根据评估结果调整设备布局和使用频段,可以有效减少电磁干扰带来的风险。同时,通过引入先进的电磁兼容性测试设备,对通信设备进行全方位的电磁兼容性检测,确保其在各种复杂的电磁环境中都能安全可靠地运行。

为了减少电磁干扰的影响,制定全面的电磁干扰防护规范同样重要。这些规范应涵盖从设备选型到运行维护的全过程,具体包括设备电磁兼容性的测试标准、屏蔽技术的应用方法、干扰源的定位机制以及电磁环境评估的流程等。通过制定这些规范,可以为低空空域内设备的安全运行提供坚实的保障。

(二)复杂电磁环境下的频谱管理

在低空空域中,复杂电磁环境增加了频谱管理的难度。为了应对电磁干扰、信号屏蔽等问题,需要重点进行电磁环境监测与管理。通过设置电磁干扰监测系统,采集和分析环境中的电磁干扰信息,及时发现潜在的电磁干扰源并采取相应措施进行隔离和处理。定期进行电磁环境评估,根据评估结果调整设备布局和使用频段,以减少电磁干扰带来的影响。先进的电磁兼容性测试设备的应用可以进一步提升设备抵抗电磁干扰的能力,确保通信设备在复杂的电磁环境下能够稳定运行。

另外,设备故障和人为操作失误也是频谱管理需要关注的重点。应建立健全应急预案,以应对各种突发事件。当检测到设备故障或操作失误时,应迅速采取必要的技术手段和管理措施进行修复。这包括进行频率调整、布局优化等方式,减少干扰和误操作。同时,应由专业技术人员进行设备检查和诊断,分析问题根源,制定详细的技术方案并付诸实施。通过采取这些措施,可以有效降低设备故障和操作失误造成的负面影响,保障通信系统的稳定运行。

最后,有效的频谱管理机制的建立对于优化频谱资源的利用和管理具有重要作用。应建立健全频谱资源分配方案,确保各类设备在同一频段或相邻频段内和谐共存。同时,加强对频谱资源的监控和管理,建立全面的频谱数据库,实现对频谱使用的动态跟踪与调整,以适应不断变化的电磁环境。并定期进行频谱资源的评估,确保所有设备在最优的电磁环境中运行,从而减少电磁干扰带来的安全隐患。

通过综合运用复杂电磁环境下的频谱管理方法,可以有效地应对各种频谱使用中的安全风险,保障低空空域通信系统的稳定运行。

五、设备故障和操作失误风险

设备故障对频谱使用的可靠性和稳定性产生显著影响。故障可能导致通信质量下降、数据传输错误以及设备无法正常运行,增加频谱使用过程中的非预期干扰和不确定性。这不仅直接降低了通信效率,还可能引发更深层次的问题和安全隐患。设备故障的具体表现形式多样,从轻微的性能降低到严重的设备停机均有发生。在频谱分配和利用的过程中,设备故障会使得特定频段中的信号覆盖范围受限,影响通信网络的整体效能。

为有效降低设备故障对频谱使用的影响,首先需要加强设备的维护和管理。这包括定期进行全面的设备检查和保养,及时发现并处理潜在故障。通过建立健全的维护计划和使用规范,提高设备的运行可靠性。对于关键设备,进行定期的性能测试和参数调整,确保设备始终运行在最佳状态。此外,建立完善的设备档案和故障管理系统,可以快速准确地追踪故障信息,及时采取措施进行修复或替换。

操作人员的专业技能和安全意识对于减轻设备故障的影响同样关键。对操作人员进行定期的专业培训和安全教育,确保他们具备处理常见故障的能力。通过模拟演练和技术交流的方式,提高操作人员的应急处理能力。强化对操作规程的培训,确保所有操作符合规范和标准,避免因人为失误导致的设备故障。对于有复杂操作要求的设备,操作人员应掌握必要的紧急操作技能,能够在故障发生时迅速采取应急措施,减少故障对频谱使用的负面影响。

故障预测和预防技术的应用也是降低设备故障对频谱使用影响的重要手段。通过引入先进的监控系统和实时数据分析工具,可以实时监测设备的工作状态,及时发现潜在的故障迹象。采用更先进的故障预测算法,提高故障预报的准确性,提前进行故障修复。对于预测到的问题,应立即采取预防措施,防止故障的发生。同时,利用人工智能和大数据技术对设备运行数据进行深度学习和分析,识别设备运行过程中的潜在风险点,制定针对性的预防措施,提高设备的整体运行稳定性。通过上述措施,可以显著降低设备故障对频谱使用的不良影响,确保低空空域通信系统的高效和稳定运行。

六、频谱管理机制低效的风险

低空空域的频谱使用面临多种潜在的安全风险,其中缺乏有效的频谱管理机制是一个关键因素。通信系统的稳定性和安全性高度依赖于规范、高效的频谱管理。当前,频谱管理机制在实际应用中暴露出诸多问题,主要包括:结构松散、缺乏统一协调、信息孤岛现象严重,以及监督管理不到位。

缺乏有效的频谱管理机制首先表现为管理工作缺乏系统性和规划性。以往,频谱管理多为分散操作,未能形成统一的管理和协调机制。各地区、各部门之间各自为政,难以实现资源共享和信息互通。这种各自为政的工作模式导致资源浪费和低效。且在面对新的频谱使用需求时,往往需要耗费大量时间和资源来协调和沟通,影响了频谱使用效率。此外,频谱的分配和利用往往基于各地区、部门的当前需求和利益考量,缺乏长远规划和全局视角,导致频谱资源的分配与利用不尽合理,出现"碎片化"现象。

信息孤岛现象也是当前频谱管理机制的一大瓶颈。各机构单位之间数据隔绝,信息传递不畅。信息孤岛不仅导致了管理效率的降低,还使得频谱管理的透明度和公正性受到质疑。难以提供精确、及时的频谱使用信息和统计数据分析,使得资源调度和风险评估难以科学进行。这不仅影响频谱资源的有效管理,还可能导致频谱利用率较低以及资源浪费的问题。

监督管理不到位的问题同样困扰着频谱管理。缺乏严格的监管体系和有效的监督手段,使得频谱使用的非法干扰和恶意攻击难以得到及时处理和制止。设备的操作人员和维护人员常常缺乏专业培训和技术指导,导致操作失误和设备故障频发。这些现象暴露出管理方面的疏漏,需要加大频谱使用的监控力度和技术支持,确保频谱资源的安全可靠使用。

鉴于以上问题,低空空域通信系统的频谱使用面临着较大的挑战。当前频谱管理机制的现状亟待改善,通过整合资源、加大信息共享和加强监督管理,优化频谱使用的管理过程,提高频谱的运行效率和利用水平,实现频谱资源的最优配置。

为了有效应对低空空域中频谱使用的安全风险,建议采取以下措施构建有效的频谱管理机制。

首先,建立科学合理的频谱分配规则。制定详细的频谱管理政策和标准,确保频谱资源能够按照需求和效益最大化原则进行分配。以规划为基准,通过全面评估和预测通信网络的发展趋势,科学地划分频段资源,明确区域和用途间的界线。同时,引入利益相关者参与的协商机制,平衡不同用户之间的利益关系,实现资源的公平配置。确保频谱分配过程的透明度和公正性,有效减少频谱资源的浪费和冲突。

其次,完善频谱监测和管理系统。整合现有频谱管理平台,构建统一的数据共享与协调机制。利用先进的数据挖掘和人工智能技术,对频谱使用情况进行实时监控和分析,及时识别潜在的风险和问题。通过自动化监测和预警系统,提高频谱资源使用的科学性和效率。制定详细的监测和管理办法,确保系统的稳定运行和数据的准确性。逐步建立信息共享平台,促进各部门间的协作和信息流通。定期开展频谱使用情况的审查,总结经验教训,持续优化管理流程。

再次,引入动态频谱分配技术。通过动态频谱管理,根据实际需求灵活调整频段的使用,实现频谱资源的高效利用。采用人工智能算法,对实时监测数据进行动态分析与预测,实时调整频谱的使用策略,提高频谱资源的使用效率。结合通信网络的实际情况,设立频谱资源的优先级,合理调配频谱资源,确保关键通信任务的顺利进行。此外,采用技术手段预防非法干扰,建立严格的防范机制,对潜在威胁进行快速响应和处置,保护通信系统的安全和稳定。

此外,加大监督管理力度。建立健全的监管体系,加强频谱使用的监督,确保资源的合法与合规使用。强化技术手段的应用,提高监督管理的针对性和精准度。定期进行频谱使用情况的专项检查,及时发现并纠正违规行为。建立严格的信息披露制度,增强公众的信任和监控力度。

最后,加强人员培训和应急体系建设。组织专业的培训,提升操作人员的专业素质与应急处理能力,确保面对突发情况能够迅速有效地应对。建立健全应急预案体系,定期组织应急演练,提高实际操作中的反应速度与处置水平。完善应急处理流程和工具,确保在紧急情况下能够快速有效地排除故障,保证通信系统的平稳运行。同时,定期总结经验教训,优化应急处理流程,提升整体应对能力。

七、频谱保障技术手段风险

现有技术手段在低空空域频谱使用中存在诸多局限性,这些局限性直接影响通信系统的质量和稳定性。首先,在频谱分配方面,尽管已经引入了一些自动化技术,但在处理复杂多变的使用场景时,往往表现出较低的适应性和准确性。动态频谱分配技术的应用虽然能够在一定程度上缓解频谱冲突问题,但其依赖于详尽的历史数据和准确的未来预测,实际操作中容易受到数据滞后性和不确定性的影响,导致频谱资源分配的不准确或效率低下。此外,技术平台的兼容性和数据互通性不足,使得不同系统之间的协同工作受限,降低了整体运行效率。

在监控预警方面,虽然现有的监测系统能够及时发现频谱使用中的异常情况,但其处理速度和响应及时性仍然存在欠缺。一些新型入侵检测技术的应用在提升安全性方面取得了一定成效,但仍需进一步改进以适应不断上升的风险挑战。例如,在面对多重频谱干扰时,现有预警机制无法全面覆盖所有的威胁点,存在遗漏风险。再者,现有技术手段过度依赖人工操作,面对海量数据时,人工分析的效率和准确性无法得到根本性的提升。这不仅增加了人工操作的负担,也在一定程度上影响了预警和应急处理的效率。

在通信系统维护方面,现有技术手段在故障诊断和定位方面存在一定局限性。传统基于经验的故障排查方法在应对突发情况时难以迅速定位故障原因和位置,使得系统恢复服务的时间较长。虽然在故障后的评估和分析中应用了一些先进的分析技术,但这些技术在实际应用中的效果仍需进一步验证和优化。基于机器学习的故障诊断系统在数据处理能力和算法可靠性方面处于继续改进和完善阶段,其在实际应用场景中的表现尚不稳定。这表明,虽然这些技术在理论上能够提高故障处理效率,但实际应用中仍存在诸多挑战。

此外,在应急处理流程中,现有技术手段尚未达到自动化的程度。应急处理流程通常需要根据具体情况现场决策,而这种临时性强的特点又使得现有技术手段无法在所有场景下提供及时有效支持。尽管在故障诊断与应急处理过程中引入了一些自动化工具,但这些工具的应用场景和效果还需要进一步研究和测试。例如,在突发故障情况下,虽然一些自动化工具能够快速提供初步处理方案,但其生成的方案缺乏全面性和预见性,在复杂多变的网络环境中往往不能完全解决问题,仍需人工介入进行详细评估和调整。

新技术在低空空域频谱管理中的应用,能够显著提升资源分配与使用的效率和可靠性。动态频谱分配技术通过引入先进的算法,依据实时数据进行快速决策,可以有效减少资源的浪费和冲突。例如,利用深度神经网络从海量历史数据中学习和提取频谱使用模式,基于这些模式优化频谱分配策略,从而实现更加精细化和灵活的管理。此外,引入人工智能的自适应调优机制,根据动态变化调整分配策略,进一步提升系统的响应速度和资源利用效率。

在频谱监测预警领域,利用大数据分析与人工智能技术,系统能够实时分析监测数据,自动识别频谱使用中的异常情况,迅速生成预警信息,提高了系统的警觉性和快速响应能力。例如,运用机器学习模型结合风险评估算法,可以精准预测潜在的频谱干扰风险,提前采取应对措施。同时,基于区块链技术建立的分布式数据共享平台,使得跨部门、多系统之间的信息交流更加流畅,有效提升了协作效率和信息透明度。

通信系统维护方面,利用边缘计算等技术,实现远程故障诊断与实时修复,减少对人工干预的依赖,进一步加快了系统的恢复速度。例如,将故障诊断与修复功能集成到边缘设备上,通过边缘计算平台将故障信息实时上传至云端进行分析和处理,再下达修复指令至边缘设备,实现故障的快速定位与修复。此外,引入区块链等技术,构建链式的故障记录与评估体系,确保故障信息的真实性和可追溯性,提高了故障处理过程中的透明度和可信度。

应急处理流程方面,通过引入自动化决策系统,实现故障排除与应急响应的自动化。例如,使用自然语言处理技术生成应急手册和应急方案,当系统出现异常情况时,可自动提供初步应急指导和快速响应方案。同时,结合虚拟仿真技术提供的模拟环境,基于 AI 引擎进行虚拟演练,预测不同场景下的应急处理方案,进一步优化方案的合理性和前瞻性。此外,采用物联网技术构建监控网络,可实时采集系统状态数据,及时发现并预警潜在风险,确保在复杂多变的网络环境中能够迅速做出响应,保障系统的安全稳定运行。

为了进一步提升低空空域通信系统的性能与可靠性,需要结合多种先进技术融入现有管理流程中。首先,应借助云计算技术构建集中管理平台,将各节点数据汇聚并进行集中处理,实现信息的实时共享与协同工作,进一步提高系统整体的运行效率。其次,优化资源分配算法,运用混合智能方法将多种算法结合,以实现更精确的频谱调度,并结合边缘计算技术,提高动态决策的准确性和实时性。再次,深度整合现有的预警系统与监测平台,通过数据融合形成统一管理机制,保证信息的一致性和可追溯性,同时利用大数据分析技术对预警信息进一步分析,提高预测的准确性和效率。再持续推进技术融合创新,如结合区块链技术对系统数据进行加密处理,确保信息的安全性,同时运用量子计算技术优化复杂计算任务,进一步提升系统的处理能力。这些措施的应用,将显著提升低空空域频谱管理的整体水平,推动通信系统的进一步稳定与发展。

第八章

法律法规与政策保障低空经济发展

发展低空经济,需要法律法规与政策作为保障。

首先,是法律法规政策支持的必要性。低空经济作为一种新兴的经济形态,涉及通用航空、无人机应用、航空旅游、航空物流等多个领域。这些领域的发展不仅需要技术创新和市场需求的驱动,还需要法律法规政策的支持和引导。法律法规政策的制定和实施能够为低空经济提供法律保障、资金支持、市场准入等方面的帮助,从而促进整个产业的健康发展。

其次,在国家层面上,中央政府已经出台了一系列法律法规政策来支持低空经济的发展。例如,《国家综合立体交通网规划纲要(2021—2050年)》首次将低空经济概念写入国家规划,明确提出要发展低空经济。此外,《无人驾驶航空器飞行管理暂行条例》《通用航空装备创新应用实施方案(2024—2030年)》等法规也为低空经济提供了具体的指导和规范。

再次,除了国家层面的政策支持,地方政府也在积极推动低空经济的发展。例如,北京市延庆区、广东省深圳市、江苏省苏州市、安徽省芜湖市等地都出台了相关的政策规划,明确了低空经济发展的总体要求、主要目标、重点任务和保障措施。这些地方政策为低空经济的区域发展提供了具体的实施路径和政策保障。

最后,法律法规政策的支持对于低空经济的发展起到了显著的效果。一方面,法律法规政策为低空经济提供了法律和制度保障,使得企业在经营过程中有了明确的规则和预期。另一方面,法律法规政策还为企业提供了资金支持和市场准入的便利,降低了企业的经营成本和风险。这些因素共同作用,促进了低空经济的快速增长和产业链的完善。

因此,法律法规政策是低空经济发展的保障。它不仅提供了法律和制度框架,还通过资金支持和市场准入的便利,为企业创造了良好的发展环境。随着更多政策的出台和实施,低空经济有望在未来继续快速发展,成为推动国家经济增长的新动力。

第一节 | 航空法律法规

中国航空法律法规涵盖了多个方面,包括民用航空基本法、适航法规、民用机场法规、民用航空器维修法规、飞行法规、通用航空法规、涉外法规、空域管理法规、飞机租赁法规、航空气象法规、航空人员法规、行政管理法规、咨询通告法规、事故调查法规和航空税法等。

一、民用航空基本法

《中华人民共和国民用航空法》,1995 年 10 月 30 日第八届全国人民代表大会常务委员会第十六次会议审议通过,自 1996 年 3 月 1 日起施行,至今历经 6 次修订。这部法律是为了维护国家的领空主权和民用航空权利,保障民用航空活动安全和有秩序地进行,保护民用航空活动当事人各方的合法权益,促进民用航空事业的发展而制定的。

二、适航法规

《中华人民共和国民用航空器适航管理条例》自 1987 年 6 月 1 日起施行。《民用航空器适航指令规定》自 1990 年 6 月 13 日起施行。民用航空器的适航性是指该航空器包括其部件及子系统整体性能和操纵特性在预期运行环境和使用限制下的安全性和物理完整性的一种品质,这种品质要求航空器应始终处于保持符合其型号设计和始终处于安全运行状态。航空器必须满足两个条件:一是必须始终满足符合其型号设计要求,二是必须始终处于安全运行状态。

三、民用机场法规

《民用机场总体规划管理规定》自 2000 年 12 月 18 日起施行。《民用机场使用许可规定》自 2005 年 11 月 7 日起施行。民用机场,是指专供民用航空器起飞、降落、滑行、停放以及进行其他活动使用的划定区域,包括附属的建筑物、装置和设施。民用机场的建设和使用应当统筹安排、合理布局,提高机场的使用效率。全国民用机场的布局和建设规划,由国务院民用航空主管部门会同国务院其他有关部门制定,并按照国家规定的程序,经批准后组织实施。省、自治区、直辖市人民政府应当根据全国民用机场的布局和建设规划,制定本行政区域内的民用机场建设规划,并按照国家规定的程序报经批准后,将其纳入本级国民经济和社会发展规划。民用机场建设规划应当与城市建设规划相协调。新建、改建和扩建民用机场,应当符合依法制定的民用机场布局和建设规划,符合民用机场标准,并按照国家规定报经有关主管机关批准并实施。

四、民用航空器维修法规

《中华人民共和国民用航空行业标准》自 2012 年 6 月 1 日起施行。《民用航空器维修单位合格审定规定》自 2005 年 12 月 31 日起施行。《民用航空器维修培训机构合格审定规则》自 2022 年 5 月 1 日起施行。

这类法规是航空器装备器材始终处于安全运行状态的和始终保持型号设计要求的保障，非常严苛，这也是为什么交通工具中民航交通事故概率极低的根本所在。

五、飞行法规

《中华人民共和国飞行基本规则》，该规则于 2000 年 7 月 24 日公布，自 2001 年 8 月 1 日起施行，2007 年 10 月 18 日第二次修订实施，主要目的是规范中华人民共和国境内的飞行活动，保障飞行安全有秩序地进行。规则经过多次修订，以确保其适应性和有效性。

《通用航空飞行管制条例》自 2003 年 5 月 1 日起施行，主要内容包括飞行空域的划设与使用、飞行活动的管理、飞行保障等，旨在规范通用航空的飞行活动。

《无人驾驶航空器飞行管理暂行条例》自 2024 年 1 月 1 日起施行。该条例详细规定了无人驾驶航空器的生产、登记、使用等方面的管理要求，包括飞行活动的申请、审批流程以及应急措施等。

这些法规的实施和监管机制体现在三个方面：首先，应急定位发射机的要求，所有航空器必须按照规定配备应急定位发射机，并定期检查和维护，以确保在紧急情况下能够迅速定位和救援。其次，无人驾驶航空器的监管，国家空中交通管理领导机构负责建设无人驾驶航空器一体化综合监管服务平台，各部门按照职责分工进行信息采集和监管，确保飞行安全。再次，融合飞行的规定，特定情况下的融合飞行需要经过批准，以确保空中交通的安全和有序。民航飞行、通航飞行和无人驾驶航空器飞行管理有不同的要求，但是都有非常严格的管理要求。

六、通用航空法规

《通用航空飞行管制条例》于 2003 年 1 月 10 日由中华人民共和国国务院、中央军事委员会发布，自同年 5 月 1 日起施行。这是国务院、中央军事委员会发布的条例，属于中华人民共和国关于通用航空飞行管制的军事行政法规。分为总则、飞行空域的划设与使用、飞行活动的管理、飞行保障、升放和系留气球的规定、法律责任、附则，共 7 章 45 条。

《非经营性通用航空登记管理规定》自 2004 年 11 月 12 日起施行,现已废止。

《非经营性通用航空备案管理办法》自 2022 年 10 月 1 日起施行。

《通用航空经营许可管理规定》自 2021 年 1 月 1 日起施行。

七、涉外法规

《外商投资民用航空业规定》自 2002 年 8 月 1 日起施行,现已废止。

《外国航空运输企业常驻代表机构审批管理办法》自 2018 年 9 月 1 日起施行。

八、空域管理法规

最新的《中华人民共和国空域管理条例(征求意见稿)》于 2023 年 11 月 3 日发布,征求意见期为一个月,待全国人大审议通过后,由国家主席签署命令颁布施行。

《民用航空空中交通管理设备开放、运行管理规则》自 2007 年 5 月 1 日起施行。

《民用航空空中交通管理运行单位安全管理规则》自 2016 年 4 月 17 日起施行。

九、飞机租赁法规

《金融租赁公司管理办法》自 2024 年 11 月 1 日起施行。

《国家税务局关于飞机租赁合同征收印花税问题的函》,执行日期 1992 年 10 月 8 日,其中要求,暂免征收飞机租赁企业购机环节购销合同印花税。目前此函已全文废止。

十、航空气象法规

《中国民用航空气象工作规则》自 2016 年 4 月 28 日起施行。

《民用航空气象探测环境管理办法》自 2011 年 1 月 1 日起施行。这属于行业保障性法规,对于飞行安全起到了保驾护航的重要作用。

十一、航空人员法规

《民用航空气象人员执照管理规则》自 2016 年 4 月 17 日起施行。

《民用航空器适航委任代表和委任单位代表的规定》自 1993 年 1 月 1 日起施行,现已废止。

《民用航空适航委任代表和委任单位代表管理规定》自 2018 年 3 月 1 日起施行。

这些法规，对于航空交通安全来说，作为人、环境、装备三要素，至关重要。

十二、行政管理法规

《民用航空情报工作规则》自 2016 年 4 月 17 日起施行。

《中国民用航空应急管理规定》自 2016 年 4 月 17 日起施行。

十三、咨询通告法规

《初级类航空器适航标准——超轻型飞机》自 1997 年 4 月 8 日起施行。

《初级类航空器适航标准滑翔机与动力滑翔机》自 1997 年 4 月 8 日起施行。

十四、事故调查法规

《民用航空器事故和飞行事故征候调查规定》自 2007 年 4 月 15 日起施行。

《国家处置民用航空器飞行事故应急预案》自 2006 年 1 月 23 日起施行。

十五、航空税法

《中华人民共和国增值税暂行条例》《中华人民共和国消费税暂行条例》等同行法规，亦有航空相关规定。

上述法律法规共同构成了中国航空领域的法律体系，也构成了中国民航事业、通航飞行及新兴的低空无人驾驶航空器飞行管理的规范发展、安全运行的保障体系，保障飞行安全，保护用户、地面第三人以及从事航空活动的单位和个人的合法权益。

第二节 | 低空空域及飞行管理法规政策

低空经济的关键是低空空域资源。行业的应用需求与科技发展，催生了低空经济。低空空域及飞行管理的法规政策顺应了低空经济的实际应用需求。上一节对于航空法律法规，仅作粗略罗列，与低空经济紧密相关的法规和政策文件，是低空经济活动的重要依据，因此，这里尽可能把有关的具体内容编入，供读者参考。

一、《通用航空飞行管制条例》

2003 年 1 月,国务院、中央军委颁布的《通用航空飞行管制条例》,对于飞行管制部门做出要求,提供空中交通管制服务,为通用航空飞行活动创造便利条件。

《通用航空飞行管制条例》

中华人民共和国国务院、中华人民共和国中央军事委员会令 现公布《通用航空飞行管制条例》,自 2003 年 5 月 1 日起施行。

国务院总理　朱镕基

中央军委主席　江泽民

二〇〇三年一月十日

第一章　总则

第一条　为了促进通用航空事业的发展,规范通用航空飞行活动,保证飞行安全,根据《中华人民共和国民用航空法》和《中华人民共和国飞行基本规则》,制定本条例。

第二条　在中华人民共和国境内从事通用航空飞行活动,必须遵守本条例。在中华人民共和国境内从事升放无人驾驶自由气球和系留气球活动,适用本条例的有关规定。

第三条　本条例所称通用航空,是指除军事、警务、海关缉私飞行和公共航空运输飞行以外的航空活动,包括从事工业、农业、林业、渔业、矿业、建筑业的作业飞行和医疗卫生、抢险救灾、气象探测、海洋监测、科学实验、遥感测绘、教育训练、文化体育、旅游观光等方面的飞行活动。

第四条　从事通用航空飞行活动的单位、个人,必须按照《中华人民共和国民用航空法》的规定取得从事通用航空活动的资格,并遵守国家有关法律、行政法规的规定。

第五条　飞行管制部门按照职责分工,负责对通用航空飞行活动实施管理,提供空中交通管制服务。相关飞行保障单位应当积极协调配合,做好有关服务保障工作,为通用航空飞行活动创造便利条件。

第二章　飞行空域的划设与使用

第六条　从事通用航空飞行活动的单位、个人使用机场飞行空域、航路、航线,应当按照国家有关规定向飞行管制部门提出申请,经批准后方可实施。

第七条　从事通用航空飞行活动的单位、个人,根据飞行活动要求,需要划设临时飞行空域的,应当向有关飞行管制部门提出划设临时飞行空域的申请。

划设临时飞行空域的申请应当包括下列内容:

（一）临时飞行空域的水平范围、高度；

（二）飞入和飞出临时飞行空域的方法；

（三）使用临时飞行空域的时间；

（四）飞行活动性质；

（五）其他有关事项。

第八条 划设临时飞行空域，按照下列规定的权限批准：

（一）在机场区域内划设的，由负责该机场飞行管制的部门批准；

（二）超出机场区域在飞行管制分区内划设的，由负责该分区飞行管制的部门批准；

（三）超出飞行管制分区在飞行管制区内划设的，由负责该管制区飞行管制的部门批准；

（四）在飞行管制区间划设的，由中国人民解放军空军批准。

批准划设临时飞行空域的部门应当将划设的临时飞行空域报上一级飞行管制部门备案，并通报有关单位。

第九条 划设临时飞行空域的申请，应当在拟使用临时飞行空域7个工作日前向有关飞行管制部门提出；负责批准该临时飞行空域的飞行管制部门应当在拟使用临时飞行空域3个工作日前作出批准或者不予批准的决定，并通知申请人。

第十条 临时飞行空域的使用期限应当根据通用航空飞行的性质和需要确定，通常不得超过12个月。因飞行任务的要求，需要延长临时飞行空域使用期限的，应当报经批准该临时飞行空域的飞行管制部门同意。通用航空飞行任务完成后，从事通用航空飞行活动的单位、个人应当及时报告有关飞行管制部门，其申请划设的临时飞行空域即行撤销。

第十一条 已划设的临时飞行空域，从事通用航空飞行活动的其他单位、个人因飞行需要，经批准划设该临时飞行空域的飞行管制部门同意，也可以使用。

第三章 飞行活动的管理

第十二条 从事通用航空飞行活动的单位、个人实施飞行前，应当向当地飞行管制部门提出飞行计划申请，按照批准权限，经批准后方可实施。

第十三条 飞行计划申请应当包括下列内容：

（一）飞行单位；

（二）飞行任务性质；

（三）机长（飞行员）姓名、代号（呼号）和空勤组人数；

（四）航空器型别和架数；

（五）通信联络方法和二次雷达应答机代码；

（六）起飞、降落机场和备降场；

（七）预计飞行开始、结束时间；

（八）飞行气象条件；

（九）航线、飞行高度和飞行范围；

（十）其他特殊保障需求。

第十四条　从事通用航空飞行活动的单位、个人有下列情形之一的，必须在提出飞行计划申请时，提交有效的任务批准文件：

（一）飞出或者飞入我国领空的（公务飞行除外）；

（二）进入空中禁区或者国（边）界线至我方一侧 10 千米之间地带上空飞行的；

（三）在我国境内进行航空物探或者航空摄影活动的；

（四）超出领海（海岸）线飞行的；

（五）外国航空器或者外国人使用我国航空器在我国境内进行通用航空飞行活动的。

第十五条　使用机场飞行空域、航路、航线进行通用航空飞行活动，其飞行计划申请由当地飞行管制部门批准或者由当地飞行管制部门报经上级飞行管制部门批准。

使用临时飞行空域、临时航线进行通用航空飞行活动，其飞行计划申请按照下列规定的权限批准：

（一）在机场区域内的，由负责该机场飞行管制的部门批准；

（二）超出机场区域在飞行管制分区内的，由负责该分区飞行管制的部门批准；

（三）超出飞行管制分区在飞行管制区内的，由负责该区域飞行管制的部门批准；

（四）超出飞行管制区的，由中国人民解放军空军批准。

第十六条　飞行计划申请应当在拟飞行前 1 天 15 时前提出；飞行管制部门应当在拟飞行前 1 天 21 时前作出批准或者不予批准的决定，并通知申请人。

执行紧急救护、抢险救灾、人工影响天气或者其他紧急任务的，可以提出临时飞行计划申请。

临时飞行计划申请最迟应当在拟飞行 1 小时前提出；飞行管制部门应当在拟起飞时刻 15 分钟前作出批准或者不予批准的决定，并通知申请人。

第十七条　在划设的临时飞行空域内实施通用航空飞行活动的，可以在申请划设临时飞行空域时一并提出 15 天以内的短期飞行计划申请，不再逐日申请；但是每日飞行开始前和结束后，应当及时报告飞行管制部门。

第十八条　使用临时航线转场飞行的，其飞行计划申请应当在拟飞行 2 天前向当地飞行管制部门提出;飞行管制部门应当在拟飞行前 1 天 18 时前作出批准或者不予批准的决定,并通知申请人,同时按照规定通报有关单位。

第十九条　飞行管制部门对违反飞行管制规定的航空器,可以根据情况责令改正或者停止其飞行。

第四章　飞行保障

第二十条　通信、导航、雷达、气象、航行情报和其他飞行保障部门应当认真履行职责,密切协同,统筹兼顾,合理安排,提高飞行空域和时间的利用率,保障通用航空飞行顺利实施。

第二十一条　通信、导航、雷达、气象、航行情报和其他飞行保障部门对于紧急救护、抢险救灾、人工影响天气等突发性任务的飞行,应当优先安排。

第二十二条　从事通用航空飞行活动的单位、个人组织各类飞行活动,应当制定安全保障措施,严格按照批准的飞行计划组织实施,并按照要求报告飞行动态。

第二十三条　从事通用航空飞行活动的单位、个人,应当与有关飞行管制部门建立可靠的通信联络。在划设的临时飞行空域内从事通用航空飞行活动时,应当保持空地联络畅通。

第二十四条　在临时飞行空域内进行通用航空飞行活动,通常由从事通用航空飞行活动的单位、个人负责组织实施,并对其安全负责。

第二十五条　飞行管制部门应当按照职责分工或者协议,为通用航空飞行活动提供空中交通管制服务。

第二十六条　从事通用航空飞行活动需要使用军用机场的,应当将使用军用机场的申请和飞行计划申请一并向有关部队司令机关提出,由有关部队司令机关作出批准或者不予批准的决定,并通知申请人。

第二十七条　从事通用航空飞行活动的航空器转场飞行,需要使用军用或者民用机场的,由该机场管理机构按照规定或者协议提供保障;使用军民合用机场的,由从事通用航空飞行活动的单位、个人与机场有关部门协商确定保障事宜。

第二十八条　在临时机场或者起降点飞行的组织指挥,通常由从事通用航空飞行活动的单位、个人负责。

第二十九条　从事通用航空飞行活动的民用航空器能否起飞、着陆和飞行,由机长(飞行员)根据适航标准和气象条件等最终确定,并对此决定负责。

第三十条　通用航空飞行保障收费标准,按照国家有关国内机场收费标准执行。

第五章　升放和系留气球的规定

第三十一条　升放无人驾驶自由气球或者系留气球,不得影响飞行安全。

本条例所称无人驾驶自由气球,是指无动力驱动、无人操纵、轻于空气、总质量大于4千克自由飘移的充气物体。

本条例所称系留气球,是指系留于地面物体上、直径大于1.8米或者体积容量大于3.2立方米、轻于空气的充气物体。

第三十二条　无人驾驶自由气球和系留气球的分类、识别标志和升放条件等,应当符合国家有关规定。

第三十三条　进行升放无人驾驶自由气球或者系留气球活动,必须经设区的市级以上气象主管机构会同有关部门批准。

具体办法由国务院气象主管机构制定。

第三十四条　升放无人驾驶自由气球,应当在拟升放2天前持本条例第三十三条规定的批准文件向当地飞行管制部门提出升放申请;飞行管制部门应当在拟升放1天前作出批准或者不予批准的决定,并通知申请人。

第三十五条　升放无人驾驶自由气球的申请,通常应当包括下列内容:

(一)升放的单位、个人和联系方法;

(二)气球的类型、数量、用途和识别标志;

(三)升放地点和计划回收区;

(四)预计升放和回收(结束)的时间;

(五)预计飘移方向、上升的速度和最大高度。

第三十六条　升放无人驾驶自由气球,应当按照批准的申请升放,并及时向有关飞行管制部门报告升放动态;取消升放时,应当及时报告有关飞行管制部门。

第三十七条　升放系留气球,应当确保系留牢固,不得擅自释放。

系留气球升放的高度不得高于地面150米,但是低于距其水平距离50米范围内建筑物顶部的除外。

系留气球升放的高度超过地面50米的,必须加装快速放气装置,并设置识别标志。

第三十八条　升放的无人驾驶自由气球或者系留气球中发生下列可能危及飞行安全的情况时,升放单位、个人应当及时报告有关飞行管制部门和当地气象主管机构:

(一)无人驾驶自由气球非正常运行的;

(二)系留气球意外脱离系留的;

(三)其他可能影响飞行安全的异常情况。

加装快速放气装置的系留气球意外脱离系留时,升放系留气球的单位、个人应当在保证地面人员、财产安全的条件下,快速启动放气装置。

第三十九条 禁止在依法划设的机场范围内和机场净空保护区域内升放无人驾驶自由气球或者系留气球,但是国家另有规定的除外。

第六章 法律责任

第四十条 违反本条例规定,《中华人民共和国民用航空法》《中华人民共和国飞行基本规则》及有关行政法规对其处罚有规定的,从其规定;没有规定的,适用本章规定。

第四十一条 从事通用航空飞行活动的单位、个人违反本条例规定,有下列情形之一的,由有关部门按照职责分工责令改正,给予警告;情节严重的,处2万元以上10万元以下罚款,并可给予责令停飞1个月至3个月、暂扣直至吊销经营许可证、飞行执照的处罚;造成重大事故或者严重后果的,依照刑法关于重大飞行事故罪或者其他罪的规定,依法追究刑事责任:

(一)未经批准擅自飞行的;

(二)未按批准的飞行计划飞行的;

(三)不及时报告或者漏报飞行动态的;

(四)未经批准飞入空中限制区、空中危险区的。

第四十二条 违反本条例规定,未经批准飞入空中禁区的,由有关部门按照国家有关规定处置。

第四十三条 违反本条例规定,升放无人驾驶自由气球或者系留气球,有下列情形之一的,由气象主管机构或者有关部门按照职责分工责令改正,给予警告;情节严重的,处1万元以上5万元以下罚款;造成重大事故或者严重后果的,依照刑法关于重大责任事故罪或者其他罪的规定,依法追究刑事责任:

(一)未经批准擅自升放的;

(二)未按照批准的申请升放的;

(三)未按照规定设置识别标志的;

(四)未及时报告升放动态或者系留气球意外脱离时未按照规定及时报告的;

(五)在规定的禁止区域内升放的。

第四十四条 按照本条例实施的罚款,应当全额上缴财政。

第七章 附则

第四十五条 本条例自2003年5月1日起施行。

二、《关于深化我国低空空域管理改革的意见》

2010年12月,国务院、中央军委发布《关于深化我国低空空域管理改革的意见》首次明确了深化低空空域管理改革的总体目标,阶段性步骤和主要任务。

国务院、中央军委《关于深化我国低空空域管理改革的意见》

国发〔2010〕25 号

各省、自治区、直辖市人民政府,国务院各部委、各直属机构,各军区、各军兵种、各总部,武警部队:

低空空域是通用航空活动的主要区域,深化低空空域管理改革,是大力发展通用航空、繁荣我国航空业的重要举措,是促进我国经济社会发展的迫切需要。党中央、国务院、中央军委十分重视发展航空业和做好空管工作,在军地双方的共同努力下,我国空域管理不断改进,空域资源逐步得到有效利用,在经济社会发展和国防建设中发挥了重要作用。随着我国航空事业特别是通用航空事业的快速发展,空域管理工作出现了一些新情况、新问题,亟需通过深化改革加以解决。现就深化我国低空空域管理改革提出以下意见。

一、充分认识深化低空空域管理改革的重大意义

（一）低空空域管理改革是经济社会发展的必然要求。近年来,我国通用航空快速发展,飞行总量年均增长达 10% 以上,行业规模日益扩大,应用领域不断拓展,飞行种类日益增多,飞行需求渐趋旺盛。随着经济持续快速发展和人民生活水平的不断提高。预计今后 10 年间我国通用航空年均增长将达到 15% 以上,对低空空域的需求与日俱增,将对低空空域管理和服务提出更高的要求。适时深化低空空域管理改革,有利于充分开发利用低空空域资源,促进通用航空事业、航空制造业和综合交通运输体系的发展;有利于拉动内需、扩大就业,培育新的经济增长点;有利于为国防建设提供航空人力资源储备和基础环境支撑,对全面建设小康社会、加快推进社会主义现代化建设具有十分重要的战略意义。

（二）低空空域管理改革是一项紧迫而重大的现实任务。改革开放以来,我国在低空空域管理改革方面进行了探索,低空空域管理政策法规相继出台,运行管理不断改进,保障手段得到改善,改革试点取得了初步成效。同时必须看到,低空空域管理还存在空域划分不够合理、管理体制不够科学、运行机制不够顺畅、法规制度不够健全、手段建设不够配套、安全责任不够明晰、服务保障不够完善等问题,与通用航空用户和社会公众期望还有较大差距。当前,低空空域管理改革正处于重要阶段,必须研究制定更加有力的政策措施,抓紧解决现行管理模式与不断增长的低空空域需求之间的矛盾,切实改进和完善管理与服务,推动航空事业持续快速健康发展。

二、深化低空空域管理改革的总体思路

（三）指导思想。以邓小平理论和"三个代表"重要思想为指导,深入贯彻落实

科学发展观,以快速增长的通用航空需求为牵引,以构建服务便捷、运转高效的管理模式和运行机制为重点,牢固树立安全发展理念,确保空防安全稳定,积极稳妥推进低空空域管理改革,最大限度盘活低空空域资源,促进通用航空事业健康有序发展,为经济建设、国防建设和社会发展提供有力支撑。

(四)基本原则。

坚持统筹兼顾,科学制定方案。把低空空域管理改革作为今后一个时期国家空管改革和建设的重点任务,加强整体方案设计,合理确定目标任务,科学制定方法步骤,不断探索和完善具有中国特色的低空空域管理体制、运行机制、政策法规和服务保障体系。

深化理论研究,发挥先导作用。深入研究和构建我国低空空域管理理论体系,全面系统分析低空空域管理改革的基本问题,进一步形成共识、统一思想,为改革提供理论指导。

精心组织试点,积极稳妥推进。选择具有典型代表意义的区域进行深化改革试点,认真总结经验,完善对策措施,为全面推开低空空域管理改革奠定基础。

加强科技创新,完善技术保障。坚持从国情军情出发,借鉴国际相关标准规范和先进理念,加大技术攻关力度,加强技术引进和消化吸收再创新,努力提高技术保障能力和自主可控水平。

坚持安全第一,切实规范管理。牢固树立安全发展理念,始终把确保空防安全、飞行安全和地面重要目标安全放在首位,层层落实责任,切实加强管理,严格规范操作,坚决防止引发重大安全问题。

(五)改革目标。

1. 总体目标。

通过 5 至 10 年的全面建设和深化改革,在低空空域管理领域建立起科学的理论体系、法规标准体系、运行管理体系和服务保障体系,逐步形成一整套既有中国特色又符合低空空域管理规律的组织模式、制度安排和运作方式,充分开发和有效利用低空空域资源。

2. 阶段目标。

试点阶段(2011 年前):在长春、广州飞行管制分区改革试点的基础上,在沈阳、广州飞行管制区进行深化试点,在更大范围深入探索低空空域管理改革的经验做法,研究提出低空空域划分标准,完善政策法规,探索运行机制,简化工作程序,优化服务保障模式,为全面推进低空空域管理改革奠定基础。

推广阶段(2011 年至 2015):在全国推广改革试点,在北京、兰州、济南、南京、成都飞行管制区分类划设低空空域,进一步建立健全法规标准,优化运行管理模式,合理布局和建设服务保障网点,基本形成政府监管、行业指导、市场化运作、全国一体的低空空域运行管理和服务保障体系。

深化阶段(2016 年至 2020 年):进一步深化改革,使低空空域管理体制机制先进合理、法规标准科学完善、运行管理高效顺畅、服务保障体系可靠完备,低空空域资源得到科学合理开发利用。

三、深化低空空域管理改革的主要任务和措施

(六)分类划设低空空域。按照管制空域、监视空域和报告空域划设低空空域,区分不同模式实行分类管理试点。管制空域,航空用户申请飞行计划,空管部门掌握飞行动态,实施管制指挥;监视空域,航空用户报备飞行计划,空管部门监视飞行动态,提供飞行情报和告警服务;报告空域,航空用户报备飞行计划,向空管部门通告起飞和降落时刻,自行组织实施,空管部门根据用户需要,提供航行情报服务。空军会同有关单位和部门,统筹公共运输航空、通用航空和军事航空低空使用需求,研究提出各类低空空域划设方案报国家空管委审批,逐步调整审批权限。各类低空空域垂直范围原则为真高 1000 米以下,可根据不同地区特点和实际需要,具体划设低空空域高度范围,报批后严格掌握执行。民航局会同空军研究论证在现行航路内、高度 4000 米(含)以下,按监视空域管理办法为通用航空飞行提供空中交通服务。在空中禁区、空中危险区、国境地带、全国重点防空目标区和重点防空目标周围一定区域上空以及飞行密集地区、机场管制地带等区域,原则上不划设监视空域和报告空域。

(七)加快推进深化低空空域管理改革试点。按照国家空管委统一部署,空军统一组织试点区域内各有关单位,借鉴飞行管制分区试点经验,研究制定扩大试点的总体方案和实施细则,明确目标任务、方法步骤和具体措施。通过扩大试点,进一步研究提出飞行管制区内低空空域分类划设标准和各类通用航空器准入标准,低空空域管理的政策法规和运行机制,以及大范围构建服务保障网点的措施办法。要高度重视理论研究,结合试点研究构建低空空域管理的理论体系,指导改革实践。要及时研究解决试点中出现的新情况新问题,在确保安全的前提下,允许突破现行规章,实行机制和制度创新,为全面推开低空空域管理改革探索路子、积累经验。

(八)构建低空空域法规标准体系。结合制定航空法,将低空空域管理纳入法律体系,为开发利用低空空域资源和实施有效管理提供法律保障;根据通用航空发展需求和改革试点经验做法,组织修订《通用航空飞行管制条例》。空军会同民航局研究制定低空空域分类标准和运行管理规范,制定完善小型运输机、直升机在低

空空域内的仪表、目视飞行规则及配套法规。民航局组织制定完善通用航空器准入标准、通用航空有偿服务标准、从业人员教育培训标准、飞行执照管理规章、仪表和目视飞行规则等，逐步形成具有中国特色的低空空域管理法规标准体系。

（九）建立高效便捷安全的运行管理机制。军民航各级航空管理部门要牢固树立服务意识，改进通用航空起降点审批办法，简化审批程序，缩短审批时间。采用多种通联手段，方便航空用户申报飞行计划、报备相关事宜。适应通用航空飞行时效性强的特点，研究在监视、报告空域实行空管部门监督管理，通用航空用户自主运行、自负责任的运行管理模式。采取在网站发布信息、发行低空航图等多种方式，及时公布低空空域划设使用情况，发布通用航空飞行所需的相关信息，提高低空空域运行管理和服务效率。

（十）加强低空空域管理配套设施建设。围绕提高管理能力和服务保障水平，由国家空管委办公室根据低空空域划分情况，组织有关单位研究论证不同区域内配套设施设备建设需求，研究制定建设规划，明确建设目标和任务，对地面监视、通信、导航、气象服务等各类设施设备建设作出具体规划，对机载设备提出明确要求。2010年年底前，空军组织完成低空空域管理改革试点工程项目建设，结合试点研究提出管制、监视、报告三种不同空域内设施设备建设的具体标准和要求，会同民航局共同印制发行低空航图，为全面推开低空空域管理配套设施建设摸索经验。把低空空域管理设施设备建设纳入军民航空管系统建设规划，统筹安排，加大政策支持和经费投入力度，为推进改革创造有利条件。军民航要依据建设规划和标准，对建设项目进行深入研究论证，确保建设质量，充分发挥投资效益。

（十一）完善通用航空服务保障体系。在现行空管体系下，按照区域（地区）、分区（终端区）、航空服务站三级服务管理架构，建立通用航空服务保障体系。国家空管委办公室组织有关单位，研究论证通用航空服务保障体系建设需求、标准规范和整体布局，制定建设规划。区域（地区）、分区（终端区）通用航空保障系统，依托现有管制中心建设；航空服务站建设与管理，由民航负责。要充分利用现有机场管制中心（塔台），增加设备、扩展功能，为通用航空飞行及时提供气象服务、飞行计划服务、航行情报服务、告警服务、飞行支援、应急救援和其他相关支持。鼓励地方政府和社会力量在现行空管能力覆盖不到的地区，投资建设航空服务站，纳入空管行业管理体系。通用航空用户根据飞行需要，就近在航空服务站获取服务。

（十二）建立健全飞行人员培训机制。适应通用航空快速发展和安全有序运行需要,由民航局牵头,系统研究论证加强通用航空飞行人员培训问题,提出改进意见。加强院校和培训机构的资质审查,完善培训考核内容和方法,航空管理部门严格组织轻型航空器飞行驾驶执照发放管理和资质审核。航空公司认真组织飞行人员岗前培训,严格遵守飞行规则,熟悉飞行环境,熟练掌握通用航空飞行特点和特殊情况处置方法。各地区空管协调委要认真研究做好通用航空从业人员安全教育工作,从本地区特点出发,采取有效的组织方式,加强通用航空从业人员的空防安全、航空法规、空域管理、防止空中相撞等方面的教育,指导通用航空公司每年开展不少于一次的集中教育培训,促进通用航空从业人员学法、知法、守法。

(十三)加强低空空域飞行安全监控和管理。贯彻安全第一、预防为主的方针,严格低空空域使用资格审查,严密组织低空飞行活动,严防发生重大安全事故。组织实施低空飞行,航空用户承担目视飞行安全主体责任,空管运行部门负责提供仪表飞行安全间隔服务。各级民航主管部门积极协调当地政府和军航有关部门,依据我国飞行法律规章,建立完善低空空域飞行违规处罚机制,积极会同公安、工商等部门实施军地联合执法,严肃处理超执照等级飞行、超空域范围飞行等扰乱空中秩序的违法行为,确保飞行安全和地面重要目标安全。军民航空管部门牵头研究制定和完善低空飞行突发事件应急处置预案,明确相关单位职责和工作程序,建立应急反应机制,确保及时有效处置各类紧急突发事件。

(十四)建立低空空域管理评估监督机制。由国家空管委办公室牵头,组织航空管理部门、航空用户、科研院所等单位,制定低空空域管理评估标准,研究开发综合评价系统,督导军民航各级空管部门依据标准做好管理评估工作。各地区空管协调委要把管理评估工作作为空管绩效考评的重要内容,从起降点布局、空域使用效率、飞行安全指标、航空服务站服务质量、用户满意程度等方面,定期对本地区低空空域运行管理情况进行分析评估,及时发现并解决问题。要充分发挥社会舆论监督作用,注意听取社会各界特别是通用航空用户的意见建议,不断改进管理方式和手段,提高低空空域管理水平。

四、切实加强深化低空空域管理改革工作的组织领导

(十五)加强组织领导。国家空管委负责全国低空空域管理改革的组织领导工作,各地区空管协调委负责对本地区改革工作实施统一领导。各有关部门和单位要牢固树立大局观念,团结协作,紧密配合,积极解决改革过程中出现的矛盾和问题,加快推进深化低空空域管理改革。

(十六)加强宣传教育。要大力加强航空法制宣传教育,提高社会公众和通用航空用户的航空法制意识,形成关心航空事业发展、支持低空空域管理改革、维护空防安全稳定的社会环境。新闻媒体要广泛宣传深化低空空域管理改革的重大意

义,普及通用航空知识,正确引导公众了解掌握相关政策法规、标准要求和有关常识,为推进低空空域管理改革营造良好氛围。

三、《通用航空飞行服务站系统建设和管理指导意见(试行)》

2012年10月,中国民航局发布《通用航空飞行服务站系统建设和管理指导意见(试行)》,从科学规划空域、优化飞行服务、提高审批效率三个方面扩大低空空域开放。

通用航空飞行服务站系统建设和管理指导意见(试行)

2012年10月18日

第一章 总则

第一条 为了深化低空空域管理改革,完善通用航空服务保障体系,规范通用航空飞行服务站建设和管理,根据《中华人民共和国民用航空法》和国务院中央军委《关于深化我国低空空域管理改革的意见》,制定本指导意见。

第二条 本指导意见适用于为我国飞行情报区内通用航空活动提供飞行保障服务的通用航空飞行服务站系统的建设和管理。

第三条 通用航空飞行服务站系统(以下简称飞行服务站系统)是为通用航空活动提供飞行计划服务、航空气象服务、航空情报服务、飞行情报服务、告警服务、应急救援和其他相关支持的空中交通服务系统。飞行服务站系统由通用飞行服务站系统信息处理中心(以下简称信息处理中心)和通用飞行服务站(以下简称飞行服务站)构成。飞行服务站系统示意图见附件一。

第四条 在监视空域和报告空域内从事通用航空飞行活动的航空器应当按照规定接受飞行服务站的管理和服务。

第五条 中国民用航空局(以下简称民航局)对全国飞行服务站系统实施行业管理。民航地区管理局(以下简称地区管理局)对辖区内飞行服务站系统实施监督管理。

第六条 实施飞行服务站的管理,应当符合以下基本原则:

(一)有利于促进国民经济发展和社会进步,保护生态环境,维护社会公共利益;

(二)符合规划,合理布局,协调发展;

(三)符合通用航空发展政策;

(四)符合保障通用航空飞行安全的要求。

第二章 管理规定

第七条 地区管理局根据全国通用航空服务站系统规划、本地区通用航空活动的特点、使用空域和现有空中交通服务设施的情况,设立飞行服务站,明确其服务范围和功能,并对飞行服务站运行进行监督管理。

第八条　信息处理中心应当依托民航现有区域管制中心、地区情报中心和地区气象中心建设,并能满足飞行计划等信息传递的要求。飞行服务站应当依托民用航空运输或者通用机场空中交通服务单位建设;在现有机场空中交通服务单位能力覆盖不到的地区,可以根据需要在通用航空运营基地及通用航空活动集中地区附近单独设立,并与相关军民航管制单位建立通报关系。

第九条　飞行服务站应当具备以下条件:

(一)有明确管理机构即安全责任主体;

(二)两年以上从事空中交通服务、机场运行或者通用航空运营的经验;

(三)健全的安全运营管理体系、组织机构和管理制度;

(四)明确的服务范围和基本功能,服务空域已经批准;

(五)与其服务范围和功能相适应的设施、设备和人员;

(六)工作程序;

(七)与相关单位的协议;

(八)处理突发事件的应急预案及相应的设施、设备。

第十条　地区管理局应当将设立飞行服务站的情况报民航局备案。

第十一条　飞行服务站应当按照本规定要求保证服务设施设备的可靠,按照设定的服务范围和功能提供服务。

第十二条　飞行服务站无法按照设定的服务范围和功能继续正常提供服务的,应当立即向所在地区管理局报告或者提出撤销飞行服务站的申请。地区管理局可以根据飞行服务站无法正常提供服务的情况限制服务范围或者功能、撤销或者同意撤销飞行服务站。

第十三条　地区管理局应当定期对辖区内飞行服务站进行检查,确保其符合设立和运行的要求。发现飞行服务站不能履行其服务时,应当责令其改正、限制服务范围或者功能、暂停其服务或者取消其服务资格。

第十四条　在飞行服务站提供服务的人员应当完成空中交通管制或者航空情报基础专业培训,熟悉本单位工作程序,经本单位考核后上岗工作。

第三章　飞行服务站基本功能

第一节　基本服务流程

第十五条　飞行服务站应当向通用航空用户提供阶段性服务,

包括:飞行前服务,飞行中服务和飞行后服务,具体流程图见附件二《飞行服务站基本服务流程图》。

第十六条 飞行前服务包括飞行前讲解和飞行计划的受理,主要任务如下:

(一)飞行前讲解。飞行前讲解提供飞行气象情报、航空情报和对飞行计划的建议。飞行服务站可以根据通用航空用户的需求提供适当的讲解类型、内容和方式。

(二)飞行计划受理。飞行服务站应当及时受理通用航空用户申报的飞行计划并进行备案。

第十七条 飞行中服务包括:飞行中计划变更、飞行情报服务、飞行中设备故障报告、飞行员气象报告、飞行活动数据记录、告警和协助救援服务、飞行计划实施报告,主要任务如下:

(一)飞行中计划变更。受理通用航空用户对飞行中飞行计划变更的申请;根据通用航空用户更改飞行路线、区域、目的地等变更飞行计划的需求提供适当类型的飞行中讲解。

(二)飞行情报服务。飞行服务站在收到重要天气、航空情报、重型或者中型无人驾驶自由气球等飞行情报时,应当主动提供飞行情报服务。

(三)飞行中设备故障报告。飞行中设备故障报告指可能对飞行安全产生影响的设备失效报告。当飞行员报告航空器设备故障时,飞行服务站应当提供最大限度的协助,并将故障航空器的相关细节和所需特殊措施转告给相关人员或者机构。

(四)飞行活动数据记录。飞行服务站应当具备记录通用航空飞行活动有关信息的功能。包括航空器起飞、降落、航行时间等信息的记录。

(五)飞行员气象报告。飞行服务站应当接收飞行员气象报告。对航线、机场或者区域的气象状况不明确时,应当向飞行员主动请求飞行员气象报告。

(六)告警和协助救援服务。飞行服务站应当根据不明、告警和遇险等不同阶段提供告警服务,并协助救援。

(七)飞行计划实施报告。飞行服务站应当接收航空器起飞报告,确认飞行计划开始实施,并向沿途和目的地相关机构发送飞行情况信息。

第十八条 飞行后服务包括飞行员报告,飞行活动统计和飞行计划完成报告,主要任务包括:

(一)飞行员报告。飞行服务站应当接收飞行员报告。飞行员报告包括飞行后空管设施服务状况报告和飞行后天气报告。飞行后空管设施服务状况报告是通用航空用户飞行后对空管设施工作状态的报告;飞行后天气报告是通用航空用户提供航线、活动区域内相关天气的报告。

(二)飞行活动统计。飞行服务站应当根据飞行计划的执行情况进行飞行活动的统计。

（三）飞行计划完成报告。飞行服务站应当接收航空器落地报告,确定相应飞行计划完成。

第二节　基本服务功能

第十九条　飞行服务站基本服务功能包括:飞行计划服务、航空情报服务、航空气象服务、飞行情报服务、告警和协助救援服务。

第二十条　飞行服务站提供飞行计划服务包括:飞行计划的申报服务、飞行计划实施报告处理、飞行计划完成报告处理、飞行计划的变更服务、飞行计划存储等功能。

（一）飞行计划申报。飞行服务站应当为通用航空用户提供规定的飞行计划申报表格,受理通用航空用户飞行计划的申报,并将申报的飞行计划发送至相关部门。

（二）飞行计划实施报告。飞行服务站应当接收航空器起飞报告,确定飞行计划开始实施,并向沿途和目的地相关机构或者设施发送相关信息。

（三）飞行计划完成报告。飞行服务站应当接收航空器落地报告,确定相应飞行计划完成。

（四）飞行计划变更。飞行服务站应当接收通用航空用户申报的飞行计划变更申请。飞行计划变更是通用航空用户根据需求对申报的飞行计划的变更,主要包括目的地变更、飞行规则变更等。飞行计划变更包括飞行前飞行计划变更和飞行中飞行计划变更。

（五）飞行计划存储。飞行服务站应当具备存储重复性飞行计划的功能。飞行服务站应当对其服务范围内的重复性飞行计划进行管理。

第二十一条　飞行服务站提供航空情报服务应当收集、上传本飞行服务站服务范围内的原始航空情报数据,并向通用航空用户提供所需航空资料汇编、航图、航行通告、飞行前和飞行后航空情报等服务。

（一）原始资料提供及上报。飞行服务站应当按规定提供和上报本责任区域航空情报原始资料。

（二）航空资料汇编和航图。飞行服务站应当具备本服务站责任范围和相关区域的航空情报资料,可以根据通用航空用户的需求向其提供航空资料汇编和航图资料。提供航空资料汇编和航图应当遵守航空情报服务相关规定。

（三）航行通告。飞行服务站应当依照航空情报相关规定发送、接收航行通告,或者建立航行通告收发的渠道,向通用航空用户提供其所需的航行通告。

（四）飞行前和飞行后航空情报服务。飞行服务站应当在有必要或者机组有要求时,提供飞行前讲解服务。飞行服务站应当接收、通报空管设施服务状况及鸟情状况报告。

第二十二条　飞行服务站提供气象服务应当能够接收飞行气象情报、提供飞行前和飞行中气象服务、接收飞行员气象报告，并提供本飞行服务站服务范围内的机场或者通用航空活动场所的气象观测信息。

（一）接收飞行气象情报。飞行服务站应当具备接收民用航空气象服务机构的飞行气象情报的功能。飞行气象情报主要包括：机场天气报告、低空重要气象情报、低空区域预报、机场天气预报、重要天气情报、机场警报、风切变警报。

（二）飞行前和飞行中气象服务。飞行服务站应当在飞行前讲解和飞行中讲解中向通用航空用户提供有关起飞机场、降落机场、航线及活动区域内的天气报告和预报。天气报告和预报包括高空风和高空温度、航路上和区域内的重要天气现象、机场天气报告，机场预报、着陆预报和起飞预报等。

（三）飞行员气象报告。飞行服务站应当接收飞行员气象报告。对个别航线、机场或者区域的气象状况不明确时，应当向飞行员主动请求飞行员气象报告。飞行服务站应当将所接收的气象情报不定期地发送至相关信息处理中心。

（四）气象观测信息的报告。具备条件的飞行服务站应当观测服务范围内机场或者通用航空活动场所的气象观测信息，并上传至信息处理中心。

第二十三条　飞行服务站飞行情报服务应当提供飞行情报传输服务，空中交通咨询服务和机场情报咨询服务。

（一）飞行情报传输服务。飞行服务站应当向飞行中的航空器通报如下相关信息：

1. 特殊的航空器报告；

2. 重要天气情报；

3. 低空重要气象情报；

4. 特选天气报；

5. 修订后的机场预报；

6. 重型或者中型无人驾驶自由气球；

7. 影响飞行的其他信息。

（二）空中交通咨询服务。在不提供空中交通管制服务的情况下，飞行服务站可以提供空中交通咨询服务。空中交通咨询服务不对航空器提供管制许可，只提供咨询建议。

（三）机场情报咨询服务。在不提供塔台管制服务的情况下，应当为进离场的通用航空用户提供机场咨询服务。机场咨询服务的发布方式采用通播的形式，其内容包括：

1. 机场名称；

2. 代码；

3. 预期进近类别；

4. 使用跑道；

5. 重要的跑道道面情况；

6. 地面风向风速；

7. 能见度、跑道视程；

8. 现行天气报告；

9. 大气温度、露点、高度表拨正值；

10. 趋势型着陆天气预报；

11. 其他必要的飞行情报。

第二十四条　飞行服务站应当提供告警和协助救援服务。

（一）告警服务。航空器告警分为不明阶段、告警阶段和遇险阶段。飞行服务站在各告警阶段采用相应告警程序。

1. 以下情况为不明阶段：在应该接收通信 30 分钟后或者从首次未成功建立通信起 30 分钟后没有从航空器接收通信；航空器没有在最后通报或者空中交通服务单位估计的预定到达时间 30 分钟内到达。飞行服务站在不明阶段应当继续尝试与进入不明阶段的航空器建立通信。

2. 以下情况为告警阶段：紧随不明阶段，继续尝试与航空器建立通信或者其他有关通信手段都失效，不能获取航空器的任何消息；航空器允许着陆，但在预计着陆时间后 5 分钟没有着陆，且不能再次与航空器建立通信联系；接收的情报表明航空器的有效操作受到影响，但是还没有到需要迫降的程度；已知或者认为航空器遭到非法干扰。飞行服务站在告警阶段应当继续尝试与进入告警阶段的航空器建立通信，并通知相关救援、协调部门该航空器进入告警阶段。

3. 以下情况视为遇险阶段：紧随告警阶段，再次不能成功与航空器建立通信，通过多次询问表明航空器很可能处于危险状况；机载燃油即将耗尽或者不足以使航空器安全降落；接收的情报显示航空器的有效操作受到损害，达到了迫降的程度；接收的情报确定航空器即将或者正在进行迫降。飞行服务站在遇险阶段应当继续尝试与进入遇险阶段的航空器建立通信，通知相关救援、协调部门该航空器进入遇险阶段，并协助相关救援部门进行搜救。

（二）协助救援要求。飞行服务站应当向搜寻与援救服务

部门提供其所需的气象情报、航空情报、飞行计划等相关信息。必要时应当与其他部门协调，收集所需的情报信息。提供搜寻与救援服务部门的情报，应当包括失踪航空器所知最后位置及时间和航空器预定航路上的气象情况。

第四章　飞行服务站系统及配置

第一节　系统概述

第二十五条　飞行服务站系统应由系统信息处理中心和飞行服务站构成。其结构示意图见附件三。

第二十六条　信息处理中心包括飞行计划信息处理中心、航空情报信息处理中心、航空气象信息处理中心。飞行计划信息处理中心、航空情报信息处理中心、航空气象信息处理中心应当以民航现有计划、情报、气象服务系统为基础，扩展其飞行服务站系统功能。

第二十七条　飞行服务站包括飞行计划服务终端、航空情报服务终端、航空气象服务终端、飞行情报服务设施、告警和协助救援服务设施。

第二节　飞行计划服务系统

第二十八条　飞行计划信息处理中心和飞行计划服务终端组成飞行计划服务系统。

第二十九条　飞行计划信息处理中心主要功能包括：

（一）按飞行计划的审批、备案程序处理飞行计划申报。

（二）处理飞行计划的变更申请。

（三）处理飞行计划实施报告。

（四）处理飞行计划完成报告。

（五）飞行计划备份。

（六）飞行计划统计。

第三十条　飞行计划服务终端主要功能包括：

（一）飞行计划申报信息受理。

（二）飞行计划变更信息受理。

（三）飞行计划实施报告发布。

（四）飞行计划完成报告发布。

（五）重复性飞行计划的存储。

第三十一条　飞行服务站接收通用航空用户提交飞行计划相关信息和报告的方式包括：电话、传真、电报、现场、网络、地空通信等。

第三节　航空情报服务系统

第三十二条　航空情报信息处理中心和航空情报服务终端组成航空情报服务系统。

第三十三条　航空情报信息处理中心主要功能包括：

（一）收集、编辑、制作通用航空所需航空资料汇编和航图。

（二）根据分类接收处理、审核发布航行通告。

第三十四条　航空情报服务终端主要功能包括：

（一）上报本飞行服务站服务范围内航空资料汇编和航图的原始资料和数据。

（二）按照规定发布航行通告。

（三）接收处理，并向通用航空用户提供航行通告。

（四）根据通用航空用户需求提供航空资料汇编和航图。

第三十五条　飞行服务站向通用航空用户提供航空资料汇编和航图的方式包括：传真、现场、网络等。飞行服务站向通用航空用户提供航行通告的方式包括：电话、传真、电报、现场、网络、地空通信等。

第四节　航空气象服务系统

第三十六条　航空气象信息处理中心和航空气象服务终端组成航空气象服务系统。

第三十七条　航空气象信息处理中心主要功能包括：

（一）接收、处理机场天气报告、低空重要气象情报、低空区域预报、机场天气预报、重要天气情报、机场警报、风切变警报。

（二）收集、处理飞行服务站气象观测信息。

（三）接收、处理飞行员气象报告。

（四）根据需求发布气象信息。

第三十八条　航空气象服务终端主要功能包括：

（一）根据通用航空用户需求提供航空气象信息。

（二）观测、报告本飞行服务站服务范围内机场和通用航空活动场所的气象信息。

（三）接收并上报飞行员气象报告。

第三十九条　通用航空用户获得航空气象信息的方式包括：电话、传真、电报、现场、网络、地空通信等。

第五节　飞行情报服务、告警和协助救援设施

第四十条　飞行服务站应当根据其服务的范围和功能配备飞行情报服务、告警和协助救援设施。

第四十一条　飞行服务站应当配备飞行情报服务所需地空通信设备。为监视空域提供服务的飞行服务站地空通信应当覆盖监视空域范围，通用航空用户可以在服务范围内与飞行服务站建立地空双向通信。

第四十二条　为监视空域提供服务的飞行服务站应当配备监视数据显示设备，其主要功能包括：

（一）监视数据引接。

（二）监视数据显示。

（三）监视数据记录回放。

第四十三条 飞行服务站应当保持与相关救援、告警协调单位的通信畅通。其通信方式包括：电话、传真。

第六节　飞行服务站系统配置

第四十四条 飞行服务站系统一般配置要求主要包括以下内容：

（一）采用商业货架产品，冗余的硬件结构，无单故障点。

（二）采用高性能、高可靠性的主流处理机。

（三）飞行服务站与系统信息处理中心之间的通信应采用专用网络。

（四）飞行服务站系统采用网络模式系统，满足以下要求：

1. 服务器采用双机热备方式；

2. 根据工作需要配置工作机；

3. 配备专用监控软件对系统应用软件、系统网络及设备、系统节点和设备的运行状况进行实时监控。

第四十五条 信息处理中心配置要求主要包括以下内容：

（一）信息处理中心的建设应当便于收集、处理飞行计划、航空情报、航空气象等信息。

（二）信息处理中心应当配备专用设备向飞行服务站发布飞行计划、航空情报、航空气象等信息。

第四十六条 飞行服务站配置要求主要包括以下内容：

（一）建设在运输和通用航空机场或者通用航空活动场所附近，有专门的服务场所。

（二）配备飞行计划服务终端、航空情报服务终端、航空气象服务终端、飞行情报服务设施、告警和协助救援设施。

（三）服务于监视空域的飞行服务站应当能与其覆盖范围内并有相应装备的通用航空器进行直接、迅速、不间断和清晰的双向通信。

（四）可以配备监视数据引接处理、记录回放设备。服务于监视空域的飞行服务站应当能引接能覆盖其服务范围的监视信号。

（五）配备电话、传真机、打印机、电报收发设备、网络设备、专用的无线电台等通信设备。

（六）配备专业的数据记录设备，记录并保存飞行计划信息数据、航空情报信息数据、航空气象信息数据、飞行情报信息数据、告警和协助救援信息数据。以上各类数据应当保存 30 天以上。

（七）提供两路经过不间断电源（UPS）单独控制的电源到通用航空服务系统。

第五章　附则

第四十七条　各地区服务站系统信息处理中心间信息的集中、处理和交换由民航空管运行中心、气象中心和情报中心负责。在各地区服务站系统信息处理中心提供服务前，试点飞行服务站可以采用其他方式收集、处理和交换信息，但必须满足服务和管理的需要。

第四十八条　在管制空域内从事通用航空飞行活动的航空器应当按照规定接受空中交通管理。

第四十九条　本意见试行期间按照现行有关空中交通管制系统投资规定管理外商投资。

附件一　飞行服务站系统示意图

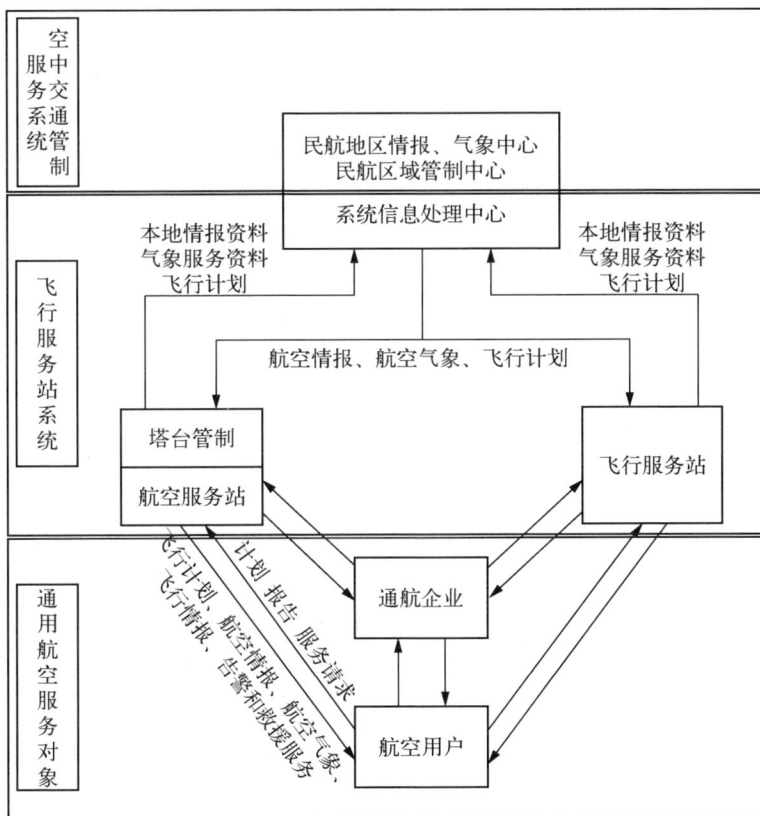

附件二　飞行服务站基本服务流程图

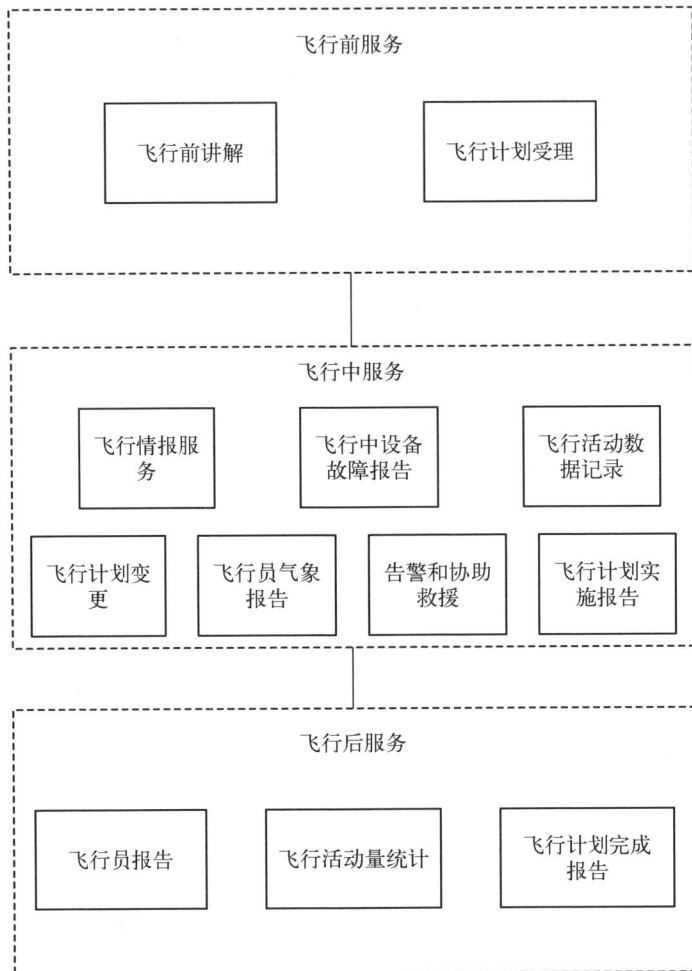

飞行前服务

| 飞行前讲解 | 飞行计划受理 |

飞行中服务

| 飞行情报服务 | 飞行中设备故障报告 | 飞行活动数据记录 |

| 飞行计划变更 | 飞行员气象报告 | 告警和协助救援 | 飞行计划实施报告 |

飞行后服务

| 飞行员报告 | 飞行活动量统计 | 飞行计划完成报告 |

附件三 飞行服务站系统结构示意图

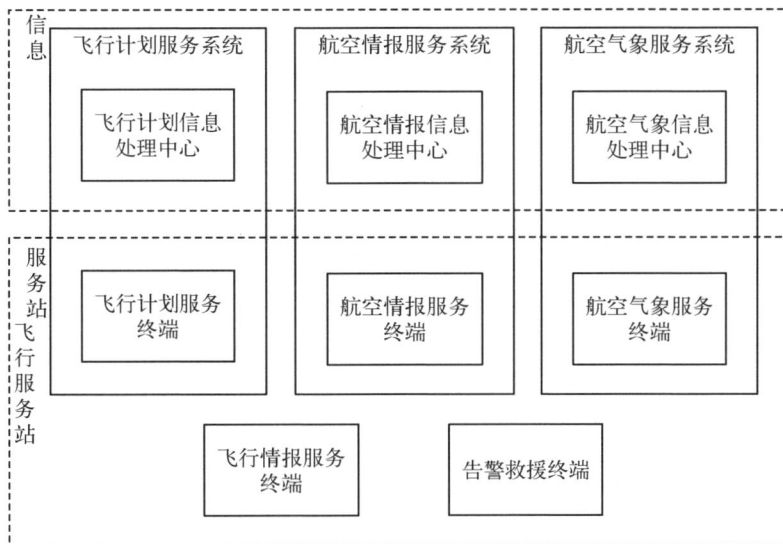

四、《低空空域使用管理规定(试行)》

2014 年 7 月,国务院国家空管委发布《低空空域使用管理规定(试行)》征求稿,规范低空空域的划分与管理办法,将低空空域分为管制、监视、报告空域和目视飞行航线。

低空空域使用管理规定(试行)
(征求意见稿)

第一章 总则

第一条 【制定依据】为进一步推动我国低空空域管理改革,规范低空空域管理,提高空域资源利用率,确保低空飞行安全顺畅和高效,依据《中华人民共和国民用航空法》《中华人民共和国飞行基本规则》《通用航空飞行管制条例》等法律法规,紧密结合我国国情军情和通用航空发展实际,制定本规定。

第二条 【使用管理原则】低空空域是国家重要战略资源,其使用管理应坚持适应发展、统筹兼顾、简化程序、灵活高效、责权分明、确保安全的原则。

第三条 【使用管理主体】国务院、中央军委空中交通管制委员会(以下简称国家空管委)统一领导全国低空空域使用管理工作,国家空管委办公室负责指导检查工作落实,在现行空管运行体制下,军民航空管部门按照各自职责分工提供空中交通管制服务。

第四条 【适用范围】本规定是中华人民共和国境内(不含香港、澳门特别行政区及台湾地区)组织实施低空空域使用管理的基本依据,适用于航空管理部门以及低空空域使用用户。

第五条 【监管评估制度】国家空管委办公室组织建立监管评估制度,适时对低空空域使用管理情况进行评估,监管空管运行工作和职能管理部门履职情况,确保低空空域管理运行正规有序。

第二章 空域分类划设

第六条 【定义】低空空域原则上是指全国范围内真高1000米(含)以下区域。山区和高原地区可根据实际需要,经批准后可适当调整高度范围。

第七条 【分类】低空空域按管制空域、监视空域和报告空域以及目视飞行航线进行分类。

管制空域是指为飞行活动提供空中交通管制服务、飞行情报服务、航空气象服务、航空情报服务和告警服务的空域。

监视空域是指为飞行活动提供飞行情报服务、航空气象服务、航空情报服务和告警服务的空域。

报告空域是指为飞行活动提供航空气象服务和告警服务,并根据用户需求提供航空情报服务的空域。

目视飞行航线是为确保航空用户能够飞到预定空域,且飞行人员在目视条件下飞行的航线。

第八条 【划设原则】低空空域划设应统筹考虑国家安全、飞行需求、保障能力、机场布局、环境保护、地形特点等因素,科学划设管制空域、监视空域、报告空域的范围和目视飞行航线。

第九条 【划设要求】低空空域应根据不同类别的空域使用需求和航空器活动特点等情况,划设在相应的区域。

管制空域。原则上只能划设在下列区域:1.空中禁区和空中危险区;2.国境地带我方一侧10千米范围内;3.全国重点防空目标区和重点防空目标外围5千米区域;4.终端(进近)管制区;5.军用和民航运输机场的管制地带(担负飞行保障任务且未划设机场管制地带的军用机场,以机场跑道中心点为中心,沿跑道中心线方向,两端各25千米,两侧各10千米的区域);6.其他需要重点保护地区。

报告空域。原则上只能划设在下列区域:1.通用机场和临时起降点10千米范围内;2.不依托通用机场和临时起降点,使用动力三角翼、滑翔伞、动力伞、热气球等通用航空器具,从事文化体育、旅游观光、空中广告宣传等活动的地区上空半径5千米范围内;3.作业相对固定、时间相对集中,且对军航和民用运输航空飞行没有影响的通用航空飞行区域。报告空域不得划设在空中禁区边缘外20千米范围内,全国重点防空目标区和重点防空目标边缘外10千米范围内。

监视空域。管制空域和报告空域之外的空域划设为监视空域。

目视飞行航线。按照监视空域或报告空域标准划设,在管制空域内划设目视飞行航线,必须明确进出通道。

如划设的管制空域与监视、报告空域有交叉区域,交叉区域按管制空域掌握。

第十条 【空域要素】空域划设应明确空域名称、水平范围、垂直范围、进出方法、提供服务单位及具体联系方式等要素;目视飞行航线应明确航班代号、航线走向、飞行高度等要素。

第十一条 【划设权限】低空空域划设由飞行管制分区主管部门牵头,会同所在地区民航空管部门,在充分听取地方政府及航空用户需求意见的基础上共同划设,报飞行管制区主管部门批准;跨飞行管制分区在飞行管制区内的,由飞行管制区主管部门会同民航地区空管局划定;飞行管制区间的,由空军航管部门会同民航局划定。

第十二条 【报备公布】低空空域划设及调整方案由空军航管部门归口报空管委办公室备案,通报民航管理部门,由民航飞行情报管理部门向社会公布。

第三章　空域准入使用

第十三条 【管制空域准入】航空用户使用管制空域必须同时具备以下条件:飞行计划获得许可;航空器配备甚高频通信设备、高精度高度表、二次雷达应答机和广播式自动相关监视设备(ADS-B);无线电保持持续双向畅通;民用航空器驾驶员实施目视飞行最低应持有私人执照或运动执照、学生执照,实施仪表飞行最低应持有私人执照。

第十四条 【监视空域准入】航空用户使用监视空域必须同时具备以下条件:飞行计划已报备;航空器配备甚高频通信设备和广播式自动相关监视设备;无线电保持持续双向畅通;民用航空器驾驶员最低应持有运动执照或学生执照;空域内飞行,航空器空速不大于450千米/小时。

第十五条 【报告空域准入】航空用户使用报告空域必须同时具备以下条件:飞行计划已报备,民用航空器驾驶员最低应持有运动执照或学生执照;空域内飞行,航空器空速不大于450千米/小时。

第十六条 【多类空域准入】航空活动如涉及多类低空空域,按照最高准入条件标准执行。

第十七条 【飞行方法】管制空域内允许实施仪表飞行和目视飞行;监视、报告空域内以及目视飞行航线只允许实施目视飞行。

第十八条 【空域类型调整】低空空域实行动态管理,灵活使用。军航战备训练和执行紧急任务需要使用低空空域时,可将监视、报告空域调整为临时管制空域;遇有紧急突发事件、地方政府组织重大活动、军用机场无飞行活动等情况时,可临时调整低空空域类型,适时放宽低空空域使用权限。

第十九条 【空域调整部门】空域类型调整由飞行管制分区主管部门负责,报飞行管制区主管部门备案,由民航地区飞行情报管理部门向社会公布。如需长期调整空域类型,按照空域划设权限申报批准。

第二十条 【空域调整时限】临时管制空域启用需提前 4 小时,管制空域调整为临时监视或临时报告空域需提前 2 小时,监视空域与报告空域之间调整需提前 1 小时确定并发布,临时空域使用时限原则上不超过 24 小时。

第二十一条 【临时关闭权限】监视空域、报告空域和目视飞行航线通常不得关闭,确需临时关闭,空域划设单位应及时报上一级部门审批,并通报相关军民航空管部门,由相应民航飞行情报管理部门向社会公布。

第四章 飞行计划审批报备

第二十二条 【飞行计划申请】飞行计划主要是指低空空域内通用航空飞行计划,其申请内容包括:航空用户名称、任务性质、航空器型别、架数、机长姓名、航空器呼号、通信联络方法、起降机场(起降点)、备降机场、使用空域(航线)、飞行高度、预计飞行起止时刻、执行日期等。

第二十三条 【飞行计划受理】通用航空飞行只向一个单位申报飞行计划。建有飞行服务站的地区,通过飞行服务站受理飞行计划。未建飞行服务站的地区,依托军用和民用运输机场的由所在机场空管部门受理飞行计划;不依托机场的由所在地区飞行管制分区主管部门直接受理或指定相关军民用机场空管部门受理飞行计划。

第二十四条 【转场飞行计划审批】

民用机场(含通用机场临时起降点)之间的飞行计划,机场按照飞行计划所涉及区域和现行民航申报程序逐级上报,民航空管部门负责审批,并将飞行计划审批情况及时通报相关军民航空管部门,民用机场(含通用机场临时起降点)与军用机场之间的飞行计划,机场(通用航空器在军用机场起飞时,由军用机场委托附近民用机场)按照飞行计划所涉及区域和现行民航申报程序逐级上报,民航空管部门商相关飞行管制区主管部门或空军航管部门后审批,并将飞行计划审批情况及时通报相关军民航空管部门;军用机场之间的飞行计划,按照飞行计划所涉及区域和现行军航申报程序执行,相关飞行管制区主管部门或空军航管部门负责审批,并及时通报相关军民航空管部门。

第二十五条　【场内场外飞行计划审批】

通用航空用户向飞行服务站或军用机场、民用运输机场提出飞行计划申请(飞行活动范围在民用机场区域内由该机场审批),受理该飞行计划申请的单位集中报飞行管制分区主管部门;飞行计划所涉及区域在飞行管制分区内的,由该部门审批;超出飞行管制分区在飞行管制区内的,由该部门上报飞行管制区主管部门审批;跨飞行管制区间的飞行计划,由飞行管制区主管部门上报空军航管部门审批;仅需民航提供空管服务,由民航按级审批,并报备相对应的军航航管部门。飞行计划审批完成后,及时通报相关军民航空管部门。

第二十六条　【飞行计划审批时限】飞行管制分区内的飞行计划申请,应在起飞前 4 小时提出,审批单位需在起飞前 2 小时批复,超出飞行管制分区在飞行管制区内的,应在起飞前 8 小时前提出,审批单位需在起飞前 6 小时前批复;超出飞行管制区的,应在起飞前 1 天 15 时前提出,审批单位需在起飞前 1 天 18 时前批复,执行紧急任务飞行,应在起飞前 30 分钟提出申请或边起飞边申请,审批单位需在起飞前 10 分钟或立即答复。

第二十七条　【飞行计划报备时限】监视空域飞行计划,通航用户应在起飞前 2 小时向飞行计划受理单位报备,飞行计划受理单位需在起飞前 1 小时进行报备;报告空域飞行计划,通航用户应在起飞前 1 小时向飞行计划受理单位报备,飞行计划受理单位需在起飞前 30 分钟进行报备;接受报备部门原则上视为同意,如不同意,需在起飞前 15 分钟通知飞行计划受理单位。

第二十八条　【飞行计划实施】军民航空管部门严格按照飞行计划审批意见组织飞行计划申请与实施,与其他飞行计划确有影响时,按照现行空管运行体制,由相应军民航空管部门实施管制调配。空军和民航局统计汇总通用航空飞行计划审批及申请实施情况,以季度为单位报备国家空管委办公室。

第五章　相关服务保障

第二十九条　【信息保障体系】信息保障体系包括通信、导航、监视、气象等内容,其体系建设在国家空管委统一规划下,国家投资,民航和地方政府分别建设。其中,民航负责民用机场(通用机场)及航路航线附近地区的建设和后期运营维护保障;其他区域由军航指导,地方政府负责建设和后期运维维护保障。

第三十条　【低空飞行服务站】飞行服务站是现有军民航空管服务保障体系的补充,为通用航空飞行提供飞行计划、航空情报、航空气象、飞行情报、告警和协助救援等服务。

全国飞行服务站布局规划由民航根据地方政府需求研究提出,上报空管委批准;其建设由国家适当投入、地方政府主导建设,地方政府或委托行业协会及运行公司领导管理,民航负责行业监管。

承担通用航空服务保障的飞行管制分区主管部门和军民用机场应按照民航行业标准,扩充设施设备,增加服务功能。

第三十一条 【飞行服务站人员培训】飞行服务站人员由地方政府或委托行业协会及运行公司根据功能职责配备,民航或委托行业协会负责飞行服务站人员培训教材编写、能力考核、颁发合格证书和后续在职教育。为提高证件管理权威,证书执照由国家空管委统一制作,民航或其委托行业协会颁发。

第六章 行业监管和违法违规飞行查处

第三十二条 【监管查处依据】对违法违规飞行的处罚按照《中华人民共和国民用航空法》《中华人民共和国治安管理处罚法》《中华人民共和国飞行基本规则》和《通用航空飞行管制条例》相关条款执行。

第三十三条 【违法违规飞行】从事通用航空飞行活动的单位、个人,如有下列情形之一的,构成违法违规行为。

(一)航空器机载设备不符合空域准入条件;

(二)无飞行计划申请;

(三)未经批准擅自飞行;

(四)不及时报告或漏报飞行动态;

(五)不按计划飞行;

(六)不服从管制指挥指令;

(七)不执行管制空域内目视飞行航线飞行方法;

(八)管制空域内擅自改变航行诸元。

第三十四条 【违法违规飞行惩处】

(一)情节较轻、未造成严重后果的,处通用航空企业或个人 10 万元以上 30 万元以下罚款,暂扣经营许可证半个月至 3 个月,飞行人员责令停飞 3 个月至 6 个月,暂扣飞行执照,相应地区空管协调委进行通报;

(二)情节严重造成严重后果的,处通用航空企业或个人 30 万元以上 50 万元以下罚款、暂扣经营许可证 3 个月至 6 个月,封存航空器,责令当事飞行人员停飞 6 个月至 12 个月直至吊销飞行执照,国家空管委进行通报;

(三)造成重大事故或后果极其严重的,禁止当事通用航空企业和个人从事一切通用航空飞行活动,并由公安部门进行侦查取证,按照现行法律及执法程序追究其刑事责任。

第三十五条 【联合监管处罚机制】民航、公安、海关、工商、体育、军队等部门应积极配合,通力协作、形成合力,严厉惩治通用航空器违法违规飞行。

第三十六条　【民航部门职责】民航部门牵头负责地面取证查处,依照本规定第三十四条做出具体惩处决定,通报协调相关部门落实执行。依法对通用航空器(含进口通用航空器)及零部件设计,生产、维修和飞行进行监管,对通用航空器和从事通用航空活动的企业、个人等进行许可、登记管理;配合军队实施空中监管和空中不明情况的应急查证处置,负责对通用航空违法违规飞行进行地面查处;负责建立情况通报、登记制度,凡依本规定受到处罚的企业、个人均由民航主管部门记入用户档案。

第三十七条　【公安部门职责】公安部门配合有关部门依法对通用航空器实施管理,负责违法违规通用航空器落地后的秩序和现场处置工作,配合对违法违规飞行的单位或个人进行查处;组织协调重大活动期间通用航空器的地面防范管控工作;协助军队进行空中违规查证。

第三十八条　【海关部门职责】海关部门负责办理通用航空器进境海关手续并加强监管。

第三十九条　【工商部门职责】工商部门负责对生产销售通用航空器企业的登记管理,对未经批准私自生产销售的违法违规行为进行查处。

第四十条　【体育部门职责】体育部门负责对从事航空体育运动项目的单位、人员和通用航空器的审查登记和管理,并将具体情况通报公安、民航部门和军队。

第四十一条　【气象部门职责】气象部门负责对具有施放气球资质资格的单位、人员的审查、登记、管理及施放气球作业审批等,参与对违规施放气球活动的查处。

第四十二条　【军队职责】军队牵头负责组织空中监管,查证空中不明情况,及时通报公安民航等部门,并提供所掌握的查证情况。

第四十三条　【责任追究】坚持"谁违规谁担责"的原则,低空违法违规飞行造成严重后果的,主要追究当事通用航空单位或个人责任;如涉及监管部门不作为,不履职,也要追究相关部门领导管理责任;军队只承担地面警戒监视系统看得见而未及时发现和处置的连带责任。

第四十四条　【责任监督】采取设立监督电话、空管微信、空管网站举报等方式建立监督检查机制,对监管部门履职情况进行监督。

第七章　附则

第四十五条　【外籍通用航空器及人员管理】外籍通用航空器或外籍人员驾驶我国通用航空器在低空空域飞行,按现行规定审批飞行任务。香港、澳门特别行政区以及台湾地区通用航空器和人员在内地飞行,按照外籍通用航空器和人员进行管理。

第四十六条 【无人驾驶航空器及人员管理】在低空空域飞行的民用无人驾驶航空器和操作人员的审查、登记、管理,由民航局负责。无人驾驶航空器飞行计划按管制空域相关规定申请办理,通常不得与有人驾驶航空器在同一空域组织飞行。

第四十七条 【目视飞行航图制作管理】目视飞行航图由国家空管委办公室统一管理,其制作发行由国家空管委办公室指定专门机构负责。目视飞行航图的数据采集、核准、更新以及其他相关事宜,由国家空管委办公室制定具体规定另行明确。

第四十八条 【规定说明】本规定与其他规定有矛盾的,按本规定执行;本规定未明确事项按现行规定执行。

低空空域划设在空中禁区、空中危险区、国(边)境地带时,其使用管理仍按现行规定执行。

国家航空器的适航、人员管理和飞行计划审批等事宜,由其主管部门参照本规定制定具体实施办法。

第四十九条 【施行日期】本规定自发布之日起施行。

五、《关于促进通用航空业发展的指导意见》

2016年5月,国务院发布《关于促进通用航空业发展的指导意见》扩大低空空域开放,将低空空域真高提升为3000米,简化通用航空飞行审批备案。

国务院办公厅关于促进通用航空业发展的指导意见

国办发〔2016〕38号

各省、自治区、直辖市人民政府,国务院各部委、各直属机构:

通用航空业是以通用航空飞行活动为核心,涵盖通用航空器研发制造、市场运营、综合保障以及延伸服务等全产业链的战略性新兴产业体系,具有产业链条长、服务领域广、带动作用强等特点。近年来,我国通用航空业发展迅速,截至2015年底,通用机场超过300个,通用航空企业281家,在册通用航空器1874架,2015年飞行量达73.2万小时。但总体上看,我国通用航空业规模仍然较小,基础设施建设相对滞后,低空空域管理改革进展缓慢,航空器自主研发制造能力不足,通用航空运营服务薄弱,与经济社会发展和新兴航空消费需求仍有较大差距。为加快提升服务保障能力,促进产业转型升级,释放消费潜力,实现通用航空业持续健康发展,经国务院同意,现提出以下意见。

一、总体要求

(一)指导思想

全面贯彻党的十八大和十八届三中、四中、五中全会精神,认真落实国务院决策部署,按照"五位一体"总体布局和"四个全面"战略布局,牢固树立和贯彻落实创新、协调、绿色、开放、共享的发展理念,充分发挥市场机制作用,加大改革创新力度,突出通用航空交通服务功能,大力培育通用航空市场,加快构建基础设施网络,促进产业转型升级,提升空管保障能力,努力建成布局合理、便利快捷、制造先进、安全规范、应用广泛、军民兼顾的通用航空体系。

(二)基本原则

市场主导,政府引导。充分发挥市场在资源配置中的决定性作用,支持新兴航空消费,鼓励企业根据市场需求不断创新,促进通用航空市场持续壮大。更好地发挥政府统筹谋划、规划引导和政策支持的作用,加大简政放权力度,优化飞行报审程序,提高审批效率,为通用航空企业提供高效便捷服务。

安全第一,创新驱动。处理好安全与发展的关系,强化安全主体责任和监管责任,建立健全军地联合监管机制,实施分类精细管理,确保飞行和空防安全。加大改革力度,通过政策创新、管理创新、技术创新和服务创新,最大限度释放市场潜力。

重点突破,全面推进。以加快基础设施建设、扩大低空空域开放、提升空管保障能力、促进产业转型升级为重点,打破制约产业发展的瓶颈。做好整体设计规划,统筹通用航空与公共航空运输协调发展,推进军民深度融合,推动通用航空业全方位发展。

(三)发展目标

到 2020 年,建成 500 个以上通用机场,基本实现地级以上城市拥有通用机场或兼顾通用航空服务的运输机场,覆盖农产品主产区、主要林区、50%以上的 5A 级旅游景区。通用航空器达到 5000 架以上,年飞行量 200 万小时以上,培育一批具有市场竞争力的通用航空企业。通用航空器研发制造水平和自主化率有较大提升,国产通用航空器在通用航空机队中的比例明显提高。通用航空业经济规模超过 1 万亿元,初步形成安全、有序、协调的发展格局。

二、培育通用航空市场

(四)强化交通服务

发挥通用航空"小机型、小航线、小航程"的特点,适应偏远地区、地面交通不便地区人民群众的出行需求,积极发展短途运输,提供多样化机型服务,实现常态化运输。鼓励有条件的地区发展公务航空,满足个性化、高效率的出行需求。

(五)扩大公益服务和生产应用

鼓励和加强通用航空在抢险救灾、医疗救护等领域的应用,完善航空应急救援体系,提升快速反应能力。扩大通用航空农林作业面积,基本实现主要林区航空护林,推广通用航空在工业与能源建设、国土及地质资源勘查、环境监测、通信中继等领域应用。

（六）鼓励航空消费

推动通用航空与互联网、创意经济融合，拓展通用航空新业态。促进通用航空与旅游业结合，在适宜地区开展空中游览活动。鼓励发展飞行培训，提高飞行驾驶执照持有比例。积极发展个人使用、企业自用等非经营性通用航空，鼓励开展航空体育与体验飞行。利用会展、飞行赛事、航空文化交流等活动，支持通用航空俱乐部、通用航空爱好者协会等社会团体发展，扩大通用航空爱好者和消费者群体。

三、加快通用机场建设

（七）优化规划布局

完善综合交通运输体系，加强通用机场整体布局规划，做好与各类交通运输方式的相互衔接。在偏远地区、地面交通不便的地区以及年旅客吞吐量1000万人次以上的枢纽运输机场周边建设通用机场，改善交通运输条件。在自然灾害多发等地区以及大型城市等人口密集、地面交通拥堵严重地区建设通用机场，满足抢险救灾、医疗救护、反恐处突与公共管理等需要。在航空制造等重点产业集聚区以及农产品主产区、重点国有林区等地区建设通用机场，服务于工农林等通用航空活动。在世界自然文化遗产、国家级风景名胜区、重要体育产业基地等地区建设通用机场，促进空中游览、航空体育、飞行培训等发展。

（八）合理确定标准

综合考虑人口、土地、空域资源、交通运输、产业基础等条件，立足市场需求和发展实际，因地制宜推进通用机场建设。合理确定通用机场建设规模和标准，通用机场设施要坚持经济、适用、美观、绿色的原则，在确保运行安全的前提下，节约投资和降低运行成本。

（九）完善审核程序

由省级发展改革部门组织编制辖区内通用机场布局规划，征得民航地区管理局、战区空军（空域管理部门）同意，报省级人民政府批准，抄报国家发展改革委、财政部、交通运输部、民航局和中央军委联合参谋部、空军。新建通用机场项目执行现行规定，由省级人民政府按照批准的规划审批（核准）。国家发展改革委、中央军委联合参谋部商有关方面研究建立通用机场升级转换为运输机场的机制。

（十）统筹协调发展

加强区域协作，推进京津冀、长三角、珠三角等地区和重点城市群的综合型通用机场建设，保障通用航空运营服务，打造区域通用航空网络重要节点。鼓励枢纽运输机场所在城市建设综合型通用机场，疏解枢纽运输机场非核心业务。优先支持支线机场增设通用航空设施，拓展业务范围，兼顾区域通用航空运营服务综合保障。鼓励通用机场对社会开放并公布机场以及服务保障设施资料信息。引导相邻地区打破行政区划限制，共建共用通用机场。统筹加快通用航空空管、油料储运、运营、维修等服务保障设施建设。

四、促进产业转型升级

（十一）提升制造水平

构建国家通用航空业研发创新体系，鼓励建立通用航空业创新平台，提高关键技术和部件的自主研发生产能力，加快提升国产化水平，发展具有自主知识产权、质优价廉的通用航空产品。支持大型水陆两栖飞机、新能源飞机、轻型公务机、民用直升机、多用途固定翼飞机、专业级无人机以及配套发动机、机载系统等研制应用。推广应用北斗导航、广播式自动监视等新技术，研发适用我国低空空域通信、导航、监视、气象与空中交通服务需求的核心装备，开展重大适航审定实验室等建设，提升行业运行、服务、安全的管理和技术水平。

（十二）促进产业集聚

优先在空域、土地等条件具备的地方，建设50个综合或专业示范区，促进通用航空业集聚发展。培育和打造具备国际先进水平的通用航空制造龙头企业，逐步形成一批具有核心竞争力的骨干企业，支持众多中小企业集聚创新，发展先进通用航空装备、专业化配套系统和设备。推动运营服务创新，加强综合保障能力建设，促进管理改革措施在区域内先行先试。鼓励地方创新配套政策，积极吸引社会资本，发展与各地经济联系紧密的通用航空优势产业，发挥通用航空产业对区域经济发展的带动作用。

（十三）深化国际合作

积极对接和吸纳国际通用航空业优质资源，加强通用航空制造、运营管理、飞行培训等领域的合作，引进、消化和吸收先进技术，提升我国通用航空产品设计和制造水平。创新国际合作模式，鼓励创建通用航空国际研发合作平台及国际化通用航空工程中心，增强技术创新能力。鼓励和支持通用航空企业依托"一带一路"倡议、自由贸易区等政策优势，促进具备比较优势的通用航空产品"走出去"，积极开拓国外市场，提升自主品牌的国际竞争力。

五、扩大低空空域开放

（十四）科学规划空域

及时总结推广低空空域管理改革试点经验，实现真高3000米以下监视空域和报告空域无缝衔接，划设低空目视飞行航线，方便通用航空器快捷机动飞行。研究制定并组织实施空域分类标准，在国（边）境地带、空中禁区、全国重点防控目标区和重点防空目标等重要地区划设管制空域，包括航路航线、进近（终端）和机场管制地带等民用航空使用空域,确保重要目标及民航航班运行安全。

（十五）优化飞行服务

完善基础性航空情报资料体系,制定并发布目视飞行航空图,实时发布监视空域和报告空域的飞行动态、天气条件情况,提升低空空域航空情报、航空气象、飞行情报与告警服务能力。简化通用航空飞行任务审批、飞行计划申请和审批(备案)程序,原则上通用航空用户仅向一个空管单位申请或报备飞行计划;涉及管制空域的飞行活动,须申请飞行计划和空中交通管制许可,长期飞行计划只作一次性申请;仅涉及监视空域和报告空域的飞行计划,报备后即可实施。

（十六）提高审批效率

飞行管制分区内的飞行计划申请,应在起飞前 4 小时提出,审批单位需在起飞前 2 小时批复;超出飞行管制分区在飞行管制区内的,应在起飞前 8 小时提出,审批单位需在起飞前 6 小时批复;跨飞行管制区的,应在起飞前 1 天 15 时前提出,审批单位需在起飞前 1 天 18 时前批复。监视空域飞行计划,航空用户应在起飞前 2 小时向飞行计划受理单位报备,飞行计划受理单位需在起飞前 1 小时向空管部门报备;报告空域飞行计划,航空用户应在起飞前 1 小时向飞行计划受理单位报备。对执行应急救援、抢险救灾、医疗救护与反恐处突等紧急、特殊通用航空任务的飞行计划,应随报随批。

六、强化全程安全监管

（十七）加强适航管理

按照现有职责分工,国家发展改革委负责 6 吨/9 座及以上通用飞机和 3 吨及以上直升机制造项目核准,其他项目由省级人民政府核准。工业和信息化部负责完善通用航空器生产制造行业标准,制定民用无人机生产标准规范。民航局负责完善通用航空器、零部件的适航标准和审定程序,提升通用航空器型号审定能力,加强航空油料的适航管理,实现适航管理全覆盖。

（十八）确保运行安全

建立跨部门、跨领域的通用航空联合监管机制,形成全过程、可追溯的安全监管体系,由国家空管委办公室、民航局牵头,按照"地面管控为主、空中处置为辅"的原则,分类分级、各司其责,实施通用航空器运行安全监管。民航局负责建设通用航空安全监管平台,充分运用移动互联网、大数据等现代信息技术,提升通用航空器地面和空中活动的监控与追踪能力,实现飞行动态实时监控。工业和信息化部负责民用无人机无线电频率规划管理。军队负责查证处置空中违法违规飞行活动,公安部门负责"落地查人",严厉打击"黑飞"等违法违规行为,确保低空飞行安全有序。

（十九）规范市场秩序

充分发挥企业的市场主体作用，减少行政干预，简化进口航空器购置审批（备案）手续，鼓励通用航空企业创业和多元化发展。制定和完善有关制度标准，规范行业准入，提高通航飞行器的适航能力，加强事中事后监管。加强通用航空领域信用体系建设，强化行业自律，逐步形成统一规范、竞争有序的通用航空市场。

七、保障措施

（二十）加强组织实施

地方政府要切实承担起促进产业发展、加强安全监管等主体责任，根据地区发展实际，科学制定支持措施，充分发挥企业积极性。有关部门和单位要按照职能分工，认真履职，密切配合，在规划编制、安全监管、重大项目等方面加强指导协调，完善支持政策措施，加强舆论宣传引导，及时研究解决飞行保障等方面的问题。

（二十一）加大资金支持

充分调动社会力量，多种方式、多方筹资，加大对医疗救护、应急处突、防灾减灾、偏远地区和地面交通不便地区运输服务等通用航空公共服务的经费保障力度，扩大通用航空领域政府购买服务的范围，完善现有补贴政策。鼓励企业和个人投资通用航空业，支持政府和社会资本合作建设、运营通用航空。

（二十二）健全法律法规

推动修订《中华人民共和国民用航空法》《通用航空飞行管制条例》，研究制定航空法、空域灵活使用管理办法、无人驾驶航空器飞行管理规定。民航局要进一步完善通用机场建设标准，实施分类分级管理。

（二十三）强化人才培养

支持大专院校和职业学校开设通用航空类专业，培养飞行、适航、航空器和发动机制造维修等专业技术和管理人才。鼓励社会资本投资通用航空培训机构，多层次、多渠道提升高层次人才的联合培养能力。

国务院办公厅 2016 年 5 月 13 日（此件公开发布）

六、《低空飞行服务保障体系建设总体方案》

2018 年 10 月，中国民航局发布《低空飞行服务保障体系建设总体方案》，其中提出，2022 年初步建成三级低空飞行服务保障体系，2030 年该体系需全面覆盖低空报告、监视空域和通用机场。

中国民航局印发《低空飞行服务保障体系建设总体方案》

为推动低空空域管理改革、促进通用航空业发展，民航局日前印发《低空飞行服务保障体系建设总体方案》(以下简称《方案》)。根据《方案》,未来我国将建成由1个国家信息管理系统、7个区域信息处理系统以及一批飞行服务站组成的低空飞行服务保障体系。

近年来,我国低空空域管理改革试点扎实推进,低空飞行服务保障能力建设逐步开展,一定程度上满足了通用航空的发展需要。但由于缺乏体系建设的顶层设计,低空飞行服务保障体系建设相对滞后,无法满足低空空域有效开发利用的需要,仍存在与通用航空发展需求脱节的现象,难以为通航发展提供有效支撑。为加快体系建设和能力建设,适应低空空域用户多元化、低空飞行活动多样化发展需求,民航局在深入调查研究、多地试点探索、广泛征求意见、反复比较论证的基础上,完成了《方案》的起草修订工作。

《方案》共7个部分25条,明确提出了体系建设遵循统筹规划、顶层设计,分级管理、分类服务,数据共享、信息互联、行业引导、社会管理四大原则。根据发展目标,到2022年,我国将初步建成由全国低空飞行服务国家信息管理系统、区域低空飞行服务区域信息处理系统和飞行服务站组成三级低空飞行服务保障体系,为低空飞行活动提供有效的飞行计划、航空情报、航空气象、飞行情报、告警和协助救援等服务;到2030年,低空飞行服务保障体系全面覆盖低空报告、监视空域和通用机场,各项功能完备、服务产品齐全。

在布局和功能定位方面,《方案》明确了国家级、区域级和服务站构成的低空飞行服务保障体系,突出基础性、系统性和服务性的特点。其中,国家信息管理系统和区域信息处理系统分别依托民航局空管局和地区空管局建设,飞行服务站按照其服务范围和功能分为A、B类。对于服务功能较全、服务范围较大的A类飞行服务站,每个省级行政区原则上设立1—3个,对于B类飞行服务站的设立不设数量限制。

为加强低空飞行服务保障体系建设,《方案》提出提升航空情报服务能力、提高低空通信监视能力、提升低空航空气象服务能力、完善飞行计划管理、建立低空飞行服务法规标准体系5方面子体系建设的任务。

《方案》提出,低空通用航空飞行服务体系作为空中交通管理的重要组成部分,应纳入民航行业管理,由民航局和各地区管理局实施监督管理。《方案》同时明确,低空飞行服务保障单位参照空管单位实施管理,纳入民航空管行业管理体系和运行体系,飞行服务站由民航地区管理局会同省级人民政府主管部门批准设立;降低对人员、设施设备方面的要求,减少审批事项,对服务站的运行采用了符合性检查的管理方式。此外,《方案》还对服务站的人员资质、管理制度、运营前符合性测试评估以及运营服务提出了具体要求。

《方案》指出,由于通用航空的社会属性强,参与主体多样,低空和通航发展提供服务的保障体系应当充分发挥市场机制和地方政府作用,并鼓励地方政府、社会力量共同参与飞行服务站建设和低空飞行保障体系建设。

关于印发《低空飞行服务保障体系建设总体方案》的通知

民航发〔2018〕100 号

民航各地区管理局,各机场公司,空管局、监控中心、航科院、民航二所:

为加快构建行业社会共建、军民融合发展、服务高效便捷的低空飞行服务保障体系,促进通用航空业发展,保证低空空域安全高效使用,民航局在深入调查研究、多地试点探索、广泛征求意见、反复比较论证的基础上,研究制定了《低空飞行服务保障体系建设总体方案》。现予印发,请遵照执行。

中国民用航空局

2018 年 9 月 28 日

低空飞行服务保障体系建设总体方案

为了进一步加强低空飞行服务保障体系建设,促进通用航空业发展,保证低空空域安全高效使用,结合通用航空发展需求、相关地区低空空域管理改革试点经验和通用航空试点工作开展情况,制定本方案。

一、低空飞行服务保障体系建设的重要意义

(一)通用航空发展的客观需要。改革开放以来,我国航空运输业迅速发展,形成了制度健全、体系完整、保障有力的运输航空飞行服务保障体系。国务院中央军委《关于深化我国低空空域管理改革的意见》印发以来,低空空域管理改革试点扎实推进,低空飞行服务保障能力建设逐步开展,一定程度上满足了通用航空的发展需要。但总体而言,低空飞行服务保障体系建设相对滞后,服务保障能力严重不足,无法满足低空空域有效开发利用的需要,难以为通航发展提供有效支撑,亟需加快体系建设和能力建设。

(二)服务保障体系持续建设发展的需要。国务院办公厅《关于促进通用航空业发展的指导意见》印发以来,围绕"让通用航空器飞起来,让飞行爱好者热起来",地方政府、军民航有关单位、社会有关方面在低空飞行服务保障体系建设方面,做了许多研究开发建设工作。但由于缺乏体系建设的顶层设计,一定程度上存在与通用航空发展需求脱节的现象,亟需制定出台体系建设总体方案,指导有关单位、社会各方开展工作,避免重复建设和资源浪费。

二、低空飞行服务保障体系建设的总体思路

(三)指导思想。以习近平新时代中国特色社会主义思想为指引,深入贯彻党

的十九大精神,认真落实党中央、国务院、中央军委关于空域管理体制改革和通用航空业发展的决策部署,在国家低空空域管理改革总体部署下,贯彻落实新时期中国民航发展思路,按照低空飞行服务保障体系国家公共服务的基本定位,以适应低空空域用户多元化、低空飞行活动多样化发展需求为导向,以方便通用航空用户、飞行服务保障运营主体为根本,坚持行业管理和社会管理相结合,加大改革创新力度,发挥社会主体作用,加快构建行业社会共建、军民融合发展、服务高效便捷的低空飞行服务保障体系,促进低空空域的安全高效使用,为通航事业发展提供坚实的基础保障。

(四)基本原则。

统筹规划、顶层设计。低空飞行服务保障体系的建设应当统筹考虑国家重点防卫目标、军事航空发展、运输航空发展、通用航空发展以及社会公众空域使用需求,按照国家低空飞行活动管理的整体要求,做好服务体系顶层设计,确保体系建设方向不偏、稳妥前行。同时,要充分考虑低空空域的分类划设以及空域准入标准,做好低空飞行服务保障体系建设的长远规划,避免无序开发、无效建设。

分级管理,分类服务。按照功能定位和服务范围的不同,结合不同地区通用航空发展的差异化需求,逐步建立由国家级、区域级和服务站构成的低空飞行服务保障体系。以提供便捷高效服务为出发点,按照飞行服务站服务范围和服务功能的差异,实施分类管理,逐步建立全覆盖飞行服务站服务体系。

数据共享,信息互联。充分利用行业和社会现有的数据信息资源,拓展低空飞行服务保障的内容。充分利用国家和地方地理信息、气象信息、数据网络等资源,确立适合低空飞行需要的数据种类。完善数据交换途径,充分发挥互联网、大数据等信息化手段,实现资源共享、数据共享、信息互联,并保障信息安全。

行业引导,社会管理。民航行业管理要贯彻落实简政放权的要求,按照“放管结合、以放为主、分类管理”的管理思路,重点在体系框架设计方面强化行业引导。要充分认识通用航空的社会属性,发挥社会管理的作用,充分运用和发挥市场机制作用。鼓励地方政府和社会力量参与飞行服务保障体系建设。鼓励飞行服务运行单位根据不同通用航空用户需求,扩展服务功能,发展定制化服务和产品。

(五)发展目标。按照确定的指导思想、基本原则,建设形成功能层次清晰、体系布局合理、资源数据共享的低空飞行服务保障体系,实现与国家空域管理体制改革目标趋同相向而行、与通用航空业发展需求匹配相互适应、与运输飞行服务保障体系协调发展相互支撑,推动航空市场充分发展,促进经济社会发展,增进民生福祉。

到2022年,初步建成由全国低空飞行服务国家信息管理系统(以下简称国家信息管理系统)、区域低空飞行服务区域信息处理系统(以下简称区域信息处理系统)和飞行服务站组成的低空飞行服务保障体系,为低空飞行活动提供有效的飞行计划、航空情报、航空气象、飞行情报、告警和协助救援等服务。

到 2030 年,低空飞行服务保障体系全面覆盖低空报告、监视空域和通用机场,各项功能完备、服务产品齐全。根据通用航空用户需求,飞行服务保障体系各组成单位和其他飞行服务相关机构,依据基础服务和产品,发展多样化、个性化服务。

三、低空飞行服务保障体系的布局和功能定位

(六)总体构成。全国低空飞行服务保障体系由 1 个国家信息管理系统、7 个区域信息处理系统以及一批飞行服务站组成。国家信息管理系统与区域信息处理系统之间、区域信息处理系统与飞行服务站之间,实现低空飞行服务保障数据和产品的交换。

(七)国家信息管理系统功能定位。国家信息管理系统依托民航局空中交通管理局建设。其主要功能定位是:收集全国低空航空情报原始资料,汇总区域信息处理系统上报的航空情报初级产品,制作并发布通用航空情报产品和相关航行通告;收集汇总全国低空气象情报;掌握全国通用航空飞行计划及实施情况;掌握全国低空空域管理使用信息;集成各类服务信息,为区域信息处理系统和飞行服务站统一提供基础产品和信息。国家信息管理系统应逐步增强统一向全国提供飞行服务的能力,不断拓展服务渠道,推动服务产品和信息共享,便利通用航空飞行的实施。

(八)区域信息处理系统功能定位。区域信息处理系统依托民航地区空中交通管理局建设,鼓励有能力的社会力量参与区域信息处理系统的建设和运行工作。其功能定位是:收集处理区域内低空航空情报原始资料,制作航空情报初级产品,发布通用航空相关航行通告,并上报国家信息管理系统;收集上报区域内低空气象情报;向区域内各类飞行服务站提供航空情报、航空气象等信息;掌握并上报区域内通用航空飞行计划及实施情况,将本区域内飞行计划及实施情况分发至相关飞行服务站;掌握并上报区域内低空空域管理使用信息;协调飞行服务站,提供告警和协助救援服务;集成各类服务信息,为飞行服务站统一提供基础产品和信息。

(九)飞行服务站的分类及功能。鼓励地方政府和社会力量建设和运行飞行服务站,鼓励利用现有的空中交通服务资源。飞行服务站是低空飞行服务保障体系的重要节点,是服务低空空域用户的窗口和平台。飞行服务站可以单独设立,也可以依托现行运输机场空管单位或通航机场设立,飞行服务站按照其服务范围和功能,分为 A 类飞行服务站和 B 类飞行服务站。B 类飞行服务站应当具备飞行计划处理、航空情报服务、航空气象服务、告警和协助救援服务等功能,向服务范围内的通用航空飞行活动提供服务,定期向区域信息处理系统提供飞行计划及实施情况

相关信息。A类飞行服务站还应当具备监视和飞行中服务等功能。

（十）飞行服务站布局。每个省级行政区原则上设立1—3个A类飞行服务站，根据需要设立若干个B类飞行服务站。省（自治区、直辖市）人民政府协调军民航单位，统筹本行政区内低空空域划设及飞行计划管理需求，根据本行政区低空空域分类情况、通用机场布局规划以及通用航空发展实际，制定本行政区飞行服务站布局规划。飞行服务站应当明确其服务范围，根据运行需求确定具体功能模块，并配置相应的设施设备，在相关通用机场及通航活动区域部署信息收集、服务终端。

（十一）通航用户接受飞行服务要求。通用航空用户实施低空飞行活动前，应当根据飞行任务和飞行路线，掌握相关空域准入和运行要求，掌握飞行服务站提供的服务和程序。通用航空用户原则上只向起飞所在地的飞行服务站报批或报备飞行计划，接受低空飞行服务。通用航空用户应当及时向飞行服务站报告起飞和落地信息，向飞行服务站报告空管设施服务状况。

四、加强低空飞行服务保障能力建设

（十二）提升航空情报服务能力。建立低空航空情报服务体系，提升航空情报系统对低空飞行活动的服务和保障能力。民航局空管局要建立通用航空情报原始资料收集、整理、编辑及航空情报服务产品设计、制作、发布体系，为通航飞行活动提供基础资料。根据行业标准，研制目视航图，满足通航飞行活动需要。研究通用航空机场数据采集规范和特种航图编绘规范，研制《通用机场航空情报资料汇编》。研究航空障碍物收集方法，制定《电子地形及障碍物数据规范和产品规范》，逐步建立低空障碍物数据库。强化地区航空情报服务机构通用航空静态数据加工、处理的能力建设，通过整合飞行计划数据、航空情报数据和气象数据等信息，为通用航空用户提供全面综合信息服务。研制通用航空情报数字化产品，根据用户需要，提供航空情报定制服务。

（十三）提高低空通信监视能力。集约使用频率资源，减少频率审批，将122.050MHz、129.750MHz设置为供飞行服务站使用的、全国统一的低空甚高频地空通信无线电频率，台（站）发射功率不大于10瓦。设台单位应当向台（站）所在地地区管理局民航无线电管理机构进行备案。根据需要，民用航空无线电管理机构也可批准设台单位使用其他频率。推动以北斗数据为基础，融合北斗短报文（RDSS）、广播式自动相关监视（ADS-B）数据的低空监视信息平台建设，实现对通用航空器低空飞行的实时监视。民航局运行监控中心会同相关技术支持单位，深入挖掘低空监视数据在通航领域的多种应用，不断拓展低空监视能力，为低空空域管理与服务、国家安全监控体系和通用航空运行提供数据支持。低空监视信息应当引接至国家信息管理系统、区域信息处理系统和相关飞行服务站。

（十四）提升低空航空气象服务能力。飞行服务保障体系各级单位、民用航空气象服务机构应当加强低空气象观测信息的共享与服务,加强通用机场气象信息的收集和交换;建立与地方气象资源的共享交换机制,不断丰富完善低空气象信息获取渠道;促进基于互联网的低空气象服务,丰富气象信息共享与服务大数据平台,强化平台的产品供应和服务能力,提高气象信息获取的便捷性、及时性,提高低空天气预报预警的水平;不断改进和优化现有气象情报产品和服务流程,提升低空气象情报发布的针对性、准确性和及时性。

(十五)完善飞行计划管理。飞行服务站应当建立与服务范围内军民航管制部门、地方政府有关部门的工作联系,按照管理部门要求明确服务范围内各类低空空域的准入要求、飞行计划的报批报备要求,优化飞行计划管理流程。飞行活动涉及管制空域的,应当按现行规定报批飞行计划,飞行服务站可协助通航用户申请。由民航提供管制服务空域的飞行活动,由民航管制单位按现行规定进行批复。仅涉及监视空域和报告空域的飞行计划,通过飞行服务站向有关飞行计划管理部门报备后即可飞行。飞行计划可以通过电报、电传、网络以及专用系统等渠道提出。

(十六)建立低空飞行服务法规标准体系。空管办要研究完善通航低空飞行服务保障相关规章规范性文件,制定低空飞行服务保障系统评估管理规定,协调有关部门逐步简化低空通航飞行管理及保障的要求。组织起草低空飞行服务系统相关行业标准,明确低空飞行服务系统技术要求和配置要求。制定低空飞行服务数据概念模型和交换模型,统一数据接口和传输标准,明确数据交换的内容和格式,确保飞行服务保障体系各运行单位间信息能有效的相互传递。

五、低空飞行服务保障体系的运行管理

(十七)服务保障单位设立。低空飞行服务保障体系是民航空管运行体系的重要组成部分,服务保障单位参照空管单位实施管理,纳入民航空管行业管理体系和运行体系。设立飞行服务站,由设立单位向民航地区管理局提出,民航地区管理局会同省级人民政府主管部门,根据本行政区飞行服务站布局规划、本地区通用航空活动特点,按照一个空域由一个飞行服务站提供服务的原则,实施备案管理。飞行服务站运行前,服务空域应当获得相关部门批准,由地区管理局组织符合性检查,明确飞行服务站类别和服务范围,满足运行条件的可对外提供服务。

(十八)设施设备要求。国家信息管理系统、区域信息处理系统的设施设备,应当满足相应飞行服务功能和信息有效相互传递的需要。飞行服务站应当与区域信息处理系统连接,并配备专门的飞行计划服务、情报服务等综合终端,配备有气象情报设备,地空通信系统和协助救援电话等。A类飞行服务站还应当配备监视数据处理系统。飞行服务保障体系各级单位应当采取有效措施保证信息安全。

(十九)人员资质管理要求。从事国家信息管理系统、区域信息处理系统相关

工作的专业人员,应当持有有效的管制、情报、电信或气象专业执照,方可上岗从事相应工作。从事飞行服务站相关工作的专业人员,应当掌握管制、情报专业知识和飞行服务技能,了解气象相关知识,经过相关培训并考核合格。

(二十)管理制度要求。飞行服务站运营单位对飞行服务提供内容负责,保证数据的权威性、统一性和可追溯性。飞行服务保障体系各运行单位应当建立完善的运行制度,内容应当包括:单位职能和岗位职责,运行标准和工作规范,应急管理和工作程序,安全管理及信息管理,资源管理及设备使用,与运行有关的协议等。飞行服务站应当与相关军民航管制单位建立通报协调关系,明确工作程序。各飞行服务站应当通过民航局和地方政府公布其服务空域范围、类别、服务内容、服务程序、工作地点、联系人和联系方式等内容。服务空域内有无人机飞行活动的,飞行服务站应当建立相应的保障措施,必要时与无人机空中交通管理信息系统建立联系。

(二十一)运营前符合性测试评估。飞行服务站投入运营前,应当经过符合性测试评估,全面检查其服务能力。评估主要应当包括:运行单位资质、服务站类别及服务范围、人员配备及条件、设施设备配备及条件、管理制度、服务方式及流程、情报气象计划等信息处理流程、与区域信息处理系统的协议及数据接口、数据交换标准、与军民航管制单位协议签订情况等。测试评估工作可委托专业机构进行。专业机构应当具备从事管制、情报服务评估的能力和自动化系统或管制综合信息显示系统制造、测试的经验。

(二十二)运营服务要求。国家信息管理系统、区域信息处理系统应当及时、免费向飞行服务站提供基础数据信息。飞行服务站提供的服务分为基础服务和个性化服务,其中协助救援、飞行情报服务、计划协助申报、统一发布的情报服务和气象服务为基础服务,地空数据服务、飞行动态监控、定制的情报服务和气象服务等其他服务为个性化服务。基础服务属于基本公共服务,服务收费实行政府指导价,个性化服务由市场自主定价。

六、措施和要求

(二十三)加强组织领导。民航局空管局、各地区管理局要成立低空飞行服务保障体系建设领导小组,统筹工作安排,推动工作落实。民航局空管局要加快组织国家信息管理系统、区域信息处理系统建设工作,争取在2019年试运行,2020年全面投入运行。地区管理局要加强与地方政府协调联系,共同研究提出飞行服务站布局规划和实施计划,鼓励有需求、有条件的地区先行先试。民航各有关单位要积极配合飞行服务站建设,提供必要的技术支持。

(二十四)加大资金支持。国家信息管理系统、区域信息处理系统的建设,纳入空管设施建设项目,由民航局按照相关规定进行固定资产投资,运行维护费用纳入民航局空管局运行费用管理。鼓励地方政府、社会力量共同参与飞行服务站建设和低空飞行保障体系建设,并予以一定建设和运营补贴。低空飞行服务保障体系建设的有关专业项目,可按国家和民航相关政策申请支持。

(二十五)建立新型监管体系。创新监管理念、监管机制和监管方法,建立新型低空飞行服务保障监管体系。推进社会共治,引导社会力量、通航用户、行业协会共同参与低空飞行服务保障体系的治理,构建多元参与的监管格局。强化服务保障单位主体责任意识、自律意识和信用意识,通过利益引导、市场约束倒逼运营主体提高自我管理水平和服务能力,接受社会监督。整合监管资源、实施协同监管,充分运用大数据、"互联网十"、人工智能等新思维和新技术,提高监管的针对性和有效性,降低监管成本。全面实施"双随机、一公开"的监管方式,减少对运行主体生产经营活动的干扰,切实提升监管效能。

七、《民用无人驾驶航空器经营性飞行活动管理办法(暂行)》

2018 年 3 月民航局发布的《民用无人驾驶航空器经营性飞行活动管理办法(暂行)》(以下简称《管理办法》)自同年 6 月 1 日起正式施行。民用无人驾驶航空器经营性飞行活动有章可依、有据可查。

民用无人驾驶航空器经营性
飞行活动管理办法(暂行)

第一章　总　则

第一条　为了规范使用民用无人驾驶航空器(以下简称"无人驾驶航空器")从事经营性飞行活动,加强市场监管,促进无人驾驶航空器产业安全、有序、健康发展,依据《民航法》及无人驾驶航空器管理的有关规定,制定本办法。

第二条　本办法适用于在中华人民共和国境内(港澳台地区除外)使用最大空机重量为250克以上(含250克)的无人驾驶航空器开展航空喷洒(撒)、航空摄影、空中拍照、表演飞行等作业类和无人机驾驶员培训类的经营活动。

无人驾驶航空器开展载客类和载货类经营性飞行活动不适用本办法。

第三条　使用无人驾驶航空器开展本办法第二条所列的经营性飞行活动应当取得经营许可证,未取得经营许可证的,不得开展经营性飞行活动。

第四条　中国民用航空局(以下简称民航局)对无人驾驶航空器经营许可证实施统一监督管理。中国民用航空地区管理局(以下简称民航地区管理局)负责实施辖区内的无人驾驶航空器经营许可证颁发及监管管理工作。

第二章　许可证申请条件及程序

第五条　取得无人驾驶航空器经营许可证,应当具备下列基本条件:

(一)从事经营活动的主体应当为企业法人,法定代表人为中国籍公民;

(二)企业应至少拥有一架无人驾驶航空器,且以该企业名称在中国民用航空局"民用无人驾驶航空器实名登记信息系统"中完成实名登记;

(三)具有行业主管部门或经其授权机构认可的培训能力(此款仅适用从事培训类经营活动);

(四)投保无人驾驶航空器地面第三人责任险。

第六条　具有下列情形之一的,不予受理无人驾驶航空器经营许可证申请:

(一)申请人提供虚假材料被驳回,一年内再次申请的;

(二)申请人以欺骗、贿赂等不正当手段取得经营许可证后被撤销,三年内再次申请的;

(三)因严重失信行为被列入民航行业信用管理"黑名单"的企业;

(四)法律法规规定不予受理的其他情形。

第七条　申请人应当通过"民用无人驾驶航空器经营许可证管理系统"(https://uas.ga.caac.gov.cn)在线申请无人驾驶航空器经营许可证,申请人须在线填报以下信息,并确保申请材料及信息真实、合法、有效:

(一)企业法人基本信息;

(二)无人驾驶航空器实名登记号;

(三)无人机驾驶员培训机构认证编号(此款仅适用于培训类经营活动);

(四)投保地面第三人责任险承诺;

(五)企业拟开展的无人驾驶航空器经营项目。

第八条　民航地区管理局应当自申请人在线成功提交申请材料之日起二十日内作出是否准予许可的决定。准予许可的,申请人可在线获取电子经营许可证,不予许可的,申请人可在线查询原因。

第九条　无人驾驶航空器经营许可证所载事项需变更的,许可证持有人应当通过系统提出变更申请。

第十条　民航地区管理局应当自申请人在线成功提交变更申请之日起二十日内作出是否准予变更的决定。准予变更的,申请人可在线获取变更后的电子经营许可证,不予变更的,申请人可在线查询原因。

第三章　监督管理

第十一条　许可证持有人开展经营性飞行活动,应当遵守国家法律法规和无人驾驶航空器管理有关规定的要求,遵守空中运行秩序,确保安全。

第十二条　许可证持有人应持续符合取得经营许可证所需符合的条件。

第十三条　许可证持有人开展飞行活动,应当采取有效的环境保护措施。

第十四条　许可证持有人应在许可证列明的经营范围内开展经营活动。

第十五条　许可证持有人应在飞行活动结束后 72 小时内,通过系统报送相关作业信息。

第十六条　有下列情形之一的,民航地区管理局依法撤销企业经营许可证:

(一)向不具备许可条件的申请人颁发许可证的;

(二)依法可以撤销经营许可证的其他情形。

第十七条　许可证持有人有下列情形之一的,民航地区管理局应当依法办理经营许可证的注销手续:

(一)因破产、解散等原因被终止法人资格的;

(二)经营许可证依法被撤销的;

(三)经营许可证持有人自行申请注销的;

(四)法律法规规定的应当注销的其他情形。

第十八条　无人驾驶航空器经营许可证不得涂改、出借、买卖或转让。

第十九条　许可证持有人应当在线打印无人驾驶航空器经营许可证,并置于公司住所或者营业场所的醒目位置。

第二十条　无人驾驶航空器经营许可证在未被依法吊销、撤销、注销等情况下,长期有效。

八、《国家综合立体交通网规划纲要》

2021 年 2 月,《国家综合立体交通网规划纲要》出台,首次将"低空经济"写入国家规划。其中,在推进综合交通统筹融合发展部分,强调了航空融合发展,提出了"加强交通运输与现代农业、生产制造、商贸金融等跨行业合作,发展交通运输平台经济、枢纽经济、通道经济、低空经济"。

《国家综合立体交通网规划纲要》(摘选)

(四)推进交通与相关产业融合发展

推进交通与邮政快递融合发展。推动在铁路、机场、城市轨道等交通场站建设邮政快递专用处理场所、运输通道、装卸设施。在重要交通枢纽实现邮件快件集中安检、集中上机(车),发展航空、铁路、水运快递专用运载设施设备。推动不同运输方式之间邮件快件装卸标准、跟踪数据等有效衔接,实现信息共享。发展航空快递、高铁快递,推动邮件快件多式联运,实现跨领域、跨区域和跨运输方式顺畅衔接,推进全程运输透明化。推进乡村邮政快递网点、综合服务站、汽车站等设施资源整合共享。

推进交通与现代物流融合发展。加强现代物流体系建设,优化国家物流大通道和枢纽布局,加强国家物流枢纽应急、冷链、分拣处理等功能区建设,完善与口岸衔接,畅通物流大通道与城市配送网络交通线网连接,提高干支衔接能力和转运分拨效率。加快构建农村物流基础设施骨干网络和末端网络。发展高铁快运,推动双层集装箱铁路运输发展。加快航空物流发展,加强国际航空货运能力建设。培育壮大一批具有国际竞争力的现代物流企业,鼓励企业积极参与全球供应链重构与升级,依托综合交通枢纽城市建设全球供应链服务中心,打造开放、安全、稳定的全球物流供应链体系。

推进交通与旅游融合发展。充分发挥交通促进全域旅游发展的基础性作用,加快国家旅游风景道、旅游交通体系等规划建设,打造具有广泛影响力的自然风景线。强化交通网"快进慢游"功能,加强交通干线与重要旅游景区衔接。完善公路沿线、服务区、客运枢纽、邮轮游轮游艇码头等旅游服务设施功能,支持红色旅游、乡村旅游、度假休闲旅游、自驾游等相关交通基础设施建设,推进通用航空与旅游融合发展。健全重点旅游景区交通集散体系,鼓励发展定制化旅游运输服务,丰富邮轮旅游服务,形成交通带动旅游、旅游促进交通发展的良性互动格局。

推进交通与装备制造等相关产业融合发展。加强交通运输与现代农业、生产制造、商贸金融等跨行业合作,发展交通运输平台经济、枢纽经济、通道经济、低空经济。支持交通装备制造业延伸服务链条,促进现代装备在交通运输领域应用,带动国产航空装备的产业化、商业化应用,强化交通运输与现代装备制造业的相互支撑。推动交通运输与生产制造、流通环节资源整合,鼓励物流组织模式与业态创新。推进智能交通产业化。

九、《民用无人驾驶航空器适航审定管理程序》

《民用无人驾驶航空器适航审定管理程序》,2022 年 12 月 19 日颁布,适用于限用类民用无人驾驶航空器系统的型号合格证、补充型号合格证,正常类、运输类和限用类民用无人驾驶航空器相应类别适航证的申请、受理、审查和颁发,以及对证件持有人的管理和监督。对于正常类和运输类民用无人驾驶航空器系统申请型号合格证、补充型号合格证的情形,应当贯彻本程序提出的基于风险的设计批准审定原则,分别依据《中国 MD - 90 项目航空器合格审定系统评审大纲(试行)》(AP - 21 - 11)和《补充型号合格审定程序》(AP - 21 - 14)的适用部分,并结合《民用无人驾驶航空器系统适航审定管理程序》(AP - 21 - AA - 2022 - 71)的适用要求,开展相关证件的申请、受理、审查和颁发,以及对证件持有人的管理和监督。对于正常类和运输类民用无人驾驶航空器系统申请生产许可证的情形,应依据

《生产批准和监督程序》(AP-21-31)的适用部分开展相关证件的申请、受理、审查和颁发,以及对证件持有人的管理和监督。对于限用类民用无人驾驶航空器系统申请生产许可证的情形,可依据《轻小型航空器生产许可及适航批准审定程序》(AP-21-32)开展相关证件的申请、受理、审查和颁发,以及对证件持有人的管理和监督。《民用无人驾驶航空器适航审定管理程序》,非常重要,但因文件太长,不编入本书。

十、《"十四五"全国农业绿色发展规划》

2021年8月,农业农村部、国家发展改革委等六部门发布的《"十四五"全国农业绿色发展规划》,提出重点推广植保无人机。"推广新型高效植保机械,支持创制推广喷杆喷雾机、植保无人机等先进的高效植保机械,提高农药利用率。"

十一、《城市场景物流电动多旋翼无人驾驶航器(轻小型)系统技术要求》

2022年4月,民航局发布的《城市场景物流电动多旋翼无人驾驶航器(轻小型)系统技术要求》实施,提出针对市场内物流无人机的技术行业标准。这份文件规定了在城市场景从事物流作业的电动多旋翼无人驾驶航空器(轻小型)系统的技术要求,核心是围绕城市物流自动化超视距高密度运行特点,对无人机的系统、载货、可靠性、应急管理等应用场景提出要求。适用于作为城市场景物流电动多旋翼无人驾驶航空器(轻小型)系统运行安全评估的依据。作为国内第一个针对城市场景的无人机技术规范,该标准的发布意味着城市无人机应用在规范化发展的道路上迈上了一个重要台阶,为城市空中交通(Urban Air Mobility,简称UAM)产业的商业化、规模化打开了空间,具有重大的里程碑意义。

城市场景物流电动多旋翼无人驾驶航空器(轻小型)系统技术要求

1. 范围

本文件规定了在城市场景从事物流作业的电动多旋翼无人驾驶航空器(轻小型)系统的技术要求。

注1:城市场景指凡无人驾驶航空器的运行航线飞越经由划定的城市中心城区和郊区,或除中心城区和郊区外非农业人口居住较为密集的区域上空。

注2:多旋翼无人驾驶航空器指一种由动力驱动,飞行时凭借三个及以上旋翼,依靠空气的反作用力获得支撑,能够垂直起降、自由悬停的无人驾驶航空器。

本文件适用于作为城市场景物流电动多旋翼无人驾驶航空器(轻小型)系统运

行安全评估的依据。

2. 规范性引用文件

下列文件中的内容通过文中的规范性引用而构成本文件必不可少的条款。其中,注日期的引用文件,仅该日期对应的版本适用于本文件;不注日期的引用文件,其最新版本(包括所有的修改单)适用于本文件。

GB/T 38909 民用轻小型无人机系统电磁兼容性要求与试验方法

3. 术语和定义

下列术语和定义适用于本文件。

3.1 多旋翼无人驾驶航空器系统 multi-rotor unmanned aircraft system

以多旋翼无人驾驶航空器为主体,配有相关的遥控站(台)、所需的指挥和控制链路以及型号设计规定的任何其他部件,能够完成特定任务的一组设备。

[来源:HB 8566—2019,3.2,有修改]

3.2 轻小型 small and light

包括轻型无人驾驶航空器和小型无人驾驶航空器。

其中轻型无人驾驶航空器,指同时满足空机重量不超过 4 kg 且最大起飞重量不超过 7 kg,最大平飞速度不超过 100 km/h,具备符合空域管理要求的空域保持能力和可靠被监视能力,全程可以随时人工介入操控的无人驾驶航空器,但不包括微型无人驾驶航空器。

小型无人驾驶航空器,指空机重量不超过 15 kg 且最大起飞重量不超过 25 kg,具备符合空域管理要求的空域保持能力和可靠被监视能力,全程可以随时人工介入操控的无人驾驶航空器,但不包括微型、轻型无人驾驶航空器。

3.3 外载 external load

通过卡阻机构与无人驾驶航空器连接且暴露于机体固连结构以外的载荷,载荷包括货箱和货物。

3.4 远程运行控制系统 remote operation and control system

无人驾驶航空器系统运行人员对无人驾驶航空器系统进行监视管控的操作平台和工作空间,远程运行控制系统通过通讯链路获得无人驾驶航空器信息并对无人驾驶航空器传递指令。

3.5 多机协同 multi unmanned aircraft system coordinated operation

同一远程运行控制系统同时指挥多架无人驾驶航空器在同一空域,且存在共用航线、交叉航线、共用起降点等协作状态的运行方式。

4. 技术要求

4.1 通用要求

应明确城市场景物流电动多旋翼无人驾驶航空器(轻小型)(以下简称"无人

机")的重量限制。至少应包括最大起飞重量及载重限制。

4.2 飞行性能

4.2.1 无人机应具备抗风能力,在起降阶段应能够抗水平风速为 5.4 m/s 的持续风,飞行阶段应能够抗水平风速为 7.9 m/s 的持续风。

4.2.2 在抗风能力范围内,无人机应满足下列性能要求:

a) 无人机最大爬升率应不小于 2 m/s。

b) 无人机在飞行状态下应能够保持姿态和航向稳定,确保其俯仰控制精度、滚转控制精度、偏航控制精度在±5°。

c) 在卫星定位导航模式下,航迹精度应控制在水平精度为±10 m,垂直精度为±5 m。

d) 着陆过程应平稳无弹跳,无侧翻,着陆(水平)精度为±0.5 m。

4.3 设计特性

4.3.1 紧固件

紧固件应具有防松功能。

4.3.2 电气线路互联

4.3.2.1 线缆应通过隔离、固定等方式进行保护,有效避免线缆磨损。

4.3.2.2 接插件应具有防错插、防松、抗振设计。

4.3.3 结构强度

4.3.3.1 无人机结构应能够承受垂直方向±1.5G过载(限制载荷),前后及侧向±1.5G过载,应采用不低于 1.5 倍安全系数进行结构强度验证。强度验证以结构不发生裂纹、断裂及塑性变形为合格。

4.3.3.2 在满足 4.3.3.1 的条件下,载货结构(机体固连货箱及连接结构,或外载货箱的装卡结构及其与机体的连接结构)应采用不低于 3 倍安全系数进行垂直方向结构强度验证。

4.3.4 环境

4.3.4.1 无人机系统的室外暴露部分(包括无人机、地面充电辅助设备等)应具备在−10℃～40℃的环境中正常工作的能力。

4.3.4.2 无人机系统应能够适应−20℃～50℃的存储环境,开机后能正常工作。

4.3.4.3 无人机系统应满足其应用场景的各项测试要求,如高低温、盐雾、湿热、防水、砂尘、振动、冲击等测试。

4.3.4.4 无人机应经过淋雨测试。淋雨的强度应至少保证中雨强度,测试的时间应至少保证无人机空载时最大航行时间,淋雨测试应覆盖无人机(除底部外)

的各个方向,淋雨测试过程中和淋雨测试后应保证无人机功能正常,各项性能没有下降,机体(包括货箱)内部不发生进水。

注:中雨强度指满足 24 h 内降雨量 24.9 mm 的降雨强度。

4.3.4.5 无人机应通过电磁兼容性测试,测试验证可参考 GB/T 38909 中的规定。

4.3.5 状态监测

对于影响运行安全的设备和系统,应具有状态监测功能,包括上电和运行中监测。监测数据应能够实时(平均延时小于 1 s)传送至飞行管理系统。

注:影响运行安全的设备和系统是指其失效能够导致无人机失控、坠机、失联等严重安全后果的设备和系统。至少包括但不限于飞控系统、导航系统、电源系统、链路系统和动力装置。

4.3.6 安全设计要求

对于采用外载设计的无人机系统,应设计机械式卡阻,在控制模块失效时卡阻装置应能够有效保持货箱与机体固联。

4.3.7 可靠性设计要求

无人机系统应至少达到平均无故障运行时间不低于 100 h。

4.4 系统及设备

4.4.1 动力装置

4.4.1.1 系统组成

动力装置应由电机、电子调速器及旋翼构成。

4.4.1.2 通用要求

4.4.1.2.1 当任何一个动力组失效,无人机应具备安全降落的能力。

4.4.1.2.2 动力装置应具有切断保护功能,当无人机发生着陆倾覆时,动力装置应可自主控制停桨。

4.4.1.2.3 动力装置应具备实时状态检测能力,包括但不限于对电机转速、电子调速器电流、电压、温度和告警等状态的检测。检测数据应可实时(平均延时小于 1 s)传送至飞行管理系统。

4.4.1.3 旋翼

旋翼桨叶应经过静载拉力验证,测试安全系数不低于 2。

4.4.1.4 电机

无人机系统应具备电机工作状态监测的能力。

4.4.1.5 电子调速器

4.4.1.5.1 电子调速器的安装位置应满足散热要求。

4.4.1.5.2　无人机系统应具备电子调速器工作状态监测的能力。

4.4.2　飞行管理系统

4.4.2.1　无人机系统应配备飞行管理系统,或等效的具备飞行管理能力的模块或功能组合,至少包括无人机状态监视及报警、运行安全管理、自动应急管理功能等。

4.4.2.2　飞行管理系统应实时采集无人机运行数据(采样频率不低于3 Hz),监测无人机的运行状态,并与远程运行控制系统保持实时通信(平均延时小于1 s),传送运行状态及运行数据。

4.4.2.3　飞行管理系统应至少对电池电量、电压、关键的温度、各系统监测状态、无人机姿态、导航信息、通信链路工作状态等进行监视。

4.4.2.4　当出现超限情况时,飞行管理系统应能够根据安全策略进行自主处理,并向远程运行控制系统发出报警信息。报警信息通过屏显、声音或灯光等方式传递给运行人员。

4.4.2.5　飞行管理系统应具备与运行方式相适应的自主应急处理能力。

4.4.2.6　飞行管理系统应具备地理围栏识别能力,对无人机接近和闯入地理围栏提出报警。报警信息通过屏显、声音或灯光等方式传递给运行人员。

4.4.3　供电系统

4.4.3.1　电池在满足无人机最大功率的情况下,应仍具备25%以上的输出功率余量。

4.4.3.2　电源系统应具备工作状态监测的能力,并将监测数据实时(平均延时小于1 s)传送至飞行管理系统。

4.4.3.3　电池(或充电器)应具备充电过充保护功能。

4.4.3.4　电池应具备短路保护功能。

4.4.3.5　电池应通过GB/T 38909中6.5.9的跌落测试。

4.4.3.6　除电子调速器或飞控系统的电气子系统的电源失效或故障,其他电气失效均不应对用于安全

运行的负载电路供电造成任何影响。

4.4.4　飞控系统

4.4.4.1　飞控系统应能有效控制无人机姿态和飞行,满足4.2要求。

4.4.4.2　任何单一传感器故障发生时,飞控系统应仍可满足无人机可控、安全飞行,或平稳着陆的功能性要求。

4.4.5　导航系统

4.4.5.1　导航系统应具备导航信号质量监测能力,并将监测数据传送至飞行

管理系统。

4.4.5.2 无人机应至少配备两套独立子导航系统。

4.4.5.3 子导航系统应有交叉校验功能和信息互补能力。交叉校验和信息互补指子导航系统的信息能够通过算法进行比对、分析及择选,以获得最可信的导航信息,包括在正常工作时,单个子系统因任何原因失效时的导航信息处理。

4.4.6 感知与避让系统

4.4.6.1 对于多机协同运行的无人机系统,应具备感知与协调避让能力。无人机系统可接收当前及未来航线上(预计的)其他无人机 ID、位置和速度信息,并根据地面控制指令来协调运行。

4.4.6.2 无人机系统应具备感知与避让功能,能感知前进航迹上其他航行器和障碍物。在发生碰撞征候之前进行减速、改变航线或悬停,并将状态数据传送至飞行管理系统。

4.4.7 远程运行控制系统

4.4.7.1 远程运行控制系统应具备对无人机的自动及人工监视功能。

4.4.7.2 远程运行控制系统应根据无人机系统运行安全设计具备对无人机的操作功能及操作权限。

4.4.7.3 对于适用多机协同运行场景的远程控制系统应具备多机协同功能。

4.4.7.4 远程运行控制系统应具备云端数据报送与信息传输的能力,保持运行中无人机可被监视。

4.4.8 通讯链路

4.4.8.1 无人机应具备两种相互独立且不存在共模的控制链路。

4.4.8.2 无人机应配备两套独立通讯网络,互为备份。

注:采用蜂窝数据通讯时可同时配置两家运营商网络。

4.4.8.3 无人机和远程运行控制系统的通信链路连接延时不大于 1 s。

4.4.8.4 无人机通讯链路应具备链路保护功能。

4.4.9 灯及声音

4.4.9.1 无人机应配备航行灯、防撞灯、报警灯和报警音。

4.4.9.2 航行灯应采用无人机前视视角左红右绿的设计。防撞灯宜采用白色。所有灯光应能够保证不被遮挡,晴朗夜间 300 m 可见。

4.4.9.3 报警灯应设计 2 Hz~10 Hz 频闪灯光,报警音应不低于 70 dB,用以对地(周围人群及运行人员)的安全警示。

4.4.10 地面遥控

4.4.10.1 无人机系统应配备可供运行人员进行人工视距内操控飞机的遥控设备。

4.4.10.2　遥控设备应适应预设运行模式的地面视距内操控需求及监视需求，如应急处理、调试等。

4.5　应急处置

4.5.1　无人机系统应具备应急处置能力，至少包括应急备降、减速飞行、自动返航、紧急悬停、应急迫降、应急停桨、地面导控切换和遥控飞行的能力。

4.5.2　当出现无人机姿态不可控、位置不可控、电量小于最低安全要求时，无人机应能够自动进入迫降程序。迫降程序应具备优化迫降位置或警醒迫降位置人员的能力，确保迫降位置人员安全，减小对周围环境造成的风险。

4.5.3　当出现突发异常天气，无人机无法持续安全运行，无人机应能够自动进入备降程序，在不依赖于外部指令的状态下完成应急备降程序。

4.5.4　无人机应具备实施地面伤害减缓策略的能力，如使用降落伞、缓冲装置或空中解体等措施，以降低对地面人员的伤害和财产损失。

4.6　警示标记标牌

4.6.1　应在无人机机体及各系统部件、远程运行控制系统工作台、地面辅助起降装备设置必要的标记标牌以实现产品可溯、安全警示、使用限制及其他重要操作提示功能。

4.6.2　标记牌应醒目并直接可见。

4.6.3　用于标记无人机身份的标识应采用耐腐蚀、耐摔撞材料，信息印记应抗刮擦，具备环境适应性。

4.7　用户手册

4.7.1　应提供与无人机系统相匹配的用户手册。

4.7.2　用户手册应至少涵盖无人机性能、使用限制、常规操作、应急操作、构造原理、零部件清单、检查及维护要求。

十二、《绿色航空制造业发展纲要(2023—2035 年)》

2023 年 10 月，工业和信息化部等四部门印发《绿色航空制造业发展纲要（2023—2035 年）》，鼓励珠三角、长三角、环渤海、成渝等地区设立低空经济示范区。

十三、2023 年 12 月中央经济工作会议

本次会议将"低空经济"列为战略性新兴产业。会议强调，2024 年要围绕推动高质量发展，突出重点，把握关键，扎实做好经济工作。第一重点和要务就是：以科技创新引领现代化产业体系建设。要以科技创新推动产业创新，特别是以颠覆

性技术和前沿技术催生新产业、新模式、新动能,发展新质生产力。完善新型举国体制,实施制造业重点产业链高质量发展行动,加强质量支撑和标准引领,提升产业链供应链韧性和安全水平。要大力推进新型工业化,发展数字经济,加快推动人工智能发展。打造生物制造、商业航天、低空经济等若干战略性新兴产业,开辟量子、生命科学等未来产业新赛道,广泛应用数智技术、绿色技术,加快传统产业转型升级。加强应用基础研究和前沿研究,强化企业科技创新主体地位。鼓励发展创业投资、股权投资。

十四、《民用无人驾驶航空器系统安全要求》

《民用无人驾驶航空器系统安全要求》国家标准在 2024 年 1 月 1 日开始实施,该标准规定民用无人驾驶航空器产品的安全生产规范。

十五、《无人驾驶航空器飞行管理暂行条例》

国务院、中央军委公布的《无人驾驶航空器飞行管理暂行条例》自 2024 年 1 月 1 日起施行。这是我国第一部无人驾驶航空器飞行管理的行政法规,对于低空空域相关管理、低空经济的发展及各行业参与低空经济、社会大众消费无人机等,都具有非常重要的指导意义。

无人驾驶航空器飞行管理暂行条例

第一章　总则

第一条　为了规范无人驾驶航空器飞行以及有关活动,促进无人驾驶航空器产业健康有序发展,维护航空安全、公共安全、国家安全,制定本条例。

第二条　在中华人民共和国境内从事无人驾驶航空器飞行以及有关活动,应当遵守本条例。

本条例所称无人驾驶航空器,是指没有机载驾驶员、自备动力系统的航空器。无人驾驶航空器按照性能指标分为微型、轻型、小型、中型和大型。

第三条　无人驾驶航空器飞行管理工作应当坚持和加强党的领导,坚持总体国家安全观,坚持安全第一、服务发展、分类管理、协同监管的原则。

第四条　国家空中交通管理领导机构统一领导全国无人驾驶航空器飞行管理工作,组织协调解决无人驾驶航空器管理工作中的重大问题。

国务院民用航空、公安、工业和信息化、市场监督管理等部门按照职责分工负责全国无人驾驶航空器有关管理工作。

县级以上地方人民政府及其有关部门按照职责分工负责本行政区域内无人驾驶航空器有关管理工作。

各级空中交通管理机构按照职责分工负责本责任区内无人驾驶航空器飞行管理工作。

第五条 国家鼓励无人驾驶航空器科研创新及其成果的推广应用,促进无人驾驶航空器与大数据、人工智能等新技术融合创新。县级以上人民政府及其有关部门应当为无人驾驶航空器科研创新及其成果的推广应用提供支持。

国家在确保安全的前提下积极创新空域供给和使用机制,完善无人驾驶航空器飞行配套基础设施和服务体系。

第六条 无人驾驶航空器有关行业协会应当通过制定、实施团体标准等方式加强行业自律,宣传无人驾驶航空器管理法律法规及有关知识,增强有关单位和人员依法开展无人驾驶航空器飞行以及有关活动的意识。

第二章 民用无人驾驶航空器及操控员管理

第七条 国务院标准化行政主管部门和国务院其他有关部门按照职责分工组织制定民用无人驾驶航空器系统的设计、生产和使用的国家标准、行业标准。

第八条 从事中型、大型民用无人驾驶航空器系统的设计、生产、进口、飞行和维修活动,应当依法向国务院民用航空主管部门申请取得适航许可。

从事微型、轻型、小型民用无人驾驶航空器系统的设计、生产、进口、飞行、维修以及组装、拼装活动,无需取得适航许可,但相关产品应当符合产品质量法律法规的有关规定以及有关强制性国家标准。

从事民用无人驾驶航空器系统的设计、生产、使用活动,应当符合国家有关实名登记激活、飞行区域限制、应急处置、网络信息安全等规定,并采取有效措施减少大气污染物和噪声排放。

第九条 民用无人驾驶航空器系统生产者应当按照国务院工业和信息化主管部门的规定为其生产的无人驾驶航空器设置唯一产品识别码。

微型、轻型、小型民用无人驾驶航空器系统的生产者应当在无人驾驶航空器机体标注产品类型以及唯一产品识别码等信息,在产品外包装显著位置标明守法运行要求和风险警示。

第十条 民用无人驾驶航空器所有者应当依法进行实名登记,具体办法由国务院民用航空主管部门会同有关部门制定。

第十一条 涉及境外飞行的民用无人驾驶航空器,应当依法进行国籍登记。

第十二条 使用除微型以外的民用无人驾驶航空器从事飞行活动的单位应当具备下列条件,并向国务院民用航空主管部门或者地区民用航空管理机构(以下统

称民用航空管理部门)申请取得民用无人驾驶航空器运营合格证(以下简称运营合格证):

（一）有实施安全运营所需的管理机构、管理人员和符合本条例规定的操控人员;

（二）有符合安全运营要求的无人驾驶航空器及有关设施、设备;

（三）有实施安全运营所需的管理制度和操作规程,保证持续具备按照制度和规程实施安全运营的能力;

（四）从事经营性活动的单位,还应当为营利法人。

民用航空管理部门收到申请后,应当进行运营安全评估,根据评估结果依法作出许可或者不予许可的决定。予以许可的,颁发运营合格证;不予许可的,书面通知申请人并说明理由。

使用最大起飞重量不超过150千克的农用无人驾驶航空器在农林牧渔区域上方的适飞空域内从事农林牧渔作业飞行活动(以下称常规农用无人驾驶航空器作业飞行活动),无需取得运营合格证。

取得运营合格证后从事经营性通用航空飞行活动,以及从事常规农用无人驾驶航空器作业飞行活动,无需取得通用航空经营许可证和运行合格证。

第十三条 使用民用无人驾驶航空器从事经营性飞行活动,以及使用小型、中型、大型民用无人驾驶航空器从事非经营性飞行活动,应当依法投保责任保险。

第十四条 微型、轻型、小型民用无人驾驶航空器系统投放市场后,发现存在缺陷的,其生产者、进口商应当停止生产、销售,召回缺陷产品,并通知有关经营者、使用者停止销售、使用。生产者、进口商未依法实施召回的,由国务院市场监督管理部门依法责令召回。

中型、大型民用无人驾驶航空器系统不能持续处于适航状态的,由国务院民用航空主管部门依照有关适航管理的规定处理。

第十五条 对已经取得适航许可的民用无人驾驶航空器系统进行重大设计更改并拟将其用于飞行活动的,应当重新申请取得适航许可。

对微型、轻型、小型民用无人驾驶航空器系统进行改装的,应当符合有关强制性国家标准。民用无人驾驶航空器系统的空域保持能力、可靠被监视能力、速度或者高度等出厂性能以及参数发生改变的,其所有者应当及时在无人驾驶航空器一体化综合监管服务平台更新性能、参数信息。

改装民用无人驾驶航空器的,应当遵守改装后所属类别的管理规定。

第十六条 生产、维修、使用民用无人驾驶航空器系统,应当遵守无线电管理法律法规以及国家有关规定。但是,民用无人驾驶航空器系统使用国家无线电管理机构确定的特定无线电频率,且有关无线电发射设备取得无线电发射设备型号核准的,无需取得无线电频率使用许可和无线电台执照。

第十七条　操控小型、中型、大型民用无人驾驶航空器飞行的人员应当具备下列条件,并向国务院民用航空主管部门申请取得相应民用无人驾驶航空器操控员(以下简称操控员)执照:

(一)具备完全民事行为能力;

(二)接受安全操控培训,并经民用航空管理部门考核合格;

(三)无可能影响民用无人驾驶航空器操控行为的疾病病史,无吸毒行为记录;

(四)近5年内无因危害国家安全、公共安全或者侵犯公民人身权利、扰乱公共秩序的故意犯罪受到刑事处罚的记录。

从事常规农用无人驾驶航空器作业飞行活动的人员无需取得操控员执照,但应当由农用无人驾驶航空器系统生产者按照国务院民用航空、农业农村主管部门规定的内容进行培训和考核,合格后取得操作证书。

第十八条　操控微型、轻型民用无人驾驶航空器飞行的人员,无需取得操控员执照,但应当熟练掌握有关机型操作方法,了解风险警示信息和有关管理制度。

无民事行为能力人只能操控微型民用无人驾驶航空器飞行,限制民事行为能力人只能操控微型、轻型民用无人驾驶航空器飞行。无民事行为能力人操控微型民用无人驾驶航空器飞行或者限制民事行为能力人操控轻型民用无人驾驶航空器飞行,应当由符合前款规定条件的完全民事行为能力人现场指导。

操控轻型民用无人驾驶航空器在无人驾驶航空器管制空域内飞行的人员,应当具有完全民事行为能力,并按照国务院民用航空主管部门的规定经培训合格。

第三章　空域和飞行活动管理

第十九条　划设无人驾驶航空器飞行空域应当遵循统筹配置、安全高效原则,以隔离飞行为主,兼顾融合飞行需求,充分考虑飞行安全和公众利益。

划设无人驾驶航空器飞行空域应当明确水平、垂直范围和使用时间。

空中交通管理机构应当为无人驾驶航空器执行军事、警察、海关、应急管理飞行任务优先划设空域。

第二十条　国家根据需要划设无人驾驶航空器管制空域(以下简称管制空域)。

真高120米以上空域,空中禁区、空中限制区以及周边空域,军用航空超低空飞行空域,以及下列区域上方的空域应当划设为管制空域:

(一)机场以及周边一定范围的区域;

(二)国界线、实际控制线、边境线向我方一侧一定范围的区域;

(三)军事禁区、军事管理区、监管场所等涉密单位以及周边一定范围的区域;

（四）重要军工设施保护区域、核设施控制区域、易燃易爆等危险品的生产和仓储区域，以及可燃重要物资的大型仓储区域；

（五）发电厂、变电站、加油（气）站、供水厂、公共交通枢纽、航电枢纽、重大水利设施、港口、高速公路、铁路电气化线路等公共基础设施以及周边一定范围的区域和饮用水水源保护区；

（六）射电天文台、卫星测控（导航）站、航空无线电导航台、雷达站等需要电磁环境特殊保护的设施以及周边一定范围的区域；

（七）重要革命纪念地、重要不可移动文物以及周边一定范围的区域；

（八）国家空中交通管理领导机构规定的其他区域。

管制空域的具体范围由各级空中交通管理机构按照国家空中交通管理领导机构的规定确定，由设区的市级以上人民政府公布，民用航空管理部门和承担相应职责的单位发布航行情报。

未经空中交通管理机构批准，不得在管制空域内实施无人驾驶航空器飞行活动。管制空域范围以外的空域为微型、轻型、小型无人驾驶航空器的适飞空域（以下简称适飞空域）。

第二十一条　遇有特殊情况，可以临时增加管制空域，由空中交通管理机构按照国家有关规定确定有关空域的水平、垂直范围和使用时间。

保障国家重大活动以及其他大型活动的，在临时增加的管制空域生效 24 小时前，由设区的市级以上地方人民政府发布公告，民用航空管理部门和承担相应职责的单位发布航行情报。

保障执行军事任务或者反恐维稳、抢险救灾、医疗救护等其他紧急任务的，在临时增加的管制空域生效 30 分钟前，由设区的市级以上地方人民政府发布紧急公告，民用航空管理部门和承担相应职责的单位发布航行情报。

第二十二条　按照国家空中交通管理领导机构的规定需要设置管制空域的地面警示标志的，设区的市级人民政府应当组织设置并加强日常巡查。

第二十三条　无人驾驶航空器通常应当与有人驾驶航空器隔离飞行。

属于下列情形之一的，经空中交通管理机构批准，可以进行融合飞行：

（一）根据任务或者飞行课目需要，警察、海关、应急管理部门辖有的无人驾驶航空器与本部门、本单位使用的有人驾驶航空器在同一空域或者同一机场区域的飞行；

（二）取得适航许可的大型无人驾驶航空器的飞行；

（三）取得适航许可的中型无人驾驶航空器不超过真高 300 米的飞行；

（四）小型无人驾驶航空器不超过真高 300 米的飞行；

（五）轻型无人驾驶航空器在适飞空域上方不超过真高 300 米的飞行。

属于下列情形之一的,进行融合飞行无需经空中交通管理机构批准:

（一）微型、轻型无人驾驶航空器在适飞空域内的飞行;

（二）常规农用无人驾驶航空器作业飞行活动。

第二十四条　国家空中交通管理领导机构统筹建设无人驾驶航空器一体化综合监管服务平台,对全国无人驾驶航空器实施动态监管与服务。

空中交通管理机构和民用航空、公安、工业和信息化等部门、单位按照职责分工采集无人驾驶航空器生产、登记、使用的有关信息,依托无人驾驶航空器一体化综合监管服务平台共享,并采取相应措施保障信息安全。

第二十五条　除微型以外的无人驾驶航空器实施飞行活动,操控人员应当确保无人驾驶航空器能够按照国家有关规定向无人驾驶航空器一体化综合监管服务平台报送识别信息。

微型、轻型、小型无人驾驶航空器在飞行过程中应当广播式自动发送识别信息。

第二十六条　组织无人驾驶航空器飞行活动的单位或者个人应当遵守有关法律法规和规章制度,主动采取事故预防措施,对飞行安全承担主体责任。

第二十七条　除本条例第三十一条另有规定外,组织无人驾驶航空器飞行活动的单位或者个人应当在拟飞行前 1 日 12 时前向空中交通管理机构提出飞行活动申请。空中交通管理机构应当在飞行前 1 日 21 时前作出批准或者不予批准的决定。

按照国家空中交通管理领导机构的规定在固定空域内实施常态飞行活动的,可以提出长期飞行活动申请,经批准后实施,并应当在拟飞行前 1 日 12 时前将飞行计划报空中交通管理机构备案。

第二十八条　无人驾驶航空器飞行活动申请应当包括下列内容:

（一）组织飞行活动的单位或者个人、操控人员信息以及有关资质证书;

（二）无人驾驶航空器的类型、数量、主要性能指标和登记管理信息;

（三）飞行任务性质和飞行方式,执行国家规定的特殊通用航空飞行任务的还应当提供有效的任务批准文件;

（四）起飞、降落和备降机场(场地);

（五）通信联络方法;

（六）预计飞行开始、结束时刻;

（七）飞行航线、高度、速度和空域范围,进出空域方法;

（八）指挥控制链路无线电频率以及占用带宽;

（九）通信、导航和被监视能力;

（十）安装二次雷达应答机或者有关自动监视设备的,应当注明代码申请;

（十一）应急处置程序;

（十二）特殊飞行保障需求;

（十三）国家空中交通管理领导机构规定的与空域使用和飞行安全有关的其他必要信息。

第二十九条 无人驾驶航空器飞行活动申请按照下列权限批准:

（一）在飞行管制分区内飞行的,由负责该飞行管制分区的空中交通管理机构批准;

（二）超出飞行管制分区在飞行管制区内飞行的,由负责该飞行管制区的空中交通管理机构批准;

（三）超出飞行管制区飞行的,由国家空中交通管理领导机构授权的空中交通管理机构批准。

第三十条 使用无人驾驶航空器执行反恐维稳、抢险救灾、医疗救护等紧急任务的,应当在计划起飞30分钟前向空中交通管理机构提出飞行活动申请。

空中交通管理机构应当在起飞10分钟前作出批准或者不予批准的决定。执行特别紧急任务的,使用单位可以随时提出飞行活动申请。

第三十一条 飞行活动已获得批准的单位或者个人组织无人驾驶航空器飞行活动的,应当在计划起飞1小时前向空中交通管理机构报告预计起飞时刻和准备情况,经空中交通管理机构确认后方可起飞。

第三十二条 组织无人驾驶航空器实施下列飞行活动,无需向空中交通管理机构提出飞行活动申请:

（一）微型、轻型、小型无人驾驶航空器在适飞空域内的飞行活动;

（二）常规农用无人驾驶航空器作业飞行活动;

（三）警察、海关、应急管理部门辖有的无人驾驶航空器,在其驻地、地面(水面)训练场、靶场等上方不超过真高120米的空域内的飞行活动;但是,需在计划起飞1小时前经空中交通管理机构确认后方可起飞;

（四）民用无人驾驶航空器在民用运输机场管制地带内执行巡检、勘察、校验等飞行任务;但是,需定期报空中交通管理机构备案,并在计划起飞1小时前经空中交通管理机构确认后方可起飞。

前款规定的飞行活动存在下列情形之一的,应当依照本条例第二十六条的规定提出飞行活动申请:

（一）通过通信基站或者互联网进行无人驾驶航空器中继飞行;

（二）运载危险品或者投放物品(常规农用无人驾驶航空器作业飞行活动除外);

（三）飞越集会人群上空；

（四）在移动的交通工具上操控无人驾驶航空器；

（五）实施分布式操作或者集群飞行。

微型、轻型无人驾驶航空器在适飞空域内飞行的，无需取得特殊通用航空飞行任务批准文件。

第三十三条　操控无人驾驶航空器实施飞行活动，应当遵守下列行为规范：

（一）依法取得有关许可证书、证件，并在实施飞行活动时随身携带备查；

（二）实施飞行活动前做好安全飞行准备，检查无人驾驶航空器状态，并及时更新电子围栏等信息；

（三）实时掌握无人驾驶航空器飞行动态，实施需经批准的飞行活动应当与空中交通管理机构保持通信联络畅通，服从空中交通管理，飞行结束后及时报告；

（四）按照国家空中交通管理领导机构的规定保持必要的安全间隔；

（五）操控微型无人驾驶航空器的，应当保持视距内飞行；

（六）操控小型无人驾驶航空器在适飞空域内飞行的，应当遵守国家空中交通管理领导机构关于限速、通信、导航等方面的规定；

（七）在夜间或者低能见度气象条件下飞行的，应当开启灯光系统并确保其处于良好工作状态；

（八）实施超视距飞行的，应当掌握飞行空域内其他航空器的飞行动态，采取避免相撞的措施；

（九）受到酒精类饮料、麻醉剂或者其他药物影响时，不得操控无人驾驶航空器；

（十）国家空中交通管理领导机构规定的其他飞行活动行为规范。

第三十四条　操控无人驾驶航空器实施飞行活动，应当遵守下列避让规则：

（一）避让有人驾驶航空器、无动力装置的航空器以及地面、水上交通工具；

（二）单架飞行避让集群飞行；

（三）微型无人驾驶航空器避让其他无人驾驶航空器；

（四）国家空中交通管理领导机构规定的其他避让规则。

第三十五条　禁止利用无人驾驶航空器实施下列行为：

（一）违法拍摄军事设施、军工设施或者其他涉密场所；

（二）扰乱机关、团体、企业、事业单位工作秩序或者公共场所秩序；

（三）妨碍国家机关工作人员依法执行职务；

（四）投放含有违反法律法规规定内容的宣传品或者其他物品；

（五）危及公共设施、单位或者个人财产安全；

（六）危及他人生命健康，非法采集信息，或者侵犯他人其他人身权益；

（七）非法获取、泄露国家秘密，或者违法向境外提供数据信息；

（八）法律法规禁止的其他行为。

第三十六条 使用民用无人驾驶航空器从事测绘活动的单位依法取得测绘资质证书后，方可从事测绘活动。

外国无人驾驶航空器或者由外国人员操控的无人驾驶航空器不得在我国境内实施测绘、电波参数测试等飞行活动。

第三十七条 模型航空器应当在空中交通管理机构为航空飞行营地划定的空域内飞行，但国家空中交通管理领导机构另有规定的除外。

第四章 监督管理和应急处置

第三十八条 国家空中交通管理领导机构应当组织有关部门、单位在无人驾驶航空器一体化综合监管服务平台上向社会公布审批事项、申请办理流程、受理单位、联系方式、举报受理方式等信息并及时更新。

第三十九条 任何单位或者个人发现违反本条例规定行为的，可以向空中交通管理机构、民用航空管理部门或者当地公安机关举报。收到举报的部门、单位应当及时依法作出处理；不属本部门、本单位职责的，应当及时移送有权处理的部门、单位。

第四十条 空中交通管理机构、民用航空管理部门以及县级以上公安机关应当制定有关无人驾驶航空器飞行安全管理的应急预案，定期演练，提高应急处置能力。

县级以上地方人民政府应当将无人驾驶航空器安全应急管理纳入突发事件应急管理体系，健全信息互通、协同配合的应急处置工作机制。

无人驾驶航空器系统的设计者、生产者，应当确保无人驾驶航空器具备紧急避让、降落等应急处置功能，避免或者减轻无人驾驶航空器发生事故时对生命财产的损害。

使用无人驾驶航空器的单位或者个人应当按照有关规定，制定飞行紧急情况处置预案，落实风险防范措施，及时消除安全隐患。

第四十一条 无人驾驶航空器飞行发生异常情况时，组织飞行活动的单位或者个人应当及时处置，服从空中交通管理机构的指令；导致发生飞行安全问题的，组织飞行活动的单位或者个人还应当在无人驾驶航空器降落后 24 小时内向空中交通管理机构报告有关情况。

第四十二条 对空中不明情况和无人驾驶航空器违规飞行，公安机关在条件有利时可以对低空目标实施先期处置，并负责违规飞行无人驾驶航空器落地后的现场处置。有关军事机关、公安机关、国家安全机关等单位按职责分工组织查证处置,民用航空管理等其他有关部门应当予以配合。

第四十三条　无人驾驶航空器违反飞行管理规定、扰乱公共秩序或者危及公共安全的,空中交通管理机构、民用航空管理部门和公安机关可以依法采取必要技术防控、扣押有关物品、责令停止飞行、查封违法活动场所等紧急处置措施。

第四十四条　军队、警察以及按照国家反恐怖主义工作领导机构有关规定由公安机关授权的高风险反恐怖重点目标管理单位,可以依法配备无人驾驶航空器反制设备,在公安机关或者有关军事机关的指导监督下从严控制设置和使用。

无人驾驶航空器反制设备配备、设置、使用以及授权管理办法,由国务院工业和信息化、公安、国家安全、市场监督管理部门会同国务院有关部门、有关军事机关制定。

任何单位或者个人不得非法拥有、使用无人驾驶航空器反制设备。

第五章　法律责任

第四十五条　违反本条例规定,从事中型、大型民用无人驾驶航空器系统的设计、生产、进口、飞行和维修活动,未依法取得适航许可的,由民用航空管理部门责令停止有关活动,没收违法所得,并处无人驾驶航空器系统货值金额 1 倍以上 5 倍以下的罚款;情节严重的,责令停业整顿。

第四十六条　违反本条例规定,民用无人驾驶航空器系统生产者未按照国务院工业和信息化主管部门的规定为其生产的无人驾驶航空器设置唯一产品识别码的,由县级以上人民政府工业和信息化主管部门责令改正,没收违法所得,并处 3 万元以上 30 万元以下的罚款;拒不改正的,责令停业整顿。

第四十七条　违反本条例规定,对已经取得适航许可的民用无人驾驶航空器系统进行重大设计更改,未重新申请取得适航许可并将其用于飞行活动的,由民用航空管理部门责令改正,处无人驾驶航空器系统货值金额 1 倍以上 5 倍以下的罚款。

违反本条例规定,改变微型、轻型、小型民用无人驾驶航空器系统的空域保持能力、可靠被监视能力、速度或者高度等出厂性能以及参数,未及时在无人驾驶航空器一体化综合监管服务平台更新性能、参数信息的,由民用航空管理部门责令改正;拒不改正的,处 2000 元以上 2 万元以下的罚款。

第四十八条　违反本条例规定,民用无人驾驶航空器未经实名登记实施飞行活动的,由公安机关责令改正,可以处 200 元以下的罚款;情节严重的,处 2000 元以上 2 万元以下的罚款。

违反本条例规定,涉及境外飞行的民用无人驾驶航空器未依法进行国籍登记的,由民用航空管理部门责令改正,处 1 万元以上 10 万元以下的罚款。

第四十九条 违反本条例规定,民用无人驾驶航空器未依法投保责任保险的,由民用航空管理部门责令改正,处 2000 元以上 2 万元以下的罚款;情节严重的,责令从事飞行活动的单位停业整顿直至吊销其运营合格证。

第五十条 违反本条例规定,未取得运营合格证或者违反运营合格证的要求实施飞行活动的,由民用航空管理部门责令改正,处 5 万元以上 50 万元以下的罚款;情节严重的,责令停业整顿直至吊销其运营合格证。

第五十一条 无民事行为能力人、限制民事行为能力人违反本条例规定操控民用无人驾驶航空器飞行的,由公安机关对其监护人处 500 元以上 5000 元以下的罚款;情节严重的,没收实施违规飞行的无人驾驶航空器。

违反本条例规定,未取得操控员执照操控民用无人驾驶航空器飞行的,由民用航空管理部门处 5000 元以上 5 万元以下的罚款;情节严重的,处 1 万元以上 10 万元以下的罚款。

违反本条例规定,超出操控员执照载明范围操控民用无人驾驶航空器飞行的,由民用航空管理部门处 2000 元以上 2 万元以下的罚款,并处暂扣操控员执照 6 个月至 12 个月;情节严重的,吊销其操控员执照,2 年内不受理其操控员执照申请。

违反本条例规定,未取得操作证书从事常规农用无人驾驶航空器作业飞行活动的,由县级以上地方人民政府农业农村主管部门责令停止作业,并处 1000 元以上 1 万元以下的罚款。

第五十二条 组织飞行活动的单位或者个人违反本条例第三十二条、第三十三条规定的,由民用航空管理部门责令改正,可以处 1 万元以下的罚款;拒不改正的,处 1 万元以上 5 万元以下的罚款,并处暂扣运营合格证、操控员执照 1 个月至 3 个月;情节严重的,由空中交通管理机构责令停止飞行 6 个月至 12 个月,由民用航空管理部门处 5 万元以上 10 万元以下的罚款,并可以吊销相应许可证件,2 年内不受理其相应许可申请。

违反本条例规定,未经批准操控微型、轻型、小型民用无人驾驶航空器在管制空域内飞行,或者操控模型航空器在空中交通管理机构划定的空域外飞行的,由公安机关责令停止飞行,可以处 500 元以下的罚款;情节严重的,没收实施违规飞行的无人驾驶航空器,并处 1000 元以上 1 万元以下的罚款。

第五十三条 违反本条例规定,非法拥有、使用无人驾驶航空器反制设备的,由无线电管理机构、公安机关按照职责分工予以没收,可以处 5 万元以下的罚款;情节严重的,处 5 万元以上 20 万元以下的罚款。

第五十四条　违反本条例规定,外国无人驾驶航空器或者由外国人员操控的无人驾驶航空器在我国境内实施测绘飞行活动的,由县级以上人民政府测绘地理信息主管部门责令停止违法行为,没收违法所得、测绘成果和实施违规飞行的无人驾驶航空器,并处 10 万元以上 50 万元以下的罚款;情节严重的,并处 50 万元以上 100 万元以下的罚款,由公安机关、国家安全机关按照职责分工决定限期出境或者驱逐出境。

第五十五条　生产、改装、组装、拼装、销售和召回微型、轻型、小型民用无人驾驶航空器系统,违反产品质量或者标准化管理等有关法律法规的,由县级以上人民政府市场监督管理部门依法处罚。

除根据本条例第十五条的规定无需取得无线电频率使用许可和无线电台执照的情形以外,生产、维修、使用民用无人驾驶航空器系统,违反无线电管理法律法规以及国家有关规定的,由无线电管理机构依法处罚。

无人驾驶航空器飞行活动违反军事设施保护法律法规的,依照有关法律法规的规定执行。

第五十六条　违反本条例规定,有关部门、单位及其工作人员在无人驾驶航空器飞行以及有关活动的管理工作中滥用职权、玩忽职守、徇私舞弊或者有其他违法行为的,依法给予处分。

第五十七条　违反本条例规定,构成违反治安管理行为的,由公安机关依法给予治安管理处罚;构成犯罪的,依法追究刑事责任;造成人身、财产或者其他损害的,依法承担民事责任。

第六章　附则

第五十八条　在我国管辖的其他空域内实施无人驾驶航空器飞行活动,应当遵守本条例的有关规定。

无人驾驶航空器在室内飞行不适用本条例。

自备动力系统的飞行玩具适用本条例的有关规定,具体办法由国务院工业和信息化主管部门、有关空中交通管理机构会同国务院公安、民用航空主管部门制定。

第五十九条　无人驾驶航空器飞行以及有关活动,本条例没有规定的,适用《中华人民共和国民用航空法》《中华人民共和国飞行基本规则》《通用航空飞行管制条例》以及有关法律、行政法规。

第六十条　军用无人驾驶航空器的管理,国务院、中央军事委员会另有规定的,适用其规定。

警察、海关、应急管理部门辖有的无人驾驶航空器的适航、登记、操控员等事项的管理办法,由国务院有关部门另行制定。

第六十一条　模型航空器的分类、生产、登记、操控人员、航空飞行营地等事项的管理办法,由国务院体育主管部门会同有关空中交通管理机构,国务院工业和信息化、公安、民用航空主管部门另行制定。

第六十二条　本条例施行前生产的民用无人驾驶航空器不能按照国家有关规定自动向无人驾驶航空器一体化综合监管服务平台报送识别信息的,实施飞行活动应当依照本条例的规定向空中交通管理机构提出飞行活动申请,经批准后方可飞行。

第六十三条　本条例下列用语的含义:

(一)空中交通管理机构,是指军队和民用航空管理部门内负责有关责任区空中交通管理的机构。

(二)微型无人驾驶航空器,是指空机重量小于0.25千克,最大飞行真高不超过50米,最大平飞速度不超过40千米/小时,无线电发射设备符合微功率短距离技术要求,全程可以随时人工介入操控的无人驾驶航空器。

(三)轻型无人驾驶航空器,是指空机重量不超过4千克且最大起飞重量不超过7千克,最大平飞速度不超过100千米/小时,具备符合空域管理要求的空域保持能力和可靠被监视能力,全程可以随时人工介入操控的无人驾驶航空器,但不包括微型无人驾驶航空器。

(四)小型无人驾驶航空器,是指空机重量不超过15千克且最大起飞重量不超过25千克,具备符合空域管理要求的空域保持能力和可靠被监视能力,全程可以随时人工介入操控的无人驾驶航空器,但不包括微型、轻型无人驾驶航空器。

(五)中型无人驾驶航空器,是指最大起飞重量不超过150千克的无人驾驶航空器,但不包括微型、轻型、小型无人驾驶航空器。

(六)大型无人驾驶航空器,是指最大起飞重量超过150千克的无人驾驶航空器。

(七)无人驾驶航空器系统,是指无人驾驶航空器以及与其有关的遥控台(站)、任务载荷和控制链路等组成的系统。其中,遥控台(站)是指遥控无人驾驶航空器的各种操控设备(手段)以及有关系统组成的整体。

(八)农用无人驾驶航空器,是指最大飞行真高不超过30米,最大平飞速度不超过50千米/小时,最大飞行半径不超过2000米,具备空域保持能力和可靠被监视能力,专门用于植保、播种、投饵等农林牧渔作业,全程可以随时人工介入操控的无人驾驶航空器。

(九)隔离飞行,是指无人驾驶航空器与有人驾驶航空器不同时在同一空域内的飞行。

（十）融合飞行，是指无人驾驶航空器与有人驾驶航空器同时在同一空域内的飞行。

（十一）分布式操作，是指把无人驾驶航空器系统操作分解为多个子业务，部署在多个站点或者终端进行协同操作的模式。

（十二）集群，是指采用具备多台无人驾驶航空器操控能力的同一系统或者平台，为了处理同一任务，以各无人驾驶航空器操控数据互联协同处理为特征，在同一时间内并行操控多台无人驾驶航空器以相对物理集中的方式进行飞行的无人驾驶航空器运行模式。

（十三）模型航空器，也称航空模型，是指有尺寸和重量限制，不能载人，不具有高度保持和位置保持飞行功能的无人驾驶航空器，包括自由飞、线控、直接目视视距内人工不间断遥控、借助第一视角人工不间断遥控的模型航空器等。

（十四）无人驾驶航空器反制设备，是指专门用于防控无人驾驶航空器违规飞行，具有干扰、截控、捕获、摧毁等功能的设备。

（十五）空域保持能力，是指通过电子围栏等技术措施控制无人驾驶航空器的高度与水平范围的能力。

第六十四条 本条例自 2024 年 1 月 1 日起施行。

十六、2024 年政府工作报告

2024 年 3 月的政府工作报告中，提出将低空经济等领域打造成新增长引擎。

报告强调：积极培育新兴产业和未来产业。实施产业创新工程，完善产业生态，拓展应用场景，促进战略性新兴产业融合集群发展。巩固扩大智能网联新能源汽车等产业领先优势，加快前沿新兴氢能、新材料、创新药等产业发展，积极打造生物制造、商业航天、低空经济等新增长引擎。制定未来产业发展规划，开辟量子技术、生命科学等新赛道，创建一批未来产业先导区。鼓励发展创业投资、股权投资，优化产业投资基金功能。加强重点行业统筹布局和投资引导，防止产能过剩和低水平重复建设。

十七、《通用航空装备创新应用实施方案（2024—2030 年）》

2024 年 3 月，工信部、科技部、财政部和中国民航局四部委联合发布《通用航空装备创新应用实施方案（2024—2030 年）》，进一步支持低空经济发展。这份文件明确了 2027 年目标和 2030 年目标，对于指导低空经济产业发展极其重要。

关于印发《通用航空装备创新应用实施方案（2024—2030 年)》的通知

工信部联重装〔2024〕52 号

各省、自治区、直辖市及新疆生产建设兵团航空工业主管部门、科技厅（委、局）、财政厅（局）、民航各地区管理局,有关中央企业,各有关单位:

现将《通用航空装备创新应用实施方案（2024—2030 年）》印发给你们,请结合实际,认真贯彻实施。

工业和信息化部
科学技术部
财政部
中国民用航空局
2024 年 3 月 27 日

通用航空装备创新应用实施方案

（2024—2030 年）

发展通用航空制造业,加快通用航空装备创新应用,是塑造航空工业发展新动能新优势、推动低空经济发展的重要举措,是加快制造强国、交通强国建设的必然要求。为贯彻落实党中央、国务院决策部署,推动航空制造业新型工业化探索和实践,制定本方案。

一、总体要求

以习近平新时代中国特色社会主义思想为指导,全面贯彻党的二十大精神,认真落实中央经济工作会议精神和全国新型工业化推进大会部署,完整、准确、全面贯彻新发展理念,统筹高质量发展和高水平安全,坚持创新驱动、开放融合、示范引领、安全发展,以智能化、绿色化、融合化为导向,以应用场景创新和大规模示范应用为牵引,加快通用航空技术和装备迭代升级,建设现代化通用航空先进制造业集群,打造中国特色通用航空产业发展新模式,为培育低空经济新增长极提供有力支撑。

二、主要目标

到 2027 年,我国通用航空装备供给能力、产业创新能力显著提升,现代化通用航空基础支撑体系基本建立,高效融合产业生态初步形成,通用航空公共服务装备体系基本完善,以无人化、电动化、智能化为技术特征的新型通用航空装备在城市空运、物流配送、应急救援等领域实现商业应用。

——创新能力显著提升。绿色化、智能化、新构型通用航空器研制创新居世界先进水平,形成一批通用航空领域产学研用联合实验室、科技创新中心及科技创新服务平台。通用航空法规标准体系和安全验证体系基本建立。

——示范应用成效明显。航空应急救援、物流配送实现规模化应用,城市空中交通实现商业运行,形成 20 个以上可复制、可推广的典型应用示范,打造一批低空经济应用示范基地,形成一批品牌产品。

——产业链现代化水平大幅提升。打造 10 家以上具有生态主导力的通用航空产业链龙头企业,培育一批专精特新"小巨人"和制造业单项冠军企业,通用航空动力实现系列化发展,机载、任务系统及配套设备模块化、标准化产业配套能力显著增强。

到 2030 年,以高端化、智能化、绿色化为特征的通用航空产业发展新模式基本建立,支撑和保障"短途运输+电动垂直起降"客运网络、"干—支—末"无人机配送网络、满足工农作业需求的低空生产作业网络安全高效运行,通用航空装备全面融入人民生产生活各领域,成为低空经济增长的强大推动力,形成万亿级市场规模。

三、重点任务

（一）增强产业技术创新能力

1. 加快关键核心技术突破。加强总体、系统、软件、元器件、材料等领域关键技术攻关。瞄准无人化、智能化方向,攻克精准定位、感知避障、自主飞行、智能集群作业等核心技术。以电动化为主攻方向,兼顾混合动力、氢动力、可持续燃料动力等技术路线,加快航空电推进技术突破和升级,开展高效储能、能量控制与管理、减排降噪等关键技术攻关。强化装备安全技术攻关,重点突破电池失效管理、坠落安全、数据链安全等技术,提升空域保持能力和可靠被监视能力。

2. 完善通用航空装备产品谱系。加快提升通用航空装备技术水平,提高通用航空装备可靠性、经济性及先进性。推进大中型固定翼飞机、高原型直升机,以及无人机等适航取证并投入运营,实现全域应急救援能力覆盖。支持加快支线物流、末端配送无人机研制生产并投入运营。支持智慧空中出行（SAM）装备发展,推进电动垂直起降航空器（eVTOL）等一批新型消费通用航空装备适航取证。鼓励飞行汽车技术研发、产品验证及商业化应用场景探索。针对农林作业、工业生产等应用需求,不断提升产品竞争力和市场适应性。

3. 搭建产业协同创新平台。围绕技术攻关、创新应用、安全管理等,发挥通用航空产业创新联盟等平台作用,促进产学研用协同创新。加强区域通用航空科技创新服务平台建设。面向新装备、新技术、新领域,支持建立未来空中交通装备创新研究中心,打造绿色智能安全技术创新联合体。聚焦无缝通信与监视、数字导航、智能化空域管理等,发挥低空智联网技术联盟作用,配合推动低空智联网体系布局。

(二)提升产业链供应链竞争力

4. 加速通用航空动力产品系列化发展。加快 200kW 级、1000kW 级涡轴、1000kW 级涡桨等发动机研制;持续推动 100—200 马力活塞发动机批量交付,实现市场规模应用。加快布局新能源通用航空动力技术和装备,推动 400Wh/kg 级航空锂电池产品投入量产,实现 500Wh/kg 级航空锂电池产品应用验证;开展 400kW 以下混合推进系统研制;推进 250kW 及以下航空电机及驱动系统规模化量产,以及 500kW 级产品应用验证。

5. 推进机载、任务系统和配套设备标准化模块化发展。结合航空应急救援、传统作业、物流配送等领域装备需求,加快推进统标选型,发展模块化和标准化任务系统,提升产品互换性和市场兼容性。不断完善满足适航要求的货架化通用航空配套产品谱系,加快发展低成本小型航电系统,推动配套设备与飞机平台协调发展。

6. 培育优质多元的企业主体。鼓励龙头企业整合资源,强化对产业链、供应链和创新链的引领和组织协同,不断提高企业竞争力,完善售后服务保障能力,增强产业链韧性和安全水平。支持电池、电机等优势企业加大研发投入,提升产品性能,培育一批知名品牌产品。引导通用航空装备任务系统、配套企业提升竞争力,打造一批专精特新"小巨人"和制造业单项冠军企业。

7. 建设一批先进制造业集群。立足发展基础和资源优势,对接国家区域重大战略,在长三角、粤港澳、成渝、江西、湖南、陕西等重点地区,建设从技术开发、产品研制、示范验证到应用推广的一体化创新发展产业生态,打造大中小微企业融通、创新要素集聚、网络协作高效的新型通用航空装备先进制造业集群,实现通用航空与地方经济深度融合。

(三)深化重点领域示范应用

8. 扩大航空应急救援示范应用。重点围绕航空灭火、航空救援、公共卫生服务、应急通信/指挥四大领域,在京津冀、长三角、东北、中西部、边疆等重点地区,扩大航空应急救援装备示范应用。创新航空应急救援装备体系化应用模式,强化实战实训,推动构建有人无人、高低搭配、布局合理、功能互补的航空应急救援装备体系。加快无人机在应急救援领域示范应用。

9. 深化航空物流配送示范应用。聚焦"干—支—末"物流配送需求,在长三角、粤港澳、川渝、内蒙古、陕西、新疆等重点地区,鼓励开展无人机城际运输及末端配送应用示范,形成量大面广的航空物流配送装备体系。支持研究低空物流解决方案,探索智慧物流新模式,推动大型无人机支线物流连线组网,以及城市、乡村、山区、海岛等新兴场景无人机配送大规模应用落地,推动构建航空物流配送网络。

10. 加速城市空中交通示范应用。适应未来城市空中交通需要,支持依托长三角、粤港澳等重点区域,以 eVTOL 为重点开展应用示范,支持举办相关赛事活动。支持一批 SAM 装备加快市场应用,鼓励探索构建立体交通低空航线网络,着力培育商务出行、空中摆渡、私人包机等载人空中交通新业态。

11. 拓展新型通用航空消费示范应用。面向低空旅游、航空运动、私人飞行和公务航空消费市场,在山西、内蒙古、上海、河南、湖南、海南、新疆等重点地区,开展"通用航空+"应用示范。鼓励有条件的地区开发多样化低空旅游产品,推进"通用航空+旅游"应用示范。支持开展飞行体验、航空跳伞等消费飞行活动,大力推广轻型运动飞机、特技飞行器,推进"通用航空+运动"应用示范。

12. 促进传统通用航空业务规模化运行。鼓励围绕航空培训、短途运输、农林植保、物探巡检等传统通用航空业务领域,在川渝、内蒙古、黑龙江、新疆等重点地区开展规模化、常态化运行示范。推进短途客运通用航空装备批量交付运营。鼓励拓宽无人机在电力巡线、生态监测、航拍航测、航空物探等场景的商业化应用。

（四）推动基础支撑体系建设

13. 推动智能高效新型运行服务体系建设。加快 5G、卫星互联网等融合应用,支持空天地设施互联、信息互通的低空智联网技术和标准探索。推进通用航空器北斗标配应用。推动试点地区政府与企业在低空监管服务基础设施、网络规划建设等方面协同,促进三维高精地图、气象数据、通信导航等公共信息开放。推动构建目视航线网络,支持完善运行规则,健全航空信息资料保障机制,提升飞行服务保障能力。鼓励企业建设智能调度、动态监测、实时情报服务等为一体的飞行服务系统。

14. 推动新型基础配套设施体系建设。鼓励地方政府将低空基础设施纳入城市建设规划,加强与城市运输系统连接。支持探索推进楼顶、地面、水上等场景起降点建设试点,完善导航定位、通信、气象、充电等功能服务,形成多场景、多主体、多层次的起降点网络。充分利用好现有航空基础设施,推动建设一批智能化、集成型、多用途的通用航空基础设施。鼓励新建住宅与商业楼宇预留低空基础设施。充分结合通用航空业发展特性,研究设定适用于通用航空业发展的机场建设标准。

15. 完善法规标准体系。坚持通用航空标准化与技术创新、应用示范一体化推进,实现国家标准、行业标准、团体标准协同发展。鼓励龙头企业带动上下游企业共同开展标准研究,加快建立涵盖多种应用场景、各类装备的标准体系。加强工业方与适航审定方协作,协调推动工业标准与适航体系衔接。协调推动完善国家航空器管理体系,明确应用场景监管要求。

16. 建立安全验证体系。充分利用现有航空工业基础,加快试验验证资源共建共享,鼓励推动建立通用航空适航技术服务与符合性验证,无人机第三方检测、试验等能力,支持飞行测试、应用测试等基地建设。构建无人机质量保障及安全验证体系,加强针对工业级无人机及 eVTOL 的安全性可靠性评估验证,推动形成一批支撑适航审定的工业标准。

17. 夯实人才队伍基础。支持高校加强通用航空相关学科专业建设,建设一批特色学院。围绕通用航空前沿新兴交叉领域,深化产教融合,推进高校、科研机构与企业联合精准育才。开展 eVTOL 驾驶员、操纵员等专业人才培训,推动在新兴航空装备一致性驾驶操纵、飞行员技术培训等领域形成规范。鼓励地方出台通用航空产业人才支持政策。

（五）构建高效融合产业生态

18. 促进通用航空装备制造与服务业高效融合。在无人物流、城市空中交通等新兴应用领域,鼓励龙头企业探索形成产品研制、场景构建、示范运行一体化的商业模式。在航空应急救援领域,鼓励经验丰富、实力雄厚、保障能力突出的通用航空运营企业与装备制造企业高效协同,发展专业化航空应急救援装备运营平台。

19. 深化通用航空装备国内外交流与合作。依托政府间合作机制,推进电动飞机等领域国内外交流合作。鼓励通用航空企业在海外开展研发设计、飞行验证和适航取证,积极开拓国际市场。加强与国际组织对接交流,推进双边多边合作,支持国内企业参与无人机、电动飞机等领域国际规则制定和标准制修订。

20. 探索通用航空装备产业科技金融合作新模式。充分发挥科技创新再贷款的政策优势,针对符合政策要求的通用航空制造企业,鼓励金融机构加大支持力度。实施"科技产业金融一体化"专项,发挥国家产融合作平台作用,充分利用风险投资等金融手段,加强通用航空装备产业技术研发融资支持。推动组建多元化股权的通用航空装备租赁公司,鼓励保险公司为通用航空装备"研产销用"全产业链创新产品和服务。鼓励有条件的地区精准引导技术、资本、人才等各类要素资源向通用航空制造企业有效集聚。

四、组织保障

（一）加强统筹联动。加强部门协同,强化央地联动,有序推进通用航空产业建设和资源保障力度。充分发挥地方优势,结合当地基础条件和潜在需求,在通用航空装备应用示范、产业集群建设、产业生态培育、产业政策制定等方面积极探索。组建通用航空产业创新发展专家委员会,加强通用航空产业发展战略研究、决策支持和咨询服务。

（二）加大政策支持。充分发挥首台(套)重大技术装备保险补偿政策作用,支持通用航空装备推广应用。发挥政府采购作用,加大对通用航空装备和服务采购力度。落实国务院关于航空项目投资核准有关要求,规范通用航空项目投资核准程序。根据需要研究扩展城市空中交通等应用领域的无人机无线电频率供给和规范使用。

（三）营造良好氛围。发挥行业组织作用,加强国内外、行业内外合作交流,促进产业链上下游发展对接,加强法规标准宣传,强化行业自律。引导各方力量,规范开展高水平通用航空会展、论坛、赛事活动,定期组织召开供需对接会。发展航空科普教育,大力培育通用航空消费文化。

低空经济是一种新型的经济形态,它是指在垂直高度3000米以下的空域内(无人驾驶航空器主要在真高300米以下),利用垂直起降型飞机和无人驾驶航空器进行载人、载货以及其他作业等多场景的低空飞行活动产品的经济形态。这种经济形态具有多领域、跨行业、全链条的特点,涵盖了基建端、飞行器制造端和应用端等多个方面。

从市场在低空经济中的作用就可以看出,市场是低空经济的根本所在。

第一,供需决定市场,发展低空经济应将发展重心放在扩大市场这个根本要素上。这意味着,只有当市场需求足够大,才能吸引更多的投资和资源进入这一领域,从而推动整个产业链的发展。

第二,市场的需求是推动技术创新和应用场景扩展的动力,壮大低空经济需要依靠科技创新驱动和应用场景驱动。通过发挥我国超大规模市场的潜力与优势,可以推进低空飞行与更多领域深度融合,从而创造出更多的商业机会和经济效益。

第三,低空经济的内需潜力巨大,它不依赖外部市场,而是主要由国内政策和市场需求推动。在全球经济不确定性增强的背景下,低空经济更能体现出自主可控的内需拉动力,这为低空经济创造了一个稳定的市场基础。

第四,与其他新兴行业不同,低空经济的产业链较为成熟,涵盖了基础设施建设、技术服务、运营管理等多个环节。市场的存在和需求推动了这些环节的快速发展,使得低空经济的商业化路径非常清晰,投资逻辑和业绩兑现的预期得到了支撑。

因此,市场是低空经济发展的根本要素。市场需求不仅是推动技术创新和应用场景扩展的动力,也是确保低空经济可持续发展的基础。通过扩大市场规模、创新驱动、应用场景驱动以及内需拉动,低空经济能够在激烈的市场竞争中找到自己的定位,并实现长期稳定的发展。

第一节 | 国内低空经济市场情况

一、低空产业总体市场蓬勃发展

在市场和政策的双轮驱动下,我国低空经济得到快速发展,特别是民用无人机产业发展迅猛，并处于全球领先地位。截至 2021 年底，全国可兼顾通用航空服务的运输机场超过 200 个、通用机场 368 个、其他起降场地约 200 个。通用航空有人机运营企业近 600 家，2021 年有人机飞行 118.2 万小时；无人机运营企业 1.27 万家，2021 年实名登记无人机 83 万架（2022 年 96.7 万架，2023 年 127 万架，2024 年 10 月 207 万架），2021 年无人机实时飞行约 3.86 亿架次、飞行时长约 1668.9 万小时。在公安系统中，警用直升机已发展到近百架，警用无人机超过 1 万架。

据赛迪顾问《2020—2021 年中国无人机产业发展年度报告》显示，2020 年全球无人机产业规模为 94 亿美元，中国无人机产业规模为 75.8 亿美元，在全球无人机产业区域结构中占比超过 80%。其中，大疆在全球无人机产业规模占比超 40%，位居第一。

截至 2021 年底，全国共有通用航空相关企业超过 9000 家，无人机相关企业超过 5 万家。2011—2021 年通用航空相关企业注册资本总金额约为 6300 亿元，2016 年以来全国新增无人机企业注册资本总金额约为 4300 亿元。

2020 年 6 月，中央空管委办公室依托国家发展和改革委员会国际合作中心，设立了低空经济研究机构"国家低空经济融合创新研究中心"，作为中央空管委办公室的经济研究智库单位和决策咨询机构。

2021 年 2 月，中共中央、国务院发布的《国家综合立体交通网规划纲要》首次提到发展低空经济，具有标志性意义，低空经济迎来重大机遇。然而，我国低空经济发展目前仍存在整体经济规模偏小、通航运营企业亏损情况严重、低空空域供需矛盾突出、飞机和直升机国产化率偏低等现实困难和问题，都需要在发展中不断克服和解决。

截至 2023 年底，中国通航企业达 689 家，在册通用航空器 3173 架，通用机场 451 个，全年作业飞行 135.7 万小时。据测算，2023 年中国低空经济规模超 5000 亿元，2030 年有望达到 2 万亿元。

二、低空产业地方市场竞相争先

（一）上海

2023 年 12 月 27 日，上海中心城区首条美团无人机航线在杨浦开航。到 2025 年，金山区无人机产业项目计划总投资达到 100 亿元、企业市场估值达到 100 亿元，形成 50 项体系化创新成果，打造"100＋"应用场景，实现飞行服务"一网统管"，并形成一揽子制度创新。2024 年 2 月 27 日，上海峰飞航空科技有限公司研制的电动垂直起降航空器 eVTOL"盛世龙"首次实现从深圳至珠海的飞行,将单程约 2 小时的地面行驶时间,缩短到空中飞行的 20 分钟。

（二）江苏

1. 南京

2020 年 10 月,南京有了无人机基地,成为全省首个全国首批 13 个民用无人驾驶航空试验区之一,而全国首个 5G 低空智联网的智慧立体巡航体系也在长江南京段建成。目前,南京民用无人驾驶航空试验区已集聚无人机产业相关企业近 30 家,涵盖研发设计、整机生产、运营服务、行业应用等产业链全环节。全市已集聚百家航空航天企业,其中规模以上企业占八成,2023 年低空经济关联产业营收近 30 亿元。

2. 苏州

苏州,作为经济强的市,发展低空经济底气十足。全球最大的无人运输机、全球首款全域自主感知植保无人机、全国最大的空地一体城市全域巡检信息共享系统等多项全国乃至全球开创性成果均由苏州打造。2024 年以来,苏州已签约低空经济项目 251 个,计划总投资超 730 亿元。苏州低空经济发展推进大会上,"空中之城"的定义及《苏州市低空经济发展体系与愿景》《苏州市低空经济高质量发展实施方案（2024—2026 年)》《苏州市支持低空经济高质量发展的若干措施（试行)》等政策的发布,让苏州发展低空经济的规划更加明确。苏州提出,到 2026 年,把苏州打造成为全国低空经济示范区,建成 1~2 个通用机场,200 个以上垂直起降点,同时,开通 100 条以上无人机航线;组建飞行服务队,开通至周边机场的 3~5 条通用航空短途运输航线;并加大无人机、直升机在公共服务领域的应用。

3. 无锡

无锡是仅次于苏州的江苏省经济强市,丁蜀低空经济产业园项目在 2024 年 3 月 10 日由无锡市交通运输局、宜兴市人民政府、无锡市交通产业集团共同签约主办。《无锡市低空经济高质量发展三年行动方案（2024—2026 年)》明确提出,无锡将依托宜兴丁蜀机场、梁溪科技城等地特色园区先发优势,布局做优 eVTOL、无人直升机等产业。到 2026 年,低空经济产业产值规模将突破 300 亿元。

（三）浙江

2019 年,浙江迅蚁科技就拿到了中国民航局颁发的编号为"0001"的首张城市场景无人机物流运行牌照,目前该企业已在全国 23 个城市开辟常态化航线,飞行里程超 80 万千米。2020 年 10 月,杭州入选国家首批民用无人驾驶航空试验区,成为最早一批进行无人机城市场景商业运行探索的城市;同年 12 月,杭州市无人机运行管理服务中心挂牌。

（四）安徽

2023 年 12 月 28 日，亿航智能 EH216 - S 无人驾驶载人 eVTOL 在合肥市完成了全球商业首飞演示。2024 年 3 月 6 日上午，合肥无人机医疗物资运输航线开通。一架载有血样的无人机从安徽省血液中心起飞，十多分钟后降落在安徽省妇儿医学中心西院，成为安徽首个无人机医疗场景应用。

全国各地的低空经济在蓬勃发展。广东的低空制造产业和飞行应用走在前列，安徽、湖南等地的政策保障启动得早，江苏基础设施保障服务产业发展较好。各地都在起步阶段，发展势头很好，未来前景可期。

三、2024 年低空经济各产业板块发展情况

至 2024 年 11 月底，国内低空经济的发展情况如下：

在政策支持方面，多地政府继续出台相关政策，支持低空经济的发展，包括放宽低空空域管理、鼓励低空旅游和无人机物流等，为行业创造了良好的政策环境；在技术创新方面，无人机技术、低空导航技术等持续进步，为低空经济提供了强有力的技术支持，推动了行业创新和应用；在市场需求方面，随着人们对于便捷、高效出行方式的需求增加，以及物流行业对无人机配送等新兴模式的兴趣，低空经济的市场需求正在逐步扩大；在市场应用方面，低空旅游、低空物流、无人机配送等应用领域逐渐增多，各领域企业在技术创新和市场开拓上取得了一定的进展。根据云创大数据对 2024 年 11 月底之前的市场数据分析可以看出，低空经济的低空制造产业、低空飞行产业、低空保障产业、低空综合服务产业等四大产业板块在 2024 年这个"低空经济元年"，发展得非常好。

（一）低空制造产业

根据有关统计数据，低空经济制造业领域展现出了显著的增长趋势。2024 年全年制造业总产值较前一年度增长了 15％以上，其中，低空经济贡献了约 10％的增长。具体来看，无人机制造、飞行器组装、航空材料加工等细分领域表现尤为突出。无人机制造领域，得益于技术进步和市场需求的扩大，产量较上一年度增长了 20％。飞行器组装领域，由于多家企业加大了研发投入，实现了产品升级换代，产量增长了 18％。航空材料加工领域，由于新材料的应用和生产工艺的改进，生产效率提升了 15％，产量增长了 17％。

在产品结构方面，低空经济在制造业领域呈现出多样化的发展态势。无人机产品线从单一的消费级无人机扩展至工业级无人机，包括农业植保无人机、物流配送无人机、环境监测无人机等，其中工业级无人机市场表现尤为抢眼，销售额较

前一年度增长了 30%。飞行器组装领域,除传统的固定翼飞机和直升机外,多旋翼飞行器和飞行汽车(包括 eVTOL)的市场需求持续增长,销售额增长了 25%。航空材料加工领域,轻量化材料、复合材料等新材料的应用日益广泛,生产结构得到了优化,产品附加值明显提升。

从市场表现来看,低空经济在制造业领域的增长动力主要来源于技术创新、出口销售驱动、国内新业态市场拓展需求。技术创新方面,多家企业加大了在人工智能、5G/5G-A 及 6G 通信、自动驾驶等前沿技术领域的研发投入,推动了产品迭代升级。市场需求方面,随着无人机在农业、物流、环境监测等领域的广泛应用,市场需求持续增长,带动了整个产业链的繁荣发展。

(二)低空飞行产业

低空飞行产业的发展势头强劲,2024 年全年飞行产业总产值较前一年度增长了 12%,其中,低空经济贡献了约 7% 的增长。具体情况是:飞行服务各细分领域,如航空物流、空中观光、无人机配送等均表现不俗。航空物流方面,随着无人机物流配送服务的普及,飞行服务市场规模进一步扩大,全年业务量较上一年度增长了 15%。空中观光方面,由于低空旅游市场的火热,飞行服务需求持续增长,全年业务量增长了 10%。无人机配送方面,随着无人机技术的进步和应用场景的拓展,飞行服务市场规模快速扩大,全年业务量增长了 18%。

在服务结构方面,低空经济在飞行服务产业领域呈现出多元化的发展态势。航空物流,除传统的货物运输外,无人机物流配送服务已成为重要组成部分,业务量占比达到 30%。空中观光,低空旅游市场快速发展,飞行服务需求持续增长,业务量占比达到 25%。无人机配送,随着应用场景的不断拓展,无人机配送服务在电商、医药等领域得到广泛应用,业务量占比达到 20%。

从市场表现来看,低空经济在飞行服务产业领域的增长动力一方面来源于市场需求的快速增长,飞行服务从尝试作业到常规运用,在多个产业方向都有强大需求。另一方面,政府大力拓展公共服务需求,扩大低空智慧物流市场规模,积极培育新的应用场景。市场需求方面,随着消费者对便捷、高效物流服务需求的不断提升,无人机物流配送服务的市场需求持续增长。技术创新方面,多家企业加大了在无人机物流配送、空中观光等领域的新技术研发力度,推动了产品和服务的升级换代,提升了市场竞争力。

(三)低空保障产业

低空经济在保障产业领域呈现出良好的发展态势,2024 年全年保障产业总产值较前一年度增长了 10%,其中,低空经济贡献了约 6% 的增长。分别来看,保障服务各细分领域，如低空智联网保障、飞行器维修、无人机检测、飞行安全评估等均表现不俗。飞行器维修领域，由于低空经济的快速发展，维修需求持续增长，全年业务量较上一年度增长了 12%。无人机检测领域，随着无人机技术的进步和应用场景的拓展，检测需求持续增长，全年业务量增长了 10%。飞行安全评估领域，由于低空经济的快速增长，安全评估需求持续增长，全年业务量增长了 8%。低空综合服务站建设如雨后春笋，低空智联网的构建规模不断扩大，无人机飞行航线需求大幅增加，无人机起降点规划和建设进入大发展时期。

在服务结构方面，低空经济在保障产业领域呈现出多元化的发展态势。飞行器维修领域，除传统的飞行器维修服务外，无人机维修服务已成为重要组成部分，业务量占比达到 25%。无人机检测领域，低空经济的快速发展推动了检测服务需求的增长，业务量占比达到 20%。飞行安全评估领域，随着低空经济的快速增长，安全评估需求持续增长，业务量占比达到 15%。以政府、国企和国资投入建设的飞行服务保障体系，成为低空经济发展的基础性服务，构成比重不断加大。

从市场表现来看，低空经济在保障产业领域的增长动力，主要来源于政府加快低空飞行服务保障基础设施的投入驱动，其次是产业市场需求的快速增长和技术创新驱动。市场需求方面，随着低空经济的快速发展，维修、检测、安全评估等保障服务的需求持续增长。技术创新方面，多家企业加大了在无人机维修、检测、安全评估等领域的新技术研发力度，推动了产品和服务的升级换代，提升了市场竞争力。

（四）低空综合服务产业

低空综合服务产业在 2024 年发展态势非常好，全年综合服务产业总产值较上一年度增长了 13%，其中，低空经济贡献了约 9% 的增长。综合服务各细分领域，如飞行器租赁、飞行培训、飞行体验等均表现不俗。飞行器租赁领域，由于低空经济的快速发展，租赁需求持续增长，全年业务量较前一年度增长了 16%。飞行培训领域，随着低空经济的快速增长，培训需求持续增长，全年业务量增长了 14%。飞行体验领域，由于低空旅游市场的火热，飞行体验需求持续增长，全年业务量增长了 12%。

在服务结构方面，低空经济在综合服务产业领域呈现出多元化的发展态势。飞行器租赁领域，除传统的飞行器租赁服务外，无人机租赁服务已成为重要组成部分，业务量占比达到 28%。飞行培训领域，低空经济的快速发展推动了培训服务需求的增长，业务量占比达到 25%。飞行体验领域，随着低空旅游市场的火热，飞行体验需求持续增长，业务量占比达到 22%。

从市场表现来看，低空经济在综合服务产业领域的增长动力主要来源于低空经济发展景气指数走高,公众期待值走高,市场的需求快速增长,金融、保险等行业积极跟上等方面。市场需求方面,随着低空经济的快速发展,租赁、培训、体验等综合服务的需求持续增长。技术创新方面,多家企业加大了在无人机租赁、培训、体验等领域的新技术研发力度,推动了产品和服务的升级换代,提升了市场竞争力。

以上四大板块在多个方面的发展都得益于中央经济发展战略导向,得益于各级地方政府大力推动低空经济高质量发展。所以,在政策环境方面,政府加大了对低空经济的支持力度,推出了一系列政策措施,包括简化审批流程、提供税收优惠、加大资金支持等,为低空经济在综合服务产业领域的快速发展创造了有利条件。同时,政策引导企业加大研发投入,推动技术创新,提高服务质量,增强市场竞争力。

第二节 | 低空经济发展要务

一、低空飞行产业蓬勃发展推动低空空域释放

军队、民航、公安、交通和基础设施建设投入的国企单位要建立低空空域协同管理机制,加快低空空域释放。低空经济的关键问题是空域。目前,涉及低空空域管理的多个法规文件已出台,如 2024 年 1 月 1 日起施行的《无人驾驶航空器飞行管理暂行条例》,规定了微型无人驾驶航空器在 W 类空域(真高 120 米以下)适飞区飞行,轻型和小型无人机驾驶航空器在真高 300 米以下的适飞区飞行。低空经济要利用的低空空域资源是 C 类空域(有塔台的通航机场上方及其周边空域),G 类空域(民航机场上空和通航机场上空及其周边 300 米以下,平均海拔 6000 米以下不影响民航机场和军用航空飞行的区域),W 类空域(真高 120 米以下),以及部分 E 类空域。那么,对于 6000 米以下的通航和 3000 米以下的无人驾驶航空器的飞行空间,需要更加明确,而且,在空域使用上,适合采用更加便利快捷的报备机制。《中华人民共和国海域使用管理法》可作为借鉴之一,个人和企业的船舶或者海水养殖单位及个人,利用海域,采用一次性报备制方式。便于通航飞行器和无人驾驶航空器根据空域通报情况自主决定使用空域的权利和责任。低空空域的管理主体释放给了各级政府,需要加快研究如何利用低空空域资源、安全管理低空飞行活动,建设好低空经济产业发展生态。

二、低空智联网保障低空飞行,各级各区域智联网加快建设

充分运用前沿新兴数字技术——北斗数据链、ADS－B、5G－A、低空卫星网

等技术，加快通信信号覆盖的向上延伸，空中多维度定位导航和飞行间隔监测控制，完善低空气象观测站网和气象信息的及时送达，监视和被监视设备和远程通信指挥能力等，尽快完成低空智联网建设，响应城市低空智慧物流的扩张，跟上服务山区、河湖海等物流运输的紧迫需求，推动低空公共服务场景的不断拓展和低空特色应用新场景的开发，丰富低空文化旅游。

三、关键核心技术攻关支撑低空航空器的高端、智能、绿色

各种科研创新力量要加快关键核心技术攻关，在航姿芯片、eVTOL飞行安全、超长时飞行控制、自主飞行决策、避障系统和被动安全防护措施，以及关键零部件和关键材料国产化等方面尽快实现突破，推动低空飞行产业的蓬勃发展。

四、统筹发展和安全，提升低空安全保障能力

在"一空多方"管理——公安的低空空警、交通的低空空政、军民航的低空航线规划审批、保障服务性基础投资企业的架构下，构筑低空安全管理机制，明确各方管理职责，制定低空安全应急处置管理办法。按照《无人驾驶航空器飞行管理暂行条例》的要求，完善无人机生产、通信等标准，在重点敏感区域布设无人机探测和反制设施，加强对违规低空飞行行为、利用无人机实施违法犯罪、违规使用无人机反制设施等行为的监管、打击。

五、低空经济各产业板块专业人才的培养需要加速

编制低空经济核心人才库和紧缺人才图谱，突出高端紧缺人才，研究制定人才培养和引进的支持政策。推动在高校里科学设置低空经济相关学科专业，鼓励企业与高校共建人才培养和实训基地。积极开展无人机操控、通用航空器飞行等培训，壮大专业飞手和飞行员队伍。

第三节｜创新低空基础建设新模式 打造低空经济发展新产业[①]

党的二十大报告指出，开辟发展新领域新赛道，不断塑造发展新动能新优势。2023年中央经济工作会议特别指出"打造生物制造、商业航天、低空经济等若干战

[①] 本章第三节至第六节原为笔者的四篇专题研究论文，其中部分内容在前面的章节里已有呈现，为保留这四篇专题论文的完整性，不做删改。

略性新兴产业,开辟量子、生命科学等未来产业新赛道",李强总理在政府工作报告中作了重点任务安排。全国各地如火如荼,发展低空经济,2024 年堪称"低空经济元年"。近一段时间,笔者细细研读了国家层面十年来关于空域管理和改革、低空飞行服务保障、航空产业发展等方面的政策文件,强烈感受到中央部署"打造低空经济等若干战略性新兴产业"的英明决策和战略卓识,强大的正能量推动笔者,紧迫的新形势促使笔者,把调查研究和政策学习融合起来,提出了以下关于低空经济服务保障产业发展的商业模式。

一、政企要合作,政府保障,国企搭台,打造低空空域通航飞行服务基础支撑产业

经济,一定体现在产业形态上。由材料、制造、研发、销售、进出口等构成的低空制造产业,由道路河道电缆检测、施工监控、城市运输、物流配送等构成的低空飞行产业,由金融保险、操作培训、航展文化等构成的低空综合服务产业,以及由提供通信、气象、空中导航、飞行监视以及飞行营地、充电加油和起降点等构成的低空保障产业,共同构成了低空经济的四大产业板块。四大板块,产业链很长,带动性很强。政府的保障,主要体现在法规制定方面要及时跟上,政策保障上要适时供给。《无人驾驶航空器飞行管理暂行条例》已于 2024 年 1 月 1 日施行;最新的《中华人民共和国空域管理条例》已经于 2023 年 11 月 2 日至 12 月 3 日发布征求意见稿,将由全国人大立法通过,由习近平主席签署命令施行,省级区域性的地方空管条例也会跟上。按照 2018 年 9 月 28 日中国民航局发布的《低空飞行服务保障体系建设总体方案》,建设覆盖全省低空通航空域的低空飞行服务智联网、地级市的区域服务网、地面基站、飞行服务站、北斗卫星接入等基础设施,为低空通航飞行器提供飞行保障服务,地方政府在制定低空飞行服务标准的政策上要适时发布,法律法规的出台要及时,使产业发展有政策法规护航。在低空经济产业发展中,民营企业在社会主义市场经济体制下,在研发、制造、销售、进出口等低空制造方面充分竞争;省属地方国企参与低空经济的产业选择应该是投资低空空域的服务保障基础设施。作为基础支撑的低空飞行服务保障产业建设,战略意义大,投资额度大,周期漫长,需要沟通协调的问题很多。比如,需要沟通地方各级政府,需要汇聚科研院所各方力量,民营企业不具备力量,中央企业不具备优势,地方国企既有优势又有力量且责无旁贷,所以说发展低空经济,需要政企充分合作,政府写好政府法规的文章,国有企业需要定好低空经济产业发展中的准确位置。

二、投入要产出，贷款建设，收费还贷，打造低空经济产业发展新模式

目前，全国各地都在撸起袖子加油干，到底怎么干，又都在看。其实，《低空飞行服务保障体系建设总体方案》（以下简称《方案》）已经提供了政策供给。《方案》明确：“我国将建成由 1 个国家信息管理系统、7 个区域信息处理系统以及一批飞行服务站组成的低空飞行服务保障体系。”“要充分认识通用航空的社会属性，发挥社会管理的作用，充分运用和发挥市场机制作用。鼓励地方政府和社会力量参与飞行服务保障体系建设。鼓励飞行服务运行单位根据不同通用航空用户需求，扩展服务功能，发展定制化服务和产品。”和道路、海洋、河道、频率一样，空域也是重要的资源，发展低空经济是利用低空空域这一资源的有效途径。车辆使用道路，需要付费；船舶通行河海，需要付费；频率使用，需要付费。公共资源使用，不仅仅因为公共资源需要投入进行开发，方可使用，还因为公共资源使用，理应收费。低空空域服务保障基础设施建设，需要巨大投入，国有企业，按照国有身份、企业性质参与低空经济发展，投资建设低空通航基础设施，为低空通航飞行提供保障服务，并按照国家政策和市场规则征收通航保障服务费，实现投入有产出的国有资产保值增值，形成“贷款投资建设，依规收费还贷”的模式。贷款投资建设低空飞行服务保障基础设施——低空智联网平台（包括通信信息系统、监控指挥系统、收费管理系统等），实现对低空空域通航飞行器（包括有人驾驶直升机和各种无人驾驶航空器）统一服务、统一管控，依法依规收取服务费用。这一模式的实质是在低空经济产业链条中，飞行服务保障产业是基础支撑产业，更是平台产业、通道产业。

例如，华为建设信息通道，跑什么信息由众多信息采集者决定；高速公路建设绿色快捷交通通道，走什么车，由社会各方车辆拥有者把握。华为在创业初期，通道利用率很低；京沪高速江苏沂淮江段通车第一天营收仅 39 万元。在初期阶段，通信通道产业和高速公路产业，都是战略性新兴产业。现在的华为，年营收 7000 亿元，实现了巨大的经济效益和社会效益，时下每个省份的高速公路都获得了丰厚的经济效益和广泛的社会效益。30 多年前，高速公路产业是新生事物，有了沈大、沪宁等高速公路的通车，国家颁布法律，地方出台政策，于是产生了高速公路新产业，极大地推动了改革开放后中国的社会经济等各个方面的巨大发展，现在它们已逐渐成为传统产业。

建设低空智联网，是全新的基建，也就是在创造新产业。据有关方面统计，在东部某省份低空空域飞行的通航直升机每日约 100 架次及 200 小时的时长，通航

无人机(河道检测、道路检测、电缆检测、贵重物流配送等商业运营)每日 3000 架次及 9000 小时的时长。低空飞行交通运输,如果依法依规依政策,按照飞行机型和飞行时间,实行政府指导价下的基础性服务收费和个性化服务由市场机制定价收费,进行有偿服务,低空飞行服务保障产业这一战略性、基础性特别强的交通新设施产业,其社会效益、经济效益会很大,对国家安全体系和能力建设的贡献也是极其巨大的。当然,目前《中华人民共和国空域管理条例》2023 年底征求意见,还在立法阶段,地方政府相应的立法和法规也还没有出台,低空航空器应用场景的市场还需要加快培育。2023 年年底,全国在册无人驾驶航空器有 126.7 万架,2024 年 10 月份已达 207 万架(还有很多未注册),传统通用航空器有 5000 架,运营服务企业达到 1.9 万家,运营服务收入达到 1130 亿元。到 2030 年,低空航空器会有几何级数的增长。低空经济的发展,目前从出口制造驱动,转向场景应用驱动。全国各地,都在积极发展通用航空器(有人驾驶的传统通用航空器和无人驾驶航空器、载人的 eVTOL 等)各种应用场景,不久的将来,随着空域法规出台,管理规范,低空经济催生的低空飞行服务保障产业,一定会按照"贷款投资建设,依规收费还贷"的新模式,形成新的产业形态,基础性、战略性、平台通道性的新产业。

三、省地需联合,共同投资,创造低空经济产业发展新优势

工信部、科技部、财政部、民航局四部委在 2024 年 3 月 27 日发布《通用航空装备创新应用实施方案(2024—2030 年)》中明确:到 2027 年实现 2 个能力显著提升(航空装备供给能力和产业创新能力),2 个体系建成(基础支撑体系和通航装备体系),1 个生态形成(高效融合产业生态),以 3 个技术特征(无人化、电动化、智能化)的新型通用航空装备在 3 个领域(城市空运、物流配送、应急救援等)实现商业应用。"到 2030 年,以高端化、智能化、绿色化为特征的通用航空产业发展新模式基本建立,支撑和保障'短途运输＋电动垂直起降'客运网络、'干—支—末'无人机配送网络、满足工农作业需求的低空生产作业网络安全高效运行,通用航空装备全面融入人民生产生活各领域,成为低空经济增长的强大推动力,形成万亿级市场规模。"上述目标明确,时间紧迫。省地国企,抢抓低空经济主导产业发展契机,千载难逢。因低空经济区域性强,不似民航、高铁、道路等长距离跨区域,特别是低空飞行服务保障产业具有重要的战略意义,以地市县级为主形成区域性的低空空域飞行服务保障体系,对于"推进国家安全体系和能力现代化"具有重要作用。这方面的产业投入,必须是国有资本参与,可以采用省地联合,共同投资(高速公路建设多采用这种合作架构)。省级国企牵头建设覆盖全省的低空飞行服务

保障智联网(平台)，包括通信信息系统、监控指挥系统、收费管理系统等，各个地市按照省地 3∶1 股权架构组建省属公司的分公司，建设地市区域服务网和企业化运营平台。如此，则共同投资建设，共同运营管理，共同分享收益，共同承担国家战略重任。

四、多方须协同，"一空四方"，分工负责，实行综合空管模式

低空空域的有人驾驶直升机和各种无人机的飞行管控，采用"一空四方"的综合执法共同管理模式。省交通运输厅为飞行器行业管理责任主体，省民航局为空域执法管理责任主体，军方空管局为涉军安全管理责任主体，省属地方国企为通航空域产业新基建投资运营管理责任主体。在低空空域飞行服务保障方面，采用综合运行管控。企业投资建设通航空域飞行器监控管理平台，平台功能包括企业运营的服务产品——优质的通信环境、区域气象信息服务、空中导航服务以及监视服务、收费系统等等，按照契约制企业化运营和管理；交通运输厅和省民航局共同成立空管总队，进行低空交通行业执法；省公安厅(与空军空管)成立空警总队，履行低空公共安全和国家安全的职责。"一空多方"，各自派出人员组成综合执法体，经由低空飞行服务保障监管服务平台，分别从行业、法律、安全、费用征收等方面，进行综合执法和经营管理，实现行政执法和安全保障职能，同时，低空经济服务保障产业这一新产业，也能够快速发展。

2024 年 3 月 5 日，习近平总书记强调"因地制宜发展新质生产力"，党的二十届三中全会决定"健全现代化基础建设体制机制"，"发展通用航空和低空经济"。低空经济已在一、二、三产业广泛应用，如果社会各方能够紧紧围绕低空经济发展五大要素——市场是根本，空域是关键，政策是保障，技术是支撑，安全是底线，通过改革和完善政策体系，引导创新资源和要素有序流动，创新政企合作、投入产出、省地联合、多方联动模式，低空经济不仅能够实现自身发展，跑出新赛道，还能孕育新业态、带动新产业，成为新的经济增长点。

第四节 | 当前低空经济工作需要的"三个抓紧推动"

低空经济是各个省份国有交通企业重点发力的战略性新兴产业。目前，陆续出台了省级、市级甚至县一级政府文件，要求加快推动低空经济高质量发展，坚持市场主导，创新驱动、因地制宜、统筹发展、安全发展，以空域改革为基础、技术创新为动力、产业发展为核心、场景应用为牵引，全力推动低空经济发展，使之成为发展新质

生产力的新引擎,低空经济成为全省战略性新兴产业新增长极。并且,多地政府指定地方国企作为低空经济产业发展的责任主体,投资建设低空飞行服务中心等低空空域管理机构(部分省将其设定为事业编制的行政管理机构)。根据当前低空经济产业发展形势和市县一级推进工作情况,笔者提出当前需要抓紧三个"加快推动"。

一、加快推动省级低空空域管理条例的人大立法

低空经济发展特别是低空飞行服务保障产业发展,要获得法律的支撑。低空飞行服务保障是省属国资国企发展低空经济的主阵地。如江苏,根据规划,2027年全省要完善由 610 个无人机起降场(点)、35 个通航机场、220 条低空航线构成的地面基础设施网络,要建成能够利用北斗数据链、广播式自动相关监视、5G/5G‑A、通信感知一体化、低空卫星等技术,涵盖通信、导航、监视、气象和情报等功能的低空智联网设施,要构建智能互联、功能完善、安全高效的低空数字底座,从而形成巨大的江苏省低空经济资产。此类资产的投资、建设、维护、管理、保值增值等,需要省级地方性法规的支撑。低空空域管理条例,就需要加快推动人大立法,为低空经济高质量发展保驾护航。

二、加快推动省级政府关于低空飞行服务保障产业特许经营权的审批

中国民用航空局在 2018 年 9 月 28 日印发的《低空飞行服务保障体系建设总体方案》中,鼓励地方政府和社会力量积极参与低空飞行服务保障体系建设,基础服务收费实行政府指导价,个性化服务由市场自主定价。国家部门层级的行业政策性文件,以及道路交通、船舶航运、频率使用等其他公共资源的有偿使用政策和法律法规,均为省级地方政府制定低空产业发展特许经营政策提供了很好的借鉴和依据。省级地方政府需要研究制定低空空域有偿使用政策,为投资建设主体设置特许经营权限,按照提供的低空飞行服务、飞行器大小型号、计时征收低空飞行的基础性服务费用和定制化服务费用。省政府批准特许经营权,将为低空经济发展创造崭新、光明的产业形态。服务保障产业,在低空经济产业发展的培育期,为培育和壮大低空飞行应用,促进低空飞行器全面融入人民生产生活,可以只提供低空飞行保障服务,不征收费用。如此,国有企业的基础设施建设重任,在低空经济发展中的投资运营模式上得到政策支持,低空产业的高质量发展得到了有力保障。

三、加快推动省市级低空飞行服务中心产业化运营机制的形成

低空飞行服务中心,履行低空空域的行政管理职能,并入国家民航系统;市属

低空飞行服务中心建设工作均参照省中心模式，由市属国资作为投入主体。国企国资的投资在履行一定的公共服务职能的同时，必须保值增值。通信、气象、导航、频谱监管等户外基础设施需要建设，投入巨大。投入如何产出、保值增值和可持续运营。目前省、市低空飞行服务中心建设主体方均感困惑。低空经济五大要素，"市场是根本，空域是关键，政策是保障，技术是支撑，安全是底线"，强调了发展低空经济一定要按照经济规律办事。低空空域资源的利用和管理在模式上与地面交通有很大的相似，可以借鉴和创新。

参照高速公路行政管理、交通执法与企业经营管理模式，省市低空飞行服务中心，将其行政管理、空管执法等非企业职能交付公安、交通、军民航等主管部门，国资按照投入有产出和保值增值的硬性要求，按照政府特许经营权企业化运营低空飞行服务保障平台，对低空空域实行"一空多方"管理和产业投建运营。

国企投资建成的省中心平台系统，可以复制绝大部分功能到市低空飞行服务中心，全省一张网、一个系统，能够快速建成全省低空飞行服务平台和运营机制；按照低空经济的区域性特点，各市负责本地低空飞行服务保障平台的运营管理和低空经济产业发展。

全省一张网、一个平台系统，可以避免重复投入的国资浪费，也能避免各地建设系统的不兼容、工作推进的不统一，以及运行低效等诸多问题。如此，低空飞行服务保障工作产业化运营管理机制的建立，将为国资国企可持续、高质量发展低空经济提供关键性保障。

四、加快推动国资国企低空飞行服务保障产业与无人机飞行场景运营产业主辅相成、共同促进的核心功能形成

低空经济正由制造出口驱动向场景运营驱动转变。借助省级低空飞行服务中心，发展低空经济保障产业，把支持各类飞行器运行的基础设施与保障体系打造为主导产业。同时，国资国企要在制造端关键核心技术攻关方面加大投入，发挥国企优势，加快形成具有自主知识产权和行业核心竞争力，作为飞行服务保障产业的辅助配套产业。

第五节｜打造低空经济产业发展龙头

龙头企业是指在某个行业中，对同行业的其他企业具有很深的影响、号召力和一定的示范、引导作用，并对该地区、该行业或者国家做出突出贡献的企业，也

称为头部企业。低空经济是战略性新兴产业,大疆、亿航等企业在低空经济的制造业环节深耕多年,已成为低空制造业龙头。在低空产业的各环节,东部一些省份,尽管有很好的基础和实力,但是还缺乏龙头企业。地方政府要求坚持市场主导、创新驱动、因地制宜、统筹发展、安全发展,以空域改革为基础、技术创新为动力、产业发展为核心、场景应用为牵引,全力推动低空经济发展,使之成为发展新质生产力的新引擎。为此,在低空经济这一轮新型经济发展大潮中逐浪前行的企业家、掌舵人,需要思考如何担起新时代重任,挑起低空经济这一战略性新兴产业发展大梁,谋求社会经济特别是低空经济产业高质量发展。

结合对低空经济理论、政策、法规的研究和当前国际国内低空经济发展形势的分析,根据地方国有企业自身优势和已进入低空经济产业发展的现状,笔者作出这样的思考和构想:遵照国家打造低空经济战略性新兴产业的战略要求,依托省级低空飞行服务中心强大的低空管理服务功能,配合低空空域管理和空域改革,积极参与低空基础设施建设,从而形成低空飞行服务保障主导产业,汇聚重要科研力量攻克低空产业与服务保障紧密关联的关键核心技术,加快培育和拓展低空飞行服务应用场景,打造服务一方低空空域管理、促进一地低空经济社会发展、主辅产业相辅相成的龙头国企。

一、积极参与低空基础设施建设,打造低空飞行服务保障产业主体,形成企业高质量发展的核心功能

低空经济,依托低空空域资源,以低空飞行器的飞行活动为中心,辐射延伸触发各类经济行为,是一种区域性强、融合度高、站在科技前沿的立体新型经济形态。由材料、制造、研发、销售、进出口等构成的低空制造产业,由道路河道电缆检测、施工监控、城市运输、物流配送等构成的低空飞行产业,由金融保险、操作培训、航展文化等构成的低空综合服务产业,以及由提供通信、气象、空中导航、飞行监视以及飞行营地、充电加油和起降点等构成的低空保障产业,共同构成了低空经济的四大产业板块。四大板块,产业链很长,带动性很强。在低空经济产业链条中,在社会主义市场经济体制下,低空制造业市场竞争充分,以制造出口为驱动,众多企业实体更加细分、更加强大。低空飞行产业进入场景运营驱动阶段,在市场机制作用和政策激发下,蓬勃发展,不断壮大。包含金融、保险、航展、教培等内容的低空综合服务产业,相对来说,还处于起步阶段。低空保障产业,如在江苏省,覆盖全省陆地和海域近15万平方千米低空通航空域,要建设低空飞行服务保障智联网,要与13个地级市共同打造区域服务网(建设低空飞行服务中心和分中

心）、地面基站、飞行服务站、北斗卫星接入等基础设施，为低空飞行器提供飞行保障服务。按照省政府对低空经济发展工作规划安排，到 2027 年，空域协同管理机构要能够实现高效运转，建成无人机起降场（点）610 个，通航机场 35 个，开通低空航线 220 条。这些都是硬性的低空基础设施建设指标，规模巨大。此外，到 2030 年的目标要求更高，要基本建成智能互联、功能完善、安全高效的低空设施网，基本形成覆盖上中下游的特色产业链，低空飞行应用融入生产生活。

低空基础设施建设的目标非常明确，政府主导，政策推动，战略意义高远，但是涉及范围广，投资规模大，建设任务重，资金回收周期长，矛盾问题多，需要沟通地方各级政府，需要汇聚科研院所各方力量。作为地方国资国企，既有公益投资发展的职责和义务，也有与政府上下左右沟通协调的优势，更有集中力量办大事的决心和实力，责无旁贷。因此，发展低空经济，有着责任担当的地方国有企业是主力军，要积极投身于低空基础设施建设，并且创新产业模式，把低空基础设施资产转化为低空飞行保障产业、主导产业。为此，需要投入建设的资产包括：（1）地面基础设施网。推进建设并完善各类起（备）降场（点）、充电场等基础设施，包括通航机场、航路航线。（2）低空智联网。按照全省一张网、一套规则，创新利用北斗数据链、ADS－B、5G/5G－A、通信感知一体化、低空卫星等技术，建设通信、导航、监视、气象和情报等基础设施，以及飞行服务保障产业运营管理系统。（3）低空数字生态系统。数字化低空空域和航路航线图，共享跨地区跨部门低空飞行数据，互通智联低空气象信息数据以及保障跨通信波段、跨空域层次的飞行安全的频谱监管数据，全省低空数字生态系统化、智慧化。功能完善、智慧互联的低空基础设施及数字网络的建成和高效安全运行将为全省低空空域飞行器提供及时、安全、规范、高效的飞行服务保障，为低空经济发展提供坚实的数字底座支撑。

二、充分利用低空经济政策法规和体制机制供给优势，保障战略性基础设施产业可持续发展

按照 2018 年 9 月 28 日中国民航局发布的《低空飞行服务保障体系建设总体方案》（以下称《方案》），"要充分认识通用航空的社会属性，发挥社会管理的作用，充分运用和发挥市场机制作用。鼓励地方政府和社会力量参与飞行服务保障体系建设。鼓励飞行服务运行单位根据不同通用航空用户需求，扩展服务功能，发展定制化服务和产品。""基础服务属于基本公共服务，服务收费实行政府指导价，个性化服务由市场自主定价"。《方案》尽管主要针对传统通用航空服务保障提供政策支撑，但低空经济上升为国家经济发展战略，无人驾驶航空器及其飞行应用

的井喷发展,也为低空空域资源有偿使用提供了政策供给的基础,明确了低空经济飞行服务保障产业所需政策供给的方向。

低空经济五大要素中,空域是关键。《无人驾驶航空器飞行管理暂行条例》已于2024年1月1日起施行。该条例对低空空域无人驾驶飞行器及其飞行活动、飞行空域等,在法律层面,进行了规范,无人驾驶航空器又是低空经济产业发展中的主要装备,构成了低空经济产业发展法规需求的重要供给。最新的《中华人民共和国空域管理条例》已经于2023年11月2日至12月3日发布征求意见稿,后需经全国人大立法通过,由国家主席签署命令施行。这部重要法规,将推动空域管理体制进行重大改革和重要创新,相应的管理机制也将形成,为低空经济发展提供了关键要素资源供给的法律保障和体制机制保障,紧随其后的省级区域性的地方条例法规也将会相继出台,保障地方低空经济产业发展。

2024年3月27日,工信部、科技部、财政部、民航局等四部委联合发布文件《通用航空装备创新应用实施方案(2024—2030年)》,把无人驾驶航空器也归入了通用航空器,通用航空装备就包括了传统通用航空器和现代化的无人驾驶航空器,在装备创新发展和保障体系建设方面,提出了明确的目标,到2027年,"现代化通用航空基础支撑体系基本建立,高效融合产业生态初步形成","到2030年,以高端化、智能化、绿色化为特征的通用航空产业发展新模式基本建立,支撑和保障'短途运输+电动垂直起降'客运网络、'干—支—末'无人机配送网络、满足工农业作业需求的低空生产作业网络安全高效运行,通用航空装备全面融入人民生产生活各领域,成为低空经济增长的强大推动力,形成万亿级市场规模。"这份文件为《方案》政策提供了补充支撑,更为低空保障产业的发展提供了强有力的政策供给。

当下,全国各个地方性政策文件陆续发布,加快推动低空经济高质量发展。从推动低空空域改革到加快低空基础设施建设,从增强低空产业创新能力到打造低空制造业高地,从拓展低空飞行服务场景到提升综合服务能力等多个方面,列出重点任务,对低空经济发展进行全方位部署和政策供给,为加快培育低空经济产业发展的龙头提供了巨大的政策支持,形成了企业发展低空产业的强劲东风。

三、汇聚重要科研力量,创新攻关飞行服务保障产业关键技术,形成企业高质量发展的核心竞争力

(1)研究行业、产业发展形势提出并承担重大科技项目,实施与低空服务保障主导产业发展密切相关的关键核心技术攻关工程,形成并增强企业自主创新能

力。地方国资国企拥有整合资源优势和能力，能够联合科研院所攻关低空经济新技术。低空空域特别是 150 米以上 300 米以下空域良好通信技术、低空频谱管控、低空智联系统、低空气象信息技术、ADS－B 主控芯片、核心传感器等核心零部件和关键材料国产化，等等，均是急需攻克的重要技术课题，也需要投入大量资金解决基础性难题。

（2）建设低空技术创新中心，聘请低空经济技术、法律、管理专家，打造省级以上创新平台。

（3）主导或参与起草低空领域的技术、管理、服务等地方、国家标准。

四、建设低空经济产业特色园区，促进龙头企业应有的产业生态和产业集群形成和低空经济文化价值提升

（1）依托现有航空产业优势，围绕低空保障产业服务内容——气象、通信、导航、监测等服务技术和设备，按照市场化规则，吸收优质产业，突出主导产业，积极参与与无人机研究相关的科研院所企业化改制，做大产业规模。

（2）孵化低空经济高新技术产业转化实体，在核心零部件方面细分、做精、做专，突破多项核心技术首台套，加快培育一批专精特新企业，打造贯通上下游的低空产业链条。

（3）建设经营覆盖技术研发、生产制造、示范验证、应用推广、运营保障等业态多元、特色鲜明的低空经济产业园，推动形成低空经济产业集聚效应、规模效应，形成陆空一体的特色产业园区。

（4）积极对接低空经济产业链各环节主体企业，促进市场化培育、壮大低空经济产业，共同推动低空经济高质量发展。

（5）拓展低空公共服务场景。拓展政府、国有企事业单位在低空公共服务场景上的应用深度和覆盖广度，全面有序拓展应急救援、医疗救护、农林植保、国土测绘、城乡治理、公共安全监管、生态环境、气象，以及电力、江河湖库、交通线路巡检巡查等领域应用场景。鼓励相关部门和机构整合优化资源，提升公共服务效率、效益和规模。

（6）培育低空综合运营服务商。提前组建成立低空飞行场景综合运营服务商，开展多场景、规模化的综合服务，探索"一机多能"集成服务。政府正在大力按需购买低空公共服务。积极参与政府低空飞行场景项目采购，建立与运营商合作共赢的商业模式，打造综合运营服务商新型业态。

（7）积极参与举办国际、国内低空经济发展论坛、展会、会议等活动，营造低空

经济快速发展的良好氛围,展示低空经济发展成果,促进企业经济效益和企业文化价值提升。

第六节 | 低空飞行产业综合运营服务商培育策略

一、低空飞行产业背景与现状

(一) 低空飞行技术的发展历程

自 20 世纪初起,低空飞行技术经历了从理论探索迈向实际应用的蜕变。在这一历程中,一代代科学家和技术专家不断贡献智慧,逐步奠定了现代低空飞行产业的基础。

早期的飞行器实验涉及飞机的外形与动力系统设计。莱特兄弟于 1903 年实现了人类历史上的首次动力飞行。为了解决飞机在空中飞行时的稳定性和操控性问题,该飞行器采用双翼结构,能够稳定在空中长时间飞行,标志着固定翼航空时代的开启。

在第二次世界大战期间,为了满足军事需求,低空飞行技术得到了更多发展与应用。研究者们开始关注雷达、导航系统及动力装置的性能提升,为低空飞行器提供了必要支持。与此同时,电子技术的进步也为低空飞行器带来了前所未有的提升空间,电子导航系统的启用使得低空飞行在复杂气象条件下更加可靠。

进入 21 世纪以来,随着毫米波雷达技术、5G-A 通感一体技术以及人工智能技术的不断发展,低空飞行器的性能得到了进一步提高,其应用范围也更加广泛。无人飞行器的高效传感器和智能导航算法,在军事侦察和民用领域展现出显著优势。此外,超轻质材料和高效的动力系统成为低空飞行器的重要组成部分,不仅提升了飞行效率,还增强了飞行器的负载能力和续航能力。

近年来,低空飞行技术更是在无人机、垂直起降飞行器和飞行汽车等领域取得了突破性进展。无人机凭借其应用场景广泛、成本低廉的优点,在农业植保、物流运输、地质勘查,以及公共安全巡检等方面得到了广泛应用。而垂直起降飞行器则在城市短途交通和应急救援方面展现了巨大潜力,进一步丰富了航空交通方式。

低空飞行技术的发展历史反映了科技力量的持续进步与人类智慧的不断积聚。从最初的理论探索到现今的广泛应用,每一次技术革新与突破都为低空飞行产业的发展夯实了基础。

（二）当前低空飞行产业的规模

当前低空飞行产业呈现出蓬勃发展的态势，市场需求持续增长，催生了众多企业的积极参与。根据专业机构的数据显示，全球低空飞行设备市场在近年来保持着稳步增长的趋势，预估未来五年内年均增长率在10%以上。这表明低空飞行产业已经成为新兴的经济增长点。国内的多家科技企业，如大疆、零度智控等在吸引大量投资后持续扩大生产规模，其产品在影视航拍、农业植保、电力巡检、高速公路建设管理运营全过程监测等领域得到了广泛的应用，市场占有率居于前列。亿航智能EH216-S无人驾驶航空器已经获得了产品型号证、单机适航证、生产许可证，在全球多个国家试飞试航。重庆、成都、合肥、苏州、杭州、深圳等六个城市，将很快进行无人驾驶载人航空器的试点应用。国外市场上，主要是传统航空巨头和一些新兴的无人机制造商。特斯拉推出的飞行汽车和垂直起降飞行器获得了多项专利，成功实现了局部地区的短途运输和紧急救援。波音公司也加大了对无人飞行器的研发投入，致力于将先进的人工智能和飞行控制技术整合进入新型飞行器，以进一步提升其自主性和高效性。未来这一新兴市场的增长潜力尤为巨大。尽管世界各国在低空飞行产业的整体规模上仍存在一定差距，但随着全球多国政府对低空飞行技术产业的支持力度加大，可以预见，在亚太地区、中东地区以及拉美地区的市场将会呈现出强劲的增长势头。

对于潜在的新兴应用领域，低空飞行器在农业监测与管理、环境监测、公共安全等领域有着巨大市场潜力。其中，在农业领域，相比于传统的人工监测方式，采用空中监测可以实现实时、准确的农田监测，帮助农民实现资源的精准调节和优化使用，提高农业生产率。而环境监测领域中，低空飞行器具有快速响应的优势，使得空气质量、水体质量等环境指标得以实时监测，为相关部门提供重要的数据支撑。在公共安全方面，低空飞行器可用于灾害预警、应急救援以及冲突地区的人道主义援助，满足各种复杂环境下的及时指挥需求。这些潜在应用将为低空飞行技术的发展带来新的发展机遇。垂直起降飞行器和飞行汽车等载人交通工具，则会在不久的未来，成为解决城市交通拥堵的重要手段。城市的上空会是一片繁忙景象！

二、低空飞行产业市场研判

（一）市场规模与增长趋势

低空飞行产业市场规模，当前正在不断扩大，甚至呈现井喷式发展。综合运营服务商，涵盖各种平台型公司、运营商和专业服务供应商，面向广泛的行业，包括物流、交通、农业、环境监测、媒体和娱乐等领域。各服务提供商通过提供无人机、无人直升机、eVTOL 和飞行汽车等不同类型飞行器及其相关服务,满足多样化的市场需求。据统计,目前市场占有率最高的几家服务商以其丰富的服务项目和全面的技术支持,在各自领域都取得了很好的成绩。2024 年 11 月 18 日,中国航空运输协会通航业务部、无人机工作委员会主任孙卫国在 2024 国际电动航空(昆山)论坛上透露,中央空管委即将在合肥、杭州、深圳、苏州、成都、重庆等六个城市开展 eVTOL 试点。试点文件对航线和区域都有相关规划,对 600 米以下空域授权部分地方政府。这将会强劲地助推低空飞行产业,从而推动低空经济产业链各环节的高质量发展。低空飞行产业潜力巨大,预计未来几年将持续保持强劲的增长态势。当然,这也意味着相关地方政府要承担更多管理责任。

技术进步是推动低空飞行产业快速增长的支撑因素之一。随着飞行器平台轻量化技术、电动动力系统以及感知与避障系统等核心技术的不断突破,低空飞行器的性能大幅提升,操作更加便捷,安全性能也显著增强。此外,5G/5G－A 及6G 等通信技术的不断完善使其具备了更加高效可靠的数据传输能力。这些技术的发展不仅提高了飞行器的技术水平,也为服务提供商带来了更多的市场机遇。政策保障亦有重大作用,各级政府已经开始制定相关政策和措施以促进低空飞行产业的发展。多项政策提高了空域审批效率,并简化了各种运营许可流程,降低了企业的启动成本。市场需求的变化则为低空飞行产业提供了广阔的发展空间。在物流、农业和环保监测等领域,低空飞行器不仅提升了作业效率,还大幅降低了成本,因此越来越多的企业和组织开始引入低空飞行服务。预计未来几年低空飞行产业综合运营服务商的市场规模将持续增长。随着单机飞行成本的下降和飞行效率的提高,越来越多的企业和社会组织将采用低空飞行服务,推动市场规模进一步扩大,到 2030 年达到"万亿级市场规模"。此外,国际市场的开放和区域市场的融合将进一步促进低空飞行产业的发展,为综合运营服务商带来更多的合作机会。

(二)主要应用领域

低空飞行产业综合运营服务商提供的主要服务,包括应急救援、医疗救护、农林植保、国土测绘、城乡治理、公共安全监管、生态环境、气象,以及电力、江河湖库、交通线路巡检巡查等应用场景。当前,在低空公共服务场景的应用深度和覆盖广度上需要加强。

物流配送是无人机应用最早、应用最广泛的领域之一,无人机能够实现快速、准确配送,不受地面交通状况影响,大幅提升了物流效率。例如,阿里巴巴的"无人机配送"服务有成熟的配送体系和稳定的班次运行,积累了丰富的经验,提升了城市和偏远地区的物流服务品质。

在交通管理方面，无人机能够进行实时交通流量监控，提供交通疏导建议和事故现场快速报告，这些活动有助于提高城市交通管理效率。如上海交通管理部门利用无人机采集车辆数据，实时调整交通信号，取得了显著成效。

在农业领域，低空飞行技术被广泛应用于农作物监测与管理。农户采用无人机进行田间水分和病虫害监测，借助高精度遥感和图像分析，可获取农作物生长状况的准确信息。无人机能够快速覆盖大面积农田，及时预警病虫害，调整种植策略，从而提高农作物产量和品质。传统的土壤和农作物监测方法依赖人力，成本高昂且效率低下。借助无人机，农田管理变得更加科学、高效。如，在美国加利福尼亚州，农户使用无人机进行农作物长势监测，实时监测农作物生长情况，大幅提高了农田管理效率。

环境监测和保护亦是低空飞行技术的重要应用领域。依托无人机空中视角的优势，无人机可以高效地进行生态环境监测，提供高分辨率的地理信息。例如，中国环保组织使用无人机监测林区火灾、野生动物活动和环境变化，可获取详细的数据支持。这不仅提高了环境监测的时效性与精确度，还有助于早期预警环境污染和生态破坏，为生态保护提供科学依据。此外，无人机在水质监测、空气质量评估等领域的应用也为环境监管提供了关键技术支持。

应急救援是低空飞行技术的又一应用亮点。在地震、洪水等自然灾害发生时，无人机能够为救援队伍提供准确的地图信息和实时现场数据，协助救援人员迅速确定受影响区域，优化搜救路径。信息的快速获取和传递对于减少灾害损失至关重要。例如，交通运输部利用无人机在突发事件中进行地理测绘、航拍航测，为灾情分析和应急指挥提供有力支持。同时，无人机还可用于投放救援物资，极大地提高了救援效率。这些应用不仅提升了救援工作的科学性和精准性，还大幅缩短了救援时间。

医疗健康领域的无人机应用也在逐渐兴起。特别是在偏远地区，医生可以利用无人机将紧急医疗物资运送到需要的地方，大幅缩短了物资送达时间。无人机能够在特殊条件下提供远程医疗支持，解决了因基础设施限制导致的医疗难题。例如，在中国的一些边远地区，医疗物资通过无人机直接配送到村卫生站，极大地提高了医疗服务的覆盖面和可及性。此外，无人机还支持了空中急救服务，如运送输血等生命支持系统，极大地提升了医疗服务的及时性和有效性。

（三）竞争格局与关键企业

低空飞行产业综合运营服务市场的竞争格局也正在逐步形成，主要参与者涉及无人机制造商、物流服务提供商以及专业服务公司等多种企业类型。这些企业在技术积累、服务范围以及客户资源方面存在显著差异，共同推动着市场的快速发展。

目前，国内拥有较强技术实力和市场地位的企业及机构，如以大疆创新为代表的深圳市多旋翼无人机公司、深圳市无人机协会等。大疆创新凭借其多项技术专利和丰富的实践经验，在无人机设计、组装和维护方面具备显著优势，作为全球领先的无人机制造商，在市场占有率方面占据领先地位，产品线涵盖消费级及工业级无人机。深圳市无人机协会则致力于提升行业整体标准，促进无人机应用的全面拓展。

在物流配送方面，行业巨头顺丰速运、京东物流等已经积极探索低空飞行技术的应用。顺丰速运已在部分地区成功实施了无人机配送服务，依托其成熟的物流体系以及丰富多样的应用场景，大幅提升了物流配送效率。京东物流则在无人配送领域持续加大研发投入，与多家科技公司合作，共同推动低空配送技术的应用与推广。

此外，北京铜雀台航空科技有限公司、深圳市翼特飞科技有限公司等初创企业在无人机制造和服务方面也表现出较强的发展潜力。这些公司通常聚焦于特定领域或应用场景，通过创新技术和独特服务策略，开辟了崭新的市场空间。

在农业应用领域，佳格天地、中国电信等企业涉足其中。佳格天地通过无人机进行作物监测，提供高精度遥感和图像分析，帮助农民决策。而中国电信则利用5G技术，为无人机农业植保提供高效、稳定的通信保障，进一步提升了操作便捷性和安全性。

面对广泛的市场需求，那些立足于技术突破和业务创新的企业将脱颖而出。技术实力是决定企业竞争优势的关键因素，技术实力强的企业能提供更高质量的服务，满足用户的多样化需求；业务范围广泛、服务范围全面的企业则能抓住更多市场机会，实现竞合共赢。

(四) 市场挑战与机遇

低空飞行产业综合运营服务市场虽然前景广阔，但也面临着多方面的挑战和机遇。从政策法规的角度看，尽管政府在推动低空飞行技术应用方面制定了相应的政策和规划，但在低空飞行器注册登记、飞行许可、空域管理等方面仍存在不明确之处，导致服务商在业务开展过程中需要耗费大量资源进行合规性评估和申请。此外，数据隐私和安全问题也亟待解决，尤其是快递公司等需处理大量个人数据的企业，必须满足严格的法律法规管理要求，确保用户信息安全。

从技术发展来看，尽管低空飞行技术在各方共同努力下取得了显著进步，但在飞行稳定性、续航能力、自动化程度等方面依旧存在提升空间。尤其是在极端天气条件下的表现，以及如何解决突发事件中飞行器的自主决策和规避能力问题仍有待改善，技术瓶颈制约了服务的高效和安全。

在市场需求方面，低空飞行技术在多个领域的广泛应用带来巨大的商业机会，但也对服务商的技术和服务能力提出了更高要求。需求异常变化使得服务商难以预测市场变化，制定长远的发展规划。例如，在无人机物流服务中，天气、空域限制等因素都会影响配送效率，对服务商的应急处理能力提出了挑战。

机遇方面，随着低空飞行技术的进步，市场对其接受度不断提高，尤其是在物流配送、城市交通管理、农业监测、环境监测与保护及应急救援等方面的应用展现出巨大潜力。低空飞行技术可以通过优化航路规划和时间管理，提高服务效率，降低运输成本。各领域对无人机服务的需求也从单一的任务执行，向综合运营和辅助决策方向发展。例如，在农业领域，无人机不仅可以进行作物监测，还可参与施肥、播种等工作，实现更加精细的农业管理。在环境监测中，无人机可以实时提供空气质量、水质等多种环境数据，为环保决策提供可靠依据。随着无人机性能的提升，其在医疗健康领域的应用也愈加广泛，特别是在偏远地区，无人机可以快速运送紧急医疗物资，提高医疗服务的可达性和时效性。

在政策支持方面，各级政府正逐步完善相关政策和标准，以推动低空飞行技术的普及和应用。例如，2024 年 1 月 1 日施行的《无人驾驶航空器飞行管理暂行条例》，明确了无人机在不同应用场景下的飞行规则和安全要求，为服务商提供了明确的指导和保障。此外，随着信息技术的发展，5G 网络的普及完善和 6G 的发展，也为无人机提供了更快速、更稳定的通信支持，使得无人机应用在更多场合成为现实。

服务商在抓住机遇的同时，也需要应对挑战。首先，需加强技术研发与合作，提高无人机的飞行稳定性、续航能力和智能化水平，满足不同应用场景的需求。其次，应建立健全服务体系，提高危机应对能力，确保在各种复杂条件下都能高效运作。此外，还需关注法律法规更新，确保业务符合各项规定，预防潜在风险。例如，与相关政府部门保持密切沟通，积极参与政策制定，确保企业的业务发展与国家政策保持一致。

三、低空飞行产业政策环境

（一）国家级政策法规概述

自我国低空飞行产业兴起以来，国家级政策法规对低空飞行产业综合运营服务商的培养提供了明确的支持与指导。首先,支持措施集中在无人机低空飞行技术的研发与应用上,旨在推广无人机在各个领域的高效应用,并提升技术水平与服务质量。相关政策基于对低空飞行技术长远发展的需求及经济效益的考量,为无人机提供商和综合运营服务商提供了有力的政策依据和促进措施。

在政策的主要内容方面,国家相关机构依据产业发展现状与预期需求,制定了一套全面的政策体系。政策不仅为无人机及其服务商的技术研发提供资金支持和技术指导,还涉及无人机飞行许可、低空飞行服务管理以及服务网络建设等方面。在服务网络建设上,政策强调了跨区域合作的重要性,促进了跨省市无人机服务的标准化与协同化。在飞行许可上,政府通过制定具体实施细则,明确了不同类型无人机的操作规范和技术标准,以保障飞行安全,减少飞行许可过程中不必要的行政干预,促使服务效率的提升。此外,还规定了符合节能减排要求的低空飞行技术规范,旨在促进环境友好型的无人机应用,推动产业升级与技术革新。

政策对行业发展的影响愈加显著。一方面,一系列扶持政策推动了无人机及其相关产业链的快速发展,促进了技术创新和市场拓展。一系列财政扶持措施和税收优惠政策,不仅减轻了企业负担,还激发了企业加大技术研发和市场拓展的力度,使得无人机产业链条上的各个环节均得以优化发展。另一方面,政策的出台和完善有助于整个行业的规范化发展,确保了服务质量和安全性,从而为客户提供更高效可靠的服务,加强行业的整体竞争力。通过规范低空飞行服务的操作流程和技术标准,提高了产业运行的效率与安全水平,推动了服务模式的创新,促进了整个产业的持续健康发展。

通过政策支持和技术研发的双重助力,我国低空飞行产业逐步形成了稳定的市场环境和发展格局,为低空飞行服务带来了新的发展空间。政策体系的不断优化和完善,不仅为各类企业提供了一展拳脚的广阔舞台,也为探索低空飞行技术在更多领域的应用提供了坚实的基础保障。整体来看,国家相关政策体系的逐步完善,不仅有效促进了低空飞行产业的创新与发展,也进一步完善了相关服务市场,使得低空飞行服务成为推动经济社会发展的重要力量。

(二)飞行产业政策与法规供给

当前国家及地方政策对低空飞行产业给予了大力的支持,鼓励和推动低空飞行技术的研发和应用,包括加大低空飞行综合运营服务商的培育和发展壮大的力度,还为企业创造良好的市场环境。工信部、科技部、财政部和中国民航局于2024年3月27日联合发布的《通用航空装备创新应用实施方案》中,明确提出:

到 2027 年，我国通用航空装备供给能力、产业创新能力显著提升，现代化通用航空基础支撑体系基本建立，高效融合产业生态初步形成，通用航空公共服务装备体系基本完善，以无人化、电动化、智能化为技术特征的新型通用航空装备在城市空运、物流配送、应急救援等领域实现商业应用。

——创新能力显著提升。绿色化、智能化、新构型通用航空器研制创新居世界先进水平，形成一批通用航空领域产学研用联合实验室、科技创新中心及科技创新服务平台。通用航空法规标准体系和安全验证体系基本建立。

——示范应用成效明显。航空应急救援、物流配送实现规模化应用，城市空中交通实现商业运行，形成 20 个以上可复制、可推广的典型应用示范，打造一批低空经济应用示范基地，形成一批品牌产品。

——产业链现代化水平大幅提升。打造 10 家以上具有生态主导力的通用航空产业链龙头企业，培育一批专精特新"小巨人"和制造业单项冠军企业，通用航空动力系统实现系列化发展，机载、任务系统及配套设备模块化、标准化产业配套能力显著增强。

到 2030 年，以高端化、智能化、绿色化为特征的通用航空产业发展新模式基本建立，支撑和保障"短途运输＋电动垂直起降"客运网络、"干—支—末"无人机配送网络、满足工农作业需求的低空生产作业网络安全高效运行，通用航空装备全面融入人民生产生活各领域，成为低空经济增长的强大推动力，形成万亿级市场规模。

在保障低空飞行产业健康发展的过程中，国家及地方相关的法律法规也起到了重要的支撑作用。《无人驾驶航空器飞行管理暂行条例》2024 年 1 月 1 日施行，国家从法律层面，对于低空飞行器的飞行范围、飞行高度、审批程序、飞行安全、环境影响以及隐私保护等方面均提出了明确的要求，对于航空器制造商、飞行管理、空域管制以及运营服务商，也都做出了明确的规定，所有申请飞行许可的低空飞行器都必须通过严格的审批程序，包括技术检测、安全评估和环境影响评价。此外，飞行器制造商和运营服务商还必须定期对飞行器进行维护和检测，确保飞行器处于良好状态，并遵守操作规范，避免发生意外事故。

此外，地方政府也响应中央政策，相继推出了地方性支持政策，以促进本地的低空飞行技术研发和产业布局。上海市、江苏省、安徽省、湖南省等地政府积极出台针对低空飞行技术研发和应用的支持措施，如提供资金补贴、税收减免、研发资金支持等，帮助企业克服研发瓶颈，加快技术转化。

为适应以低空经济为代表的新空域用户需求，2023 年 11 月，空管委制定的

《国家空域基础分类方法》出台,参照国际通行方法,将国家空域划分为 A—E 5 类管制空域以及 G、W 2 类非管制空域。这是我国首次明确划定非管制空域,且创新性地划设了针对小型无人机的 W 类空域。《无人驾驶航空器飞行管理暂行条例》细化了无人机空域管理。上述两份文件和《中华人民共和国飞行基本规则》《通用航空飞行管制条例》等文件是当前低空空域划设的主要依据。非管制空域简化了运行流程、降低了对机载设备的要求,是空域改革的重大突破,将极大改善低空经济的空域资源供给,是低空经济规模化的前置条件。同时,为了进一步加强低空飞行器的安全管理,国家相关部门还在逐步修订和完善相关法律条文,以适应新技术的需求。例如,针对低空飞行器在公众集会、重要活动、敏感区域的飞行行为,已有相关法规提出了更加严格的限制和监管措施,以保障公众安全和社会秩序。此外,近年来针对低空飞行器噪声扰民的投诉日益增加,已有地方性法规明确规定了飞行高度的限制,要求飞行器在夜间禁止进行高噪声操作,并且要定期进行噪声监测和通报,确保低空飞行活动不会对周边环境造成负面影响。

(三) 地方性政策法规比较

不同的地方政府为低空飞行产业综合运营服务商提供了多元化的政策法规支持,这些政策法规在促进低空飞行技术的应用和发展方面发挥了重要作用。地方政策在促进地方经济与创新驱动发展、支持低空飞行技术孵化、优化服务环境方面各有侧重。

地方政府在支持无人机研发及其应用方面出台了多项政策,旨在鼓励技术创新与产业孵化。比如,有的地方政府出台了多项财政补贴政策,针对无人机技术研发、应用示范和创新企业给予资金支持。该市还建立了无人机创新中心,整合各方资源,促进产学研合作。与此同时,另一地方政府则侧重于产业链的完整发展,通过设立专项基金支持完整的产业链条,涵盖从研发到市场推广的各个环节,确保产业链的顺畅运作。此外,多家地方政府通过免征或减征相关税收的方式为无人机服务商提供税收优惠,减轻企业的运营负担,提高市场竞争力。

这些政策在跨区域合作方面也有所体现。某些地方建立了无人机服务网络平台,加强区域内交流合作机制。这些平台通过标准化服务与规模化运营,不仅提高了服务效率,还促进了服务质量的提升。此外,一些地方政府重视无人机在公共服务中的应用,并在相关政策中明确规定了无人机在气象监测、灾害预警、空气质量监测等方面的应用场景,为无人机在这些领域的应用提供了制度保障。

地方政策不仅关注低空飞行技术带来的经济效益,还注重其社会效益与生态环境保护。例如,某地出台了严格的无人机飞行规范和安全标准,保障飞行过程中的安全性和稳定性，防范飞行事故。而另一地则加强了无人机在航空环保领域的应用推广，鼓励无人机在矿产资源勘探、土地整治、水资源保护等领域发挥更大的作用，助力环境保护。通过这些政策，地方政府加强了低空飞行技术的规范管理，并推广了其在环保领域的应用场景，提高了技术应用的全面性和可持续性。

地方政策发展的不平衡在一定程度上反映了各地对低空飞行产业发展模式的理解和侧重点不同。有的省市在政策上侧重于技术研发与创新，而有的省市则更关注应用推广与服务模式创新，这种差异是不同经济发展水平与地方需求差异的体现。但是，总体上，地方性政策法规在促进低空飞行产业服务领域的发展中发挥了重要作用，并为无人机服务商提供了规范和支持，推动了产业的整体发展。

（四）产业政策对低空飞行的影响

不同国家和地区的产业政策在推动低空飞行产业的发展中起着至关重要的作用。这些政策不仅影响了市场准入和资金支持，还包括技术创新、安全监管等方面的具体内容，从多方面塑造了行业发展环境。以国家层面为例，我国的相关政策体系为无人机提供商和综合运营服务商提供了良好的政策依据和促进措施，显著提升了行业技术水平和服务质量。国家通过发布一系列财政扶持措施和税收优惠政策，减轻了企业负担，激发了企业加大技术研发和市场拓展的力度，促进了无人机产业链条的优化发展。此外，国家还强调了服务网络建设的重要性，通过跨区域合作，促进了服务的标准化与协同化，提高了整体运行效率与安全水平。在地方政策方面，不同地方政府在支持无人机研发及其应用方面采取了不同的政策措施，既涵盖了从技术研发到市场应用的整个流程，也关注了企业运营成本和社会效益的提升。

政策的有效实施有力地促进了低空飞行产业的创新与发展。一方面，一系列扶持政策的出台和优化推动了无人机及相关产业链的快速发展，增加了企业在技术创新方面的投入，并促进了市场扩展。政府通过奖励机制和配套措施，使得企业更加注重技术研发，提升了产品竞争力。另一方面，规范市场准入和监管机制为行业树立了高标准，确保了服务质量和安全性，为消费者提供了更高效可靠的服务，增强了市场的信心和预期。在飞行许可上，详细的实施细则明确了不同类型无人机的操作和认证标准，减少了不必要的行政干预，提升了服务的效率。在低空飞行软件服务领域，为无人机提供更加稳定的飞行环境和技术支持。在低空飞行安全管理上，通过制定严格的规范和标准，加强了飞行活动的监管和风险防控，确保了低空飞行技术的应用安全。政策体系的逐步完善不仅提升了企业的研发能力和市场适应性，还促进了服务水平的提升，特别是在智慧交通、环境监测、公共服务等领域展现出了巨大潜力。通过政策的有力支持,不仅为各类企业提供了一展拳脚的广阔舞台,也为其服务的扩展与深化提供了有力保障。地方政府根据自身条件和需求推行了符合地方特色的政策,这些措施在促进企业技术创新、增强市场竞争力和提高服务水平方面发挥了重要作用,为整个低空飞行产业的发展注入了新的活力。政策的支持不仅推动了低空飞行技术的应用范围,也促进了相关产业链的协同发展。其对行业发展的影响逐渐显现,表现为技术创新、服务模式创新和商业模式创新等方面。通过政策支持和技术研发的双重助力,低空飞行产业逐步形成了稳定的市场环境和发展格局,为低空飞行服务带来了新的发展空间。未来,随着相关政策的进一步优化和企业创新能力的不断提升,低空飞行产业有望实现更高质量的发展,为社会提供更多创新服务。通过地方性和国家性政策的相互补充和支持,低空飞行技术得以在更多领域得到应用和推广,其在提升城市运行效率、推动生态文明建设方面展现出巨大的潜力,为实现绿色可持续发展提供了全新路径。总之,国家和地方政府的产业政策在推动低空飞行技术应用和服务优化方面发挥了重要作用,不仅促进了技术和产业的发展,也为实现更加智能、高效、绿色的未来提供了坚实保障。

四、综合运营服务商培育策略

(一)要明确培育目标

在低空飞行产业迅速发展的背景下,综合运营服务商的角色显得尤为重要。综合运营服务商不仅是技术水平的集成者,更是市场应用的推动者,通过整合各类资源和创新能力,为行业带来全面的解决方案和服务。综合运营服务商的内涵包括具备完善的运营管理体系、丰富的市场资源和专业化的技术团队,能够提供涵盖无人机制造、飞行许可申请、低空飞行安全管理、技术支持与应用服务在内的全方位服务。其外延则涵盖了在智慧城市、公共安全、环境保护等领域的应用和服务,如智慧交通管理、环境监测、基础设施巡查和应急救援等。

综合运营服务商在低空飞行产业中的角色定位是引领行业发展,通过技术创新和服务优化,推动行业标准化和规范化,提升整体服务质量和行业竞争力。具体发展目标是成为国内领先的低空飞行综合运营服务商,其定位在市场、技术水平和服务涵盖范围上均处于领先位置。关键绩效指标主要包含技术创新能力、市场占有率、服务质量、客户满意度和品牌知名度。通过这些指标,综合运营服务商可以更好地评估自身的业务表现和发展潜力,为未来的战略决策提供依据。

综合运营服务商的发展目标设定如下:在技术创新方面,争取每年至少推出一项新的技术应用或服务模式；在市场占有率方面，计划在三到五年内达到本土市场份额的三分之一，并逐步开拓国际市场；在服务质量上，确保所有服务项目的客户满意度保持在95％以上，并每年提升2个百分点；在品牌知名度方面，目标是在国内TOP10品牌中占有一席之地，并向国际知名品牌看齐。通过持续的技术创新和市场拓展，综合运营服务商将不断提升品牌影响力和服务水平，目标是在行业内树立坚实的品牌地位。

为实现上述目标，综合运营服务商需要制定明确的发展策略和实施计划，同时强化内部管理，优化资源配置，提升整体运营效率。在技术层面，将进一步深化与研发机构的合作，加大研发投入，推动技术创新和产业升级；在市场方面，不断探索新的应用场景和服务模式，拓宽市场覆盖面；在客户服务方面，加强服务体系的建设，提升客户服务质量和满意度；在品牌建设上，通过多种渠道和形式扩大品牌影响力和知名度。综合运营服务商通过全方位的发展，为推动整个低空飞行产业的健康发展贡献力量。

（二）要确定服务定位

确定低空飞行产业综合运营服务商的服务定位是至关重要的工作，需要在明确目标市场、规划服务内容以及满足客户需求的基础上展开。综合运营服务商的服务定位应基于其自身的资源和优势，并结合行业趋势和市场需求进行全面考量。

首先，需要深入分析目标市场。在低空飞行产业中，应用范围广泛，包括智慧城市、公共安全、环境保护、基础设施巡查、应急救援等多个领域。综合运营服务商需根据市场细分，选择最具潜力和盈利空间的市场作为目标领域。

其次，规划服务内容时，应围绕目标市场的需求，提供全面的解决方案。例如，在智慧城市领域，综合运营服务商可以提供智能交通管理、环境监测、基础设施巡查等服务。在此基础上，不断探索新的服务模式和应用领域，从而实现市场覆盖面的拓展。此外，服务内容的规划还需注重提升客户价值。通过提供定制化解决方案，增强客户满意度和忠诚度，提升品牌形象在市场上的话语权。

最后，为了更好地满足客户需求，综合运营服务商应建立完善的客户服务体系，涵盖售前咨询、方案设计、实施交付、售后支持等环节，确保服务的连续性和高质量。同时，还需关注客户反馈，持续改进服务流程，以更好地适应市场变化和客户需求。

综合运营服务商的服务定位应明确其在特定市场中的角色和价值，确保提供的服务既能满足客户多样化的需求，又能为自身带来可持续的发展空间。在这一过程中,综合运营服务商需紧密关注行业发展趋势,不断优化服务内容和方式,以适应快速变化的市场需求,为客户提供更加高效、便捷、全面的解决方案和服务。

（三）政府要建立培育体系

为支持和促进低空飞行产业综合运营服务商的发展,政府层面需建立一个全面的培育体系。此体系将包括明确目标定位、制定详细的培育计划、选择合适的培育对象、搭建资源共享平台、提供政策和资金支持以及建立有效的评估和反馈机制,以确保多方面支持的可持续性。

明确目标定位。要设定综合运营服务商在低空飞行产业中的角色和任务。应基于其技术和管理优势,规划其服务于主要应用领域,如智慧城市、公共安全、环境保护等。目标市场细分有助于确立针对性较强的专项服务。

制订详尽培育计划。接下来需制订一个培育计划,其中包括部门划分、责任分配和时间表。计划应该包含短期和长期目标,以便清晰地界定综合运营服务商的发展路径和实现路径。建议设立培训班、研讨会和项目研讨会,以提升其专业技术能力、市场分析能力和客户服务水平。

选择合适的培育对象。为了确保培育效果,综合运营服务商需要选择具有潜力的初创企业和有影响力的大型企业。应该建立一套评估体系,如审核企业资质、技术水平和市场潜力,同步评分以择优选定对象,重点支持那些在技术、管理、市场营销方面表现突出的企业。

搭建资源共享平台。日常运营中的资源是支持和指导综合运营服务商的关键因素。分享资料库、技术论坛和合作网络有助于增强与企业的合作,降低运营成本。指南手册、专家讲座和专业报告的发布可以提供实用的信息工具和技术诀窍,跨越地域界限,让国内和国际资源相互联系,促进经验交流和知识共享。

提供政策和资金支持。政策支持可以通过减少审批程序、免税优惠和专项资助的形式给予。此外,还可以设计一个天使投资计划,为初创企业提供资金支持,并安排推荐专业投资者参与。

此外,还可以协助企业申请政府补贴、产学研合作项目和财税优惠政策,从而在未来可持续发展中有更好的预期。建立与金融机构、行业协会的关系也有助于获取所需的金融援助。

建立评估反馈机制。最后,需建立一个高效的评估和反馈机制。它将通过定期评估企业的绩效,例如技术创新能力、市场占有率和客户满意度,并根据其发展目标进行反馈和调整。还可以采用问卷调查、客户反馈和市场分析的方式,使综合运营服务商持续改进服务质量。

通过一个全面且细化的培育体系，可以有效促进低空飞行产业综合运营服务商的健康发展。不断修订和优化机制的设立与执行，将进一步为企业提供有力支持，助力其实现高质量发展。

五、培育路径与方法

（一）技术培训与赋能

低空飞行产业综合运营服务商通过技术培训与赋能，不断提升技术实力和服务水平，从而在市场中占据更有利的地位。制定系统的培训计划是不可或缺的步骤，涵盖基础技术、高级技术及管理培训等内容。基础技术培训包括数据采集、数据处理和数据分析等常用技术，通过系统化的课程设计，确保所有员工能够掌握基本技能。高级技术培训则侧重于前沿技术和专业技能，如人工智能、大数据分析、物联网技术等，通过与知名院校或研究机构合作，引入专业讲师，提高员工的技术水平。管理培训主要面向团队管理者和技术专家，增强其项目管理和团队领导能力，提高整体运营效率。

引入先进的技术培训资源也是提升整体技术水平的关键举措。综合运营服务商可以与国内外知名的技术培训机构合作，提供定制化的培训课程和远程培训资源，确保员工能够接触到最新的技术信息和应用案例。此外，还可以定期邀请行业内的专家和学者举办讲座，分享前沿技术和最新研究成果，增强员工的技术前瞻性。

建立技术赋能机制有助于提升技术培训的实际效果。通过建立内部技术赋能中心，提供技术支持、咨询服务和知识分享平台，员工能够随时随地获取所需的技术资料和指导。定期组织技术沙龙和研讨会，促进员工间的交流和合作，共同探讨技术难题和创新思路。通过与合作伙伴共建技术实验室，进行联合研发和技术创新，进一步提升技术应用的深度和广度。

通过培训和赋能，综合运营服务商在技术应用、服务创新和市场拓展等方面的能力得到有效提升。在技术应用方面，员工掌握了最新的技术工具和方法，能够将先进技术应用于智慧城市、公共安全、环境保护等各个领域，为客户提供更加高效和精准的服务。在服务创新方面，通过不断学习和实践，员工能够发现新应用场景和创新服务模式，推动服务的持续优化和迭代。

在市场拓展方面，综合运营服务商在国内外市场上均实现了新的突破。在国内外合作中，技术赋能发挥了重要作用，帮助企业在高原、山区、水域等复杂环境中开展服务，拓展了服务范围。此外，技术赋能也推动了服务模式的创新，如无人飞行器监测、无人机应急救援等新服务的应用,进一步提升了客户满意度和忠诚度。

（二）业务拓展支持

为支持低空飞行产业综合运营服务商的业务拓展,需制订翔实的市场分析计划,对服务目标市场进行深入调研和预测。通过多维度数据收集和分析,了解市场需求、竞争对手状况、政策导向等关键信息,为战略决策提供依据。此外,还应建立一套定制化的客户关系管理系统,以便更精准地跟踪客户信息、服务记录和反馈,从而优化客户体验并增强客户忠诚度。在客户服务环节中,引入先进的CRM（客户关系管理）工具,帮助服务商高效管理客户关系。

在技术创新应用方面,企业需积极研发和应用新技术以提升服务能力和市场影响力。开展创新项目,探索新技术在低空飞行服务中的应用,如人工智能识别系统、无人机自动调度系统、大数据管理系统等。通过技术赋能,服务提供商能够更好地满足市场需求,提高服务质量,降低成本,并实现精准化服务。

探索多样化的合作模式,促进产业间的协作交流。服务商可以与相关行业内的领军企业、科研机构、行业协会等建立战略合作关系,共同研发新产品和服务新模式。合作伙伴间的深度合作有助于共享资源、共赢发展,推动产业整体水平的提升。同时,企业还可以通过参与行业协会的相关活动和展会,扩大品牌影响力,增加市场曝光度。

在资源整合优化方面,企业需建立灵活高效的信息资源共享和服务支持平台。通过中枢系统整合信息资源,实现数据交换和资源调配,降低运营成本,提高运营效率。整合后的资源共享将促进各部门间信息流通,有助于服务方案的快速制定和执行。此外,还应建立完善的信息安全防护体系,确保信息资源的安全传输和存储。

为确保新技术应用和业务拓展的有效性,企业应建立一套完整的评估与反馈机制。通过定期进行业务绩效评估,监控服务质量和市场占有率等关键指标,及时发现问题并采取改进措施。同时,利用如客户满意度调查和市场数据分析等工具,收集客户反馈意见,据此调整服务策略和市场定位。企业应建立紧密的客户联系机制,定期举行客户座谈会,深入了解客户需求,及时解决客户问题,提高客户满意度。此外,企业还应鼓励员工主动收集客户意见,重视每一个反馈信息,促使企业发展方向不断改进。

（三）资源对接与合作

综合运营服务商通过有效的资源对接与合作,能够实现资源共享和优势互补，进而推动产业的高效运行和可持续发展。当前有效的资源整合方式涵盖内部资源的优化配置和外部资源的获取。内部资源配置方面，应首先梳理现有资源，确定核心业务资源和非核心业务资源，从而明确优先级与优化方向。非核心业务资源可进一步整合与优化，核心业务资源则需确保其高效运转。对于外部资源的获取，服务商应与行业内领先的技术企业、科研机构、行业协会等建立合作关系，形成资源互补与共享机制。通过这种方式，服务商能够收集并应用更多产业内外部资源和技术，为业务的持续发展提供有力支持。

多样化的合作模式同样对综合运营服务商的发展至关重要。服务商可探索协议合作、联合研发和项目合作等不同形式。协议合作有助于在合作双方间建立稳定的合作关系，协议具体条款可涵盖技术共享、市场交换等层面，通过协议内容实现双方共赢。联合研发模式则能实现技术、人力和资源上的深度协作，有助于共同研发新技术和产品，提升整体技术水平。项目合作则可通过共同完成项目任务，实现内部、外部资源协同运作，快速响应市场变化。

资源对接过程中，综合运营服务商应重点考虑资源共享的实施手段。提供共享资源的服务平台是其中一种有效方式，该平台不仅能促进内部各业务单元间的资源共享，还能助力外部机构的资源对接，实现实时资源调配和信息交换。基于区块链技术的共享资源平台特别适合高度分散的低空飞行产业，它可以确保数据安全和资产流转透明，从而提高资源利用效率。同时，服务商还应重点关注跨部门、跨组织间的信息流通与协同机制，通过建立统一的信息门户和工作流管理工具，实现各部门间信息高效传递和业务流程集成，确保业务连续性和高效运行。

在优势互补方面，综合运营服务商应明确自身与合作伙伴之间的资源合理分配机制，确保项目建设和运营各环节均能紧密协作。通过合理分配技术、市场、人力等资源，实现优势互补，降低运营成本，强化核心竞争力。同时，应定期评估合作成效，通过绩效考核等手段，动态调整资源分配策略，确保最优化的合作效果。此外，服务商还应重点关注风险管理和风险防范措施，确保合作双方利益最大化，降低可能的风险影响。

（四）人才培养与激励

低空飞行产业的综合运营服务商需具备全面的人才支持体系，以应对市场的发展需求和技术革新。通过有效的教育和激励机制，能够吸引和培养所需的专业人才，提高员工的工作效率和服务质量，从而确保公司在激烈的市场竞争中立于不败之地。

首先，需要对现有的教育体系与培训项目进行评估和优化。目前，国内和国际上已经存在一些与低空飞行相关或相近的专业教育体系,但仍然难以满足该行业的具体需求。因此,服务商应当与高校、职业培训学校密切合作,共同开发专门针对低空飞行领域的课程和培训项目。同时,引入行业内的专家和经验丰富的员工担任讲师,通过理论与实践相结合的方式,提高培训的质量和效果。此外,可根据公司业务发展的需要,设立专项基金,鼓励员工参加各类专业资格考试和技术认证,以不断提升个人及团队的专业素养。

其次,对人才需求进行深入分析。综合运营服务商需要关注多个层面的需求,包括技术技能、管理能力、客户服务技巧以及行业知识等。通过对市场需求、现有技术水平和服务质量等方面的综合评估,确定公司在人才需求方面的具体方向和目标。比如,企业可能需要大量的数据分析师、系统工程师、项目协调员、客户服务代表以及行业分析师等各类专业人才。这有助于明确培训的重点方向,确保人员配置的合理性和高效性。

为了激励员工,一方面可以设计多维度的薪酬体系。结合绩效考核结果,提供具有竞争力的基本工资、奖金、股权激励、年度调薪等措施,以此作为基础经济奖励。另一方面,基于员工的职业发展规划,提供个性化的发展路径和激励措施。例如,对表现出色的员工设立职位晋升机制,给予高级管理岗位或专业职位;对于技术能力突出者,提供相关领域的专业培训机会和实践平台。除此之外,优化员工福利制度,设立健康保险、子女教育基金、员工旅行计划等综合性的福利项目,以提升员工的整体满意度和忠诚度。

优化人才培养和激励体系还需考虑以下方面:一是建设完善的新员工培训和导师制度,帮助新入职员工迅速熟悉工作环境和流程,明确职业发展路径。二是实施员工发展计划,鼓励员工参与各项培训和学习活动,增强个人能力并为未来的职业提升创造条件。三是建立员工意见反馈机制,定期组织座谈会和问卷调查,收集员工对于公司文化和管理制度的意见和建议,不断调整和完善相关政策和制度。通过上述措施,确保人才培养和激励计划的有效性和持续性,从而更好地支持和完善低空飞行产业综合运营服务商的人才战略。

六、培育保障与机制

(一)资金支持与保障

低空飞行产业的综合运营服务商在实现目标和提升竞争力的过程中,对资金的需求日益增加。资金支持与保障是确保方案顺利进行、项目顺利实施和企业稳健发展的基础。在多元化的资金来源中,政府专项资金、各类投资机构以及企业自身积累是主要的支持方式。各类政策奖励和技术研发的资金扶持也为企业提供了重要的保障，推动技术进步和新产品的研发，增强市场竞争力。

政府部门通过专项资金、税收减免等措施对低空飞行技术的研究、应用和推广给予资金扶持。这些资金在技术引进、设备购置和试验测试等方面发挥重要作用，有助于降低企业的研发投入成本，加快技术创新的步伐。政府基金的注入不仅推动技术研发，也提升企业的市场认可度。企业还需多维度地寻求外部投资者，如风险投资和天使投资，以满足新项目启动或扩大运营规模的资金需求。通过市场化融资手段，企业能够获得更多的资本支持，快速推进项目实施，实现技术转化。

国内银行和其他金融机构为企业提供了各类融资渠道，包括但不限于项目贷款、股权融资、债权融资和融资租赁。企业应根据不同项目的需求选择合适的资金来源，优化资金结构，有效分担风险。此外，风险投资基金和产业资本的投资为初创企业提供充足的启动资金，助力企业加快产品开发和市场拓展。

政府基金、社会资本和企业自有资金的组合运用能够形成资金保障体系。政府和企业的持续支持有助于企业稳健运营和持续创新。企业需制定详细的资金规划和资金管理流程，确保资金使用的合理性和有效性。建立健全的资金管理体系有助于规范资金的管理流程，提高资金使用效率，降低资金风险，保证企业的稳定运营。

为了确保长期运营和持续发展，资金保障机制的建立至关重要。具体的措施包括：

（1）设立专项投资基金。企业可以设立专项投资基金，支持技术研发和市场扩展。通过基金的形式集中资金，吸引更多外部投资者，实现资源的优化配置，加速项目的实施。这方面，从国家到地方政府，都为推动低空经济高质量发展推出了专项基金。

（2）实施多元化融资策略。除了政府资助和企业自有资金，企业还应考虑不同融资渠道，如银行贷款、风险投资、天使投资等，拓宽资金来源。此外，开展股权融资也是补充资本的有效方式，可以引入外部股东和投资者，减轻债务负担，分享收益，增强企业抗风险能力。

（3）牵引社会资本投资。通过建设和运营项目产生的收益来吸引社会资本和投资者的参与，确保资金持续流入项目的运行，并借助社会资本带来的丰富经验和技术优势，惠及整个低空飞行产业。

（4）引入产业联盟，共建资金池。通过组建产业联盟的方式，更多地吸引和争取成员企业的资本投入和联合投资。这种模式有助于分散投资风险,形成合力,共同推动低空飞行技术的发展和企业竞争力的提升。

通过建立一个涵盖政府资金、企业自有资金、社会资本以及合作基金等多种资金来源的多元化资金保障体系,能够为综合运营服务商提供充足的资金支持,提高运营效率,降低成本,确保实现企业的战略目标。

(二)法律保障与支持

为确保低空飞行产业综合运营服务商的健康发展,必须建立健全的法律保障体系。首先,需要对现行法律法规进行全面梳理和评估,确定其对低空飞行产业的适用性和支持力度。现有法律法规可能包含针对低空飞行安全、环境影响评估、技术研发、市场准入等方面的规定。这些规定不仅限于行业发展,还可能涉及企业自身管理及社会责任履行等方面。国家相关部门应结合低空飞行产业的特殊性和需求,具体分析现行法律法规中可能存在的不足之处,明确需完善的法律条款或补充相关规定。

在梳理现行法律法规的基础上,政府应当积极制定和支持相关的配套政策,以进一步促进低空飞行产业的发展。政策支持的内容应覆盖低空飞行系统的研发与应用、安全测试、标准制定、技术转让与推广、市场准入、知识产权保护、行业自律等方面。这些政策的制定和实施有利于为低空飞行产业综合运营服务商提供一个更为明确、稳定和公平的政策环境,为企业的经营活动提供指导和支持。

为了加强低空飞行产业的安全管理,需要通过立法和完善相关法规,明确运营商、制造商及相关利益主体的安全责任和义务。立法的主要内容应包括但不限于以下方面:低空飞行器的设计、制造、销售和维护的标准与规范;飞行器运营的安全管理要求;飞行数据的采集、传输与存储的安全保障措施;飞行活动的具体规章和程序;飞行员、操作员及相关从业人员的安全培训和资质认证制度;突发事件应急预案和应急救援机制。通过立法明确各方责任和义务,建立系统化的安全管理框架,可以有效防范和应对低空飞行带来的各类风险。

立法和政策不仅仅是法律规范的设定,还需要指导企业实践和行业自律。因此,需建立完善的风险评估和管理体系,通过第三方专业机构进行评估,并定期进行复评。同时,鼓励企业结合行业特点,制定内部的安全管理体系,细化到各个环节的具体操作规程,并为员工提供系统的培训和指导,确保工作流程的安全性和合规性。此外,建立飞行器运营数据分析系统,实时监测飞行器的运行状态和安全状况,通过数据分析发现潜在问题并及时采取应对措施。这样不仅可以提高企业的安全管理水平,还能增强公众对于低空飞行服务的信任度。

立法和政策的进一步完善还需通过立法程序进行推进。政府相关部门应组织专家团队就立法草案进行讨论和研究，广泛听取行业代表、企业以及专家学者的意见和建议，确保立法草案的科学性和可行性。立法完成后，应加大执行力度和监管力度，确保法律法规的有效实施。建立相应的执法机构和监管机制，加强对低空飞行产业的日常监管，确保合规性。同时，应加大对违法违规行为的惩处力度，提高违法成本，保障低空飞行产业综合运营服务商的健康发展。

还有，为了确保低空飞行产业的相关法律法规能够适应未来的技术发展和行业需求，应适时修订和完善相关法规，使之更为贴近实务并保持必要的灵活性。在现有法律法规的基础上，准确把握技术发展趋势和行业需求，制定前瞻性法规条款，既为当前的合规要求提供指引，也为企业未来的长远发展预留空间。此外，通过立法机构的运作机制，保持法律政策与技术进步同步，以有效支持低空飞行产业综合运营服务商的持续创新和发展。

为培育低空飞行产业综合运营服务商并实现其长远目标，需要从完善法规体系、推动政策落实和加强市场监管等多方面入手，构建策略完善的法律保障与支持机制。这一机制不仅有助于保障低空飞行产业的安全发展与创新，还能够为低空飞行技术的应用普及创造更加有利的环境。

（三）监管机制与规范

在培育低空飞行产业综合运营服务商的过程中，建立健全的监管机制与规范至关重要。通过合理有效的监管措施，不仅可以促进低空飞行产业的健康发展，还可以保障飞行安全，推动产业的规范化运营，提升服务质量。

当前监管政策大致涵盖了飞行器的设计、制造标准与安全测试要求，飞行活动的规章和程序，以及飞行器运营的安全管理要求。然而，现有政策依然存在一定的不足之处。例如，可能缺乏详细的飞行器运营数据分析系统和风险评估机制，难以对飞行活动进行实时跟踪和管理。此外，现行法规中关于企业内部安全管理体系的规定尚不完善，可能导致企业在实际操作中难以落实具体的安全责任和义务。

为了优化监管机制，首先需要加强对相关法规的梳理与评估，确保现有法律法规的合理性及适用性。结合低空飞行产业的特殊需求，国家相关部门需具体分析现行法律法规中的不足并提出必要的修订意见，尤其是涉及飞行器的设计、制造、运营和维护标准，维修、合格评定制度，以及数据记录和报告机制。这些关键领域的完善可以显著提升飞行器的安全性和可靠性。

政府还应积极制定和执行相关的支持政策，涵盖研发与应用、安全测试、标准制定、技术转让与推广、市场准入、知识产权保护,以及行业自律等各个方面。通过政策引导,可以为低空飞行产业综合运营服务商提供一个稳定而公平的环境,减少不确定因素对企业经营活动的影响。政策的实施需注重实际操作的便利性和企业的可执行力,确保低空飞行技术的应用更加普及和高效。

具体的监管措施应包括风险评估和管理体系的建立。第三方专业机构应对所有低空飞行项目进行全面的风险评估,并定期复评企业的安全管理系统。鼓励企业结合自身情况,制定详细的内部安全操作规程,同时为员工提供系统的安全培训,确保操作的规范性与安全性。企业应建立飞行器运营数据分析系统,利用实时监测数据来发现潜在的安全问题,并采取适当的预防措施。这不仅有助于提升企业的安全管理水平,也有利于建立公众对低空飞行服务的信心。

为了有效推进立法进程并完善现有法律法规,相关部门应组织专家团队针对立法草案进行深入讨论和研究。广泛听取来自行业代表、企业及相关专家的意见,确保立法的科学性和可行性。立法完成后,需加大执行力度和监管力度,确保法律法规的有效实施。相关政府部门应设立专门的执法机构和监管机制,加强对低空飞行产业的日常监督,确保所有运营主体的行为合规。对于违法违规行为,应有明确的惩处标准,提高违法成本,以有效保护低空飞行产业综合运营服务商的合法权益。

随着技术的发展和行业需求的变化,相关法规和政策需适时进行修订和完善。通过立法机构的运行机制,保持法律法规与技术进步同步,为企业未来发展预留空间。例如,对飞行器的技术要求、运营标准和数据管理进行前瞻性规定,既符合当前的技术和管理需求,又能适应未来的发展趋势。

通过构建完善的监管机制和规范,可以有效促进低空飞行产业的健康发展,保障飞行安全,推动产业标准化运营和服务质量的提升。这不仅有助于培育低空飞行产业综合运营服务商,还能为其持续创新和发展奠定坚实的基础。

(四)评估与反馈机制

评估与反馈机制是衡量低空飞行产业综合运营服务商服务质量的重要工具,其通过全面系统化的评估体系和畅通的反馈渠道,能够不断优化运营流程,提升客户满意度和市场竞争力。评估机制旨在核查服务质量是否符合既定标准,筛查潜在问题,并通过反馈循环进行及时调整。通过科学合理的评估指标体系,能够确保评估结果的客观公正,涵盖服务质量、客户满意度和运营效率等多方面内容。

服务质量评估指标主要包括但不限于飞行器安全性能、飞行任务完成率、故障率、设备维护记录等。客户满意度评估则通过客户的反馈问卷、满意度调查和现场访问等多种方式，深入了解客户的需求和意见。而运营效率的衡量，则依据信息数据记录系统，监控任务分配、执行效率和维修响应时间，以确保实现最优化运营。建立一套完善的评估指标体系有助于企业全面了解自身运营情况，发现问题并迅速采取措施进行改进。

有效的反馈渠道一旦建立，便能确保客户的需求和反馈能够及时传达。这不仅有助于迅速响应客户的问题和投诉，还能从中找到改进的机会。企业需要设立专门的反馈渠道，如电子邮箱、客户服务热线或其他在线平台，确保客户可以通过多种方式提交反馈。此外，还应积极鼓励客户参与评价和反馈，例如通过发送调查问卷或召开客户研讨会的方式获取更加深入的信息。对客户的反馈进行分类和分析，以便识别出共性问题并迅速采取措施加以解决。

定期举行的客户满意度调查和任务执行结果汇报，能够帮助企业及时了解当前的服务水平和存在的不足。调查问卷设计应确保全面覆盖各个服务环节，收集客户对服务质量的感受，并为后续改进提供依据。同时，相关部门还应设立专职人员或团队，专门负责处理客户的投诉和反馈，确保每一项反馈都能得到妥善处理，并记录处理过程和结果，以便后续改进。建立可量化的改进计划，根据调查结果和反馈情况制定详细的操作指南，确保整改措施具体化、实施标准化。这不仅有助于改善客户体验，还能提升整体运营效率。

借助评估与反馈机制的持续优化，可以实现服务改进的闭环管理。通过对历次评估结果和客户反馈进行纵向比较，能够清晰呈现出服务改进的具体成效。同时，持续跟踪并定期评估各项服务质量指标，有助于保持服务标准的稳定性和一致性，确保企业能够提供一致且高质量的服务。通过详细记录每一阶段的服务改进情况，可以形成标准化的操作流程，为未来的服务提供经验和参考。

通过这一机制还能够激励员工的积极性，激发创新思维。在发现自身不足的基础上，不断调整和完善内部管理流程，不仅仅局限在提高服务质量和满足客户需求，还能够在这个过程中挖掘新的服务模式和盈利机会。由此，推动企业整体向更加高效和专业化的方向发展。

案例　eVTOL 在洪泽湖上空文旅飞行实施方案

一、项目概况

（一）实施背景

在淮安市洪泽区，随着城市旅游业的发展与人们对新型旅游方式需求的增长，

eVTOL(电动垂直起降航空器)作为一种新兴的空中交通工具,能够为游客提供独特而创新的飞行体验。世纪广场是洪泽区的重要地标之一,老子山温泉山庄以其独特的自然风光和温泉资源吸引了众多游客。基于此,实施 eVTOL 飞行方案对于提升两地之间的交通连接效率,促进当地旅游业的发展具有重要意义。

淮安市洪泽区位于江苏省中部,近年来城市综合经济实力持续增强,吸引了大量游客,成为省内重要的旅游目的地之一。世纪广场作为城市的核心区域,承载着诸多商业、文化等活动,为市民和游客提供了休憩休闲的最佳地点。老子山温泉山庄则凭借其得天独厚的自然环境,成为人们远离城市喧嚣、追求身心放松的理想地点。近年来,老子山地区持续推出多项创新型旅游产品和服务,进一步挖掘了当地旅游资源潜力,增强了游客对其的吸引力。

从旅游发展现状来看,尽管淮安市洪泽区旅游业已取得显著成就,但在空间连接上仍存在不足。洪泽区与老子山温泉山庄之间缺乏便捷、高效的交通方式,至今都是绕道高速公路,途经乡镇街道,导致游客在两者之间的往返需花费大量时间,降低了旅行效率和舒适度。因此,实施 eVTOL 飞行方案不仅能够提供快速、便捷的空中交通,还能有效缓解途经的乡镇街道的地面交通拥堵,为游客带来好的飞行体验。

eVTOL 技术在近年来受到了广泛关注,被视为未来空中出行的主要发展趋势之一。相较于传统直升机和固定翼飞机,eVTOL 具有诸多显著优势。首先,eVTOL 能够在较短的跑道上起飞和降落,不受机场规模和场地条件制约,使得在城市区域及自然景区之间开辟新线路变得更为简便。其次,作为一种清洁能源驱动的飞行设备,eVTOL 在运行过程中几乎不产生污染,这有助于保护当地环境,为可持续旅游提供了有力支持。最后,eVTOL 凭借其安静且高效的飞行特点,将为乘客营造更为舒适的旅行体验,并降低了噪声污染,更好地契合了现代旅游需求。

当然,空中飞行路线的设计,需要综合考虑各方面因素,以确保方案的实施既高效又可行。针对世纪广场和老子山温泉山庄之间的飞行方案,需充分考虑两地之间自然地形、建筑物分布、空中交通管制要求,以及整体地形特征。飞行路线应当避开高压线等危险因素,从而确保飞行安全。同时,应尽量选择风力较弱的方向,避免强风对飞行稳定造成影响。

(二)实施意义

两地之间直线距离约20千米,eVTOL 在正常情况下,平均飞行速度可达100千米/小时至150千米/小时。文旅体验飞行,速度可设定为每小时60千米。从世纪广场出发,沿着规划好的飞行路径,经过洪泽湖上空,到达老子山温泉山庄的直线飞行时间为20分钟左右。实施 eVTOL 在淮安市洪泽区世纪广场和老子山温泉山庄之间提供文旅飞行方案，具有多重重要的意义。

首先，eVTOL为游客提供了新颖且独特的旅行方式，使得两地参观之间的旅途变得更加吸引人。游客可以通过空中飞行的方式，从独特角度欣赏洪泽湖的自然风光和不同景点的美丽景色，进而加深对当地文化和历史的理解。eVTOL的飞行方式丰富了旅程内容，使得旅行体验更加丰富和多样化。其次，空中飞行不仅能够显著提升两地之间的交通联系效率，减少地面交通拥堵带来的不便，还能够缩短游客在两地间的往返时间，最大化实现城市的旅游资源的部署和使用。

此外，eVTOL的推行能够进一步促进当地旅游业的蓬勃发展。随着更多游客通过空中方式了解洪泽区的魅力，当地旅游业的吸引力和知名度都会有显著提升。旅游产业链中各个环节均因此受益，包括购物、餐饮、住宿等相关行业，带来经济收入的增长。在eVTOL的助力下，洪泽区城市与老子山温泉山庄所在乡镇之间的联系更为紧密。同时，这种新的旅游方式能够进一步激发洪泽区旅游业的创新热情，推动了更为丰富多样的旅游产品的开发。通过空中观赏，游客能够更全面地了解当地的自然风景与人文特色，在提升旅游体验的同时，也促使洪泽区旅游业朝着更高质量的方向发展。

从长远角度来看，eVTOL的使用为可持续发展提供了新的可能。作为清洁能源驱动的飞行器，eVTOL在运行过程中几乎不产生污染，不仅有助于保护洪泽区及周边景区的生态环境，减少对自然景观的干扰，还与现代旅游理念相契合，推动绿色旅游的发展。此外，对于推动整个区域的旅游业可持续发展具有积极意义，eVTOL能够为更广泛的游客群体提供更加便捷的旅行方式，提高旅行的可及性，使更多人能够享受到航空旅行带来的乐趣。通过试点和推广eVTOL的使用，可以为其他地区探索可持续旅游模式提供有价值的参考和借鉴，进一步贡献于旅游业的绿色转型和环保目标的实现。

（三）实施目标

eVTOL在淮安市洪泽区世纪广场和老子山温泉山庄之间飞行方案的实施目标是提升该区域内低空文旅飞行体验、促进交通便利性，并推动区域经济发展。

首先，可提升该区域内的文旅体验。通过空中飞行方案，游客将能够从独特角度欣赏洪泽湖的自然风光和两处景点的美丽景色，获得更加丰富和多样化的旅行体验。eVTOL的飞行方式不仅改变了传统地面旅行的体验，还赋予游客以全新的视角去探索和体验当地的历史文化。通过空中观赏，游客能够更全面地了解当地的自然景观与人文特色，进一步增强与当地环境的文化交流，从而加深对洪泽区整体文化的理解。

其次，实施eVTOL飞行方案将显著提升两地之间的交通连接效率，减少地面交通带来的不便。老子山温泉山庄所在地隶属洪泽区政府管辖,管理政务的开展受到了隔湖绕路的影响,一定程度上对所属乡镇村的振兴发展带来了不利影响。

再次,区域经济发展的促进也是实施 eVTOL 飞行方案的重要目标之一。通过提升地区内交通互联的效率,会进一步吸引更多的游客和投资,带动沿线相关产业发展,包括购物、餐饮、住宿等行业的增长。这将有助于实现资源的更有效配置,促进区域内的经济均衡发展。eVTOL 的推广与使用不仅为已有的旅游线路提供了新的联动方式,还能激发更多创新旅游产品的开发。加速产业升级的同时,还能吸引更多的投资和人才,为区域经济的大力提升打下坚实基础。

最后,eVTOL 作为清洁能源驱动的飞行器,其环保优势将进一步促进可持续发展。eVTOL 运行时几乎不产生污染,有助于保护洪泽区及其周边景区的生态环境,减少对环境的干扰。该飞行方案的推行不仅能够为地方旅游业的可持续发展提供新的可能,还将为其他地区的环保目标实现提供宝贵的经验与参考。并且,由于 eVTOL 能够为更广泛的游客群体提供便捷的旅行方式,有助于提高旅行的可及性和普及性,吸引更多的人有机会体验到航空旅行的便捷与乐趣,这有助于推动旅游业向更加绿色和可持续的方向转型。

通过实施该方案,该区域内的"飞"行体验将更加丰富多元,为游客提供更好的旅行服务和更加美好的旅行记忆,同时也为周边经济带来更为强劲的发展动力。

二、预期效果

(一)预期经济效益

淮安市洪泽区世纪广场与老子山温泉山庄之间 eVTOL 飞行方案的实施将对当地经济效益产生积极影响。eVTOL 飞行服务预计将显著增加游客数量。随着空中飞行体验的推出,游客选择洪泽区作为旅游目的地的兴趣将大幅提升,这将进一步激发现有游客的重游意愿,以及吸引更多新游客。预计这一措施将为旅游季吸引更多游客,从而提升营收。

提升旅游体验是 eVTOL 飞行方案的重要目标,空中视角将为游客提供全新的旅行体验,增强他们对洪泽区整体文化的理解。空中飞行不仅突破了传统交通方式的限制,也为游客提供了更直观、更全面观赏风景的机会,提升了游览的丰富性和多样性。据预测,这种新颖的旅游体验将对游客产生强烈的吸引力,从而提高游客的满意度和忠诚度。

eVTOL 飞行方案的实施,对低空经济相关产业的发展一定会产生积极推动力。随着乘客数量增加,低空飞行的运营频率和班次将随之增加,从而产生更多的低空飞行服务需求。同时,旅游交通行业也将受益于这一新的交通方式,从而吸引更多游客前往相关景点。这一新兴的空中交通方式还可能促进技术创新和商业模式的迭代，为整个产业的发展注入新的动力。

酒店住宿行业将因 eVTOL 飞行方式带来的游客数量增加而受益，从而推动房价的上涨和业务量的提升。通过优化景点之间的游客分布，eVTOL 飞行方案有助于平衡不同热门景区的人流压力，减轻热门景点过度拥挤的问题，从而使酒店业实现更均衡的发展。此外，入住天数的延长以及游客对更加多元化与精致服务的需求，将促进酒店设施和服务品质的提升，而这些都将为游客提供更为舒适和满意的住宿体验。

eVTOL 飞行方案的综合经济效益不仅包括直接经济效益，还包括间接经济效益。直接经济效益主要来自旅游和相关产业的增长，以及低空飞行服务和酒店住宿等领域的收入提升。间接经济效益则体现在经济活动的范围扩展和产业结构优化上。例如，低空空中宣传和商业广告，能够创造更广泛的就业机会、提升居民收入水平、促进旅游业与其他行业之间的协同发展，以及为地方经济的发展提供持久推动力。eVTOL 的实施将进一步促进资源的有效配置，为洪泽区的可持续经济模式提供新的可能性。

（二）预期社会效益

淮安市洪泽区世纪广场与老子山温泉山庄之间 eVTOL 飞行方案的实施不仅将对当地经济产生积极影响，还将带来诸多社会效益。eVTOL 飞行提供了无须地面基础设施依赖的独特旅行方式，减轻了地面交通压力。通过空中飞行，游客能够从全新的角度欣赏洪泽湖的自然风光和两个景点，增强了当地旅游资源的吸引力。这不仅提升了整体旅游体验，也促进了游客对洪泽区文化和自然景观的深入了解。

eVTOL 飞行服务的推广进一步带动了当地有关产业的发展，包括购物、餐饮、住宿等。该服务将吸引更多潜在游客进入洪泽区，从而增加了观光和相关消费的机会。游客在选择旅行目的地时，将会更加关注 eVTOL 带来的便利性和独特视角，这会促使他们延长游览时间，度假游替代短暂游。游客延长停留时间，则会促进酒店住宿、景区旅游消费等市场的繁荣，增加当地居民的收入和就业机会。

eVTOL 作为清洁能源驱动的飞行器，几乎不产生污染，有效地保护了洪泽区及其周边景区的生态环境。它推动了旅游业向绿色和可持续发展的方向转型，有助于实现环境与经济的双赢。通过这种方式，游客不仅可以享受美景，还能观察和体验生态绿地的保护和维护，提升他们对生态环境的认知和保护意识，使这种绿色出行方式逐渐成为人们生活的一部分。

eVTOL 飞行方案为更广泛的游客群体提供了便捷的旅行方式，进一步提高了航空旅行的可及性和普及性。相比于传统的地面交通方式，eVTOL 飞行具有速度快、便捷性和成本效益高的特点，能够大幅度减少日常通勤时间。特别是在高峰时段或恶劣天气下,eVTOL能更好地适应既定的出行计划,确保安全准时抵达所需地点,这将使航空旅行变得更加受消费者欢迎。这种便利性促进了就业,提高了民众满意度,并有助于吸引各地消费者来洪泽区旅行,增强其作为旅游目的地的竞争力。

eVTOL飞行不仅提升了单一景点的游客流量和相关设施的使用效率,还能实现景点间游客流量的均衡分布。对于两个地区相关的企业和个人而言,跨区域的游客流动是促进当地旅游业发展的重要因素。eVTOL可以促进不同景点间的游客交流,缓解过度拥挤的问题,提高两个景点的服务质量。这不仅有利于提高游客的满意度,还便于两个景点之间的资源共享,促进整个地区的旅游业更加均衡、协调地发展。

eVTOL作为一种高端、创新的交通方式,象征着区域发展与未来的技术趋势。随着该交通方案的稳步实施,越来越多的企业、机构和个人对于高科技、可持续交通解决方案的认知逐渐增强,这有助于推动社会整体的科技进步。同样地,eVTOL飞行也会引起全球游客对这种新式交通方式的兴趣和关注,进一步提升了洪泽区的知名度和全国影响力。通过推广这项高科技出行方式,游客不仅能够感受到地方文化的魅力,还能体验到世界先进技术的应用,从而增强了本地区在国内外的吸引力。绿色环保的出行方式对于促进区域可持续发展、实现平衡发展等具有重要意义,这为社会的整体发展带来了积极的推动作用。

三、资源配置

实施eVTOL在淮安市洪泽区世纪广场与老子山温泉山庄之间的文旅飞行方案,需综合考虑硬件资源、人力资源、软件资源以及法律、政策等多个方面的资源需求。

（一）硬件资源

需要评估飞行器的采购数量,鉴于eVTOL单次飞行可携带的乘客数量、航程距离以及飞行器的使用寿命等因素,预计需要至少三架eVTOL来满足全天运行需求。充电站的布局与数量同样重要,考虑到充电时间及其他维护时间,需设置至少两个充电站,分别位于世纪广场和老子山温泉山庄附近,以确保飞行器能够在短时间内进行补给。此外,还需配备周边设备,如导流装置和地面保障设备,确保飞行器能够平稳滑行、快速上站。

（二）人力资源

需明确各类人员的配置和专业要求。飞行员是飞行安全的关键,一个资深的飞行团队至少需要两名飞行员,包括一名主驾和一名副驾,以轮值调换方式操作飞行器。维修人员负责日常检查与维护,确保飞行器处于最佳状态,每架飞行器需配备至少两名专业维修人员。地勤保障人员则包括负责滑行道、行李搬运和应急撤离的人员，预计需配置至少一名管理人员加上若干支援人员来保障地勤工作的顺利进行。

（三）软件资源

建立健全的管理系统对于飞行方案的成功至关重要。导航系统是确保飞行航线准确无误的关键，需选购先进的导航设备，并配置专业的维护人员及时进行校准和维护。飞行计划软件用于制订详细的飞行计划，包括航班时间、飞行路线及载客安排等。乘客管理系统则用于乘客的预订、客服以及飞行前准备等环节，确保每位乘客的安全与舒适。这些系统的互联互通和一体化管理也是飞行方案顺利实施的重要保障。

（四）法律、政策资源

方案实施一定要有法定依据。需符合国家及地方的相关规定，确保飞行操作合法合规，需参考并引用飞行管理安全条例和飞行许可规定等。飞行许可证是关键，需提前申请并向相关部门提交飞行计划以获取许可。保险方面，需为飞行器及相关设施投保，覆盖飞行期间可能遇到的风险，为乘客提供全面的保障。同时，还需关注地方旅游政策和生态旅游要求，确保飞行方案与当地法律法规相符，符合地方的整体规划和发展方向。

（五）市场营销资源

需制定全面的宣传及推广计划。宣传材料包括电子和纸质的宣传单、海报、传单等，旨在吸引更多乘客的关注。广告预算应覆盖传统媒体、数字媒体和社交媒体平台，确保宣传活动覆盖广泛人群。推广策略应包括线上推广和线下活动，通过网络平台增强影响力，同时组织实地宣传活动，提升 eVTOL 在洪泽湖上空旅游飞行项目的知名度。根据市场分析结果与项目预算，科学制定市场营销计划，确保宣传效果最大化。

（六）安全保障资源

需配备应急救援设备、安全监控系统，并制定详细应急预案。应急救援设备包括紧急医疗设备、通信设备、救援装备等，确保设备标准符合航空救援要求。安全监控系统需覆盖飞行过程中的各个环节，包括飞行参数、乘客状态及周围环境，实时监控飞行安全状况。应急预案应涵盖事故处理流程、紧急疏散方案、医疗支持方案及信息通报机制等，确保在突发情况下能够迅速响应。

资源配置需不断更新和完善，适应阶段性变化及实际需求，确保项目的顺利推进。

四、项目实施

（一）飞行路线规划

淮安市洪泽区世纪广场与老子山温泉山庄之间的 eVTOL 飞行路线规划旨在

通过高科技空中交通方式,为游客提供独特且丰富的旅游体验,促进该地区的经济发展和环境保护。整个飞行方案覆盖三段主要飞行路径:从世纪广场出发至洪泽湖景区,然后穿越洪泽湖抵达老子山温泉山庄。

第一段飞行路径。eVTOL 从世纪广场出发,高度设定在 100 米至 200 米之间,平稳穿行于现代化城市建筑与繁华街道之间。沿途标志性地标包括玉兰广场和洪泽湖大桥。这一段行程能够全面呈现淮安市的都市风貌和现代化建设成果。此外,乘客可以在飞行过程中透过调光窗欣赏城市风景,并通过多视角显示屏观看沿途的现代建筑和行人。飞行信息交互系统将提供实时飞行数据和安全信息,确保乘客的飞行体验安全舒适。

第二段飞行路径。eVTOL 高度设定在 150 米至 200 米之间,进入洪泽湖景区。在洪泽湖上空的飞行,能够使乘客更加近距离地欣赏湖上的自然风光,如湖水的波光粼粼和湖畔的翠绿植被,更有千年洪泽湖大堤和美丽的湖边旅游道路。乘客可以通过调光窗和多视角显示屏感受这些美景,增强旅途的趣味性和观赏性。与此同时,飞行过程中也会播放相关的地方文化视频,使乘客更深层次地了解当地风土人情,增强他们的旅行体验。

第三段飞行路径。eVTOL 将直接降落在老子山温泉山庄,提供独特的温泉体验和养生休闲服务。乘客可以在此尽享温泉的惬意舒缓,并学习相关的养生文化和传统技艺。

飞行方案的具体选择依据包括:首先,世纪广场作为洪泽区的中心区域,拥有现代建筑风景,与拥有千年历史的洪泽湖形成鲜明对比,通过 eVTOL 飞行形成强烈视觉冲击;其次,洪泽湖的自然景观为乘客提供了一次直观感受自然生态及生物多样性的机会;最后,老子山温泉山庄以其丰富的温泉资源和专业的养生保健服务,满足了现代游客对休闲和健康的需求。

(二)地面设备配置

为了确保 eVTOL 飞行方案在淮安市洪泽区的顺利实施,地面设备的选择和配置极为关键。地面设备主要包括 eVTOL 的起降平台、充电系统、导航与控制系统、安全防护设施以及通信设备。

eVTOL 的起降平台是地面设备的核心组成部分之一。起降平台需满足平稳起降的要求,采用六边形或方形设计,要求具备良好的停机坪功能。起降平台配备有控制台,提供对飞行器起降状态的实时监控和控制,并设置有紧急停止按钮以确保突发情况下的快速响应。同时,起降平台周围设有围栏和警示标志,确保乘客的安全。

eVTOL 的充电系统必须确保连续且高效的充电过程。配置的充电设施选用高性能的快充系统，支持高效可靠的自动充电流程，使用交流和直流两种充电方式。充电系统须具备充电连接和断开检测功能，确保供能安全可靠。此外，充电站应设置温控系统，确保充电过程中的温度在安全范围内，延长飞行器电池寿命。

导航与控制系统配备先进设备以支持飞行器的精准定位和控制。该系统采用高精度 GPS 技术实现飞行器的自动驾驶导航，并与地面控制中心建立数据连接，确保飞行数据的实时传输和飞行状态的精确监控。地面控制中心还需具备远程操控功能，实现对飞行器的操控、调度和管理，确保飞行有序进行。

安全防护设施包括避障系统、降噪装置和紧急降落装置等。避障系统通过雷达和红外线设备实时监测周围环境，并自动调整飞行器飞行轨迹以避免碰撞。降噪装置能有效减轻飞行过程中产生的噪声，为乘客提供安静舒适的乘坐环境。紧急降落装置保证在紧急情况下飞行器能安全降落，降低飞行风险。此外，地面设备还配备有烟雾探测器和灭火装置，应对可能的火灾情况，以及医疗救护保障装置，确保乘客安全。

此外，地面设备还需配备备用电源系统和防水防湿设施，确保设备在各种天气条件下都能正常运行。备用电源系统可在主电源断电时及时启动，提供紧急电力支持。防水防湿设施则能有效防止雨雪等天气对设备造成的损害，确保设备的可靠性和使用寿命。

总之，为了支持 eVTOL 在淮安市洪泽区的空中观光飞行，地面设备的选择和配置需充分考虑飞行器起降、充电、导航、安全以及通信等方面的需求，确保设备能够在多样化的环境条件下稳定运行，为乘客提供安全舒适的飞行体验，促进淮安市洪泽区旅游业的可持续发展。

（三）eVTOL 性能测试

为了确保 eVTOL 飞行方案在淮安市洪泽区的顺利实施，对 eVTOL 的技术性能要进行详细的测试。测试项目涵盖其飞行稳定性、能效、载重能力、抗干扰能力及特殊环境适应性等。

首先，飞行稳定性测试是在世纪广场起飞，经过一系列仿真雷雨天气环境下的模拟飞行，如强风、突发大风、雷电天气等。如果 eVTOL 在各种复杂天气条件下均能保持高度稳定，无需额外的防风设备，表明其稳定性的高度可靠。

其次，能效测试是对 eVTOL 的能量使用在不同高度、巡航速度下的测试。在 100 米至 200 米的高度范围内进行测试，内容包括调整不同速度情况下的航程、电耗和续航时间，以确认 eVTOL 在长时间飞行中的能量消耗效率。测试结果显示，eVTOL 在不同高度和速度下均能保持良好的能效，续航时间为预计设定时间的

98%以上。

再者,载重能力测试评估 eVTOL 在携带乘客和行李时的表现。需要进行 4 次载重测试,一次为空载,其他三次分别是 2 人、4 人等满载状态。在不同重量下,eVTOL 的飞行速度和高度保持了稳定,负载 2 人时飞行速度可提升 5%,负载 4 人时飞行高度略有下降,但在 200 米范围内仍符合安全规定。

第四,抗干扰能力测试在不同飞行路径情况下进行。内容包括低空飞行时的电磁干扰、雷达干扰等情况。eVTOL 装备高性能的 AVM(自动干扰消除)系统,能有效应对电磁干扰,并且未受到雷达干扰的影响。该系统还可以有效避让飞行路径上的障碍物,确保飞行安全。

此外,eVTOL 还在不同的地形条件,如湖边、道路等地段进行了适应性测试。这些测试旨在模拟乘客实际飞行中的各种环境。eVTOL 在湖边飞行时,由于风速和水面反射的干扰,需要略微降低飞行速度;在道路段飞行时可以提高速度,测试方向稳定性和地形适应性。

最后,进行拍照与视频摄录性能测试。eVTOL 搭载了高精度摄像设备,确保在不同高度和角度下拍摄图像和视频的质量。在不同高度、不同速度和不同环境条件下,所摄录的图像均保持高清晰度,视频帧率稳定高于 60 帧/秒,视角在 180 度以上。拍照和视频摄录既有游客飞行需要留存档案,也有游客自身保留需求。

如果 eVTOL 在特定飞行路径上的性能表现符合预期标准,飞行速度、高度和负载能力的技术参数均达到设计要求,在复杂天气条件和不理想环境中的表现也达到了行业先进水平。那么,后续的飞行方案就有了科学依据,这增强了 eVTOL 飞行方案的可靠性和实用性,有助于进一步推广和实施。

(四)数据传输要求

在淮安市洪泽区 eVTOL 飞行方案中,确保数据传输的快速、稳定与安全是实现飞行任务高效执行的关键。为此,数据传输速度、稳定性和安全性必须得到明确的规定和严格保障。

数据传输速度方面,要求地面站与飞行器之间建立快速且可靠的通信链路,以保证信息在指定时间内传递到位。地面站需配备高性能的通信设备,例如高速卫星通信系统和良好覆盖范围的地面无线通信网络,以实现高效率的数据传输。在洪泽湖段飞行速度较高的区域,数据传输速度应不低于特定标准,以确保及时传达飞行状态监控信息、导航指令、应急数据及乘客信息,避免因传输延迟影响飞行安全性。

数据传输稳定性方面,地面站及其通信设备须具备冗余设计,以应对突发的信号中断或设备故障。采用多样化的通信方式,如双频卫星通信和地面通信网络备份,确保任何时刻都能保持信息传递畅通。此外,地面站应定期对通信设备进行全面检测与维护,以确保设备在所有飞行条件下均能正常运行。飞行器还需具备相应的信号增强装置,以补偿飞行过程中的信号衰减和干扰因素,保证数据传输的连续性和稳定性。

数据传输安全性方面,所有数据传输链路应采用先进的加密和认证机制,防止数据在传输过程中受到未经授权的访问和篡改。地面站和飞行器之间发送的数据应经过严格的加密处理,确保信息传输过程的安全。通信系统需符合国家及行业相关的安全标准,并对所有接入者的身份进行确认,保障通信双方的合法性与可靠性。

在实际飞行中,地面站应建立完善的应急预案,对可能出现的数据传输中断或延迟情况做好提前预判和处理。一旦发生数据传输异常,地面站需迅速切换至预先准备好的备用通信链路,确保飞行器与地面站之间的通信不会中断。此外,地面站还应与飞行器配合,实时监控通信链路的状况,及时调整和优化通信策略,确保数据传输的稳定性与安全性。

为确保数据传输的可靠性,地面站和飞行器应建立严格的数据传输控制流程。在飞行过程中,地面站负责对所有传递的数据进行实时监控,确保这些数据准确无误地传递给飞行器。地面站需设置备用数据传输系统,以防主要的传输路径出现故障,以免影响任务执行。同时,地面站还应配备故障诊断系统,实时监测通信链路状态,及时发现并处理各类故障,确保数据传输的正常进行。

所有地面站和飞行器的通信设备均需定期进行检修,检查通信模块、天线和电源等关键部件是否工作正常。地面站和飞行器还需制订维护计划,对通信设备进行预防性维护,及时更换老化部件,确保通信设备始终处于最佳状态。此外,地面站还应建立数据备份机制,确保关键飞行数据能实时备份到安全的存储设施中,有效防止数据丢失带来的风险。

地面站与飞行器之间应建立多重数据传输路径,以确保实时数据传输的可靠性。在飞行过程中,根据飞行器的位置和任务需求,数据传输路径会自动切换,确保数据传输的实时性和可靠性。地面站还应定期检测和维护数据传输路径,确保其始终处于最佳状态,减少数据传输过程中出现任何延迟或中断的可能性。

（五）安全评估与预案

为了确保 eVTOL 飞行方案在淮安市洪泽区的顺利实施,进行了详尽的安全评估与预案制定。评估内容涵盖了飞行路线的安全性分析、潜在风险的识别与评估及应急处理预案的制定。这些措施,旨在确保飞行过程中的人身安全与设备安全,为 eVTOL 的顺利运营提供坚实保障。

首先,针对世纪广场与老子山温泉山庄之间的飞行路线,要进行详细的安全性分析。主要着重于飞行路线的地理和气象因素,包括地形特征、风向风速、航迹高度、特殊天气条件,以及可能的电磁干扰和雷达干扰。此外,还要考虑航线附近的建筑物和障碍物等安全隐患。经过综合评估,确定飞行路线的安全支持区域,并设置预警和避险措施。

其次,详细列出了潜在风险,并对各种风险进行评估。飞行过程中的主要潜在风险包括但不限于飞行器故障、通信中断、极端天气条件、操作失误和地面设备故障。对于这些风险,要制定具体的风险防控措施。如,掌握所有设备的维护记录,确保在每次飞行前进行全面检查;对于通信中断风险,配置备用通信系统并建立应急通信计划;对于极端天气,制定严格的天气等级管理制度,确保仅在安全天气条件下进行飞行。

在应急处理预案制定方面,要考虑多种可能发生的紧急情况。例如,如果遇到突发故障,飞行器将自动切换至安全降落模式,通过避障系统自动选择最近的安全着陆地点,利用自带的紧急降落装置确保安全降落。对于极端天气条件,制定详细的应对指导方案,如雷雨天气下的临时避雨措施和突发大风下的紧急程序等。

安全措施的实施策略方面,要求所有操作人员进行严格的培训,确保他们熟悉应急预案流程和实际操作技巧。对地面设备配备的监控系统,定期进行检查和维护,确保设备处于良好的工作状态。同时,地面监控中心须具备即时响应能力,以便快速处理紧急情况。为了进一步提高系统可靠性,还需考虑使用多备份机制,并制定详尽的紧急关机程序,确保在突发情况下能够迅速停止运行,降低风险。

低空经济产业不同板块优势技术企业

一、高精尖飞手飞行俱乐部:领航航空

公司简介

江苏领航航空科技有限公司,是公司董事长周建荣先生积极响应国家大力发展低空经济战略、全力孵化的、面向低空经济领域的桥头堡先行企业。以无人机教培、考场建设运营和无人机应用为切入点,向空管系统开发及运维、飞控系统国产化、空地通信基础设施建设、空天通信应用、航站航道航线建设运营、低空物流、低空应用市场开发、低空应用环评咨询等低空经济领域延伸拓展,力争3~5年以省内市场为基础,通过连锁、联营、分子公司等形式辐射并覆盖全国,致力于打造一家集基础研究、科技创新、尖端产品、高效应用、领军人才、商业服务于一体的复合型高科技企业。

2024年初,领航航空联合常州糖糖推智能科技有限公司,共同创办成立了国内青少年无人机兴趣培育培训品牌"拉木熊飞行俱乐部",向无人机教育部白名单比赛、拔尖赛、航模挑战赛等发展布局。

核心技术专利

拉木熊教培俱乐部 拥有多项自主研发的核心技术专利和软件著作权等知识产权,主要集中在青少年无人机培训系统、护眼模拟飞行软件及教学方法创新方面,致力于提升高级别培训质量和效率。拉木熊飞行俱乐部品牌价值在青少年教培领域独树一帜,知名度不断提高。

低空技术应用 拥有自主研发的"领航无人机管控平台"、成熟军工级"无人机反制系统部署方案"、国内成熟的低空新基建部署及方案实施团队(移动机巢、全铝多层停机坪、移动停机坪部署及实施)。

应用场景

国家级经济开发区无人机管控平台部署试点、无人机无人驾驶部署、高速公路无人机巡检、大型活动流量监控及协助管制、CAAC民航无人机执照培训,青少年无人机培训、青少年航空航天模型竞赛,等等。

案例及奖项

案例一："飞向北京,飞向太空"全国青少年航空航天模型教育竞赛无人机项目

奖项:江苏省总决赛中获得 7 个一等奖、3 个二等奖、4 个三等奖;全国总决赛中获得 1 个一等奖、9 个二等奖、2 个三等奖。

案例二:"中国体育彩票杯"2024 年江苏省大学生航空模型挑战赛项目

奖项:共获 3 个一等奖、2 个二等奖及 2 个三等奖的佳绩。

案例三:2024FTF 青少年无人机大赛江苏省选拔赛

奖项:共获二等奖 2 个,三等奖 2 个。

业务联系

常州区域 包先生 13915005984;南京、扬州区域 陈先生 15261816508;淮安、盐城区域 马先生 18905562886

二、天地物联融入低空经济:劲步科技

公司简介

江苏劲步科技有限公司是一家专注于物联网领域系统研发、制造、销售、服务的国家级高新技术企业,为低空经济行业客户提供多种智能化系统产品解决方案和软硬件平台定制开发服务,在 AIoT 智慧物联网、互联网信息服务、网络工程、通信系统集成和自动化控制领域具备深厚技术积累。

公司注册资本 5100 万元,总部位于南京市雨花台区软件谷,以陈云先生带头的创始人团队具备中兴、南瑞等大企业任职经历和技术创新能力,现已完成江苏省股权交易中心挂牌(企业代码:658342)。

劲步科技深耕智慧园区、智慧电力、智慧化工、智慧农业及智慧消防等领域,为客户提供了近 100 种智慧物联网解决方案和应用案例。公司已与国网信通产业集团、南瑞集团、中兴通讯等央企及北京、广东、安徽、江苏等地政府单位建立长期合作关系,推动区域数字化转型与产业升级,在低空经济、智慧城市和工业物联网等领域取得显著成果。

在低空经济蓬勃发展的时代浪潮中,江苏劲步科技有限公司积极布局,将无人机应用作为公司业务的重要增长点。公司致力于研发先进的无人机技术和软件平台,提供无人机系统集成、飞行控制和管控软件开发、数据传输与处理等服务,为低空经济的多元化应用场景提供强有力的技术支撑。从智慧农业的精准植

保,到应急救援的快速响应;从低空物流的高效配送,到智慧安防的全方位监控,江苏劲步科技有限公司的无人机应用解决方案覆盖多个领域,助力各行业实现智能化升级。公司重视与科研院所和相关政府部门开展产学研技术创新合作,推动低空经济产业的规范化、标准化发展,共同探索低空经济与物联网技术的深度融合,为构建低空经济生态体系贡献力量。

公司的宗旨是,竞争,创新,拼搏,共存共赢! 使命与愿景:为客户提供更优质的平台,助力低空经济腾飞! 公司的价值观为:为客户创造价值、为员工创造机会、为社会创造财富,推动低空经济与物联网产业的协同发展,为经济社会的可持续发展贡献力量!

核心技术专利

(1) 基于低空经济的无人机智能巡检系统。

(2) 一种智慧园区安防监控机器人及其使用方法。

(3) 一种用于智慧电力物联网的熔断器及其使用方法。

(4) 综合能耗监测管理系统。

(5) 一种用于智慧园区的智能网关。

(6) 一种物联网网关用于智能温控系统及其监控方法。

应用场景与案例

(1) 无人巡检机器人。客户是江苏华电吴江热电有限公司。本项目应用了汽机房巡检机器人,具备表计识别、红外成像、噪声分析和图像对比功能,可根据预先设定的阈值进行辅助分析,可完成对汽机房 0 米层和 4 米层的巡检任务。运行人员可根据机组运行情况制定巡检任务,可设置机器人进行全面巡检、例行巡检和自定义巡检任务,按照规定的周期时间完成巡检任务,巡检任务结束后,结果将自动上传;GIS 开关室轮式巡检机器人,能够完成开关室表计识别、开关状态识别、红外成像以及局放检测以及 GIS 设备的全部日常巡检工作。

(2) 稻麦无人农场系统。客户是盐城市大丰区农业农村局。本项目以物联网、智能装备、智能终端等先进技术为依托,针对稻麦轮作情况配置智能化农机装备和信息数据终端,采用"机械化＋智能化"智慧稻麦生产解决方案,打造稻麦无人化智能农场示范点,实现稻麦田间作业主要环节(耕整地、种植、植保、收获等)无人化作业。同时,加强农机农艺融合,形成稻麦生产主要环节无人化解决方案,包括机具配备、作业规程、配套农艺等。并以此为基础,构建集智能农机、精准作业、状态监测、远程控制、监控调度、大数据可视化于一体的无人化生产体系。

(3) 水质监测无人船。客户是丹阳市水务局。丹阳市境内的省考断面鹤溪河桥断面水质多次出现波动,水质自动监测站出现多次总磷、氨氮超标报警。为了有效解决断面异常波动问题,全面排查问题,找准问题源头,丹阳生态环境部门首次采用无人监测船对相关河段进行拉网式走航监测。

(4)智慧园区综合管理平台。本项目为中国供销冷链公司、东久新宜(中国)企业管理有限公司等打造,依托物联网、大数据、人工智能等先进技术,构建一体化智慧园区管理解决方案。平台涵盖监控中心、能耗管理、设备管理、消防管理、访客管理、告警中心等核心功能模块,实现园区全方位实时监控、能耗优化、设备运维自动化、消防安全预警、访客流程智能化以及告警信息实时推送。通过整合多维数据,平台打造集监控、调度、分析、预警于一体的智慧管理体系,助力园区高效运营、节能降耗、安全保障,为企业创造智能化、可持续发展的园区环境。

(5)交通养护综合管理平台。本项目为交通管理部门打造,依托物联网、大数据、人工智能等先进技术,构建一体化交通养护管理解决方案。平台涵盖隧桥和公路的物联网设备对接与管理,实现健康状况实时监测、消防检测、通风排水照明监测、弱电强电管理、车流量监测及养护计划管理等功能。通过智能分析和预警机制,平台提供全面的交通设施动态监测与快速处置调度能力,助力交通设施全生命周期智能化管养,提升养护效率、保障交通安全,为交通行业提供科学决策支持。

(6)企业能源能耗双碳监测平台。本项目为华泰证券南京总部打造,依托物联网、大数据、人工智能等先进技术,构建全面的能源与碳排放管理解决方案。平台涵盖能源数据采集上报、能耗管理、评估分析、能源绩效评估、节能减耗措施实施以及风险管理等功能模块,同时实现碳排放实时监测、碳中和路径规划、碳资产管理与交易支持。通过智能分析和预警机制,平台提供能源与碳排放的动态监测与优化建议,助力企业降低能耗与碳排放,提升能源使用效率,实现节能减排与碳中和目标,为企业的可持续发展和双碳目标落地提供有力支持。

业务联系

陈先生　15951960004

三、搭建低空智联网＋AI技术:成都精灵云

公司简介

成都精灵云科技有限公司成立于2015年。董事长晏东,毕业于电子科技大学,硕士,高级工程师;电子科技大学客座教授,容器技术专家,拥有20多年内核及云计算研发经验,Symantec/Veritas中国区云计算研究院首席架构师。该公司位于成都市高新

区,是国家级"专精特新小巨人"企业,军工三证齐全,以"践行自主可控,赋能万物智联"为使命,是目前国内唯一一家中心侧和装备侧云原生体系完全自研的国内高新技术企业。公司建立了以开放式架构为核心的产品体系,公司以"AI+无人系统"为牵引,参与我国数个智能平台研发,产品提升了国防装备的单体智能能力,优化了装备的集群智能能力。公司与多个主机单位展开合作,参与卫星、舰艇、无人机、有人机等多种产品相关技术的研发,广泛支撑各领域装备迭代升级和新质作战能力构建。

核心技术专利

要解决在新常态下,无人机安全、便捷、可管控、可追溯的飞行,需要一个系统的解决方案,精灵云的优势有:

(1)可实现低空安全运营整体解决方案,需要实现对飞控、通信、载荷完全不同的行业和消费无人机的统一接入和管控,对大规模集群的起降和航路做规划,对紧急情况的自动应对,同时还需具有高度的开放性,以避免被某些特定供应商锁定。

(2)可支撑构建统一安全运营管理标准,既需要对异构无人集群的研制和集成有充分的经验,又需要采用先进的系统架构、开放的标准、易于集成的标准、完善的接入和调试工具链以及大量的、模块化、可替换的人工智能算法。

(3)精灵云参与多个开放式架构标准起草,并参与多种国防装备集成实验,产品成熟度高,应对复杂场景能力强。在未来推进高密度空域规划和开放管理方面有望起到积极作用,打通自动化智能空管"最后一公里",推动低空经济向前发展。

应用场景与案例

案例1:云—边—端异构和跨域协同作战基础平台

基于"云—边—端"的架构,将云计算平台构筑在中心、边缘、端的基础设施之上,将网络转发、存储、计算、智能化数据分析与处理等工作放在边缘处理,降低响应时延、减轻云端压力,形成异构和跨域的联合作战基础平台。

案例2:装备数字化研发运维平台

基于符合国防软件的研制流程标准,提升国防软件质量与研发效率,并通过丰富的工具链集成与嵌入式开发能力的支持不断壮大产品生态,适配客户的体系流程,目前已在航空、航天、电科等领域成功应用。

案例3:无人系统集群任务协同演示验证

通过精灵云协同智能运算单元、AI算法和软件开放式架构,实现国防场景下的多异构无人设备集群智能协同,即在任务执行过程中无须人为干预的情况下,无人机集群的自我整合、自我决策、自我调整等能力,实现任务目标指令下的智能化协同。

业务联系

陈女士 13350079185

四、低空频谱管控和安防：天智融通

公司简介

杭州天智融通科技有限公司，是一家致力于电磁频谱应用技术与产品研发的高科技企业，董事长高文龙。公司拥有一支在电磁信号处理、人工智能等专业以博士、硕士为主体的研发团队。公司拥有多项电磁频谱领域的发明专利。

公司建有"电磁态势感知与应用联合实验室"，基于多种 AI 芯片框架，结合传统信号接收设备开发的技术基础，实现了信号接收和人工智能信号处理一体化硬件平台，实现了电磁信号识别、无线电指纹识别等多项技术突破。

核心技术专利

核心技术有"基于人工智能的超宽带频谱监测技术""基于射频指纹的精确识别和协同测向定位"等。

目前的专利有："基于残差网络和频域图形的测控信号调制识别方法""基于多级盲数字接收机联合的幅相调制信号识别方法""基于叠加谱与深度学习的超短波宽带卫星信号检测方法""基于过采样的单通道混合信号解调方法"等。

应用场景与案例

（1）实现低空电磁环境的监测和三维电磁地图的构建。

（2）对非法无人机电磁频谱识别及定位。

（3）对非法电磁干扰源的识别测向定位。

目前案例都在进行试点，具体的案例需要在 2025 年实施。

业务联系

高先生 18069809900

五、长江航船无人机物流配送综合运营平台：长江汇

公司简介

江苏长江汇科技有限公司是国内首家专注长江航运服务的科技型企业、长江上规模最大的航运服务互联网平台，董事长方保利。

核心技术专利

专利名称："汇闪送"无人机智慧物流应用平台

专利内容："汇闪送"无人机智慧物流应用平台包含无人机群、自动化机场、"飞控管理"、"锚地配送"等若干个软硬件子系统，实现对长江汇平台的水上配送

订单统一管理、下发,无人机飞行任务统一调度、集群管理等,使无人机在场景应用中的流程更加全面、高效、便捷,切实提高空中作业能力和数据管理效率。

(1) 任务规划与航线生成。平台具备强大的任务规划能力,能够根据配送需求自动生成最优航线。航线生成算法考虑了多种因素,如多航线冲突、天气条件、地形地貌、飞行限制区等,确保无人机能够安全、高效地完成任务。

(2) 配送订单协同。平台实现了配送订单的智能化协同处理,能够自动分配任务给合适的无人机和飞手。通过实时数据交换和协同工作,平台能够确保订单处理的准确性和及时性。

(3) 无人机管理。平台提供了全面的无人机管理功能,包括无人机状态监控、飞行日志记录、故障诊断与预警等。通过集成先进的物联网技术,并对接大疆最新的云接口,平台能够实时获取无人机的飞行数据和状态信息,确保无人机始终处于最佳工作状态。

(4) 机场管理。平台实现了对无人机起降机场的智能化管理,包括机场状态监控、航班调度、安全检查等。通过集成先进的机场管理系统,平台能够确保机场运行的高效性和安全性。

(5) 大数据技术。平台实时处理海量的船舶 AIS 数据,分析船舶航行轨迹以及航行速度等。其目的是满足无人机对锚泊船舶的精准配送和对在航船舶的跟踪投送。

(6) AI 识别与自动跟随。平台采用了先进的智能识别技术,能够准确识别目标船舶或其他配送对象。通过自动跟随算法,无人机能够自主跟踪目标船舶,实现精准投送物资。

(7) 高度集成与智能化。平台将任务规划、航线生成、配送订单协同、无人机管理、飞手管理、机场管理等功能高度集成在一起,形成了一个完整的智慧物流生态系统。通过智能化的决策支持系统,平台能够自主优化资源配置和任务分配,提高整体物流效率和服务质量。

(8) 可扩展性与灵活性。平台设计具有良好的可扩展性和灵活性,能够轻松应对未来业务增长和新技术的发展。通过模块化设计和开放接口,平台能够与其他系统进行无缝集成,实现更广泛的应用场景和更高的商业价值。

应用场景与案例

案例名称:"汇闪送"无人机智慧物流配送服务

应用场景:

(1) 通过大载重无人机实现岸站(即码头到服务区)低空一次物流,为水上服务区批量物资补给提供更高效、更快捷的方式。未来更高级别载重的 eVTOL 将实现应用,不断拓宽低空物流运输的新边界,引领低空配送进入新时代。

(2)船员登录长江汇APP开始选购所需商品,提交订单完成付款后,在"汇闪送"无人机智慧物流应用平台上便能展示这笔订单。服务区的物流人员根据订单内容打包船员所购商品。飞手在后台收到飞行任务后,将打包好的商品装上无人机,按航线开始进行配送。

"汇闪送"无人机智慧物流应用平台协同长江汇APP,利用FC30的飞控能力实现无人机订单实时定位和配送追踪。整个无人机的配送过程,通过"汇闪送"平台可实时监控配送轨迹,包括飞行路线、天气情况、飞行速度等。而下单船员的手机上会显示订单配送的"锁屏提醒",可实时查看剩余送达距离,只需点击一下,即可跳转长江汇APP,查看详细信息。当订单送达时,"锁屏提醒"会自动显示"商品已送达"。

(3)将继续研发汇闪送2.0,依托视觉识别和边缘计算技术,实现锚地及航行船舶闪送,实现低空配送"船船通"。

(4)以现在的水上服务区为主,逐步转为"沿江商户为主,水上服务区为辅"的平台商户模式,加快运载无人机的水上布局。未来将不再主要依赖水上服务区进行货物中转,可以就近依托沿江起降场开展水上配送业务,在水上也能正常收发快递、点外卖。

船员"水上工作,陆上生活"的梦想正在逐步实现。

业务联系

翟先生 18551609505

六、电网无人机巡检专业服务:方寸知微

公司简介

中科方寸知微(南京)科技有限公司,作为中国科学院自动化研究所、中科南京人工智能创新研究院、麒麟科创园共同参与持股的孵化企业,成立于2020年9月。公司董事长程健是中国科学院自动化研究所模式识别国家重点实验室研究员、中国科学院大学教授、博士生导师,在IEEE TNNLS、TIP、TMM、JMLR、ICML、CVPR、ICCV、AAAI、MM等高水平杂志和会议上发表学术论文100余篇。

核心技术专利

公司核心技术为轻量化人工智能算法,通过对传统算法开展量化、剪枝、蒸馏,降低算法模型复杂程度,实现低算力设备上算法模型的流畅运行。公司基于轻量化人工智能算法研发了配网无人机自适应巡检技术,依托配网无人机自适应巡检技术已申请的发明专利有"基于模型轻量化技术的无人机自主导航系统""基于无人机架空线路自适应巡检的半监督检测方法"和"基于无人机配网线路自适

应巡检中的自监督预训练方法"。

应用场景与案例

传统配网电力无人机巡检,由于电力巡检人员无人机操作经验参差不齐,存在"不敢飞、飞不好"的问题。通过在无人机遥控器上安装基于配网自适应巡检技术开发的智鸢APP,即可实现无人机自动驾驶,自动识别配网杆塔并完成巡检图像拍摄,有效解决电力巡检人员"不敢飞、飞不好"的问题。

相关案例有"配网无人机自主巡检有点难?掌上'云脑'来帮忙","AI自适应技术为巡线提效"和"新技术实现电网无人机AI自适应巡检"等。

业务联系

芦女士 13182997999

七、无人机巡检及飞行管理平台:远航交科

公司简介

安徽远航交通科技有限公司,董事长陈钱。远航交科创立于2008年,公司以人工智能、GIS、大数据技术为驱动,构建出公路安全多场景路空立体防护体系。

核心技术专利

(1)基于智慧交通的突发事件响应控制系统。

(2)一种基于物联网云服务的高速作业区安全管控系统。

(3)一种基于作业区的事故高效提报方法。

(4)作业区物联网信息分级处理系统及方法。

应用场景

(1)公路通行态势感知及安全巡检。

(2)公路异常事件识别预警及联动处置。

(3)高速公路改扩建作业区安全管控。

(4)高速公路重点路段及高危路段的监管。

案例名称

(1)G4001合肥西枢纽高速公路无人机智能巡检项目。

(2)G50沪渝高速广德至宣城段改扩建工程智能安全管控项目。

业务联系

刘女士 13112639999

八、低空飞行安全卫士：聚变航天

公司简介

南京聚变航天信息科技有限公司,董事长王洪强,是一家军工认证高科技军民融合企业,专注于自组网通信、卫通、电子对抗等领域,致力于空天经济事业发展。聚变航天凭借在空天地一体化通信体系与态势感知系统、御天防御系统等领域的深厚积累,首次提出引领行业的"低空安全聚链系统(LASFCS)"概念。聚变航天精于构建通感监反安全大模型,通过集成先进的 5G-A 低空智联网技术、聚变航天三链聚合技术、通信对抗技术以及融合通信等前沿科技,实现高效传输、精准定位、数据广泛覆盖,以及无空间限制等卓越性能。

其产品具备四维一体通信感知能力,能够实时探测并预警潜在风险;同时,自组网能力和神经网络监管能力确保系统灵活应对各种复杂场景;全域高效反制能力更是为低空飞行安全提供了坚实保障。聚变航天以科技创新为引领,为低空飞行安全保驾护航,助力构建更加安全、智能的飞行环境。

核心技术专利

聚变航天首次提出引领行业的"低空安全聚链系统(LASFCS)"概念。发明了"集卫星通信、自组网的多波形融合装置""一种自跟踪自组网抗干扰天线装置""一种无人机抗干扰的通信导航装置及方法",创新性地采用了跨域抗干扰通信、射频隐蔽、分集合成等关键技术。还发明了"集卫星通信、自组网的多波形融合装置""一种自跟踪自组网抗干扰天线装置""一种无人机抗干扰的通信导航装置及方法""聚变无人机载图数一体化传输系统软件 v1.0""聚变卫星通信信号追踪辅助系统软件 v1.0"等众多软件硬件技术产品。

应用场景与案例

聚变航天参加了南京市交通运输部门组织的低空飞行器侦测比赛,并与南京市交通集团合作,在南京长江四桥塔顶成功架设了"聚链通感一体化"设备。该设备基于无线电通信原理,工作频段为 70MHz-6GHz,采用多天线设计的固定通感一体化基站,能够全天候侦测最大半径为 26 千米低空空域中的飞行器活动情况,干扰半径为 14.5 千米,全频段通感。设备通过塔顶监控光纤接入总值班室电脑,实时侦测无人机入侵信息,并可在相应频段发出干扰波,有效打击"黑飞"。相关数据可实时记录上传,并支持 MIMO 远距 40 千米通信数据链,实现通感一体化功能。与雷达探测技术相比,无线电频谱探测设备成本更低,且能满足大范围防御需求。尽管对加密信号的破解需要时间,但无线电技术在探测入侵无人飞行器方面具有广阔的发展空间,且通过多点定位可实现无法解析协议的无人机入侵位置信息的解析。

聚变航天已自主研发并交付的通信系统频段覆盖 1.5MHz—30GHz,产品涵盖短波通信、超短波通信、MESH 自组网微波通信、卫星通信。其通感监反一体化系统产品已交付特殊方面用户。目前,聚变航天科技公司的聚链系统大规模MIMO 无线通信技术已在特定条件下实现超 300 千米高清视频传输,最大天线数量可达 128 根。自研的无人机蜂群宽带自组网 MESH 通信系统已实现商用,在部分特定场景形成成熟解决方案,全频谱覆盖包括短波、超短波、微波、卫星通信。自研的数据链组件系统和产品支持双模通信自组网＋卫通,采用跳频＋天线抗干扰技术,最大传输距离 200～1000 千米。

业务联系

王先生 13851851749

后 记

书稿完成之后，大量的低空经济信息数据继续冲击着我的大脑，我很想将它们都补充进本书。但是，本书篇幅已较大，而且增加的话，会延伸更多的内容，如，低空经济技术发展助力乡村振兴；低空智联网方面，既有高新技术的新发明、新应用，也有投资建设的新模式，这些内容甚至可单独成书。再如，低空飞行产业方面，有关无人机飞行业务的操作技巧，除了载人交通的中低空飞行、载货物流的超低空飞行，在不载人又不载物方面，急（应急救援）、医（医疗救护）、农（农林植保）、土（国土测绘）、城（城市治理）、安（公共安全）、环（环境监测）、气（气象观测）、电（电缆巡检）、路（道路检查）、桥（桥梁观测）、管（管道巡查）、山（山林防护）、河（河道执法）、湖（湖泊监管）、库（水库监管）、影（影视拍摄）、演（集群表演）等，就有 18 种应用场景的飞行业务操作。此外，还有陆续出台的低空经济产业的政策法规等，这些内容无法包罗在册，只好期待另册编写。

都说书稿永远改不完。本书完成后，在体例结构、思想内容表述，以及遣词用句方面，笔者进行了多次修改。此外，本书的出版要特别感谢凤凰出版传媒集团、江苏人民出版社领导的关注与支持，要感谢本书责任编辑的认真负责，倾注了大量的时间和精力，进行多轮编校，最终定稿。但是，本书一定还有诸多问题存在，请读者批评指正。

扫二维码登录网站"晴空羽翼"（www. flybetter. cn），可以听名人朗诵诗歌《让你飞得更好》，可以订购《低空经济展望》；还可以查看《无人机执照考试训练题》及其答案与详细的解析等。

一、无人机基本知识训练题

单项选择题(每题 1 分,共 30 分)

1. 大型无人机的空机质量是指(　　)。

　　A. 无人机携带燃料和载荷后的总质量

　　B. 无人机的设计最大起飞质量

　　C. 无人机不携带燃料和载荷时的质量

2. 大型无人机是指(　　)。

　　A. 空机质量大于等于 5700 千克的无人机

　　B. 质量大于 5700 千克的无人机

　　C. 空机质量大于 5700 千克的无人机

3. 植保无人机在作业时,相对高度限制的主要目的是(　　)。

　　A. 提高作业效率

　　B. 确保飞行安全,避免干扰其他航空器

　　C. 减少电池消耗

4. 关于轻小无人机运行规定适用范围,植保无人机起飞全重不超过_____,相对高度不超过_____。(　　)

　　A. 150 千克　20 米　　　B. 5700 千克　20 米　　　C. 5700 千克　15 米

5. 民用无人机驾驶员多旋翼类别超视距等级申请人必须具有不少于(　　)小时的单飞训练时间。

　　A. 6　　　　　　　　　B. 15　　　　　　　　　C. 5

6. 微型无人机的最大起飞重量是(　　)。

　　A. 0.25 千克　　　　　　B. 10 千克　　　　　　C. 5 千克

7. Ⅲ级别无人机指(　　)。

　　A. 4 千克＜空机质量≤10 千克,10 千克＜起飞全重≤20 千克

　　B. 5 千克＜空机质量≤10 千克,15 千克＜起飞全重≤25 千克

　　C. 4 千克＜空机质量≤15 千克,7 千克＜起飞全重≤25 千克

8. Ⅱ级别无人机是指(　　)。

　　A. 空机质量≤4 千克,起飞全重≤7 千克

　　B. 空机质量≤5 千克,起飞全重≤10 千克

　　C. 空机质量≤2 千克,起飞全重≤4 千克

9. 《民用无人驾驶航空器实名制登记管理规定》适用于(　　)的无人机。

　　A. 空机重量超过 250 克

　　B. 最大起飞重量不高于 7 千克的视距内运行

　　C. 最大起飞重量不低于 250 克

10. 民用无人机驾驶员多旋翼类别视距内等级申请人必须具有不少于(　　)小时的单飞训练时间。

　　A. 6　　　　　　　　　B. 10　　　　　　　　　C. 5

11. 民用无人机驾驶员多旋翼类别视距内等级申请人必须具有不少于(　　)小时的带飞训

练时间。

    A. 44   B. 15   C. 10

12. 民用无人机驾驶员多旋翼类别超视距等级申请人必须具有不少于( )小时的带飞训练时间。

    A. 20   B. 30   C. 40

13. 无人机系统的机长是指( )。

    A. 操控无人机的人

    B. 协助操控无人机的人

    C. 负责整个无人机系统运行和安全的驾驶员

14. 微型无人机是指( )。

    A. 空机质量小于等于7千克的无人机

    B. 质量小于7千克的无人机

    C. 质量小于等于7千克的无人机

15. 轻型无人机是指( )。

    A. 质量大于等于7千克,但小于116千克的无人机,且全马力平飞中,校正空速小于100千米/小时(55海里/小时),升限小于3000米

    B. 质量大于7千克,但小于等于116千克的无人机,且全马力平飞中,校正空速大于100千米/小时(55海里/小时),升限大于3000米

    C. 空机质量大于7千克,但小于等于116千克的无人机,且全马力平飞中,校正空速小于100千米/小时(55海里/小时),升限小于3000米

16. I级别无人机指( )。

    A. 空机质量≤0.5千克,起飞全重≤1.5千克

    B. 空机质量≤1千克,起飞全重≤2.5千克

    C. 空机质量≤1.5千克,起飞全重≤1.5千克

17. 超低空无人机任务高度一般在( )之间。

    A. 0～100米   B. 100～1000米   C. 0～50米

18. 多旋翼飞行器属于以下( )概念范畴。

    A. 轻于空气的航空器   B. 直升机   C. 旋翼机

19. ( )航空器平台结构通常包括机翼、机身、尾翼和起落架等。

    A. 单旋翼   B. 多旋翼   C. 固定翼

20. 固定翼无人机的主要升力来源是( )。

    A. 旋翼   B. 机翼   C. 尾翼

21. 以下哪项不属于无人机的典型应用领域?( )

    A. 气象监测   B. 快递配送   C. 深海勘探

22. 无人机相对有人机的优势,以下( )不正确。

    A. 无需生命支持系统   B. 训练可多依赖于模拟器   C. 可靠性指标高

23. 以下不属于航空器的是( )。

    A. 直升机   B. 飞艇   C. 卫星

24. 无人机系统飞行器平台主要使用的是( )空气的动力驱动的航空器。

    A. 轻于   B. 重于   C. 等于

25. 无人机系统的"视距内运行"是指无人机在驾驶员或观测员目视视距内半径不超过
（　　）的范围运行。
　　A. 500 米　　　　　　　　B. 1 千米　　　　　　　　C. 2 千米

26. 无人机的"活动半径"是指（　　）。
　　A. 无人机从起飞点到降落点的直线距离
　　B. 无人机能够往返飞行的最大水平距离
　　C. 无人机单次飞行的最大高度

27. 近程无人机活动半径在（　　）。
　　A. 小于 15 千米　　　　　B. 200～800 千米　　　　C. 15～50 千米

28. 中程无人机活动半径为（　　）。
　　A. 50～200 千米　　　　　B. 大于 800 千米　　　　C. 200～800 千米

29. 超近程无人机活动半径在（　　）以内。
　　A. 15～50 千米　　　　　B. 15 千米　　　　　　　C. 50～200 千米

30. 超视距飞行时,无人机必须依赖（　　）进行操控。
　　A. 目视观察　　　　　　　B. 雷达系统　　　　　　　C. 数据链和地面站

二、无人机系统组成知识训练题

单选题(每题 1 分,共 60 分)

1. 无人机地面站的任务规划功能通常不包括以下哪一项?（　　）
　　A. 飞行航线设计　　　　　B. 气象数据实时采集　　　C. 应急返航点设置

2. （　　）是无人机完成起飞、空中飞行、执行任务、返场回收等整个飞行过程的核心系统,对无人机实现全权控制与管理,因此该子系统之于无人机相当于驾驶员之于有人机,是无人机执行任务的关键。
　　A. 飞控计算机　　　　　　B. 导航子系统　　　　　　C. 飞控子系统

3. 任何单位或者个人未取得（　　）,均不得生产民用航空器。
　　A. 适航证　　　　　　　　B. 型号合格证　　　　　　C. 生产许可证

4. 下列（　　）是飞行控制的方式之一。
　　A. 指令控制　　　　　　　B. 陀螺控制　　　　　　　C. 载荷控制

5. 飞控子系统可以不具备如下功能（　　）。
　　A. 任务分配与航迹规划　　B. 导航与制导控制　　　　C. 姿态稳定与控制

6. 固定翼无人机配平主要考虑的是（　　）沿纵轴的前后位置。
　　A. 气动焦点　　　　　　　B. 发动机　　　　　　　　C. 重心

7. 无人驾驶航空器系统必要的组成部分是（　　）。
　　A. 飞行器平台、通讯链路
　　B. 飞行器平台、控制站
　　C. 飞行器平台、控制站、通讯链路

8. 活塞发动机的爆震最易发生在（　　）。
　　A. 发动机处于高功率状态下工作时

B. 发动机处于小转速和大进气压力状态工作

C. 发动机处于大转速和小进气压力转台工作

9. 目前民用无人机上多用到的舵机属于（　　）类型。

   A. 电动伺服执行机构　　　B. 电液伺服执行机构　　　C. 气动伺服执行机构

10. 无人机搭载任务设备重量主要受限制于（　　）。

   A. 最大起飞重量　　　B. 空重　　　C. 载重能力

11. 二冲程汽油发动机中,燃料箱加注的是（　　）。

   A. 润滑油　　　B. 汽油　　　C. 汽油与润滑油的混合物

12. 可能需要处置的危急情况不包括（　　）。

   A. 任务设备故障　　　B. 舵面故障　　　C. 动力装置故障

13. 无人机地面站显示系统应能显示（　　）信息。

   A. 飞行器状态及链路、载荷状态

   B. 飞行空域信息

   C. 无人机飞行员状态

14. 无人机电气系统一般包括（　　）3个部分。

   A. 电源、电缆、接插件

   B. 电源、配电系统、用电设备

   C. 电缆、供电系统、用电设备

15. 从应用上说,涡桨发动机适用于（　　）。

   A. 中高空长航时无人机

   B. 高空长航时无人机/无人战斗机

   C. 中低空、低速短距/垂直起降无人机

16. （　　）的功能是向无人机各用电系统或设备提供满足预定设计要求的电能。

   A. 供电系统　　　B. 配电系统　　　C. 电源

17. 多旋翼航空器平台结构通常包括机架、（　　）、指挥系统、控制系统。

   A. 摄像系统　　　B. 照明系统　　　C. 动力系统

18. （　　）与无人机控制站的功能类似,但只能控制无人机的机载任务设备,不能进行无人机的飞行控制。

   A. 指挥处理中心　　　B. 无人机控制站　　　C. 载荷控制站

19. 活塞发动机混合气过富油燃烧将引起（　　）的问题。

   A. 发动机工作平稳,但燃油消耗量变大

   B. 电嘴积炭

   C. 发动机过热

20. 可能需要处置的紧急情况不包括（　　）。

   A. 飞控系统故障　　　B. 控制站显示系统故障　　　C. 上行通讯链路故障

21. （　　）是由控制站上的操纵杆直接控制无人机的舵面,遥控无人机的飞行。

   A. 舵面遥控　　　B. 姿态遥控　　　C. 指令控制

22. 对装备定距螺旋桨的活塞发动机,通常用来反映功率的仪表是（　　）。

   A. 进气压力表　　　B. 燃油流量表　　　C. 转速表

23. 位置传感器用于感受无人机的位置,是飞行轨迹控制的必要前提。（　　）是典型的位置传感器。

   A. 角速率传感器　　　B. 加速度传感器　　　C. GPS卫星导航接收机

24. 无人机通过( )控制舵面和发动机节风门来实现无人机控制。
    A. 伺服执行机构　　　　　B. 操纵杆　　　　　　C. 脚蹬

25. 无人机系统通讯链路主要包括:指挥与控制(C.&C.),( ),感知和规避。
    A. 无线电侦察
    B. 空中交通管制(A.TC.)
    C. 电子干扰

26. 以下不是导航飞控系统组成部分的是( )。
    A. 电台　　　　　　　　　B. 执行机构　　　　　C. 传感器

27. 经验表明无人机每飞行_____小时或者更少就需要某种类型的预防性维护,至少每
    _____小时进行较小的维护。( )
    A. 30　60　　　　　　　　B. 20　50　　　　　　C. 25　40

28. 无人机在增稳飞行控制模式下,飞控子系统( )控制。
    A. 不参与　　　　　　　　B. 不确定　　　　　　C. 参与

29. 目前世界上无人机的频谱使用主要集中在 UHF、L 和( )波段
    A. 任意　　　　　　　　　B. C　　　　　　　　　C. VHF

30. 地面站地图航迹显示系统可为无人机驾驶员提供飞行器( )等信息。
    A. 位置　　　　　　　　　B. 飞行姿态　　　　　C. 飞控状态

31. ( )传感器是飞行控制系统的基本传感器之一,用以改善系统的阻尼特性。
    A. 空速　　　　　　　　　B. 迎角、侧滑角　　　C. 角速率

32. 电动动力系统主要由动力电机、动力电源和( )组成。
    A. 调速系统　　　　　　　B. 电池　　　　　　　C. 无刷电机

33. 目前主流的民用无人机所采用的动力系统通常为活塞式发动机和( )两种。
    A. 涡扇发动机　　　　　　B. 电动机　　　　　　C. 火箭发动机

34. ( )主要是制定无人机飞行任务、完成无人机载荷数据的处理和应用,指挥中心/数据
    处理中心一般都是通过无人机控制站等间接地实现对无人机的控制和数据接收。
    A. 无人机控制站　　　　　B. 指挥处理中心　　　C. 载荷控制站

35. 不属于无人机飞控子系统所需信息的是( )。
    A. 空速　　　　　　　　　B. 经/纬度　　　　　　C. 姿态角

36. 大型无人机计算装载重量和重心的方法主要有:计算法、图表法和( )。
    A. 试凑法　　　　　　　　B. 查表法　　　　　　C. 约取法

37. 无人机燃油箱通气目的之一是( )。
    A. 通气增大供油流量
    B. 保证向发动机正常供油
    C. 通气减小供油流量

38. ( )两者组合统称为供电系统。
    A. 电源和电缆　　　　　　B. 电缆和配电　　　　C. 电源和配电

39. 无人机配平的主要考虑是( )沿纵轴的前后位置。
    A. 发动机　　　　　　　　B. 气动焦点　　　　　C. 重心

40. 无线电视距内通讯的无人机多数机载安装( ),需要进行无线电超视距通讯的无人机
    一般采用自跟踪抛物面卫通天线。
    A. 定向天线　　　　　　　B. 蘑菇头天线　　　　C. 全向天线

41. 以下地面链路天线哪一种是定向天线。（　　）

    A. 八木天线　　　　　　　B. 鞭状天线　　　　　　　C. 三叶草天线

42. 飞控子系统必须具备的功能为（　　）。

    A. 无人机姿态稳定与控制,无人机飞行管理,应急控制

    B. 无人机飞行管理,与导航子系统协调完成航迹控制,信息收集与传递

    C. 无人机起飞与着陆控制,无人机飞行管理,信息收集与传递

43. 无人机电气系统中电源和（　　）两者组合统称为供电系统。

    A. 配电系统　　　　　　　B. 供电线路　　　　　　　C. 用电设备

44. 多旋翼飞行器的飞控指的是（　　）。

    A. 机载任务系统　　　　　B. 机载遥控接收机　　　　C. 机载导航飞控系统

45. 不应属于无人机飞控计算机任务范畴的是（　　）。

    A. 数据中继　　　　　　　B. 姿态稳定与控制　　　　C. 自主飞行控制

46. 无人机地面站系统不包括（　　）。

    A. 载荷控制站　　　　　　B. 无人机控制站　　　　　C. 机载电台

47. 二冲程活塞汽油发动机应使用何种润滑油。（　　）

    A. 4T 机油　　　　　　　B. 2T 机油　　　　　　　C. 汽车机油

48. 活塞式发动机中,CDI 系统属于（　　）的一部分。

    A. 进气系统　　　　　　　B. 排气系统　　　　　　　C. 点火系统

49. 飞艇照明系统中航行灯描述正确的是（　　）。

    A. 左红右绿　　　　　　　B. 左绿右红　　　　　　　C. 左绿右绿

50. 汽化器式活塞发动机在何时容易出现汽化器回火现象。（　　）

    A. 热发动起动时　　　　　B. 油门收得过猛　　　　　C. 寒冷天气第一次起动时

51. 指挥控制与（　　）是无人机地面站的主要功能。

    A. 任务规划　　　　　　　B. 导航　　　　　　　　　C. 飞行视角显示

52. 无人机的发动机采用重力供油系统但装有增压泵,主要是为了（　　）。

    A. 保证爬升、下降及其他特殊情况下的正常供油

    B. 保证大速度巡航的用油

    C. 减少油箱的剩余燃油

53. 地面控制站飞行参数综合显示的内容包括:（　　）。

    A. 飞行与导航信息、数据链状态信息、设备状态信息、指令信息

    B. 导航信息显示、航迹绘制显示以及地理信息的显示

    C. 告警信息、地图航迹显示信息

54. （　　）主要是由飞行操纵、任务载荷控制、数据链路控制和通信指挥等组成,可完成对无人机机载任务载荷等的操纵控制。

    A. 指挥处理中心　　　　　B. 无人机控制站　　　　　C. 载荷控制站

55. 当给大型无人机加油时,为预防静电带来的危害应注意（　　）。

    A. 将飞机、加油车和加油枪用连线接地

    B. 检查电瓶和点火电门是否关断

    C. 油车是否接地

56. 属于无人机飞控子系统功能的是（　　）。

    A. 导航控制

B. 任务信息收集与传递

C. 无人机姿态稳定与控制

57. (　　)功能通常包括指挥调度、任务规划、操作控制、显示记录等功能。

A. 数据链路分系统　　　B. 无人机地面站系统　　　C. 飞控与导航系统

58. 固定翼无人机在姿态遥控状态下,如出现动力失效则正确处理方法是(　　)。

A. 保持略大于平飞速度的速度建立下滑航线飞回本场或迫降无人区

B. 势能换动能,低头俯冲

C. 仅剩的动能转换势能,保持上仰姿态与安全高度

59. 导航子系统功能是向无人机提供(　　)信息,引导无人机沿指定航线安全、准时、准确地飞行。

A. 角速度　　　　　　B. 角加速度　　　　　　C. 高度、速度、位置

60. 活塞发动机系统常采用的增压技术主要是用来(　　)。

A. 提高功率　　　　　B. 减少废气量　　　　　C. 增加转速

三、无人机飞行原理知识训练题(一)

单项选择题(每题 1 分,共 110 分)

1. 飞机在低空飞行时,以下哪种因素对升力的影响最显著?(　　)

A. 空气密度　　　　　B. 飞行速度　　　　　C. 机翼面积

2. 关于无人机在侧风条件下的起飞,以下说法正确的是(　　)。

A. 侧风会减小起飞滑跑距离

B. 侧风会增加飞机的滚转力矩,需适当调整副翼以保持平衡

C. 侧风对起飞无影响,无需特殊操作

3. 下列叙述与飞机的正常盘旋飞行无关的是(　　)。

A. 保持飞行高度不变　　B. 保持飞机作圆周飞行　　C. 保持飞机等速直线飞行

4. 没有保护好飞机表面的光洁度,将增加飞机的哪种阻力。(　　)

A. 干扰阻力　　　　　B. 摩擦阻力　　　　　C. 压差阻力

5. 减少飞机摩擦阻力的措施是(　　)。

A. 保持飞机表面光洁度　B. 增大后掠角　　　　C. 减小迎风面积

6. 关于升阻比下列哪个说法正确。(　　)

A. 最大升阻比时,一定是达到临界攻角

B. 最大升力系数时,阻力一定最小

C. 升阻比随迎角的改变而改变

7. 飞机起飞时后缘襟翼放下的角度小于着陆时放下的角度,是因为(　　)。

A. 后缘襟翼放下角度比较小时,机翼的升力系数增加的效果大于阻力系数增加的效果

B. 后缘襟翼放下角度比较大时,机翼的阻力系数增加,升力系数不增加

C. 后缘襟翼放下角度比较小时,机翼的升力系数增加,阻力系数不增加

8. 下滑有利速度使(　　)。

A. 飞机下滑升力最大　　B. 飞机下滑阻力最小　　C. 飞机下滑角最大

9. 对于进行定常飞行的飞机来说（　　）。

    A. 发动机推力一定等于阻力

    B. 作用在飞机上的外载荷必定是平衡力系

    C. 升力一定等于重力

10. 在翼型后部产生涡流，会造成（　　）。

    A. 压差阻力增加　　　　　B. 升力增加　　　　　C. 摩擦阻力增加

11. 飞机焦点的位置（　　）。

    A. 不随仰角变化而改变　　B. 随滚转角变化而改变　　C. 随仰角变化而改变

12. 飞机在对流层中匀速爬升时，随着飞行高度的增加，飞机飞行马赫数（　　）。

    A. 逐渐增加　　　　　　　B. 逐渐减小　　　　　C. 保持不变

13. 某活塞式化油器发动机增加油门时熄火则应（　　）。

    A. 调整低速油针　　　　　B. 飞行时不加油门　　　C. 调整高速油针

14. 不属于云对安全飞行产生不利影响的原因是（　　）。

    A. 温度低造成机翼表面结冰

    B. 增加阻力

    C. 影响正常的目测

15. 飞机升力的大小与空气密度的关系是（　　）。

    A. 空气密度成正比　　　　B. 空气密度成反比　　　C. 空气密度无关

16. 减小干扰阻力的主要措施是（　　）。

    A. 部件连接处采取整流措施

    B. 把暴露的部件做成流线型

    C. 把机翼表面做得很光滑

17. 飞机在平飞时，载重量越大其失速速度（　　）。

    A. 与重量无关　　　　　　B. 角愈大　　　　　　C. 越大

18. 飞机爬升角的大小取决于（　　）。

    A. 剩余推力　　　　　　　B. 飞机重量　　　　　C. 剩余推力和飞机重量

19. 影响升力的因素包括（　　）。

    A. 都是

    B. 飞行器的尺寸或面积、飞行速度、空气密度

    C. CL

20. 飞机平飞要有足够的升力来平衡飞机的重力，产生该升力所需的速度叫作（　　）。

    A. 飞机平飞最大速度　　B. 飞机平飞有利速度　　C. 飞机平飞所需速度

21. 机翼空气动力受力最大的是（　　）。

    A. 机翼上表面负压　　　B. 机翼下表面压力　　　C. 机翼上表面压力

22. 不属于影响飞机机体腐蚀的大气因素是（　　）。

    A. 空气的温差　　　　　B. 空气的相对湿度　　　C. 空气压力

23. 一般来说，油动民用无人机与电动民用无人机在冬天飞行（　　）。

    A. 油动航时比夏天短；电动航时比夏天长

    B. 油动航时比夏天长；电动航时也比夏天长

    C. 油动航时比夏天长；电动航时比夏天短

24. 不属于影响机翼升力系数的因素是（　　）。

    A. 空气密度　　　　　　B. 迎角　　　　　　　C. 翼剖面形状

25. 大多数多旋翼飞行器自主飞行过程利用( )实现高度感知。

    A. GPS   B. 超声波高度计   C. 气压高度计

26. 下列哪项与飞机诱导阻力大小无关。( )

    A. 机翼的根尖比   B. 机翼的翼型   C. 机翼的平面形状

27. 下列哪项不是飞机飞行时所受的外载荷。( )

    A. 重力   B. 惯性   C. 气动力

28. 飞机进行的匀速俯冲拉起飞行,则( )。

    A. 飞行速度方向的变化是由于存在着向心力

    B. 是在平衡外载荷作用下进行的飞行

    C. 速度不发生变化

29. 下述哪类民用无人机动力系统的运转不需要大气中的氧气。( )

    A. 二冲程活塞式汽油机   B. 涡轮喷气发动机   C. 外转子无刷电动机

30. 飞机下滑距离( )。

    A. 与下滑高度有关   B. 与下滑角无关   C. 与下滑高度无关

31. 下列错误的选项是? ( )

    A. 黏性阻力是由于空气和飞行器表面接触产生的

    B. 形状阻力是由于空气和飞行器表面接触产生的

    C. 蒙皮摩擦阻力是由于空气和飞行器表面接触产生的

32. 前缘缝翼的主要作用是( )。

    A. 减小阻力

    B. 增大机翼升力

    C. 放出前缘缝翼,可增大飞机的临界迎角

33. 飞机上产生的摩擦阻力与大气的哪种物理性质有关。( )

    A. 可压缩性   B. 温度   C. 黏性

34. 对飞机飞行安全性影响最大的阵风是( )。

    A. 上下垂直于飞行方向的阵风

    B. 左右垂直于飞行方向的阵风

    C. 沿着飞行方向的阵风

35. 飞机升力的大小与空速的关系是( )。

    A. 与空速无关   B. 与空速成正比   C. 与空速的平方成正比

36. 下面说法错误的是( )。

    A. 滑翔状态,一个较大的下滑角会导致一个很大的重力分量

    B. 在俯冲状态中,飞行轨迹可以达到完全垂直向下

    C. 在爬升状态中,要想爬升得更陡和更快就必须有强大的推力,机翼的作用是主要的

37. 飞机做等速直线水平飞行时,作用在飞机上的外载荷应满足( )。

    A. 升力等于重力,推力等于阻力,抬头力矩等于低头力矩

    B. 升力等于重力,抬头力矩等于低头力矩

    C. 升力等于重力,推力等于阻力

38. 多旋翼航空器的飞行速度与以下因素无关的选项是( )。

    A. 动力系统   B. 导航系统   C. 桨叶设计

39. 机翼升力系数与哪些因素有关。（　　）

    A. 仅与翼剖面形状有关　B. 仅与攻角有关　　　　　C. 与翼剖面形状和攻角有关

40. 当飞机减小速度水平飞行时（　　）。

    A. 减小迎角以减小阻力

    B. 增大迎角以提高升力

    C. 保持迎角不变以防止失速

41. 失速的直接原因是（　　）。

    A. 低速飞行　　　　　　B. 高速飞行　　　　　　C. 迎角过大

42. 下列关于阻力的哪种说法是正确的。（　　）

    A. 在飞机各部件之间加装整流包皮可以减小诱导阻力

    B. 干扰阻力是飞机各部件之间由于气流相互干扰而产生的一种额外阻力

    C. 干扰阻力是由于气流的下洗而引起的

43. 飞机的下滑角是（　　）。

    A. 飞行轨迹与水平面的夹角

    B. 阻力与重力的夹角

    C. 升力与阻力的夹角

44. 在平衡外载荷的作用下，飞机飞行的轨迹（　　）。

    A. 是直线的或是水平曲线的

    B. 一定是直线的

    C. 一定是水平直线的

45. （　　）下发动机处于小油门状态，或怠速甚至关机。

    A. 爬升状态　　　　　　B. 滑翔状态　　　　　　C. 俯冲状态

46. 使用扰流板操纵飞机向左盘旋时，下述哪项说法正确。（　　）

    A. 左机翼飞行扰流板向上打开，右机翼飞行扰流板不动

    B. 左机翼飞行扰流板不动，右机翼飞行扰流板向上打开

    C. 左机翼飞行扰流板向上打开，右机翼飞行扰流板向上打开

47. 下列关于压差阻力哪种说法是正确的。（　　）

    A. 物体的最大迎风面积越大，压差阻力越大

    B. 物体的最大迎风面积越大，压差阻力越小

    C. 物体形状越接近流线型，压差阻力越大

48. 随着飞行速度的提高，下列关于阻力的哪种说法是正确的。（　　）

    A. 诱导阻力减小，废阻力增大

    B. 诱导阻力增大，废阻力增大

    C. 诱导阻力减小，废阻力减小

49. 四冲程汽油发动机中，燃料箱加注的是（　　）。

    A. 汽油与滑油的混合物

    B. 滑油

    C. 汽油

50. 飞机以一定地速逆风起飞时（　　）。

    A. 滑跑距离将不变　　　B. 滑跑距离将增大　　　C. 滑跑距离将减小

51. 属于减升装置的辅助操纵面是（　　　）。
    A. 前缘缝翼　　　　　　　B. 副翼　　　　　　　　C. 扰流板

52. 保持匀速上升时，升力与重力（　　　）。
    A. 相等　　　　　　　B. 升力大于重力　　　　　C. 升力小于重力

53. 关于飞机失速下列说法哪些是正确的。（　　　）
    A. 飞机失速是通过加大发动机动力就可以克服的飞行障碍
    B. 在大迎角或高速飞行状态下都可能出现飞机失速现象。
    C. 亚音速飞行只会出现大迎角失速

54. 飞机的爬升角是指（　　　）。
    A. 飞机横轴与水平线之间的夹角
    B. 飞机立轴与水平线之间的夹角
    C. 飞机上升轨迹与水平线之间的夹角

55. 当速度增加而诱导阻力减少时（　　　）。
    A. 蒙皮摩阻减少了　　　B. 形阻减少了　　　　C. 蒙皮摩阻增加了

56. 在相同飞行速度和迎角情况下，翼面不清洁或前缘结冰的机翼升力（　　　）。
    A. 等于基本翼型升力　　B. 小于基本翼型升力　　C. 大于基本翼型升力

57. 飞机升阻比值的大小主要随下列哪项因素变化。（　　　）
    A. 机翼面积　　　　　　B. 飞行速度　　　　　　C. 飞行迎角

58. 有些飞机的翼尖部位安装了翼梢小翼，它的功用是（　　　）。
    A. 减小诱导阻力　　　　B. 减小摩擦阻力　　　　C. 减小压差阻力

59. 使飞机获得最大下滑距离的速度是（　　　）。
    A. 下滑有利速度　　　　B. 失速速度　　　　　　C. 最大下滑速度

60. 表面脏污的机翼与表面光洁的机翼相比（　　　）。
    A. 同迎角下升力系数相同，阻力系数加大
    B. 相同升力系数时其迎角减小
    C. 最大升力系数下降，阻力系数增大

61. 保持匀速飞行时，阻力与推力（　　　）。
    A. 相等　　　　　　　B. 阻力大于推力　　　　　C. 阻力小于推力

62. 气流沿机翼表面流动，影响由层流变为紊流的原因不包括（　　　）。
    A. 在翼表面流动长度　　B. 空气的流速　　　　　C. 空气密度

63. 飞机着陆的过程是（　　　）。
    A. 下滑、拉平、平飘、接地和着陆滑跑五个阶段
    B. 减速下滑、拉平接地和减速滑跑三个阶段
    C. 下滑、拉平、接地、着陆滑跑和刹车五个阶段

64. 飞行场当地气温的变化，主要会影响以下哪种无人机的传感器？（　　　）
    A. 磁罗盘　　　　　　　B. 速率陀螺　　　　　　C. 气压高度计

65. 利用风可以得到飞机气动参数，其基本依据是（　　　）。
    A. 牛顿定律　　　　　　B. 相对性原理　　　　　C. 连续性假设

66. 常规布局飞机的主要舵面指的是（　　　）。
    A. 方向舵、襟翼、缝翼　　B. 升降舵、方向舵、副翼　　C. 升降舵、方向舵、襟翼

67. 飞机横向平衡中的滚转力矩主要包括（　　　）。
    A. 水平尾翼力矩　　　　B. 机翼升力力矩　　　　C. 机翼阻力力矩

68. 下列哪种状态下飞行器会超过临界迎角？（　　）
    A. 都会　　　　　　　B. 高速飞　　　　　　C. 低速飞行

69. 前缘缝翼的功用有（　　）。
    A. 增加飞机的稳定性　　B. 增大机翼的安装角　　C. 增大最大升力系数

70. "失速"指的是（　　）。
    A. 飞机速度太快
    B. 飞机以大于临界迎角飞行
    C. 飞机失去速度

71. 飞机上不同部件的连接处装有整流包皮，它的主要作用是（　　）。
    A. 减小干扰阻力　　　　B. 减小摩擦阻力　　　　C. 减小诱导阻力

72. 飞机前缘结冰对飞行的主要影响是（　　）。
    A. 相同迎角，升力系数下降
    B. 增大了临界攻角，使飞机易失速
    C. 增大了飞机重量，使起飞困难

73. 操纵无人机时，若迎角超过临界迎角，升力系数会（　　）。
    A. 迅速减小　　　　　　B. 缓慢增大　　　　　　C. 迅速增大

74. 不稳定运动状态与稳定运动或者静止状态的情况不同之处就是多了（　　）。
    A. 重力加速度　　　　　B. 加速度　　　　　　　C. 速度

75. 民用无人机运行多处于低空低速环境下，主要受到的阻力有（　　）。
    ① 摩擦阻力② 循环阻力③ 干扰阻力④ 激波阻力⑤ 诱导阻力⑥ 压差阻力（　　）
    A. ①②⑤⑥　　　　　　B. ①②③④　　　　　　C. ①③⑤⑥

76. 发动机火花塞出问题则会（　　）。
    A. 无法启动　　　　　　B. 突然熄火　　　　　　C. 以上都有可能

77. 飞机在飞行中出现的失速现象的原因是（　　）。
    A. 翼梢出现较强的旋涡，产生很大的诱导阻力
    B. 由于机翼表面粗糙，使附面层由层流变为紊流
    C. 由于迎角达到临界迎角，造成机翼上表面附面层大部分分离

78. 下列哪种说法是正确的？（　　）
    A. 牛顿第二运动定律表明作用力和反作用力是大小相等方向相反的
    B. 如果一个物体处于平衡状态，那么它就有保持这种平衡状态的趋势
    C. 牛顿第三运动定律表明，要获得给定加速度所施加的力的大小取决于无人机的质量

79. 当后缘襟翼放下时，下述哪项说法正确？（　　）
    A. 既增大升力又增大阻力
    B. 只增大阻力
    C. 只增大升力

80. 飞行中操作扰流板伸出（　　）。
    A. 增加飞机抬头力矩，辅助飞机爬升
    B. 增加机翼上翼面的面积以提高升力
    C. 阻挡气流的流动，增大阻力

81. 对起飞降落安全性造成不利影响的是（　　）。
    A. 跑道上的微冲气流

B. 稳定的上升气流

C. 稳定的逆风场

82. 增大飞机机翼的展弦比,目的是减小飞机的(　　　)。

    A. 诱导阻力　　　　　　B. 压差阻力　　　　　　C. 摩擦阻力

83. 属于增升装置的辅助操纵面是(　　　)。

    A. 前缘襟翼　　　　　　B. 副翼　　　　　　　　C. 扰流板

84. 利用增大机翼弯度来提高机翼的升力系数,会导致(　　　)。

    A. 机翼上表面最低压力点后移,减小临界迎角

    B. 机翼上表面最低压力点前移,加大临界迎角

    C. 机翼上表面最低压力点前移,减小临界迎角

85. 下列关于诱导阻力的哪种说法是正确的?(　　　)

    A. 把暴露在气流中的所有部件和零件都做成流线型,可以减小诱导阻力

    B. 在飞机各部件之间加装整流包皮,可以减小诱导阻力

    C. 增大机翼的展弦比可以减小诱导阻力

86. 打开后缘襟翼既能增大机翼切面的弯曲度,又能增加机翼的面积,继而提高飞机的升力系数,这种襟翼被叫作(　　　)。

    A. 简单式襟翼　　　　　B. 后退式襟翼　　　　　C. 分裂式襟翼

87. 公式 $L=Wg$(　　　)。

    A. 适用于飞行器下滑过程

    B. 适用于飞行器爬升过程

    C. 都不适用

88. 在涡阻力等于其他阻力和的地方(　　　)。

    A. 阻力达到最小值　　　B. 阻力达到极小值　　　C. 阻力达到极大值

89. 合理布局飞机结构的位置,是为了减小(　　　)。

    A. 压差阻力　　　　　　B. 干扰阻力　　　　　　C. 摩擦阻力

90. 一个平滑流动或流线型流动里面的空气微团,接近一个低压区时(　　　)。

    A. 会减速　　　　　　　B. 会加速　　　　　　　C. 速度不变

91. 下列关于扰流板的叙述哪项说法错误?(　　　)

    A. 可代替副翼实现飞机横向操纵

    B. 扰流板可作为减速板缩短飞机滑跑距离

    C. 可辅助副翼实现飞机横向操纵

92. 在飞机进行俯冲拉起过程中,飞机的升力(　　　)。

    A. 等于飞机的重量

    B. 大于飞机的重量并一直保持不变

    C. 飞机的曲线运动提供向心力

93. 使用机翼后缘襟翼提高升力系数的同时,临界迎角减小的主要原因是(　　　)。

    A. 放下后缘襟翼时,在上下翼面之间形成了缝隙

    B. 放下后缘襟翼时,增大了机翼的弯度

    C. 放下后缘襟翼时.增大了机翼的面积

94. 部分活塞式发动机中,电子燃油喷射控制系统安装在(　　　)上。

    A. 点火系统。　　　　　B. 排气系统。　　　　　C. 进气系统。

95. 飞机着陆时使用后缘襟翼的作用是(　　　)。

    A. 增加飞机的升力　　　　B. 增加飞机的稳定性　　　　C. 提高飞机的操纵灵敏性

96. 下列哪项对飞机阻力大小影响不大？(　　　)

    A. 飞机的安装角和上反角

    B. 飞机的翼型和平面形状

    C. 飞行速度、空气密度、机翼面积

97. 增大翼型最大升力系数的两个因数是(　　　)。

    A. 厚度和机翼面　　　　B. 厚度和弯度　　　　C. 度和翼展

98. 飞机在飞行时，升力方向是(　　　)。

    A. 与翼弦垂直　　　　B. 与地面垂直　　　　C. 与相对气流速度垂直

99. 常规布局飞机失速时(　　　)。

    A. 机翼向上的力和尾翼向下的力都降低

    B. 机翼向上的力和尾翼向下的力都增加

    C. 机翼向上的力和尾翼向下的力都为零

100. 外侧滑转弯是由于离心力比升力的水平分量还大，把飞机向转弯的外侧拉。下列说法错误的是(　　　)。

    A. 外侧滑转弯可以通过增加倾斜角修正

    B. 为维持一个给定的角速度，倾斜角必须随离心力变化

    C. 在高速飞机上对侧滑进行修正非常重要

101. 飞机上产生的摩擦阻力与什么因素有关？(　　　)

    A. 仅与大气的温度有关

    B. 与大气的黏性、飞机表面状况以及周围气流接触的飞机表面面积有关

    C. 与大气可压缩性有关

102. 下列说法正确的是(　　　)。

    A. 飞机的升阻比越大，飞机的空气动力特性越好

    B. 飞机的升阻比越小，飞机的空气动力特性越好

    C. 飞机的升阻比越大，飞机的空气动力特性越差

103. 减小飞机外形的迎风面积，目的是减小飞机的(　　　)。

    A. 摩擦阻力　　　　B. 压差阻力　　　　C. 诱导阻力

104. 假设其他条件不变，空气湿度大(　　　)。

    A. 空气密度大，起飞滑跑距离短

    B. 空气密度大，起飞滑跑距离长

    C. 空气密度小，起飞滑跑距离长

105. 根据机翼升力和阻力计算公式可以得出，通过增大机翼面积来增大升力的同时(　　　)。

    A. 阻力不变　　　　B. 阻力也随着增大　　　　C. 阻力减小

106. "失速迎角"就是"临界迎角"，指的是(　　　)。

    A. 飞机升力系数最大时的迎角

    B. 飞机飞得最高时的迎角

    C. 飞机飞得最快时的迎角

107. 当恒定角速度水平转弯时空速增加，转弯半径(　　　)。

    A. 减少　　　　B. 增加　　　　C. 不变

108. 通过一个收缩管道的流体,在管道的收缩区,速度的增加必然造成收缩区压力(　　)。

    A. 增加　　　　　　　　B. 不变　　　　　　　　C. 减少

109. 下列关于升阻比的哪种说法是不正确的?(　　)

    A. 升阻比成线性增加

    B. 升力系数达到最大时,升阻比也达到最大

    C. 升力和阻力之比升阻比达到最大之前,随迎角增加

110. 用下滑有利速度下滑,飞机的(　　)。

    A. 升阻比最大　　　　　B. 下滑角最大　　　　　C. 升力最大

四、无人机飞行原理知识训练题(二)

单项选择题(每题 1 分,共 110 分)

1. 无人机在低空飞行时,若遭遇突然的上升气流,飞行员应如何操作以保持飞行高度?(　　)

    A. 减小油门以降低空速

    B. 增大迎角并适当增加油门

    C. 保持当前迎角不变

2. 关于无人机在转弯过程中保持高度的操作,以下说法正确的是(　　)。

    A. 仅需增加油门以补偿升力损失

    B. 需同时增加迎角和油门以平衡升力的垂直分量

    C. 无需额外操作,升力会自动补偿

3. 某活塞式化油器发动机减小油门时熄火则应(　　)。

    A. 调整高速油针　　　　B. 飞行时不减油门　　　　C. 调整低速油针

4. 在定高直线飞行中,下面关于飞机升力的说法,正确的是(　　)。

    A. 空速小时必须减小迎角,以产生适当的升力来保持高度

    B. 空速大时必须增大迎角,以产生适当的升力来保持高度

    C. 空速大时必须减小迎角,以产生适当的升力来保持高度

5. 现代民航客机一般巡航的大气层是(　　)。

    A. 平流层顶层　　　　B. 对流层顶层、平流层底层　　C. 对流层底层

6. 影响翼型性能的最主要的参数是(　　)。

    A. 翼型的厚度和弯度　　B. 弯度和前缘　　　　　C. 前缘和后缘

7. 流体的黏性与温度之间的关系是(　　)。

    A. 气体的粘性随温度的升高而增大

    B. 液体的粘性随温度的升高而增大

    C. 液体的粘性与温度无关

8. 在机翼表面附面层由层流状态转变为紊流状态的转折点的位置(　　)。

    A. 将随着飞行速度的提高而前移

    B. 在飞行 M 数小于一定值时保持不变

    C. 将随着飞行速度的提高而后移

9. 测量机翼的翼展是从(　　)。

    A. 机身中心线到翼尖　　B. 机翼前缘到后缘　　　C. 左翼尖到右翼尖

10. 飞机转弯的向心力是（   ）。
    A. 飞机升力的水平分力
    B. 方向舵上产生的气动力
    C. 飞机的拉力

11. 计算动压时需要哪些数据（   ）。
    A. 空气密度和速度   B. 空气密度和阻力   C. 大气压力和速度

12. 在大气层内,大气密度（   ）。
    A. 随高度增加而减小
    B. 随高度增加而增加
    C. 在同温层内随高度增加保持不变

13. 飞机转弯时,坡度有继续增大的倾向,原因是（   ）。
    A. 转弯外侧阻力比内侧的小
    B. 转弯外侧升力比内侧的大
    C. 转弯外侧阻力比内侧的大

14. 亚音速气流经过收缩管道后（   ）。
    A. 速度增加,压强下降   B. 速度降低,压强下降   C. 速度增加,压强增大

15. 当空气在管道中低速流动时.由伯努利定理可知（   ）。
    A. 流速大的地方,静压大   B. 流速大的地方,静压小   C. 流速大的地方,总压大

16. 舵面遥控状态时,平飞中向后稍拉升降舵杆量,飞行器的迎角（   ）。
    A. 增大   B. 减小   C. 先增大后减小

17. 飞机坡度增大,升力的垂直分量（   ）。
    A. 增大   B. 减小   C. 保持不变

18. 具有上反角的飞机有侧滑角时,会产生（   ）。
    A. 不产生任何力矩   B. 俯仰力矩   C. 偏航力矩

19. 关于动压和静压的方向,以下正确的是（   ）。
    A. 动压和静压都作用在任意方向
    B. 动压作用在流体的流动方向,静压作用在任意方向
    C. 动压和静压的方向都是与运动的方向一致

20. 关于平凸翼型的剖面形状,下面说法正确的是（   ）。
    A. 机翼上表面的弯度大于下表面的弯度
    B. 机翼上表面的弯度小于下表面的弯度
    C. 上下翼面的弯度相同

21. 舵面遥控状态时,平飞中向前稍推升降舵杆量,飞行器的迎角（   ）。
    A. 增大   B. 减小   C. 先减小后增大

22. 超音速气流经过收缩管道后（   ）。
    A. 速度增加,压强下降   B. 速度降低,压强增大   C. 速度增加,压强增大

23. 对于空气密度,下列说法正确的是（   ）。
    A. 空气密度正比于压力和绝对温度
    B. 空气密度正比于压力,反比于绝对温度
    C. 空气密度反比于压力,正比于绝对温度

24. 气流沿机翼表面附面层类型的变化是（   ）。
    A. 可由层流变为紊流   B. 一般不发生变化   C. 可由紊流变为层流

25. 对流层的高度,在地球中纬度地区约为(　　)。

    A. 11 千米　　　　　　　B. 16 千米　　　　　　　C. 8 千米

26. 空气的密度(　　)。

    A. 与压力成反比　　　　B. 与压力成正比　　　　C. 与压力无关

27. 飞机转弯时,为保持高度需要增大迎角,原因是(　　)。

    A. 保持升力水平分量不变

    B. 用以使机头沿转弯方向转动

    C. 保持升力垂直分量不变

28. 层流翼型的特点是(　　)。

    A. 前缘半径大,后部尖的水滴形

    B. 前缘尖的菱形

    C. 最大厚度靠后

29. 亚音速气流流过收缩管道,其气流参数如何变化(　　)。

    A. 流速增加,压强增大　　B. 速度降低,压强下降　　C. 流速增加,压强下降

30. 当迎角达到临界迎角时(　　)。

    A. 升力突然大大降低,而阻力迅速增加

    B. 升力突然大大增加,而阻力迅速减小

    C. 升力和阻力同时大大增加

31. 飞机平飞遇垂直向上突风作用时(　　)。

    A. 阻力将增大　　　　　B. 升力将增大　　　　　C. 升力将减小

32. 气体的伯努利定理是哪个定律在空气流动过程中的应用(　　)。

    A. 能量守恒定律　　　　B. 牛顿第一定律　　　　C. 质量守恒定律

33. 国际标准大气的物理参数的相互关系是(　　)。

    A. 体积不变时,压力和温度成正比

    B. 压力不变时,体积和温度成反比

    C. 温度不变时,压力与体积成正比

34. 在温度不变情况下,空气的密度与压力的关系(　　)。

    A. 与压力成反比　　　　B. 与压力无关　　　　　C. 与压力成正比

35. 飞机机翼的焦点指的是(　　)。

    A. 升力的着力点　　　　B. 附加升力的着力点　　C. 重力的着力点

36. 转弯时,为保持高度和空速,应(　　)。

    A. 增大迎角、减小拉力　　B. 减小迎角、增大拉力　　C. 增大迎角和油门

37. 当空气在管道中流动时,由伯努利定理可知(　　)。

    A. 凡是流速大的地方,压强就小

    B. 凡是流速小的地方,压强就小

    C. 凡是流速大的地方,压强就大

38. 伯努利方程的使用条件是(　　)。

    A. 只要是理想的与外界无能量交换的流体

    B. 必须是理想的、不可压缩且与外界无能量变换的流体

    C. 只要是理想的不可压缩流体

39. 飞机迎角增大,压力中心的位置会(　　)。
    A. 前移　　　　　　　　B. 后移　　　　　　　　C. 保持不变

40. 机翼的展弦比是(　　)。
    A. 展长与翼尖弦长之比
    B. 展长与平均几何弦长之比
    C. 展长与机翼最大厚度之比

41. (　　)是在无人机具有姿态稳定控制机构的基础上,通过操纵杆控制无人机的俯仰角、滚转角
    和偏航角,从而改变无人机的运动。
    A. 舵面遥控　　　　　　B. 指令控制　　　　　　C. 姿态遥控

42. 对低速气流,由伯努利方程可以得出(　　)。
    A. 流管内气流速度增加,空气静压减小
    B. 流管截面积减小,空气静压增加
    C. 流管内气流速度增加,空气静压也增加

43. 具有后掠角的飞机有侧滑角时,会产生(　　)。
    A. 俯仰力矩　　　　　　B. 不产生任何力矩　　　C. 滚转力矩

44. 常规布局固定翼无人机要实现向左滚转和上仰姿态,舵面的偏转方向应该是(　　)。
    A. 副翼左下右上,升降舵向上偏
    B. 副翼左上右下,升降舵向下偏
    C. 副翼左上右下;升降舵向上偏

45. 下列叙述属于平流层的特点是(　　)。
    A. 空气中几乎没有水蒸气
    B. 空气没有上下对流
    C. 高度升高气温下降

46. 翼型的最大厚度与弦长的比值称为(　　)。
    A. 相对厚度　　　　　　B. 相对弯度　　　　　　C. 最大弯度

47. 翼型的最大弯度与弦长的比值称为(　　)。
    A. 相对弯度　　　　　　B. 最大厚度　　　　　　C. 相对厚度

48. 对于非对称翼型的零升迎角是(　　)。
    A. 一个小的负迎角　　　B. 一个小的正迎角　　　C. 失速迎角

49. 偏转副翼使飞机转弯时,两翼的阻力是(　　)。
    A. 外侧机翼阻力大　　　B. 内侧机翼阻力大　　　C. 相等

50. 一定体积的容器中,空气压力(　　)。
    A. 与空气密度和空气温度乘积成反比
    B. 与空气密度和空气温度乘积成正比
    C. 与空气密度和空气绝对温度乘积成正比

51. 测量机翼的翼弦是从(　　)。
    A. 机身中心线到翼尖　　B. 左翼尖到右翼尖　　　C. 机翼前缘到后缘

52. 流体的连续性方程(　　)。
    A. 适用于可压缩和不可压缩流体的稳定管流
    B. 只适用于不可压缩流体的稳定管流
    C. 只适用于理想流动

53. 伯努利方程适用于( )。
    A. 适用于各种速度的气流
    B. 低速气流
    C. 高速气流

54. 飞机失速的原因是( )。
    A. 飞机速度太小   B. 机速度太大   C. 飞机迎角超过临界迎角

55. 如果对称机翼相对来流仰头旋转了一个迎角,驻点( )。
    A. 不会移动
    B. 稍稍向前缘的上表面移动
    C. 稍稍向前缘的下表面移动

56. 放全襟翼下降,无人机能以( )。
    A. 较大的下降角,较小的速度下降
    B. 较大的下降角,较大的速度下降
    C. 较小的下降角,较大的速度下降

57. 哪一类作业的气象无人机在控制成本的情况下,允许单次使用不回收。( )
    A. 人工催化播撒降雨   B. 旱涝灾害评估   C. 强对流云直接探测

58. 空气动力学概念中,空气的物理性质主要包括( )。
    A. 空气的压缩性   B. 空气的黏性   C. 空气的黏性和压缩性

59. 飞机着陆进入地面效应区时,将( )。
    A. 出现短暂的机头上仰变化
    B. 经历诱导阻力减小的过程,需要减小动力
    C. 需要增大迎角以保持相同的升力系数

60. 在对流层内,空气的温度( )。
    A. 随高度增加保持不变   B. 随高度增加而升高   C. 随高度增加而降低

61. 当无人机的迎角为临界迎角时( )。
    A. 飞行速度最大   B. 阻力最小   C. 升力系数最大

62. 下列正确的选项是?( )
    A. 飞行器飞行时阻力是可以避免的
    B. 每次翼型或迎角的变化都不会改变飞机的阻力
    C. 了解飞机阻力是如何产生的并如何去减小它是很重要的

63. 飞机重心位置的表示方法是( )。
    A. 用重心到机体基准面的距离和平均气动力弦长之比的百分数来表示
    B. 用重心到平均几何弦后缘的距离和平均几何弦长之比的百分数来表示
    C. 用重心到平均气动力弦前缘的距离和平均气动力弦长之比的百分数来表示

64. 飞机飞行中,空气表现出来的可压缩程度( )。
    A. 只取决于飞机飞行当地的音速
    B. 和飞机飞行的速度(空速)以及当地的音速有关
    C. 只取决于飞机的飞行速度(空速)

65. 同一起飞重量的不同民用无人机系统航线飞行,一般_____的受风的影响小。( )
    A. 巡航速度适中   B. 巡航速度小   C. 巡航速度大

66. 载荷因子是( )。
    A. 飞机升力与阻力的比值

B. 飞机拉力与阻力的比值

C. 飞机承受的载荷(除重力外)与重力的比值

67. 飞机迎角减小,压力中心的位置会( )。

    A. 前移   B. 后移   C. 保持不变

68. 气体的压力 P、密度 ρ、温度 T 三者之间的变化关系是(R 为理想气体常数)( )。

    A. $T=PR\rho$ B. $P=R\rho/T$ C. $P=R\rho T$

69. 相同迎角,飞行速度增大一倍,阻力增加约为原来的( )。

    A. 四倍   B. 二倍   C. 一倍

70. 飞机上升时,其迎角( )。

    A. 小于零   B. 等于零   C. 大于零

71. 影响空气黏性力的主要因素是( )。

    A. 空气温度   B. 空气清洁度   C. 相对湿度

72. 流体在管道中稳定低速流动时,如果管道由粗变细,则流体的流速( )。

    A. 保持不变   B. 增大   C. 减小

73. 飞机飞行中,机翼升力等于零时的迎角称为( )。

    A. 零迎角   B. 零升迎角   C. 失速迎角

74. 对于下滑中的飞机来说,升力和重力关系,( )。

    A. $L=Wg$ B. $L=Wg\cos a$ C. $L=Wg\sin a$

75. 气流产生下洗是由于( )。

    A. 机翼上下表面存在压力差的影响

    B. 分离点后出现旋涡的影响

    C. 转捩点后紊流的影响

76. 气体的连续性定理是哪个定律在空气流动过程中的应用( )。

    A. 能量守恒定律   B. 牛顿第一定律   C. 质量守恒定律

77. 飞机下降时,其迎角( )。

    A. 小于零   B. 大于零   C. 等于零

78. 飞机的迎角是( )。

    A. 飞机翼弦与水平面的夹角

    B. 飞机纵轴与水平面的夹角

    C. 飞机翼弦与相对气流的夹角

79. 飞机的压力中心是( )。

    A. 压力最高的点   B. 压力最低的点   C. 升力的着力点

80. 对一般翼型来说,下列说法中,哪项是正确的( )。

    A. 当翼剖面有一个正迎角时,上翼面处的流速小于下翼面处的流速

    B. 当迎角为零时,升力不为零

    C. 当翼剖面有一个正迎角时,上翼面处的流线比下翼面处的流线疏

81. 机翼的安装角是( )。

    A. 翼弦与机身纵轴之间所夹锐角

    B. 翼弦与水平面之间所夹的锐角

    C. 翼弦与相对气流速度的夹角

82. $Cl=1.3$ 和 $Cl=1.0$( )。

    A. 产生升力相等   B. 前者产生更大升力   C. 后者产生更大升力

83. 流体在管道中以稳定的速度流动时,如果管道由粗变细,则流体的流速(　　　)。

　　A. 减小　　　　　　　　B. 保持不变　　　　　　　C. 增大

84. 流体的伯努利定理(　　　)。

　　A. 适用于黏性的理想流体

　　B. 适用于不可压缩的理想流体

　　C. 适用于不可压缩的黏性流体

85. 为了飞行安全,飞机飞行时的升力系数和迎角一般为(　　　)。

　　A. 最大升力系数和小于临界迎角的迎角限定值

　　B. 小于最大升力系数和临界迎角的两个限定值

　　C. 最大升力系数和临界迎角最大

86. 在大气层内,大气压强(　　　)。

　　A. 随高度增加而减小

　　B. 随高度增加而增加

　　C. 在同温层内随高度增加保持不变

87. 根据机翼的设计特点,其产生的升力来自(　　　)。

　　A. 机翼上下表面的正压强

　　B. 机翼下表面的正压和上表面的负压

　　C. 机翼下表面的负压和上表面的正压

88. 在风中全马力飞行的固定翼民用无人机(　　　)。

　　A. 顺风飞行时空速较大　　B. 逆风飞行时空速较大　　C. 顺风逆风空速相同

89. 下列不是影响空气黏性的因素是(　　　)。

　　A. 空气的流动位置　　　　B. 气流的流速　　　　　　C. 空气的黏性系数

90. 下列叙述与伯努利定理无关的是(　　　)。

　　A. 流体流速大的地方压力小,流速小的地方压力大

　　B. 气流沿流管稳定流动过程中,气流的动压和静压之和等于常数

　　C. 气流低速流动时,流速与流管横截面积成正比

91. 舵面遥控状态时,平飞中向右稍压副翼杆量,无人机(　　　)。

　　A. 右翼升力大于左翼升力

　　B. 左翼升力等于右翼升力

　　C. 左翼升力大于右翼升力

92. 从原点作极曲线的切线,切点所对应的迎角值是(　　　)。

　　A. 最小迎角　　　　　　　B. 有利迎角　　　　　　　C. 最大迎角

93. 对于带襟翼无人机,放下襟翼,飞机的失速速度将(　　　)。

　　A. 减小　　　　　　　　B. 不变　　　　　　　　　C. 增大

94. 飞机在地面效应区时,引起的气动力变化是(　　　)。

　　A. 升力增大、阻力减小　　B. 升力减小、阻力增大　　C. 升力增大、阻力增大

95. 通过改变迎角,无人机驾驶员可以控制飞机的(　　　)。

　　A. 升力、空速、阻力　　　B. 升力、拉力、阻力　　　C. 升力、空速、阻力、重量

96. 飞机坡度增大,升力的水平分量(　　　)。

　　A. 保持不变　　　　　　　B. 增大　　　　　　　　　C. 减小

97. 飞机水平转弯,坡度增大,失速速度(　　　)。

    A. 增大

    B. 减小

    C. 保持不变,因为临界迎角不变

98. 机翼1/4弦线与垂直机身中心线的直线之间的夹角称为机翼的(　　　)。

    A. 后掠角　　　　　　　　B. 安装角　　　　　　　　C. 上反角

99. 下列叙述不属于平流层的特点是(　　　)。

    A. 温度大体不变,平均在−56.5

    B. 空气上下对流激烈

    C. 空气中的风向、风速不变

100. 国际标准大气的定义是(　　　)。

    A. 对流层附近常温常压下空气的密度

    B. 海平面附近常温常压下空气的密度

    C. 地表层附近常温常压下空气的密度

101. 在大风中自驾飞行的固定翼民用无人机,航线左转90度,(　　　)。

    A. 逆风左转90度,转出的弯大

    B. 逆风、顺风左转90度,转出的弯一样大

    C. 顺风左转90度,转出的弯大

102. 流管中空气的动压(　　　)。

    A. 与空气速度和空气密度成正比

    B. 与空气密度成正比

    C. 与空气速度平方和空气密度成正比

103. 空速适度减小时,为保持高度,应实施的操作是(　　　)。

    A. 增大迎角,使升力的增加大于阻力的增加

    B. 增大迎角,以保持升力不变

    C. 减小迎角,以保持阻力不变

104. 下列关于动压的说法,正确的是(　　　)。

    A. 动压和速度成正比　　B. 总压与静压之差　　　　C. 总压与静压之和

105. 如飞机出现失速,飞行员应(　　　)。

    A. 立即拉杆　　　　　　　B. 立即蹬舵　　　　　　　C. 立即推杆到底

106. 对于带襟翼无人机,放下襟翼,飞机的升力将＿＿＿＿＿,阻力将＿＿＿＿＿。(　　　)

    A. 增大、增大　　　　　　B. 增大、减小　　　　　　C. 减小、减小

107. 一定质量的气体具有下列特性(　　　)。

    A. 压力不变时,体积和温度成反比

    B. 体积不变时,压力和温度成正比

    C. 温度不变时,压力与体积成正比

108. 从地球表面到外层空间,大气层依次是(　　　)。

    A. 对流层、平流层、电离层、中间层和散逸层

    B. 对流层、中间层、平流层、电离层和散落层

    C. 对流层、平流层、中间层、电离层和散逸层

109. 无人机上的仪表、压力计管路和所有承压软管,应能承受(　　　)规定最高工作压力的

1.5 倍的压力而无渗漏。

   A. 不大于   B. 等于   C. 不小于

110. 在机翼上,驻点处是(　　)。

   A. 空气与前缘相遇的地方

   B. 空气与后缘相遇的地方

   C. 都不正确

五、无人机飞行原理知识训练题(三)

单项选择题(每题 1 分,共 110 分)

1. 无人机在飞行中,若受到扰动后产生持续的振幅增大现象,这表明无人机具有(　　)。

   A. 正动安定性   B. 负动安定性   C. 中立动安定性

2. 无人机在飞行中,若重心位置过于靠前,会导致(　　)。

   A. 纵向稳定性增强,操纵性变差

   B. 纵向稳定性减弱,操纵性变好

   C. 横向稳定性增强,航向稳定性减弱

3. 无人机在侧风条件下起飞时,为保持航向,飞行员应如何操作方向舵?(　　)

   A. 向侧风来向偏转方向舵 B. 向侧风反向偏转方向舵 C. 无需操作方向舵

4. 无人机在飞行中,若水平尾翼面积增加,对飞机的影响是(　　)。

   A. 纵向静稳定性增强   B. 方向静稳定性增强   C. 横向静稳定性增强

5. 无人机在飞行中,若遇到强烈的垂直上升气流,为防止过载超限,飞行员应(　　)。

   A. 加大油门迅速脱离   B. 适当降低飞行速度   C. 保持当前速度继续飞行

6. 飞机上的总空气动力的作用线与飞机纵轴的交点称为(　　)。

   A. 全机重心   B. 机体坐标的原点   C. 全机的压力中心

7. 固定翼常规无人机飞行主操纵面有(　　)。

   A. 副翼、升降舵、方向舵、调整片

   B. 副翼、升降舵(或全动平尾)、方向舵

   C. 副翼

8. 飞机从已建立的平衡状态发生偏离,若(　　),则飞机表现出正动安定性。

   A. 飞机振荡的振幅不增大也不减小

   B. 飞机振荡的振幅减小使飞机回到原来的平衡状态

   C. 飞机振荡的振幅持续增大

9. 描述飞机在空间姿态的姿态角有(　　)。

   A. 俯仰角,侧滑角,滚转角

   B. 滚转角,偏航角,俯仰角

   C. 迎角,偏航角,滚转角

10. 飞机的重心位置影响飞机的(　　)。

   A. 方向稳定性   B. 横向稳定性   C. 纵向稳定性

11. 计算无人机装载重量和重心的方法不包括(　　)。

   A. 坐标法   B. 查表法   C. 计算法

12. 飞机的纵向安定性有利于( )。

    A. 防止飞机绕纵轴滚转过快

    B. 防止飞机绕立轴偏转过快

    C. 防止飞机抬头过高或低头过低

13. 飞机发生螺旋后,最常规的制止方法是( )。

    A. 立即推杆到底改出失速

    B. 立即向螺旋反方向打舵到底制止滚转

    C. 立即加大油门增速

14. ( )频段可用于无人机系统下行链路,该无线电台工作时不得对其他合法无线电业务造成影响,也不能寻求无线电干扰保护。

    A. 840.5—845 MHz   B. 2408—2440 MHz   C. 1430—1446 MHz

15. 常规布局的飞机,机翼升力对飞机重心的力矩常为使飞机机头的( )力矩。

    A. 上仰   B. 下俯   C. 偏转

16. 对于在大风天伞降回收的民用无人机,以下说法错误的是( )

    A. 尽量在上风区开伞

    B. 尽量在有技术条件的情况下,接地后切断主伞连接

    C. 尽量在高高度开伞

17. 飞机平飞时保持等速飞行的平衡条件是( )。

    A. 升力等于重力,推力等于重力

    B. 升力等于重力,推力等于阻力

    C. 升力等于阻力,推力等于重力

18. 飞行中发现飞机非指令的时而左滚,时而右滚,同时伴随机头时而左偏,时而右偏的现象,此迹象表明( )。

    A. 飞机进入了螺旋   B. 飞机进入了失速   C. 飞机进入了飘摆(荷兰滚)

19. 具有正静安定性的飞机,当受到扰动使平衡状态变化后,( )。

    A. 继续偏离原平衡状态的趋势

    B. 回到原平衡状态的趋势

    C. 保持偏离后的平衡状态

20. 从机尾向机头方向看去,顺时针旋转螺旋桨飞机的扭矩使飞机( )

    A. 向左滚转   B. 向上抬头   C. 向下低头

21. 重心靠后,飞机的纵向安定性( )。

    A. 变强   B. 保持不变   C. 减弱

22. 如果在机场中只有一条跑道,其跑道使用方向应保证航空器能够( )。

    A. 逆风起降   B. 侧风起   C. 顺风起降

23. 研究飞机运动时选用的机体坐标,其( )。

    A. 以飞机重心为原点,纵轴和横轴确定的平面为对称面

    B. 以全机焦点为原点,纵轴和立轴确定的平面为对称面

    C. 以飞机重心为原点,纵轴和立轴确定的平面为对称面

24. 对于具有静稳定性的飞机,向左侧滑时其机头会( )。

    A. 向右转   B. 向左转   C. 保持不变

25. 飞机绕纵轴的稳定性称为（　　）。

    A. 纵向稳定　　　　　　B. 航向稳定性　　　　　C. 横向稳定性

26. 飞机的横侧安定性过强，而方向安定性相对过弱，飞机容易出现（　　）。

    A. 失去纵向安定性　　　B. 飘摆（荷兰滚）　　　C. 螺旋不稳定现象

27. 如果民用固定翼无人机在机翼上有一层霜（　　）。

    A. 那么他的失速速度会减小

    B. 那么他的失速速度增加或减小不确定

    C. 那么他的失速速度会增加

28. 偏转副翼使飞机右转弯时，为修正逆偏转的影响，应（　　）。

    A. 向左压杆　　　　　　B. 向左偏转方向舵　　　C. 向右偏转方向舵

29. （　　）频段可用于无人机系统的上行遥控链路。

    A. 1430—1446 MHz　　　B. 840.5—845 MHz　　　C. 2408—2440 MHz

30. （　　）频段可用于无人机系统下行遥测与信息传输链路。

    A. 2408—2440 MHz　　　B. 840.5—845 MHz　　　C. 1430—1446 MHz

31. 关于伞降回收以下正确的是（　　）。

    A. 无人机悬挂在主伞下慢慢着陆，机下触地开关接通，使主伞收回无人机内，这是对降落伞回收过程最简单的描述

    B. 回收伞均由主伞、减速伞和阻力伞三级伞组成

    C. 当无人机完成任务后，地面站发遥控指令给无人机或由无人机自主执行，使无人机减速，降高及发动机停车

32. 下列哪种变化情况肯定会增加飞机方向静稳定性？（　　）

    A. 增加垂直尾翼面积　　B. 增加水平尾翼面积　　C. 增加机翼面积

33. 具有负静安定性的飞机，当受到扰动使平衡状态变化后，（　　）。

    A. 保持偏离后的平衡状态的趋势

    B. 回到原平衡状态的趋势

    C. 继续偏离原平衡状态的趋势

34. 使飞机绕横轴转动的力矩称为（　　）。

    A. 倾斜力矩　　　　　　B. 俯仰力矩　　　　　　C. 滚转力矩

35. 无人机驾驶员操纵副翼时，飞行器将绕（　　）。

    A. 横轴运动　　　　　　B. 纵轴运动　　　　　　C. 立轴运动

36. 飞机纵向阻尼力矩的产生主要（　　）。

    A. 由水平尾翼产生的　　B. 由垂直尾翼产生的　　C. 由后掠机翼产生的

37. 飞行侧滑角为（　　）。

    A. 空速向量与飞机对称面的夹角

    B. 飞行速度与水平面的夹角

    C. 飞机纵轴与水平面的夹角

38. 在装载时，由于飞机重心偏右，可导致在巡航飞行时，飞机的阻力（　　）。

    A. 减小　　　　　　　　B. 增大　　　　　　　　C. 不变

39. 无人的发动机采用重力供油系统但装有增压泵，主要是为了（　　）。

    A. 减少油箱的剩余燃油

B. 保证大速度巡航的用油

C. 保证爬升、下降及其他特殊情况下的正常供油

40. 飞机的航向稳定性是指飞机绕下列哪个轴线的稳定性？（　　）

    A. 立轴　　　　　　　　B. 纵轴　　　　　　　　C. 横轴

41. 飞机的理论升限（　　）实用升限。

    A. 小于　　　　　　　　B. 大于　　　　　　　　C. 等于

42. 飞机的横向和航向稳定性之间（　　）。

    A. 横向稳定性好，航向稳定性就差

    B. 必须匹配适当

    C. 互相独立

43. 飞机的重心位置对飞机的（　　）。

    A. 方向稳定性产生影响　　B. 横向稳定性产生影响　　C. 纵向稳定性产生影响

44. 影响飞机俯仰平衡的力矩主要是（　　）。

    A. 机身力矩和机翼力矩

    B. 机翼力矩和垂尾力矩

    C. 机翼力矩和水平尾翼力矩

45. 对于正常布局的飞机，下列叙述正确的是（　　）。

    A. 飞机全机的焦点在机翼焦点的前面

    B. 飞机全机的焦点和机翼焦点始终重合

    C. 飞机全机的焦点在机翼焦点的后面

46. 飞机的横侧安定性有助于（　　）。

    A. 使飞机保持航向

    B. 使机翼恢复到水平状态

    C. 使飞机保持迎角

47. 无人机飞行员操纵升降舵时，飞行器将绕（　　）。

    A. 横轴运动　　　　　　B. 纵轴运动　　　　　　C. 立轴运动

48. 飞机纵稳定性是指飞机受到上下对流扰动后（　　）。

    A. 产生绕横轴转动，扰动消失后自动恢复原飞行姿态

    B. 产生绕横轴转动，扰动消失后俯仰角自动回到零

    C. 产生绕立轴转动，扰动消失后转角自动回到零

49. 无人机弹射发射方式主要用于（　　）。

    A. Ⅺ、Ⅻ级别固定翼无人机

    B. Ⅲ、Ⅳ、Ⅺ级别固定翼无人机

    C. Ⅰ、Ⅱ、Ⅲ、Ⅳ、Ⅶ级别固定翼无人机

50. 重心靠前，飞机的纵向安定性（　　）。

    A. 减弱　　　　　　　　B. 变强　　　　　　　　C. 不受影响

51. 飞机的纵向和航向稳定性之间（　　）。

    A. 纵向稳定性好，航向稳定性就差

    B. 必须匹配适当

    C. 互相独立

52. 关于垂直起飞和着陆回收以下错误的是（　　）。

    A. 垂直起降是旋翼无人机的主流发射回收方式

　　B．部分特种固定翼无人机也可采用垂直方式发射和回收

　　C．垂直起降的固定翼无人机均安装有专用的辅助动力系统

53．同架同样重量的飞机（　　）。

　　A．在高原机场降落比在平原机场降落需要的跑道短

　　B．在高原机场降落和在平原机场降落需要的跑道一样长

　　C．在高原机场降落比在平原机场降落需要的跑道长

54．关于升阻比和载荷因数，以下说法错误的是（　　）。

　　A．在最小阻力迎角下飞行，可以获得最大的升阻比

　　B．升力与重力的比值称为载荷因数

　　C．载荷因数与升阻比成正比

55．飞机的横向稳定性是指飞机绕下列哪个轴线的稳定性？（　　）

　　A．偏航轴　　　　　　　B．横轴　　　　　　　C．纵轴

56．无人机飞行员在操纵飞机平飞时，遇到强烈的垂直上升气流时，为了防止过载超规定应（　　）。

　　A．适当减小飞行速度　　B．加大油门迅速脱离　　C．以最大上升率增大高度

57．飞机横向稳定性是指飞机受到扰动后（　　）。

　　A．产生绕纵轴转动，扰动消失后转角自动回到零

　　B．产生绕纵轴转动，扰动消失后自动恢复原飞行姿态

　　C．产生绕横轴转动，扰动消失后转角自动回到零

58．无人机驾驶员舵面遥控操纵飞机时（　　）。

　　A．拉杆飞机转入下降　　B．推油门飞机转入下降　　C．推杆飞机转入下降

59．飞机平飞航程的长短（　　）。

　　A．决定于平飞的高度

　　B．决定于发动机小时耗油量的大小

　　C．决定于平飞可用燃油量多少

60．飞机的重心位置对飞机的哪个稳定性有影响？（　　）

　　A．横向稳定性　　　　　B．纵向稳定性　　　　　C．纵向稳定性和航向稳定性

61．飞机离地速度越小，则（　　）。

　　A．滑跑距离越长，飞机的起飞性能越好

　　B．滑跑距离越短，飞机的起飞性能越差

　　C．滑跑距离越短，飞机的起飞性能越好

62．下列说法错误的是（　　）。

　　A．重心的移动不会改变静稳定裕度

　　B．配重的任何变化都将需要新的升降舵配平以维持水平飞行

　　C．裕度越大，稳定性就越强。

63．具有纵向安定性的飞机，飞机重心（　　）。

　　A．位于压力中心前　　　B．与压力中心重合　　　C．位于压力中心后

64．固定翼常规无人机飞行辅助操纵面有（　　）。

　　A．缝翼、襟翼、调整片、全动平尾

　　B．副翼、升降舵、方向舵、调整片

　　C．缝翼、襟翼、调整片

65. 飞机的纵向稳定性是指飞机绕下列哪个轴线的稳定性?(　　)

    A. 纵轴　　　　　　　　B. 横轴　　　　　　　　C. 立轴

66. 飞机航向稳定性是指飞机受到侧风扰动后(　　)。

    A. 产生绕立轴转动,扰动消失后自动恢复原飞行姿态

    B. 产生绕横轴转动,扰动消失后转角自动回到零

    C. 产生绕立轴转动,扰动消失后转角自动回到零

67. 飞机飞行的俯仰角为(　　)。

    A. 飞行速度与水平面的夹角

    B. 飞机纵轴与水平面的夹角

    C. 飞机纵轴与飞行速度向量的夹角

68. 飞机绕立轴的稳定性称为(　　)。

    A. 纵向稳定性　　　　　B. 横向稳定性　　　　　C. 航向稳定性

69. 焦点在重心之后,向后移焦点,飞机的操纵性(　　)。

    A. 操纵性减弱　　　　　B. 操纵性增强　　　　　C. 操纵性与此无关

70. 关于拦截网或"天钩"回收以下正确的是(　　)。

    A. 拦截网系统通常由拦截网、能量吸收装置组成

    B. 用拦截网系统回收无人机是目前世界中型无人机较普遍采用的回收方式之一

    C. 能量吸收装置与拦截网相连,其作用是吸收无人机撞网的能量,免得无人机触网后在网上弹跳不停,以致损伤

71. 关于升阻比和载荷因数,以下说法错误的是(　　)。

    A. 在最小阻力迎角下飞行,可以获得最大的升阻比

    B. 载荷因数与升阻比成正比

    C. 升力与重力的比值称为载荷因数

72. 下列叙述错误的是(　　)。

    A. 飞机焦点位于飞机重心之前有利于飞机的纵向安定性

    B. 飞机的重心位置与飞机的装载情况有关,与飞机的飞行状态无关

    C. 飞机焦点位于飞机重心之后有利于飞机的纵向安定性

73. 对飞机方向稳定性影响最大的是(　　)。

    A. 水平尾翼　　　　　B. 飞机的最大迎风面积　　C. 垂直尾翼

74. 机翼的压力中心(　　)。

    A. 迎角改变时升力增量作用线与翼弦的交点

    B. 翼弦与机翼空气动力作用线的交点

    C. 翼弦与最大厚度线的交点

75. 使飞机绕立轴作旋转运动的力矩称为(　　)。

    A. 俯仰力矩　　　　　B. 纵向力矩　　　　　C. 偏航力矩

76. 飞机在 y 方向上的"过载"是指(　　)。

    A. 飞机推力与飞机阻力的比值

    B. 飞机升力与飞机重力的比值

    C. 飞机升力与飞机阻力的比值

77. 在高海拔、寒冷、空气稀薄地区,飞行负载不变,飞行状态会(　　)。

    A. 功率损耗增大,飞行时间减少

    B. 飞行时间变长

C. 最大起飞重量增加

78. 飞机从已建立的平衡状态发生偏离,若( ),则飞机表现出负动安定性。

    A. 飞机振荡的振幅减小使飞机回到原来的平衡状态

    B. 飞机振荡的振幅不增大也不减小

    C. 飞机振荡的振幅持续增大

79. 飞机的横向阻尼力矩主要由( )。

    A. 机翼产生   B. 垂直尾翼产生   C. 水平尾翼产生

80. 飞机绕横轴的稳定性称为( )。

    A. 纵向稳定性   B. 航向稳定性   C. 横向稳定性

81. 无人机的发射方式可归纳为手抛发射、零长发射、弹射发射、起落架滑跑起飞、母机空中发射、容器式发射装置发射和垂直起飞等类型。下列说法正确的是( )。

    A. 容器式发射装置是一种封闭式发射装置,兼备发射与贮存无人机功能。它有单室式和多室式两种类型

    B. 无人机安装在轨道式发射装置上,在压缩空气、橡筋或液压等弹射装置作用下起飞,无人机飞离发射装置后,在辅助发动机作用下完成飞行任务

    C. 在地面发射时,无人机使用较为广泛的发射方式是母机空中发射与零长发射

82. 使飞机绕纵轴产生侧倾的力矩称为( )。

    A. 滚转力   B. 偏航力矩   C. 俯仰力矩

83. 关于粗猛着陆描述正确的是( )。

    A. 不按规定的着陆高度、速度及接地角,导致受地面撞击力超过规定

    B. 粗猛着陆时前轮先接地

    C. 粗猛着陆就是使飞机接地的动作太快

84. 飞机发生螺旋现象的原因是( )。

    A. 飞行员压杆过多   B. 飞机失速后机翼自转   C. 飞行员方向舵操纵不当

85. 无人机积水道面上起飞,其起飞距离比正常情况下( )。

    A. 长   B. 短   C. 相等

86. 仅偏转副翼使飞机水平左转弯时,出现( )。

    A. 无侧滑   B. 右侧滑   C. 左侧滑

87. 系留杆的系留头应满足( )。

    A. 固定死   B. 可以水平转动   C. 可以水平转动并能上下转动

88. 同一起飞重量的不同民用无人机系统航线飞行,一般( )的受风影响小。

    A. 巡航速度大   B. 巡航速度中   C. 巡航速度小

89. 机场吹东风时,飞机起飞着陆的最好方向应是( )。

    A. 由北向南   B. 由东向西   C. 由西向东

90. 无人机的回收方式可归纳为伞降回收、空中回收、起落架轮式着陆、拦阻网回收、气垫着陆和垂直着陆等类型。下列说法错误的是( )。

    A. 用拦截网系统回收无人机是目前世界小型无人机采用的回收方式之一

    B. 起落架轮式着陆,多数无人机的起落架局部被设计成较坚固,局部较脆弱

    C. 空中回收,在大飞机上必须有空中回收系统,在无人机上除了有阻力伞和主伞之外,还需有钩挂伞、吊索和可旋转的脱落机构

91. 无人机伞降回收方式一般的应用范围为（　　　）。

　　A. Ⅰ、Ⅱ、Ⅲ、Ⅳ、Ⅴ、Ⅵ、Ⅶ级别无人机

　　B. Ⅰ、Ⅱ、Ⅲ、Ⅳ、Ⅶ级别无人机

　　C. Ⅲ、Ⅳ、Ⅺ级别无人机

92. 飞机在空中飞行时,如果飞机处于平衡状态,则（　　　）。

　　A. 作用在飞机上的所有外力平衡,所有外力矩不平衡

　　B. 作用在飞机上的所有外力平衡,所有外力矩也平衡

　　C. 作用在飞机上的所有外力不平衡,所有外力矩平衡

93. 系留杆的作用是（　　　）。

　　A. 观测风向　　　　　B. 给飞行员休息　　　　C. 保证飞艇在地面上的安全

94. 无人机能获得平飞航程最长的速度是（　　　）。

　　A. 飞机平飞远航速度　　B. 飞机平飞有利速度　　C. 飞机平飞最大速度

95. 爬升的注意事项,正确的是（　　　）。

　　A. 要进入回避区

　　B. 垂直上升中,保持直升机状态比较容易

　　C. 飞行员不应以垂直上升作为主要的飞行方式

96. 下列哪种变化情况肯定会增加飞机纵向静稳定性?（　　　）

　　A. 增加机翼面积　　　B. 增加水平尾翼面　　　C. 增加垂直尾翼面积

97. 对飞机方向稳定性影响最大的是（　　　）。

　　A. 垂直尾翼　　　　　B. 水平尾翼　　　　　　C. 飞机的最大迎风面积

98. 增加垂直安定面面积产生的影响是（　　　）。

　　A. 增加横向稳定性　　B. 增加纵向稳定性　　　C. 增加升力

99. 影响直升机起飞载重量的主要因素不包括（　　　）。

　　A. 风速和风向

　　B. 上升效应、场地面积和周围障碍物高度

　　C. 机场标高和空气温度

100. 无人机左侧风中起飞,侧风有使飞机机头向（　　　）偏转的趋势。

　　A. 右

　　B. 视风速的大小不同可能向左也可能向右

　　C. 左

101. 飞行手册中规定着陆不能刹车状态接地,主要是因为（　　　）。

　　A. 可能使刹车装置失效

　　B. 使机轮起转力矩增大而损坏

　　C. 可能导致滑跑时拖胎

102. 飞机的方向阻尼力矩主要由（　　　）。

　　A. 机身产生　　　　　B. 垂直尾翼产生　　　　C. 水平尾翼产生

103. 无人机飞行员操纵方向舵时,飞行器将绕（　　　）。

　　A. 横轴运动　　　　　B. 纵轴运动　　　　　　C. 立轴运动

104. 焦点在重心之后,焦点位置向后移（　　　）。

　　A. 减小纵向稳定性　　B. 提高纵向操纵性　　　C. 增加纵向稳定性

105. 无人机能获得平飞航时最长的速度是（　　　）。

　　A. 飞机平飞所需速度　B. 飞机平飞最大速度　　C. 飞机平飞有利速度

106. 飞机的方向安定性过强,而横侧安定性相对过弱,飞机容易出现(　　)。

    A. 飘摆(荷兰滚)　　　　B. 螺旋不稳定　　　　C. 转弯困难

107. 哪种气流对无人机的长航时飞行有利(　　)。

    A. 稳定的逆风　　　　B. 稳定的下降气流　　　　C. 稳定的上升气流

108. 影响飞机方向稳定力矩的因素主要是(　　)。

    A. 飞机迎角、机身和垂尾面积

    B. 飞机重心位置和飞行 m 数

    C. 飞机焦点位置和飞行高度

109. 偏转副翼使飞机左转弯时,为修正逆偏转的影响,应(　　)。

    A. 向右压杆　　　　B. 向右偏转方向舵　　　　C. 向左偏转方向舵

110. 常规布局飞机,平尾升力对飞机重心的力矩常为使飞机机头的(　　)力矩。

    A. 下俯　　　　B. 上仰　　　　C. 偏转

六、多轴无人机知识训练题(一)

单项选择题(每题 1 分,共 130 分)

1. 多轴飞行器在悬停状态下,若 GPS 信号丢失,飞控系统最可能依赖哪种传感器维持高度稳定?(　　)

    A. 气压高度计　　　　B. 空速管　　　　C. 超声波传感器

2. 多轴飞行器在强侧风条件下悬停时,飞行员应如何操作以保持位置稳定?(　　)

    A. 向风来的方向压杆　　　　B. 向风去的方向压杆　　　　C. 无需操作,飞控会自动修正

3. 多轴飞行器的螺旋桨标有"CCW"字样,表示该螺旋桨的旋转方向是(　　)。

    A. 俯视顺时针旋转　　　　B. 俯视逆时针旋转　　　　C. 侧视逆时针旋转

4. 多轴飞行器的电调(ESC)的主要功能不包括(　　)。

    A. 调节电机转速　　　　B. 提供飞控系统电源　　　　C. 监测电池电压

5. 多轴飞行器在低温环境下飞行时,以下哪项措施是错误的?(　　)

    A. 起飞前对电池进行保温

    B. 飞行结束后立即充电

    C. 使用高放电倍率电池以提升性能

6. 多轴飞行器的飞控系统通常不包含以下哪种功能?(　　)

    A. 自动避障　　　　B. 姿态稳定　　　　C. 导航计算

7. 多轴飞行器的动力电池标有"3S"字样,表示该电池的标称电压为(　　)。

    A. 3.7V　　　　B. 11.1V　　　　C. 22.2V

8. 多轴飞行器在飞行中突然失去一个电机动力,以下哪种操作最合理?(　　)

    A. 立即降落　　　　B. 增大油门以补偿动力　　　　C. 切换到手动模式尝试恢复

9. 多轴飞行器的螺旋桨效率与桨叶数量的关系是(　　)。

    A. 桨叶越多,效率越高　　　　B. 桨叶越少,效率越高　　　　C. 效率与桨叶数量无关

10. 悬停状态下,多轴飞行器单个旋翼形成(　　)。

    A. 倒锥体　　　　B. 正锥体　　　　C. 平面

11. 多轴飞行器动力装置多为电动系统的最主要原因是（ ）。

　　A. 电动系统形式简单且电机速度响应快

　　B. 电动系统干净且不依赖传统生物燃料

　　C. 电动系统尺寸较小且较为廉价

12. 悬停状态的四轴飞行器如何实现向左移动？（ ）

　　A. 纵轴右侧的螺旋桨加速，纵轴左侧的螺旋桨减速

　　B. 横轴前侧的螺旋桨加速，横轴后侧的螺旋桨减速

　　C. 纵轴右侧的螺旋桨减速，纵轴左侧的螺旋桨加速

13. 同样容量不同类型的动力电池，容量最大的是（ ）。

　　A. 镍氢电池　　　　　　B. 聚合物锂电池　　　　　C. 镍镉电池

14. 大多数多轴飞行器自主飞行过程利用（ ）实现位置感知。

　　A. 捷联惯导　　　　　　B. GPS　　　　　　　　　C. 平台惯导

15. 多轴飞行器的飞控指的是（ ）。

　　A. 机载任务系统　　　　B. 机载导航飞控系统　　　C. 机载遥控接收机

16. 多轴飞行器在风中悬停时下列影响正确的是（ ）。

　　A. 一般情况下，多轴飞行器应尽可能在顺风中悬停

　　B. 侧风的作用将使多轴飞行器沿风的去向位移，因此，侧风悬停时应向风来的反方向压杆

　　C. 与无风悬停相比，逆风悬停机头稍低，且逆风速越大，机头越低

17. 多旋翼飞行器GPS定位中，最少达到几颗星，才能够在飞行中保证基本的安全？（ ）。

　　A. 2—3颗　　　　　　　B. 4—5颗　　　　　　　　C. 6—7颗

18. 描述一个多轴无人机地面遥控发射机是"日本手"，是指（ ）。

　　A. 右手上下动作控制油门或高度

　　B. 左手左右动作控制油门或高度

　　C. 左手上下动作控制油门或高度

19. 4轴飞行器飞行运动中有（ ）。

　　A. 4个自由度，4个运动轴改（绕4个轴转动）

　　B. 4个自由度，3个运动轴改（沿3个轴移动）

　　C. 6个自由度，3个运动轴改（沿3轴移动，绕3轴转动）

20. 多轴飞行器不属于以下哪个概念范畴？（ ）

　　A. 直升机　　　　　　　B. 重于空气的航空器　　　C. 转旋翼机

21. 一架4轴飞行器，在其他任何设备都不更换的前提下，安装了4个大得多的螺旋桨，下面说法不正确的是（ ）。

　　A. 升力变大　　　　　　B. 转速变慢　　　　　　　C. 桨盘载荷变小

22. 多轴飞行器使用的锂聚合物动力电池，其单体标称电压为（ ）。

　　A. 11.1 V　　　　　　　B. 3.7 V　　　　　　　　　C. 1.2 V

23. 多轴飞行器动力系统，主要使用（ ）。

　　A. 外转子电机　　　　　B. 内转子电机　　　　　　C. 步进电机

24. 某多轴动力电池标有3S2P字样，代表（ ）。

　　A. 电池由3S2P公司生产

　　B. 电池组先由2个单体串联，再将串联后的3组并联

C. 电池组先由 3 个单体串联,再将串联后的 2 组并联

25. 多轴飞行器的遥控器一般有( )。

    A. 4 个及以上通道   B. 2 个通道   C. 3 个通道

26. 同样容量不同类型的电池,最轻的是( )。

    A. 铅酸蓄电池   B. 聚合物锂电池   C. 碱性电池

27. 关于多轴飞行器机桨与电机匹配描述错误的是( )。

    A. 大螺旋桨要用低 kv 电机

    B. 小螺旋桨要用高 kv 电机

    C. 大螺旋桨要用高 kv 电机

28. X 模式 4 轴飞行器,左前方的旋翼一般多为( )。

    A. 俯视逆时针旋转   B. 俯视顺时针旋转   C. 左视逆时针旋转

29. 电调上最粗的红线和黑线用来连接( )。

    A. 机载遥控接收机   B. 电动机   C. 动力电池

30. 八轴飞行器安装有( )。

    A. 8 个顺时针旋转螺旋桨

    B. 4 个顺时针旋转螺旋桨,4 个逆时针旋转螺旋桨

    C. 2 个顺时针旋转螺旋桨,6 个逆时针旋转螺旋桨

31. 常规的电子调速器上,中等粗细的几根线是用来连接( )的。

    A. 自驾仪或遥控接收机   B. 电池   C. 电机

32. 多轴飞行器动力电池充电尽量选用( )。

    A. 便携充电器   B. 平衡充电器   C. 快速充电器

33. 电子调速器英文缩写是( )。

    A. ESC   B. mCS   C. BEC

34. 关于多轴飞行器机桨与电机匹配描述正确的是( )。

    A. 大螺旋桨要用低 KV 电机

    B. 小螺旋桨要用高 KV 电机

    C. 大螺旋桨要用高 KV 电机

35. 目前多轴飞行器飞控市场上的 KK 飞控具有的优点是( )。

    A. 配有地面站软件,代码开源

    B. 价格便宜,硬件结构简单

    C. 功能强大,可以实现全自主飞行

36. 多轴飞行器螺旋桨从结构上说,更接近于( )。

    A. 风力发电机叶片   B. 直升机旋翼   C. 固定翼飞机螺旋桨

37. X 模式 4 轴飞行器从悬停转换到前进,那两个轴需要加速( )。

    A. 右侧两轴   B. 左侧两轴   C. 后方两轴

38. 下面说法正确的是( )。

    A. 多轴飞行器的反扭矩通过旋翼两两互相平衡

    B. 一般来讲,多轴飞行器反扭矩的数值是比较大的

    C. 多轴飞行器在稳定垂直上升时,所有旋翼总的反扭之和增加

39. 外转子电机规格 2208;9T;KV100 别代表的含义是( )。

    A. 定子线圈直径 22 英寸,定子线圈高度 8 英寸,每分钟转速为 1000 转

    B. 定子线圈直径 22 英寸,定子线圈高度 8 英寸,每伏特电压能达到的每分钟转速为

1000 转

C. 定子线圈直径22毫米,定子线圈高度8毫米,每伏特电压能达到的每分钟转速为1000 转

40. 多旋翼无人机机体一般不使用的材料是(　　)。

　　A. 碳纤维材料　　　　　　B. 高强度工程塑料　　　　　C. 玻纤维材料

41. 目前多轴飞行器飞控市场上的 mWC 飞控特点是(　　)。

　　A. 基于 Android 开发

　　B. 可以应用于各种特种飞行器

　　C. 配有地面站软件,代码开源

42. 某多轴螺旋桨长254毫米,螺距114毫米,那么他的型号可表述为(　　)。

　　A. 2511　　　　　　B. 254114　　　　　　　C. 1045

43. 多轴飞行器 GPS 定位中,最少达到几颗星,才能够在飞行中保证基本的安全?(　　)

　　A. 6—7 颗　　　　　　B. 4—5 颗　　　　　　C. 2—3 颗

44. 某多轴电机标有 1000KV 字样,意义是指(　　)。

　　A. 对应每 V 电压,电机提供 1000 转转速

　　B. 电机最大耐压 1000KV

　　C. 对应每 V 电压,电机提供 1000000 转转速

45. 在升高与下降过程中,无人直升机与多轴飞行器表述正确的是(　　)。

　　A. 无人直升机主要改变旋翼总距,多轴飞行器主要改变旋翼转速

　　B. 无人直升机主要改变旋翼转速,多轴飞行器同样改变旋翼转速

　　C. 无人直升机主要改变旋翼转速,多轴飞行器主要改变旋翼总距

46. 以下无人机相关部件,数传电台、飞控、电子调速器、OSD、5.8G 图传、电机、摄像头等,连接方式正确的是(　　)。

　　A. 电机——电子调速器——数传电台——飞控

　　B. OSD——5.8G 图传——电机

　　C. 电机——电子调速器——飞控——数传电台

47. 多轴飞行器飞控计算机的功能不包括(　　)。

　　A. 接收地面控制信号　　B. 稳定飞行器姿态　　　　C. 导航

48. 多轴飞行器使用的电调一般为(　　)。

　　A. 无刷电调　　　　　　B. 有刷电调　　　　　　　C. 双向电调

49. 部分商用多轴飞行器有收放脚架功能或机架整体变形功能,其主要目的是(　　)。

　　A. 减小前飞废阻力

　　B. 改善机载任务设备视野

　　C. 调整重心增加飞行器稳定性

50. 关于多轴使用的无刷电机与有刷电机,说法正确的是(　　)。

　　A. 无刷电机驱动交流电机

　　B. 无刷电机驱动直流电机

　　C. 有刷电机驱动交流电机

51. 以下哪种动力电池放电电流最大?(　　)。

　　A. 20000 mAh,5C　　　B. 8000 mAh,20C　　　C. 2000 mAh,30C

52. 某螺旋桨是正桨,是指(　　)。

　　A. 从多轴飞行器上方观察,该螺旋桨逆时针旋转

B. 从多轴飞行器上方观察,该螺旋桨顺时针旋转

C. 从多轴飞行器下方观察,该螺旋桨逆时针旋转

53. 使用多旋翼飞行器在低温及潮湿环境中作业时注意事项,不包括(　　)。

A. 起飞前动力电池的保温

B. 飞行器与摄像器材防止冰冻

C. 曝光偏差

54. 下列哪个选项中的直升机的分类方式是相同的?(　　)

A. 微型直升机,轻型无人直升机,四轴飞行器

B. 3 代直升机,变模态无人旋翼机,复合无人旋翼机

C. 单旋翼带尾桨式无人直升机,共轴式双旋翼无人直升机,多轴无人飞行器

55. 多轴的"轴"指(　　)。

A. 舵机轴　　　　　　　B. 旋翼轴　　　　　　　C. 飞行器运动坐标轴

56. 如不考虑结构、尺寸、安全性等其他因素,单纯从气动效率出发,同样起飞重量的 8 轴飞行器与 4 轴飞行器(　　)。

A. 8 轴效率高　　　　　B. 效率一样　　　　　　C. 4 轴效率高

57. 下列哪种形式的旋翼飞行器不是直升机?(　　)。

A. 共轴双旋翼式　　　　B. 自转旋翼式　　　　　C. 多轴飞行器

58. 多轴飞行器悬停时的平衡不包括(　　)。

A. 方向平衡　　　　　　B. 俯仰平衡　　　　　　C. 前飞废阻力平衡

59. 下列属于现今多轴飞行器典型应用的是(　　)。

A. 侦打一体化　　　　　B. 航拍电影取景　　　　C. 高空长航时侦查

60. 以下飞行器不是多轴飞行器的是(　　)。

A. Uh - 60 黑鹰　　　　B. Phantom 精灵　　　　C. Inspire 悟

61. 多轴飞行器常用螺旋桨的剖面形状是(　　)。

A. S 型　　　　　　　　B. 凹凸型　　　　　　　C. 对称型

62. 线圈匝数越多的电机,KV 值(　　)。

A. 越高　　　　　　　　B. 无关　　　　　　　　C. 越低

63. 大多数多轴飞行器自主飞行过程利用(　　)实现高度感知。

A. 气压高度计　　　　　B. 超声波高度计　　　　C. GPS

64. 下面关于多轴旋翼的说法错误的是(　　)。

A. 旋翼的基本功能是产生拉力

B. 旋翼的基本功能是产生前进推力

C. 本质上讲旋翼是一个能量转换部件,它把电动机传来的旋转动能转换成旋翼拉力

65. 多轴飞行器的旋翼旋转方向一般为(　　)。

A. 俯视多轴飞行器两两对应

B. 俯视多轴飞行器顺时针旋翼

C. 俯视多轴飞行器逆时针旋翼

66. 飞行中的多旋翼飞行器所承受的力和力矩不包括(　　)。

A. 旋翼诱导阻力

B. 旋翼的反扭矩和桨毂力矩

C. 旋翼桨叶摆振力矩

67. 多旋翼飞行器的旋翼旋转方向一般为（   ）。

    A. 俯视多旋翼飞行器顺时针旋翼

    B. 俯视顺时针/逆时针旋翼相对排布

    C. 俯视顺时针/逆时针旋翼依次相邻排布

68. X模式6轴飞行器从悬停转换到向左平移，那两个轴需要减速（   ）。

    A. 右侧两轴   B. 左侧两轴   C. 后方两轴

69. 多轴飞行器中的GPS天线应尽量安装在（   ）。

    A. 飞行器顶部   B. 飞行器尾部   C. 飞行器中心

70. 垂直爬升时升限为海拔1000米的多轴飞行器，如果在10 km/h的前飞中爬升，其升限（   ）。

    A. 将保持不变   B. 将升高   C. 将降低

71. 无刷电机与有刷电机的区别为（   ）。

    A. 两类电机效率差不多

    B. 有刷电机效率较高

    C. 无刷电机效率较高

72. 关于多轴飞行器定义描述正确的是（   ）。

    A. 具有三个及以上旋翼轴的旋翼航空器

    B. 具有两个及以上旋翼轴的旋翼航空器

    C. 具有不少于四个旋翼轴的无人旋翼航空器

73. 关于多旋翼飞行器的反扭矩说法不正确的是（   ）。

    A. 单个旋翼的反扭矩会迫使多旋翼飞行器向旋翼旋转的反方向偏转

    B. 多旋翼飞行器的偏转运动通过改变各个旋翼的反扭矩来实现

    C. 单个旋翼反扭矩的大小仅取决于电动机转速

74. 4轴飞行器有"X"模式和"＋"模式两大类，其中（   ）。

    A. 两种模式操纵性没有区别

    B. "X"模式操纵性好

    C. "＋"模式操纵性好

75. 4轴飞行器，改变航向时（   ）。

    A. 相对的2个桨加速，另2个桨减速

    B. 相邻的2个桨加速，另2个桨减速

    C. 4个桨均加速

76. 一般锂聚合物电池上都有2组线。1组是输出线（粗，红黑各1根）；1组是单节锂电引出线（细，与s数有关），用以监视平衡充电时的单体电压。下面说法正确的是（   ）。

    A. 6S电池有5根红色引出线，1根黑色引出线

    B. 6S电池有7根引出线

    C. 6S电池有6根引出线

77. 如果多轴飞行器安装的螺旋桨与电动机不匹配，桨尺寸过大，会带来的坏处不包括（   ）。

    A. 飞控电流过大，造成损坏

    B. 电机电流过大，造成损坏

    C. 电调电流过大，造成损坏

78. 部分多轴飞行器会安装垂尾(　　)。
    A. 会减小高速前飞时的稳定性,增加悬停时的稳定性
    B. 会增加高速前飞时的稳定性,减小悬停时的稳定性
    C. 会增加高速前飞时的稳定性,增加悬停时的稳定性

79. 多轴飞行时地面人员手里拿的"控"指的是(　　)。
    A. 地面遥控发射机　　　　B. 链路系统　　　　　　　C. 导航飞控系统

80. 多轴飞行器的 螺旋桨(　　)。
    A. 桨根处线速度小于桨尖处线速度
    B. 桨根处线速度大于桨尖处线速度
    C. 桨根处线速度等于桨尖处线速度

81. 以下哪种动力电池在没有充分放电前提下,不能够以大电流充电?(　　)。
    A. 铅酸蓄电池　　　　　　B. 锂聚合物电池　　　　　C. 镍镉电池

82. 某多轴电机转速为 3000 转,是指(　　)。
    A. 每秒钟 3000 转　　　　B. 每小时 3000 转　　　　C. 每分钟 3000 转

83. 以下种类的电池,具有记忆效应的是(　　)。
    A. 铅酸电池　　　　　　　B. 聚合物锂电池　　　　　C. 镍镉电池

84. 有 2 个输出功率相同的电机,前者型号 3508,后者型号 2820,以下表述不正确的是(　　)。
    A. 2820 适用于更高的转速
    B. 3508 适合带动更大的螺旋桨
    C. 尺寸上,2820 粗一些,3508 高一些

85. 当多旋翼飞行器飞远超出视线范围无法辨别机头方向时,应对方式错误的是(　　)。
    A. 加大油门
    B. 一键返航
    C. 云台复位,通过图像确定机头方向

86. 飞行中的多轴飞行器所承受的力和力矩不包括(　　)。
    A. 旋翼的反扭矩和桨毂力矩
    B. 旋翼桨叶的铰链力矩
    C. 自身重力

87. 目前技术条件下,燃油发动机不适合作为多轴飞行器动力的原因,表述不正确的是(　　)。
    A. 尺寸,重量较大
    B. 调速时响应较慢,且出于安全性原因需要稳定转速工作
    C. 生物燃料能密度低于锂电池

88. 目前多轴旋翼飞行器飞控市场上的 DJI NAZA 飞控特点是(　　)。
    A. 配有地面站软件,代码开源
    B. 稳定,商业软件,代码不开源
    C. 可以应用于各种特种飞行器

89. 关于多轴飞行器的反扭矩说法不正确的是(　　)。
    A. 多轴飞行器的俯仰运动通过改变各个旋翼的反扭矩来实现

B. 单个旋翼反扭矩的大小取决于电动机转速

C. 单个旋翼的反扭矩会迫使多轴飞行器向旋翼旋转的反方向偏转

90. 多轴飞行器(　　)。

A. 无自转下滑能力　　　B. 有部分自转下滑能力　　C. 有自转下滑能力

91. 多轴飞行器使用的动力电池一般为(　　)。

A. 铅酸电池　　　　　　B. 聚合物锂电池　　　　　C. 银锌电池

92. 大多数多轴飞行器自主飞行过程利用(　　)实现速度感知。

A. GPS　　　　　　　　B. 空速管　　　　　　　　C. 惯导

93. 某多轴飞行器动力电池标有 11.1V,它是(　　)。

A. 3S 锂电池　　　　　　B. 11.1S 锂电池　　　　　C. 6S 锂电池

94. 绕多轴飞行器横轴的是什么运动?(　　)。

A. 偏航运动　　　　　　B. 俯仰运动　　　　　　　C. 滚转运动

95. 关于无人机 GPS 天线与遥控接收机天线的说法错误的是(　　)。

A. GPS 卫星位置信号(一般为顶端蘑菇头)

B. 地面遥控发射机遥控信号(一般为 90 度布置的两个小鞭状天线)

C. GPS 天线一般为定向天线,位于机体下方

96. 当多轴飞行器地面站出现飞行器电压过低报警时,第一时刻采取的措施不包括(　　)。

A. 迅速将油门收到 0

B. 一键返航

C. 控制姿态,逐渐降低高度,迫降至地面

97. 某多轴螺旋桨长 381 毫米螺距 127 毫米,那么他的型号可表述为(　　)。

A. 3812　　　　　　　　B. 38×12　　　　　　　　C. 15×5

98. 部分多轴飞行器螺旋桨加有外框,其主要作用是(　　)。

A. 防止磕碰提高安全性

B. 增加外形的美观

C. 提高螺旋桨效率

99. 某多轴飞行器螺旋桨标有"CW"字样,表明该螺旋桨(　　)。

A. 俯视多轴飞行器逆时针旋翼

B. 俯视多轴飞行器顺时针旋翼

C. 该螺旋桨为"CW"牌

100. 以下关于翼型相对厚度和相对弯度正确的是(　　)。

A. 翼型上下表面垂直于翼弦的距离最长的距离值称为相对厚度

B. 翼型相对厚度越大,相对弯度就越大,能产生的升力就越大

C. 翼型中弧线的最高点距翼弦线的最大距离与翼弦长的比值称为相对弯度

101. 同一架多轴飞行器,在同样做好动力匹配的前提下(　　)。

A. 三叶桨的效率高　　　B. 两种桨效率一样高　　　C. 两叶桨的效率高

102. 以下哪种动力电池放电电流最大?(　　)

A. 2Ah,30C　　　　　　B. 20000 mAh,5C　　　　　C. 30000 mAh,5C

103. 多轴无人机,电调上较细的白红黑 3 色排线,也叫杜邦线,用来连接(　　)。

A. 飞控　　　　　　　　B. 机载遥控接收机　　　　C. 电机

104. 绕多轴飞行器立轴的是什么运动?(　　)

    A. 偏航运动 　　　　　　B. 俯仰运动 　　　　　　C. 滚转运动

105. 部分多轴飞行器螺旋桨根部标有"CCW"字样,其意义为(　　)。

    A. 此螺旋桨由 CCW 公司生产

    B. 此螺旋桨为顶视逆时针旋转

    C. 此螺旋桨为顶视顺时针旋转

106. 对于多轴飞行器(　　)。

    A. 旋翼既是升力面又是纵横向和航向的操纵面

    B. 旋翼只充当纵横向和航向的操纵面

    C. 旋翼只起升力面的作用

107. 多轴飞行器前飞时,单个旋翼(　　)。

    A. 前行桨叶相对气流速度等于后行桨叶相对气流速度

    B. 前行桨叶相对气流速度小于后行桨叶相对气流速度

    C. 前行桨叶相对气流速度大于后行桨叶相对气流速度

108. 多轴飞行器的飞控硬件尽量安装在(　　)。

    A. 飞行器前部 　　　　　B. 飞行器中心 　　　　　C. 飞行器底部

109. 绕多轴飞行器纵轴的是什么运动?(　　)

    A. 俯仰运动 　　　　　　B. 偏航运动 　　　　　　C. 滚转运动

110. 多轴飞行器动力系统主要使用(　　)。

    A. 有刷电机 　　　　　　B. 四冲程发动机 　　　　C. 无刷电机

111. 某多轴电调上标有"30A"字样,意思是指(　　)。

    A. 电调所能承受的稳定工作电流是 30 安培

    B. 电调所能承受的最小工作电流是 30 安培

    C. 电调所能承受的最大瞬间电流是 30 安培

112. 关于多轴飞行器使用的动力电机 KV 值描述正确的是(　　)。

    A. 外加 1V 电压对应的每分钟空转转速

    B. 外加 1V 电压对应的每分钟负载转速

    C. 额定电压值时电机每分钟空转转速

113. 多轴飞行器上的电信号传播顺序一般为(　　)。

    A. 飞控——电调——机载遥控接收机——电机

    B. 机载遥控接收机——飞控——电调——电机

    C. 飞控——机载遥控接收机——电机——电调

114. 多轴飞行器飞控软件使用中要特别注意的事项,不包括(　　)。

    A. 文件大小 　　　　　　B. 各通道正反逻辑设置 　C. 版本

115. 电调是多旋翼无人机最重要的部件之一,不属于飞行器电调功能的是(　　)。

    A. 变压供电 　　　　　　B. 电机调速 　　　　　　C. 实时电机反转

116. 多轴飞行器起降时接触地面的(一般)是(　　)。

    A. 脚架 　　　　　　　　B. 云台架 　　　　　　　C. 机架

117. 目前多轴飞行器飞控市场上的 AP m 飞控特点是(　　)。

    A. 可以应用于各种特种飞行器

B. 配有地面站软件,代码开源

C. 基于 Android 开发

118. 多轴飞行器每个"轴"上,一般连接(   )。

A. 2 个电调,1 个电机　　B. 1 个电调,2 个电机　　　C. 1 个电调,1 个电机

119. 某多轴动力电池容为 6000 mAh,表示(   )。

A. 理论上,以 6000A 电流放电,可放电 1 小时

B. 理论上,以 60A 电流放电,可放电 1 小时

C. 理论上,以 6A 电流放电,可放电 1 小时

120. 轻小型无人机常用定距螺旋桨的尺寸通常用 X×Y 来表示,其中 Y 代表(   )。

A. 桨径　　　　　　　B. 叶片数量　　　　　　　C. 螺距

121. 起飞前无人机、遥控器、地面控制站正确安全的通电顺序应是(   )。

A. 无人机、地面站、遥控器

B. 遥控器、无人机、地面站

C. 地面站、遥控器、无人机

122. 经测试,某多轴飞行器稳定飞行时,动力电池的持续输出电流为 5 安培,该多轴可以选用(   )。

A. 30 A 的电调　　　　B. 10 A 的电调　　　　　C. 5 A 的电调

123. 停状态的四轴飞行器如何实现向后移动(   )。

A. 横轴前侧的螺旋桨减速,横轴后侧的螺旋桨加速

B. 纵轴右侧的螺旋桨减速,纵轴左侧的螺旋桨加速

C. 横轴前侧的螺旋桨加速,横轴后侧的螺旋桨减速

124. 以下不是多轴飞行器优点的是(   )。

A. 气动效率高　　　　B. 结构简单　　　　　　C. 成本低廉

125. 多轴飞行器飞控板上一般会安装(   )。

A. 6 个角速率陀螺　　B. 1 个角速率陀螺　　　　C. 3 个角速率陀螺

126. 用遥控器设置电调,需要(   )。

A. 接上电机　　　　　B. 断开动力电源　　　　C. 断开电机

127. 多轴飞行器,电调和电机一般通过 3 根单色线连接,如任意调换其中 2 根与电机的连接顺序,会出现(   )。

A. 该电机出现过热并烧毁

B. 该电机反向运转

C. 该电机停转

128. 多轴飞行器使用的电调通常被划分为(   )。

A. 直流电调和交流电调

B. 有刷电调和无刷电调

C. 有极电调和无极电调

129. 一般来讲,多轴飞行器在地面风速大于(   )作业时,会对飞行器安全和拍摄有影响。

A. 2 级　　　　　　　B. 4 级　　　　　　　　C. 6 级

130. 某多轴电调上有 BEC 5 V 字样,意思是指(   )。

A. 电调能从较粗的红线与黑线向外输出 5 V 的电压

B. 电调需要从较粗的红线与黑线输入 5 V 的电压

C. 电调能从较细的红线与黑线向外输出 5 V 的电压

七、多轴无人机知识训练题(二)

单项选择题(每题 1 分,共 100 分)

1. 多轴飞行器在飞行过程中,若 GPS 信号丢失,飞控系统最可能采取的措施是( )。

    A. 自动切换至姿态模式并保持当前高度

    B. 立即执行失控返航程序

    C. 继续按照原计划飞行,忽略 GPS 信号

2. 关于多轴飞行器的电机与螺旋桨匹配,以下描述正确的是( )。

    A. 高 kV 值电机适合搭配大直径螺旋桨

    B. 低 kV 值电机适合搭配大直径螺旋桨

    C. 电机 kV 值与螺旋桨直径无直接关系

3. 某多轴飞行器动力电池标有 22.2 V,它是( )。

    A. 3 S 锂电池   B. 6 S 锂电池   C. 22.2 S 锂电池

4. 相对于传统直升机,多轴的劣势是( )。

    A. 速度   B. 载重能力   C. 悬停能力

5. 某多轴电机标有 2208 字样,意思是指( )。

    A. 该电机最大承受 22 V 电压,最小承受 8 V 电压

    B. 该电机内定子高度为 22 毫米

    C. 该电机内定子直径为 22 毫米

6. X 模式 4 轴飞行器从悬停转换到前进,哪两个轴需要加速?( )。

    A. 右侧两轴   B. 左侧两轴   C. 后方两轴

7. 当多旋翼飞行器地面站出现飞行器电压过低报警时,第一时刻采取的措施是( )。

    A. 一键返航

    B. 控制姿态,逐渐降低高度,迫降至地面

    C. 结合飞行器位置判断是否满足安全返航条件

8. 无人机氢动力电池的优点是( )。

    A. 能量密度大   B. 维护成本低   C. 能源补充便捷

9. kV1000 的无刷电机搭配 11.1 V 电池,空载转速是( )。

    A. 11100 转/分   B. 1110 转/分   C. 1110 转/秒

10. 使用多轴飞行器航拍过程中,温度对摄像机的影响描述正确的是( )。

    A. 在温度较低的环境拍摄摄像机电池使用时间长

    B. 在温度较高的环境拍摄摄像机电池使用时间短

    C. 在温差较大的环境中拍摄要注意镜头的结雾

11. 多旋翼飞行器螺旋桨从结构上说,更接近于( )。

    A. 风力发电机叶片   B. 直升机旋翼   C. 固定翼飞机螺旋桨

12. 多轴飞行器飞行时,使用哪种模式,驾驶员的压力最大?( )

    A. 增稳模式   B. 纯手动模式   C. GPS 模式

13. 多轴飞行器的螺旋桨( )。

    A. 桨根处升力系数等于桨尖处升力系数

B. 桨根处升力系数小于桨尖处升力系数

C. 桨根处升力系数大于桨尖处升力系数

14. 在自主飞行过程中,遥控器油门的位置应处于( )。

A. 油门处于最下方　　　　B. 油门处于中间略上　　　　C. 油门处于最上方

15. 对于多轴航拍飞行器云台说法正确的是( )。

A. 云台是航拍设备的增稳和操纵装置

B. 云台的效果与传统舵机一样

C. 云台保证无人机在云层上飞行的安全

16. 多旋翼飞行器的操纵不包括( )。

A. 航向操纵　　　　　　　B. 周期变距　　　　　　　C. 俯仰操纵

17. 多旋翼无人机在姿态遥控模式下,如出现动力失效则正确的处理方法是( )。

A. 遥控器油门保持中间略上位置

B. 始终保持油门最大位置试图恢复动力

C. 接地瞬间前将油门收至最小

18. 以多轴航拍飞行器为例,是否轴数越多载重能力越大?( )

A. 不是　　　　　　　　　B. 是　　　　　　　　　　C. 不一定

19. 使用多轴飞行器,航拍过程中,关于曝光描述错误的是( )。

A. 以拍摄主体为主,预先设定好曝光量

B. 最好用高 ISO 来拍摄

C. 全自动拍摄

20. 关于部分多轴飞行器,机臂上反角设计描述正确的是( )。

A. 提高机动性　　　　　　B. 减少电力损耗　　　　　　C. 提高稳定性

21. 下列哪个姿态角的变化对多轴航拍影响最大?( )

A. 俯仰角　　　　　　　　B. 横滚角　　　　　　　　C. 航向角

22. 使用多轴飞行器在低温及潮湿环境中作业时的注意事项,不包括( )。

A. 飞行器与摄像器材防止冰冻

B. 起飞前动力电池的保温

C. 曝光偏差

23. 多轴飞行器在没有发生机械结构改变的前提下,如发生漂移,不能直线飞行时,不需关注的是( )。

A. 调整重心位置　　　　　B. 指南针校准　　　　　　　C. GPS 定位

24. 使用多轴飞行器,航拍过程中,必须紧急返航的情况是( )。

A. 距离过远,高度过高,超出视线范围

B. 监视器显示无人机电池电量过低

C. 图传监视器有干扰不稳定

25. 多轴飞行器上的链路天线应尽量( )飞控和 GPS 天线安装。

A. 贴合　　　　　　　　　B. 靠近　　　　　　　　　C. 远离

26. 使用多轴飞行器,航拍过程中,为了保证画面明暗稳定,相机尽量设定为( )。

A. 快门固定　　　　　　　B. 光圈固定　　　　　　　C. ISO 固定

27. 下列属于现今多旋翼飞行器典型应用的是( )。

A. 高空长航时侦查　　　　B. 侦打一体化　　　　　　　C. 航拍 电影取景

28. 多轴飞行器正常作业受自然环境影响的主要因素是( )。

    A. 风向   B. 地表是否凹凸平坦   C. 温度、风力

29. 根据无人机行业习惯,通常定义右旋前进的螺旋桨为( )。

    A. 反桨   B. 拉桨   C. 正桨

30. X 模式 6 轴飞行器从悬停转换到向左平移,哪两个轴需要减速?( )。

    A. 右侧两轴   B. 左侧两轴   C. 后方两轴

31. 对于直升机、多旋翼无人机的旋翼或固定翼无人机的螺旋桨,保持角速度一定,更换直径较小的旋翼或螺旋桨,会导致( )。

    A. 桨尖速度变大   B. 桨尖速度不变   C. 桨尖速度变小

32. 遥控器菜单中 REV 是设置什么的?( )

    A. 通道行程   B. 失控保护   C. 通道反向

33. 某多轴电调上标有"15A"字样,意思是指( )。

    A. 电调所能承受的稳定工作电流是 15 安培

    B. 电调所能承受的最小工作电流是 15 安培

    C. 电调所能承受的最大瞬间电流是 15 安培

34. 多轴飞行器定点半径画圆飞行时,如何能得到最佳航拍画面?( )

    A. 平移画面   B. 边绕圈边上升   C. 绕圈一周

35. 多轴飞行器在运输过程中的注意事项是( )。

    A. 装箱运输,也可行李箱运输

    B. 可随意拆装运输

    C. 做好减振措施,固定云台并安装云台固定支架,装箱运输

36. 多轴飞行器飞行中,图像叠加 OSD 信息显示的电压一般为电池的( )。

    A. 负载电压   B. 空载电压   C. 已使用电压

37. 聚合物锂电池单体充满电后的电压一般为( )。

    A. 3.7 v   B. 4.2 v   C. 3.3 v

38. 关于部分多旋翼飞行器,机臂上反角设计描述错误的是( )。

    A. 提高稳定性   B. 提高载荷作业空间   C. 提高机动性

39. 多轴航拍中往往需要使用相机的位移补偿功能,导致使用此功能的原因是( )。

    A. 飞行器姿态不稳   B. 风速   C. 飞行器的速度

40. 起飞时,可操纵变螺距螺旋桨的桨叶角到什么状态?( )

    A. 小桨叶角及高转速   B. 小桨叶角及低转速   C. 大桨叶角及高转速

41. 大多数多旋翼飞行器自主飞行过程利用( )实现高度感知。

    A. 气压高度计   B. gps   C. 超声波高度计

42. 多轴航拍飞行器难以完成哪种工作?( )

    A. 测绘   B. 超远距离监控   C. 直播

43. 某多轴电机标有 3810 字样,意思是指( )。

    A. 该电机转子高度为 38 毫米

    B. 该电机定子直径为 38 毫米

    C. 该电机最大承受 38V 电压,最小承受 10V 电压

44. 一块聚合物锂电池上标有 25C 字样,C 代表( )。

    A. 充电倍率   B. 容量倍率   C. 放电倍率

45. 多旋翼飞行器上的电信号传播顺序一般为（　　）。

    A. 机载遥控接收机—飞控—电调—电机

    B. 飞控—机载遥控接收机—电机—电调

    C. 飞控—电调—机载遥控接收机—电机

46. 悬停状态的六轴飞行器如何实现向前移动？（　　）

    A. 横轴前侧的螺旋桨加速，横轴后侧的螺旋桨减速

    B. 横轴前侧的螺旋桨减速，横轴后侧的螺旋桨加速

    C. 纵轴右侧的螺旋桨减速，纵轴左侧的螺旋桨加速

47. 下列哪个因素对多轴航拍效果影响最大？（　　）

    A. 负载类型   B. 负载体积   C. 风速

48. 螺旋桨叶本身是扭转的，因此桨叶角从毂轴到叶尖是变化的。最大安装角或者最大桨距在（　　）。

    A. 叶尖处   B. 桨叶中部   C. 毂轴处

49. 在多轴飞行任务中，触发失控返航时，应如何打断飞控当前任务，取回手动控制权？（　　）

    A. 云台状态切换   B. 航向锁定切换   C. GPS手动模式切换

50. 相对于传统直升机，多轴最大的优势是（　　）。

    A. 载重能力强   B. 气动效率高   C. 结构与控制简单

51. 以下电池类型中，记忆效应最强的是（　　）。

    A. 锂电池   B. 镍氢电池   C. 镍镉电池

52. 无人机系统中的GPS模块为飞控提供了哪些信息？（　　）

    A. 经纬度、高度与空速   B. 传感器、姿态与加速度   C. 位置、高度与地速

53. 以下哪个是小型电动无人机常用的动力电池类型？（　　）

    A. 铅酸电池   B. 银锌电池   C. 锂电池

54. 对于多旋翼飞行器（　　）。

    A. 旋翼只起升力面的作用

    B. 旋翼只充当纵横向和航向的操纵面

    C. 旋翼既是升力面又是纵横向和航向的操纵面

55. 八轴飞行器某个电机发生故障时，对应做出类似停止工作的电机应是（　　）电机。

    A. 俯视顺时针方向下一个

    B. 俯视顺时针方向下下一个

    C. 对角

56. 某多轴动力电池容量为10Ah，表示（　　）。

    A. 理论上，以10 mA电流放电，可放电1小时

    B. 理论上，以10A电流放电，可放电10小时

    C. 理论上，以10000 mA电流放电，可放电1小时

57. 多旋翼飞行器悬停时的平衡不包括（　　）。

    A. 俯仰平衡   B. 升力平衡   C. 诱导阻力平衡

58. 某多旋翼飞行器螺旋桨标有"CW"字样，表明该螺旋桨（　　）。

    A. 俯视多旋翼飞行器顺时针旋翼

    B. 该螺旋桨为"CW"牌

    C. 俯视多旋翼飞行器逆时针旋翼

59. 某多轴电机标有 2208 字样,意思是指(   )。

    A. 该电机定子直径为 22 毫米

    B. 该电机最大承受 22v 电压,最小承受 8v 电压

    C. 该电机转子高度为 22 毫米

60. 多旋翼飞行器是否轴数越多载重能力越大?(   )

    A. 是   B. 否   C. 不一定

61. 旋翼机下降过程中,正确的方法是(   )。

    A. 先慢后快   B. 一直保持快速垂直下降   C. 先快后慢

62. X 模式 6 轴飞行器从悬停转换到向左平移,哪两个轴需要减速?(   )

    A. 横轴右侧   B. 横轴左侧   C. 纵轴左侧

63. 同样重量不同类型的动力电池,价格最低廉的是(   )。

    A. 聚合物锂电池   B. 镍氢电池   C. 镍镉电池

64. 使用多轴飞行器作业(   )。

    A. 应在人员密集区,如公园、广场等

    B. 在规定空域使用,且起飞前提醒周边人群远离

    C. 不受环境影响

65. 多轴飞行器控制电机转速的直接设备为(   )。

    A. 电调   B. 电源   C. 飞控

66. 多轴飞行器重心过高于或过低于桨平面会(   )。

    A. 显著影响电力消耗   B. 降低机动性   C. 增加稳定性

67. 当多轴飞行器飞远超出视线范围无法辨别机头方向时,应对方式错误的是(   )。

    A. 云台复位通过图像确定机头方向

    B. 加大油门

    C. 一键返航

68. 描述一个多轴无人机地面遥控发射机是"美国手",是指(   )。

    A. 左手左右动作控制油门或高度

    B. 右手上下动作控制油门或高度

    C. 左手上下动作控制油门或高度

69. 在多轴飞行器航空摄影中,日出日落拍摄时,摄像机白平衡调整应调整为(   )以拍出正常白平衡画面。

    A. 低色温值   B. 高色温值   C. 闪光灯模式

70. 多旋翼飞行器控制电机转速的直接设备为(   )。

    A. 电调   B. 电源   C. 飞控

71. 民用无人机上的舵机一般输出行程为(   )。

    A. 正负 120 度   B. 正负 45 度   C. 正负 20 度

72. 在高海拔地区,多轴飞行器出现较难离地时,最有效的应对措施是(   )。

    A. 更换大容量电池   B. 更换大桨   C. 减重

73. 民航旅客行李中携带锂电池的额定能量超过(   )严禁携带。

    A. 120Wh   B. 100Wh   C. 160Wh

74. 以下电池类型中,记忆效应最强的是(   )。

    A. Ni-Cd   B. Ni-mH   C. Li-Po

75. 使用多轴飞行器,拍摄夜景时,应( )。

A. 降低飞行高度,保证正常曝光

B. 与白天没有明显区别

C. 降低飞行速度,保证正常曝光

76. 桨叶"上反效应"引起锥体向( )方位侧倒。

A. 0°   B. 180°   C. 90°

77. 多旋翼飞行器在运输过程中的注意事项是( )。

A. 做好减振措施,固定云台并安装云台固定支架,装箱运输

B. 可随意拆装运输

C. 装箱运输,也可行李箱运输

78. 在高海拔、寒冷、空气稀薄地区,飞行负载不变,飞行状态会( )。

A. 功率损耗增大,飞行时间减少

B. 飞行时间变长

C. 最大起飞重量增加

79. 关于多旋翼使用的无刷电机与有刷电机,说法正确的是( )。

A. 无刷电调驱动直流电机,无法调速

B. 有刷电机便于调速和驱动交流电机,

C. 三相交流电机通过交流电调将电池直流变成交流作为电机输入

80. 多轴飞行器悬停转向和以 10 千米/时速度前飞转向中( )。

A. 横滚角不同   B. 横滚角不确定   C. 横滚角相同

81. 使用多轴飞行器航拍时,以下哪种方法可以改善画面的"水波纹"现象?( )

A. 改用姿态模式飞行

B. 改善云台和电机的减震性能

C. 提高飞行速度

82. 关于多轴飞行器的优势描述不正确的是( )。

A. 气动效率高   B. 结构简单便携   C. 成本低廉

83. 多轴飞行器都有哪些用途?( )

① 应急救灾② 军用侦察③ 警用监视④ 娱乐⑤ 广电行业

A. ①②③④⑤   B. ①④⑤   C. ②③④

84. 多旋翼飞行器在没有发生机械结构改变的前提下,如发生漂移,不能直线飞行时,不需要关注的是( )。

A. 调整重心位置   B. GPS 定位   C. 指南针校准

85. 多旋翼飞行器的螺旋桨( )。

A. 桨根处线速度大于桨尖处线速度

B. 桨根处升力系数小于桨尖处升力系数

C. 桨根处角速度等于桨尖处角速度

86. 多轴飞行器在前飞中必然会产生( )变化。

A. 偏航角   B. 横滚角   C. 俯仰角

87. 下列哪种方式可以使多轴飞行器搭载的摄影装备拍摄角度实现全仰拍摄且不穿帮?( )

A. 多轴飞行器搭载下沉式云台

B. 多轴飞行器搭载前探式云台

C. 多轴飞行器使用折叠式脚架

88. 经测试,某多轴飞行器稳定飞行时,动力电池的持续输出电流为 10 安培,该多轴可以选用(   )。

    A. 15 A 的电调   B. 10 A 的电调   C. 50 A 的电调

89. 某多轴电机标有 500 KV 字样,意义是指(   )。

    A. 电机最大耐压 500 KV

    B. 对应每 V 电压,电机提供 500000 转转速

    C. 对应每 V 电压,电机提供 500 转转速

90. 对于多轴飞行器动力电源充电,以下哪种充电方法是错误的?(   )

    A. 聚合物锂电池单体充至 4.2 V 满电

    B. 磷酸铁锂电池单体充至 3.6 V 满电

    C. 聚合物锂电池单体充至 4.6 V 满电

91. 下列哪种方式有可能会提高多轴飞行器的载重?(   )

    A. 电机功率不变,桨叶直径变大且桨叶总距变大

    B. 桨叶总距不变,电机功率变大且桨叶直径变大

    C. 桨叶直径不变,电机功率变小且桨叶总距变小

92. 多旋翼飞行器使用的锂聚合物动力电池,其单体标称电压为(   )。

    A. 11.1 V   B. 1.2 V   C. 3.7 V

93. 6 轴飞行器某个电机发生故障时,对应做出类似停止工作的电机应是(   )电机。

    A. 俯视逆时针方向下一个

    B. 对角

    C. 俯视顺时针方向下一个

94. 一般来讲,多轴飞行器在地面风速大于(   )级时作业,会对飞行器安全和拍摄稳定有影响。

    A. 4 级   B. 6 级   C. 2 级

95. 多轴旋翼飞行器通过改变(   )控制飞行轨迹。

    A. 总距杆   B. 尾桨   C. 转速

96. 对于多轴飞行器,飞行速度影响航拍设备曝光,以下正确的是(   )。

    A. 速度越快,需提高曝光度,保证正常曝光

    B. 速度快慢,不影响拍摄曝光

    C. 速度越快,需降低曝光度,保证正常曝光

97. 多轴飞行器的螺旋桨(   )。

    A. 桨根处迎角等于桨尖处迎角

    B. 桨根处迎角大于桨尖处迎角

    C. 桨根处迎角小于桨尖处迎角(迎角均改为安装角)

98. 以下哪个是小型电动无人机常用的动力电池类型?(   )

    A. Li-Po   B. Ni-Cd   C. Ni-mH

99. 多轴飞行器航拍中,果动效应或水波纹效应产生的原因是(   )。

    A. 摄像机无云台增稳

B. 高频振动传递到摄像机

C. 低频振动传递到摄像机

100. 六轴飞行器安装有（   ）。

    A. 6 个顺时针旋转螺旋桨

    B. 3 个顺时针旋转螺旋桨，3 个逆时针旋转螺旋桨

    C. 4 个顺时针旋转螺旋桨，2 个逆时针旋转螺旋桨

八、无人机遥控器知识训练题

单项选择题（每题 1 分，共 40 分）

1. 遥控器中的"D/R"(Dual Rate)功能主要用于调整（   ）。

    A. 通道的输出电压   B. 舵机的最大行程量   C. 飞行器的 GPS 灵敏度

2. 遥控器菜单中的"EXP"(Exponential)功能的作用是（   ）。

    A. 线性化舵机响应曲线，提高操控精度

    B. 增强油门通道的灵敏度

    C. 调整舵机响应曲线的非线性特性，优化操控手感

3. 遥控器与接收机对频时，通常需要按哪个按键进入对频模式？（   ）

    A. BIND   B. RESET   C. REVERSE

4. 遥控器的"Throttle Cut"功能主要用于（   ）。

    A. 紧急情况下快速切断油门信号

    B. 切换飞行模式

    C. 调整油门通道的中立点

5. 遥控器中的"Timer"功能通常用于（   ）。

    A. 记录飞行器的总飞行时间

    B. 设置单次飞行倒计时提醒

    C. 控制云台摄像机的录制时间

6. 以下哪种遥控器天线类型常用于增强信号定向性？（   ）

    A. 全向天线   B. 鞭状天线   C. 平板定向天线

7. 遥控器菜单中的"Model Match"功能的作用是（   ）。

    A. 确保遥控器仅控制绑定的特定接收机

    B. 自动匹配不同飞行器的舵机类型

    C. 调整模型的外观参数

8. 遥控器设置中，"Servo Speed"功能用于调整（   ）。

    A. 舵机的转动速度   B. 电调的响应速度   C. 飞控的数据刷新率

9. 遥控器在低电压报警时，正确的处理方式是（   ）。

    A. 立即更换电池并检查电压

    B. 忽略报警继续使用

    C. 降低遥控功率以延长使用时间

10. 遥控器的"Trainer Port"接口主要用于（　　　）。

    A. 连接电脑模拟器

    B. 实现主控与副控之间的教练模式

    C. 外接扩展接收机

11. 遥控器设置中，"Frame Rate"选项影响的是（　　　）。

    A. 信号发射频率（如22ms或11ms）

    B. 接收机的信号解码速度

    C. 飞控的刷新率

12. 遥控器菜单中"Haptic Feedback"功能的作用是（　　　）。

    A. 通过振动提示用户操作状态

    B. 增强信号传输稳定性

    C. 调整摇杆阻尼力度

13. THR 控制飞机在哪个方向的运动？（　　　）

    A. 沿横轴左右运动   B. 沿立轴上下运动   C. 沿纵轴前后运动

14. 一般民用无人机所使用遥控器的频率是（　　　）。

    A. 2.4ZHZ   B. 2.4GHZ   C. 2.4WHZ

15. 遥控器开机以后检查哪几项？（　　　）

    A. 电压、模型名称、混控

    B. 电压、模型类型、发射制式、中立微调

    C. 电压、混控、大小舵

16. 以下哪个不是在系统菜单设置里的功能？（　　　）

    A. Sound   B. User Name   C. function

17. 遥控器怎样恢复初始设置？（　　　）

    A. SNB TRIm   B. DATA RESET   C. REVERSE

18. 遥控器显示设置都可以调节（　　　）。

    A. 对比度、亮度、息屏时间

    B. 对比度、亮度、息屏时间、单位

    C. 亮度、息屏时间、单位

19. 遥控器显示设置的英文为（　　　）。

    A. CONTRAST   B. isplay   C. BRIGHTNESS

20. 遥控器中，升降舵、副翼、方向舵、油门控制通道的英文简称分别正确的是（　　　）。

    A. ELE、AIL、RUD、THR   B. RUD、AIL、ELE、THR   C. ELE、THR、RUD、AIL

21. 变换遥控器美国手和日本手在哪个菜单中完成？（　　　）

    A. LNK   B. SYS   C. mDL

22. 在遥控器哪一项设置一键返航？（　　　）

    A. SYSTEm   B. FUNCTION（LINK）   C. REVERSE

23. 遥控器菜单中 FAIL SAFE 代表（　　　）。

    A. 通道反向   B. 失控保护   C. 飞行模式切换

24. 遥控器设置菜单中 REV 是设置（　　　）。

    A. 通道反向   B. 通道行程   C. 失控保护

25. 设置遥控器的某一开关为飞行模式的切换，主要通过哪个功能菜单实现？（　　　）

    A. Condition   B. End Point   C. Function

26. 遥控器飞行模式在哪项设置？（　　）
 A. FUNCTION(LINK) 　　B. SYSTEm 　　　　　C. TRAINER

27. 关联菜单的英文缩写为（　　）。
 A. LNK 　　　　　　　B. mENU 　　　　　　C. SYS

28. 打开遥控器前应检查哪几步（　　）。
 A. 天线、开关、油门位置
 B. 电压、油门位置、中立微调
 C. 发射制式、模型类型、电压

29. 遥控器亮度英文为（　　）。
 A. CONTRAST 　　　　B. Display 　　　　　C. BRIGHTNESS

30. 以下哪个英文缩写对应是错误的？（　　）
 A. 舵机反向 REV 　　　B. 功能设置 FUNC 　　C. 失控保护 F-C

31. 以下哪项为固定翼的英文名称？（　　）
 A. multirotor 　　　　B. Helicopter 　　　　C. Airplane

32. 遥控器用户名在以下哪项中调节？（　　）
 A. mOL 　　　　　　　B. SYS 　　　　　　　C. LNK

33. 哪项可以设定教练主控、学员副控？（　　）
 A. Trainer 　　　　　B. Display 　　　　　C. mETRIC

34. 遥控器菜单中 SUB TRIm 代表（　　）。
 A. 失控保护 　　　　　B. 通道反向 　　　　C. 中立微调

35. 系统菜单英文名称是（　　）。
 A. mDL 　　　　　　　B. SYS 　　　　　　　C. LNK

36. 设置遥控器的某一开关键为飞行模式的切换，主要通过哪个功能菜单实现？（　　）。
 A. Condition 　　　　B. End Point 　　　　C. Function

37. 遥控器对比度的英文名称是（　　）。
 A. Display 　　　　　B. CONTRAST 　　　　C. BRIGHTNESS

38. 请选择以下哪一个功能选项，在手动遥控飞行时，可以改变各通道的操作灵敏度？（　　）
 A. 行程比例 　　　　　B. 微调比例 　　　　C. 通道速度

39. 调飞机遥控器的前四步是（　　）。
 A. 新建模型、模型重命名、选择发射制式、失控保护
 B. 新建模型、选择发射制式、定义开关、失控保护
 C. 新建模型、选择发射制式、中立微调、行程量设置

40. 以下哪项不属于发射制式？（　　）
 A. mult 　　　　　　　B. 7ch 　　　　　　　C. metric

九、无人机起降操控知识训练题

单项选择题(每题 1 分，共 160 分)

1. 无人机在强侧风条件下起飞时，正确的操纵方式是（　　）。
 A. 保持机头正对风向，适当增加油门以抵消侧风影响

B. 让机头自然偏转,依靠方向舵修正航向

C. 逆风方向压副翼,防止侧翻

2. 无人机在夜间降落时,驾驶员应特别注意( )。

A. 跑道灯光的颜色和亮度

B. 地面参照物的清晰度和飞机高度表读数

C. 保持与塔台的通讯畅通

3. 无人机在湿滑跑道上着陆时,以下哪种操作最合理?( )。

A. 提前拉平并轻踩刹车,避免滑跑距离过长

B. 保持较大下滑角,确保接地时速度足够低

C. 接地后立即全刹车,防止打滑

4. 无人机在高温环境下长时间爬升,发动机温度过高时,驾驶员应( )。

A. 立即转为平飞并降低油门,待温度正常后再继续爬升

B. 继续爬升,依赖发动机自动冷却系统

C. 迅速下降至低空,利用气流降温

5. 无人机在低能见度条件下降落,驾驶员应优先依赖( )。

A. 地面雷达引导

B. 仪表着陆系统(ILS)和高度表

C. 目视跑道标志

6. 无人机在山区地形飞行时,为避免撞山风险,驾驶员应( )。

A. 保持飞行高度高于最高障碍物至少50米

B. 沿山谷飞行,利用地形遮蔽减少风的影响

C. 尽量贴近山体飞行,减少侧风干扰

7. 无人机在飞行中遭遇突发强上升气流时,正确的应对方式是( )。

A. 保持油门不变,利用气流爬升以节省电量

B. 减小油门并压杆保持平飞,避免失控

C. 迅速拉杆转为下降,脱离气流区域

8. 无人机在降落过程中,发现起落架故障无法放下时,驾驶员应( )。

A. 尝试手动释放起落架,若无效则执行迫降程序

B. 立即复飞并联系地面支援

C. 继续降落,依赖机身缓冲

9. 无人机在飞行中电池电量突然急剧下降,驾驶员应( )。

A. 立即降落至最近安全区域

B. 切换至备用电池并继续任务

C. 降低飞行高度以减少能耗

10. 无人机在任务区域遇到其他飞行器时,驾驶员应( )。

A. 保持航线,依靠避障系统自动规避

B. 主动下降高度并避让,优先确保安全

C. 加速通过,减少冲突时间

11. 无人机在降落时遭遇通讯链路中断,驾驶员应( )。

A. 等待链路恢复,若超时则启动自动返航

B. 立即切换到备用频率尝试重新连接

C. 执行预设的失控保护程序(如悬停或返航)

12. 操纵无人机长时间爬升,发动机温度容易高,下列正确的操纵方式是(　　)。

　　A. 发现发动机各参数不正常时迅速转下降

　　B. 不必操纵,信任发动机自身性能

　　C. 适时定高飞行,待各指标正常后再继续爬升

13. 无人机左侧风中起飞,侧风有使飞机机头向(　　)偏转的趋势。

　　A. 左

　　B. 右

　　C. 视风速的大小不同可能向左也可能向右

14. 无人机在遥控下降时,驾驶员应注意(　　)。

　　A. 飞机下降时,油门收小,螺旋桨扭转气流减弱,飞机有右偏趋势,须抵住左舵

　　B. 飞机状态不会发生变化,不需做任何准备

　　C. 飞机下降时,油门收小,螺旋桨扭转气流减弱,飞机有左偏趋势,须抵住右舵

15. 姿态遥控模式下操纵无人机爬升,俯仰角偏低时,下列正确的操纵方式是(　　)。

　　A. 应柔和地向右扭舵　　　B. 应柔和地向前顶杆　　　C. 应柔和地向后带杆

16. 无人机驾驶员进行起飞前飞行器检查内容不必包括(　　)。

　　A. 起飞(发射)、降落(回收)装置检查

　　B. 飞行器涂装

　　C. 舵面结构及连接检查

17. 起落航线飞行开始一转弯和结束四转弯的高度一般不得低于(　　)。

　　A. 50 米　　　　　　　　B. 150 米　　　　　　　　C. 100 米

18. 操纵无人机,起飞前需要了解的无人机基本性能不包括(　　)。

　　A. 无人机速度范围　　　B. 无人机着陆性能　　　C. 无人机升限

19. 遥控无人机着陆时 ,关于大逆风着陆描述正确的是(　　)。

　　A. 下滑速度较大,舵面效用较强,开始拉平的时机应比正常稍早

　　B. 下滑速度较小,舵面效用较弱,开始拉平的时机应比正常稍早

　　C. 下滑速度较大,舵面效用较强,开始拉平的时机应比正常稍晚

20. 飞行驾驶员操纵无人转弯时 ,下列描述正确的操纵方式是(　　)。

　　A. 机头过低时,应向转弯一侧的斜前方适当推杆并稍扭舵

　　B. 机头过低时,应向转弯一侧的斜后方适当拉杆并稍回舵

　　C. 机头过低时,应向转弯一侧的斜前方适当拉杆并稍扭舵

21. 遥控无人着陆时,关于大逆风着陆描述正确的是(　　)。

　　A. 平飘前段,速度小,飞机下沉较快,拉杆的动作应快速,防止下沉过快

　　B. 平飘前段,速度较大,飞机下沉较慢,拉杆的动作应快速,防止拉飘

　　C. 平飘前段,速度较大,飞机下沉较慢,拉杆的动作应柔和,防止拉飘

22. 遥控无人机着陆拉平时,拉杆的快慢和下降速度的关系是(　　)。

　　A. 下降快,拉杆应慢一些

　　B. 还按正常时机拉杆

　　C. 下降快,拉杆应快一些

23. 遥控无人机着陆时,关于顺风着陆描述正确的是(　　)。

　　A. 着陆滑跑中,按正常时机刹车即可

　　B. 着陆滑跑中,应延后刹车,以免滑跑距离过短

C. 着陆滑跑中,应及时刹车,以免滑跑距离过长

24. 下列不属于飞行后进行的内容是(　　)。

A. 检讨飞行执行过程

B. 规划飞行航线

C. 填写飞行日志或记录本

25. 着陆目测是驾驶员对飞机飞行高度和降落点进行目视判断,对于目测质量的评判为(　　)。

A. 飞机没有达到目测接地范围就接地的,叫目测高

B. 飞机超过目测接地范围才接地的,叫目测低

C. 飞机没有达到目测接地范围就接地的,叫目测低

26. 无人机驾驶员关于无人机飞行速度范围不需要了解的是(　　)。

A. 极限高度内的速度范围

B. 极限高度外的速度范围

C. 海平面不同重量下的速度范围

27. 无人机驾驶员操纵无人机着陆滑跑时,油门状态描述正确的是(　　)。

A. 飞机接地后,为保证安全一般将油门收为零

B. 飞机接地后,着陆滑跑一段距离再收油门

C. 飞机接地后,将油门保持大车状态,准备随时复飞

28. 飞行驾驶员姿态遥控模式下操纵无人机下降时,下列正确的操纵是(　　)。

A. 如俯角过小,应柔和地向后带杆

B. 如俯角过小,应柔和地向左压杆

C. 如俯角过小,应柔和地向前顶杆

29. 起落航线(五边航线)组成内容不包括(　　)。

A. 着陆目测、着陆　　　　B. 任务飞行　　　　　　C. 起飞、建立航线

30. 遥控无人机着陆拉平时,对拉平操作描述不恰当的是(　　)。

A. 主动地、有预见地、机动灵活地去操纵飞机

B. 严格按高度值执行动作

C. 正确的拉平动作,必须按照实际情况

31. 遥控无人机着陆时,关于大逆风着陆描述正确的是(　　)。

A. 拉平后,速度增大加快,平飘距离缩短

B. 拉平后,速度减小加快,平飘距离缩短

C. 拉平后,速度减小加快,平飘距离增长

32. 飞行驾驶员操纵无人转弯时,下列描述正确的操纵方式是(　　)。

A. 机头过高时,应向转弯一侧的斜前方适当拉杆并稍扭舵

B. 机头过高时,应向转弯一侧的斜前方适当推杆并稍扭舵

C. 机头过高时,应向转弯一侧的斜后方适当推杆并稍扭舵

33. 遥控无人机着陆时,风速大或气温低时(　　)。

A. 如目测低,加油门量相应小些

B. 如目测高,加油门量相应大些

C. 如目测低,加油门量相应大些

34. 遥控无人机着陆时,拉平高的修正方法是(　　)。

A. 发现有拉高的趋势,应停止继续拉杆

B. 发现有拉高的趋势,应停止拉杆或增加拉杆量,让飞机上升

C. 发现有拉高的趋势,应停止拉杆或减小拉杆量,让飞机下沉

35. 姿态遥控模式下操纵无人机爬升,飞机带左坡度时,下列正确的操纵方式是( )。

A. 应柔和地向左压杆

B. 应柔和地回杆或向右压杆

C. 应柔和地向前顶杆

36. 遥控无人机复飞后襟翼收起时,以下描述正确的操纵动作是( )。

A. 对飞机几乎没有影响

B. 升力系数增大,飞机要上升,应适当地推杆

C. 升力系数下降,飞机要下沉,应适当地拉杆

37. 通过专用的遥控器、外部控制盒操纵无人机的驾驶员称为( )。

A. 起降驾驶员 B. 飞行驾驶员 C. 飞行员

38. 飞行驾驶员操纵无人机无坡度转弯,正确的操纵方式是( )。

A. 向转弯方向压方向舵,副翼同方向打以保证坡度水平

B. 向转弯方向压方向舵,副翼反打以保证坡度水平

C. 向转弯方向压方向舵,副翼同方向打以形成坡度

39. 遥控无人机,着陆时( )。

A. 机场气温较高时,跑道下降气流明显,会导致下滑距离增长

B. 机场气温较高时,跑道下降气流明显,会导致下滑距离减小

C. 机场气温较高时,跑道上升气流明显,会导致下滑距离增长

40. 遥控无人机着陆时,关于顺风着陆以下描述正确的是( )。

A. 地速正常,平飘距离正常

B. 地速较大,平飘距离较长

C. 地速较小,平飘距离较短

41. 无人机定速遥控飞行时收起落架,驾驶员需( )。

A. 针对此情况,无需做相关动作

B. 减小油门以保持空速

C. 增加油门以保持空速

42. 无人机驾驶员操纵无人机复飞,关于油门状态以下描述正确的是( )。

A. 保持小油门 B. 逐渐收至小车状态 C. 逐渐推至大车状态

43. 遥控无人机着陆时,如果拉平前飞机的俯角较大、下降快,应( )。

A. 拉杆稍早些 B. 拉杆稍晚些 C. 还按正常时机拉杆

44. 无人机爬升时,油门较大,螺旋桨左偏力矩较大,需适当操纵方向舵( )。

A. 左偏 B. 右偏 C. 不必干涉

45. 遥控无人机在预定高度由平飞转为下降时( )。

A. 注视地平仪,稍拉杆,收油门

B. 注视地平仪,稍拉杆,推油门

C. 注视地平仪,稍顶杆,收油门

46. 无人机着陆目测与有人机相比不同之处为( )。

A. 有人机驾驶员通过地面人员通告仪表参考值,无人机起降驾驶员可自行观察仪表参考值

B. 有人机是从飞机观察着陆场,无人机是从着陆场观察飞机

C. 有人机为第三视角,无人机为第一视角

47. 遥控无人机着陆时,下列哪种情况,收油门的时机应适当提前,收油门的动作适当加快?（　　）

A. 速度大、下沉慢

B. 下沉速度与预定速度符合

C. 速度小、下沉快

48. 无人机系统中,起降驾驶员一般不参与以下哪个阶段控制?（　　）

A. 降落阶段　　　　　　B. 巡航阶段　　　　　　C. 起飞阶段

49. 操纵无人机起飞前,动力装置不需要检查的是（　　）。

A. 发动机油路检查

B. 发动机生产日期

C. 发动机稳定性检查

50. 遥控无人机转弯时产生偏差的主要原因不包括（　　）。

A. 进入和退出转弯时,动作不协调,产生侧滑

B. 天气状况不佳

C. 转弯中,未保持好机头与天地线的关系位置,以致速度增大或减小

51. 下列不属于对无人机驾驶员训练要求的是（　　）。

A. 在实物训练系统实施飞行前检查,不少于3小时

B. 在实物训练系统实施应急飞行程序指挥,包括规避航空器、发动机故障、链路丢失、应急回收、迫降等,不少于10小时

C. 在模拟器实施飞行前检查,不少于1小时

52. 遥控无人机着陆时,下列哪种情况,收油门的时机应适当提前,收油门的动作适当加快?（　　）

A. 实际下滑点与预定下滑点吻合

B. 实际下滑点在预定下滑点后面

C. 实际下滑点在预定下滑点前面

53. 无人机驾驶员关于无人机发动机不需要了解的是（　　）。

A. 发动机生产日期

B. 大车状态的连续工作时间

C. 稳定怠速

54. 姿态遥控模式下操纵无人机爬升,飞机航向向右偏离时,下列正确的操纵是（　　）。

A. 应柔和地向右扭舵　　B. 应柔和地向左扭舵　　C. 应柔和地向前顶杆

55. 遥控无人机着陆时,关于大逆风着陆描述正确的是（　　）。

A. 第三转弯后,适当提前下滑时机,进入第四转弯的高度应比正常风速时略高

B. 第三转弯后,适当延迟下滑时机,进入第四转弯的高度应比正常风速时略高

C. 第三转弯后,适当提前下滑时机,进入第四转弯的高度应比正常风速时略低

56. 无人机驾驶员操纵无人机定高平飞航迹偏离时,下列描述正确的是（　　）。

A. 如果轨迹方向偏离目标5°以内,应快速大幅度地向偏转的反方向适当扭舵杆

B. 如果轨迹方向偏离目标5°以内,应柔和地向偏转的方向适当扭舵杆

C. 如果轨迹方向偏离目标5°以内,应柔和地向偏转的反方向适当扭舵杆

57. 无人机驾驶员操纵无人机刹车时机描述正确的是( )。

　　A. 飞机接地后,马上刹车

　　B. 飞机接地后,待速度降到安全范围内刹车

　　C. 飞机接地后,待飞机滑停后再刹车

58. 遥控无人机着陆时,关于收油门以下描述正确的是( )。

　　A. 收油门的过程要拉长一些,拉长了可以柔和,使速度减小均匀,有利于做好着陆

　　B. 收油门的过程要尽量短,短了可以柔和,使速度减小均匀,有利于做好着陆

　　C. 收油门的过程可以随意些,跟着感觉就好

59. 遥控无人机着陆时,下列哪种情况需要复飞?( )

　　A. 飞机油料不足

　　B. 跑道上有飞机或其他障碍物影响着陆安全时

　　C. 飞机稍稍偏离期望下滑线

60. 遥控无人机平飞转弯前( )。

　　A. 保持当前平飞状态

　　B. 根据转弯坡度大小,加油门5%—10%,保持好平飞状态

　　C. 根据转弯坡度大小,减油门5%—10%,保持好平飞状态

61. 遥控无人机着陆时,收油门过早、过粗,速度减小快,使拉平时的速度小,飞机下沉快( )。

　　A. 容易拉平低或者进入平飘时仰角较大

　　B. 对飞机无影响

　　C. 容易拉平高或者进入平飘时仰角较小

62. 下列不属于对无人机驾驶员训练要求的是( )。

　　A. 在模拟器实施应急飞行程序指挥,包括规避航空器、发动机故障、链路丢失、应急回收、迫降等,不少于3小时

　　B. 在实物训练系统实施正常飞行程序操作,不少于10小时

　　C. 在模拟器实施正常飞行程序操作,不少于3小时

63. 飞行驾驶员操纵无人机转弯时,下列错误的过程描述是( )。

　　A. 可以在只操纵方向舵不形成坡度的情况下实现快速高效转弯

　　B. 改平坡度,飞机转弯即停止

　　C. 坡度形成,飞机即进入转弯

64. 下列不属于对无人机机长训练要求的是( )。

　　A. 取得仪表资格

　　B. 在模拟器实施系统检查程序,不少于1小时

　　C. 在实物训练系统实施系统检查程序,不少于3小时

65. 无人机积水道面上起飞,其起飞距离比正常情况下( )。

　　A. 短　　　　　　　　　B. 相等　　　　　　　　　C. 长

66. 无人机驾驶员操纵无人机下降时,油门状态描述正确的是( )。

　　A. 油门置于中间状态留足操纵空间

　　B. 小油门便于飞机下降

　　C. 大油门保证飞机速度

67. 遥控无人机着陆时(　　)。

　　A. 逆风对着陆没有影响

　　B. 逆风较大时,目测容易高(即推迟接地)

　　C. 逆风较大时,目测容易低(即提前接地)

68. 姿态遥控模式下操纵无人机爬升,飞机爬升率过小时,下列正确的操纵方式是(　　)。

　　A. 柔和减小俯仰角　　　　B. 柔和增大俯仰角　　　　C. 迅速停止爬升

69. 起落航线的重要组成部分应急航线相关内容不包括(　　)。

　　A. 检查飞行平台、发动机、机上设备的故障状态、油量、电量

　　B. 决定着陆场或迫降

　　C. 任务执行情况

70. 爬升的注意事项,以下正确的是(　　)。

　　A. 垂直上升中,保持直升机状态比较容易

　　B. 要进入回避区

　　C. 飞行员不应以垂直上升作为主要的飞行方式

71. 遥控无人机着陆时,对用侧滑的方法修正侧风影响的正确描述是(　　)

　　A. 判明偏流的方向及影响大小,适量向侧风反方向压杆形成坡度,并反扭舵抵制飞机转弯

　　B. 判明偏流的方向及影响大小,适量向侧风方向压杆形成坡度,并反扭舵抵制飞机转

　　C. 判明偏流的方向及影响大小,适量向侧风方向压杆形成坡度,并同向扭舵抵制飞机转弯

72. 姿态遥控模式下操纵无人机爬升,飞机速度减小太多时,下列正确的操纵方式是(　　)。

　　A. 迅速关闭发动机　　　　B. 迅速增大俯仰角　　　　C. 迅速减小俯仰角

73. 姿态遥控模式下操纵无人机爬升,飞机航向向左偏离时,下列正确的操纵方式是(　　)。

　　A. 应柔和地向右扭舵　　　B. 应柔和地向左扭舵　　　C. 应柔和地向前顶杆

74. 遥控无人机平飞转弯后段(　　)。

　　A. 当飞机轨迹方向超过目标方向10度—15度时,注视地平仪,逐渐回杆

　　B. 当飞机轨迹方向到达目标方向时,注视地平仪,逐渐回杆

　　C. 当飞机轨迹方向离目标方向10度—15度时,注视地平仪,根据接近目标方向的快慢,逐渐回杆

75. 遥控无人机着陆时,对用侧滑的方法修正侧风影响描述正确的是(　　)。

　　A. 下降率增大,目测容易高,应适当减油门修正

　　B. 下降率增大,目测容易低,应适当加油门修正

　　C. 下降率减小,目测容易低,应适当加油门修正

76. 无人机前轮偏转的目的(　　)。

　　A. 保证飞机滑行转弯和修正滑跑方向

　　B. 前轮摆振时减小受力

　　C. 主要是为了地面拖飞机

77. 无人机驾驶员操纵无人机地面滑行时,下列描述正确的是(　　)。

　　A. 主要通过控制升降舵杆量操纵

　　B. 主要通过控制副翼杆量操纵

　　C. 主要通过控制方向舵杆量操纵

78. 无人机驾驶员操纵无人机下降到 10 米以下时,应重点关注信息是( )。

    A. 飞机航行灯开闭状态

    B. 飞机下降速度、姿态和空速

    C. 飞机剩余油量

79. 遥控无人机着陆时,下列哪种情况,收油门的时机应适当提前,收油门的动作适当加快?( )。

    A. 逆风较大   B. 顺风较大   C. 无风情况

80. 无人机飞行时收起襟翼,会使飞机( )。

    A. 飞行速度减小   B. 飞行速度无明显变化   C. 飞行速度增大

81. 遥控无人机在预定高度由下降转平飞时( )。

    A. 注视地平仪,柔和地加油门,同时拉杆

    B. 注视地平仪,快速加油门,同时拉杆

    C. 注视地平仪,柔和地加油门,同时顶杆

82. 据统计,无人机系统事故 60% 以上发生在( )。

    A. 滑跑阶段   B. 起降阶段   C. 巡航阶段

83. 遥控无人机由爬升转为平飞时( )。

    A. 到达预定高度时,开始改平飞

    B. 上升至预定高度前 10—20 米时,开始改平飞

    C. 超过预定高度 10—20 米时,开始改平飞

84. 无人机飞行时放下襟翼,会使飞机( )。

    A. 飞行速度增大   B. 飞行速度无明显变化   C. 飞行速度减小

85. 无人机飞行摇杆常规操作方式是( )。

    A. 自主控制   B. 人工修正   C. 姿态遥控和舵面遥控

86. 以下哪一种情景容易引起飞行员产生飞机比实际位置偏高的错觉?( )。

    A. 向上带斜坡的地形   B. 向下带斜坡的地形   C. 常规跑道

87. 遥控无人机着陆时,关于顺风着陆以下描述正确的是( )。

    A. 进入四转弯的高度应比正常稍低,收油门下滑和进入时机应当延后

    B. 进入四转弯的高度应比正常稍高,收油门下滑和进入时机应当延后

    C. 进入四转弯的高度应比正常稍低,收油门下滑和进入时机应当提前

88. 遥控无人机着陆时,关于大逆风着陆描述正确的是( )。

    A. 着陆后,立即刹车

    B. 着陆后,地速减小慢,刹车不要太晚

    C. 着陆后,地速减小快,刹车不要太早

89. 无人机飞行时放下起落架,会使飞机( )。

    A. 全机阻力减小   B. 全机阻力无明显变化   C. 全机阻力增大

90. 无人机驾驶员关于无人机飞行速度限制不需要了解的是( )。

    A. 静止时飞机零漂速度

    B. 不同高度、重量下的失速速度

    C. 俯冲最大速度

91. 遥控无人机着陆到平飘阶段( )。

    A. 平飘前段,速度较大,下沉较慢,拉杆量应小一些

    B. 平飘后段,速度较小,下沉较快,拉杆量应适当减小

C. 平飘前段,速度较大,下沉较慢,拉杆量应大一些

92. 遥控无人机着陆时,拉飘的修正方法是(　　)。

    A. 发现拉飘时,稳住并保持杆

    B. 发现拉飘时,应立即继续拉杆

    C. 发现拉飘时,应立即柔和推杆制止飞机继续上飘

93. 遥控无人机着陆时,关于顺风着陆描述正确的是(　　)。

    A. 正常时机三转弯即可,四转弯点距陆点距离远近不影响安全着陆

    B. 进入三转弯的时机应适当提前,转弯的角度应适当增大,使第四转弯点距着陆点的距离适当近一些

    C. 进入三转弯的时机应适当延迟,转弯的角度应适当减小,使第四转弯点距着陆点的距离适当远一些

94. 对于无人机关键性能,无人机驾驶员(　　)。

    A. 视情况了解   B. 必须了解   C. 不必了解

95. 无人机驾驶员遥控无人机起飞滑跑描述正确的是(　　)。

    A. 将油门迅速推至大车,等飞机速度积累到足够使其自动起飞

    B. 逐渐将油门推至大车并在速度达到起飞速度时柔和拉杆起飞

    C. 迅速将油门推至大车并快速拉杆起飞

96. 当前国内民用无人机的主要控制方式不包括(　　)。

    A. 自主控制   B. 人工遥控   C. 人工智能

97. 遥控无人机复飞时,正确的操纵方式是(　　)。

    A. 柔和地加满油门,保持好方向,同时柔和拉杆使飞机逐渐转入爬升,保持好爬升状态

    B. 保持油门,快速拉杆转入爬升

    C. 迅速推满油门,同时快速拉杆转入爬升

98. 遥控无人机着陆时,对用侧滑与改变航向相结合的方法修正侧风影响描述正确的是(　　)。

    A. 退出第四转弯的时机一律适当延迟

    B. 退出第四转弯的时机一律适当提前

    C. 退出第四转弯的时机应根据风向适当提前或延迟

99. 遥控无人机着陆时,下列哪种情况,收油门的时机应适当延迟,收油门的动作适当减慢(　　)。

    A. 速度大、下沉慢

    B. 速度小、下沉

    C. 下沉速度与预定速度符合

100. 无人机驾驶员操纵无人机定高平飞时,下列操纵正确的是(　　)。

    A. 如航迹方向偏离目标超过5°,应协调地压杆扭舵,使飞机对正目标,然后改平坡度

    B. 如航迹方向偏离目标超过5°,应柔和地向偏转的方向适当扭舵杆

    C. 如航迹方向偏离目标超过5°,应缓慢地向偏转的反方向适当扭舵杆

101. 无人机定高平飞时,驾驶员面对地面站界面应(　　)。

    A. 短暂休息,偶尔关注一下飞机状态

    B. 切至自主控制模式,尽可放松休息

    C. 密切判断飞机的俯仰状态和有无坡度

102. 无人机定速遥控飞行时放下襟翼,驾驶员需(　　)

    A. 减小油门以保持空速

    B. 增加油门以保持空速

    C. 针对此情况,无需做相关动作

103. 无人机定高平飞时,驾驶员面对地面站界面应(　　)。

    A. 切至自主控制模式,尽可放松休息

    B. 短暂休息,偶尔关注一下飞机状态

    C. 不断检查空速、高度和航向指示

104. 姿态遥控模式下操纵无人机爬升,飞机带右坡度时,下列正确的操纵方式是(　　)。

    A. 应柔和地向右压杆

    B. 应柔和地回杆或向左压杆

    C. 应柔和地向前顶杆

105. 飞行驾驶员姿态遥控模式下操纵无人机下降,速度过大时,下列正确的操纵方式是(　　)。

    A. 适当增加带杆量,减小下滑角

    B. 适当减小带杆量,减小下滑角

    C. 适当减小带杆量,增大下滑角

106. 无人机定高平飞时,驾驶员面对地面站界面应(　　)。

    A. 短暂休息,偶尔关注一下飞机状态

    B. 根据目标点方向,密切判断飞行方向

    C. 切至自主控制模式,尽可放松休息

107. 遥控无人机着陆时,关于顺风着陆以下描述正确的是(　　)。

    A. 跟无风情况下一样,不需特别操作

    B. 下滑速度较大,舵面效用较强,在拉平过程中,拉杆动作应及时、适量,防止拉平高

    C. 下滑速度较小,舵面效用较弱,在拉平过程中,拉杆动作应及时、适量,防止拉平低

108. 活塞发动机过热易出现在下列哪种过程中?(　　)

    A. 巡航　　　　　　　　B. 下降　　　　　　　　C. 长时间爬升

109. 遥控无人机下滑中,估计到第四转弯时的高度将高于预定的高度(　　)。

    A. 应及时地收小油门,必要时可收至20%,增大下滑角

    B. 应适当地加大油门,减小下滑角

    C. 转为平飞进行修正

110. 遥控无人机着陆的过程不包括(　　)。

    A. 平飘接地和着陆滑跑

    B. 下降和定高

    C. 下滑和拉平

111. 遥控无人机着陆时,面对拉平高正确的操作方式是(　　)。

    A. 拉平高时,如果飞机不下沉,应稍拉杆,使飞机下沉到预定高度

    B. 拉平高时,如果飞机随即下沉,应稳住杆,待飞机下沉到一定高度时,再柔和拉杆

    C. 发现有拉高的趋势,应推杆

112. 无人机驾驶员进行起飞前通讯链路检查内容不必包括(　　)。

    A. 外部控制盒舵面及节风门反馈检查

B. 链路设备型号

C. 飞行摇杆舵面及节风门反馈检查

113. 下列属于对无人机机长训练要求的是(　　)。

A. 在模拟器实施正常飞行程序操作,不少于3小时

B. 在模拟器实施应急飞行程序指挥,包括规避航空器、发动机故障、链路丢失、应急回收,迫降等,不少于3小时

C. 实物训练系统实施正常飞行程序操作,不少于10小时

114. 无人机定速遥控飞行时收起襟翼,驾驶员需(　　)。

A. 增加油门以保持空速

B. 针对此情况,无需做相关动作

C. 减小油门以保持空速

115. 着陆后检查内容不包括(　　)。

A. 气象检查

B. 飞行器外观检查

C. 燃油动力飞行器需要称重检查

116. 遥控无人机着陆时,如果飞机处于顺侧风时(　　)。

A. 地速增大,收油门下滑和四转弯时机均应适当提前

B. 地速减小,收油门下滑和四转弯时机均应适当延后

C. 地速增大,收油门下滑和四转弯时机均应适当延后

117. 遥控无人机着陆时,收油门过晚、过细,速度减小慢,使拉平时的速度大,飞机下沉慢(　　)。

A. 容易拉平高或者进入平飘时仰角较小

B. 对飞机无影响

C. 容易拉平低或者进入平飘时仰角较大

118. 遥控无人机着陆时,修正目测偏差(　　)。

A. 偏差大,加、收油门量相应小一些

B. 不必调整

C. 偏差大,加、收油门量相应大一些

119. 遥控无人机,平飞转弯过程中(　　)。

A. 转弯中,如果坡度过大,应协调地适当回杆回舵

B. 转弯中,如果坡度过小,应协调地适当回杆回舵

C. 转弯中,如果坡度过大,应协调地适当增加压杆扭舵量

120. 姿态遥控模式下操纵无人机爬升,俯仰角偏高时,下列正确的操纵方式是(　　)。

A. 应柔和地向右扭舵　　　B. 应柔和地向后带杆　　　C. 应柔和地向前顶杆

121. 遥控无人机由下降转为平飞时(　　)。

A. 超过预定高度20—30米时,开始改平飞

B. 下降至预定高度前20—30米时,开始改平飞

C. 到达预定高度时,开始改平飞

122. 下列不属于对无人机机长训练要求的是(　　)。

A. 在模拟器实施正常飞行程序指挥,不少于3小时

B. 在实物训练系统实施正常飞行程序指挥,不少于10小时

C. 有参与研制飞行模拟器经历

123. 遥控无人机着陆时,拉平低的修正方法是( )。

    A. 发现有拉低的趋势,应适当地增大拉杆量

    B. 发现有拉低的趋势,应推杆

    C. 发现有拉低的趋势,应停止拉杆或减小拉杆量

124. 下列不属于转弯时易产生的偏差描述和原因的是( )。

    A. 发动机推力不足,导致形成高度偏差

    B. 转弯中,未保持好机头与天地线的关系位置,以致速度增大或减小

    C. 进入和退出转弯时,动作不协调,产生侧滑

125. 遥控无人机着陆时,产生着陆偏差的主要原因不包括( )。

    A. 着陆条件不好

    B. 飞机型号不同

    C. 精神过分紧张,对着陆存有顾虑,因而注意力分配不当,操纵动作犹豫不适量

126. 遥控无人机着陆时,面对拉平低正确的操作方式是( )。

    A. 如结束拉平过低且速度较大时,应停止继续拉杆

    B. 如结束拉平过低且速度较大时,应适当地多拉一点杆,避免三点接地

    C. 如结束拉平过低且速度较大时,应适当地少拉一点杆,避免三点接地

127. 遥控无人机在预定高度由平飞转爬升时( )。

    A. 注视地平仪,柔和地加油门至100%,同时稍拉杆转为爬升

    B. 注视地平仪,快速加油门至100%,同时快速拉杆转为爬升

    C. 注视地平仪,快速加油门至100%,同时快速顶杆

128. 无人机驾驶员进行起飞前控制站检查内容不必包括( )。

    A. 控制站操作系统检查

    B. 预规划航线及航点检查

    C. 控制站软件检查

129. 飞行驾驶员操纵无人机定高平飞时,下列正确的操纵方式是( )。

    A. 不断检查空速、高度和航向指示

    B. 偶尔关注一下空速、高度和航向指示

    C. 定高平飞结束前可以休息

130. 遥控无人机着陆时,收油门的基本要领是( )。

    A. 跟着感觉操作   B. 适时、柔和   C. 适时、快速

131. 活塞发动机在慢车状态下工作时间过长,易带来的主要危害是( )。

    A. 气缸头温度过高   B. 滑油消耗量过大   C. 电嘴挂油积炭

132. 遥控无人机着陆时,关于大逆风着陆描述正确的是( )。

    A. 第三转弯时机应适当提前,以便第四转弯点距降落点比正常略远一些

    B. 第三转弯时机应适当提前,以便第四转弯点距降落点比正常略近一些

    C. 第三转弯时机应适当延后,以便第四转弯点距降落点比正常略近一些

133. 无人机在遥控下降中,速度过大时,驾驶员应( )。

    A. 适当减小带杆量,增大下滑角

    B. 适当增加带杆量,减小下滑角

    C. 顺其自然,让其自动恢复状态

134. 遥控无人机着陆时,下列哪种情况,收油门的时机应适当延迟,收油门的动作适当减慢?( )

    A. 无风情况   B. 逆风较大   C. 顺风较大

135. 遥控无人机进入下滑后( )。

    A. 当下滑线正常时,如速度大,表明目测高,应适当收小油门

    B. 当下滑线正常时,如速度小,表明目测高,应适当收小油门

    C. 当下滑线正常时,如速度大,表明目测低,应适当增加油门

136. 无人机驾驶员进行起飞前动力装置检查内容不必包括( )。

    A. 发动机启动后怠速转速、震动、稳定性检查

    B. 发动机油量检查

    C. 发动机生产厂家检查

137. 遥控无人机着陆时,关于收油门以下描述正确的是( )。

    A. 收油门时机不要晚。早一些比较主动,可以慢慢收,也可停一停再收

    B. 收油门时机不要早,收早了势必造成动作粗猛,影响着陆动作

    C. 收油门时机不要早。晚一些比较主动,可以快速收

138. 通过地面站界面、控制台上的鼠标、按键、飞行摇杆操纵无人机的驾驶员称为( )。

    A. 飞行驾驶员   B. 飞行员   C. 起降驾驶员

139. 遥控无人机着陆时,如果飞机处于逆侧风时( )。

    A. 地速增大,收油门下滑和四转弯时机均应当提前

    B. 地速减小,收油门下滑和四转弯时机均应当延后

    C. 地速增大,收油门下滑和四转弯时机均应当延后

140. 侧风中着陆,为了修正偏流,可以采用既修正了偏流,又使飞机的升阻比不减小的( )。

    A. 改变航向法

    B. 改变航向法和侧滑法相结合

    C. 侧滑法

141. 遥控无人机平飞、爬升和下降转换时产生偏差的主要原因不包括( )。

    A. 天气状况不佳

    B. 平飞、爬升、下降三种飞行状态变换时,推杆、拉杆方向不正,干扰其他通道

    C. 动作粗,操纵量大,造成飞行状态不稳定

142. 无人机着陆目测须重点决断着陆方向和( )。

    A. 三四转弯位置   B. 一转弯位置   C. 二转弯位置

143. 遥控无人机进入四转弯时( )。

    A. 如飞机接近跑道延长线较快,而转弯剩余角减小较慢时,表明进入早,应立即协调
        地减小坡度和转弯角速度

    B. 如飞机接近跑道延长线较快,而转弯剩余角减小较慢时,表明进入晚,应立即协调
        地减小坡度和转弯角速度

    C. 如飞机接近跑道延长线较快,而转弯剩余角减小较慢时,表明进入晚,应立即协调
        地增大坡度和转弯角速度

144. 遥控无人机着陆时,下列哪种情况,收油门的时机应适当延迟,收油门的动作适当减慢?( )

    A. 实际下滑点在预定下滑点前面

B. 实际下滑点与预定下滑点吻合

C. 实际下滑点在预定下滑点后面

145. 无人机定高平飞时,驾驶员面对地面站界面应( )。

A. 不断观察发动机指示,了解发动机工作情况

B. 短暂休息,偶尔关注一下飞机状态

C. 切至自主控制模式,可以放松休息

146. 遥控无人机着陆时,关于大逆风着陆以下描述正确的是( )。

A. 四转弯后,地速减小,下滑角增大,下滑点应适当前移,并及时加大油门保持相应的速度下滑

B. 四转弯后,地速增加,下滑角减小,下滑点应适当后移,并及时减小油门保持相应的速度下滑

C. 四转弯后,地速减小,下滑角增大,下滑点应适当前移,并及时减小油门保持相应的速度下滑

147. 无人机驾驶员操纵无人机平飞转爬升时,下列操纵易产生偏差的是( )。

A. 及时检查地平仪位置关系,及时校准偏差

B. 动作柔和,且有提前量

C. 平飞、爬升飞行状态变换时,推杆、拉杆方向不正,干扰其他通道

148. 遥控无人机着陆时,关于顺风着陆以下描述正确的是( )。

A. 四转弯后,地速减小,下滑角增大,下滑点应适当前移,下滑速度比正常大一些

B. 四转弯后,地速增大,下滑角减小,下滑点应适当后移,下滑速度比正常小一些

C. 四转弯后,地速增大,下滑角减小,下滑点应适当前移,下滑速度比正常大一些

149. 无人机飞行时收起落架,会使飞机( )。

A. 全机阻力无明显变化

B. 全机阻力减小

C. 全机阻力增大

150. 无人机驾驶员操纵无人机拉平时,下列描述正确的操纵方式是( )。

A. 正确的拉平动作,必须按照实际情况,主动地、有预见地、机动灵活地去操纵飞机

B. 快速根据飞机偏差大力度修正

C. 小偏差时不必修正,待形成一定偏差时修正即可

151. 飞行驾驶员操纵无人机转弯时,可能出现情况是( )。

A. 在一定条件下的转弯中,坡度增大,机头会下俯,速度随即增大

B. 在一定条件下的转弯中,坡度增大,机头会上仰,速度随即减小

C. 在一定条件下的转弯中,坡度增大,机头会上仰,速度随即增大

152. 遥控无人机着陆时,下列哪种情况,收油门的时机应适当提前,收油门的动作适当加快?( )

A. 当时的高度低于预定高度

B. 当时的高度与预定高度吻合

C. 当时的高度高于预定高度

153. 遥控无人机平飞转弯过程中( )。

A. 注视地平仪,向转弯方向压杆,同时反方向扭舵

B. 注视地平仪,协调地向转弯方向压杆扭舵,形成一定坡度后,稳杆保持

C. 注视地平仪,协调地向转弯反方向压杆扭舵,形成一定坡度后,稳杆保持

154. 遥控无人机四转弯后( )。

A. 目测过低时,应在加大油门的同时适当增加带杆量,减小下滑角,必要时可平飞一段

B. 等飞机降到较低高度时再做偏差调整

C. 目测过高时,应在加大油门的同时适当增加带杆量,减小下滑角,必要时可平飞一段

155. 遥控无人机着陆拉平时,拉杆的快慢和下降速度的关系是( )。

A. 下降慢,拉杆应快一些

B. 下降慢,拉杆应慢一些

C. 还按正常时机拉杆

156. 遥控无人机着陆时,接地后跳跃的修正方法是( )。

A. 飞机跳离地面时,应稳住杆,迅速判明离地的高度和飞机状态

B. 飞机跳离地面时,应迅速拉杆,避免再次坠落弹起

C. 飞机跳离地面时,应迅速推杆,压住飞机状态

157. 飞行驾驶员操纵无人机坡度转弯时,同时操纵方向舵作用是( )。

A. 进行协调转弯,可有效增大转弯半径并减少侧滑

B. 进行协调转弯,可有效减小转弯半径并减少侧滑

C. 进行协调转弯,可有效减小转弯半径并增大侧滑

158. 无人机定速遥控飞行时放下起落架,驾驶员需( )。

A. 增加油门以保持空速

B. 减小油门以保持空速

C. 针对此情况,无需做相关动作

159. 遥控无人机着陆时,下列哪种情况,收油门的时机应适当延迟,收油门的动作适当减慢( )?

A. 当时的高度与预定高度吻合

B. 当时的高度高于预定高度

C. 当时的高度低于预定高度

160. 下列属于对无人机驾驶员训练要求的是( )。

A. 在模拟器实施应急飞行程序操作,包括发动机故障、链路丢失、应急回收、迫降等,不少于 3 小时

B. 在模拟器实施正常飞行程序指挥,不少于 3 小时

C. 在实物训练系统实施正常飞行程序指挥,不少于 10 小时

十、低空飞行气象信息知识训练题

单项选择题(每题 1 分,共 170 分)

1. 在低空飞行时,以下哪种天气现象最容易导致无人机失控或坠毁?( )

A. 晴天无云　　　　B. 强烈的低空风切变　　　C. 均匀的小雨

2. 无人机在飞行过程中,若遇到积冰情况,以下哪种操作是最不推荐的?( )

A. 立即降低飞行高度以脱离积冰区

B. 保持当前高度和速度,继续飞行

C. 调整飞行姿态,尽快脱离积冰区

3. 地面风具有明显日变化的主要原因是( )。

    A. 摩擦力的变化   B. 乱流强度的变化   C. 气压的变化

4. 发生在低层的风切变严重影响航空器的起降,将发生在这一气层中的风切变称为低空风切变,低空风切变距地面一般约( )。

    A. 800 米   B. 300 米   C. 600 米

5. 在地表的风向稍微不同于地表之上几千英尺高度的风向的原因是( )。

    A. 风和地面之间的摩擦作用

    B. 当地地形影响气压

    C. 地面有较强的地转偏向力

6. 地面天气图上填写的气压是( )。

    A. 本站气压   B. 海平面气压   C. 场面气压

7. 下述物理量中,反映大气潮湿程度的量是( )。

    A. 相对湿度   B. 饱和水气压   C. 露点温度

8. 一般我们说的4级风,风速为( )。

    A. 8.0~10.7 米/秒   B. 0.8~13.8 米/秒   C. 5.5~7.9 米/秒

9. 同一架民用无人机于冬季与夏季在同一块飞行场地地面检测,以下哪一种高度会变化?( )

    A. GPS 高度   B. 本场相对高度   C. 气压高度

10. 下列关于山谷风的叙述正确的是( )。

    A. 气流越山而过,称为山风

    B. 山谷风是由于海陆差异而形成的热力环流

    C. 白天风由山谷吹向山坡

11. 气象上把气温垂直递减率等于零(即 $\gamma=0$)的气层称为( )。

    A. 等温层   B. 不稳定气层   C. 逆温层

12. 雷暴到达成熟阶段以后,随着积雨云中迅速下沉的冷空气到达地面后,风向突转,风力迅速增大,阵风风速常在( )。

    A. 30 米/秒   B. 10 米/秒   C. 20 米/秒

13. 在下述何种情况下容易碰到风切变?( )

    A. 当风速大于 65 千米/小时

    B. 逆温层附近或靠近雷暴时

    C. 有高气压时

14. 风切变气流常从高空急速下冲,像向下倾泻的巨型水龙头,当飞机进入该区域时( )。

    A. 先遇强逆风,后遇猛烈的上升气流,随后又是强顺风

    B. 先遇强顺风,后遇猛烈的上升气流,随后又是强逆风

    C. 先遇强逆风,后遇猛烈的下沉气流,随后又是强顺风

15. 飞机结冰是指飞机机体表面某些部位聚集冰层的现象,飞机积冰主要分为三大种是( )。

    A. 坚冰、松冰、霜冰   B. 明冰、毛冰、白冰   C. 冰、雾凇、霜

16. 起飞场地从北京移至拉萨,对哪类无人机的高度性能影响最严重?( )

    A. 电动固定翼   B. 电动多轴   C. 油动固定翼

17. 国际上对以下哪些能见度定义是正确的?( )

    A. 烟雾的能见度定义为不足 1 千米

B. 霾的能见度为 3 千米～5 千米

C. 薄雾的能见度为 1 千米～3 千米

18. 航路天气预报通常在起飞前几小时,由飞航站气象台向机组提供?(   )

    A. 2 小时   B. 3 小时   C. 1 小时

19. 空气在作水平运动时,是什么力阻止了空气直接从高压区流向低压区?(   )

    A. 惯性离心力   B. 地转偏向力   C. 摩擦力

20. 卫星云图上下列哪个不是积雨云特征?(   )

    A. 无论可见光还是红外云图,积雨云的色调最白

    B. 积雨云的尺度相差不大。一般,初生的较小,成熟的较大

    C. 在卫星图像上的积雨云常是几个雷暴单体的集合

21. 和地面建筑物有关的湍流强度依赖于障碍物的大小和风的基本速度,在山地区域时这种情况甚至更加明显。风越过山脊时(   )。

    A. 风沿着背风侧平稳地向下流动

    B. 风沿着迎风侧湍流逐渐增加

    C. 风沿着迎风侧平稳地向上流动

22. 平流层飞行,按照飞行高度区分为(   )。

    A. 9000 米(含)以上   B. 12000 米(不含)以上   C. 12000 米(含)以上

23. 积冰强度可分为(   )。

    A. 微弱、弱、中度和强   B. 霜、雾凇和冰   C. 轻度、中度和重度

24. 飞机按气压式高度表指示的一定高度飞行,在飞向低压区时,飞机的实际高度将(   )。

    A. 逐渐升高   B. 保持不变   C. 逐渐降低

25. 在以下天气预报的分类中不正确的是(   )。

    A. 气象要素预报   B. 天气形势预报   C. 大风降温预报

26. 气象学中,能见度用气象光学视程表示。气象光学视程是指(   )。

    A. 白炽灯发出色温为 2700K 的平行光束的光通量,在大气中削弱至初始值的 5% 所通过的路径长度

    B. 白炽灯发出色温为 2500K 的平行光束的光通量,在大气中削弱至初始值的 5% 所通过的路径长度

    C. 白炽灯发出色温为 3000K 的平行光束的光通量,在大气中削弱至初值的 10% 所通过的路径长度

27. 和地面建筑物有关的湍流强度依赖于(   ),这会影响任何飞机的起飞和着陆性能,也会引发非常严重的危险。

    A. 障碍物的大小和风的基本方向

    B. 障碍物的大小和风的基本速度

    C. 障碍物的多少和风的基本速度

28. 平流层对航空活动有利的方面是(   )

    A. 气流平稳、能见度好、空气阻力小

    B. 气温低、飞机载重量增加、飞机真空速增大

    C. 气流平稳、无恶劣天气、发动机推力增大

29. 平流层范围从对流层顶到大约 55km 的高度上,空气热量的主要来源是臭氧吸收太阳紫

外辐射,因此( )。

A. 平流层中不含有水汽

B. 平流层中气温随高度增高而升高

C. 平流层中气温不随高度变化而变化

30. 根据国际气象组织的规定,云满天时的云量为( )。

A. 12   B. 8   C. 10

31. 气温对飞机最大平飞速度的影响为( )。

A. 气温低时,空气密度大,空气的阻力增加,最大平飞速度减小

B. 气温低时,空气密度大,飞机发动机的推力增大,最大平飞速度增加

C. 气温高时,空气密度小,空气的阻力减小,最大平飞速度增加

32. 关于风切变出现的地方,下述说法正确的是( )。

A. 在大气中任何高度上存在风向或风速变化的地方

B. 在气压和温度急剧下降的地方出现

C. 仅在雷暴中出现

33. 卫星云图主要可分为哪两类?( )

A. 红外云图和可见光卫星云图

B. 红外云图和色调强化卫星云图

C. 色调强化卫星云图和可见光卫星云图

34. 气团的分类方法正确的是( )。

A. 暖气团和湿气团

B. 冷气团和干气团

C. 北冰洋气团、极地气团,热带气团、赤道气团

35. 露点温度指空气在水汽含量和气压都不改变的条件下,冷却到饱和时的温度。形象地说,就是空气中的水蒸气变为露珠时候的温度称露点温度。下述哪项正确?( )

A. 当空气中水汽已达到饱和时,气温与露点温度相同

B. 当水汽未达到饱和时,气温一定低于露点温度

C. 在 100% 的相对湿度时,周围环境的温度高于露点温度

36. 地表和潮湿物体表面的水分蒸发进入大气就形成了大气中的水汽。大气中的水汽含量平均约占整个大气体积的 0%~5% 左右,并随着高度的增加而逐渐( )。

A. 增加   B. 不变   C. 减少

37. 在山区飞行时应当注意,最强的乱流出现在( )。

A. 山谷中间   B. 山的背风坡   C. 山的迎风坡

38. 低空飞行器的起降会受到风切变的严重影响,低空风切变问题一般距离地面( )米。

A. 1000   B. 600   C. 400

39. 同一架无人机于某日中午和傍晚进行两次 GPS 高度 200 米的飞行,地面基准气压相同的前提下( )。

A. 傍晚的气压高度高

B. 中午和傍晚的气压高度一样高

C. 中午的气压高度高

40. 对流层因为空气有强烈的对流运动而得名,它的底界为地面,上界高度随纬度、季节、天

气等因素而变化。同一地区对流层上界高度（　　　）。

A. 冬季与夏季相同　　　　B. 夏季大于冬季　　　　C. 冬季大于夏季

41. 下面关于气团的叙述哪一项正确？（　　　）

A. 我国地域广大，能形成各种气团

B. 气团离开源地，其性质将会发生变化

C. 气团只形成于极地和大洋地区

42. 卫星云图上，下列哪项不是卷状云特征？（　　　）

A. 在红外云图上，卷云顶温度很低，呈白色

B. 无论可见光还是红外云图，卷云没有纤维结构

C. 在可见光云图上，卷云呈灰—深灰色

43. 一般来讲，多旋翼飞行器在地面风速大于（　　　）级时作业，会对飞行器安全和拍摄稳定有影响。

A. 2 级　　　　　　　　B. 6 级　　　　　　　　C. 4 级

44. 能见度不好的天气，一般风力（　　　）。

A. 较强　　　　　　　　B. 混乱　　　　　　　　C. 较弱

45. 相对湿度，是指（　　　）。

A. 空气中水汽压与饱和水汽压的百分比

B. 空气中水分占空气总量的百分比

C. 空气中水汽含量与饱和水汽含量的百分比

46. 飞机在着陆时突然遇到逆风切变，会出现下述何种现象？（　　　）

A. 飞机空速突然减小，升力减小，飞机将掉至正常下滑线以下

B. 飞机高度下降，空速减小，未到正常着陆点即提前着陆

C. 飞机空速突然增大，升力增加，飞机上仰并上升到下滑线之上

47. 最小能见度是指（　　　）。

A. 能见度因方向而异时，垂直和水平能见度最小的距离

B. 能见度因方向而异时，其中最小的能见距离

C. 能看到最近的物体距离

48. 气温高低，如何影响飞机滑跑距离？（　　　）

A. 气温低时，空气密度小，飞机增速快，飞机升力减小，起飞滑跑距离要长

B. 气温高时，空气密度大，飞机增速快，飞机升力增大，起飞滑跑距离要短

C. 气温高时，空气密度小，飞机增速慢，飞机的离地速度增大，起飞滑跑距离要长

49. 以下哪种不是卫星云图种类？（　　　）

A. 可见光卫星云图　　　　B. 多光谱卫星云图　　　　C. 红外卫星云图

50. 在山区飞行时应当注意，最强的乱流最多出现在（　　　）。

A. 山的迎风坡　　　　　　B. 山顶　　　　　　　　C. 山谷中间

51. 大气压力的降低对飞机性能有显著的影响。在较高的高度，伴随着降低的大气压力（　　　）。

A. 起飞和着陆距离会减小，爬升率也会减小

B. 起飞和着陆距离会增加，爬升率也会增加

C. 起飞和着陆距离会增加，爬升率会减小

52. 山地对风的影响，以下描述错误的是（　　　）。

A. 山体本身的障碍影响，使气流被阻滞不前

B. 一般山底和峡谷风口的风速增大

C. 一般山顶和峡谷风口的风速增大

53. 空气的组成为（ ）。

A. 78%氮、20%氢和2%其他气体

B. 90%氧、6%氮和4%其他气体

C. 78%氮、21%氧和1%其他气体

54. 一般而言，气团的垂直高度可达几千米到十几千米，常常从地面伸展到对流层顶。水平范围为（ ）。

A. 几千米到几百千米

B. 几十千米到几百千米

C. 几十千米到几千米

55. 大气的组成是由（ ）。

A. 78%的氮气、21%的氧气以及1%的其他气体组成

B. 75%的氮气、24%的氧气以及1%的其他气体组成

C. 78%的氮气、20%的氧气以及2%的其他气体组成

56. 现有民用无人机多数在大气的哪一层内运行？（ ）

A. 平流层   B. 热层   C. 对流层

57. 气压传感器测的是以下哪个高度？（ ）

A. 海拔   B. 无线电高度   C. 相对高度

58. 关于锋面，下列哪种描述正确？（ ）

A. 锋面就是温度、湿度等物理性质不同的两种气团的交界面

B. 锋面就是风场与地面的交线，也简称为锋

C. 锋面就是不同方向的风交汇的界面

59. 在山地背风坡中的下降气流中飞行时，除造成飞机掉高度外，还可造成严重危害的原因是（ ）。

A. 地速减小

B. 空速表误差增大

C. 气压式高度表读数高于实际高度

60. 对流层的主要特征，以下哪项正确（ ）。

A. 空气具有强烈的垂直混合

B. 气温、湿度的水平分布均匀

C. 气温随高度不变

61. 目视判断风切变的参照物，以下不正确的是（ ）。

A. 雷暴云体下垂的雨幡

B. 雷暴冷性外流气流的尘卷风（云）

C. 卷积云带来的降雨

62. 暖锋是指（ ）。

A. 温度较高与温度较低的两个气团交汇时，温度高的一侧

B. 锋面在移动过程中，暖空气推动锋面向冷气团一侧移动的锋

C. 一侧气团温度明显高于另一侧气团温度的锋

63. 当在山谷、山脊或山区作低空飞行时，在什么时候最容易碰到乱流造成的危险？（ ）

A. 在山的背风面顺风飞行

B. 在山的背风面逆风飞行

C. 在山的迎风面逆风飞行

64. 当机翼和尾翼积冰时,下列不正确的描述是( )。

A. 翼型失真(变形)　　　B. 导致摩擦阻力减少　　　C. 差阻力都增大

65. 32 华氏度是 0 摄氏度,那么 59 华氏度是多少摄氏度?( )

A. 0 摄氏度　　　B. 27 摄氏度　　　C. 15 摄氏度

66. 能见度,是反映大气透明度的一个指标,测量大气能见度的错误方法是( )。

A. 使用大气透射仪

B. 使用激光能见度自动测量仪

C. 用望远镜目测

67. 空气中容纳水汽的数量随气温变化,气温越高,则( )。

A. 可以容纳的水汽就越少

B. 当空气不能再容纳更多的水汽时,温度就会变化

C. 可以容纳的水汽就越多

68. 在山谷飞行时,应该采取的措施是( )。

A. 靠近迎风坡飞行　　　B. 飞出山口马上转弯　　　C. 靠近背风坡飞行

69. 风向 270 度,航向 90 度,这时无人机在( )。

A. 顺风飞行　　　B. 逆风飞行　　　C. 侧风飞行

70. 卫星云图上下列哪个不是中云特征?( )

A. 在红外云图上,中云呈深灰色,介于高低云之间的色调

B. 在可见光云图上,中云呈灰白色到白色,色调的差异判定云的厚

C. 在卫星云图上,中云与天气系统相连,表现为大范围的带状、涡旋状、逗点状

71. 气团是指气象要素(主要指温度,湿度和大气静力稳定度)在水平分布上比较均匀的大范围空气团。下列不正确的是( )

A. 垂直范围大　　　B. 水平温度梯度大　　　C. 水平范围大

72. 当气温高于标准大气温度时,飞机的载重量要( )。

A. 减小　　　B. 保持不变　　　C. 增加

73. 下面关于雾说法不正确的是( )。

A. 大雾会影响无人机的起降手动操作。

B. 大雾会影响无人机航拍任务设备效果。

C. 大雾会影响无人机的航线自主飞行。

74. 卫星云图上,下列哪项不是层云(雾)特征?( )

A. 在可见光云图上,层云(雾)表现为光滑均匀的云区

B. 在红外云图上,层云色调较亮,与地面色调相差较大

C. 层云(雾)边界整齐清楚,与山脉、河流、海岸线走向相一致

75. 机场上空高度较低的云会直接影响飞机的起降。其中,危害最大的云是( )。

A. 卷状云　　　B. 层状云　　　C. 对流云

76. 对流层中的平均气温垂直递减率为( )。

A. 0.5℃/100 m　　　B. 6.5℃/100 m　　　C. 0.65℃/100 m

77. 大气是一种混合物,它由( )组成。

A. 空气、水汽及液体或固体杂质

B. 空气和固体微粒

C. 空气和水汽凝结物

78. 在飞行中遇到飞机积冰时,驾驶员应注意(   )。

A. 调整飞机马力,严格保持飞行高度和速度,尽快脱离积冰区

B. 柔和操纵飞机,保持飞行高度和平飞姿态,尽快脱离积冰区

C. 及时有力地修正飞行姿态的偏差,尽快脱离积冰区及时有力地修正飞行姿态的偏差,尽快脱离积冰区

79. 在实际运用中,通常使用气温的垂直递减率单位为(   )。

A. ℃/1000 m   B. ℃/500 m   C. ℃/100 m

80. 离开源地移至与源地性质不同的下垫面时,气团的物理属性逐渐发生变化,这个过程称为气团的变性。一般说来(   )。

A. 暖气团移到暖的地区,冷气团移到冷的地区不变性

B. 冷气团移到暖的地区变性慢,而暖的气团移到冷的地区变性快

C. 冷气团移到暖的地区变性快,而暖的气团移到冷的地区变性慢

81. 下面关于飞机积冰的叙述哪一项正确(   )。

A. 中云温度低于0℃,云层较厚,水滴含量大,积冰最严重

B. 低云云高低于2000米,温度高,不含过冷水滴,所以一般不出现飞机积冰

C. 高云由于高度高、温度低,大多由冰晶构成,不容易形成飞机积冰

82. 形成雷暴的基本条件是(   )。

A. 浓积云,充足的水汽和锋区

B. 充足的水汽和上升运动

C. 充足的水汽、不稳定的大气和上升运动

83. 雷暴处于发展阶段时(   )。

A. 地面气压持续上升   B. 地面气压保持不变   C. 地面气压持续下降

84. 飞机积冰的产生,主要是由于云中存在(   )。

A. 雪花和冰晶   B. 过冷水滴   C. 大小不等的水滴

85. 暖锋和冷锋在特性上是非常不同的(   )。

A. 冷锋以10～25英里每小时速度移动

B. 暖锋以20～35英里每小时速度移动

C. 暖锋产生差的能见度和下雨,冷锋产生突发的阵风,紊流

86. 根据地面天气图上分析的等压线,我们能观察出(   )。

A. 槽线位置   B. 气压梯度   C. 降水区域

87. 在处于雷暴区边缘的机场起飞或着陆时,要特别注意的危险天气是(   )。

A. 冰雹和暴雨   B. 积冰和雷击   C. 低空风切变

88. 下列选项哪个不是对流层的主要特征?(   )

A. 气温随高度升高而升高

B. 空气具有强烈的垂直混合

C. 气温、湿度的水平分布很不均匀

89. 对流层的高度,在地球中纬度地区约为(   )。

A. 16千米   B. 11千米   C. 8千米

90. 飞机在比标准大气冷的空气中飞行时,气压高度表所示高度将比实际飞行高度(   )。

A. 高   B. 低   C. 相同

91. 下列哪种天气现象是稳定大气的特征？（　　）

    A. 能见度极好　　　　　B. 能见度较差　　　　　C. 有阵性降水

92. 同一架无人机与某日中午和傍晚进行两次gps高度200米的飞行,地面基准气压相同的前提下（　　）。

    A. 中午的气压高度高　　B. 傍晚的气压高度高　　C. 一样高

93. 锋是三度空间的天气系统。锋的宽度同气团宽度相比显得很狭窄,因而常把锋区看成一个几何面,称为锋面。下面描述错误的是（　　）。

    A. 锋面和锋线统称为锋

    B. 凡升到对流层中上层者,称为层流锋

    C. 锋面与地面的交线称为锋线

94. 对流层中,按气流和天气现象分布的特点,可分为下、中、上三个层次,代表对流层中层气流的基本趋势是（　　）。

    A. 气流相对平稳　　　　B. 水汽含量很少　　　　C. 气流混乱

95. 使原来静止的空气产生垂直运动的作用力,称为（　　）。

    A. 热力作用力　　　　　B. 气动作用力　　　　　C. 对流冲击力

96. 冷锋是指（　　）。

    A. 冷气团主动向暖气团移动形成的锋称为冷锋

    B. 温度较高与温度较低的两个气团交汇时,温度低的一

    C. 一侧气团温度明显低于另一侧气团温度的锋

97. 飞机外表面的冰霜雪等（　　）。

    A. 会出现指令仰角变化和滚转

    B. 会使外表面变得粗糙,增加阻力,减少升力

    C. 会引起飞机操纵效能增加

98. 飞机积冰的产生,主要是由于云中存在（　　）。

    A. 大小不等的水滴　　B. 雪花和冰晶　　　　C. 过冷水滴

99. 气象台发布的风向标有SE,是指（　　）。

    A. 西北风　　　　　　　B. 西南风　　　　　　　C. 东南风

100. 关于飞机积冰,下列说法正确的是（　　）。

    A. 飞机积冰一般发生在$-1℃\sim-15℃$的温度范围内

    B. 强烈的积冰主要发生在$-4℃\sim-8℃$的温度范围内

    C. 在$-2℃\sim-10℃$温度范围内遭遇积冰的次数最多

101. 飞行高度不同,飞机积冰频率也不同,下列说法正确的是（　　）。

    A. 冬季在3000米以上各高度上飞行时,积冰几乎占56%

    B. 在6000米以上高度上飞行时,积冰占56%

    C. 冬季在3000米以下各高度上飞行时,积冰几乎占56%

102. 气象上的风向是指（　　）。

    A. 风的来向　　　　　　B. 气压梯度力的方向　　C. 风的去向

103. 气压一定时,气温露点的高低可以表示（　　）。

    A. 空气中凝结核的含量

    B. 空气的饱和程度

C. 空气中的水汽含量

104. 低空风切变主要的形成原因是(　　)。

A. 雷暴、低空急流和锋面活动

B. 气流经过特定环境时产生

C. 具体原因还不是特别明了

105. 和地面建筑物有关的湍流强度依赖于障碍物的大小和风的基本速度,在山地区域时这种情况甚至更加明显。风越过山脊时(　　)。

A. 风沿着迎风侧湍流逐渐增加

B. 风沿着迎风侧平稳地向上流动

C. 风沿着背风侧平稳地向下流动

106. 严重危害飞行安全的冰雹,通常与下列哪种云有联系?(　　)

A. 堡状高积云　　　　　B. 普通雷暴　　　　　C. 强烈雷暴云

107. 热雷暴的形成原因是(　　)。

A. 地面受热不均

B. 冷空气冲击暖空气而形成上升运动

C. 地面水汽蒸发

108. 绝对温度的零度是(　　)。

A. −273℃　　　　　　B. −273K　　　　　　C. −273℉

109. 飞机按气压式高度表指示的一定高度飞行,在飞向低压区时,飞机的实际高度将(　　)。

A. 保持不变　　　　　B. 逐渐升高　　　　　C. 逐渐降低

110. 18 000英尺高度的大气重量仅仅是海平面时的(　　)。

A. 三分之一　　　　　B. 一半　　　　　　　C. 四分之一

111. 飞机的飞行性能主要受大气密度的影响。当实际大气密度大于标准大气密度时(　　)。

A. 空气作用于飞机上的力要减小,发动机推力增大

B. 空气作用于飞机上的力要加大,发动机推力减小

C. 空气作用于飞机上的力要加大,发动机推力增大

112. 在重要天气预告图上用黑色的断线围起来的区域,表示(　　)。

A. 晴天积云　　　　　B. 西风急流　　　　　C. 晴空颠簸

113. 飞机在着陆时突然遇到逆风切变,会出现下述哪种现象?(　　)

A. 飞机高度下降,空速减小,未到正常着陆点即提前着陆

B. 飞机空速突然减小,升力减小,飞机将掉至正常下滑线以下

C. 飞机空速突然增大,升力增加,飞机上仰并上升到下滑线之上

114. 雷暴对飞机产生很大危害,下列危害不确切的是(　　)。

A. 数据链中断　　　　B. 风切变和湍流　　　C. 雷击和冰雹袭击

115. 地球自转产生的地球自转偏向力对风向产生影响,下列哪项是正确的?(　　)

A. 北半球,地球自转偏向力使得气流向西偏转

B. 北半球,地球自转偏向力使得气流向东偏转

C. 北半球,地球自转偏向力使得气流先向东再向西偏转

116. 以下哪种对地拍摄或成像的无人机任务设备基本不会受到云层与雾霾的影响?(　　)

A. 可见光CCD　　　　B. 红外摄像机　　　　C. 合成孔径雷达

117. 对流层(　　)的空气运动受地形扰动和地表摩擦作用最大,气流混乱。

A. 下层　　　　　　　B. 中层　　　　　　　C. 上层

118. 下列哪种属于动力对流冲击力？（　　）
    A. 山坡迎风面对空气的抬升
    B. 气温变化造成的空气抬升或下降
    C. 气流辐合辐散时造成的空气水平运动

119. 飞机在着陆时遇到顺风切变，会出现下述哪种现象？（　　）
    A. 飞机空速突然减小，升力减小，飞机将掉至正常下滑线以下
    B. 飞机空速突然增大，升力增加，飞机抬升
    C. 飞机高度下降，空速增大，超过正常着陆点着陆

120. 下面关于气团的叙述哪一项正确？（　　）
    A. 我国地域广大，能形成各种气团
    B. 气团离开源地，其性质将会发生变化
    C. 气团只形成于极地和大洋地

121. 气温的变化，会严重影响电动无人机的哪项性能？（　　）
    A. 载荷性能　　　　　　B. 速度性能　　　　　　C. 续航性能

122. 风切变的仪表判断法，以下不正确的是（　　）。
    A. 发动机转速和地速快速变化
    B. 俯仰角指示快速变化
    C. 空速表指示的非理性变化

123. 大气对流运动是由于地球表面受热不均引起的。空气受热膨胀上升，受冷则下沉，进而产生了强烈而比较有规则的升降运动。温度越高，大气对流运动越明显。因此对流效果最明显的是（　　）。
    A. 北半球　　　　　　B. 南半球　　　　　　C. 赤道地区

124. 三大气象要素为（　　）。
    A. 气温、风和云　　　B. 风、云和降水　　　C. 气温、气压和空气湿度

125. 夜间温度降低，低层常常出现逆温，会使得（　　）。
    A. 早晨天气晴朗　　　B. 早晨有雾和烟幕　　　C. 早晨有大风

126. 大气稳定度指整层空气的稳定程度，有时也称大气垂直稳定度。以下列哪种运动来判定？（　　）
    A. 以大气的气温垂直加速度运动来判定
    B. 以大气的气温垂直速度运动来判定
    C. 以大气的气压垂直速度运动来判定

127. 大气中某一高度的一团空气，如受到某种外力的作用后，产生向上或向下运动时，称为稳定状态的是（　　）。
    A. 移动后逐渐减速，并有返回原来高度的趋势
    B. 移动后，加速向上或向下运动
    C. 外力作用消失后，以匀速持续运动

128. 在卫星云图上，红外云图的色调取决于（　　）。
    A. 目标的高低
    B. 目标的温度
    C. 目标反射太阳辐射的大小

129. 一般雷暴单体的生命史根据垂直气流状况可分为三个阶段（　　）。
    A. 温升阶段、降雨阶段、消散阶段

B. 积云阶段、成风阶段、雷雨阶段

C. 积云阶段、成熟阶段、消散阶段

130. 能够产生有一定影响的低空风切变的天气背景主要有三类,是(　　)。

    A. 山地气流、昼夜交替天气、春夏之交天气

    B. 强对流天气、锋面天气、辐射逆温型的低空急流天气

    C. 大风天气、强降雨天气、寒冷天气

131. 当在山谷、山脊或山区作低空飞行时,在什么时候最容易碰到乱流造成的危险?(　　)

    A. 在山的迎风面逆风飞行

    B. 在山的背风面顺风飞行

    C. 在山的背风面逆风飞行

132. 当来自北方的冷气团和来自南方的暖气团,两者势均力敌、强度相当时,它们的交锋区很少移动,这种锋面称为(　　)。

    A. 融合锋　　　　　B. 静止锋　　　　　C. 交错锋

133. 地球自转产生的地球自转偏向力对风向产生影响,下列哪项是正确的?(　　)

    A. 北半球,地球自转偏向力使得气流向左偏转

    B. 北半球,地球自转偏向力使得气流先向右再向左偏转

    C. 北半球,地球自转偏向力使得气流向右偏转

134. 飞机结冰是指飞机机体表面某些部位聚集冰层的现象,飞机积冰主要分为三大种是(　　)。

    A. 明冰、毛冰、白冰　　B. 冰、雾凇、霜　　C. 坚冰、松冰、霜冰

135. 接近地面的对流气流会影响驾驶员操控的能力,下列哪项说法正确?(　　)

    A. 在一大片水体或者稠密植被的区域之上进近会趋于会产生漂浮效应,导致飞过预期的着陆点

    B. 在一大片水体或者稠密植被的区域之上进近会趋于产生一个下沉效应,导致着陆在不到预期的着陆点。

    C. 在最后进近时,来自全无植被的地形的下降气流有时会产生下沉效应,导致飞过预期的着陆点

136. 地面天气图上填写的气压是(　　)。

    A. 本站气压　　　　B. 场面气压　　　　C. 海平面气压

137. 下列说法正确的是(　　)。

    A. 是风产生了压力,所以风的尽头压力高

    B. 因为空气总是寻找低压区域,所以气流会从高压区域向低压的区域流动

    C. 因为空气总是寻找高压区域,所以气流会从低压区域向高压的区域流动

138. 在卫星云图上,可见光云图的色调取决于(　　)。

    A. 目标的温度　　B. 目标的高低　　C. 目标反射太阳辐射的大小

139. 机场上常用风向袋来估计风速,当风向袋吹平时,风速已达(　　)。

    A. 6～10 米/秒　　B. 5～6 米/秒　　C. 10～12 米/秒

140. 形成海陆风的对流性环流的原因是(　　)。

    A. 从水面吹向陆地的空气较暖,密度小,导致空气上升

    B. 陆地吸收和散发热量比水面快

    C. 从水面吹向陆地的空气冷,密度大,使空气上升

141. 在标准大气中,海平面上的气温和气压值是(   )。
    A. 15℃.1000hPa   B. 0℃.760mmHg   C. 15℃.1013.25hPa

142. 雷暴对飞机产生很大危害,下列危害不确切的是(   )。
    A. 风切变和湍流   B. 雷击和冰雹袭击   C. 数据链中断

143. 气温、气压和空气湿度的变化都会对飞机性能和仪表指示造成一定的影响,这种影响主要通过他们对空气密度的影响而实现,下列描述正确的是(   )。
    A. 空气密度与气压成正比,与气温成反比
    B. 空气密度与气压成反比,与气温成正比
    C. 空气密度与气压成正比,与气温也成正比

144. 地面的地形和大的建筑物会(   )。
    A. 产生会快速改变方向和速度的阵风
    B. 产生稳定方向和速度的阵风
    C. 汇聚风的流向

145. 对流层的高度,在地球中纬度地区约为(   )。
    A. 11千米   B. 16千米   C. 8千米

146. 能见度不好的天气,一般风力(   )。
    A. 较强   B. 较弱   C. 混乱

147. 温度对飞机的升限有影响,关于升限,下列哪种叙述是正确的?(   )
    A. 气温升高,所有飞机的升限都要减小
    B. 气温升高,大型飞机的升限要升高
    C. 气温变化对喷气式飞机的升限没有影响

148. 快速移动的冷锋受实际锋面后远处的强烈压力系统推动,在快速移动的冷锋之后
    A. 阵风减缓和温度升高
    B. 天空通常很快放晴
    C. 可能出现乌云密布的天空和下雨

149. 根据国际民航组织的规定,云满天时的云量为(   )。
    A. 8   B. 10   C. 12

150. 积冰的形状主要取决于冰的种类,飞行速度和气流绕过飞行器的不同部位的情况。积冰的形状一般分为(   )。
    A. 凸状冰、凹状冰和混合冰
    B. 圆形冰、方形冰和混合冰
    C. 槽状冰、楔形冰和混合冰

151. 假设其他条件不变,空气湿度大(   )。
    A. 空气密度大,起飞滑跑距离长
    B. 空气密度大,起飞滑跑距离短
    C. 空气密度小,起飞滑跑距离长

152. 某个风力标志箭头长得像"F",并且两个横杠一样长,代表(   )。
    A. 2级风   B. 3级风   C. 4级风

153. 白天,在太阳辐射作用下,山岩地、沙地、城市地区比水面、草地、林区、农村升温快,其上空气受热后温度高于周围空气,因而体积膨胀,密度减小,使浮力大于重力而产生上升

运动。这种现象会引起（   ）。

    A. 温差作用力   B. 热力对流冲击力   C. 压差作用力

154. 在温暖的天气飞行在较低高度,有时会遇上湍流空气,以下描述正确的是（   ）。

    A. 在类似成片树林的广阔植被区域发生上升气流

    B. 在大片水体区域发生上升气流

    C. 很可能在路面和荒地上空发生上升气流

155. 在锋面经过机场时,要特别注意的是（   ）

    A. 可能出现风沙天气

    B. 可能出现高度极低的风切变

    C. 雨层云中的连续性小雨

156. 在下述各类飞机积冰中,对飞行影响最大的是（   ）。

    A. 明冰和毛冰   B. 毛冰和霜   C. 雾凇和毛冰

157. 发生在低层的风切变严重影响航空器的起降,将发生在这一气层中的风切变称为低空风切变。低空风切变距地面一般为（   ）。

    A. 小于 100 米   B. 小于 1000 米   C. 小于 500 米

158. 风吹来时,那种局地风向不断改变,风速一阵大一阵小的现象称为（   ）。

    A. 风切变   B. 风向不定   C. 风的阵性

159. 地球自转偏向力使得气流向右偏转,因此在北纬 30 度到赤道之间产生哪个方向的信风?（   ）

    A. 西南方向   B. 东北方向   C. 东南方向

160. 雷暴处于发展阶段是（   ）。

    A. 地面气压持续下降   B. 地面气压保持不变   C. 地面气压持续上升

161. 下面大气分层的主要依据正确的是（   ）。

    A. 气层中风的垂直变化特点

    B. 气层气温的垂直分布特点

    C. 气层气压的垂直分布特点

162. 进气道结冰将导致危险的后果,下列描述不正确的是（   ）。

    A. 冰屑脱离,进入压气机,而造成压气机的机械损伤

    B. 结冰堵塞进气道,使得进入压气机的气流明显减少,导致发动机富油停车

    C. 使进气速度场分布不均匀和使气流发生局部分离,引起压气机叶片的振动

163. 雾通常发生在接近地面的空气温度冷却到空气的露点时,是从地表开始（   ）。

    A. 50 英尺内的云   B. 80 英尺内的云   C. 100 英尺内的云

164. 大气系统热量的主要来源是吸收太阳辐射,下列哪项说法正确?（   ）

    A. 当太阳辐射通过大气层时,有 24% 被大气直接吸收

    B. 当太阳辐射通过大气层时,有 34% 被大气直接吸收

    C. 当太阳辐射通过大气层时,有 44% 被大气直接吸收

165. 在雷暴的生存周期中,哪一阶段的特征使云中充满下降气流?（   ）

    A. 消散阶段   B. 成熟阶段   C. 积云阶段

166. 机场上吹东风时,飞机起飞着陆的最好方向应是（   ）。

    A. 由东向西   B. 由西向东   C. 由北向南

167. 大气是一种混合物,它由(   )组成。
    A. 空气和水汽凝结物
    B. 空气和固体微粒
    C. 空气、水汽及液体或固体杂质

168. 从什么资料上可以预先了解到航线高度的风、云、气温及颠簸、积冰等情况?(   )
    A. 航路天气预告图   B. 等压面预告图   C. 重要天气预告图

169. 雷暴是由强烈的积雨云产生的,形成强烈的积雨云需要三个条件是(   )。
    A. 深厚而明显的不稳定气层、充沛的水汽、足够的冲击力
    B. 强大的风力、充沛的水汽、足够的冲击力
    C. 深厚而明显的不稳定气层、剧烈的温差、足够的冲击力

170. 手抛电动固定翼民用无人机,一般在几级风以上就难以自驾飞行?(   )
    A. 2 级   B. 6 级   C. 4 级

十一、低空飞行直升机知识训练题

单项选择题(每题 1 分,共 90 分)

1. 共轴式直升机在悬停时,上下旋翼的转速通常如何调整?(   )
    A. 上旋翼转速略高于下旋翼
    B. 上下旋翼转速保持一致
    C. 下旋翼转速略高于上旋翼

2. 直升机在侧风悬停时,飞行员应如何操作以保持稳定?(   )
    A. 向风来方向压杆并增加尾桨推力
    B. 向风来反方向压杆并调整尾桨推力
    C. 保持杆位不变,仅调整总距

3. 以下哪种情况会导致直升机地面效应显著减弱?(   )
    A. 飞行高度超过旋翼直径的一半
    B. 地表为松软草地
    C. 飞行速度低于 10 节

4. 直升机在自转着陆时,飞行员应如何操作总距杆?(   )
    A. 保持总距不变
    B. 逐渐增加总距以减缓下降率
    C. 在接地前迅速增加总距

5. 共轴式直升机的旋翼布局主要优点是(   )。
    A. 无需尾桨,结构更紧凑   B. 航向稳定性更好   C. 悬停效率更高

6. 直升机在高温高海拔环境下起飞时,最大载重量通常会(   )。
    A. 增加   B. 减少   C. 不变

7. 共轴直升机上下旋翼的自动倾斜器的位置关系是(   )。
    A. 上旋翼自动倾斜器领先下旋翼自动倾斜器 90 度
    B. 下旋翼自动倾斜器领先上旋翼自动倾斜器 90 度

C. 上下旋翼自动倾斜器始终保持平行

8. 桨叶"上反效应"引起锥体向（　　）方位侧倒。

　A. 90　　　　　　　　　B. 180　　　　　　　　　C. 0

9. 下列关于尾桨的安装位置高可能带来的好处的说法,不正确的是（　　）。

　A. 有助于提高尾桨效率

　B. 有助于减小传动系统的复杂性

　C. 有助于提高前飞的稳定性

10. 影响地面效应的因素不包括（　　）。

　A. 地表环境　　　　　B. 下滑速度和风　　　　　C. 高度

11. 共轴式直升机的纵横向操纵多是从哪处得以实现的?（　　）

　A. 下旋翼自动倾斜器的不动环

　B. 下旋翼自动倾斜器的可动环

　C. 上旋翼自动倾斜器的可动环

12. 以下不属于常规直升机的尾桨的作用的是（　　）。

　A. 实现偏航　　　　　B. 实现方向平衡　　　　　C. 实现俯仰平衡

13. 美国研制的单旋翼直升机的旋翼旋转方向一般为（　　）。

　A. 没有规律　　　　　B. 俯视顺时针旋翼　　　　C. 俯视逆时针旋翼

14. 影响悬停稳定性的因素不包括（　　）。

　A. 起落架形式　　　　B. 风的影响　　　　　　　C. 地面效应的影响

15. 改变旋翼拉力大小的方法不包括（　　）。

　A. 操纵油门杆　　　　B. 操纵总距杆　　　　　　C. 操纵方向舵

16. 下列关于共轴双旋翼直升机旋翼的说法正确的是（　　）。

　A. 旋翼只起升力面的作用

　B. 旋翼只充当纵横向和航向的操纵面

　C. 旋翼既是升力面又是纵横向和航向的操纵面

17. 影响平飞性能的因素,不正确的是（　　）。

　A. 在小速度平飞时,高度增加,诱阻功率增大较多,而废阻功率减小较少,因此,平飞所需功率增大。在大速度平飞时,高度增加,诱阻功率增大程度减小,而废阻功率减小程度增大,平飞所需功率有所减小

　B. 直升机废阻力面积越大,飞行速度越快

　C. 随飞行重量的增大,平飞速度范围缩小

18. 下面说法正确的是（　　）。

　A. 一般来讲,尾桨反扭矩的数值是比较大的

　B. 如果尾桨桨毂中心位于直升机重心之上或重心之下,则不会产生滚转力矩

　C. 尾桨主要用于平衡旋翼的反扭矩,在有些场合也可以改变直升机的侧向平衡状态

19. 直升机的操纵不包括（　　）。

　A. 周期变距　　　　　B. 总距操纵　　　　　　　C. 副翼操纵

20. 下列著名直升机,采用共轴双旋翼布局的是（　　）。

　A. 阿帕奇　　　　　　B. Ka-50　　　　　　　　C. 海豚

21. 直升机机体的力和力矩不包括（　　）。

　A. 自身重力

    B. 旋翼桨叶的铰链力矩

    C. 旋翼.尾桨的反扭矩和桨毂力矩

22. 挥舞运动指的是(　　)。

    A. 桨叶绕水平铰可以上下活动

    B. 桨叶绕垂直铰的前后活动

    C. 桨叶绕垂直铰的左右活动

23. 共轴式直升机的航向操纵是如何实现的?(　　)

    A. 通过操纵上下旋翼的自动倾斜器

    B. 通过分别改变上下旋翼的总距

    C. 通过自动倾斜器和总距的联合操纵

24. 共轴式无人直升机的航向操纵系统方案不包括(　　)。

    A. 半差动操纵方案　　　　B. 全差动操纵方案　　　　C. 周期变距操纵。

25. 关于桨叶的剖面形状说法不正确的是(　　)。

    A. 桨叶的剖面形状称为桨叶翼型

    B. 桨叶翼型常见的有平凸型、双凸型和非对称型

    C. 一般用相对厚度、最大厚度位置、相对弯度、最大弯度位置等参数来说明桨叶翼型

26. 直升机左、右回转的特点是(　　)。

    A. 左回转时,蹬左舵,尾桨桨距减小,尾桨所需功率减小,功率重新分配的结果,使旋翼功率减小,直升机有下降高度的趋势,应适当上提总距杆

    B. 左回转时,蹬左舵,尾桨桨距减小,尾桨所需功率减小,功率重新分配的结果,使旋翼功率增大,直升机有上升高度的趋势,应适当下放总距杆

    C. 右回转时,蹬右舵,尾桨桨距增大,尾桨拉力增大,尾桨所需功率也增大,在发动机功率不变的条件下,旋翼功率要减小,直升机有下降高度的趋势,应适当地下放总距杆

27. 直升机近地飞行描述正确的是(　　)。

    A. 近地飞行时,如果遇到突然下凹的地形,地面效应迅速消失,会引起旋翼拉力突然增大,直升机就有掉入凹坑的危险

    B. 直升机飞行高度小于旋翼直径时,就可称作近地飞行时

    C. 直升机在自转着陆时,地面效应可以减小垂直着陆速度。此外,地面效应能增加直升机的稳定性

28. 飞行中的直升机承受的力和力矩不包括(　　)。

    A. 旋翼、尾桨的反扭矩和桨毂力矩

    B. 旋翼桨叶的铰链力矩

    C. 自身重力

29. 采用 HE3 控制型的直升机是(　　)。

    A. m22　　　　　　　　B. FH1 原型机　　　　　　C. 海鸥

30. 直升机的地面效应,是指直升机在接近地面的高度工作时,被旋翼排向地面的气流受到地面阻挡,从而影响旋翼空气动力的一种现象。影响地面效应的因素包括(　　)。

    A. 湿度、飞行速度和风、地表环境

    B. 温度、飞行速度和风、地表环境

    C. 高度、飞行速度和风、地表环境

31. 下列哪种尾桨旋转方向效率较高？（　　）

    A. 旋转方向对效率没有影响

    B. 顶部向前的旋转方向

    C. 底部向前的旋转方向

32. 下列说法不正确的是（　　）。

    A. 一般来讲，常规直升机尺度较大，多轴飞行器尺度较小

    B. 一般来讲，常规直升机以油动为主，多轴飞行器基本是电动动力

    C. 一般来讲，常规直升机飞行中主要改变转速，多轴飞行器飞行中主要改变桨距

33. 直升机在风中悬停时下列影响正确的是（　　）。

    A. 与无风悬停相比，逆风悬停机头稍低，且逆风速越大，机头越低

    B. 一般情况下，直升机应尽量在顺风中悬停

    C. 侧风的作用还将使直升机沿风的去向移位，因此，侧风悬停时应向风来反方向压杆

34. 共轴式无人直升机的航向操纵是如何实现的？（　　）

    A. 通过分别改变上下旋翼的总距

    B. 通过自动倾斜器和总距的联合操纵

    C. 通过操纵上下旋翼的自动倾斜器

35. 关于旋翼桨毂的说法正确的是（　　）。

    A. 桨毂在承受由桨叶传来的很大离心力的同时，在挥舞面及摆振面都要承受较小的交变载荷

    B. 桨毂的各个铰都必须带有轴承，轴承的工作条件良好

    C. 桨毂将传递和承受旋翼的拉力、离心力及挥舞、摆振、变距的交变力矩

36. 无人直升机在姿态遥控状态下，如出现动力失效则正确的处理方法是（　　）。

    A. 保持主旋翼总距不变

    B. 主旋翼总距先提至最大，接地前总距降低到最低

    C. 主旋翼总距先降到最低，接地前提高到最大

37. 单旋翼带尾桨式无人直升机旋翼的旋转方向是（　　）。

    A. 俯视顺时针　　　　　　B. 俯视逆时针　　　　　　C. 均有

38. 共轴式直升机的纵横向操纵多是从何处得以实现的？（　　）

    A. 下旋翼自动倾斜器的不动环

    B. 下旋翼自动倾斜器的可动环

    C. 上旋翼自动倾斜器的可动环

39. 旋翼水平铰的作用是（　　）。

    A. 自动调节桨叶升力变化，消除侧倾力矩

    B. 使桨叶拉力发生周期性变化，也会使桨叶根部受到的弯矩发生周期性变化

    C. 产生自下而上的挥舞相对气流，这会使桨叶迎角减小，拉力减小

40. 从飞行员的视角看，直升机旋翼的旋转方向通常是（　　）。

    A. 顺时针　　　　　　　　B. 逆时针　　　　　　　　C. 不固定

41. 下面关于旋翼的说法不正确的是（　　）。

    A. 本质上讲旋翼是一个能量转换部件，它把发动机通过旋翼轴传来的旋转动能转换成旋翼拉力

    B. 旋翼的基本功能是产生旋翼拉力

C. 旋翼的基本功能是产生前进推力

42. 俄罗斯研制的单旋翼直升机的旋翼旋转方向一般为（　　）。

　　A. 俯视顺时针旋翼　　　B. 俯视逆时针旋翼　　　C. 没有规律

43. 直升机的操纵不包括（　　）。

　　A. 周期变距　　　　　　B. 总距操纵　　　　　　C. 副翼操纵

44. 影响直升机地面效应的主要因素不包括（　　）。

　　A. 地表环境　　　　　　B. 高度　　　　　　　　C. 下滑速度和风

45. 高度超过（　　）米后，没有地面效应的影响。

　　A. 20　　　　　　　　　B. 30　　　　　　　　　C. 25

46. 自动倾斜器,有多种不同结构形式,但控制机理都是一样的。它们在构造上都应满足要求（　　）。

　　A. 其动环与旋翼同步旋转,并可绕球铰转动

　　B. 能沿旋翼轴方向上下移动,以实现周期变距操纵

　　C. 能够向任何方向倾斜,以实现总距操纵

47. 尾桨的功能是（　　）。

　　A. 在单旋翼直升机上,尾桨主要功能是提供纵向稳定性

　　B. 在单旋翼直升机上,能对直升机航向起到操纵和稳定作用

　　C. 在单旋翼直升机上,尾桨主要功能是提供升力

48. 悬停时的平衡不包括（　　）。

　　A. 俯仰平衡　　　　　　B. 方向平衡　　　　　　C. 前飞废阻力平衡

49. 地面效应对飞行性能的影响不包括（　　）。

　　A. 在保持拉力不变的条件下所需功率减小

　　B. 直升机有地效悬停升限小于无地效悬停升限

　　C. 在保持功率不变的条件下拉力要增加

50. 下面关于直升机盘旋描述不正确的是（　　）。

　　A. 当飞行速度达到盘旋速度时,应协调一致地向盘旋方向压杆、蹬舵

　　B. 在盘旋中保持好高度有助于保持盘旋速度,若高度升高,为了保持等高就要向前顶杆,这样就会使速度增大

　　C. 改出盘旋,首先要消除向心力,故应向盘旋方向压杆,减小坡度,使旋翼拉力的水平分力减小

51. 下列地面效应对直升机飞行性能的影响说法,不正确的是（　　）。

　　A. 直升机有地效悬停升限小于无地效悬停升限

　　B. 在保持功率不变的条件下拉力会增加

　　C. 在保持拉力不变的条件下所需功率减小

52. 下列下降的注意事项,不正确的是（　　）。

　　A. 要严格防止下降率过大

　　B. 飞行员应把垂直下降作为主要飞行方式

　　C. 在海上或低能见度条件下作垂直下降,操纵要格外谨慎

53. 共轴直升机的旋翼旋转方向为（　　）。

　　A. 一正一逆　　　　　　B. 俯视顺时针旋翼　　　C. 俯视逆时针旋翼

54. 直升机的跃升需要注意的事项不包括（　　）。
　　A. 直升机可以以高桨距作跃升,也可以以低桨距作跃升,这同固定翼飞机不一样,飞机一般是在加满油门进入跃升的,这主要是由于不同的跃升目的决定的,飞机跃升完全是为了增加高度,而直升机跃升在很多情况下,仅仅是一个过渡动作
　　B. 直升机在跃升中,杆力变化明显,这主要是直升机的操纵品质决定的,直升机的单位载荷杆力比较大
　　C. 直升机在跃升过程中,严禁提放总距杆,主要是因为,跃升中拉杆量很小,如果下放总距可能造成旋翼桨叶同尾梁的危险接近或碰撞

55. 四轴飞行器如何实现控制（　　）。
　　A. 通过调整不同旋翼之间的总距
　　B. 通过调整不同旋翼之间相对转速
　　C. 通过调整不同旋翼之间倾斜角度

56. 关于无地效垂直下降正确的是（　　）。
　　A. 在离地 0.5 米以下,应以不大于 0.25 米/秒的下降率下降接地
　　B. 在离地 1 米以下,应以不大于 0.5 米/秒的下降率下降接地
　　C. 在离地 1.5 米以下,应以不大于 0.25 米/秒的下降率下降接地

57. 关于无地效垂直起飞的说法正确的是（　　）。
　　A. 逆风起飞,旋翼相对气流速度增大,单位时间内流过旋翼的空气质量增加,旋翼产生的拉力小,则起飞载重量减小
　　B. 顺风起飞,为了避免尾桨打地,悬停高度较高,地面效应减弱,所以载重量将增大
　　C. 起飞场地的标高高、气温高,则空气密度小,发动机功率降低,同时,单位时间内流过旋翼的空气质量减小,旋翼效能降低。因此,起飞最大载重量要减小

58. 为了解决大速度下空气压缩性的影响和噪声问题,可以对桨叶进行哪种方式的处理?
（　　）
　　A. 把桨叶尖部改成后掠形
　　B. 采用矩形桨叶
　　C. 采用尖削桨叶

59. 共轴式直升机废阻面积一般大于单旋翼直升机,这是因为（　　）。
　　A. 共轴直升机的纵向尺寸较大
　　B. 其结构重量与载重均集中在重心附近
　　C. 其特殊的操作系统要求两旋翼之间保持一定距离

60. 直升机的操纵不包括（　　）。
　　A. 周期变距　　　　　　　B. 总距操纵　　　　　　　C. 副翼操纵

61. 关于直升机贴地飞行的说法正确的是（　　）。
　　A. 直升机近地飞行时,飞行高度约为 5—10 米,飞行速度通常不大于 10 千米/小时
　　B. 直升机近地飞行时,飞行高度约为 1—10 米,飞行速度通常不大于 10 千米/小时
　　C. 直升机近地飞行时,飞行高度约为 1—10 米,飞行速度通常不大于 20 千米/小时

62. 爬升的注意事项正确的是（　　）。
　　A. 飞行员不应以垂直上升作为主要的飞行方式
　　B. 垂直上升中,保持直升机状态比较容易
　　C. 要进入回避区

63. 下面关于摆振运动说法正确的是(　　)。

    A. 桨叶绕垂直铰的前后摆动,就称为桨叶的摆振运动

    B. 桨叶上挥时,哥氏力欲使桨叶加速旋转,桨叶可绕垂直铰向后摆动一个角度

    C. 当桨叶下挥时,哥氏力欲使桨叶减速旋转,桨叶可绕垂直铰向前摆动一个角度

64. 下面关于桨叶的挥舞调节说法,正确的是(　　)。

    A. 桨叶角的大小随桨叶挥舞角的改变而变化的这一特点,称为桨叶的上反效应

    B. 直升机的旋翼的桨叶挥上挥时,变距拉杆拉住变距摇臂使桨叶角增大

    C. 直升机的旋翼的桨叶下挥时,变距拉杆顶住变距摇臂使桨叶角增大

65. 下面哪种直升机采用了无轴承旋翼?(　　)

    A. UH-60A 直升机　　　　B. S-76 直升机　　　　　C. 苏制米-8 直升机

66. 铰接式旋翼在吹风挥舞时,旋翼每转一周,桨叶挥舞速度和挥舞角分别出现一次周期性变化。下面正确的说法是(　　)。

    A. 挥舞角的变化比挥舞速度的变化滞后 90

    B. 桨叶在 180 方位挥舞最低,在 360 方位挥舞最高

    C. 桨叶在 90 方位下挥速度最大,在 270 方位上挥速度最大

67. 关于旋翼的反扭矩说法正确的是(　　)。

    A. 旋翼的反扭矩会迫使直升机向旋翼旋转的反方向偏转

    B. 旋翼反扭矩的大小取决于发动机输入功率的大小

    C. 发动机带动旋翼旋转时,旋翼诱导阻力力矩为发动机传递给旋翼轴的扭矩所平衡

68. 推式尾桨和拉式尾桨哪个效率更高?(　　)

    A. 推式尾桨

    B. 拉式尾桨

    C. 若其他参数没有区别则没有区别

69. 下列关于尾桨的安装位置低可能带来的好处的说法,不正确的是(　　)。

    A. 有助于提高尾桨效率

    B. 有助于减轻结构重量

    C. 有助于减小传动系统的复杂性

70. 小型无人直升机的主流操纵系统不包括下列哪种类型?(　　)

    A. 总距、纵向、横向及航向操纵通道相互独立

    B. 总距与航向、纵向操纵运动协调工作,横向操纵通道独立

    C. 总距与航向、横向操纵运动协调工作,纵向操纵通道独立

71. 直升机的操纵不包括(　　)。

    A. 周期变距　　　　　　B. 总距操纵　　　　　　　C. 副翼操纵

72. 桨叶的挥舞调节作用使旋翼锥体向方位侧倒(　　)。

    A. 90°　　　　　　　　B. 180°　　　　　　　　C. 270°

73. 下面直升机旋翼的结构形式是无铰式旋翼的是(　　)。

    A. 法国的"松鼠"直升机

    B. B.O—105 直升机

    C. 直-11 型直升机

74. 上下旋翼的自动倾斜器有何位置关系?(　　)

    A. 上旋翼自动倾斜器领先下旋翼自动倾斜器 90 度

B. 下旋翼自动倾斜器领先上旋翼自动倾斜器90度

C. 上下旋翼自动倾斜器始终保持平行

75. 下列说法不正确的是(没有提到的条件则视为相同)(　　)。

A. 旋翼直径越大则拉力越大

B. 旋翼直径越大则悬停诱导速度越大

C. 旋翼直径越大则桨盘载荷越小

76. 关于直升机如何实现俯仰和滚转,以下说法正确的是(　　)。

A. 自动倾斜器运动,通过周期变距实现主旋翼在旋转面不同位置拉力不同,实现俯仰与滚转

B. 自动倾斜器运动,通过周期变距实现主旋翼在旋转面不同位置阻力不同,实现俯仰与滚转

C. 自动倾斜器运动,通过周期变距实现主旋翼在桨盘前后左右桨距的不同,进而形成一个圆面上前后左右升力的不同,实现俯仰与滚转操纵

77. 近地飞行特点,下列说法正确的是(　　)。

A. 直升机在自转着陆时,地面效应可以减小垂直着陆速度。此外,地面效应能增加直升机的稳定性

B. 近地飞行时,如果遇到突然下凹的地形,地面效应迅速消失,会引起旋翼拉力突然增大,直升机就有掉入凹坑的危险

C. 直升机近地飞行时,飞行高度一般都在10米以下,大于旋翼直径

78. 如果采用并列式双驾驶员座舱,并指定左座为机长位置,则旋翼的旋转方向(　　)。

A. 采用俯视顺时针旋翼好一些

B. 采用俯视逆时针旋翼好一些

C. 没有区别

79. 平飞可用燃油量与所装总燃油量有关,然而,每次飞行,所装总燃油量并不完全一样,也不可能完全用于平飞。起飞前发动机地面工作,离地并增速爬升至预定高度、下滑着陆等,都要消耗燃油。还要扣除存留在油箱和管道中的不可用油量,还要留出的备份燃油量,以备特殊情况的需要。(　　)

A. 5%～10%　　　　　　B. 10%～15%　　　　　　C. 5%～15%

80. 飞行中的直升机承受的力和力矩不包括(　　)。

A. 旋翼、尾桨的反扭矩和桨毂力矩

B. 旋翼桨叶的铰链力矩

C. 自身重力

81. 影响起飞载重量的主要因素不包括(　　)。

A. 机场标高和空气温度

B. 风速和风向

C. 上反效应.场地面积和周围障碍物高度

82. 有地效垂直起飞的定义是(　　)。

A. 直升机从垂直离地到3—5米高度上悬停,然后保持一定的状态沿预定轨迹增速,并爬升到一定高度的过程

B. 直升机从垂直离地到1—3米高度上悬停,然后保持一定的状态沿预定轨迹增速,并爬升到20米高度的过程

C. 直升机从垂直离地到 1—3 米高度上悬停,然后保持一定的状态沿预定轨迹增速,并爬 升到一定高度的过程

83. 下面关于悬停操纵说法不正确的是( )。

A. 悬停时的姿态是各气动力和力矩以及重量、重心配平的结果,是唯一的

B. 在悬停中,要保持直升机没有前后移位,必须使纵向力和俯仰力矩平衡

C. 悬停时气动力自动保持平衡,无需频繁操纵

84. 下列关于旋翼直径过大可能带来的坏处的说法,不正确的是( )。

A. 直升机重量增加

B. 使直升机在丛林等复杂地貌条件机动能力差

C. 增大旋翼诱阻功率

85. 下面关于盘旋的说法,不正确的是( )。

A. 当飞行速度达到盘旋速度时(通常取 200 千米/小时),应协调一致地向盘旋方向压杆、蹬舵

B. 在盘旋中保持好高度有助于保持盘旋速度,若高度升高,为了保持等高就要向前顶杆,这样就会使速度增大

C. 改出盘旋,首先要消除向心力,故应向盘旋方向压杆,减小坡度,使旋翼拉力的水平分力减小

86. 以下是共轴双旋翼直升机的优点的是( )。

A. 操作结构简单　　　 B. 自转下滑性能优异　　　 C. 纵向尺寸小

87. 直升机实施悬停回转的高度一般不低于( )米。

A. 3　　　　　　　　 B. 4　　　　　　　　 C. 5

88. 下列说法正确的是( )。

A. 一般来讲,尾桨反扭矩的数值是比较大的

B. 如果尾桨桨毂中心位于直升机重心之上或重心之下,则不会产生滚转力矩

C. 尾桨主要用于平衡旋翼的反扭矩,在有些场合也可以改变直升机的侧向平衡状态

89. 关于自动倾斜器的说法,不正确的是( )。

A. 旋翼的总距和周期变距操纵都是靠自动倾斜器来完成

B. 直升机旋翼的挥舞控制机构称为自动倾斜器

C. 自动倾斜器由内轴、外轴、导筒、内环、外环、旋转环、操纵摇臂、变距拉杆等组成

90. 悬停状态下,旋翼形成( )。

A. 正锥体　　　　　　 B. 平面　　　　　　　 C. 倒锥体

十二、无人机项目任务规划知识训练题

单项选择题(每题 1 分,共 60 分)

1. 无人机任务规划中,以下哪项不属于航迹优化的主要目标?( )

A. 减少飞行时间　　　 B. 降低能源消耗　　　 C. 增加飞行高度

2. 在无人机任务规划系统中,以下哪种情况通常不需要进行实时重规划?( )

A. 突发气象变化　　　 B. 任务设备故障　　　 C. 飞行高度低于预设值

3. 无人机在任务规划时,以下哪项是选择应急着陆场地的首要考虑因素?( )
   A. 场地平整度　　　　　B. 周边人口密度　　　　C. 与任务目标的距离

4. 以下哪种传感器主要用于无人机在复杂环境下的避障?( )
   A. 空速管　　　　　　　B. 激光雷达　　　　　　C. 磁力计

5. 无人机任务规划中,以下哪项是任务分配规划的核心内容?( )
   A. 确定飞行航迹　　　　B. 分配无人机数量及载荷　C. 优化通信链路

6. 无人机在执行任务时,以下哪种情况可能导致航迹规划失效?( )
   A. GPS 信号丢失　　　　B. 电池电量充足　　　　C. 任务设备正常工作

7. 无人机任务规划中,以下哪项是预先规划的主要特点?( )
   A. 实时调整航迹　　　　B. 全局最优路径　　　　C. 快速响应突发情况

8. 无人机在任务规划时,以下哪项不属于飞行安全限制?( )
   A. 最大飞行高度　　　　B. 最小转弯半径　　　　C. 任务设备类型

9. 无人机任务规划中,以下哪项是数据链路规划的主要目标?( )
   A. 优化飞行速度　　　　B. 确保通信稳定性　　　　C. 减少能源消耗

10. 无人机在复杂地形飞行时,以下哪项是航迹规划的关键技术?( )
    A. 地理信息技术　　　　B. 电池管理技术　　　　C. 任务设备控制技术

11. 无人机任务规划中,以下哪项是航迹评价的主要指标?( )
    A. 飞行高度　　　　　　B. 任务完成时间　　　　C. 航迹平滑度

12. 无人机在任务规划时,以下哪项是任务区域标注的主要内容?( )
    A. 飞行速度　　　　　　B. 禁飞区范围　　　　　C. 电池电量

13. ( )的内容包括出发地点、途经地点、目的地点的位置信息、飞行高度速度和需要到达的时间段。
    A. 航迹规划　　　　　　B. 任务规划　　　　　　C. 航线规划

14. 可能需要处置的紧急情况不包括( )。
    A. 控制站显示系统故障　B. 上行通讯链路故障　　C. 飞控系统故障

15. 从实施时间上划分,任务规划可以分为( )。
    A. 航迹规划和数据链路规划
    B. 预先规划和实时规划
    C. 航迹规划和任务分配规划

16. 由于加载的电子地图与实际操作时的地理位置信息有偏差,需要在使用前对地图进行( )。
    A. 更新　　　　　　　　B. 校准　　　　　　　　C. 标注

17. 任务分配提供可用的无人机资源和着陆点的显示,辅助操作人员进行( )。
    A. 链路规划、返航规划和载荷分配
    B. 载荷规划、通信规划和目标分配
    C. 任务规划、返航规划和载荷分配

18. 可能需要执行的应急程序不包括( )。
    A. 动力装置重启操作　　B. 备份系统切换操作　　C. 导航系统重启操作

19. 无人机具体执行的飞行任务主要包括到达时间和进入目标方向等,需满足如下要求( )。
    A. 执行任务时间,进入目标位置

    B. 返航时间,接近目标的飞行姿态

    C. 航迹距离约束,固定的目标进入方向

20. (　　)即根据既定任务,结合环境限制与飞行约束条件,从整体上制定最优参考路径并装订特殊任务。

    A. 在线规划　　　　　　B. 飞行中重规划　　　　　　C. 飞行前预规划

21. 校准地图时选取的校准点(　　)。

    A. 不能在同一经度上　　B. 不能在同一纬度上　　C. 不能在同一直线上

22. 参加理论考试和实践考试的申请人在参加考试前(　　)。

    A. 应当具有地面教员和飞行教员推荐其参加考试的证明

    B. 应当具有地面教员或飞行教员签注的已完成有关地面理论或飞行训练的证明

    C. 以上二者缺一不可

23. 无人机任务规划是实现(　　)的有效途径,它在很大程度上决定了无人机执行任务的效率。

    A. 航迹规划与自主导航

    B. 飞行任务与载荷匹配

    C. 自主导航与飞行控制

24. 可能需要处置的危急情况不包括(　　)。

    A. 动力装置故障　　　　B. 舵面故障　　　　　　C. 任务设备故障

25. _____是完成任务的一项重要的辅助性工作,细致规范的_____将大幅度提高飞行安全性和任务完成质量。(　　)

    A. 警示标注　警示标注　B. 场地标注　场地标注　C. 图元标注　图元标注

26. (　　)包括在执行任务的过程中,需要根据环境情况的变化制定一些通信任务,调整与任务控制站之间的通信方式等。

    A. 目标分配　　　　　　B. 链路规划　　　　　　C. 通信规划

27. 如果数据链路上行中断,会发生的后果是(　　)。

    A. 无人机退出地面站控制模式

    B. 不能获取无人机状态信息

    C. 无法在线重规划航线航点及发送任务指令

28. 地面站电子地图显示的信息分为三个方面:一是_____,二是_____,三是其他辅助信息,如图元标注。(　　)

    A. 无人机地理坐标信息　无人机飞行姿态信息

    B. 无人机位置和飞行航迹　无人机航迹规划信息

    C. 无人机飞行姿态信息　无人机航迹规划信息

29. 地面站显示系统告警信息主要包括(　　)。

    A. 视觉告警和触觉告警

    B. 触觉告警和听觉告警

    C. 视觉告警和听觉告警

30. (　　)应具备的功能包括:标准飞行轨道生成功能,常规的飞行航线生成、管理功能。

    A. 航线规划　　　　　　B. 任务规划　　　　　　C. 航迹规划

31. 航迹规划需要充分考虑(　　)的选取、标绘,航线预先规划以及在线调整时机。

    A. 电子地图　　　　　　B. 飞行航迹　　　　　　C. 地理位置

32. 不属于无人机飞控计算机任务范畴的是（　　）。

    A. 姿态稳定与控制　　　　B. 自主飞行控制　　　　C. 数据中继

33. 无人机地面站系统可以由不同功能的若干控制站模块组成,其不包括（　　）。

    A. 无人机控制站　　　　B. 载荷控制站　　　　C. 机载电台

34. （　　）在无人机任务规划中的作用是显示无人机的飞行位置、画出飞行航迹、标识规划点以及显示规划航迹等。

    A. 电子地图　　　　B. 飞行航迹　　　　C. 地理位置

35. 动力系统工作恒定的情况下（　　）限制了航迹在垂直平面内上升和下滑的最大角度。

    A. 最大俯仰角　　　　B. 最大转弯半径　　　　C. 最小转弯半径

36. 大多数多旋翼飞行器自主飞行过程利用（　　）实现速度感知。

    A. 空速管　　　　B. 惯导　　　　C. GPS

37. （　　）即根据飞行过程中遇到的突发状况,如地形、气象变化、未知限飞禁飞因素等,局部动态调整飞行路径或改变动作任务。

    A. 飞行前预规划　　　　B. 在线规划　　　　C. 飞行中重规划

38. （　　）主要用于飞行区域内重点目标的标注,如建筑物、禁飞区、人口密集区等易影响飞行安全的区域。

    A. 场地标注　　　　B. 任务区域标注　　　　C. 警示标注

39. 如果数传链路下行中断,会发生的后果是（　　）。

    A. 无法在线重规划航线航点及发送任务指令

    B. 无人机航拍图传图像丢失

    C. 地面站不再更新无人机的遥测数据

40. （　　）无人机侦察监测区域应预先标注,主要包括任务区域范围、侦察监测对象等。

    A. 任务区域标注　　　　B. 场地标注　　　　C. 警示标注

41. 任务规划的主要目标是依据地形信息和执行任务环境条件信息,综合考虑无人机的性能、到达时间、耗能、威胁以及飞行区域等约束条件,为无人机规划出一条或多条自（　　）,保证无人机高效、圆满地完成飞行任务,并安全返回基地。

    A. 起点到终点的最短路径

    B. 起飞点到着陆点的最佳路径

    C. 出发点到目标点的最优或次优航迹

42. 无人机任务规划需要实现的功能包括（　　）。

    A. 自主导航功能、自主起降功能、航迹规划功能

    B. 任务分配功能、航迹规划功能、仿真演示功能

    C. 自主导航功能、应急处理功能、航迹规划功能

43. （　　）主要指执行任务过程中实现动作的时间点、方式和方法,设定机会航点的时间节点、飞行高度、航速、飞行姿态以及配合载荷设备的工作状态与模式,当无人机到达该航点时实施航拍、盘旋等飞行任务。

    A. 目标分配　　　　B. 载荷规划　　　　C. 任务分配

44. 就任务规划系统具备的功能而言,任务规划可包含航迹规划、任务分配规划、数据链路规划和系统保障与应急预案规划等,其中（　　）是任务规划的主体和核心。

    A. 数据链路规划　　　　B. 任务分配规划　　　　C. 航迹规划

45. 应急航线的主要目的是确保飞机安全返航,规划一条安全返航通道和_____,以及

_____。（   ）

    A. 应急迫降点　安全返航策略

    B. 应急迫降点　航线转移策略

    C. 安全着陆点　安全着陆策略

46. （　　）是指从航线上的任意点转入安全返航通道或从安全返航通道转向应急迫降点或机场。

    A. 安全返航策略　　　　B. 安全着陆策略　　　　C. 航线转移策略

47. _____是在无人机执行任务前，由地面控制站制定的，主要是综合任务要求、地理环境和无人机任务载荷等因素进行规划，其特点是约束和飞行环境给定，规划的主要目的是通过选用合适的算法谋求_____飞行航迹。（　　）

    A. 预先规划　全局最优　B. 实时规划　航程最短　C. 航迹规划　航时最短

48. 无人机（　　）是指根据无人机需要完成的任务、无人机的数量以及携带任务载荷的类型，对无人机制定飞行路线并进行任务分配。

    A. 飞行规划　　　　　　B. 任务规划　　　　　　C. 航迹规划

49. 任务规划时还要考虑（　　），即应急航线。

    A. 异常应急措施　　　　B. 安全返航措施　　　　C. 紧急迫降措施

50. 航迹优化是指航迹规划完成后，系统根据无人机飞行的（　　）对航迹进行优化处理，制定出适合无人机飞行的航迹。

    A. 最大转弯半径和最大俯仰角

    B. 最小转弯半径和最大俯仰角

    C. 最大转弯半径和最小俯仰角

51. 无人机飞行控制系统速率陀螺是感知飞行器平台（　　）的传感器。

    A. 姿态角度　　　　　　B. 航向角　　　　　　　C. 角速度

52. （　　）主要包括起飞场地标注、着陆场地标注、应急场地标注，为操作员提供发射与回收以及应急迫降区域参考。

    A. 任务区域标注　　　　B. 警示标注　　　　　　C. 场地标注

53. 无人机航迹规划需要综合应用（　　），以获得全面详细的无人机飞行现状以及环境信息，结合无人机自身技术指标特点，依据一定的航迹规划方法，制定最优或次优路径。

    A. 导航技术、地理信息技术以及远程感知技术

    B. 导航技术、航迹优化算法以及地理信息技术

    C. 飞控技术、导航技术以及地理信息技术

54. 无人机物理限制对飞行航迹有以下限制：（　　）、最小航迹段长度、最低安全飞行高度。

    A. 最小转弯半径、最小俯仰角

    B. 最大转弯半径、最小俯仰角

    C. 最小转弯半径、最大俯仰角

55. 任务规划由（　　）等组成。

    A. 任务分配、姿态控制、导航控制、航迹规划、航迹调整和航迹评价

    B. 任务接收、姿态控制、载荷分配、航迹规划、航迹调整和航迹评价

    C. 任务理解、环境评估、任务分配、航迹规划、航迹优化和航迹评价

56. _____是在无人机飞行过程中，根据实际的飞行情况和环境的变化制定出一条可分航迹，包括对预先规划的修改，以及选择应急的方案，其特点是约束和飞行环境实时变化，

任务规划系统需综合考量威胁、航程、约束等多种条件,采用_____生成飞行器的安全飞行航迹,任务规划系统需具备较强的信息处理能力并具有一定的辅助决策能力。
（ ）

 A. 预先规划 最优航迹规划算法

 B. 航迹规划 最短航迹规划算法

 C. 实时规划 快速航迹规划算法

57. 以下关于舵面遥控(纯手动)、姿态遥控、人工修正(即 GPS 模式)说法不正确的是
（ ）。

 A. 舵面遥控模式下,飞控内外回路都不参与工作

 B. 人工修正模式下,飞控内外回路都参与工作

 C. 姿态遥控模式下,飞控内回路不参与工作,外回路参与工作提供位置信息

58. （ ）包括携带的传感器类型、摄像机类型和专用任务设备类型等,规划设备工作时间及工作模式,同时需要考虑气象情况对设备的影响程度。

 A. 任务规划   B. 载荷规划   C. 任务分配

59. 图元标注主要包括以下三方面信息（ ）。

 A. 场地标注、警示标注、任务区域标注

 B. 航程标注、航时标注、任务类型标注

 C. 坐标标注、航向标注、载荷任务标注

60. 无人机任务规划需要考虑的因素有:_____,_____,无人机物理限制,实时性要求。
（ ）

 A. 飞行任务范围 飞行安全限制

 B. 飞行安全限制 飞行任务要求

 C. 飞行环境限制 飞行任务要求

十三、空域与法规知识训练题

单项选择题(每题 1 分,共 130 分)

1. 无人机在隔离空域内进行视距内飞行时,驾驶员是否需要持有局方颁发的执照或合格证?
（ ）

 A. 需要   B. 不需要   C. 视无人机类别而定

2. 无人机系统驾驶员在飞行过程中发现航空器出现故障,首先应采取的措施是（ ）。

 A. 立即降落并报告相关部门

 B. 继续飞行至目的地后再处理

 C. 尝试自行修复故障

3. 以下哪种情况下,无人机驾驶员必须向空中交通管制部门提交飞行计划?（ ）

 A. 在视距内飞行且高度低于 120 米

 B. 在融合空域内飞行

 C. 在隔离空域内飞行

4. 无人机云系统的数据保存期限至少为（ ）。

 A. 1 个月   B. 3 个月   C. 6 个月

5. 无人机在人口稠密区上空进行飞行活动时,必须满足的最低天气标准是( )。

    A. 云高不低于150米,能见度不小于5000米

    B. 云高不低于200米,能见度不小于3000米

    C. 云高不低于100米,能见度不小于2000米

6. 无人机驾驶员在飞行前检查时,发现电池电量不足,正确的处理方式是( )。

    A. 继续飞行,但缩短飞行时间

    B. 更换满电电池后再飞行

    C. 降低飞行高度以节省电量

7. 无人机在夜间飞行时,必须开启的灯光是( )。

    A. 航行灯和防撞灯   B. 着陆灯和防撞灯   C. 航行灯和着陆灯

8. 无人机驾驶员在飞行中接到空中交通管制指令时,应( )。

    A. 立即执行指令并复述确认

    B. 先记录指令内容,稍后执行

    C. 根据情况自行决定是否执行

9. CCAR61部授权的执照或合格证持有人在理论考试中作弊或发生其他禁止行为,局方(授权方)撤销相应的执照等级,责令当事人立即停止飞行运行并交回其已取得的执照或合格证,( )年内不得申请按照CCAR61颁发的执照、合格证或等级以及考试。

    A. 一

    B. 视其违规的情节轻重而定

    C. 三

10. 参加理论考试或实践考试的申请人在参加考试前( )。

    A. 应当具有授权教员签注的已完成有关地面理论或飞行训练的证明

    B. 以上二者缺一不可

    C. 应当具有授权教员推荐其参加考试的证明

11. 民用无人机超视距驾驶员(机长)合格证申请人必须具有操纵民用无人机不少于多少小时的飞行训练时间?( )

    A. 56   B. 44   C. 100

12. 下列情况下,无人机系统驾驶员不实施管理( )。

    A. 在融合空域运行的Ⅳ级别无人机

    B. 超视距运行的Ⅰ类无人机

    C. 视距内运行的Ⅱ类无人机

13. 具有无人机出口资质的企业,国家有关部门会赋予两用物项资质,两用物项是指( )。

    A. 农业用和工业用   B. 民用和军用   C. 民航和通航

14. 无人机的注册所有者或运营人应对保持无人机有最新的适航证书和( )负责。

    A. 无人机安全飞行   B. 无人机注册证书   C. 无人机维修

15. 飞行的组织与实施包括( )。

    A. 飞行直接准备、飞行实施和飞行讲评三个阶段

    B. 飞行预先准备、飞行准备和飞行实施三个阶段

    C. 飞行预先准备、飞行直接准备、飞行实施和飞行讲评四个阶段

16. 学员单飞前必须达到的要求是( )。

    ① 通过由授权教员实施的理论考试   ② 接受并记录了单飞所用航空器的适用动作与

程序的飞行训练　③ 经授权教员在该型号或类似航空器上检查,认为该驾驶员熟练掌握了这些动作与程序

  A. ①②③   B. ①③   C. ②③

17. 高空空域是指标准海平面气压多少米(不含)以上的空域?(　　)

  A. 7000 米   B. 8000 米,   C. 6000 米

18. 民用航空器必须具有民航局颁发的(　　)方可飞行。

  A. 机场使用许可证 B. 经营许可证   C. 适航证

19. 民用航空适航管理是对哪几种环节进行管理?(　　)

  A. 使用和维修 B. 设计、制造 C. 设计、制造、使用和维修

20. 在管制机场附近的所有航空器,以及在地面的航空器都服从(　　)的指令。

  A. 机长   B. 机务人员   C. 管制员

21. 飞行人员未按中华人民共和国基本规则规定履行职责的,由有关部门依法给予行政处分或者纪律处分,情节严重的,依法给予吊扣执照或合格证_____的处罚,或者责令停飞_____。(　　)

  A. 半年　一至三个月

  B. 一至三个月　半年

  C. 一至六个月　一至三个月

22. 植保无人机级别为(　　)。

  A. Ⅴ类   B. Ⅳ类   C. Ⅵ类

23. CCA61 部授权的执照或合格证持有人在理论考试中作弊或发生其他禁止行为,局方(授权方)拒绝其任何执照、合格证或等级申请期限为(　　)。

  A. 半年

  B. 视其违规的情节轻重而定

  C. 一年

24. 如果无人机制造商使用编写的细节更加详细的《无人机驾驶员操作手册》作为主要参考(　　)《无人机飞行手册》。

  A. 不可替代

  B. 一般情况下可以替代

  C. 由局方批准后可以替代

25. 在融合空域 3000 米以下运行的Ⅺ级别无人机驾驶员,应至少持有飞机或直升机等级的(　　)。

  A. 商照   B. 航线运输执照 C. 私照

26. 飞行教员合格证申请人必须年满(　　)。

  A. 20 周岁   B. 21 周岁   C. 18 周岁

27. 对于接入无人机云系统的用户,无须(　　)。

  ① 向相关部门了解限制区域的划设情况,包括机场障碍物控制面、飞行禁区、未经批准的限制区以及危险区等　② 机身需有明确的标识,注明该无人机的型号、编号、所有者、联系方式等信息,以便出现坠机情况时能迅速查找到无人机所有者或操作者信息　③ 运行前需要提前向管制部门提出申请,并提供有效监视手段　④ 运营人按照CCAR - 91部的要求,进行合格审定

  A. ①②③   B. ①③④   C. ①②③④

28. 对于涉及酒精或药物的违禁行为,按照规定可以给予警告、暂扣执照或合格证(　　)、吊销执照。

    A. 3个月到6个月　　　　B. 1个月到6个月　　　　C. 1个月到3个月

29. 飞机过载和载荷因子是同一概念。(　　)

    A. 不是　　　　　　　　B. 不确定　　　　　　　　C. 是

30. 无人直升机或多旋翼飞行器飞行时间的含义是指(　　)。

    A. 起飞离地到着陆接地的瞬间

    B. 旋翼开始转动至旋翼停止转动的瞬间

    C. 起飞滑跑至着陆滑跑终止的瞬间

31. 无人机制造商编写的随机文档《无人机所有者/信息手册》(　　)。

    A. 特殊飞行器需局方批准

    B. 不需局方批准

    C. 需经局方批准

32. 无人机注册证书颁发给飞机所有者作为注册证明(　　)。

    A. 存放备查　　　　B. 随时随机携带　　　　C. 作为售出证明

33. 飞行时间的含义是指(　　)。

    A. 自航空器开始起飞滑跑至着陆滑跑终止的时间

    B. 从航空器起飞进入跑道至着陆脱离跑道的时间

    C. 从航空器自装载地点开始滑行直到飞行结束到达卸载地点停止运动时为止的时间

34. 降落时间的含义是指(　　)。

    A. 航空器着陆滑跑终止的瞬间

    B. 航空器着陆后前轮接地的瞬间

    C. 航空器接地的瞬间

35. 飞行教员不需要在飞行教员记录本或单独文件中记录的内容为(　　)。

    A. 由该教员在飞行经历记录本或者在学生驾驶员执照上签字而被授予单飞权利的每个人的姓名,包括每次签字的日期以及所涉及的航空器型号

    B. 教学的内容、课时、日期和航空器型号

    C. 由该教员签字推荐参加理论考试或者实践考试的每个人的姓名,包括考试的种类、日期和考试结果

36. 飞行手册中规定着陆不能刹车状态接地,主要是因为(　　)。

    A. 使机轮起转力矩增大而损坏

    B. 可能导致滑跑时拖胎

    C. 可能使刹车装置失效

37. 下列情况下,无人机系统驾驶员由局方实施管理(　　)。

    A. 在融合空域运行的小型无人机

    B. 在隔离空域内超视距运行的无人机

    C. 在融合空域运行的轻型无人机

38. 下列情况下,无人机系统驾驶员由行业协会实施管理(　　)。

    A. Ⅱ级别无人机

    B. 在隔离空域内超视距运行的无人机

    C. 在融合空域运行的 XI 级别无人机

39. 下列情况下,无人机系统驾驶员由局方实施管理?(　　)[1分]
    A. 在融合空域运行的 XII 级别无人机
    B. 在隔离空域内超视距运行的无人机
    C. 在融合空域运行的 IV 级别无人机

40. 民用无人机用于农林喷洒作业时,以下哪些人员要求其持有民用无人机驾驶员合格证并具有相应等级?(　　)
    ① 作业负责人　② 独立喷洒作业人员　③ 作业高度在 15 米以上的作业人员(　　)[1分]
    A. ②③　　　　　　　B. ②　　　　　　　C. ①②③

41. 对于 I、II 级别无人机系统驾驶员(　　)。
    A. 无需证照管理,自行负责
    B. 人员资质由局方负责管理
    C. 人员资质由行业协会负责管理

42. 依法取得中华人民共和国国籍的民用航空器,应当标明规定的国籍标志和(　　)。
    A. 机型标志　　　　　B. 登记标志　　　　　C. 公司标志

43. 旋翼飞行器可以在距离障碍物 10 米以外,1～10 米的高度上飞移(　　)。
    A. 20 千米/小时　　　B. 15 千米/小时　　　C. 10 千米/小时

44. 如 CCAR61 部授权的执照持有人在理论考试中作弊或发生其他禁止的行为,局方拒绝其任何执照或等级的申请期限为(　　)。
    A. 一年
    B. 视其违规的情节轻重而定
    C. 半年

45. 对于民用无人机运行的仪表、设备和标识要求中,用于记录、回放和分析飞行过程的飞行数据记录系统,且数据信息至少保存(　　)。
    A. 半年　　　　　　　B. 三个月　　　　　　C. 一个月

46. 空中交通管制单位为飞行中的民用航空器提供的空中交通服务中含有(　　)。
    A. 飞行情报服务　　　B. 机场保障服务　　　C. 导航服务

47. 申请飞行计划通常应当于飞行前一日什么时间向空中交通管制部门提出申请,并通知有关单位(　　)。
    A. 17 时前　　　　　　B. 15 时前　　　　　　C. 16 时前

48. 当前版本《中华人民共和国民用航空法》于(　　)通过修正。
    A. 1995 年 10 月 30 日　B. 1996 年 3 月 1 日　C. 2018 年 12 月 29 日

49. 由授权教员为学员提供的带飞训练,学员飞行经历记录本上应体现为(　　)。
    A. 副驾驶时间　　　　B. 机长时间　　　　　C. 带飞时间

50. 从事通用航空飞行活动的单位、个人违反本条例规定,下列哪些情形下,由有关部门按照职责分工责令改正,给予警告;情节严重的,处 2 万元以上 10 万元以下罚款,并可给予责令停飞 1 个月至 3 个月、暂扣直至吊销经营许可证、飞行执照的处罚;造成重大事故或者严重后果的,依照刑法关于重大飞行事故罪或者其他罪的规定,依法追究刑事责任?(　　)
    ① 未经批准擅自飞行的　② 未按批准的飞行计划飞行的　③ 不及时报告或者漏报飞行动态的　④ 未经批准飞入空中限制区、空中危险区的
    A. ①②④　　　　　　B. ①③④　　　　　　C. ①②③④

51. 航空器与 ATC 进行第一次无线电联络时,应当首先呼叫(　　)
    A. 航空器的注册号　　B. 航空器的机型　　　C. 所需联系的 ATC 的名称

52. 无人机驾驶员在执行飞行任务时,应当随身携带( )。

    A. 驾驶员执照或合格证

    B. 飞机适航证书

    C. 飞行记录本

53. 在融合空域运行的Ⅻ级别无人机驾驶员,应至少持有带有飞机或直升机等级的( )。

    A. 商照　　　　　　　　B. 私照　　　　　　　　C. 商照和仪表等级

54. 无人机的注册所有者或运营人应将永久邮寄地址的变更、无人机的销售和( )等事项通知局方注册处。

    A. 无人机维修　　　　B. 试验试飞　　　　C. 无人机注册证书丢失

55. 在遇到特殊情况,民用航空器的机长,为保证民用航空器及其人员的安全( )。

    A. 应当及时向管制单位报告,按照相关规定进行正确处置

    B. 应当及时向签派或上级领导报告,按照相关规定进行正确处置

    C. 有权对航空器进行处置

56. 如观察到其他飞机的灯光是右红左绿时,应将该机判断为( )。

    A. 与自己顺向飞行　　B. 没有发生相撞的可能　　C. 与自己相向飞行

57. ( )对民用无人驾驶航空器系统的维护负责。

    A. 机长　　　　　　　　B. 运行人　　　　　　　　C. 签派

58. 我国民航飞行使用的时间为( )。

    A. 当地的地方时　　　　B. 世界协调时　　　　　C. 北京时

59. 任何单位或者个人设计民用航空器,应当向民航局申请( )。

    A. 适航证　　　　　　　　B. 生产许可证　　　　　　C. 型号合格证

60. 哪种无人机须安装使用电子围栏?( )

    A. Ⅲ、Ⅳ、Ⅵ、Ⅶ类无人机及重点地区和机场净空区以下运行Ⅱ、Ⅴ类无人机

    B. Ⅱ、Ⅲ、Ⅳ、Ⅴ、Ⅵ、Ⅶ类无人机

    C. Ⅲ、Ⅳ、Ⅵ、Ⅶ类无人机

61. 个人民用无人机拥有者在"无人机实名登记系统"中登记的信息包括( )。

    A. 驾驶员姓名、有效证件号码、联系方式

    B. 拥有者姓名、有效证件号码、工作单位、联系方式

    C. 拥有者姓名、有效证件号码、使用目的

62. 下列说法中,哪一种对无人机教员等级申请人的要求是必需的?( )

    A. 在所申请的无人机上担任机长经历时间不少于 100 小时

    B. 具备无人机应急处理程序方面的技术

    C. 在所申请的无人机上飞行经历不少于 100 小时

63. 无人机特殊飞行许可颁发前,由局方检察官或局方认证人员或( )进行检查以确定位于预期的飞行是安全的。

    A. 经验丰富的无人机飞行员

    B. 经验丰富的有人机飞行员

    C. 适当认证修理站

64. 高空飞行,按照飞行高度区分为( )。

    A. 6000 米(含)至 12000 米(含)

    B. 4500 米(含)至 9000 米(含)

C. 8000 米（含）至 12000 米（含）

65. 实施农林喷洒作业的运营人应当在其主运行基地保存关于下列哪些内容的记录？
（　　）

① 服务对象的名称和地址　② 服务日期　③ 每次作业飞行所喷洒物质的量和名称

④ 作业飞行任务的驾驶员的姓名、地址和执照编号，以及按照管理规定的作业负责人通过知识和技术检查的记录

A. ②③④　　　　　　　　B. ①②④　　　　　　　　C. ①②③④

66. 机场标高指着陆区（　　）的标高。

A. 最低点　　　　　　　　B. 最高点　　　　　　　　C. 平均海拔

67. 《中华人民共和国民用航空法》自（　　）起施行。

A. 1996 年 1 月 1 日　　B. 1996 年 3 月 1 日　　C. 1997 年 1 月 1 日

68. 从事航空飞行活动的单位、个人违反本条例规定，下列哪些情形下（　　）。

① 未经批准擅自飞行的　② 未按批准的飞行计划飞行的　③ 不及时报告或者漏报飞行动态的　④ 未经批准飞入空中限制区、空中危险区的

A. ①③④　　　　　　　　B. ①②④　　　　　　　　C. ①②③④

69. 无识别标志的航空器因特殊情况需要飞行的（　　）。

A. 必须经中国人民解放军空军批准

B. 必须经相关管制单位批准

C. 必须经中国民用航空局空中交通管理局批准

70. 在融合空域运行的Ⅻ级别无人机机长，应至少持有（　　）。

A. 商照　　　　　　　　　B. 航线运输执照　　　　　C. 商照和仪表等级

71. 视距外运行使用自主模式的无人机，无人机驾驶员必须能够随时介入操控。出现无人机失控的情况，机长应该执行相应的预案，包括（　　）。

① 无人机应急回收程序　② 对于接入无人机云的用户，应在系统内上报相关情况

③ 对于未接入无人机云的用户，联系相关空管服务部门的程序，上报遵照以上程序的相关责任人名单

A. ②③　　　　　　　　　B. ①③　　　　　　　　　C. ①②③

72. 对于民用无人机试验飞行，以下正确的是（　　）。

A. 试验飞行可经批准于人口稠密区、集镇或居住区的上空或者任何露天公众集会上空进行

B. 禁止无人机在未获得特殊批准下试验飞行

C. 应在空中交通不繁忙的开阔水面或人口稀少区域上空实施

73. 在融合空域 3000 米以上运行的Ⅺ级别无人机驾驶员，应至少持有飞机或直升机等级的（　　）。

A. 航线运输执照　　　　　B. 商照　　　　　　　　　C. 私照

74. 对于涉及酒精或药物的违禁行为处罚的人员，自其违禁行为发生之日起（　　）内，局方将不接受该人员提出的任何按本规则颁发执照或等级的申请。

A. 半年　　　　　　　　　B. 一年　　　　　　　　　C. 两年

75. 在融合空域 3000 米以上运行的小型无人机驾驶员，应至少持有飞机或直升机等级的（　　）。

A. 私照　　　　　　　　　B. 商照　　　　　　　　　C. 航线运输执照

76. Ⅱ级别无人机指（　　）。

A. 1.5 千克＜空机质量≤4 千克，1.5 千克＜起飞全重≤7 千克，超视距运行的

B. 1.5 千克<空机质量≤7 千克,1.5 千克<起飞全重≤15 千克

C. 1.5 千克<空机质量≤4 千克,1.5 千克<起飞全重≤7 千克,视距内运行的

77. 伪造、复制或篡改执照或合格证的行为,局方或授权方可视其情节轻重,给予警告、暂扣执照或合格证(　　),或吊销执照。

    A. 3 个月到 6 个月　　　　B. 1 个月到 6 个月　　　　C. 1 个月到 3 个月

78. 无人机系统无线电资源的使用(　　)局方无线电管理部门的许可证。

    A. 一般情况下不需要　　B. 不需要　　　　　　　　C. 需要

79. 下列航空法律法规中级别最高的是(　　)。

    A.《中华人民共和国民用航空法》

    B.《中华人民共和国搜寻援救民用航空器的规定》

    C.《中华人民共和国飞行基本规则》

80. 下面哪个单位领导全国的飞行管制工作?(　　)

    A. 民航局

    B. 国务院

    C. 国务院、中央军委空中交通管制委员会

81.《轻小无人机运行规定》颁布于(　　)。

    A. 2013 年 11 月 13 日　　B. 2017 年 1 月 1 日　　　C. 2015 年 12 月 29 日

82. 对于Ⅰ、Ⅱ级别无人机系统驾驶员(　　)。

    A. 人员资质由行业协会负责管理

    B. 人员资质由局方负责管理

    C. 无须证照管理,自行负责

83. 在融合空域运行的大型无人机机长,应至少持有(　　)。

    A. 航线运输执照　　　　B. 商照和仪表等级　　　　C. 商照

84. 在一个划定的管制空域内,由(　　)负责该空域内的航空器的空中交通管制。

    A. 军航或民航的一个空中交通管制单位

    B. 军航和民航的各一个空中交通管制单位

    C. 军航的一个空中交通管制单位

85. 民用航空器因故确需偏离指定的航路或者改变飞行高度飞行时,应当首先(　　)。

    A. 取得机组的一致同意

    B. 取得空中交通管制单位的许可

    C. 得到机长的允许

86. 民用航空器的适航管理由(　　)负责。

    A. 国务院　　　　　　　B. 中央军委　　　　　　　C. 民航局

87. 民用无人机驾驶员合格证申请人必须具有操纵民用无人机不少于多少小时的飞行训练时间?(　　)

    A. 100　　　　　　　　　B. 44　　　　　　　　　　C. 56

88. 无人机飞行手册中规定的过载表明(　　)。

    A. 起飞时允许的最大过载

    B. 着陆时允许的最大过载

    C. 飞行中允许的最大过载

89. 在广阔水域上空进行各种渔业飞行的最低天气标准是(　　)。

A. 云高不得低于 200 米,水平能见度不得小于 3 千米

B. 云高不得低于 150 米,水平能见度不得小于 3 千米

C. 云高不得低于 100 米,水平能见度不得小于 2 千米

90. 如果一本《无人机飞行手册》没有注明具体的无人机序号和注册信息,则( )。

    A. 手册可以部分作为该机飞行参考指导

    B. 手册可以作为该机飞行的参考指导

    C. 手册只能用于一般学习用途

91. 民用无人机视距内运行是指航空器处于驾驶员或观测员目视视距内半径( )米,无人机相对高度低于( )米的区域内。( )

    A. 100 50   B. 120 500   C. 500 120

92. 每个飞行教员必须将CCA61部要求的记录保存( )。

    A. 一年   B. 五年   C. 三年

93. 经验表明无人机每飞行_____小时或者更少就需要某种类型的预防性维护,至少每_____小时进行较小的维护。( )

    A. 25 40   B. 30 60   C. 20 50

94. 为保障飞行安全,建议无论是在白天还是夜间,当发动机在运转时就打开( )。

    A. 航行灯   B. 防撞灯   C. 着陆灯

95. 无人机适航证书不可( )。

    A. 随无人机系统携带   B. 存放备查   C. 随飞机一起转让

96. 在丘陵、山区、高原进行农业作业飞行的最低天气标准是( )。

    A. 云高距作业区的最高点不低于 200 米,能见度不小于 5 千米

    B. 云高距作业区的最高点不低于 300 米,能见度不小于 5 千米

    C. 云高距作业区的最高点不低于 150 米,能见度不小于 3 千米

97. 空域管理的具体办法由( )制定。

    A. 民用航空局   B. 中央军事委员会   C. 国务院和中央军事委员会

98. 对于无人机植保作业,运营人指定的一个或多个作业负责人有何要求?( )

    A. 接受了相应理论知识及飞行技能的培训或具备相应的经验,并向局方或局方授权部门

    B. 持有民用无人机驾驶员合格证并具有相应等级

    C. 以上都有

99. 农业作业飞行的最低天气标准,平原地区是( )。

    A. 云高不低于 200 米,能见度不小于 5 千米

    B. 云高不低于 150 米,能见度不小于 5 千米

    C. 云高不低于 100 米,能见度不小于 3 千米

100. 民用无人机驾驶员多旋翼类别超视距等级申请人必须具有不少于多少小时的带飞训练时间?( )

    A. 56   B. 10   C. 15

101. 使用多旋翼飞行器作业( )。

    A. 不受环境影响

    B. 应在人员密集区,如公园、广场等

    C. 在规定空域使用,且起飞前提醒周边人群远离

102. 关于"飞行管理"不正确的是( )。

    A. 在一个划定的管制空域内,可由两个空中交通管制单位负责空中交通管制

B. 民用航空器未经批准不得飞出中华人民共和国领空

C. 通常情况下,民用航空器不得飞入禁区和限制区

103. 《民用无人驾驶航空器实名制登记管理规定》颁布于( )。

    A. 2015 年 12 月 29 日   B. 2017 年 1 月 1 日   C. 2017 年 5 月 6 日

104. 起飞时间(陆上)的含义是指( )。

    A. 航空器开始起飞滑跑轮子转动的瞬间

    B. 航空器进入跑道对正起飞方向的瞬间

    C. 航空器起飞滑跑抬前轮的瞬间

105. 无人机制造商编写的随机文档《无人机所有者/信息手册》( )。

    A. 不能替代《无人机飞行手册》

    B. 可以替代《无人机飞行手册》

    C. 一般情况下可以替代《无人机飞行手册》

106. 空域通常划分为( )。

    ① 机场飞行空域   ② 航路航线   ③ 空中禁区,空中限制区和空中危险区

    A. ①③   B. ①②③   C. ①②

107. 执行昼间专业任务的航空器,在山区进行作业飞行时,起飞时间最早不得早于日出前( )。

    A. 10 分钟   B. 20 分钟   C. 15 分钟

108. 从事飞行的民用航空器不需要携带的文件是( )。

    A. 飞行人员相应的执照或合格证

    B. 民用航空器适航证书

    C. 飞行记录本

109. 《无人驾驶航空器飞行管理暂行条例》,施行时间是( )。

    A. 2024 年 1 月 1 日   B. 2023 年 1 月 1 日   C. 2023 年 6 月 28 日

110. 监视系统获取民用无人机运行信息的方式包括( )。

    A. 两者都有

    B. 被动反馈系统,是指航空器被雷达、ADS-B 系统、北斗等手段从地面进行监视的系统,该反馈信息不经过运营人

    C. 主动反馈系统,是指运营人主动将航空器的运行信息发送给监视系统

111. 在什么条件下飞行教员方可在学生驾驶员飞行经历记录本上签字,批准其单飞?( )

    A. 亲自对该学生驾驶员提供了本规则授予单飞权利所要求的飞行训练,确认该学生驾驶员能够遵守飞行教员出于安全考虑而在飞行经历记录本上作出的任何限制,已经做好准备能够安全实施单飞

    B. 亲自或委托具备飞行教员资格和权限的飞行教员对该学生驾驶员提供了本规则授予单飞权利所要求的飞行训练,确认该学生驾驶员能够遵守飞行教员出于安全考虑而在飞行经历记录本上作出的任何限制,已经做好准备能够安全实施单飞

    C. 亲自或委托具备飞行教员资格和权限的飞行教员对该学生驾驶员提供了本规则授予单飞权利所要求的飞行训练,确认该学生驾驶员能够遵守飞行教员出于安全考虑而在飞行经历记录本上作出的任何限制,已经做好准备能够安全实施单飞同时需得到检查教员的认可和批准

112. 关于"民用航空器国籍"正确的是( )。

    A. 自外国租赁的民用航空器不能申请我国国籍

    B. 民用航空器可以不进行国籍登记而投入运行

    C. 民用航空器只能具有一国国籍

113. 《中国民用航空法》的颁布目的是( )。

    ① 为了维护国家的领空主权和民用航空权利　② 保障民用航空安全和有秩序进行

    ③ 保护民用航空活动当事人各方的合法利益　④ 促进民用航空事业的发展

    A. ③④　　　　　　　　　B. ①②　　　　　　　　　C. ①②③④

114. 训练时间,是指受训人在下列哪个方面从授权教员处接受训练的时间?( )

    A. 地面上、飞行模拟机或飞行训练器上

    B. 飞行中

    C. 飞行中、地面上、飞行模拟机或飞行练习器上

115. 《一般运行和飞行规则》的颁布目的是( )。

    ① 为了维护国家领空主权　② 为了规范民用航空器的运行　③ 保证飞行的正常与安全( )

    A. ①②③　　　　　　　　B. ②③　　　　　　　　　C. ①②

116. 执行昼间专业任务的航空器,在平原、丘陵地区进行作业飞行时,起飞时间最早不得早于日出前( )。

    A. 20 分钟　　　　　　　　B. 30 分钟　　　　　　　　C. 15 分钟

117. 在下列哪种情况下民用航空器可以飞越城市上空?( )

    A. 能见地标的目视飞行时

    B. 指定的航路必须飞越城市上空时

    C. 夜间飞行时

118. 飞行的安全高度是避免航空器与地面障碍物相撞( )。

    A. 最低飞行高度

    B. 最低飞行安全高度

    C. 航图网格最低飞行高度

119. 学生驾驶员在单飞之前必须在其飞行经历记录本上,有授权教员的签字,证明其在单飞日期之前( )天内接受了所飞型号航空器的训练。

    A. 60　　　　　　　　　　B. 30　　　　　　　　　　C. 90

120. 无人机云系统(无人机云),是指轻小型民用无人机动态数据库系统,用于( )。

    ① 提供航行服务、气象服务　② 对民用无人机运行数据(包括运营信息、位置、高度和速度等)进行实时监测　③ 对侵入电子围栏的无人机具有报警功能

    A. ②③　　　　　　　　　B. ①③　　　　　　　　　C. ①②③

121. 民用无人机的空机重量包含( )。

    A. 不包含载荷的无人机重量

    B. 不包含载荷、电池和燃料的无人机重量

    C. 不包含载荷、燃料的无人机重量

122. 执行紧急救护、抢险救灾或者其他紧急任务,飞行计划申请最迟应在飞行前( )提出。

    A. 30 分钟　　　　　　　　B. 1 小时　　　　　　　　C. 2 小时

123. 电子围栏,是指在特定地区周围划设的为保障特定地区安全的电子隔离装置,其功能包括(   )。

① 阻挡即将侵入该地区的航空器   ② 阻挡即将离开该地区的航空器   ③ 报警功能
(   )[1分]

A. ①②③   B. ①②   C. ①③

124. 由授权教员签字批准单飞后的学员,单飞训练时间在其飞行经历记录本上应体现为
(   )。

A. 副驾驶时间

B. 机长时间

C. 单飞时间

125. 执行昼间专业任务的航空器,在山区进行作业飞行时,着陆时间最晚不得晚于日落前
(   )。

A. 15分钟

B. 20分钟

C. 10分钟

126. 空域是航空器运行的环境,也是宝贵的国家资源。国务院、中央军委十分重视我国民用航空交通管制的建设工作,目前正在推进空域管理改革,预计划分三类空域,为(   )。

A. 管制空域、监视空域和报告空域

B. 管制空域、非管制空域和特殊空域

C. 管制空域、非管制空域和报告空域

127. 飞行任务书是许可飞行人员进行转场飞行和民用航空飞行的基本文件。该文件由(   )
签发。

A. 驻机场航空单位或者航空公司的运行管理部门

B. 驻机场航空单位或者航空公司的调度或签派部门

C. 驻机场航空单位或者航空公司的负责人

128. 无人机飞行前,无人机飞行员(   )。

A. 按照积累的经验指导飞行

B. 按照随机《无人机飞行手册》指导飞行

C. 重点参考《无人机所有者/信息手册》

129. (   )对民用无人机系统运行遵守飞行基本规则负责。

A. 机长

B. 民航局及其地区管理局

C. 航空单位负责人

130. 下列说法正确的是(   )。

A. 除非具有局方委派的监察员或考试员资格,否则飞行教员不得为获得CCAR61部
要求的 执照、等级、运行许可、实践考试或者理论考试权利而为自己进行任何签字

B. 飞行教员不得为获得CCAR61部要求的执照、等级、运行许可、实践考试或者理论
考试 权利而为自己进行任何签字

C. 当存在特殊的情况或条件限制时,在获得特别授权和批准后,飞行教员可以为获得
CCAR61部要求的执照、等级、运行许可、实践考试或者理论考试权利而为自己进行签字

十四、无人机机长及驾驶员面试知识训练题

单项选择题(每题 1 分,共 140 分)

1. 多旋翼无人机在悬停状态下,若突然遭遇强侧风,驾驶员应如何操作以保持稳定?(　　　)

　　A. 迅速增加油门以提升高度

　　B. 向风来的方向打副翼并适当增加油门

　　C. 降低油门以快速降落

2. 无人机在飞行中,GPS 信号突然丢失,但图传和遥控信号正常,此时飞控系统最可能自动切换至哪种模式?(　　　)

　　A. 姿态模式　　　　　　B. 手动模式　　　　　　C. 返航模式

3. 关于无人机电池的 C 数(放电倍率),以下说法正确的是(　　　)。

　　A. 高 C 数电池适合高功率放电场景,如竞速飞行

　　B. 低 C 数电池适合长时间续航飞行

　　C. C 数与电池容量无关

4. 多旋翼无人机在低电量报警后,驾驶员应采取的首要措施是(　　　)。

　　A. 立即降落至安全区域

　　B. 切换至手动模式以节省电量

　　C. 尝试继续飞行至目的地

5. 无人机在飞行中,若电调发出连续蜂鸣声,可能的原因是(　　　)。

　　A. 电机过载　　　　　　B. 电池电压过低　　　　　　C. 飞控系统故障

6. 关于螺旋桨的材质选择,以下哪种说法是错误的?(　　　)

　　A. 碳纤维螺旋桨强度高,但成本较高

　　B. 塑料螺旋桨适合初学者,安全性高

　　C. 金属螺旋桨是主流选择,重量轻且耐用

7. 无人机在飞行中,若遥控器信号丢失,飞控系统会如何响应?(　　　)

　　A. 继续执行当前任务　　　　B. 自动返航或悬停　　　　C. 立即降落至原地

8. 多旋翼无人机在夜间飞行时,必须开启的灯光是(　　　)。

　　A. 航行灯和防撞灯　　　　B. 着陆灯和防撞灯　　　　C. 航行灯和着陆灯

9. 无人机在高原地区飞行时,以下哪种调整是错误的?(　　　)

　　A. 使用大直径螺旋桨以提高升力

　　B. 增加电机 kV 值以补偿空气稀薄

　　C. 减少负载以延长续航时间

10. 关于无人机飞控系统的 PID 调节,以下说法正确的是(　　　)。

　　A. P 值过大会导致无人机振荡

　　B. I 值用于抑制高频噪声

　　C. D 值用于消除稳态误差

11. 无人机在飞行中,若气压计故障,飞控系统可能依赖哪种传感器提供高度信息?(　　　)

　　A. GPS　　　　　　B. 超声波传感器　　　　　　C. 陀螺仪

12. 多旋翼电调与电机如何匹配?(　　　)

　　A. 电调的额定电压要比电机的最大电流高

　　B. 电调的额定电流要比电机的最大电流低

　　C. 电调的额定电流要比电机的最大电流高

13. 桨螺旋桨的主要技术参数有哪些?（　　）

　　A. 直径、螺距、材料　　　B. 直径、螺距、桨叶数　　　C. 直径、螺距、桨叶数、材料

14. 多旋翼无人机要实现在悬停中向右偏航,不同螺旋桨应如何变化?（　　）

　　A. 逆时针减速,顺时针加速

　　B. 逆时针加速,顺时针减速

　　C. 机体轴左边螺旋桨加速,右边螺旋桨减速

15. 四轴在原地左转,哪种桨加速?（　　）

　　A. 顺时针相对两个桨加速

　　B. 顺时针相邻两个桨加速

　　C. 逆时针相对两个桨加速

16. 以下关于翼型相对厚度和相对弯度正确的是（　　）。

　　A. 翼型中弧线的最高点距离弦线的最大距离与翼弦的长的比值称为相对弯度

　　B. 翼型相对厚度越大,相对弯度就越大,产生的升力就越大

　　C. 翼型上下表面垂直翼弦的距离最长的距离值称为相对厚度

17. 6S 15000 mah 电池,0.5C 充电,应该调成（　　）充电。

　　A. 30 A　　　　　　　B. 15 A　　　　　　　C. 7.5 A

18. 4S 5000 mah,2C 充电,充满需要（　　）。

　　A. 1 小时　　　　　　B. 2 小时　　　　　　C. 0.5 小时

19. 5048 和 7015 电机,哪个更适合大载重?（　　）

　　A. 5048　　　　　　　B. 7015　　　　　　　C. 都适合

20. 单块电池容量为 6000 mah,3S4P 电池组满电下提供的电压和容量分别为多少?（　　）

　　A. 电压:12.6V 容量:24000 mah

　　B. 电压:12.6V 容量:6000 mah

　　C. 电压:11.1V 容量:24000 mah

21. 多旋翼动力系统由哪几部分组成?（　　）

　　A. 电机、飞控、电调、电池

　　B. 电机、电调、电池、桨

　　C. 电机、飞控、电调、电池、桨

22. 民用无人机调整中的基本感度是（　　）。

　　A. 飞控 PID 调节中的 I 积分系数

　　B. 飞控 PID 调节中的比例项 P 的系数

　　C. 飞控 PID 调节中的 D 微分系数

23. 锂电池长期不用,保存电压是（　　）。

　　A. 3.8 V　　　　　　　B. 3.85 V　　　　　　　C. 3.75 V

24. 电调是通过改变（　　）来控制电机转速的。

　　A. 电流　　　　　　　B. 电压　　　　　　　C. 功率

25. 无人机的基本感度是（　　）。

　　A. 磁罗盘的感度　　　B. 姿态角的感度　　　C. 陀螺仪的感度

26. 目前无人机平台常用动力电池类型为锂聚电池,关于其特点不正确的是（　　）。

　　A. 标称电压一般为 3.7 V

B. 无记忆效应

C. 充满电压一般为 4.7 V

27. 连续性原理是指(　　)。

A. 由于质量守恒定律,同一流管单位时间内流经不同横截面的流体质量一定

B. 由于质量守恒定律,同一流体横截面积大的地方静压更小

C. 由于质量守恒定律,同一流体横截面积大的地方流速更快

28. 高海拔地区,以下哪个尺寸的螺旋桨更适用?(　　)

A. 1855　　　　　　B. 1035　　　　　　C. 1835

29. 三种模式飞行方式中,飞控管姿态,人管位置是哪种飞行模式?(　　)

A. GPS 模式　　　　B. 姿态模式　　　　C. 舵面遥控

30. 当俯视四轴无人机逆时针转动时,各个螺旋桨的变化(　　)。

A. 顺时针两个桨减速　逆时针两个桨加速

B. 顺时针两个桨加速　逆时针两个桨加速

C. 顺时针两个桨加速　逆时针两个桨减速

31. 电机、电调、飞控、电台,将可以直接连接的用线连接起来,应是(　　)。

A. 电台—飞控—电调—电机

B. 电调—飞控—电台—电机

C. 飞控—电台—电调—电机

32. 发动机燃油在(　　)喷射。

A. 进气口　　　　　B. 点火位置　　　　C. 排气口

33. 气压计是反映无人机的(　　)物理量。

A. 速度　　　　　　B. 高度　　　　　　C. 温度

34. 电调有几根线?(　　)

A. 8 根　　　　　　B. 7 根　　　　　　C. 7 根、8 根都有

35. 若一架无人机在飞行中可以进行舵面遥控,但无实时图像信号,地面站有各类仪表信息,但无法编辑航点航线,请问该无人机的遥控器_____正常,图传_____故障,数传电台_____正常,_____故障。(　　)

A. 上行链路　下行链路　下行链路　上行链路

B. 上行链路　上行链路　下行链路　下行链路

C. 下行链路　上行链路　下行链路　上行链路

36. 结合遥控器说说民用无人机系统有哪几条链路?(　　)

A. 遥控器下行,图传下行,数传上下行

B. 遥控器上行,图传下行,数传上下行

C. 遥控器上行,图传上下行,数传下行

37. 高转速电机一定是高 KV 值吗?(　　)

A. 不是　　　　　　B. 是　　　　　　　C. 不一定

38. 气压传感器测的是下列哪项高度?(　　)

A. 海拔　　　　　　B. 无线电高度　　　C. 相对高度

39. 多旋翼控制前后飞行时,油门需要怎么变化,为什么?(　　)

A. 前后飞行时,飞机会产生倾斜角,导致升力垂直分量不足以抵消重力,所以需要适量

减小油门

    B. 前后飞行时,飞机会产生倾斜角,导致升力垂直分量不足以抵消重力,所以需要适量增加油门

    C. 前后飞行时,飞机会产生倾斜角,导致升力水平分量不足以抵消重力,所以需要适量增加油门

40. 多轴飞行器上的天线应尽量( )飞控和 GPS 天线安装。

    A. 靠近   B. 远   C. 贴合

41. 连接电机的三根线是以( )方式给无刷电机供电的。

    A. 直流   B. 交流   C. 交流、直流都可以

42. 无人机怎么飞最省油或最省电?( )

    A. 匀速   B. 高速   C. 低速

43. 现有一块聚合物锂电池可能会长时间不使用,充放电量、电压多少储存合适?( )

    A. 20%、3.2   B. 40%—50%、3.8V   C. 80%、4.7V

44. 螺旋桨 1045 CCW,其含义是( )。

    A. 桨叶直径 10 毫米,桨叶宽度 4.5 毫米,逆时针旋转的螺旋桨

    B. 桨叶直径 10 英寸,螺距 4.5 英寸,逆时针旋转的螺旋桨

    C. 桨叶直径 10 英寸,螺距 45 英寸,顺时针旋转的螺旋桨

45. 把无人机螺旋桨换成小桨,做同样的动作。角速度怎么变化?( )

    A. 角速度转数减少   B. 角速度转数增加   C. 角速度转数不变

46. 常用地面站卡尔曼滤波正常值是( )。

    A. 正负 5 以内   B. 正负 10 以上   C. 正负 10 以内

47. 电池组先由 3 个单体串联,再将串联后的 2 组并联,应该如何表示?( )

    A. 2S3P   B. 3S2P   C. 3S3P

48. 地面站、飞机电、遥控器,哪个是检查程序中最后一项?( )

    A. 地面站   B. 飞机电   C. 遥控器

49. 多旋翼在测试电机转动方向最重要的安全措施是( )。

    A. 拆卸螺旋桨   B. 拆卸机臂   C. 拆卸电机

50. 电池放在机体的哪处飞行更灵活?( )

    A. 中间   B. 上面   C. 下面

51. 在桨尖处线速度不变的情况下,减小桨叶直径,桨根处线速度增加还是减小?( )

    A. 增加   B. 减小   C. 不变

52. 一般 X 型四轴右前方旋翼一般是 CW 还是 CCW 桨?( )

    A. CCW 顶视顺时针   B. CW 顶视逆时针   C. CCW 顶视逆时针

53. 6S 22000 mAH 的电池,剩余电量 20%,用 2C 充电,充满需要( )。

    A. 25 分钟   B. 24 分钟   C. 26 分钟

54. 四轴飞行器为什么相邻的桨旋转方向不同?( )

    A. 增加升力   B. 抵消反扭矩   C. 更加灵活

55. 空速明显大于地速的原因是( )。

    A. 逆风   B. 顺风   C. 无风

56. GPS 的三个主要功能是( )。

    A. 高度、速度、经纬度

B. 高度、速度、(地速)位置

C. 高度、速度、(空速)位置

57. 民用无人机运行多处于低空低速环境下,主要受到的阻力有( )。
① 摩擦阻力 ② 循环阻力 ③ 干扰阻力 ④ 激波阻力 ⑤ 诱导阻力 ⑥ 压差阻力

A. ①②⑤⑥ B. ①③⑤⑥ C. ①②③④

58. 要想飞机飞行更稳定,负载应( )。

A. 靠近重心安装

B. 尽量向下远离重心位置安装

C. 尽量向上远离重心位置安装

59. 升力公式 L＝Cl＊ρV²＊S 中,各个字母的含义分别是( )。

A. Cl 为升力系数,ρ是运行环境大气密度,V 是真空速,S 是机翼面积

B. Cl 为升力系数,ρ是机体材料密度,V 是真空速,S 是机体迎风面积

C. Cl 为升力系数,ρ是运行环境大气密度,V 是地速,S 是机体迎风面积

60. 已知某锂电池铭牌标记为 6S2P3C,单片锂电池容量为 16000 mah,则该电池最大放电电流是( )。

A. 96 A B. 16 A C. 48 A

61. 地面站、遥控器、飞机的通电顺序是( )。

A. 遥控器、飞机电、地面站

B. 飞机电、地面站、遥控器

C. 地面站、遥控器、飞机电

62. 6S,30000 mAH 电池驱动电机的功率是( )。

A. 6＊30000 mAH B. 25.2＊30 mAH C. 25.2＊30A

63. 多旋翼飞行器如果重新组装后,必须校准哪些传感器?( )

A. 磁罗盘、陀螺仪 B. 电调、GPS C. 接收机、ImU

64. 对于直升机、多旋翼无人机的旋翼或固定翼无人机的螺旋桨,保持角速度一定,更换直径较小的旋翼或螺旋桨,会导致( )。

A. 桨尖速度不变 B. 桨尖速度减 C. 桨尖速度变大

65. 多旋翼无人机以下哪个下降速度较为合理?( )

A. 8 m/li B. 5rn/s C. 2 m/s

66. 以下无人机相关部件,数传电台、飞控、电子调速器、OSD、5.8G 图传、电机、摄像头,连接方式正确的是( )。

A. 电机—电子调速器—数传电台—飞控

B. 电机—电子调速器—飞控—数传电台

C. OSD－5.8C 图传—电机

67. 在聚合物锂电池满电的情况下,6S4000 mah 搭配 100kV 的电机与 3S3000AHN 搭配 300kV 的电机,哪个转速快(假设螺旋桨匹配)?( )

A. 6S4000 mah 搭配 100kV 得快

B. 3s3000 mah 搭配 300kV 得快

C. 一样快

68. 对于考试六轴,向左平移,哪种桨加速?( )

A. 飞机右侧的一个桨加速

B. 飞机右侧的三个桨加速

C. 飞机左侧的三个桨加速

69. 遥控器、图传、地面站与飞行器之间数据链路分别是（　　　）。

　　A. 上行链路、下行链路、上行链路

　　B. 上行链路、下行链路、上下行链路并存

　　C. 下行链路、下行链路、上行链路

70. 众所周知，物体运动的速度是一个矢量，关于飞行过程中空速与地速的关系，下列正确的是（　　　）。

　　A. 逆风时，空速＜地速

　　B. 正侧风时，空速＝地速

　　C. 无论何时，空速＋风速＝地速

71. 1865 桨 300kV 电机，2045 桨 500kV 电机同一架多轴，如果在高海拔地区飞行，应该选择哪种桨和电机的组合？（　　　）。

　　A. 2045 桨　　500 kV 电机

　　B. 1865 桨　　300 kV 电机

　　C. 都可以

72. 多旋翼动力系统由哪几部分组成？每部分有几根线？（　　　）。

　　A. 电池（两根动力线），电调（八根线），电机（两根线）

　　B. 电池（两根动力线），电调（八根线），电机（三根线）

　　C. 电池（两根动力线），电调（三根线），电机（三根线）

73. 两块电池 6S、5000 mah 的电池并联，用 2C 充电，充电的功率是（　　　）。

　　A. 202 W　　　　　　　　B. 504 W　　　　　　　　C. 404 W

74. 多旋翼无人机自动驾驶状态下，安全下降速率应该是（　　　）。

　　A. 2 米/秒　　　　　　　B. 8 米/秒　　　　　　　C. 5 米/秒

75. 6S 5000 mAH 的电池标有 15C，是表示可以用（　　　）。

　　A. 15C 充电　　　　　　B. 15 C 放电　　　　　　C. 15 C 充放电

76. 民用无人机系统有哪几种链路？（　　　）

　　A. 数传链路、图传链路、卫星链路

　　B. 遥控器链路、数传链路、图传链路

　　C. 遥控接收链路、卫星链路、图传链路

77. 10000 mah 电池 1A 充电，充电倍率是（　　　）。

　　A. 1.0 C　　　　　　　　B. 0.1 C　　　　　　　　C. 10 C

78. 多旋翼 1.1 米轴距代表（　　　）。

　　A. 对角电机之间的直径距离为 1.1 米

　　B. 相邻电机之间的直径距离为 1.1 米

　　C. 对角电机之间的半径距离为 1.1 米

79. 保持油门不变飞机匀速上升，螺旋桨转速的变化是（　　　）。

　　A. 不变　　　　　　　　　B. 增加　　　　　　　　C. 减小

80. 电机、电调、电池、接收机、数传电台，请把他们用合格的方式连接？（　　　）

　　A. 数传电台—电池—电调—电机

　　B. 接收机—电池—电调—电机

C. 电池—电调—电机

81. 多轴无人机各种天线设备位置有什么要求?(　　)
    A. GPS 天线要高出机体竖直向上,WIFI 模块天线要垂直向上,接收机两根天线互相垂直
    B. GPS 天线要高出机体竖直向上,WIFI 模块天线要垂直向下,接收机两根天线互相垂直
    C. GPS 天线要低出机体竖直向下,WIFI 模块天线要垂直向下,接收机两根天线互相垂直

82. 需要灵活操控的飞机,是选用高转速还是高扭矩电机?(　　)
    A. 高转速　　　　　　B. 都可以　　　　　　C. 高扭矩

83. 6S. 5000 mAH 2C 充电,多长时间可以充满?(　　)
    A. 二分之一小时　　　B. 一小时　　　　　　C. 三分之一小时

84. 四轴飞行器和八轴飞行器的区别是(　　)。
    A. 四轴飞行时间短,效率高;八轴更稳
    B. 四轴飞行时间久,效率高;八轴更稳
    C. 八轴飞行时间久,效率高;四轴更稳

85. 伯努利定理指的是(　　)。
    A. 由于能量守恒定律,同一流管内流速快的地方静压小
    B. 于能量守恒定律,同一流管内流速快的地方静压大
    C. 由于能量守恒定律,同一流管内横截面积大的地方静压更小

86. 飞行器(　　)由局方管理。
    A. 融合空域的Ⅵ级无人机
    B. 融合空域的Ⅳ级无人机
    C. 管制空域

87. 6045R 螺旋桨,"45"是什么意思,是 CW 桨还是 CCW 桨?(　　)
    A. 螺距、正桨　　　　B. 螺距、反桨　　　　C. 直径、反桨

88. 以下关于舵面遥控(纯手动)、姿态遥控、人工修正(即 GPS 模式)说法不正确的是(　　)。
    A. 舵面遥控模式下,飞控内外回路都不参与工作
    B. 人工修正模式下,飞控内外回路都参与工作
    C. 姿态遥控模式下,飞控内回路不参与工作,外回路参与工作提供位置信息

89. 请选择出以下哪一只螺旋桨升力最大?(　　)
    A. 15×4(四叶螺旋桨)
    B. 18×7(两叶螺旋桨)
    C. 16×4.5(三叶螺旋桨)

90. 无刷电机如果遇到旋转方向相反,需要换向时应如何处理?(　　)
    A. 电调与电源线的连接进行对换
    B. 电调与电机的连接线 3 根中任意对换 2 根
    C. 电调与飞控连接线进行对换

91. 扁粗电机和细长电机的特点是(　　)。
    A. 扁粗电机扭矩大,转速高;细长电机扭矩相对较小,转速小

B. 扁粗电机扭矩小,转速低;细长电机扭矩相对较高,转速高

C. 扁粗电机扭矩大,转速低;细长电机扭矩相对较小,转速高

92. 关于无人机 GPS 天线与遥控器接收机天线的说法不正确的是(　　)。

　　A. GPS 接收卫星信号(一般为顶视蘑菇头)

　　B. 接收机接收地面遥控发射机遥控信号(一般为 90 度布置的两个小鞭状天线)

　　C. GPS 一般为定向天线,位于机体下方

93. 4S,16000 毫安时电池 1.5C 充电,充电器应设置充电电流(　　)安培。

　　A. 18　　　　　　　　B. 12　　　　　　　　C. 24

94. 无人机用无刷电机的主要技术参数包括(　　)。

　　A. 转子直径、转子高度、kV 值、功率 W

　　B. 定子直径、转子高度、kV 值、功率 W

　　C. 定子直径、定子高度、kV 值、功率 W

95. 4S 电池平衡头有几根引出线?(　　)

　　A. 5 根　　　　　　　B. 6 根　　　　　　　C. 7 根

96. 对于混合燃油发动机,冬天的燃油、机油混合比针对夏天应如何调整?(　　)

　　A. 燃油机油混合比适当增大

　　B. 燃油机油混合比适当减小

　　C. 燃油机油混合比不变

97. 无刷电机要用直流电还是交流电?(　　)

　　A. 两相直流　　　　　B. 三相直流电　　　　C. 三相交流电

98. 飞行前检查的第一项是(　　)。

　　A. 重心　　　　　　　B. 紧固件　　　　　　C. 电压

99. 连接无人机电机为什么是三根线?(　　)

　　A. 三相交流电,变换任意两根线电机会发生反转

　　B. 三相直流电,变换任意两根线电机会发生反转

　　C. 两相交流电,变换任意两根线电机会发生反转

100. 颁发国内三个层次航空法规的部门分别是(　　)。

　　① 全国人大或全国人大常委会　　② 国务院、中央军委　　③ 民航局　　④ 民航地区管理局

　　A. ②③　　　　　　　B. ①②④　　　　　　C. ①②③

101. 四轴如何实现左转 90°?(　　)

　　A. 逆时针旋转的桨加速

　　B. 顺时针旋转的桨减速

　　C. 顺时针旋转的桨加速

102. 自主飞行时,油门应该处于什么位置?(　　)

　　A. 中立位偏上　　　　B. 中立位偏下　　　　C. 中立位

103. 需要灵活操控性能的飞机,选用(　　)电机。

　　A. 大直径　　　　　　B. 高转速　　　　　　C. 高扭矩

104. 多旋翼遥控状态下动力失效的处理办法是(　　)。

　　A. 迅速收油门　　　　B. 开伞迫降　　　　　C. 自动返航

105. 绕多轴横轴运动是( )。
    A. 俯冲运动　　　　　　B. 横滚运动　　　　　　C. 俯仰运动

106. 多轴飞行器有几个运动轴、几个自由度?( )
    A. 3个运动轴、6个自由度
    B. 3个运动轴、3个自由度
    C. 3个运动轴、1个自由度

107. 一般冬天和夏天相比,我们返航电压应该怎么设置?为什么?( )
    A. 冬天要高于夏天。冬天温度低,锂离子活性变低,持续放电时间短
    B. 冬天要低于夏天。冬天温度低,锂离子活性变低,持续放电时间短
    C. 冬天要高于夏天。冬天温度低,锂离子活性变高,持续放电时间短

108. 真空速明显小于地速的原因是( )。
    A. 逆风　　　　　　B. 顺风　　　　　　C. 无风

109. 高海拔下航时及载重能力将大幅缩短,此时应如何配置螺旋桨及电机?( )
    A. 高 kV,小直径,小螺距
    B. 低 kV,大直径,大螺距
    C. 高 kV,大直径,小螺距

110. 多旋翼无人机在姿态遥控状态下,如出现动力失效则正确的处理方法是( )。
    A. 始终保持油门最大位置试图恢复动力
    B. 接地瞬间将油门收至最小
    C. 遥控器油门保持中间略上位置

111. 两块 16000 mAH 6S 25C 电池,一种方式串联,一种方式并联,哪种方式能输出电流更大?( )
    A. 不联　　　　　　B. 并联　　　　　　C. 串联

112. 飞机飞行中通过什么与地面站连接?( )
    A. 飞控 GPS　　　　B. WIFI 模块 电台　　　　C. 接收机 遥控器

113. 1 英寸等于多少厘米?( )
    A. 2.54 厘米　　　　B. 25.4 厘米　　　　C. 254 厘米

114. 多轴左右平移时,飞机姿态是绕哪根轴发生变化?( )
    A. 纵轴　　　　　　B. 横轴　　　　　　C. 立轴

115. 6S16000 mAH 的电池用 2C 充电,充电电流是( )。
    A. 32 A　　　　　　B. 16 A　　　　　　C. 25.2 A

116. 一般不用来给无人机提供高度信息的传感器是( )。
    A. GPS、气压计
    B. 温度传感器、大气湿度传感器
    C. 无线电高度表、超声波传感器

117. 关于多旋翼飞行器的优势描述不正确的是( )。
    A. 成本低廉　　　　B. 气动效率高　　　　C. 结构简单、轻便

118. 自动驾驶仪中的陀螺是用来测量哪些物理量?( )
    A. 飞机角速度或飞机姿态
    B. 飞机角速率或飞机姿态角

C. 飞机角速度或飞机姿态角

119. 关于诱导阻力,以下说法错误的是(　　　)。

A. 滑翔机为了减小诱导阻力,常将机翼设计成又长又窄的高展弦比机翼

B. 飞行速度越快,诱导阻力越小

C. 有的机翼上加装了翼梢小翼,目的是增强气流的下洗以增加升力,从而减小诱导阻力

120. 高原地区 16×8 两叶、17×6 两叶、15×5 三叶,灵活性最好的是哪一个,最省电是哪一个?(　　　)

A. 灵活 15×5 三叶,最省 17×6 两叶

B. 灵活 16×8 两叶,最省 17×6 两叶

C. 灵活 15×5 三叶,最省 16×8 两叶

121. 多轴在测试电机,电调时最重要的安全措施是(　　　)。

A. 卸下螺旋桨　　　　　B. 卸下电机　　　　　　　C. 不接动力电

122. 伺服舵机由哪几部分组成(　　　)。

A. 外壳、控制电路、电机、减速齿轮组、电位器

B. 外壳、控制电路、减速齿轮组、电位器

C. 控制电路、电机、减速齿轮组、电位器

123. 某多轴桨叶直径为 254 毫米,螺距为 127 毫米,请写出该桨叶的型号为(　　　)。

A. 1050　　　　　　　B. 25×13　　　　　　　　C. 10×50

124. 下面哪种连接方式是正确的?(　　　)

A. 电池—电调—电机

B. 电机—电调—电池—ImU

C. 电机—电调—ImU—电池

125. 螺旋桨的螺距是(　　　)

A. 螺旋桨旋转一周所上升或前进的距离

B. 螺旋桨旋转一周所上升的距离

C. 螺旋桨旋转一周所前进的距离

126. 关于失速,下面哪个说法是不正确的?(　　　)

A. 直升机前飞速度过快,可能导致后行旋翼出现失速。

B. 失速会导致升力系数急剧减小,阻力系数缓慢减小

C. 机翼迎角超过临界角,导致升力急剧降低的飞行状态称为失速。

127. 6S 10000 mAH 电池、100kV 的电机和 3S 2000 mAH 电池、200kV 的电机哪个转速快?(　　　)

A. 一样快

B. 6S 10000 mAH,100 kV 快

C. 3S 2000 mAH 200 kV 快

128. 电机的定子 2208 4T 1000K(　　　)。

A. 22 定子直径毫米,08 定子的高度毫米,1000kV 每分钟每 V 电压 1000 转

B. 22 定子直径英寸,08 定子的高度英寸,1000kV 每分钟每 V 电压 1000 转

C. 22 定子直径毫米,08 定子的高度毫米,1000kV 每分钟 1000 转

129. 航空器起飞着陆时使用跑道主要取决于（　　）。

    A. 地面风向风速

    B. 进场航迹与跑道中心延长线夹角大小

    C. 机型

130. 保持油门持续爬升，电机功率会增加还是减小？（　　）

    A. 增加　　　　　　　　B. 减小　　　　　　　　C. 不变

131. 无人机过于灵敏，应该调整遥控器上的什么感度？（　　）

    A. ImU 感度　　　　　　B. 飞控感度　　　　　　C. 姿态感度

132. 现有一块聚合物锂电池可能会长时间不使用，充放电至电量多少，电压多少储存合适？（　　）

    A. 80%;4.7 V　　　　B. 40%～50%;3.8 V　　　　C. 20%;3.2 V

133. 6S 22000 mAH,25 C 电池，最大瞬间放电电流为（　　）

    A. 220A * 25 C　　　　B. 22000A * 25 C　　　　C. 22A * 25 C

134. 使用独立电调的无人机，ESC 上一共有几根线？最粗的两根线连接的是什么？最细的三根杜邦线连接的是什么？（　　）

    A. 7 或 8;电源;飞控　　B. 7 或 8;电源;电机　　C. 5;电源;电机

135. 关于升阻比和载荷因数，以下说法错误的是（　　）。

    A. 载荷因数与升阻比成正比

    B. 在最小阻力迎角下飞行，可以获得最大的升阻比

    C. 升力与重力的比值称为载荷因数

136. 飞行中地面站里显示滚转角为零，目视飞机有明显的坡度，原因是（　　）。

    A. GPS 故障　　　　　　B. 磁罗盘故障　　　　　C. 陀螺仪故障

137. 无人机视距外飞行丢星怎么办？（　　）

    A. 自动悬停　　　　　　B. 降高度　　　　　　　C. 升高度

138. 电台、接收机、调速器、电池、GPS、电机、多旋翼无人机以下哪个组设备连接是正确的？（　　）

    A. 接收机—调速器—电池—电台

    B. 电池—调速器—电机

    C. 调速—电机—GPS—接收机

139. 舵面操控是什么控制量？（　　）

    A. 模拟控制量　　　　　B. 开关控制量　　　　　C. 模拟控制量也叫比例控制量

140. 多轴无人机一般以双数螺旋桨配置，可否有奇数的配置，怎么配？（　　）

    A. 可以　　　　　　　　B. 不可以　　　　　　　C. 可以,但需要加个矢量舵机

参考答案

一、无人机基本知识训练题

1—10	CCBCC	ACACC
11—20	CCCAC	CACCB
21—30	CCCBA	BCCBB

二、无人机系统组成知识训练题

1—10	BCCAA	CCBAC
11—20	CAABA	ACCBA
21—30	ACCAB	ABCBA
31—40	CABBB	BBCCC
41—50	AAACA	CBCAC
51—60	AAABA	CBACA

三、无人机飞行原理知识训练题（一）

1—10	ABCCB	AAACA
11—20	AABAB	ABCBA
21—30	BBBAA	BCCCA
31—40	BAACB	CABAB
41—50	CACCB	AAAAC
51—60	CCCBC	CACBC
61—70	CCCBC	CBCAC
71—80	ABBBA	CBCCB
81—90	ABCBB	ABCAA
91—100	CBAAA	BAABB
101—110	CCBBC	ABCCA

四、无人机飞行原理知识训练题（二）

1—10	BBCBA	CABBA
11—20	AACBA	ACCAC
21—30	ACCAA	BBACA
31—40	BCCAC	CACCB
41—50	CBABB	AAACC
51—60	CABCC	BCAAC
61—70	ACACB	BBACB
71—80	AAABC	CCBAC

81—90	AAACC	BCABB
91—100	ACBCA	ABCAB
101—110	BABCB	ABCBA

五、无人机飞行原理知识训练题（三）

1—10	BAAAB	CBBBC
11—20	ACBBB	CBCBA
21—30	CACBC	BCCBC
31—40	CACBB	AABCA
41—50	BBCCC	BAACB
51—60	CCCCC	ABCCC
61—70	CAACB	ABCAC
71—80	BACBC	BACAA
81—90	AAABA	CCACB
91—100	BBCAC	BAABC
101—110	BBCCC	BCACB

六、多轴无人机知识训练题（一）

1—10	AABCB	ABABA
11—20	AABBB	CBACC
21—30	ABACA	BCBCB
31—40	CBAAB	CCACC
41—50	CCBAA	CAABA
51—60	BACCB	CBCBA
61—70	BCCBA	BCBAB
71—80	CACBA	BABAA
81—90	CCCCA	BCBAA
91—100	BAABC	ACABC
101—110	CCAAB	ACBCC
111—120	CABAC	ABCCC
121—130	CACAA	ABBBC

七、多轴无人机知识训练题（二）

1—10	ABBAC	CCAAC
11—20	CBCBA	BCCBC
21—30	CCABC	CCCCB

31—40	CCCBC	ABCCA
41—50	BBBCA	BCCCC
51—60	CCCCC	CCAAC
61—70	CCCBA	BBCAA
71—80	CCCAC	CAACA
81—90	BAAAC	CBCCC
91—100	BCBAC	ABABB

八、无人机遥控器知识训练题

1—10	BCAAB	CAAAB
11—20	AABBB	CBBBA
21—30	BBBAC	AAACC
31—40	CBACB	CBABA

九、无人机起降操控知识训练题

1—10	ABAAB	ABAAC
11—20	CCAAC	BCCCB
21—30	CCCBC	BACBB
31—40	BBCCB	CABCB
41—50	BCABC	BABBB
51—60	BCABB	CBABB
61—70	AAAAC	BCBCC
71—80	BCACB	ACBBC
81—90	ABBCC	ACCCA
91—100	ACCBB	CACBA
101—110	CBCBA	BCCAB
111—120	BBBCA	AACAC
121—130	BCAAB	BAAAB
131—140	CBBBA	CAABA
141—150	AACCA	ACBBA
151—160	ACBAB	ABACA

十、低空飞行气象信息知识训练题

1—10	BBCCA	BACCC
11—20	ACBCC	CACBB
21—30	CBCCC	ABABC
31—40	BAACA	CABCB
41—50	BBCCA	CBCBC
51—60	CBCCA	CCACA
61—70	CBABC	CCAAA
71—80	BACBC	CABCC
81—90	ACCBC	BCABB
91—100	AABAC	ABCCC
101—110	CACAB	CAACB
111—120	CCCAB	CAAAB
121—130	CACCB	AABCB
131—140	BBCBB	CBCAB
141—150	CCAAA	BABAC
151—160	CCBAB	ACCBA
161—170	BBAAA	BCAAC

十一、低空飞行直升机知识训练题

1—10	BBACA	BBBCB
11—20	CCCAC	CCCCB
21—30	BABCC	ABBBC
31—40	BCAAC	BBCAB
41—50	CACCB	ABCBC
51—60	ABAAB	BAACC
61—70	BAABA	AACCC
71—80	CABCB	CBBAB
81—90	CCCAC	CCCBA

十二、无人机项目任务规划知识训练题

1—10	CCBBB	ABCBA
11—20	BBCBB	BCBCC
21—30	CBABA	CBCCA
31—40	ACAAA	CCBCA
41—50	CBBCC	CABBB
51—60	CCACC	CBBAC

十三、空域与法规知识训练题

1—10	BABBA	BAACB
11—20	ACBBC	CCCCC
21—30	CACCC	CCBCB
31—40	BBCAB	AABAC
41—50	ABBAB	ABCCC
51—60	CACCC	CBBCA
61—70	CACAC	BBCAB
71—80	CCBBB	CBCAC
81—90	CCAAC	CBCAC
91—100	CCCBB	CCCBC
101—110	CACAA	BBCAA
111—120	ACCCB	BBACC
121—130	ABCCA	ABBAB

十四、无人机机长及驾驶员面试知识训练题

1—10	BAAAB	CBABA
11—20	ACCBA	ACCBA
21—30	BBBBC	CACBC
31—40	AABCA	BCCBB
41—50	BABBB	CBBAB
51—60	ACBBA	BBAAA
61—70	CCABC	BBBBC
71—80	ABBAB	BBABC
81—90	BAABA	ABCBB
91—100	CCCCA	ACBAC
101—110	CCBBC	AABCB
111—120	BBAAA	BBCCA
121—130	AAAAA	BAAAC
131—140	CBCAA	CBBCC